AUSCHWITZ

Piotr M. A. Cywiński

AUSCHWITZ

UNE MONOGRAPHIE DE L'HUMAIN

Traduit de l'édition anglaise
par Claire Darmon et Lisa Vapné

Mémorial de la SHOAH

CALMANN LEVY

Mémorial de la SHOAH

CALMANN LÉVY
ÉDITEUR DEPUIS 1836

Titre original :
AUSCHWITZ, MONOGRAFIA CZŁOWIEKA
Première publication : Państwowe Muzeum Auschwitz-Birkenau, Oświęcim, 2021.

COUVERTURE
Maquette : 'Olo
Photographie : © Archives du musée d'État d'Auschwitz-Birkenau à Oświęcim

ISBN 978-2-7021-9174-3

PRÉFACE

> *Ce qui a été a été. On peut nier. Nier tout. On peut travestir la vérité. On peut tenter d'expliquer, de commenter, d'atténuer les faits. Mais les faits se sont déroulés dans leur inexorabilité. Point « d'arrangement » possible avec les faits réels tels qu'ils se sont passés. Ils « sont » pour l'éternité. Nul n'a le pouvoir d'effacer une seule action commise, ni pour le bien ni pour le mal. Nul n'a le pouvoir d'effacer, même un battement de cils. Dieu, Lui-même, n'aurait pas ce pouvoir*[1].

Ce livre, fruit de plus de cinq ans de travail, est pour le lecteur une invitation à réfléchir sur le genre humain. Ce ne sera, très probablement, ni simple ni plaisant.

Chaque fois que l'on se penche sur les choix effectués par les êtres humains, l'éternelle question de l'humanité se pose. À maintes reprises, nous tentons, pour la forme, d'y répondre en recourant à des exemples extrêmes, en pensant qu'ils fourniront immanquablement une explication. On aimerait penser que dans une situation sans équivoque, on trouvera une réponse sans équivoque. Ce type d'intuition reste à prouver. Penchons-nous sur le cas d'Auschwitz. Là, nous comprenons soudain que tout est différent. Pas comme nous l'aurions supposé. Car, là

1. Simone Alizon (31776), *L'Exercice de vivre*, Paris, Stock, 1996, p. 190.

– en dépit de la radicalité absolue de cette situation –, nous ne sommes pas confrontés à des questions sur l'humanité dans des conditions limites qui auraient sans conteste établi un ensemble de règles générales. Auschwitz pose des questions sur l'humain dans des conditions conçues par l'homme qui dépassent les limites les plus extrêmes. Auschwitz pose ainsi d'innombrables questions sur l'humanité dans une situation de déshumanisation programmée.

Les rescapés du camp de concentration d'Auschwitz-Birkeneau sont désormais presque tous décédés. J'ai eu la chance de commencer ce travail à une époque où nombre d'anciens prisonniers de ce camp étaient encore en vie. J'ai eu également la chance de faire la connaissance de certains d'entre eux, qui furent des personnages essentiels pour l'élaboration de cette mémoire de la Shoah. C'était un peu comme si on rencontrait des gens ordinaires, alors que, bien sûr, dans nos entretiens, évaluations, discussions, ainsi que dans leurs récits, l'ordinaire n'avait pratiquement aucun droit d'exister. Et au-dessus de tout cela planait l'atmosphère d'agitation omniprésente d'Auschwitz. La plupart des rescapés m'ont exceptionnellement bien accueilli. Ils m'ont parlé, guidé, corrigé. Je me contentais d'écouter. Leurs analyses du passé m'ont beaucoup appris. Ils ne sont plus avec nous aujourd'hui : Israel Gutman, Władysław Bartoszewski, Józef Garliński, Kalman Sultanik, Kazimierz Albin, Józef Szajna, Henryk Mandelbaum, Elie Wiesel, Kazimierz Piechowski, Shlomo Venezia, Noach Flug, August Kowalczyk, Kazimierz Smoleń… et bien d'autres. Sans eux, ce livre n'aurait pas vu le jour. Et, surtout, je n'aurais pas su comment orienter et retranscrire ce qu'ils m'avaient confié. Je n'en aurais pas été capable. Je n'aurais probablement pas même essayé.

Le camp n'est pas un souvenir. Pour la plupart d'entre nous, son univers est omniprésent dans notre quotidien[2].

2. Raphaël Esrail (173295), *L'Espérance d'un baiser. Le témoignage de l'un des derniers survivants d'Auschwitz*, Paris, Robert Laffont, 2017, p. 9.

Ce fut leur expérience – telle qu'ils me l'ont racontée – qui m'a convaincu d'écrire cette monographie d'Auschwitz. Bien que plusieurs monographies aient déjà été publiées au cours des décennies qui ont suivi la Seconde Guerre mondiale, on ne peut s'empêcher de trouver que les monographies classiques écrites par des historiens de la Shoah et des chercheurs sur les camps de concentration omettent une dimension essentielle de leur sujet : le vécu des hommes[3]. Et ce fut pourtant ce vécu, ces émotions, ces états d'esprit et ces luttes internes qui constituèrent l'essence même de ce qu'on appelle sommairement l'univers concentrationnaire[4].

Je me demande souvent si ces événements ont marqué ma personnalité ou s'ils ont affecté mon comportement. Il m'est difficile de le

---

3. De fait, l'examen des monographies les plus sérieuses sur l'histoire d'Auschwitz montre que le vécu, les sentiments et les émotions des prisonniers n'occupent aucune place, pas le moindre chapitre de ces études. Voir les ouvrages les plus complets : *Auschwitz 1940-1945. Les Problèmes fondamentaux de l'histoire du camp*, édité par Wacław Długoborski (138871) et Franciszek Piper, Oświęcim, musée d'État d'Auschwitz-Birkenau, 2011 pour l'édition française ; sa version abrégée : *Auschwitz. Camp de concentration et d'extermination*, édité par Franciszek Piper et Teresa Świebocka, Oświęcim, musée d'État d'Auschwitz-Birkenau, 2012 pour l'édition française ; Debórah Dwork et Robert Jan van Pelt, *Auschwitz: 1270 to the Present*, New York, Yale University Press, 1996 ; ainsi que Israel Gutman et Michael Berenbaum, *Anatomy of the Auschwitz Death Camp*, Bloomington, Indiana University Press, 1994. Voir également, par exemple, une parution plus accessible au grand public, Laurence Rees, *Auschwitz. Les nazis et la Solution finale*, traduit de l'anglais par Pierre-Emmanuel Dauzat, Paris, Albin Michel, 2005 ; Frediano Sessi, *Auschwitz 1940-1945*, traduit de l'italien par Katarina Cavana et Philippe Mesnard, Paris, Kimé, 2014.

4. L'intérêt porté aux profondes blessures intérieures fut l'apanage presque exclusif du cercle médical associé à la *Revue médicale d'Auschwitz* (*Przegląd Lekarski – Oświęcim*) qui réalisa une étude parmi les anciens détenus du camp de concentration afin d'analyser leur vécu. Les publications les plus intéressantes se fondant sur ces études ont rompu le silence général à ce sujet : Zenon Jagoda, Stanisław Kłodziński (20019) et Jan Masłowski, *Oświęcim nieznany*, Cracovie, Wydawnictwo Literackie, 1981 ; des mêmes auteurs, *Więźniowie Oświęcimia*, Cracovie et Wrocław, Wydawnictwo Literackie, 1984 ; Jan Masłowski, *Oświęcim. Cmentarz świata*, Varsovie, Książka i Wiedza, 1995.

savoir, seuls les autres peuvent en juger. Ce que je sais, c'est que ces événements demeureront gravés en moi jusqu'à ma mort. Rien ne peut les effacer de ma mémoire, ils y sont gravés de façon indélébile[5].

Tout ce que je vais raconter est tellement incroyable que moi-même je me demande par instants si je l'ai vraiment vécu ou si, en dormant, j'ai eu un cauchemar affreux. Pourtant, tout ce qui va suivre n'est que la plus absolue vérité, l'atroce et exacte vérité[6].

Notre vie dans le camp était si pénible qu'il est difficile de la décrire, parce que ma main ne peut tenir le stylo ; à cette simple pensée, elle se met à trembler de manière incontrôlable[7].

Rien n'est plus cruel que la mémoire[8].

Ils ont tenté de nous en parler. Leurs centaines de récits en témoignent. Mais nous nous sommes contentés d'interpréter ces récits en termes de faits historiques et de chiffres[9] : insensibles aux drames humains individuels, aux expériences qui dépassent les limites de notre imagination. Cela ne me surprend guère, car ainsi vont les choses et les mécanismes psychologiques d'autodéfense des êtres humains sont si puissants. C'est tout à fait normal. Mais, devant toute l'information dont je disposais, j'ai ressenti le besoin irrépressible de revenir sur ce qui avait été si souvent mal assimilé, méconnu, ignoré ou mis de côté – de revenir à l'étude du legs le plus intime des rescapés. J'ai éprouvé ce besoin parce qu'ignorer ces aspects, c'eût été ignorer leur message. Après tout, la quintessence d'un récit, d'une histoire,

5. Saba Feniger (matricule inconnu), *Short Stories. Long Memories*, Melbourne, Vista Publications, 1999, p. 87.

6. Yvonne Redgis-Klug (A-8616), *Survivre. Souvenirs d'une rescapée d'Auschwitz (1945)*, Paris, Larousse, 2010, p. 59.

7. Wacław Nowak (152287), *Testimony: Memoirs*, vol. LXXIX, p. 89.

8. S. Alizon (31776), *L'Exercice de vivre*, *op. cit.*, p. 184.

9. « Les descriptions du camp de concentration d'Auschwitz ne peuvent se limiter à la façon dont les gens y mouraient ou y étaient assassinés ; elles devraient aussi porter sur la façon dont les gens étaient contraints de vivre. » Jagoda, Kłodziński et Masłowski, *Oświęcim*, *op. cit.*, p. 20.

d'un souvenir ou d'un message n'est pas tant le rappel des faits, que leur partage avec autrui – de façon compréhensible pour lui.

Pour ce faire, il a été fondamental pour moi de passer plus de dix ans en immersion profonde dans l'univers d'Auschwitz – avec les récits de ses victimes, avec leurs histoires, avec les vestiges physiques ou symboliques de leur calvaire et les innombrables expressions de la mémoire humaine. Sans eux – les rescapés –, je n'aurais pas eu les moyens, ni les nombreuses clés nécessaires à la compréhension de ce que j'étudiais.

Pour expliquer ce phénomène, je rappellerai un fait. Au cours des dernières décennies, lorsque des étudiants rencontraient un ancien détenu, un rescapé d'Auschwitz, en général, ils ne l'interrogeaient pas sur ce qui s'était passé tel ou tel jour, ni sur le nombre de détenus à l'époque, ni sur la date exacte de l'arrivée de son convoi à Auschwitz. J'ai participé à de nombreuses rencontres de ce type. Les questions posées portaient presque exclusivement sur ce que les anciens prisonniers avaient ressenti : comment survivaient-ils dans le camp ? Quelles pensées agitaient leurs cœurs et leurs esprits ? À quoi rêvaient-ils ? Quelles étaient leurs craintes et que redoutaient-ils le plus ? Où pouvaient-ils puiser un quelconque espoir ? Quels étaient leurs désirs ? Se sentaient-ils seuls au sein de la foule de prisonniers ? Trouvaient-ils un réconfort dans des contacts humains ? Qu'est-ce qui causait apathie et stupeur ? Comment les réactions à des références culturelles disparaissaient-elles, et comment se révélaient les réactions les plus profondes, celles qu'on qualifie de viscérales ? Comment se formaient les hiérarchies sociales au sein de ce type de société récemment constituée et fondée sur des règles entièrement nouvelles ? Qu'en était-il du respect des valeurs et du sens de la justice ? Les valeurs spirituelles avaient-elles une place à Auschwitz ? Qu'était l'évasion, qu'était le fardeau et qu'était le rêve ? À quelle vérité sur l'humanité les prisonniers avaient-ils été confrontés ?

Le plus souvent, l'historiographie d'après-guerre des événements d'Auschwitz est présentée à travers le prisme de faits, de chiffres et de dates. Elle a requis des dizaines d'années d'analyse historique minutieuse, parfois très fastidieuse, de sources d'archives d'une rareté frustrante. C'est sans conteste une œuvre colossale de plusieurs générations d'historiens que je n'ai pas la moindre intention de remettre en question. Il est important, voire fondamental, de savoir exactement ce qui s'est passé et quand exactement cela s'est passé. C'est particulièrement déterminant pour cette partie de l'histoire humaine si souvent niée, et qui continue à être niée et falsifiée. Or, Auschwitz ne peut se comprendre véritablement au moyen de dates, chiffres et faits. L'histoire d'Auschwitz, c'est avant tout une gigantesque tragédie humaine dont la dimension, unique en son genre, dépasse les limites de la chronologie et se déroule en parallèle, mais séparément, des statistiques, dates et faits historiques essentiels.

> *De par la nature même de ce qui s'y est réellement passé, l'histoire des camps de concentration est l'une des moins documentées en ce qui concerne les écrits et autres documents objectifs. C'est vrai notamment en ce qui concerne d'importantes questions comme ce que ressentait et pensait le détenu dans les conditions de vie pénibles, voire atroces, d'un tel camp. Comment le détenu affrontait-il la terreur, la souffrance physique et psychologique d'une journée ordinaire ? Ordinaire ? Comment peut-on qualifier de « normale » une journée de camp de concentration, alors que chacune était si éloignée des journées normales des hommes, des journées de ce monde, aussi éloignées qu'un rêve dans un rêve ? Autant de questions révélatrices cependant de bien d'autres questions.*
>
> *On a tenté de répondre à ces questions et il importe de continuer, même si ces tentatives sont, en définitive, vouées à l'échec*[10].

---

10. Adolf Gawalewicz (9225), *Reflections in the Gas Chamber's Waiting Room. From the Memoirs of a Muselmann*, traduit du polonais en anglais par Witold Zbirohowski-Kościa, Oświęcim, musée d'État d'Auschwitz-Birkenau, 2017, p. 8.

L'histoire d'Auschwitz – avec toute la complexité du mécanisme du camp, la logistique du massacre, ou encore la déshumanisation systématique à tous les niveaux possibles – est avant tout l'histoire de personnes. C'est ce que je souhaiterais montrer dans cette monographie, fort différente dans ses prémisses de l'historiographie connue à ce jour.

Dans ce cas, la première question doit concerner les sources. Comment reconsidérer aujourd'hui en profondeur ce problème sous un angle pratiquement sociologique, alors qu'aucune étude n'a été menée dans le camp pendant la guerre… On voudrait certes quantifier la souffrance – mais si son existence est un fait historique incontestable, elle est aussi un sentiment subjectif, tout comme la peur ou l'indifférence. En somme, on voudrait analyser les choix moraux ou éthiques d'une personne confrontée aux situations les plus extrêmes. Pourtant, la situation était telle que les gens devaient redéfinir entièrement les concepts moraux et éthiques que leur avaient enseignés les cours d'instruction religieuse, l'école, le monde normal, lesquels ne permettaient pas de faire face aux défis et au contexte du camp. L'idée même d'être dans une « situation extrême » suppose qu'on est encore sur l'axe de normes morales, quoiqu'à son point le plus éloigné.

Le camp, cependant, était quelque chose de différent. C'était un système qui avait pour objet de déshumaniser ses victimes et de les priver de toute référence claire et nette à ce qu'elles avaient pu connaître dans leur vie normale, avant d'être internées dans le camp. Ce n'est qu'à travers cette perspective de déshumanisation que les émotions et comportements des hommes peuvent être analysés. Car la déshumanisation crée, en quelque sorte, une *tabula rasa* en matière d'habitudes, de normes, de principes, d'objectifs et de choix. En conséquence, même s'il avait été possible de dresser des statistiques et de mener des études, celles-ci ne constitueraient pas une source fiable, ne serait-ce que parce qu'elles seraient fondées sur des concepts empruntés au monde civilisé[11].

> *Nous disons « faim », nous disons « fatigue », « peur » et « douleur », nous disons « hiver », et en disant cela, nous disons autre chose, des choses que ne peuvent exprimer les mots libres, créés par et pour des hommes libres, qui vivent dans leurs maisons et connaissent la joie et la peine. Si les* Lager *avaient duré plus longtemps, ils auraient donné le jour à un langage d'une âpreté nouvelle ; celui qui nous manque pour expliquer*[12]*...*

> *Aujourd'hui encore, les mots que nous disons – froid, faim, fatigue – n'ont pas du tout le même sens pour nous que pour les autres humains. Nous seuls les ressentons, physiquement, dans toute leur violence douloureuse, leur affreuse désespérance. Nos mots ne sont pas vos mots*[13].

> *Aucun critère de la vie normale ne s'appliquait à un camp d'extermination*[14].

Les sources primaires de cet ouvrage sont avant tout les témoignages, récits et mémoires de rescapés d'Auschwitz[15]. Ces sources

11. Sur le manque de concepts permettant de décrire la réalité du camp de concentration et l'interprétation en fin de compte subjective du lecteur, voir Mieczysława Chylińska (44685), « Niektóre osobliwości bodźców obozowych », *Przegląd Lekarski – Oświęcim*, 1989, p. 57.

12. Primo Levi (174517), *Si c'est un homme*, traduit de l'italien par Martine Schruoffeneger, Paris, Pocket, 2003, p. 192.

13. S. Alizon (31776), *L'Exercice de vivre*, *op. cit.*, p. 125.

14. Hermann Langbein (60355), *Hommes et femmes à Auschwitz*, traduit de l'allemand par Denise Meunier, Paris, Fayard, 1975, 2011, p. 87.

15. Les ouvrages et articles sur les témoignages, récits et mémoires des camps de concentration existent déjà ; parmi les plus importants, citons Alicja Glińska, « Dokumentalna wartość pamiętników oświęcimskich w badaniu moralności obozowej », *Zeszyty Oświęcimskie*, n° 10, 1967, p. 19-38 ; Andrzej Jakubik, « Obraz własnej osoby a pobyt w hitlerowskich obozach koncentracyjnych », *Przegląd Lekarski – Oświęcim*, 1981, p. 15-26 ; Adolf Gawalewicz (9225), « Problemy interpretacji faktografii oświęcimskiej », *Przegląd Lekarski – Oświęcim*, 1987, p. 95-102 ; et, plus généralement, Anna Giza, *Życie jako opowieść*, Varsovie, Cracovie et Wrocław, Wydawnictwo PAN, 1991 ; Barbara Engelking, *Zagłada i pamięć. Doświadczenie Holokaustu i jego konsekwencji opisane*

sont de qualité inégale et, en rédigeant ce livre, j'ai dû prendre, à maintes reprises, des décisions difficiles. Après tout, les anciens prisonniers ne possédaient pas tous le même talent littéraire. Les récits n'ont pas tous été écrits immédiatement après la guerre, tous les détenus n'ont pas vécu de la même façon leur traumatisme. Les textes n'ont pas tous été rédigés pour la préservation de la mémoire ; ils incluent par exemple des documents de justice ou des déclarations destinées à l'obtention d'un soutien médical ou d'une indemnité. Tout le monde n'avait pas une mémoire photographique, et les mêmes faits pouvaient assurément être mémorisés différemment par les uns et les autres. En fait, chaque détenu, ayant été incarcéré dans telle ou telle partie du camp, ne s'était pas nécessairement rendu dans d'autres parties du camp, il n'avait pas tout vu, ne savait pas tout ou n'avait pas été forcément entièrement conscient de ce qui se passait à côté.

Tout le monde n'était pas pressé de raconter son histoire.

Je crains fort que certains de mes compagnons de détention aient pu avoir raison en me mettant en garde : « N'aborde pas le sujet, ils ne nous comprendront pas ; il faut y avoir été pour comprendre »[16]...

La cruauté ne peut être décrite, elle ne peut être représentée. On voudrait dire : Auschwitz se vit mais ne s'explique pas. C'est l'une des raisons pour lesquelles j'ai choisi de ne pas écrire sur ce sujet[17].

---

na podstawie relacji autobiograficznych, Varsovie, Wydawnictwo PAN, 1994 ; Barbara Szacka, « Historia i pamięć zbiorowa », *Kultura i społeczeństwo*, n° 4, 2003, p. 3-15, ainsi que quelques articles particulièrement pertinents de *Przegląd Socjologiczny*, vol. XLIK/2, 2000 : Barbara Szacka, « Pamięć zbiorowa i wojna », p. 1-28 ; Marcin Kula, « Pamięć o historii uwikłana w jej bieg », p. 29-50 ; Alina Cała, « Kształtowanie się polskiej i żydowskiej wizji martyrologicznej po II wojnie Światowej », *ibid.*, p. 167-180 ; Ewa Koźmińska-Frejlak, « Świadkowie Zagłady. Holokaust jako zbiorowe doświadczenie Polakó », p. 181-206 ; Sergiusz Kowalski, « Wobec Zagłady. O retoryce pamięci i zapominania », p. 207-227.

16. A. Gawalewicz (9225), « Z rozważań na temat oświęcimskiej problematyki moralnej », *Przegląd Lekarski – Oświęcim*, 1967, p. 46.

17. Bogusław Dąbrowski (18375), in Jacek Dąbrowski, *Nietypowy więzień Auschwitz-Birkenau*, Varsovie, Spectrum, 2010, p. 27.

Je ne lis pas les souvenirs de camp des autres. Voilà cinquante ans que je refuse les interviews, et je ne réagis pas aux enquêtes des chercheurs sur les camps de concentration allemands. Ils veulent des faits, toujours les mêmes, qui soient à charge des précédents vainqueurs, avilis par leur rôle de bourreau. « Vous ont-ils torturé(e) ? » – Bien sûr, et comment donc ! aurait-on envie de répondre… Des formulaires abstraits et manichéens. Des questions creuses. Il suffirait de couler le fumier de mes trois années de camp, d'y ajouter une pelletée de plâtre pour que l'historien puisse ériger une statue à la Abakanowicz, tout à fait adaptée à une exposition au musée. Ces formulaires mis à part, personne ne m'a posé de question. Ni mes proches, ni les autres. D'ailleurs, ils savaient tout et pouvaient résumer cette connaissance des camps de concentration en un seul mot : « terrible »[18].

Ainsi, de bien des récits, quelle que soit la façon dont ils furent écrits, se dégage une caractéristique : il devient parfaitement évident que le but premier de ces écrits était de transmettre les événements du camp, reléguant au second plan les moments de doute, les états d'esprit, les réflexions, les faiblesses ou les défaillances humaines qui fluctuent. Il est extrêmement révélateur qu'il n'existe pratiquement aucun mémoire fiable émanant d'anciens prisonniers investis de certaines tâches dans le camp ou assumant des fonctions « importantes » dont les actions – indépendamment de motivations aussi impérieuses que le désir de survivre – pouvaient décider si quelqu'un souffrirait ou mourrait.

Pour les événements traversés et vécus par tous, il n'existe cependant pas d'autres sources que les mémoires, récits et histoires des anciens prisonniers mentionnés plus haut. C'est seulement là qu'un historien peut chercher des informations. Et, très souvent, ces textes constituent une source étonnamment

---

18. Marian Pankowski (46333), *D'Auschwitz à Bergen-Belsen*, traduit du polonais par Yolande Lamy, Lausanne, L'Âge d'homme, 2000, p. 17-18.

fiable pour ce type de recherches : les dates, faits et lieux ne sont peut-être pas toujours précis, mais on ne peut se méprendre sur le ressenti.

Contraint de choisir entre plusieurs sources, je me suis donc d'abord intéressé aux témoignages et publications trouvés dans les archives du musée d'État d'Auschwitz-Birkenau. Ce sont des témoignages très inégaux. Certains servirent souvent à déterminer le statut de l'ancien prisonnier dans le camp afin d'évaluer sa capacité à témoigner dans les procès d'après-guerre. Ce sont généralement de brèves retranscriptions, décrivant succinctement le cours des événements vécus dans le camp, mentionnant certains Kommandos*, ainsi que des rencontres avec tel ou tel SS. D'autres témoignages sont des réponses aux questions posées par des enquêteurs, lesquels en général étaient aussi chargés d'inscrire ces réponses. Cela constitue toujours une sorte de filtre de l'information, qui rend difficile leur interprétation. Heureusement, ces interviews se déroulèrent à une époque où de nombreux rescapés travaillaient encore sur le lieu de mémoire, de sorte qu'ils en ont méthodiquement analysé la teneur, et que les réponses à ces questions fondamentales ont été dûment rédigées et appréhendées. Par ailleurs, les témoignages avaient le plus souvent pour objectif de déterminer des faits, des dates et des chiffres, plutôt que d'exprimer des sentiments personnels. On trouve un nombre considérablement plus élevé de réflexions personnelles dans l'immense collection de publications déposées dans ces mêmes archives. Dégagées de toute entrave, ces publications, généralement assez longues, contiennent bien davantage de réflexions personnelles et dénotent parfois de nettes aspirations littéraires. Elles furent souvent rédigées pour des concours, en réponse à des appels lancés par le musée. Il en résulte une source extrêmement diversifiée, dont il est aussi difficile de comparer le contenu que les auteurs eux-mêmes.

La collection des publications – les premières datant de 1946-1947 jusqu'aux plus récentes rédigées par les rescapés qui ont vécu le plus longtemps – constitue un très appréciable complément aux sources d'archives. Elles ont été publiées dans divers pays, souvent à compte d'auteur. Certes, je n'ai pas eu accès à l'ensemble de ces documents. Précisons que de tels éléments sont d'autant plus importants qu'ils contribuent à combler les lacunes des archives du musée, créé à l'ère communiste, qui se caractérisent par une surreprésentation des sources polonaises[19].

> *Je reviens à l'idée que, outre une certaine rareté des sources documentaires, les récits et mémoires personnels fournissent une information particulièrement significative sur ce que les gens vécurent dans les camps de concentration. En effet, comment saisir autrement les réactions émotionnelles et rationnelles de milliers de personnes entassées dans la gigantesque machine de mort ? Certainement pas à travers le texte sec, abstrait, ennuyeux, en grande partie statistique, d'un manuel scolaire intitulé* Camps de concentration[20].

Cela ne signifie pas, cependant, que tout témoignage ou toute publication apporte une information utile au présent ouvrage. En aucun cas. Nombre d'entre eux sont tellement axés sur la description de la machine du camp que l'histoire personnelle de l'auteur s'estompe. C'est pourquoi je n'ai mentionné dans la bibliographie que les documents cités dans le corps du livre, bien conscient que la liste aurait pu être plus fournie si j'avais réussi à trouver la moindre remarque bien argumentée et étayée concernant des expériences humaines. Mais à vrai dire, ce n'est pas sur ce point que se sont focalisés la plupart des rescapés lorsqu'ils ont écrit leurs témoignages. C'est pour cette unique raison que la bibliographie de cet ouvrage exclut de nombreux mémoires de rescapés et récits

19. Dans mes précédents travaux historiques, je n'ai jamais autant souffert de ne pas maîtriser le yiddish ou l'hébreu.

20. A. Gawalewicz (9225), *Reflections*, *op. cit.*, p. 16.

d'archives précieux ou connus qui, pour l'essentiel, confirment les points de vue exprimés dans les sources d'autres anciens détenus que j'ai cités.

Tout le monde n'était pas capable de décrire son expérience sous forme de livre, tout le monde ne savait pas comment trouver un éditeur. Et surtout, la plupart des déportés à Auschwitz y furent assassinés. En un sens, ceux qui survécurent parlèrent au nom de ceux qui ne pouvaient plus parler.

> *Si la masse des gens qui ont perdu la vie pouvaient parler, les nombreux secrets de leurs tragiques expériences vécues dans cet enfer auraient été mis par écrit et inclus dans l'histoire du camp, parce qu'ils auraient dit la vérité sur les tortures, les sévices, l'angoisse, la douleur et la détresse insupportables qui survenaient lorsque les familles étaient séparées, et les mères séparées de leurs enfants, la souffrance physique et morale de la dignité humiliée. Les secrets de leur vécu et de leur martyre ont malheureusement été emportés avec eux*[21].

À cet égard, les comptes rendus écrits à Auschwitz même et enterrés dans le sol, constituent pour nous – les générations d'après-guerre – une source d'une valeur incomparable. Pourtant, les voix des rescapés demeureront toujours comme une voix unique parlant au nom de ceux qui n'ont pas survécu. Il y a là une difficulté d'analyse, et elle est inévitable aujourd'hui. Je demande donc au lecteur de ne pas être surpris si, dans ma description de l'aspect humain dans le camp, j'illustre de façon fragmentaire le sort de ceux qui furent sélectionnés pour emprunter la rampe de Birkenau (Auschwitz II*[22]) menant directement aux chambres à gaz. J'ai bien conscience que ce fut la majorité des victimes, environ 80 % d'entre elles. Mais les sources disponibles ne seront jamais assez nombreuses

21. Janina Lach-Kamińska (46223), Témoignages, vol. LXV, p. 115.
22. Tous les termes suivis par un astérisque sont expliqués dans le lexique pages 567 à 571.

pour réaliser une description monographique complète de ce que pensèrent et ressentirent les victimes, et de la façon dont elles survécurent.

Parmi les rescapés, plusieurs auteurs se sont risqués à décrire de façon plus structurée des expériences et des choix humains, les divers parcours « professionnels » de leur vie de prisonnier et les stratégies de survie dans le camp. Il s'agit principalement d'écrivains comme Viktor Frankl[23], Hermann Langbein[24], Primo Levi[25], et probablement l'auteur au travail le plus érudit et le plus consciemment objectif, le témoin Elie Aron Cohen[26], ainsi que – du point de vue polonais – Anna Pawełczyńska[27]. Ces auteurs ont dressé des typologies de comportements humains généralement associés à certaines fonctions des prisonniers. Cette littérature m'a toujours fortement marqué, mais je souhaitais également approfondir le sujet. Il a fallu investir plusieurs centaines d'heures d'entretiens avec les très rares rescapés encore en vie et, surtout, plusieurs années à étudier les sources d'archives accessibles. Et ce, parce que le traumatisme subi par les auteurs mentionnés plus haut entravait – et c'était très tangible dans chacun des cas – une séparation délibérée entre l'expérience personnelle et la source de départ.

En ce qui concerne la méthode de travail, j'ai d'abord privilégié, dans les récits des rescapés, les thèmes qui correspondaient au sujet des émotions et expériences humaines. J'ai identifié ces

23. Plus particulièrement, Viktor E. Frankl (119104), *Découvrir un sens à sa vie avec la logothérapie* (traduit de l'anglais par Clifford J. Bacon et Louise Drolet, Montréal, Les Éditions de l'homme, 2006), bien que ce ne soit pas son unique texte traitant du sujet.

24. H. Langbein (60355), *Hommes et femmes à Auschwitz*, *op. cit.*

25. P. Levi (174517), *Si c'est un homme*, *op. cit.*

26. Elie A. Cohen (150634), *Human Behavior in the Concentration Camp*, New York, W. W. Norton, 1953.

27. J'ai utilisé surtout ses publications les plus récentes : Anna Pawełczyńska, *Values and Violence. A Sociological Analysis*, traduit du polonais en anglais par Catherine S. Leach, Berkeley, University of California Press, 1979.

thèmes, les ai notés et comparés, en fonction de ce que j'avais appris au cours d'entretiens avec les rescapés, ainsi que dans des textes antérieurs sur le sujet, lesquels sont en l'occurrence étonnamment rares. J'ai rassemblé des citations provenant de ces sources qui semblaient convenir le mieux et, souvent de la façon la plus représentative, à la trentaine d'aspects présupposés de la vie au sein du camp d'Auschwitz. Il faut d'ailleurs souligner que le nombre de ces aspects a évolué. Certains ont été regroupés, d'autres séparés, et j'en suis parfois arrivé à la conclusion qu'une nouvelle catégorie devait être ajoutée. À certains égards, j'ai ressenti les limites des sources mentionnées plus haut (les sujets n'étaient pas tous traités dans les mémoires, et les prisonniers n'en faisaient pas tous état), mais une analyse approfondie et une attention plus soutenue aux sources m'ont permis d'établir des liens qui n'avaient rien d'évident au premier abord. Alors, seulement, je me suis attelé à la structure du livre. Je me rends compte que le livre ne couvre pas chaque facette de la vie intérieure de l'être humain – anthropologues et psychologues pourraient soulever cette objection. J'ai considéré uniquement les aspects pour lesquels je disposais d'une documentation suffisante, permettant une analyse des sources afin de fournir une description générale. J'ai tenté d'emblée de limiter ma voix, la réservant à des fins d'organisation, de complément et de soutien. Je n'y suis pas toujours parvenu.

La première chose qui me vient à l'esprit lorsque je tente d'expliquer le problème que pose l'utilisation des remarques d'autres personnes en guise de commentaires sur un sujet donné serait le modèle de certaines écoles de cinéma documentaire, dans lequel une dizaine ou une quinzaine de témoins ou d'experts créent le récit de base, tandis que le réalisateur se contente d'apporter ordre et cohésion à l'ensemble. De même, la méthode polyphonique, bien qu'elle recoure le plus souvent à moins de sources que ne le fait ce livre, est parfois employée dans des histoires dites orales. Dans un monde qui m'est plus proche – celui des publications sur Auschwitz –, il importe de signaler que j'ai puisé l'inspiration dans les analyses fondées sur des questionnaires préparés et rassemblés par la revue *Przegląd Lekarski – Oświęcim*[28] (1961-1991) de Cracovie, ainsi que dans les méthodes qui font intervenir un important groupe de lycéens et d'étudiants pour décrire les déportations de Łódź[29], et dans l'anthologie de témoignages compilés par Lyn Smith[30]. Dans une certaine mesure, mes publications antérieures[31], quoique d'un style différent – parce que j'y ai établi une nette distinction entre mes opinions et les déclarations des témoins en cantonnant les premières à l'introduction – ont, elles aussi, constitué un point de référence méthodologique. D'une façon générale, je me suis efforcé d'adopter un récit – peut-être comme un médiéviste – où les sources (en l'occurrence des témoins oculaires) parlent le plus fréquemment, sans toutefois priver le livre de ses indispensables atouts critiques, méthodologiques et techniques. J'espère seulement que les historiens spécialisés dans l'analyse des sources apprécieront ici cette difficile mais, semble-t-il, incontournable approche polyphonique.

Toujours à propos des sources historiques, je voudrais avouer mon principal point faible. C'est un problème caractéristique

28. Voir une description de la méthodologie de cette approche : Jagoda, Kłodziński (20019) et Masłowski, *Oświęcim*, *op. cit.*, p. 21-25.

29. *Europa według Auschwitz. Litzmannstadt Ghetto*, édité par Marek Miller, Oświęcim, musée d'État d'Auschwitz-Birkenau, 2009.

30. Lyn Smith, *La Voix des survivants, les témoignages d'hommes, de femmes et d'enfants qui ont vécu l'Holocauste*, traduit de l'anglais par Jean-Charles Provost, Paris, Presses de la Cité, 2007.

31. En particulier *Początki Auschwitz w pamięci pierwszego transportu polskich więźniów politycznych*, Oświęcim, musée d'État d'Auschwitz-Birkenau, 2015 ; *Zagłada w pamięci więźniów Sonderkommando*, Oświęcim, musée d'État d'Auschwitz-Birkenau, 2015 ; *Marsz śmierci w pamięci ewakuowanych więźniów Auschwitz*, Oświęcim, musée d'État d'Auschwitz-Birkenau, 2016 ; *Sny obozowe w pamięci ocalałych z Auschwitz*, Oświęcim, musée d'État d'Auschwitz-Birkenau, 2016 ; *Rampa w pamięci Żydów deportowanych do Auschwitz*, Oświęcim, musée d'État d'Auschwitz-Birkenau, 2016.

de tout chercheur qui se consacre à l'étude de la Shoah et des camps de concentration, même si bien peu l'admettent. Il n'est pas au monde d'historiens spécialistes de ces sujets qui puissent déclarer dans leurs publications avoir personnellement étudié toutes les sources disponibles. Non pas parce que ces sources sont tellement abondantes et dispersées, mais plutôt parce que personne n'a une maîtrise suffisante de toutes les langues utilisées dans les récits (yiddish, hébreu, polonais, ladino, allemand, hongrois, russe, slovaque, tchèque, ukrainien, flamand, français, néerlandais, italien, grec, ainsi que plusieurs autres langues balkaniques), maîtrise qui elle seule leur permettrait d'étudier la totalité des sources primaires existantes. Et, à ce jour, très peu de ces textes ont été traduits. Ce problème affecte aussi mon travail. Compte tenu de mes limites linguistiques, j'ai dû me concentrer sur les récits écrits ou traduits en polonais, français ou anglais, et dans une bien moindre mesure sur des sources écrites en allemand, tchèque ou italien, ce qui influe incontestablement sur la qualité de cet ouvrage. Par ailleurs, je l'ai précisé, les limites linguistiques n'ont pas empêché des centaines d'historiens de formuler des conclusions absolument fondamentales sur l'histoire d'Auschwitz. Je pense qu'un jour, toutes les sources historiques sur ce sujet seront traduites en une seule langue universelle, très probablement l'anglais, et que les générations futures pourront mener leurs débats en sachant qu'elles disposent de toutes les archives à leur disposition.

Je ne suis pas psychologue de métier, et je n'ai jamais aspiré à le devenir. J'ai les compétences d'un historien. Dans ce livre, j'ai tenté d'éviter toute approche de type psychanalytique et ai fondé mon analyse uniquement sur une méthodologie de la recherche historique. Aussi, que ceux qui ont creusé dans les arcanes de la psychologie me pardonnent de m'être délibérément abstenu d'empiéter sur leur territoire. C'est à vous qu'il revient d'explorer ces aspects spécifiques.

S'il est permis de demander quoi que ce soit au lecteur, ce serait de rejeter la tentation – si naturelle soit-elle – de juger ou même d'évaluer les comportements, les sentiments ou les émotions. Nous autres, de la génération d'après-guerre, qui n'avons pas subi Auschwitz, ne pouvons percevoir qu'à un degré très limité ce que furent les grands facteurs, à peine compréhensibles aujourd'hui, qui conditionnèrent le ressenti et les actes des personnes dans cet *anus mundi**. La vision de la caverne au livre VII de *La République* de Platon est peut-être la meilleure description de notre incapacité, après la guerre, à appréhender ce que signifiait être derrière les barbelés d'Auschwitz.

Enfin, dans les sources citées en notes, je me suis efforcé, partout où cela était possible, d'ajouter le matricule du rescapé après son nom. Il ne s'agit nullement d'une nouvelle tentative de remplacer l'identité d'une personne par des numéros. À Auschwitz, contrairement à de nombreux autres camps, les matricules étaient uniques ; autrement dit, les numéros des prisonniers morts n'étaient pas réutilisés. Ils sont donc porteurs de plusieurs informations, ne serait-ce que la date de l'arrivée au camp – particulièrement importante parce que les conditions ont considérablement évolué au cours du temps, par exemple entre 1941 et 1943. Il permet aussi d'identifier des personnes qui changèrent de nom après la guerre, point déterminant pour ceux qui émigrèrent en Israël et adoptèrent de nouvelles identités, ou pour les femmes mariées qui, plus tard, publièrent leurs mémoires sous leur nouveau nom de famille.

On m'a un jour demandé quel objectif je poursuivais dans cette entreprise. Je répondrais franchement qu'il y en a deux : banal et transcendantal. Le premier est que les gens s'entretuent un peu moins. Je ne crois pas au slogan « Plus jamais ». Mais si nous parvenons un tant soit peu à réduire l'ampleur des massacres, les efforts que j'ai fournis pour transmettre cette mémoire n'auront pas été vains. Le second objectif porte sur la vie après la mort. Un jour, je quitterai ce monde et – quelle que soit la façon dont nous imaginons l'au-delà – je me tiendrai debout sur le seuil. M'y accueilleront les regards d'un million trois cent mille personnes. Je voudrais être capable de soutenir ces regards et ne pas être contraint de baisser les yeux.

C'est à eux tous – un million trois cent mille personnes dont j'ai tenté de retracer les chemins spirituels, émotionnels et humains – que je dédie ce livre.

LE CHOC INITIAL

> *La plupart des publications qui évoquent l'aspect psychologique des épreuves des camps de concentration nazis décrivent la première impression des prisonniers nouvellement arrivés comme un « choc », une « secousse », un « ahurissement », etc. Ces termes ne peuvent être ni écartés ni contestés, ne serait-ce que parce qu'il n'y en a pas d'autres... J'en ai parlé avec beaucoup de mes compagnons d'infortune et presque tous ont écarté les mots « choc » et « secousse », et toute autre expression verbale. C'était cela mais en même temps, c'était tout à fait autre chose. Mais quoi ?... comme si j'avais été catapulté sur une autre planète. Je me souviens parfaitement d'une chose : les premières questions que je me pose, ce sont : qu'est-ce que ce monde*[1] *?*
>
> *Chaque jour, à chaque moment, j'apprenais quelque chose de nouveau sur ce camp, et sur les gens qui s'y trouvaient. J'avais l'impression d'avoir été transféré sur une autre planète, habitée par une humanité différente, avec sa propre civilisation et ses propres règles sociales*[2].

Est-il possible que dans un même univers puissent coexister deux mondes totalement opposés, irréconciliables et entièrement

1. Szymon Laks (49543), *Musique d'un autre monde*, Paris, Mercure de France, 1948, réédité sous le titre de *Mélodies d'Auschwitz*, traduit du polonais par Laurence Dyèvre, Paris, Cerf, 1991, p. 34-35.
2. Leo Bach (A-19723), [*Testimonies*], USHMM Collection, 2010.159, p. 276.

différents ? Aussi absurde que cela puisse paraître, Auschwitz confirme résolument que ce fut le cas. L'humanité est capable de créer des civilisations, des cultures, des sociétés, tout comme elle est capable de créer le contraire de tout cela. Un antimonde, ou du moins un monde complètement différent.

Nous vivions dans un monde distinct, créé par des surhommes[3].

Nous nous sentons hors du monde[4].

Car l'arrivée d'un convoi à Auschwitz constituait un passage dans un autre monde[5]. C'est plus ou moins ainsi que le présente chaque récit, chaque mémoire. Et cela ne peut être attribué à la prétendue déréalisation, symptôme qu'on rencontre dans le monde normal[6]. En effet, l'arrivée au camp était le transfert physique dans une autre dimension, inattendue et inimaginable, inconnue de presque tout ce qui est humain – dans un monde différent en tout[7]. Les normes considérées comme les piliers de l'humanité dans le monde précédent semblaient ne plus exister.

Au fil du temps, nous découvrîmes que nous avions pénétré dans un monde doté de nouvelles règles pour le comportement humain – si

3. Tadeusz Niedzielski (423), Publications, vol. LXXVI, p. 36.
4. P. Levi (174517), *Si c'est un homme*, *op. cit.*, p. 28.
5. Le thème du franchissement de la frontière entre Auschwitz et le monde extérieur est évoqué dans presque tous les récits des témoins. J'en ai traité dans deux livres fondés sur l'analyse de nombreux récits : *Początki Auschwitz*, *op. cit.*, et *Rampa w pamięci Żydów*, *op. cit.*
6. Voir Antoni Kępiński, « Oświęcimskie refleksje psychiatry », *Przegląd Lekarski – Oświęcim*, 1964, p. 9.
7. Examinant des rescapés d'Auschwitz après la guerre, le professeur Antoni Kępiński, conclut sur la base de ses observations : « C'était un monde différent, aussi différent que le monde du psychotique », « Oświęcimskie refleksje psychiatry », *op. cit.*, p. 8-9. Il faut remarquer qu'il s'agit là d'un diagnostic psychiatrique de l'expérience d'un monde véritablement différent, le traitant uniquement sur un plan analogique. Pour une analyse de ces éléments, voir Masłowski, *Oświęcim. Cmentarz świata*, *op. cit.*, p. 31-51.

on peut l'appeler humain. Au début, il n'y avait rien qu'on puisse qualifier de « bien » ou de « mal » dans le camp. Cela ressemblait davantage à un jeu de chasseur chassant sa proie, l'une des parties voulant détruire, l'autre cherchant à survivre[8].

La sidération, déjà présente dans les toutes premières minutes, indique clairement non seulement l'incapacité à nommer ce nouveau monde, mais également à identifier les nouvelles règles auxquelles on pourrait s'adapter[9]. *Et il faut rappeler que, parmi ceux qui arrivaient là, bon nombre avaient déjà été affectés par une guerre impitoyable qui touchait les civils à une échelle sans précédent dans l'histoire des hommes, avaient connu la prison, subi des interrogatoires, reçu des coups, souffert dans d'autres camps, ou avaient dû faire face au tragique isolement et à la faim dans les ghettos. Ces personnes étaient beaucoup plus familiarisées que nous autres lecteurs de ce livre avec l'inhumanité de ce conflit et avec ce dont les nazis étaient capables.*[9]

Ainsi, la prison était horrible, mais son « horreur » était encore compréhensible. L'horreur du Lager, *en revanche, était incompréhensible, elle dépassait les limites de l'imagination*[10].

On avait beau avoir été habitués à souffrir dans les camps précédents, personne n'était préparé aux spectacles d'horreur et à la

8. Konstanty Piekarski (4618), *Escaping Hell*, Toronto, Dundurn Press, 1989, p. 15.

9. M. Chylińska (44685) en propose une parfaite analyse à partir de son propre exemple : « Avançant tel un automate dans le macabre de l'inconnu, je remarquai quels éléments de ces étranges nouveautés mon système nerveux, dépendant comme il l'était de la causalité, pouvait tolérer, permettant ainsi la création de nouvelles structures vagues et à peine visibles. Dans ces conditions, la connaissance était dépourvue des relations nettes entre l'état du savoir et l'information émanant de quelques constellations de nouveaux phénomènes « au-delà de la croyance ». Cela déstabilisait l'équilibre des structures cognitives, en dépit du psychisme qui s'efforçait de maintenir la stabilité comme dans tout organisme vivant, et retardait considérablement le « déclenchement » des processus régulateurs nécessaires à la réorganisation totale des modèles internes existants ». Mieczysława Chylińska (44685), « Wokół mechanizmów samoobrony psychicznej », *Przegląd Lekarski – Oświęcim*, 1982, p. 206.

10. A. Gawalewicz (9225), *Reflections*, *op. cit.*, p. 34.

cruauté des traitements qui nous attendaient ici... Mon séjour à Auschwitz fut un cauchemar. C'était un monde différent, un lieu doté de sa propre vie[11].

Il faut bien comprendre que les gens qui arrivaient au camp avaient, en général, déjà beaucoup souffert. C'est ce qui ressort du récit d'un médecin sélectionné pour assister le docteur Mengele dans sa recherche pseudoscientifique. Il avait donc eu accès aux médicaments saisis dans les bagages des victimes Juives de toute l'Europe :

Les personnes arrivant de différents points de l'Europe, le nom des médicaments qu'ils amènent ainsi que leur emploi sont inscrits dans la langue de leur pays d'origine. J'ai beaucoup de mal avec ceux de langue grecque, polonaise, tchèque et hollandaise. Je mentionne comme curiosité que la grosse majorité des médicaments trouvés appartiennent au groupe de sédatifs nerveux. Ceci caractérise l'état nerveux du judaïsme persécuté de l'Europe[12].

L'initiation ou, en d'autres termes, l'entrée dans une autre réalité est par sa nature même difficile à transmettre. Lorsqu'on évoque le passage d'un monde normal, familier, réglé par des principes, à un monde où le nom même de certains phénomènes ne peut être énoncé avec certitude, il devient impossible de décrire le problème dans sa totalité. Ne disposant que d'un langage imparfait, on ne peut expliquer à quelqu'un qui a été élevé dans un monde de mots et de concepts définis une chose qui échappe totalement à ces catégories. Le message perd son sens lorsque les concepts sont compris différemment, lorsqu'ils sont utilisés pour décrire ce monde différent. L'analogie ne peut servir – et c'est là une conclusion importante – de méthode pour décrire des mondes radicalement différents.

---

11. Hana Greenfield (matricule inconnu), *Fragments of Memory. From Kolin to Jerusalem*, Jérusalem, Gefen Publishing House, 1998 [1990], p. 26.

12. Miklós Nyiszli (A-8450), *Médecin à Auschwitz. Souvenirs d'un médecin déporté*, traduit et adapté du hongrois par Tibère Kremer, Paris, Julliard, 1961, p. 78.

Le fait que j'éprouve des difficultés à me souvenir de mes premières impressions en pénétrant à Auschwitz me semble très significatif. Je pense que ce souvenir était tellement douloureux qu'il a été inconsciemment refoulé, et me le remémorer devient un réel problème[13].

Les récits de presque tous les rescapés insistent donc sur cette première phase d'initiation. Dans de nombreux témoignages, les premières heures et les premiers jours sont très détaillés et occupent une place disproportionnée, souvent un quart ou un cinquième de l'ensemble.

La plupart des détails dont je me souviens datent de ce premier jour[14].

Ce premier jour, même s'il dépendait, dans une certaine mesure, des expériences de guerre antérieures et des connaissances générales sur le nazisme, était bien davantage tributaire de l'imagination, de la capacité à remettre en question les certitudes du monde normal et de la faculté à en tirer des conclusions. La puissance de cette collision avec la réalité d'Auschwitz se grava en profondeur dans la mémoire des rescapés – paradoxalement, ils éprouvèrent souvent des difficultés à l'exprimer dans leurs récits.

Personne ne connaissait un tel endroit. Nous connaissions Oświęcim, mais pas Auschwitz[15].

Nous étions dans un camp de concentration. Avant la guerre, j'avais lu des textes sur les camps de concentration, mais je n'aurais jamais imaginé que je me retrouverais moi-même dans un tel camp[16].

---

13. Felicia Berland Hyatt (38307), *Close Calls, Memoirs of a Survivor*, Washington (DC), United States Holocaust Memorial Museum, 2000, p. 85.
14. B. Dąbrowski (18375), in Dąbrowski, *Nietypowy więzień Auschwitz-Birkenau*, *op. cit.*, p. 17.
15. Józef Paczyński (121), Témoignages, vol. C, p. 94.
16. Jan Komski (564), Témoignages, vol. LXXI, p. 57.

Percevoir le camp de concentration comme une « usine de la mort » dépendait dans une large mesure de la constitution psychologique de la personne qui arrivait, ainsi que de la façon dont elle avait été préparée. Le même phénomène serait perçu d'une façon par des prisonniers qui avaient été torturés et interrogés, et d'une autre façon par ceux qui avaient été pris dans une rafle de rue, et d'une troisième façon encore par ceux qui avaient été transportés jusqu'aux limites de l'endurance dans des wagons à bestiaux hermétiquement clos[17].

Incontestablement, la différence la plus marquante se manifesterait rapidement selon le mode de transport utilisé pour acheminer la victime. Les perceptions n'étaient pas les mêmes pour une personne seule déportée à la suite d'une rafle dans la rue, ou après une période d'emprisonnement, ou pour une famille entière, ou encore pour une personne qui ne se doutait pas que le sort de sa famille serait scellé après la sélection pour les chambres à gaz, dans les tout premiers instants au camp. Et là encore, indépendamment des circonstances, personne ne pouvait être préparé à l'autre monde, celui qui l'attendait à l'intérieur, au-delà des portes du camp. Parce qu'on était arraché non seulement à ce qu'on aimait, mais aussi à ce que l'on connaissait.

Je n'étais absolument pas préparé à mon arrivée au camp de concentration, au gazage de ma famille dès notre arrivée, à l'éventuelle imminence de la mort, en sorte que ma première réaction fut une peur brutale face à une réalité inéluctable. Je pense que c'était la réaction de ceux dont les attentes ne correspondaient pas à la réalité, en d'autres termes, à la plupart des nouveaux arrivants[18].

---

17. Jadwiga Apostoł-Staniszewska (26273), citée in Ryn et Kłodziński (20019), « Śmierć i umieranie w obozie koncentracyjnym », *Przegląd Lekarski – Oświęcim*, 1982, p. 72.

18. Elie A. Cohen (150634), « Reakcja początkowa na osadzenie w obozie koncentracyjnym », *Przegląd Lekarski – Oświęcim*, 1965, p. 29. Du même auteur, *Human*, *op. cit.*, p. 115 *sq*. L'auteur distingue trois phases dans la psychologie d'un prisonnier : réaction initiale dans la première phase, adaptation dans la deuxième et résignation dans la troisième.

Ces premiers moments d'une grande brutalité, au cours desquels les déportés prenaient conscience de ne plus être des personnes, où la démonstration soudaine et inattendue que les règles et lois établies ne signifiaient plus rien et où toutes les habitudes morales et les normes éthiques profondément ancrées n'existaient plus – ces premiers moments provoquaient une très forte dissociation cognitive qui déstabilisait non pas tant l'estime de soi que tout un système de valeurs, depuis les racines jusqu'à ses ramifications.

Les cervelles sont comme paralysées et imperméables à tout ce que l'on entend. On ne sait plus, plus rien, on ne comprend plus[19].

Je croyais vivre un cauchemar. Tout, autour de moi, semblait irréel, tellement contraire à ce que j'avais vécu, sans point de comparaison, que j'étais prêt à croire que brusquement j'allais me réveiller et me retrouver ailleurs, dans des conditions habituelles de vie[20].

Nous ressentions une peur paralysante. Comment croire que tout ce que nous vivions était réel et que l'on pouvait ainsi traiter des êtres humains[21].

Un choc suivait l'autre, en une succession rapide depuis notre arrivée en cet endroit et au suivant tandis que nous continuions à marcher[22].

J'espère que tout ceci n'est qu'un affreux cauchemar. Je vais bientôt me réveiller. Le cauchemar va se dissiper. Mes frères seront à

19. Henri Bulawko (130494), *Les Jeux de la mort et de l'espoir. Auschwitz-Jaworzno*, Paris, Amicale des anciens déportés Juifs de France, 1954, p. 61.
20. Nicolas Roth (A-17140), *Avoir 16 ans à Auschwitz. Mémoire d'un Juif hongrois*, Paris, Le Manuscrit, 2011, p. 201.
21. Helena Dunicz Niwińska (64118), *Les Chemins de ma vie : souvenirs d'une violoniste de Birkenau*, traduit du polonais par Alexandre Dayet, Oświęcim, musée d'État d'Auschwitz-Birkenau, 2021, p. 45.
22. Louis Fynaut (185590), *I Survived Auschwitz and Buchenwald. Memoirs of a Belgian Survivor of Nazi Concentration Camps*, s.l., 2014, p. 117.

mes côtés. Nous serons dans un monde libre. Mais le cauchemar continue[23].

À l'arrivée, ce qu'on captait aussitôt, c'était les hurlements. Avant même l'ouverture des portes du wagon, les cris des SS se mêlaient aux aboiements des chiens. Les cris se rapprochaient le long du train, de plus en plus forts, jusqu'au déverrouillage des boulons et à l'ouverture des portes. Ces cris sont restés gravés dans la mémoire de tous ceux qui ont mis par écrit leurs récits. Ce n'était pas une coïncidence, cela faisait partie d'une procédure[24]. Et ce n'est guère difficile à comprendre. Lorsqu'une personne pénètre dans l'inconnu, sa réaction naturelle est de rechercher des informations sur la situation ou des indications sur les règles en vigueur. Dès qu'elle percevait les hurlements et les aboiements des chiens, elle comprenait immédiatement qu'il était vain de compter sur quelque dialogue ou indications que ce soit : il n'y avait personne vers qui se tourner.

Personne ne comprend pourquoi une garde si sévère. Pourquoi un accueil si menaçant ? À quelle fin ? Qui sommes-nous, qu'il faille nous opposer la force des armes et la férocité des chiens ? Nous sommes pourtant venus au travail, en hommes paisibles et tranquilles[25].

Les SS criaient principalement en allemand. Pour des personnes qui avaient vécu sous occupation allemande, cette langue était associée à la brutalité.

---

23. Ruth Minsky Sender (55082), *The Cage*, New York, Simon & Schuster Books for Young Readers, 1997, p. 151.

24. On trouve une bonne analyse de la déshumanisation infligée par les organisateurs des camps de concentration in Marek T. Frankowski, *Socjologiczne aspekty funkcjonowania hitlerowskich obozów koncentracyjnych 1939-1945*, Varsovie, GKBZHNP, 1996, p. 100-119.

25. Załmen Gradowski (matricule inconnu), « Premier manuscrit », in Załmen Gradowski, *Au cœur de l'enfer : document écrit d'un Sonderkommando d'Auschwitz, 1944*, traduit du yiddish par Batia Baum, Paris, Kimé, 2001, p. 73.

Ceci s'accompagne de cris aigus, cet outil de terreur mentale qu'est l'association de la voix humaine avec la langue allemande[26].

Lorsqu'un convoi arrivait au camp, il ne s'agissait pas de faire comprendre les mots. Il s'agissait d'intimider et, avant tout, de dissuader les victimes de tenter de communiquer avec leurs persécuteurs. Ainsi, dès le tout début, un abîme se creusait entre deux mondes, sans la moindre possibilité de communication entre eux autre que des ordres directs d'avancer rapidement dans telle direction, de se mettre en file dans telle position et pas dans une autre – sans possibilité de répondre.

Tous ces mouvements étaient accompagnés des SS et des kapos hurlant comme des bêtes sauvages. Même ceux d'entre nous – fort rares – qui savaient l'allemand ne pouvaient comprendre les instructions transmises sous une telle forme*[27].

Les Allemands hurlaient, nous ne savions vraiment pas ce qui se passait. Plusieurs d'entre nous furent copieusement battus faute d'avoir compris ce qu'ils devaient faire[28].

Outre les cris des hommes et les aboiements des chiens, toute possibilité d'analyser la situation était également bannie par la précipitation imposée en tout. Quelqu'un qui agit à la hâte, à un rythme peu naturel, est désorienté, perd la capacité d'établir une corrélation entre des éléments spécifiques, d'observer ou de prendre le temps de réfléchir.

Nous ne comprenions pas encore que nous étions arrivés au pays du « vite, plus vite, encore plus vite »[29].

---

26. August Kowalczyk (6804), *Le Refrain des barbelés*, t. 2, traduit du polonais par André Giaro, Oświęcim, musée d'État d'Auschwitz-Birkenau, 1998, p. 110.
27. Bogumił Antoniewicz (517), Témoignages, vol. LXXIV, p. 161.
28. Jan Zdebik (378), Témoignages, vol. CXXXIX, p. 39.
29. Charles Naparstek (65710), *J'ai vécu l'extermination des Juifs d'Europe au « Canada »*, Saint-Cloud, Transversales, 2008, p. 45.

Pourquoi sont-ils tous si bruyants ? Pourquoi hurlent-ils si fort contre nous en permanence ? Pourquoi tout doit-il se faire dans une telle précipitation, sans la moindre dignité, dans une atmosphère de peur et de terreur ? Pourquoi nous frappent-ils immédiatement sur la tête uniquement parce que nous ne savons pas quoi faire le moment d'après, ni comment nous comporter ? Pourquoi personne ne prend-il le temps de nous expliquer ? Pourquoi préfèrent-ils, par colère, frapper les gens parce qu'ils n'ont pas obéi à un ordre qui risquait d'impliquer quelque chose de désagréable et douloureux ? Je ne pouvais le comprendre et pourtant, je devais m'adapter – ou sinon, maltraité et battu, je finirais parmi ces cadavres gisant à côté des marches. Était-ce donc tout cela, être envoyé dans un camp de concentration ? J'étais trop terrifié pour penser à quoi que ce soit[30]*...*

Comme je l'ai dit, on n'avait pas le temps de penser. Dans ces situations, on se sent déboussolé, hors du monde[31].

Il en résultait une totale stupéfaction[32], causée par l'évidente incapacité à recevoir une explication ou une information, tout en étant manipulé comme une marionnette dans une direction inconnue et dans un but inconnu. Les SS renforçaient ainsi chez leurs victimes le sentiment de perte totale d'estime de soi. Le monde était désormais divisé en surhommes et, au-dessous d'eux, les sous-hommes entièrement assujettis. Même pour ceux qui ne percevaient pas de manière consciente qu'ils pénétraient dans un autre monde, cela déclenchait panique et frayeur.

---

30. Tadeusz Sobolewicz (23053), *But I Survived*, traduit du polonais en anglais par Witold Zbirohowski-Kościa, Oświęcim, musée d'État d'Auschwitz-Birkenau, 2011, p. 83.

31. Shlomo Venezia (182727), *Sonderkommando. Dans l'enfer des chambres à gaz*, traduit de l'italien par Béatrice Prasquier, Paris, Albin Michel, 2007, p. 61.

32. Pour une intéressante analyse de ce choc initial, voir E. A. Cohen (150634), « Reakcja... », doc. cité, p. 28-31.

À ce jour, le seul mot qui me semble caractériser la première période de ma détention à Auschwitz est « terreur ». Une terreur si forte que vous ne pouvez pratiquement pas arrêter de trembler[33].

Le processus d'admission lui-même était conçu de façon à intimider et brutaliser le prisonnier, à lui faire bien comprendre qu'en franchissant les portes du camp, il perdait tous ses droits – pour autant qu'il arrive en vie jusqu'aux grilles[34].

Le mode de réception au camp des convois de prisonniers n'évolua guère avec le temps[35] ; il incluait toujours menaces, cris et brutalités afin de bien montrer l'autorité sans limite des SS ; en d'autres termes, la division du monde entre surhommes et créatures d'apparence humaine.

L'arrivée des convois de victimes Juives de la Shoah différait des autres convois de façon fondamentale. Dans leur cas, la spécificité d'Auschwitz, et qu'on ne retrouve dans aucun autre camp de la mort, est que les sélections étaient effectuées dès l'arrivée[36]. Au sein du groupe, nettement plus important, de ceux qui étaient condamnés à être assassinés immédiatement (enfants, personnes âgées, malades, infirmes et handicapés) était sélectionné un groupe plus restreint, en général ceux qui, âgés de quatorze à trente-cinq ou quarante ans, étaient en bonne santé et jugés aptes au travail – ils étaient dès lors considérés

33. A. Gawalewicz (9225), *Reflections*, *op. cit.*, p. 41.

34. Jerzy Skotnicki (125762), « Zeznania w sprawie karnej członków byłej załogi SS [IPN GK 196/89] », in *Chronicles of Terror. Auschwitz-Birkenau*, vol. V : *Life in the Factory of Death*, Varsovie, Instytut Solidarności i Męstwa im Witolda Pileckiego (Institut Witold Pilecki pour la Solidarité et les Valeurs), 2019, p. 78.

35. Voir Tadeusz Iwaszko, « Reasons for Confinement in the Camp and Categories of Prisoners », in *Auschwitz 1940-1945. Central Issues*, vol. II : *Transport au camp, accueil, inscription et marquage des prisonniers*, *op. cit.*, p. 15-39.

36. Il faut préciser ici qu'il y eut aussi dans ce camp des convois qui ne firent l'objet d'aucune sélection et où tous les arrivants furent envoyés directement dans les chambres à gaz.

comme prisonniers du camp. Dès qu'une famille entière avait quitté le wagon, les jeunes étaient très vite séparés des vieux, les femmes et les enfants des hommes. Peu de gens savaient alors qu'ils voyaient pour la toute dernière fois la plupart des membres de leur famille. Bien peu parmi eux furent capables de dire au revoir d'une quelque manière, de se toucher, de se regarder dans les yeux ou même de prononcer un mot. Les pères avec leurs enfants, les femmes avec leurs maris… Ce fait allait longtemps peser de façon incommensurable dans la mémoire de ceux qui survécurent aux sélections.

Les femmes avec les enfants d'abord, ce sont les plus las. Les hommes ensuite. Ils sont aussi las, mais ils sont soulagés qu'on fasse passer en premier leurs femmes et leurs enfants. Car on fait passer en premier les femmes et les enfants[37].

Cris ! « Les hommes par ici, les femmes là-bas ! » Leon disparaît de mon champ de vision. Je tiens Rysia par la main. Elle est blanche comme un linge. De l'autre côté, il y a Regina, la sœur de Leon. « Restons ensemble », supplie-t-elle[38].

Je n'ai pas dit adieu à ma mère. Je n'ai pas dit adieu à ma sœur[39].

Je n'ai pas eu la chance de dire au revoir à ma mère. Je n'ai pas même eu la chance de verser une larme. Ce jour-là, quatre-vingts membres de ma famille ont été assassinés dans les chambres à gaz de Birkenau[40].

Je ne me rappelle plus si j'ai eu la chance [d']embrasser [ma mère], et je ne savais pas que c'était la dernière fois que je la voyais, ou que je sentirais l'amour qu'elle me portait. Ce fut la dernière chose que

---

37. Charlotte Delbo (31661), *Auschwitz et après*, t. I : *Aucun de nous ne reviendra*, Paris, Éditions de Minuit, 1970, p. 7.
38. Miriam Harel (matricule inconnu), *Teraz już możesz płakać…*, Ustronan, Szalom, 2016, p. 123.
39. Nate Leipciger (133628), *Le Poids de la liberté*, traduit de l'anglais par Lise Viens, Toronto, Fondation Azrieli, 2017, p. 75.
40. Murray Kohn (77355), *Weep Tears of Blood*, Margate (NJ), ComteQ Pub, 2010, p. 35.

nous savons de notre mère, qui alla à la mort avec les autres mères et leurs petits enfants chéris[41].

Les récits de chaque Juif mentionnent le traumatisme de n'avoir pas dit au revoir à leurs proches entre la sortie du wagon et la sélection. Pour toutes ces personnes, ce moment marqua la fin définitive de leur première famille. D'autres, pour autant qu'ils le pourraient, commenceraient à reconstruire une autre vie après la guerre.

Après l'incompréhensible confusion de la sélection à ce moment-là, qui conduisait la plupart d'entre eux à penser qu'ils n'étaient que temporairement séparés de leurs proches, ceux qui étaient sélectionnés pour « le camp » étaient emmenés à la *Sauna** – les étuves ou douches. Là, tous les convois, pas seulement ceux des Juifs, subissaient la même procédure routinière d'accueil au camp.

La salle de douches constituait l'étape suivante de déshumanisation des victimes, les privant de toute intimité et de leurs caractéristiques propres les plus importantes. Une personne peut avoir sa propre sphère intime et personnelle, mais un objet ne le peut. Sous prétexte d'éliminer les parasites et de prévenir les infections, les victimes étaient contraintes de se déshabiller en public et de se faire raser le corps tout entier. Ce fut une expérience extrêmement traumatisante, en particulier pour les femmes – sur ce point, tous les récits concordent[42]. Aujourd'hui, au XXIe siècle, où la nudité est omniprésente, il semble difficile d'imaginer à quel point elle était déshumanisante dans la culture et le sens moral de l'époque, ainsi que dans le contexte religieux, notamment celui du milieu orthodoxe qui la proscrit littéralement.

41. Zsuzsanna Fisher Spiro (A-12396), *In Fragile Moments*, Toronto, Fondation Azrieli, 2016, p. 11.

42. Sur les diverses façons dont les femmes étaient humiliées à Auschwitz, voir Kłodziński (20019) et Masłowski, « Poniżanie godności więźniów w Oświęcimiu-Brzezince », *Przegląd Lekarski – Oświęcim*, 1983, p. 82-85.

Il était encore plus humiliant d'être rasée que de se tenir nue devant Mengele. On nous avait dit que nous allions être épouillées et rasées. Je me demandai : « Pourquoi dois-je être épouillée ? Nous sommes des gens propres, civilisés et cultivés[43] *! »*

On nous ordonna de nous déshabiller. Ensuite la douche, puis on nous coupait les cheveux et on nous rasait devant les SS et les prisonniers du Kommando des coiffeurs. Être nue en public pour la première fois était quelque chose de terrible pour nous. Ils ne nous épargnèrent rien. Nous perdîmes toutes nos illusions, à supposer qu'il nous en restât[44].

Non seulement, la nudité en public était traumatisante, mais également le fait de voir de près la nudité de personnes de tous âges.

J'avais le sentiment que le monde tournoyait ; la honte coulait dans mon corps, de mon front jusqu'à mes orteils. Je n'avais jamais vu de personnes nues, ni dans la vie réelle, ni dans des livres ni dans des films. Étions-nous tous devenus fous[45] *?*

Voir un être nu et dépourvu de tout poil. Quelle étrangeté ! Il devient physiquement un autre personnage, presque inconnu[46].

Autre problème : la participation d'hommes à ce processus, qu'il s'agisse des SS, qui faisaient souvent des plaisanteries crues sur les formes des femmes, ou des prisonniers contraints de couper les cheveux ou de raser les corps. Pour les femmes d'alors, dont bon nombre se déshabillaient dans le noir même devant leur mari, l'idée était inconcevable.

---

43. Olga Horak (matricule inconnu), *Auschwitz to Australia*, Sydney, Kangaroo Press, 2000, p. 41. Dans ce cas précis, la victime était déjà complètement déshabillée pour subir la sélection.

44. Wiktoria Klimaszewska (25993), Témoignages, vol. XV, p. 4.

45. Erica Jacoby (A-18273), *I Held the Sun in My Hands. A Memoir*, Bloomington, Author House, 2004, p. 50.

46. S. Alizon (31776), *L'Exercice de vivre*, *op. cit.*, p. 115.

Les SS des deux sexes vinrent[47]*...*

Plusieurs femmes se mirent à sangloter pitoyablement, certaines au bord de l'hystérie[48].

Des hommes attendaient avec des tondeuses. Mon cœur se serre. De la tête aux pieds : bras levés, jambes écartées. Certaines se mettent à pleurer, alors que d'autres sont prises de petits rires nerveux[49].

L'un d'eux rasait les aisselles et le pubis avec une lame émoussée, un autre « nettoyait » ces parties du corps avec un produit désinfectant. Le fait que des hommes fussent affectés à ces tâches faisait partie du jeu pervers des Allemands qui voulaient humilier les nouvelles arrivantes. J'entendis cependant un murmure : « N'ayez pas peur. Nous sommes désolés. » Mais il était impossible de ne pas avoir peur ! Nous étions même terrifiées ! Ces deux détenus se comportaient avec dignité, mais leur présence nous humiliait. En ce temps-là, la nudité n'était pas exposée – ni sur les plages, ni dans les magazines, ni à la télévision[50].

D'abord ma tête, puis sous les bras et enfin, entre mes cuisses. Il ne s'intéressa pas à mes sourcils[51].

Je sentis mon sang bouillir devant une telle violation de ce qui m'était le plus intime, en un instant, je serrai les jambes l'une contre l'autre et me couvris la poitrine de mes bras. Notre garde SS me frappa avec la crosse de son fusil et rugit : « Jambes écartées et laissez-les vous raser ! » Et, à ce moment-là, je perdis toute dignité et sentiment de honte[52].

---

47. *Ibid.*, p. 116.
48. Ruth Mermelstein (A-5878), *Beyond the Tracks*, New York, K'hal Publishing, 1998, p. 82.
49. Liliane Badour (75127), in Esrail (173295), *L'Espérance d'un baiser*, *op. cit.*, p. 90.
50. H. Dunicz Niwińska (64118), *Les Chemins de ma vie*, *op. cit.*, p. 45-46.
51. Hedi Fried (matricule inconnu), *The Road to Auschwitz. Fragments of a Life*, Lincoln, University of Nebraska Press, 1997, p. 83.
52. Elisa Springer (A-24020), *Milczenie żywych. W cieniu Auschwitz, opowieść o śmierci i zmartwychwstaniu*, Oświęcim, musée d'État d'Auschwitz-Birkenau, 2001, p. 72.

Pour couronner le tout, il y avait là un miroir et je pouvais constater la rapidité avec laquelle mes cheveux tombaient sur le sol. J'avais l'impression d'avoir été dépouillée de tout, comme si j'avais été exposée nue et transformée en ver de terre. Par cette action, ils m'ôtèrent toute estime de moi-même[53].

Certaines femmes souffrirent des conséquences d'un tel traitement parfois jusqu'à la fin de leur vie. Plus la victime était traditionnelle, orthodoxe et baignée d'une culture prohibant la nudité, plus le traumatisme fut profond. Le récit suivant est celui d'une femme sinté concernant le camp et ses latrines, qui décrit comment son peuple fut détruit par la violence avec laquelle furent brisés ses plus grands tabous.

Il fallait… en face, côte à côte… La plupart étaient malades. C'était si terrible. Les femmes se couvraient le visage d'un morceau de tissu, mais c'était terrible. L'un de nos plus grands tabous était brisé. Ce n'était pas une façon normale de se soulager, mais une torture et une insulte à notre peuple. Ils coupèrent tous nos cheveux, tous nos poils sous les bras et ceux du pubis. Les mêmes cisailles étaient aussi utilisées pour raser la tête, la barbe. Ce sont des choses qui, lorsqu'on en parle, même aujourd'hui, continuent à faire très mal. Par la suite, lorsque j'ai travaillé à la Sauna *et que j'ai vu ma grand-mère qui tenait le petit devant elle, comme cela, je me suis détournée. Je savais à quel point c'était gênant pour elle, devant son petit-fils. Les femmes devant leurs grands fils, et les hommes, nus devant leurs filles – il ne peut exister de plus grand tourment*[54].

Revenons au déroulement de l'accueil des nouveaux convois : les conséquences des tabous brisés n'étaient pas toujours seulement d'ordre psychologique. Utilisant un tube de verre, l'un des

53. Sophie Machtinger (matricule inconnu), [*Memories of My Experiences*], USHMM Collection, RG-02.012*01, p. 49-50.

54. Otto Rosenberg (Z-6084), *A Gypsy in Auschwitz*, traduit en anglais par Helmut Bögler, Londres, London House, 1999, p. 64-65.

médecins SS versa une poudre dans les organes génitaux d'une fillette manouche[55] âgée de onze ans. Ce faisant, il profana sa virginité. Les graves conséquences de cet acte gratuit affectèrent la fillette pour le reste de sa vie ; elle avait été élevée dans les traditions orthodoxes liées à la culture rom et continua à vivre selon ces traditions :

> *Quand ce fut mon tour, le médecin m'a demandé : « Es-tu vierge ? » Je ne savais pas ce que c'était. Une femme manouche, à côté de moi, lui a dit : « Vous voyez bien que c'est une enfant… » […] Mais surtout, ayant été déflorée, je n'ai jamais pu me marier*[56].

Ensuite, de nouveau, ce n'était pas seulement la pudeur personnelle ou l'orthodoxie d'une éducation morale qui aggrava le traumatisme du processus brutal d'initiation. L'âge était aussi un facteur. Les jeunes filles, encore adolescentes, n'ayant aucune expérience de la nudité ou des contacts intimes entre hommes et femmes étaient particulièrement affectées[57]. Le premier texte est celui d'une jeune fille alors âgée de treize ans, le second d'une fillette de douze ans.

> *J'avais probablement plus honte à cet âge que les femmes adultes, qui pouvaient être plus indifférentes*[58].

> *Quel horrible sentiment ce fut d'être nue sur un tabouret devant tous ces jeunes gens pendant qu'on vous coupe les cheveux et qu'on vous rase le corps. Si quelqu'un résistait, les SS appliquaient un fer chauffé au rouge sur le corps nu, les forçant*

55. Terme français désignant les Sinté.
56. Cécile Chambon, d'après le témoignage de Gervaise Schmitt (Z-9872), *Les oubliés d'Auschwitz*, Vaux-le-Penil, Editeal, 2012, p. 24-25.
57. Voir Wanda Witek-Malicka, *Dzieci z Auschwitz-Birkenau. Socjalizacja w obozie koncentracyjnym na przykładzie Dzieci Oświęcimia*, Cracovie, Nomos, 2018, p. 120-121.
58. Judith Jaegermann (71502), [*Memories of My Childhood in the Holocaust*], USHMM Collection, 1999, A.0281, p. 6.

ainsi à bondir sur le tabouret. Des femmes s'évanouissaient de peur ou de honte[59].

Après que nous nous fûmes déshabillées, nos corps furent profanés. Des hommes, détenus eux aussi, rasaient nos têtes et chaque portion de peau où poussaient des poils. Il était extrêmement dégradant et déshumanisant de m'exposer devant tous ces hommes et d'être touchée par des hommes. Nous avions été des femmes protégées et innocentes ; se retrouver nues devant des hommes fut pour nous une expérience dévastatrice[60].

Des scènes similaires se déroulèrent également dans le vestiaire situé près de la chambre à gaz, comme le raconte Marcel Nadjari, ancien détenu et membre d'un *Sonderkommando**.

Les petites filles étaient gênées, elles ne voulaient pas se déshabiller et pleuraient de honte, mais pas parce que, dans quelques minutes, elles seraient mortes puisqu'elles ne le savaient pas encore[61].

Pour toutes les femmes, ce passage à la *Sauna* constitua un point de rupture. Nombre d'entre elles, qui étaient très pudiques, ne seraient plus jamais les mêmes. Et ce, en dépit du fait que, par la suite, au camp, elles devraient souvent être nues pendant les appels et pendant les multiples opérations d'épouillage, elles devraient souvent dormir nues serrées les unes contre les autres et bien que le spectacle de cadavres nus cesserait de produire la moindre impression sur elles, et qu'elles verraient et entendraient quantité de vulgarités et d'obscénités, ce fut ce premier moment dans la *Sauna* qui les brisa. Au point que, dans certains récits – certes peu nombreux, mais marquants –, c'est tout l'événement qui est passé sous silence. Certaines femmes garderaient le silence sur ce sujet pendant de nombreuses années. Cependant, les femmes qui s'exprimèrent déclarèrent toutes

59. Anna Kowalczykowa (27658), Témoignages, vol. XIX, p. 65.
60. Rosalie Lebovic Simon (20629), *Girl in a Striped Dress*, Margate (NJ), ComteQ Publishing, 2014, p. 27.
61. Marcel Nadjari (119116), Publications, vol. CIC, p. 48.

sans équivoque que ce fut pour elles un processus d'avilissement et d'objectification d'une indicible violence.

> *Quel choc, quel choc profond ! Que dire de l'intense sentiment de fragilité, de vulnérabilité, éprouvé par tous ceux qui ont vécu une telle dégradation de leur être, si totale, si rapide, si brutale. Quel choc ! Quel effroyable choc ! Quelle profonde offense faite à chacun de nous. En cette nudité nous ressentions l'angoissante précarité de nos vies*[62].

> *La souffrance causée par ma confusion s'ajoute à la plus grande gêne jamais ressentie. Abasourdie, je suis incapable de prononcer un mot. Ces événements singuliers sont incompréhensibles. Que se passe-t-il ici ? Pourquoi ? Pourquoi tout cela*[63] *?*

L'impact sur l'estime de soi de ces femmes fut immédiat. Le premier témoignage émane d'une fillette âgée de douze ans, le second d'une jeune fille de quinze ans et le troisième d'une femme d'une quarantaine d'années.

> *Nous, les filles, une fois rasées partout, têtes, aisselles, pubis, ressemblions toutes à des singes*[64].

> *Nous ressemblions à des épouvantails ou à des vieux clowns tristes*[65].

> *Nous ressemblions à des clochardes*[66].

La dimension collective de l'humiliation de ces femmes n'effaçait pas le caractère individuel de leur expérience.

---

62. S. Alizon (31776), *L'Exercice de vivre*, *op. cit.*, p. 116.
63. S. Feniger (matricule inconnu), *Short Stories*, *op. cit.*, p. 85.
64. J. Jaegermann (71502), [*Memories of My Childhood in the Holocaust*], doc. cité, p. 6.
65. Dora Goland-Blaufoux (80593), *Un présent qui s'accroche à moi*, Paris, Librairie académique Perrin, 2007, p. 90.
66. Aurelia Pollak (4777), *Three Years of Deportation*, Raanana, DocoStory Publishers, 1999 [1996], p. 18.

Tout cela pouvait-il être vrai ? Était-il possible que cela m'arrive à moi ? Mon esprit semblait dissocié de mon corps, comme si je me regardais de l'extérieur et ne reconnaissais pas le grotesque personnage que j'étais devenue.[67]

Je couvre mon corps aussi vite que possible. Avec les vêtements qu'on m'a donnés, je couvre non seulement ma nudité, mais également ma honte et mon humiliation[68].

La pudeur n'appartient qu'à l'être humain et découle de la conscience du bien et du mal. Chez la femme, elle se confond avec le sentiment de la propreté et de la dignité. Ôtez la pudeur et ces deux vertus cardinales disparaissent d'elles-mêmes[69].

C'étaient les mêmes processus avilissants dans l'accueil des hommes arrivés par convois. Les témoignages des hommes indiquent cependant des expériences bien moins traumatisantes dans la *Sauna*, que ce soit pour des raisons psychologiques, ou du fait d'une familiarité culturelle acquise avec la nudité masculine à l'école ou à l'armée. D'une façon générale, ces récits, ne s'attardent pas sur ce sujet, limitant souvent les descriptions à quelques phrases ou indiquant tout au plus un certain malaise.

Arrive le moment de nous déshabiller. Je n'ai jamais fait cela devant des étrangers et je répugne quelque peu à le faire. Mais on ne me permet pas de traîner[70].

Des femmes en uniformes de SS s'approchèrent. Deux d'entre elles commencèrent à sélectionner les hommes les plus beaux, puis elles se campèrent devant eux et, avec une cravache se mirent à jouer avec leurs parties intimes. Le tout accompagné d'éclats de rire.

67. E. Springer (A-24020), *Milczenie żywych*, *op. cit.*, p. 73.
68. S. Feniger (matricule inconnu), *Short Stories*, *op. cit.*, p. 86.
69. Zofia Kossak (64491), *Du fond de l'abîme, Seigneur*…, traduit du polonais par Jean de Plater Syberg, Paris, Albin Michel, 1951, p. 101.
70. Moshe Ha-Elion (114923), *The Straits of Hell. The Chronicle of a Salonikan Jew in the Nazi Extermination Camps Auschwitz, Mauthausen, Melk, Ebensee*, Mannheim, Harrassowitz Verlag, 2005, p. 15.

Ce qu'elles faisaient humiliait considérablement les détenus et blessait non seulement leur dignité, mais également le simple sens d'humanité. Telle était véritablement l'intention de ces femmes SS[71].

Après la confiscation de toutes les affaires, souvenirs, alliances, médailles, photographies, qui pourraient évoquer le monde d'autrefois, après avoir remplacé les vêtements de chacun par des tenues rayées ou quelques haillons de remplacement, « le tout sans poches[72] », ce qui suivait (du moins à partir de 1942), c'était le tatouage du numéro de détenu. Dans leurs récits, indépendamment de la souffrance physique, les rescapés mentionnent toujours comment ils furent dépouillés des derniers vestiges de leur identité et de leur dignité humaines[73].

Puis, mon tour est venu. J'ai présenté mon bras. J'ai reçu le matricule 1-4-3-4-2-5. À partir de ce moment, je savais que c'était mon nom. J'avais beau être passé par un ghetto puis un camp de travail, tout aussi sordides l'un que l'autre, jamais je n'aurais cru que mon corps serait un jour marqué d'un numéro. Maintenant, j'avais réellement l'impression d'être un esclave[74].

J'avais emprunté différentes identités en fuyant les nazis, mais désormais, je n'en avais aucune. Je n'étais plus une personne, juste un numéro[75].

… le numéro 172649 signifiait que j'étais désormais officiellement la propriété du Troisième Reich[76].

71. Godel Anani Chmura (141960), *Droga życia. Czyli rzecz o przetrwaniu*, Tel-Aviv, Etzbeoni Publishing, 2002, p. 50. Il faut préciser que les témoignages sur des surveillantes SS se comportant ainsi sont relativement rares.
72. S. Alizon (31776), *L'Exercice de vivre*, *op. cit.*, p. 118.
73. Sur ce sujet, voir Kłodziński (20019) et Masłowski, « Poniżanie godności więźniów », art. cité, p. 76.
74. Felix Opatowski (143425), *L'Antichambre de l'enfer*, traduit par Lise Viens, Fondation Azrieli, 2013, p. 47.
75. Susan Beer (82589), [*To Auschwitz and Back: an Odyssey*], USHMM Collection, RG-02.144, p. 23.
76. Pierre Berg (172649), *Scheisshaus Luck*, New York, American Management Association, 2008, p. 56.

Voilà comme un simple nom devenait un simple numéro, un détenu de plus[77].

Par nature, ces processus de déshumanisation, associés à de terribles menaces et accompagnés, outre les coups, de meurtres plus ou moins brutaux de plusieurs personnes sous le regard des autres, privaient rapidement les nouveaux arrivants de la capacité de réfléchir clairement, de réagir normalement, et souvent de ressentir certaines émotions. C'était la première étape, pour les arracher à leur propre monde et les plonger dans le monde du camp de concentration – première étape de la conversion d'une personne en un être d'un camp de concentration.

Nous étions tous hébétés, abasourdis par ce que nous traversions. C'était totalement scandaleux, tout simplement incroyable. Un individu normal pouvait-il appréhender cela ? On ne nous donnait pas le temps de réfléchir, nous étions constamment battus, poussés et bousculés. Autour de moi, certains pleuraient, si silencieusement qu'on aurait dit que seule leur âme pleurait[78].

Les femmes qui avaient franchi les portes de cette enceinte seulement quelques heures plus tôt et dont l'apparence avait changé au point qu'elles étaient méconnaissables restaient les mêmes personnes, dans leur corps seulement. Elles n'avaient plus la même personnalité. Leur esprit, tout comme le mien, a été brisé. Je le sais, je ne suis plus la même[79].

Ici, de nouveau, il faut considérer la spécificité des convois Juifs et des gens qui, sur cette rampe, virent leurs proches pour la toute dernière fois. C'était encore à la *Sauna*, ou peu après

77. Thomas Geve (matricule inconnu), *Survivant d'Auschwitz. J'ai eu 13 ans en camp de concentration*, traduit de l'allemand par Agnès Tribel, Paris, Jean-Claude Gawsevitch Éditeur, 2011, p. 70.
78. Ester Friedman (A-26615), *Daleka droga do domu*, Cracovie, Ambrozja, 1997, p. 74.
79. S. Feniger (matricule inconnu), *Short Stories*, *op. cit.*, p. 87.

en être sortis, qu'ils commençaient pour la première fois à se poser des questions sur leur sort… Conformément aux ordres qu'ils avaient reçus, les SS donnaient généralement aux détenus des réponses évasives : ils verraient leur famille en temps voulu et ils ne devaient pas s'en inquiéter pour le moment. Mais il arrivait que l'un d'eux en dise davantage.

D'autres, clairement et cyniquement montraient le ciel et se contentaient de dire : « Ils sont emmenés au camp H. » Ensuite ils expliquaient que le H désignait le Himmel, *qui signifie le ciel*[80].

Cette créature me dit maintenant que tous ces gens – femmes, mères, petits frères et petites sœurs – nous ont quittés pour aller à la mort. Je ne le crus pas encore, pas plus que je ne compris, mais je pouvais voir les cheminées, et elles crachaient furieusement[81].

Des gens qui brûlent ! Il faut être vraiment fou pour dire de telles choses[82].

« J'ai perdu mes enfants, Rifkele, dit soudain Tola à travers ses larmes. Ils me les ont pris. Je les ai perdus. » Elle enfouit sa tête dans la poitrine de Rifkele, hurlant comme un animal blessé[83].

Me voyant dans cet état [en larmes après avoir découvert ce qui se passait à l'issue de la sélection], le prisonnier plus âgé me dit : « J'étais comme ça moi aussi le jour de mon arrivée, mais lentement, je m'y suis habitué, tout comme tu t'y habitueras, toi et tous les autres. Tu verras et tu apprendras des choses pires que celle-là, mais tu t'y habitueras, tu t'habitueras à tout, et cela ne te fera plus aucun effet. Tout le monde ici devient insensible, et on ne pense à rien d'autre que ce qu'on pourra trouver à manger, et à fumer une

80. Teréz Mózes (matricule inconnu), *Staying Human Through the Holocaust*, Calgary, Canada University of Calgary Press, 2004, p. 109.
81. Mel Mermelstein (A-4685), *By Bread Alone. The Story of A-4685*, Los Angeles, Crescent Publications, 1979, p. 113.
82. Maxi Librati (145922), *145922*, Jérusalem, Ktav Publishing House, 2008, p. 46.
83. R. Minsky Sender (55082), *The Cage*, *op. cit.*, p. 154.

cigarette. Ici, malheureusement, on est tous temporaires, autant le comprendre[84]. »

Nous savions qu'Auschwitz était un camp de la mort, que les gens y étaient tués, mais quelque chose comme cela, c'était inimaginable. Qui pourrait concevoir quelque chose d'aussi macabre ? Brûler des personnes jeunes, en bonne santé ? Les femmes réagissaient de diverses façons, les unes criaient, devenaient hystériques, d'autres pleuraient, bon nombre, tout simplement, n'y croyaient pas. Elles pensaient que ces hommes essayaient seulement de nous faire peur. Et moi, qu'est-ce que j'ai ressenti ? J'avais quatorze ans et demi et je ne voulais pas mourir, mais je n'ai pas pleuré. Maman non plus. Elle me regardait et me caressait les cheveux, je ne sais pas à quoi elle pensait, ses yeux étaient vides, comme morts ; plus tard, j'allais voir de tels regards chez bien des femmes[85].

Comme le passage à la *Sauna* de ceux qui étaient sélectionnés pour le camp durait à peu près aussi longtemps que l'extermination du premier groupe sélectionné pour une mort immédiate, lorsque les gens sortaient de la *Sauna*, ils sentaient souvent l'odeur douceâtre des corps incinérés et voyaient une fumée noire s'échapper des bâtiments qu'ils avaient d'abord pensé être de petites usines. Pour la plupart, c'était une odeur inconnue. Il faut rappeler que la crémation des corps était parfaitement étrangère aux traditions et aux lois du judaïsme, et parmi les chrétiens, pratiquée seulement par certaines confessions protestantes. Il y eut aussi des cas recensés de ceux qui, en sortant de la *Sauna*, entendirent, comme venant du sous-sol (du moins selon certains récits) les lamentations assourdies et les complaintes de milliers de femmes. Ces voix semblaient émaner de quelque part près des cheminées. Comme le déclara un rescapé :

84. Errikos Sevillias (182699), *Athens – Auschwitz*, traduit en anglais par Nikos Stavroulakis, Athènes, Lycabettus Press, 1983, p. 26.

85. E. Friedman (A-26615), *Daleka droga do domu*, *op. cit.*, p. 72. Ce témoignage décrit une situation où des femmes arrivées par un convoi de Płaszów furent détenues dans un baraquement. En réponse aux questions des femmes, quelques prisonnières leur dirent qu'elles allaient être gazées et brûlées.

Réel ou non, je sais que je me souviendrai toujours de ce moment, même si je devais vivre une éternité[86].

Ensuite, les nouveaux arrivants étaient menés aux baraquements, généralement pour une prétendue quarantaine[87]. Là, dès le début, avant de parvenir à un moment de calme, les surveillants de block les forçaient à faire de l'exercice (car eux aussi devaient prouver leur position dans la hiérarchie en tant que maîtres de la vie et de la mort). Ce n'est qu'après que les détenus pouvaient tenter de rassembler leurs idées et réfléchir à ce processus qui les faisait entrer dans un autre monde, inconnu, apparemment tout à fait irréel, réfléchir aussi à toutes les peurs et à tous les événements survenus depuis l'ouverture des portes du wagon.

Je ne savais pas ce qui allait m'arriver. Les deux premiers jours, je ne pensai à rien. Ni si j'allais travailler, ni à ce qui était arrivé à ma famille. Je n'étais ni vivant, ni mort. J'étais éreinté par le trajet et par le manque de nourriture, par tout ce que j'avais traversé. Je ne savais rien ; ne pensais rien. J'avais peur de tout. J'étais une pierre[88].

Les absents n'effleuraient même plus nos mémoires. On parlait encore d'eux – « qui sait ce qu'ils sont devenus ? » –, mais on se souciait peu de leur destin. On était incapable de penser à quoi que ce soit. Les sens étaient obstrués, tout s'estompait dans un brouillard. On ne se raccrochait plus à rien. L'instinct de conservation, d'autodéfense, l'amour-propre, tout avait fui[89].

---

86. Mietek Weintraub (matricule inconnu), *The Arrival. I Sought God in Hell*, Jérusalem, Penina Press, 2012, p. 135.
87. Voir Frankowski, *Socjologiczne aspekty funkcjonowania*, p. 27-33 ; Irena Strzelecka, « Quarantine on Arrival », in *Auschwitz 1940-1945. Central Issues*, *op. cit.*, vol. II, p. 45-50.
88. Isidore Greengrass (87224), *Judaism Is Indestructible*, New York, Jewish Heritage Project, 2002, p. 73-74.
89. Elie Wiesel (A-7713), *La Nuit*, Paris, Éditions de Minuit, 1958, p. 63.

Nous sommes devenus des automates, obéissant aux ordres en essayant de ne pas penser, pour pouvoir survivre encore quelques heures[90].

Nos premiers jours à Auschwitz nous frappèrent de stupeur. D'êtres humains distincts, ils firent de nous un troupeau d'animaux[91].

---

90. S. Venezia (182727), *Sonderkommando*, *op. cit.*, p. 90.
91. Andrey Pogozhev (1418), *Escape from Auschwitz*, Barnsley, Pen & Sword Military, 2007, p. 23.

ÉVALUER LES RÉALITÉS AU CAMP

L'autre monde, cependant, n'était ni anarchie, ni chaos. Il était lui aussi soumis à des règles et règlements stricts et rigoureux. La survie dépendait en grande partie de la familiarisation avec ces règles et de leur compréhension.

> *Le camp constituait un microcosme régi par des lois qui étaient d'étranges variations, parfois même de nobles sublimations des principes de loi, d'ordre et d'éthique, assez proches de ceux qui prévalaient dans une société normale*[1].

Les détenus de fraîche date d'un camp de concentration étaient initiés de façon quelque peu intelligible à ce concept peu après leur arrivée : soit officiellement, au cours de ce qu'on appelait des « discours de bienvenue », soit à travers les innombrables indices fournis par les codétenus plus anciens.

Ces indices permettaient de découvrir peu à peu l'existence de lois inconnues qui régissaient le monde du camp. Par exemple, franchissant la grille du camp où étaient inscrits les mots *« Arbeit macht frei* »*, une personne arrivée avec l'un des convois hongrois au cours de l'été 1944 avait entendu :

---

1. A. Gawalewicz (9225), *Reflections*, *op. cit.*, p. 46.

« Le dur labeur peut être assez déplaisant, mais, au moins, il n'est pas mortel[2]*. »*

Chaque allusion était une occasion de saisir au moins un fragment de ce qui, de prime abord, était inconcevable[3]. Les impressions retirées de ces premiers jours dans les baraquements, pendant les appels, pendant la quarantaine, lors du premier contact avec la mort omniprésente, avec la menace permanente du danger, avec l'injustice absolue de chaque blessure, physique ou psychologique, d'un côté semaient la terreur, de l'autre ouvraient l'esprit à une série de sensations qu'il fallait prendre en compte[4].

Les premiers jours à Auschwitz furent pour moi un terrible cauchemar[5].

Le camp… était un monde extrêmement bizarre et dangereux[6].

Il se produisait au camp des choses horribles que je suis totalement incapable de décrire[7].

2. Shari Lebovitz (39439), [*Shari: A True Story*], USHMM Collection, RG-02.007*01, p. 69.

3. Sur ce caractère inconcevable, voir M. Chylińska (44685), « Niektóre osobliwości bodźców Obozowych », *op. cit.*, p. 57-66. Du même auteur, « W kręgu reakcji obronnych », *Przegląd Lekarski – Oświęcim* (1984), p. 121-126.

4. Le camp perturbait brutalement l'harmonie naturelle entre l'individu et son environnement, des sensations extrêmes agressant les sens de la vue, de l'ouïe, du goût, de l'odorat, du toucher, et les sensations de la chaleur, du mouvement et du déplacement. M. Chylińska (44685) décrit ce vécu en ces termes : démence, terreur, abomination, bestialité, cruauté et criminalité dans « Niektóre osobliwości bodźców obozowych », art. cité, p. 57-66.

5. Zvi Helmut Steinitz (174251), *As a Boy Through the Hell of the Holocaust*, Constance, Hartung-Gorre Publishing House, 2009, p. 258.

6. Louis J. Micheels (117641), *Docteur 117641. Une mémoire de l'holocauste*, traduit de l'anglais par Catherine Wieder, Paris, Les Belles Lettres, 1990, p. 110. C'est l'opinion de sa femme Nora, qu'il rencontra au camp.

7. Karolina Mazurkiewicz (27279) apporta des témoignages au procès d'anciens membres de la SS [IPN GK 196/148], in *Chronicles of Terror. Auschwitz-Birkenau*, vol. VI : *The Fate of Women and Children*, Varsovie,

Le plus pessimiste des pessimistes n'aurait rien pu imaginer de plus épouvantable[8].

La vie avait perdu tout sens. Nous pouvions difficilement appréhender la réalité d'Auschwitz. L'horreur continuelle, c'est tout ce dont je me souviens[9].

Chaque jour apportait une autre horreur, inattendue[10].

Quand j'évoque les premières journées passées au camp, j'éprouve encore aujourd'hui un sentiment de terreur. Une terreur sans objet en quelque sorte, mais alimentée sans cesse par des faits étranges et dont je cherchais en vain le vrai sens[11].

Pour évaluer les situations les plus étranges, les plus extrêmes, les gens cherchent toujours un point de référence, que ce soit dans leur propre culture, dans les symboles et archétypes, ou dans leurs expériences passées. Chez nombre d'entre eux, la première chose qui leur venait à l'esprit, c'était tout simplement l'enfer.

Quand le convoi est enfin parvenu à Auschwitz, j'ai compris que, jusqu'à ce jour, je n'avais aucune idée de ce qu'on entendait par « enfer ». L'enfer est au-delà de la compréhension humaine[12].

Instytut Solidarności i Męstwa im Witolda Pileckiego (Institut Witold Pilecki pour la Solidarité et les Valeurs), 2019, p. 101. Ce sont là les propos d'une paysanne de la région de Zamość. J'aborderai par la suite dans ce livre l'impuissance propre aux paysannes dans ces conditions effroyables.

8. T. Geve (matricule inconnu), *Survivant d'Auschwitz*, *op. cit.*, p. 74.

9. Gizel Berman (matricule inconnu), *My Three Lives. A Story of Love, War and Survival*, Seattle, Niche Press Book, 1999, p. 73. L'autrice passa trois jours à Auschwitz et fut ensuite transférée au Stutthof.

10. Max Eisen (A-9892), *By Chance Alone. A Remarkable True Story of Courage and Survival at Auschwitz*, Toronto, Harper Collins, 2016, p. 91.

11. Olga Lengyel (25403), *Souvenirs de l'au-delà*, traduit et adapté du hongrois par Ladislas Gara, Perros-Guirrec, Le Bateau ivre, 1946, p. 58.

12. Helena Jockel (A-16501), *Nous chantions en sourdine*, traduit de l'anglais par Florence Buathier, Fondation Azrieli, 2015, p. 21.

Moins d'une semaine auparavant, nous étions dans notre ville. Désormais, nous vivions en enfer[13].

C'est cela l'enfer[14].

Si Theresienstadt était la porte de l'enfer, Birkenau était... l'enfer. Nous le comprenions enfin[15].

Je pensais que j'étais morte et que j'étais allée en enfer[16].

Quand j'étais enfant, pour me faire peur, mes parents me faisaient la longue liste de châtiments qui m'attendaient si je ne suivais pas les préceptes religieux : j'irais en enfer. Birkenau, c'est l'enfer[17]*...*

Ici, fondamentalement, nous sommes en enfer. Quand j'étais petite, on me disait que les méchants seraient brûlés, mais il y avait tant de bonnes personnes ici. Les enfants étaient brûlés d'abord. Personne ne m'avait parlé d'un tel enfer. Cela, je ne pouvais pas le comprendre ; les femmes assises à côté de moi – doctoresses, ingénieures, poétesses, artistes – ne comprenaient pas non plus ce qui se passait. Plus j'y pensais, plus j'avais mal à la tête. Je me souvenais des histoires de démons que j'avais lues ou entendues, mais rien de comparable aux cruautés inventées par les Allemands[18].

13. Rudolph Tessler (matricule inconnu), *Letter to My Children. From Romania to America via Auschwitz*, Columbia (Missouri), University of Missouri, 1999, p. 59.

14. P. Levi (174517), *Si c'est un homme*, *op. cit.*, p. 26.

15. Ruth Fayon (71503), *« Auschwitz en héritage. » De Karlsbad à Auschwitz, itinéraire d'une jeune fille dans l'enfer de la Shoah*, Neuchâtel, Alphil, 2009, p. 101.

16. S. Beer (82589), [*To Auschwitz and Back: an Odyssey*], doc. cité, p. 21.

17. Charles Papiernik (43422), *Unbroken. From Auschwitz to Buenos Aires*, traduit en anglais par Stephen A. Sadow, Albuquerque, University of New Mexico Press, 2004, p. 49.

18. E. Friedman (A-26615), *Daleka droga do domu*, *op. cit.*, p. 80.

Si invraisemblable qu'elle fût, cette nouvelle vie, dans ce nouveau monde, persistait. La première question qui se posait était alors : comment était-ce possible ? Ensuite, qu'allait-il arriver ? On pouvait nier la réalité, mais cela ne changerait pas cette réalité. Les clôtures de barbelés étaient toujours là, les kapos et les chefs de blocks continuaient à hurler, les appels incessants ôtaient encore toutes les forces d'une personne, et la faim devenait chaque jour de plus en plus insupportable.

Les « Zugangi » – les nouveaux prisonniers qui ne savaient pas « s'organiser* » – ignoraient comment et où se cacher ; ils se ridiculisaient en tentant de préserver leur dignité*[19].

Il était bien difficile dans les premiers jours passés au Lager *de connaître son organisation. Il y avait le choc profond des brutalités premières, les humiliations répétées. L'incrédulité devant les visions d'épouvante rencontrées à chaque pas. Notre raison avait-elle vacillé ? Ou ce monde de folie et de mort était-il réel*[20] ?

Ne connaissant ni ses lois ni ses coutumes, nous avions peur du camp[21].

Auschwitz a été pour moi un choc si épouvantable que mes souvenirs sur tout ce que j'y ai vécu sont comme enveloppés dans un brouillard. Tout le temps que j'y passais, j'avais l'impression que quelqu'un m'avait frappé sur la tête. Je fus longtemps incapable de comprendre que ce que j'avais vécu était bien réel[22].

Nous étions complètement hébétés. Nous ne comprenions pas ce qui se passait. Longtemps, nous fûmes désorientés. Nous ne pouvions réfléchir normalement. Il fallut de très nombreux mois pour

19. Sara Nomberg-Przytyk (matricule inconnu), *Auschwitz. True Tales from a Grotesque Land*, Chapel Hill, University of North Carolina Press, 1985, p. 13.
20. S. Alizon (31776), *L'Exercice de vivre*, *op. cit.*, p. 143.
21. Aleksander Drożdżyński (matricule inconnu), « Mały spokojny obóz », *Zeszyty Oświęcimskie*, n° 8, 1964, p. 35.
22. Zdenka Fantlová (matricule inconnu), citée in Langbein (60355), *Hommes et femmes à Auschwitz*, *op. cit.*, p. 67.

que nous réalisions ce qui s'était passé la nuit de notre arrivée à Auschwitz[23].

Il est difficile de vivre en sachant tout cela, difficile de vouloir vivre, difficile de travailler, difficile d'exister. J'avais le sentiment d'avoir perdu la raison. Au cours des premiers jours suivant mon arrivée, j'étais incapable de parler, de manger ou de dormir. J'avais seulement soif[24].

Comment pouvais-je exister dans un tel endroit ? Allais-je devenir l'un des nombreux squelettes que j'avais aperçus alors que nous longions la route principale ? Combien de temps pourrais-je tenir et que faudrait-il pour survivre ? Vivrais-je assez longtemps pour voir la fin de cette guerre, ou ferais-je un jour partie de la fumée[25] *?*

Ce n'est que peu à peu et avec beaucoup de mal que je commençais à saisir l'envergure de ce qui se passait. Ce n'était pas une difficulté statistique à obtenir des données et à connaître des faits, mais une difficulté psychique. Un combat d'acceptation, une sorte de refus de consentir arrivant jusqu'à nier la réalité. Mais cette réalité s'imposa à moi. Consentir, non, mais pas nier[26] *!*

Exactement, ne pas la nier. Ce qui comptait, c'était la durée pendant laquelle une personne s'efforçait de cesser de lutter contre la réalité, pour enfin admettre que ce qui semblait impossible non seulement existait, mais était en fait la réalité même dans laquelle cette personne devait agir, penser, exister et, surtout, lutter pour survivre.

On pouvait parvenir à des sentiments plus élevés une fois qu'on s'était habitué à la situation. Lorsqu'on réalisait que sa vie était

---

23. R. Tessler (matricule inconnu), *Letter to My Children*, *op. cit.*, p. 57.
24. Hadassah Rosensaft (52406), *Yesterday. My Story*, New York et Jérusalem, Yad Vashem et Holocaust Survivor's Memoirs, 2005, p. 30.
25. James Bachner (159942), *My Darkest Years*, Jefferson (N.C.), McFarland & Co, 2007, p. 159.
26. Raya Kagan (7984), *Des femmes au bureau de l'enfer*, traduit de l'hébreu par Fabienne Bergman, Paris, Association des fils et filles des déportés Juifs de France, 2020, p. 61.

désormais ici. Je ne sais pas quand je sortirai, mais tant que je suis en vie, je dois vivre comme si c'était normal. Une fois que les détenues savaient cela, l'acceptaient – alors elles pouvaient commencer à s'adapter. Pas immédiatement… Il fallait beaucoup de temps. Une fois que le choc était passé et que les conditions de vie avaient changé. Pour certaines, cela prenait deux ou trois semaines. Pour d'autres, plusieurs mois. Et puis, il y avait des femmes qui ne l'acceptèrent jamais[27].

Les premières réactions de révolte, bien sûr, arrivaient rapidement, dès les tout premiers contacts avec la nouvelle réalité, en analysant l'information première provenant des discours d'accueil ou des cris du chef de block.

Avant tout, je lui en voulais [au Lagerfüher* *Fritzsch] de dire que « la route vers la liberté ne passe que par la cheminée ». Non. C'était hors de question. Je supporterai tout. Vous ne m'aurez pas. Je dois rentrer chez moi. Je dois revoir les miens, ceux que j'aime. Je tremblais de tout mon corps, parce qu'une rébellion couvait dans mon âme – comme si je me faisais le serment de me battre et d'en sortir vainqueur*[28].

Trois mois de survie, ce n'est pas possible ! Que le régime soit dur, il l'admet, un bagnard est un bagnard. Mais que les Allemands s'amusent à nous faire périr, c'est un défi au bon sens, Pourquoi se priveraient-ils délibérément d'une main-d'œuvre gratuite ? Ce raisonnement, c'est la centième fois que je l'entends[29].

Pour la première fois de ma vie d'adolescent, j'étais en butte à un harcèlement et à des cris qui pouvaient m'être fatals. Ma vie était alors entièrement entre les mains des assassins SS[30].

---

27. Zofia Posmysz (7566), *Królestwo za mgłą*, Cracovie, Znak, 2017, p. 273.
28. Jan Dziopek (5636), Testimony in the Rudolf Höss trial [IPN GK 196/90], in *Chronicles of Terror*, *op. cit.*, vol. V, p. 59.
29. Sim Kessel (130665), *Pendu à Auschwitz*, Paris, Solar, 1970 [1974], p. 74.
30. Karl Littner (134626), *Life Hanging on a Spider Web. From Auschwitz-Zasole to Gusen II*, Norderstedt, Books on Demand, 2011, p. 201.

Les premiers signes d'opposition se fondaient ensuite sur les observations faites par les nouveaux détenus sur ce qui se déroulait autour d'eux. La configuration du camp de concentration, son rythme, en d'autres termes, les réalités qui ne pouvaient être rejetées intellectuellement du fait que leur présence était constamment tangible et omniprésente.

Auschwitz était un camp de concentration où le pensable et l'impensable coexistaient ; un îlot d'inimaginables contradictions extrêmes[31].

Tout y annonce l'étouffement, la promiscuité, la faim, la peur et, au bout, la mort[32].

Une mer de fange, une plaine de fange. Une folie glaciale, obscure, fangeuse. J'ai le sentiment d'être entrée dans une dimension où il n'y a rien d'humain, totalement ennemie de tout ce qui est humain, une dimension qui a englouti jusqu'à ses propres créateurs, devenue une mécanique glaciale, fangeuse et obscure, fatale et inexorable, surmontée d'une petite flamme que j'ai vue un instant briser au loin l'obscurité, comme si le ciel brûlait, et dont j'ignore encore ce que c'est[33].

La troisième source de résistance était la tentative de se définir face à la force de la terreur et les circonstances extérieures. Se posaient alors des questions fondamentales : qui suis-je, si ce qui arrive se produit véritablement ? Le fait que je ne sois plus un être humain dans ce monde est plus ou moins clair. Mais que suis-je devenu ? Un animal ? Suis-je devenu semblable

31. Z. H. Steinitz (174251), *As a Boy Through the Hell of the Holocaust*, *op. cit.*, p. 268.

32. André Balbin (41796), *De Lodz à Auschwitz en passant par la Lorraine*, Nancy, Presses universitaires de Nancy, 1989, p. 64.

33. Piera Sonnino (A-26699), *C'est arrivé : une famille italienne dans les camps*, traduit de l'anglais par Pierre-Emmanuel Dauzat, Paris, Armand Colin, 2008, p. 79.

à ceux qui se trouvent ici depuis longtemps, qui parlent et se comportent de façon si incompréhensible ? Un *Zugang* écrivit à propos des prisonniers vétérans :

> *J'observai leur physionomie – il y avait quelque chose d'animal en eux, quelque chose que je n'avais jamais vu auparavant sur des visages*[34].

Il apparut bientôt, cependant, que l'analogie avec les animaux, parfaitement naturelle, pour expliquer la déshumanisation, n'était plus appropriée dans la réalité observable et concrète.

> *Et pourtant, nous ne tardâmes pas à constater que même le niveau de vie d'un animal domestique était devenu pour nous un rêve inaccessible*[35].

> *Ma vie valait moins que celle de n'importe quelle bête de somme non protégée par la loi. La tuer et la torturer était non seulement permis, mais c'était un devoir digne de louanges*[36].

Et surtout, comme cette réalité rejetée d'emblée se voyait accorder le droit à l'existence, une tension nouvelle et intense surgissait dans l'esprit des prisonniers[37]. Plus les détenus acceptaient la réalité de l'environnement du camp de concentration,

34. Engelbert Fajkosz (37629), « Byłem numerem 37629 », in Romany Duracz, Engelberta Fajkosza et Czesława Nowaka, *Przekaz Oświęcimski* Varsovie, Instytut Pamięci Narodowej, 1986, p. 94.

35. Pelagia Lewińska (32292), *Vingt mois à Auschwitz*, Paris, Nagel, 1945, p. 48.

36. Azriel Feuerstein (37278), *The Tumbler*, Gateshead, Mirage, 2007, p. 131.

37. Sur la terreur comme instrument de domination, voir Andrea Devoto, « Psycholog społeczny wobec aparatu zbrodni hitlerowskich », in *Międzynarodowa Sesja Naukowa nt. Hitlerowskie Ludobójstwo w Polsce i Europie 1939-1945*, Varsovie, Główna Komisja Badania Zbrodni Hitlerowskich w Polsce, 1983 ; voir également Kazimierz Godorowski, *Psychologia i psychopatologia hitlerowskich obozów koncentracyjnych. Próba analiz postaw i zachowań w warunkach ekstremalnych obciążeń*, Varsovie, Akademia Teologii Katolickiej, 1985, p. 80-81.

plus la prise de conscience de la menace, présente en permanence, et de sa totale imprévisibilité, était prégnante[38].

Qu'y avait-il de réel ? L'enfer ceint de barbelés ici-bas, où les hommes bouillonnaient dans le feu, et les blocks endormis à côté, ou bien le firmament là-haut où les étoiles dansaient, et peut-être ce monde de l'autre côté des fils de fer, où des hommes libres habitaient et où le quotidien allait encore de son allure réglée[39] *?*

Ici, chaque jour je découvre une atrocité que je n'aurais jamais pu imaginer[40].

Chaque jour au camp déversait une avalanche d'impressions et d'émotions. À tout moment, on pouvait perdre la vie[41].

Dès son admission, le champ de vision intérieur du prisonnier changeait : une transformation s'opérait dans son esprit. De la fin de l'incertitude naissait l'incertitude sans fin[42].

Nous vivions en permanence dans une terrible tension[43].

Ne jamais savoir ce qu'il va advenir de vous, le qui-vive continuel qui use les nerfs les mieux trempés, voilà ce que nous avons vécu pendant des mois[44].

---

38. Voir M. Chylińska (44685), « Wokół mechanizmów samoobrony psychicznej », art. cité, p. 209 : « La pleine conscience, la reconnaissance et l'expérience de la réalité du camp signifiaient une mort imminente. En se défendant contre ses divers stades et conditions, le corps parvenait à réduire l'excitabilité de tout le système nerveux. » Je traiterai davantage de ce sujet dans les chapitres sur la vie intérieure des prisonniers, sur les émotions et l'engourdissement des sens.

39. Lucie Adelsberger (matricule inconnu), *Une pédiatre à Auschwitz*, traduit de l'allemand par Jean-Pascal Auvray, Paris, Anne Carrière, 2024, p. 168.

40. M. Nyiszli (A-8450), *Médecin à Auschwitz*, *op. cit.*, p. 100.

41. B. Dąbrowski (18375), in Dąbrowski, *Nietypowy więzień Auschwitz-Birkenau*, *op. cit.*, p. 46.

42. V. E. Frankl (119104), *Découvrir un sens à sa vie avec la logothérapie*, *op. cit.*, p. 96.

43. Ben Abraham (50627), *And the World Remained Silent*, New York, Vantage Press, 1996, p. 98.

44. Y. Redgis-Klug (A-8616), *Survivre*, *op. cit.*, p. 68.

Être à Auschwitz, c'était un peu comme vivre à chaque instant un accident de voiture. Car il s'y passait tout le temps quelque chose de terrifiant[45].

La mort plana au-dessus de nous du premier au dernier jour. Et aucun de nous ne savait jamais si le jour présent serait le dernier, si demain il serait encore en vie, s'il assisterait de nouveau à l'appel[46].

Tout un chacun n'était pas capable de faire face à la quantité et à l'intensité des pressions, ni à la tension incessante que provoquaient des menaces perpétuelles.

Tout le monde connaissait une phase d'effondrement plus ou moins important après être arrivé au camp. Le choc était trop rude, la surprise était trop brutale – même pour ceux qui, lorsqu'ils étaient libres, avaient déjà entendu parler des méthodes en vigueur ici. Cette période de crise rendait les gens plus vulnérables à la maladie, moins résistants aux tortures, mais elle ne conduisait que rarement au suicide[47].

Qu'on imagine maintenant un homme privé non seulement des êtres qu'il aime, mais de sa maison, de ses habitudes, de ses vêtements, de tout enfin, littéralement de tout ce qu'il possède : ce sera un homme vide, réduit à la souffrance et au besoin, dénué de tout discernement, oublieux de toute dignité : car il n'est pas rare, quand on a tout perdu, de se perdre soi-même[48].

Ces conditions étaient si intenables que dans les deux ou trois premiers jours, plusieurs femmes allaient aux fils de fer électrifiés

45. Eva Mozes Kor (A-7063), *Les jumelles de Mengele : le témoignage unique d'une rescapée de la Shoah*, traduit de l'anglais par Blandine Longre, Paris, Armand Colin, 2023, p. 73.
46. Kazimierz Piechowski (918) *et al.*, *Byłem numerem… Historie z Auschwitz*, Varsovie, Wydawnictwo Sióstr Loretanek, 2004, p. 36.
47. E. Fajkosz (37629), « Byłem numerem 37629 », art. cité, p. 160.
48. P. Levi (174517), *Si c'est un homme*, *op. cit.*, p. 35.

pour suspendre cette horreur au plus tôt. Les autres, tentant de se cramponner à la vie, mouraient en quelques jours. Huit jours étaient souvent un maximum[49].

Des jours. Oui, exactement. Par opposition au tourbillon d'événements incompréhensibles, à commencer par l'arrivée du convoi, l'accueil et l'acheminement dans le camp, suivi du moment d'horreur absolue de la rencontre avec le monde du camp de concentration, après la période où on était agressé sous tous les angles possibles – douleur, émotions, images, sons, odeurs, toucher, faim, soif, pratiquement tous les moyens possibles –, il y avait la révélation que les êtres humains ne meurent pas d'eux-mêmes, que l'inimaginable ne disparaissait pas, qu'après le pire jour de labeur éreintant venait la nuit, et après une courte nuit, un autre jour de travail.

Là-bas… à Auschwitz… tu ne te sentais pas malheureux ? Je ressentais peut-être cet état, j'étais peut-être effectivement malheureux, mais je ne le savais pas. Sans doute parce que je m'étais défait de mon propre temps[50].

Les jours passent. J'ai perdu le sens du temps. Je ne sais pas quel jour on est, ni quel mois. Tout est monotone, gris, terne et sans espoir[51].

Pour les hommes libres, le cadre temporel a toujours une valeur, d'autant plus grande que celui qui s'y meut y déploie de plus vastes ressources intérieures. Mais pour nous, les heures, les jours et les mois n'étaient qu'un flux opaque qui transformait, toujours trop lentement, le futur en passé, une camelote inutile dont nous cherchions à nous débarrasser au plus vite. Le temps était fini où les jours se succédaient vifs, précieux, uniques : l'avenir se dressait devant nous,

---

49. S. Alizon (31776), *L'Exercice de vivre*, *op. cit.*, p. 187.
50. M. Pankowski (46333), *D'Auschwitz à Bergen-Belsen*, *op. cit.*, p. 29.
51. Abraham Kajzer (matricule inconnu), *Za drutami śmierci*, Wałbrzych, Państwowe Muzeum Gross-Rosen, 2008, p. 44.

gris et sans contours, comme une invincible barrière. Pour nous, l'histoire s'était arrêtée[52].

Au bout de dix jours à Auschwitz, je ne savais plus ni la date, ni le jour de la semaine[53].

Au camp, les dates cessèrent d'exister pour nous, tout comme les jours et les semaines[54].

Ainsi – et c'est probablement une observation capitale – deux piliers majeurs de l'existence humaine s'effondraient. L'espace du camp d'asservissement n'était en aucune façon un espace normal[55]. La promiscuité et l'absence totale d'intimité personnelle, même minime, ainsi que la terreur envahissante transformaient l'espace entourant chaque personne en un champ clos où le danger menaçait de toutes parts en permanence. Rien ne pouvait être associé à un espace d'existence naturel. Le temps, lui aussi, était entièrement différent[56] ; ce n'était pas un temps humain, mais le temps du camp, et bon nombre ont considérablement insisté sur ce point. Compte tenu d'une transformation aussi radicale du temps et de l'espace, comment ne pas parler d'un monde différent ?

Les gens avaient les plus grandes difficultés à comprendre le temps du camp[57].

Je suis restée à Birkenau pendant environ quatre mois – chaque jour semblait durer une année entière[58].

52. P. Levi (174517), *Si c'est un homme*, *op. cit.*, p. 181-182.
53. Zehava Bekerman (67444), *Bound to Live*, Tel-Aviv, 2001, p. 50.
54. Tadeusz Kośmider (624), Témoignages, vol. LXXVII, p. 72.
55. Voir Witek-Malicka, *Dzieci z Auschwitz-Birkenau*, *op. cit.*, p. 45.
56. Voir Wolfgang Sofsky, *L'Organisation de la terreur. Les camps de concentration*, traduit de l'allemand par Olivier Mannoni, Paris, Calmann-Lévy, 1995, p. 95, chap. VII : « Le temps du camp », et p. 106, chap. VIII : « Le temps du détenu ».
57. Stanisława Mikołajczyk (87400), Publications, vol. I, p. 172.
58. Celia Henick Feldman (A-24669), *Bittersweet Memories*, New York, Jay Street, 1996, p. 48.

Une minute à Auschwitz, c'était comme une journée entière, une journée comme une année, et un mois une éternité. Combien d'éternités une personne peut-elle connaître dans une seule vie[59] *?*

Quoi de plus long qu'une journée ? À quoi peut-on savoir qu'elle s'écoule[60] *?*

La vie à Auschwitz, si on peut dire que c'est une vie, consistait seulement à s'efforcer de demeurer en vie un jour de plus[61].

Telle était la spécificité du temps dans un camp de concentration. Alors que le passé était révolu, ne laissant derrière lui que des impressions nostalgiques, l'avenir se réduisait aux quelques minutes suivantes, parfois aux heures, mais généralement pas davantage. Fondamentalement, l'avenir en tant que tel n'existait pas. Il était tout au plus la continuation la plus proche, ou une simple conséquence directe du présent.

J'ai commencé à penser à la survie en termes de temps – une autre minute, une autre heure, un autre jour[62].

L'avenir ne se comptait pas en années, mois ou semaines. L'avenir le plus long qui se présentait à moi était une journée, voire parfois seulement quelques minutes ou secondes. C'est difficile de mettre par écrit ce qui se passait dans ma tête. Une chose est certaine, tout ce qui vivait en moi ou décidait de ma vie se concentrait sur un seul sujet : comment survivre et, s'il fallait mourir, comment mourir[63] *?*

---

59. Roman Kent (matricule inconnu), *70th Anniversary of the Liberation of Auschwitz*, Oświęcim, musée d'État d'Auschwitz-Birkenau, 2015, p. 79.

60. C. Delbo (31661), *Auschwitz et après*, *op. cit.*, t. I, p. 55.

61. Mordechai Ronen (matricule inconnu), *I Am a Victor*, Toronto, Dundurn, 2015, p. 52.

62. David S. Wisnia (83526), *One Voice, Two Lives. From Auschwitz Prisoner to 101st Airborne Trooper*, Margate (NJ), ComteQ Publishing, 2015, p. 43.

63. Józef Majchrzak (33204), cité in Ryn et Kłodziński (20019), « Śmierć i umieranie… », art. cité, p. 73.

Dans les camps et dans les prisons, les dates s'estompent rapidement, le calendrier est bientôt perdu. On ne pense pas dans les mêmes catégories de temps que lorsqu'on était libre. Lorsqu'on est condamné à une peine de prison, on compte le temps qui reste avant d'avoir purgé sa peine. Mais à Auschwitz, personne n'en avait la moindre idée. Les dates, les calendriers, le temps structuré – tout cela avait cessé d'exister[64].

Nous avons un calendrier à Birkenau. C'est la faim[65].

Même dans le champ lexical du camp, on ne trouve pas trace d'une expression de longue durée. « Jamais » était tout proche.

Savez-vous comment on dit « jamais » dans le langage du camp ? « Morgen früh », *demain matin*[66].

On pourrait donc penser que le temps, dans un camp de concentration, était monotone, une sorte de stagnation… oui et non. La monotonie suppose une certaine tranquillité. Une tension constante ne peut être monotone.

J'avais survécu sans trop bien savoir pourquoi. Tous les jours se sont ressemblés, avec la même faim, les mêmes coups, les mêmes injures, les mêmes nuits, les mêmes disputes dans des langues dont le temps nous faisait comprendre la signification[67].

On attend. Depuis des jours, le jour suivant. Depuis la veille, le lendemain. Depuis le milieu de la nuit, aujourd'hui. On attend.

---

64. Władysław Bartoszewski (4427), *Mój Auschwitz*, Cracovie, Znak, 2010, p. 57.
65. Rena Kornreich Gelissen (1716), *Rena's Promise. A Story of Sisters in Auschwitz*, Boston, Beacon Press, 2015, p. 92.
66. P. Levi (174517), *Si c'est un homme*, *op. cit.*, p. 208.
67. Maxime Antelin (145808), *Chronique maladroite d'un candide, 1943-1945*, Paris, La Société des Écrivains, 2005, p. 43.

Le jour s'annonce au ciel. On attend le jour parce qu'il faut attendre quelque chose[68].

Oui, ici, c'est soit la précipitation, soit l'attente. Ici, dans le camp, l'attente précède toujours une course folle – et ensuite, de nouveau, c'est l'attente[69].

Jusqu'à ce que parfois, quelque chose, brutalement, subitement, les mette en contact avec la réalité, qui ne leur permettra pas de ne pas croire en quelque chose qu'il est difficile de croire[70].

Ainsi, en ces premiers instants, tout en sombrant progressivement dans l'espace-temps du camp de concentration, les nouveaux arrivants devaient acquérir un savoir essentiel pour survivre les jours suivants. Il existait plusieurs sources essentielles de ce savoir. La première, c'étaient les ordres venus d'en haut, des SS ou des *Funktionshäftlinge*[71], toujours brutaux, et presque jamais communiqués par des mots. Ne pas réagir comme il le fallait entraînait des coups. Les « éclaircissements » négatifs laissaient rarement la place à un message positif. Lorsqu'un *Zugang* tentait d'expliquer quelque chose au *Hauptsturmführer* Karl Fritzsch, ce dernier le giflait pour le faire taire et lui ordonnait de retourner dans les rangs. Cet épisode fréquent a été décrit par August Kowalczyk :

Ce fut sa première leçon à Auschwitz. Il devait comprendre qu'à partir de ce moment, toute affaire, toute question, même la plus anodine devenait une question de vie ou de mort[72].

---

68. C. Delbo (31661), *Auschwitz et après*, *op. cit.*, t. I, p. 26.
69. Jerzy Brandhuber (87112), Publications, vol. VII, p. 58.
70. *Ibid.*, p. 61.
71. Littéralement « prisonniers fonctionnaires » : il s'agit des détenus qui se voyaient confier des fonctions au sein du camp par les SS et bénéficiaient ainsi d'un statut privilégié. *(N.d.É.)*
72. A. Kowalczyk (6804), *Le Refrain des barbelés*, t. 1, traduit par André Giaro, Oświęcim, musée d'État d'Auschwitz-Birkenau, 1998, p. 34.

De même, lorsque dès le premier jour, un autre prisonnier recevait ce qu'on appelait *Fünfundzwanzig*, c'est-à-dire une sanction de vingt-cinq coups sur le postérieur, il en tirait cette conclusion :

> *C'était un apprentissage. J'ai compris qu'il valait mieux rester en retrait que de se mettre devant*[73].

> *Une chose que nous avons apprise à Auschwitz, c'était qu'on ne peut arrêter un assassin fou par une prière*[74].

D'une façon générale, poser des questions – façon naturelle d'acquérir un savoir dès la petite enfance – était inutile dans le camp, voire dangereux.

> *Personne n'expliquait jamais pourquoi ce devait être ainsi ou autrement. Et quiconque posait la question était giflé. Pour moi, ça relevait de la science-fiction*[75].

> *Nous apprîmes très rapidement à être indépendantes, et à ne poser aucune question, afin d'éviter autant que possible tout contact avec les autorités du camp*[76].

> *Ne posez pas de questions. Vous trouverez bien vite les réponses par vous-mêmes*[77].

L'une des raisons majeures de chercher une réponse était de comprendre les relations d'autorité, la hiérarchie et le pouvoir ; des questions aussi fondamentales que de déterminer les motivations de tels ou tels SS, chefs de block, kapos, leurs auxiliaires

---

73. Henri Tajchner (39055), *Trois ans dans l'enfer d'Auschwitz*, Lille, La Voix du Nord, 1995, p. 38.
74. Stanisław Sattler (68652), *Prisoner of 68 Months. Buchenwald & Auschwitz*, Jérusalem, Gefen Publishing, 1981 (2e éd.), p. 86.
75. W. Bartoszewski (4427), *Mój Auschwitz*, *op. cit.*, p. 34.
76. F. Berland Hyatt (38307), *Close Calls*, *op. cit.*, p. 142.
77. Leo Winokur Winn (matricule inconnu), [*Cry… If you can*], USHMM Collection, 11667/2005.540.1, p. 214.

ainsi que de tous les autres détenus. Si l'on était incapable de discerner ces importants facteurs du comportement humain, non visibles au premier abord parce qu'ils se camouflaient sous divers emprunts faits au monde normal, il était extrêmement difficile de survivre aux coups, reçus par exemple pour avoir agi de façon incorrecte ou pour n'avoir pas agi. Les similitudes apparentes avec le monde normal étaient trompeuses. Il fallait comprendre l'ensemble des motivations et leur configuration au sein de chaque unité et de chaque groupe du camp de concentration.

Avec sa démesure et sa sophistication, ce plan, accompagné d'autres idées macabres, ne pouvait se limiter à une simple solution définitive ciblant les problèmes religieux, ethniques et les opposants à leur « Reich » de mille ans[78].

Connaître la distribution du pouvoir était vital pour survivre[79].

Chacun s'efforce de découvrir les règles non écrites de ce monde incompréhensible. La hiérarchie interne n'est naturellement pas présentée en bloc et le puzzle doit être reconstitué à partir de bribes glanées çà et là[80].

Dans cet environnement, plus un détenu apprenait rapidement et s'adaptait aux règles, meilleures étaient ses chances de survivre un jour de plus[81].

La lutte pour la survie venait tout juste de commencer. Nous devions nous y adapter très rapidement ou périr[82].

---

78. L. Fynaut (185590), *I Survived Auschwitz and Buchenwald*, *op. cit.*, p. 117.
79. Jean-Louis Steinberg (A-16878), *Des quatre, un seul est rentré*, Paris, Association des anciens élèves de l'École alsacienne, 2004, p. 66.
80. Maurice Cling (A-5151), *Un enfant à Auschwitz*, Paris, Éditions de l'Atelier, 2008, p. 79-80.
81. K. Piekarski (4618), *Escaping Hell*, *op. cit.*, p. 15.
82. Sam Gottesman (37052), [*A Chronicle. 1923-1947*], USHMM Collection, 2013.175.1, p. 39.

Quiconque ne parvenait pas à s'habituer ne survivait pas[83].

La seconde source de connaissance, c'étaient les autres prisonniers, notamment ceux qui avaient une longue expérience du camp. Ils n'étaient pas toujours disposés à donner des conseils, souvent las de répondre encore et encore aux mêmes questions de nouveaux venus aux visages peu familiers et toujours renouvelés, qui réagissaient souvent avec incompréhension, incrédulité et parfois par des explosions de colère.

Ils n'en continuèrent pas moins à me questionner. Quelle barbe ! Mais c'est qu'ils venaient d'arriver au Lager, *ils n'avaient pas encore appris qu'au* Lager, *on ne pose pas de questions*[84].

Les nouveaux venus tentaient de justifier le comportement étonnamment méprisant des prisonniers portant d'« anciens » numéros en se comportant selon les principes civilisés de la coexistence humaine, principes qu'ils n'avaient pas encore abandonnés.

Les détenus arrivés auparavant étaient dans une condition encore pire parce qu'ils avaient été exposés plus longtemps aux tortures du camp[85].

Ces hommes n'étaient pas méchants, mais ils en avaient tellement vu qu'ils ne ressentaient plus rien. Jour après jour, ils attendaient de mourir. Rien ne les atteignait plus, ils devaient être morts de l'intérieur. Mais cela, je ne le comprendrais que plus tard[86].

---

83. H. Langbein (60355), *Ludzie w Auschwitz*, trad. de l'allemand par Viktor Grotowicz, musée d'État d'Auschwitz-Birkenau, Oświęcim, 2017, p. 209.
84. P. Levi (174517), *Si c'est un homme*, *op. cit.*, p. 239.
85. Magda Herzberger (matricule inconnu), *Survival*, Austin, First World Library, 2005, p. 151.
86. E. Friedman (A-26615), *Daleka droga do domu*, *op. cit.*, p. 73.

Cependant, pour les *Zugangi* capables d'écouter, les prisonniers de plus longue date étaient les seules sources d'information fiables sur les règles et les relations dans le camp.

> *Dès le début, je rencontrai Franciszek Graniczny et Jerzy Pozimski qui m'apprirent les moyens de ne pas mourir*[87].

> *Il fallait longtemps pour apprendre à connaître le camp, l'atmosphère de crime, de haine, de mépris et de cruauté. En général, ce sont des détenus déjà familiers du camp, des connaissances originaires des mêmes quartiers ou régions, qui apportaient de l'aide. Ainsi, arrivé au camp, il fallait se mettre en quête de telles personnes et toujours garder le contact avec elles. Seuls, les nouveaux arrivants qui ne pouvaient compter que sur eux-mêmes avaient peu de chances de survivre à cette première étape qui était toujours la pire*[88].

> *Les règles les plus importantes du camp de concentration, données sous forme de leçons par les « vieux numéros », n'étaient donc pas les slogans inscrits par les Allemands sur le panneau d'affichage du block : « Es gibt nur einen Weg zur Freiheit, seine Meilensteine heissen: Gehorsam, Flüssigkeit, Ehrlichkeit, Ordnung, Wahrhaftigkeit*[89] *», ni la devise « Arbeit macht frei » inscrite sur la grille du camp, mais plutôt : gardez les yeux ouverts et la bouche fermée, faites semblant de travailler quand un SS ou un kapo vous regarde, ne vous mêlez jamais de rien, ne vous portez jamais volontaire, suivez le chemin de la moindre résistance, soyez le dernier au travail et le premier à la soupe*[90].

Il n'était cependant pas toujours possible de trouver des connaissances parmi les prisonniers plus anciens.

---

87. Józef Odi (61615), Témoignages, vol. XXXIII, p. 113.
88. Arnold Andrunik (66686), cité in Ryn et Kłodziński (20019), « Śmierć i umieranie… », art. cité, p. 72.
89. En allemand : Il n'est qu'un seul chemin vers la liberté, et ses étapes sont : obéissance, application, honnêteté, ordre, sincérité.
90. Zbigniew Pęckowski (124748), *Dobre komando*, Cracovie, Wydawnictwo Literackie, 1974, p. 23.

En arrivant au block 8, nous eûmes un choc. Nous demandâmes des nouvelles de nos compagnes du convoi précédent de la prison de Tarnów (environ un mois auparavant), et il s'avéra qu'elles étaient toutes mortes[91].

Les conseils donnés par les prisonniers plus expérimentés portaient sur la nécessité d'éviter tout contact superflu avec les *Funktionshäftlinge*, de surveiller ses effets personnels (chaussures, tenues rayées, cuillères, gamelles), de ne pas se démarquer de la foule...

L'un des principaux conseils prodigués par les « vieux numéros » était de simuler le travail chaque fois que c'était possible. L'idée était simple : comme le travail physique était trop pénible au regard de la ration quotidienne de calories et qu'il n'était pas possible d'acquérir de supplément, il fallait réduire l'effort physique.

Un autre, passant près de nous, plaisanta avec un clin d'œil malicieux : Frajer macht Arbeit[92]. *[« Les andouilles font le travail. »]*

Il fallait pouvoir s'adapter à la situation. Donner l'impression de travailler dur. Si vous en étiez capable, vous pouviez survivre. Si quelqu'un était lent à saisir, travaillait dur parce que c'était ce qu'on lui avait ordonné, il était « fichu » en moins de deux heures. Certains, ceux qui étaient légèrement plus âgés, étaient si bouleversés qu'ils travaillaient à en mourir[93].

À Auschwitz, c'étaient vos yeux et vos oreilles qui étaient le plus en alerte[94].

---

91. Zofia Sikorowa (7493), Publications, vol. I, p. 67.
92. J. Apostoł-Staniszewska (26273), *Echa okupacyjnych lat*, Varsovie, Ludowa Spółdzielnia Wydawnicza, 1973, p. 268.
93. K. Piechowski (918) *et al.*, *Byłem numerem...*, *op. cit.*, p. 43.
94. Witold Pilecki (4859), *Le Rapport Pilecki – déporté volontaire à Auschwitz*, traduit du polonais par Patrick Godfard et Ursula Hyzy, Paris, Champ Vallon, 2014, p. 114.

Le Häftling* *qui avait tatoué mon numéro m'avait donné un bon conseil. « Si tu veux survivre, travaille seulement avec tes yeux*[95]*. »*

J'ai rencontré au travail un Français prénommé Alfred. Il avait été déporté bien avant moi et savait « travailler avec les yeux » en en faisant le moins possible sans être vu par le kapo ou le SS de garde. Il m'a appris à en faire autant[96]*.*

Mais les nouveaux venus apprenaient aussi de la vie quotidienne. Vivant dans la tension évoquée, ils tentaient, par la raison ou par l'intuition, d'éviter les plus grands dangers. Ainsi, souvent au risque d'être frappés, battus ou punis autrement, ils développaient des réflexes instinctifs de défense, et des comportements visant à éviter autant que possible les dangers prévisibles, se souvenant en même temps que la plupart des dangers étaient imprévisibles.

Je devais garder la tête froide, les yeux ouverts en permanence. En outre, j'avais la tâche, d'une importance vitale, de conserver mon sang-froid, d'être sur mes gardes jour et nuit, tous mes sens en alerte et de garder mes yeux ouverts. Sinon, je ne risquais pas seulement de perdre à nouveau mon béret, mais aussi mes chaussures, et avec elles, la vie[97]*.*

Comment vivre ici ? comment manger, comment marcher, comment regarder, comment et où dormir, comment se laver pour éviter d'être à nouveau battu, comment faire pour ne pas être remarqué ? Lorsque j'obtenais un morceau de pain, fallait-il le manger immédiatement, ou le garder pour plus tard ? C'était une existence nouvelle ; une multitude de soucis quotidiens m'accaparaient l'esprit[98]*.*

---

95. P. Berg (172649), *Scheisshaus Luck*, *op. cit.*, p. 65.
96. Steinberg (A-16878), *Des quatre, un seul est rentré*, *op. cit.*, p. 66.
97. Z. H. Steinitz (174251), *As a Boy Through the Hell of the Holocaust*, *op. cit.*, p. 265.
98. W. Bartoszewski (4427), *Mój Auschwitz*, *op. cit.*, p. 26.

Personne ne peut comprendre, croire ou imaginer les diverses choses qui traversaient l'esprit des prisonniers menacés de mort s'il n'est pas lui-même passé par là et s'il n'a jamais été détenu dans un camp de concentration. Ce que signifie ressentir en permanence l'incertitude, lutter intérieurement, et craindre pour sa vie. Se heurter à chaque instant à la menace de mort, chercher diverses occasions, parfois risquées, parfois dangereuses, pour améliorer sa condition au camp, de se défendre contre la mort[99].

Dans le camp par exemple, nous ne nous torturions plus l'esprit à ressasser le caractère horrible et inhumain des coups qu'ils nous infligeaient. On se concentrait plutôt sur le concret : valait-il mieux recevoir un coup au visage ou sur les reins ? Mieux valait au visage, à condition qu'ils ne se servent pas d'un bâton qui vous briserait le crâne. Pur pragmatisme, rien à voir avec la dignité[100].

Cela faisait-il aussi partie des cruautés psychologiques imaginées par le très brillant psychologue des nazis ? Rendre les gens, même ceux qui occupaient les postes les plus sûrs, aussi peu sûrs que possible. Le caprice des SS était-il la seule chose sur laquelle on puisse compter[101] *?*

Lorsque j'ai dit que c'était inhumain, on m'a répondu : « Tu dois t'adapter à la mentalité du camp de concentration, si tu veux survivre au camp[102]. *»*

Ainsi, en puisant des informations à partir d'observations, d'allusions et d'expériences, les prisonniers découvraient peu à peu les règles qui allaient leur permettre au moins de penser à la survie. Tout cela se produisait dans

99. Zygfryd Rębilas (99247), cité in Ryn et Kłodziński (20019), « Śmierć i umieranie... », art. cité, p. 73.

100. W. Bartoszewski (4427), *Mój Auschwitz*, *op. cit.*, p. 53.

101. Susan Cernyak-Spatz (34042), *Protective Custody. Prisoner 34042*, Brooklyn, N & S Publishers, 2005, p. 160.

102. Janina Kościuszko (36319), Testimony in the R. Höss trial [IPN GK 196/106] *in Chronicles of Terror*, *op. cit.*, vol. VI, p. 238. Il s'agit de la réflexion d'une femme médecin, nouvellement arrivée, réagissant au fait que des femmes aux jambes enflées devaient assister à l'appel.

de macabres conditions dans lesquelles, rationnellement, on ne pouvait pas survivre. D'autant plus que ni la durée de la guerre, ni son issue n'étaient déterminées. Voici comment Primo Levi le décrivit en attendant l'installation des douches à Auschwitz III-Monowitz* :

> *C'est clair, ils nous tueront ; ceux qui s'imaginent qu'ils vont vivre sont fous à lier, ils sont tombés dans le panneau, mais moi non, moi j'ai bien compris que la fin est pour bientôt, ici même peut-être, dans cette pièce*[103]*...*

En observant la menace que représentait le camp, d'autres détenus en tirèrent des conclusions similaires. Dans ce contexte, les efforts déployés pour comprendre les rouages du camp étaient déjà un pas vers la décision de survivre. Décision prise en dépit de tous les signes aussi bien dans le ciel que sur terre qui semblaient n'indiquer que la mort.

> *Les Juifs ne recevaient pas le moindre reçu en échange des effets qu'ils déposaient ; pour les Juifs, la procédure était différente. C'est ainsi que j'en arrivai à la conclusion que nous, les Juifs, étions condamnés à l'élimination*[104].

> *On voit des flammes sortir d'une haute cheminée dont le reste du bâtiment est caché à la vue. Il y a aussi une horrible odeur de viande grillée qui nous enveloppe. Très tôt, je n'ai plus eu d'illusions. J'ai le sentiment que je ne reverrai plus Henri et René, que c'est la fin*[105].

> *On peut décrire la fumée et les flammes, mais on ne peut jamais décrire correctement cette odeur nauséabonde*[106].

---

103. P. Levi (174517), *Si c'est un homme*, *op. cit.*, p. 29.
104. Bertold Epstein (79104), Testimony in the Rudolf Höss trial, [IPN GK 196/99] *in Chronicles of Terror*, *op. cit.*, vol. V, p. 70.
105. L. Badour (75127), in *L'Espérance d'un baiser*, *op. cit.*, p. 101.
106. Samuel Althaus (73538), *Where is God? Auschwitz-Birkenau to Dachau. 1942-1945*, s.l., Newport News, 2001, p. 70.

Il me semblait que ma vie avait commencé le jour de mon arrivée au camp et j'étais de plus en plus persuadée qu'elle allait y finir. Parfois, au comble du désespoir, je pensais qu'à ce moment, des gens jouaient au bridge, ou que quelqu'un se lamentait parce qu'une tasse d'un service avait été cassée[107].

Je ne peux plus voir sa clarté [la lune]. Elle me torture, si sereine, insoucieuse rêveuse[108].

Malgré toutes les preuves pratiquement irréfutables d'une mort imminente, on devait s'efforcer de saisir la réalité – à condition d'avoir assez de persévérance et de volonté. Surtout, on devait surmonter le sentiment de dégradation macabre[109], conséquence d'une politique de déshumanisation des prisonniers, subie à tout moment.

Mes impressions premières, encore très vives aujourd'hui, c'est d'abord le rythme, c'est l'animation particulière avec laquelle le camp s'offrait à moi. C'est aussi le rapprochement avec un fait vécu le 4 décembre 1940. Je me trouvais dans les bois et quelqu'un, soit par malice, soit par inadvertance, avait flanqué un coup de pied dans une fourmilière. Elle était éventrée et révélait son intérieur. Les fourmis affolées couraient dans tous les sens. C'est de cette manière que le camp m'est apparu. Les silhouettes en uniforme strié couraient, aucune d'elles ne se déplaçant de manière familière. Comme dans la fourmilière. Je devais apprendre plus tard que le règlement interne, imaginé par les SS, prescrivait : dans leurs déplacements, les prisonniers adoptent le Laufschritt, *c'est-à-dire le pas de course*[110].

107. Krystyna Żywulska (55908), *J'ai survécu à Auschwitz*, Varsovie, Polonia, 1956, p. 121.
108. Z. Gradowski (matricule inconnu), *Au cœur de l'enfer*, *op. cit.*, p. 101.
109. Voir Kłodziński (20019) et Masłowski, « Poniżanie godności więźniów », art. cité, p. 73-99.
110. A. Kowalczyk (6804), *Le Refrain des barbelés*, *op. cit.*, t. 2, p. 111-112.

Des cris à droite, des cris à gauche, et la musique imperturbable qui joue une marche en vogue. Ne tourne pas la tête, ne bouge pas et fais attention. Links, Links, Links, *Gauche, Gauche, Gauche. Encore des cris :* Links, los, schnell, aufgehn. *Gauche, vite, serrez les rangs, vite. Aligne-toi et ne tremble pas… Ouf, c'est fini ! Non, ce n'est pas fini. Ce ne sera jamais fini. Le travail épuisant, la pause, la soupe, ou ce qui porte ce nom, le chemin du retour, le coucher – tout cela sera autant d'occasions d'entendre les mêmes hurlements, de recevoir des coups, de se sentir – à chaque instant – davantage – transformé en une bête d'une espèce nouvelle, une bête à deux pattes, deux bras et à face humaine, mais une bête située plus bas que le chien bâtard, que le serpent qui rampe*[111].

Nous avons déjà dit que les trois fléaux les plus pénibles étaient le froid, la saleté, et le mot « promiscuité ». Il définissait ce que devait être l'atmosphère du camp. Les principes qu'on y appliquait, plus encore que le reste des tourments, faisaient d'Oswiecim un enfer. C'était l'expression d'un système élaboré logiquement, médité dans ses moindres détails, et qui visait à dépouiller les détenus de leur qualité d'hommes… Il fallait […] qu'elles [les Polonaises qui avaient osé résister à la race germanique] devinssent des brutes indifférentes à tout ce qui n'était pas mangeaille ou sommeil. Elles devaient abandonner dignité, initiative, héroïsme, noblesse, compassion, être avilies, maltraitées, oublier qu'elles étaient des êtres humains. Tout convergeait vers ce but, tout y collaborait[112].

Parfois, une peccadille provoquait une avalanche de coups de pied, de coups et d'insultes… Ce n'était pourtant pas le pire. Le pire, c'était qu'à leurs yeux, vous étiez une loque, une loque sans valeur, un déchet inutile. Un numéro sans nom, sans visage. Ils voulaient nous inculquer la conviction que nous n'étions rien, juste un numéro. Et c'est ce qui faisait le plus mal[113].

111. H. Bulawko (130494), *Les Jeux de la mort et de l'espoir*, *op. cit.*, p. 70-71.
112. Z. Kossak (64491), *Du fond de l'abîme, Seigneur…*, *op. cit.*, p. 91-92.
113. Mirosław Firkowski (13182), *Przez trzy kacety*, Łódź, Wydawnictwo Inne, 2006, p. 30.

> *Je me sentais souvent réduite à presque rien. Il était clair pour moi que nos vies n'avaient aucune importance*[114].

> *Tout est fait avec une recherche systématique et sadique de l'humiliation. On vous fait sentir par tous les moyens que vous n'êtes plus un homme, que vous n'avez plus de volonté propre, que vous n'êtes en possession d'aucun objet, seule votre peau vous appartient, du moins aussi longtemps que vous réussissez à la conserver*[115]...

> *Alors que je pensais avoir vu assez de meurtres, je me rendis compte que, vraiment, tout était possible dans le camp, littéralement tout. Tout ce qui était Mal. Il n'y avait aucune limite. Rien n'était impossible*[116].

En conséquence, si les prisonniers fraîchement arrivés pouvaient renoncer à toutes les habitudes personnelles et tous leurs codes culturels, s'ils pouvaient prendre leurs distances des agressions omniprésentes jour et nuit, s'ils pouvaient tirer profit des conseils des prisonniers de plus longue date (sous réserve qu'il n'y ait pas d'obstacle linguistique), s'ils parvenaient à tirer les bonnes conclusions et étaient capables de rejeter catégoriquement la négation totale de leur dignité personnelle, alors, avec le temps, ils pourraient commencer à fonctionner en relative sécurité dans le baraquement, le block, le camp ou le lieu de travail. Bon nombre ne parvinrent pas à ce stade, mais ceux qui réussirent à survivre plusieurs semaines ou plusieurs mois à Auschwitz devinrent des prisonniers expérimentés, des « numéros anciens » qui comprenaient l'ordre des choses dans le camp.

> *À Birkenau, l'inhumanité était l'ordre naturel des choses*[117].

---

114. H. Jockel (A-16501), *Nous chantions en sourdine*, *op. cit.*, p. 35.

115. Fred Sedel (matricule inconnu), *Habiter les ténèbres*, Paris et Genève, La Palatine, 1963, p. 50.

116. W. Bartoszewski (4427), *Mój Auschwitz*, *op. cit.*, p. 41. La citation concerne un appel qui se déroula en octobre 1940.

117. O. Lengyel (25403), *Five Chimneys. The Story of Auschwitz*, Academy Chicago Publishers, Chicago, 2011 [3e éd.], p. 82..

Peu à peu, cependant, on acquérait de plus en plus l'expérience du camp, et tout le monde adhérait au principe qu'« il est sage de ne pas se laisser surprendre par quoi que ce soit », parce qu'être surpris n'avait jamais aidé personne[118].

Chaque jour qui passait, nous acquérions un peu plus de connaissance du camp, nos instincts de survie s'aiguisaient, tandis que certains sens s'émoussaient, par exemple celui du toucher, parce que nous endurions les coups avec un mépris écrasant, ne nous protégeant qu'instinctivement[119].

À Auschwitz, on avait besoin de sagacité pour comprendre la journée qui commençait par l'appel dans la nuit de saphir, avec les étoiles scintillant d'un vif éclat dans le ciel, se muant en aurore avec le spectre de couleurs le plus merveilleux qu'on n'ait jamais vu. On avait besoin de sagacité pour comprendre chaque chose, le froid qui nous faisait nous blottir les unes contre les autres comme des agneaux, et la soupe noire, d'une consistance suspecte, et les guenilles qui vous tenaient lieu de robe, et la réalité pire qu'un mauvais rêve[120].

Je m'initiai assez bien aux finesses du métier de bagnard, tel qu'il se pratiquait dans les vingt-huit blocks du camp. Je sus quels étaient les meilleurs chantiers et quels étaient les pires, à quel commando il convenait de s'intégrer ou qu'il fallait fuir comme la peste. J'ai appris à pénétrer la mentalité de chaque kapo. Je connaissais les sadiques qui jouissaient de frapper, les paresseux qui s'efforçaient de réduire ou d'escamoter leur tâche, les vaniteux, prêts à toutes les indulgences, pourvu qu'on leur montrât les marques extérieures du respect. J'ai fui les sadiques, j'ai travaillé avec les paresseux, j'ai honoré de saluts impeccables les vaniteux[121].

---

118. S. Mikołajczyk (87400), Témoignages, vol. I, p. 179.
119. Edward Cygan (5863), *Boga waszego tu nie ma. Wspomnienia z obozów hitlerowskich*, Jasło, 1992, p. 10.
120. S. Mikołajczyk (87400), Publications, vol. I, p. 177.
121. S. Kessel (130665), *Pendu à Auschwitz*, *op. cit.*, p. 128.

Jusqu'à ce que survienne ce moment particulier où peut-être seuls les *Muselmänner**[122] et les numéros les plus anciens acquéraient leur immunité particulière au monde concentrationnaire omniprésent.

Est-il vraiment nécessaire d'élaborer un système et de l'appliquer ? N'est-il pas plus salutaire de prendre conscience qu'on n'a pas de système[123] *?*

Clausner me montre le fond de sa gamelle. Là où les autres ont gravé leur numéro, là où Alberto et moi avons gravé notre nom, Clausner a écrit : « Ne pas chercher à comprendre[124]. »

122. Dans le jargon des camps de concentration, ce terme désigne les prisonniers les plus émaciés, tout juste en vie ou au seuil de la mort, indifférents à l'environnement.

123. P. Levi (174517), *Si c'est un homme*, *op. cit.*, p. 58.

124. En français dans le texte. *Ibid.*, p. 159.

LA SOLITUDE

Mes parents déposent les soixante-cinq francs qu'ils possèdent en tout et pour tout, et reçoivent en échange un bon en złotys. On m'explique qu'il s'agit de la monnaie polonaise. C'est donc en Pologne que nous partons. Tout est en règle[1].

L'ancien monde a donc cessé d'exister.

Il y a une semaine... j'avais encore une maison, un père, une maman. Tout. Comme cela me semble désormais loin[2] *!*

Je me sentais terriblement seule. Il y avait des moments meilleurs et d'autres pires dans cette cellule de Lwów, mais nous étions plus d'une dizaine, et nous nous étions habituées les unes aux autres. Maintenant dans le camp, tout se mêlait. Maman et moi nous sentions seules. Même lorsque j'allais me laver, je me sentais totalement seule. Après tout, je ne connaissais personne[3].

---

1. M. Cling (A-5151), *Un enfant à Auschwitz*, *op. cit.*, p. 66. La citation fait référence à un épisode du camp de transit de Drancy, près de Paris, peu avant le départ du convoi n° 74, le 20 mai 1944.

2. Bogdan Bartnikowski (192731), *Une enfance en pyjama rayé*, traduit du polonais par Alexandre Dayet, Oświęcim, musée d'État d'Auschwitz-Birkenau, 2016, p. 19.

3. H. Dunicz Niwińska (64118), *in* Agnieszka Dauksza, *Klub Auschwitz i inne kluby*, Gdańsk, Wydawnictwo słowo/obraz terytoria, 2016, p. 55.

Dans le camp, la solitude aiguë et déprimante, était l'un des premiers sentiments éprouvés. Ce thème se retrouve dans nombre de récits. Même lorsqu'ils n'en font pas état directement, les auteurs de mémoires expriment ce même sentiment dominant de solitude en décrivant leurs tentatives de trouver des membres de leur famille, des habitants de la même ville ou du même ghetto, ou du moins des personnes du même convoi, de la même prison ou de la même cellule. Le camp était semblable à une ruche, certes. Mais finalement, la plupart des individus traversaient cette ruche seuls.

Pour commencer, il faut souligner que tout le monde ne ressentait pas la solitude de la même manière. Ce sentiment est radicalement différent pour des personnes arrachées à leur foyer et à leur famille, par exemple lorsqu'elles ont été arrêtées par hasard au cours d'une rafle de rue ou dans un piège tendu par la Gestapo, et pour ceux qui arrivaient au camp avec toute leur famille, et dont les proches furent ensuite assassinés dans les chambres à gaz. Pour ceux qui avaient enduré une telle épreuve, la perspective de survie n'éloignait pas le spectre de la solitude.

Plusieurs pensées se bousculaient alors dans ma tête : je réalisai que j'étais seule au monde, que je n'avais personne, que ma mère ne serait plus avec moi, que je ne la reverrais plus. C'était absurde ! Si je survivais, qu'allais-je faire ? Où irais-je ? Je n'avais plus de famille. Je n'avais plus de maison ni de pays. Était-ce important ? Y avait-il une raison de survivre ? Je ne me souviens pas avoir versé une larme. Je suis incapable de décrire mes émotions. Je me sentais complètement désemparée, épuisée physiquement et psychologiquement[4].

Je suis toute seule. Je n'ai plus personne qui me donnerait une raison de vivre. Quelle différence cela fait-il que je vive ou que je meure ? Il n'y a plus personne. Je suis seule. Toute seule[5].

---

4. Lili Susser (matricule inconnu) *Lili's Story. My Memory of the Holocaust*, Colorado Springs (Colorado), 1998, p. 71-72. La citation émane d'une fillette âgée de sept ans, du ghetto de Litzmannstadt, 1944.
5. R. Minsky Sender (55082), *The Cage*, *op. cit.*, p. 169.

Pour la première fois de ma vie, je me suis sentie inutile dans ce monde[6].

Auschwitz, véritable nébuleuse de camps, comptait plusieurs dizaines de milliers de détenus. En août 1944, au plus fort de son développement, le nombre total des prisonniers était nettement supérieur à cent mille[7]. Il faut comprendre la solitude des prisonniers dans les conditions d'extrême surpeuplement des blocks ou baraquements, sur les châlits ou les grabats[8]. La réalité de cette situation est probablement une bonne illustration du proverbe « moins c'est plus ». Si ces mots étaient inversés et adaptés à l'échelle du camp de concentration, l'expression évoquerait le problème de la solitude au sein de la foule. Le premier facteur de solitude, c'était la fusion de la foule en une masse uniforme. Têtes rasées, vêtus de tenue rayées, leurs noms convertis en matricules, humiliés et entassés dans les baraquements, les prisonniers cessaient de reconnaître les caractéristiques individuelles des autres.

Nous nous ressemblions toutes. Je ne savais pas que nos cheveux nous donnaient tant de personnalité[9].

Depuis le jour de mon arrivée, je suis entourée de têtes rasées, de visages sans expression et de sombres silhouettes qui sont celles d'étrangers anonymes dans une foule[10].

Un prisonnier ne reconnaissait pas un autre prisonnier même si c'était son plus proche voisin[11].

---

6. Mieczysław Bednarski (30951), *W szponach Gestapo*, Varsovie, Neriton, 2004, p. 118.
7. Voir le rapport du Conseil militaire sur le camp in Danuta Czech, *Auschwitz Chronicle 1939-1945. From the Archives of the Auschwitz Memorial and German Federal Archives*, New York, An Owl Book, Henry Holt & Company, 1990, p. 692-693.
8. Voir Frankowski, *Socjologiczne aspekty funkcjonowania*, *op. cit.*, p. 3842.
9. K. Żywulska (55908), *J'ai survécu à Auschwitz*, *op. cit.*, p. 23.
10. S. Feniger (matricule inconnu), *Short Stories*, *op. cit.*, p. 97.
11. Zofia Czerwińska-Kossakiewicz (49973), Publications, vol. XVI, p. 36.

Les caractéristiques individuelles disparaissaient, tout comme certains faits, certaines dates spécifiques et d'autres éléments qui revêtaient de l'importance dans le monde normal ; désormais, dans le monde du camp de concentration, il n'y avait ni la volonté, ni le temps, ni la force, ni la nécessité de telles choses.

Si j'avais su qu'un jour, je sortirais de cet enfer, j'aurais noté tous les noms, les dates, les détails. Mais là-bas, on ne savait même pas quel jour on était[12].

Je savais qu'être différent à Auschwitz signifiait la mort, tandis que les anonymes, les sans-visage, survivaient[13].

Le deuxième facteur de solitude était la langue. Aujourd'hui, l'anglais est pratiquement une langue universelle, en sorte que le problème peut être aisément éludé. Je traiterai plus loin de la difficulté à communiquer dans le camp, mais remarquons d'ores et déjà que, s'il fallait savoir l'allemand pour comprendre un SS, il fallait connaître bien d'autres langues pour communiquer et comprendre véritablement les autres dans le camp.

À entendre mes compagnons de baraquement parler tant de langues différentes, j'avais le sentiment de me trouver dans la tour de Babel[14].

Le baraquement était rempli de femmes de diverses nationalités qui ne nous acceptaient pas sur leur châlit. Nous nous allongions où nous pouvions[15].

Au cours de leur première nuit passée dans le baraquement, la tête remplie de toutes les épreuves de la journée, qu'ils n'avaient

12. S. Venezia (182727), *Sonderkommando*, *op. cit.*, p. 75.
13. Rudolf Vrba (44070), *Je me suis évadé d'Auschwitz*, traduit de l'anglais par Jenny Plocki et Lili Slyper, Paris, Ramsay, 1988, p. 191.
14. M. Eisen (A-9892), *By Chance Alone*, *op. cit.*, p. 82.
15. Eugenia Kurzelowa (37574), Témoignages, vol. XXXVI, p. 104.

pas encore intégrées, les prisonniers étaient souvent incapables de dormir. Les souvenirs de cette première nuit expriment cette notion de solitude dans la foule.

Ce qui me terrifiait maintenant, c'était le sentiment sans précédent de solitude, d'être parmi des étrangers tellement plus âgés que moi[16].

Les silences et les hurlements striaient les heures[17].

Certes, le problème de la langue n'était pas le seul à entraver la communication. Chacun était absorbé par ses propres soucis, obsédé par sa faim, sa soif, ses peurs et ses tensions. Cette atmosphère n'était guère propice à un échange de commentaires, d'opinions ou de conclusions. Même dans les situations les plus extrêmes, on demeurait entièrement seul, comme cette jeune fille de quatorze ans, choquée de voir quelqu'un accepter une relation sexuelle en échange d'un morceau de pain :

Dans cette jungle d'animaux, je n'avais personne à qui parler[18].

C'était le cas de la plupart des prisonniers.

Je reste longtemps couchée les yeux ouverts. J'ai froid au corps et à l'âme. Je n'ai pas de larmes, et personne à qui je puisse dire : j'ai mal[19].

Personne ne pouvait me venir en aide, et j'avais l'impression qu'il était trop difficile de m'aider moi-même[20].

16. T. Sobolewicz (23053), *But I Survived*, *op. cit.*, p. 77.
17. C. Delbo (31661), *Auschwitz et après*, *op. cit.*, t. I, p. 58.
18. Gerta Solan (A-27635), *My Heart is at Ease*, Toronto, Fondation Azrieli, 2014, p. 29.
19. R. Kagan (7984), *Des femmes au bureau de l'enfer*, *op. cit.*, p. 99.
20. M. Herzberger (matricule inconnu), *Survival*, *op. cit.*, p. 203.

Ici, personne n'a le temps, personne n'a la patience, personne ne vous écoute[21].

Chacun se sentait isolé et abandonné plus que s'il eût été en cellule. Il y avait des moments où nous ne pouvions plus nous supporter[22].

Regardez les visages. Je reconnais plusieurs visages familiers du ghetto [de Łódź]. Certains sont ici déjà depuis plusieurs semaines. Tous marchent, le regard vide, voûtés, émaciés. Il est rare que l'un d'eux remarque l'autre. Chacun est préoccupé par ses propres soucis, sa propre détresse. Tous marchent comme s'ils cherchaient quelque chose, bien qu'ils ne sachent pas quoi[23].

Chacun est seul en soi-même[24].

Le troisième facteur important de solitude était la permutation des compagnons de captivité, de voisins, de visages et de voix. Certains mouraient, d'autres étaient assassinés, d'autres transférés vers un autre châlit, un autre baraquement, un autre Kommando, ou parfois un autre camp. Lorsqu'on les perdait de vue, il était très difficile, voire impossible, de retrouver des gens.

Ainsi, chaque jour, des visages anciens disparaissaient à jamais du Kommando Buna* *remplacés par des nouveaux. Au début, cela m'angoissait sans doute parce que d'une manière égoïste, cela me rapprochait d'une façon inéluctable de l'hôpital, malgré un travail moins rude que celui des autres. Après un certain temps, je m'habituai, comme tout le monde, au taux élevé de mortalité*[25].

Un certain nombre mouraient, un certain nombre étaient abattus. Personne ne se souciait de savoir qui c'était, ce qu'il avait fait, s'il était jeune ou vieux, c'était un numéro[26]...

21. P. Levi (174517), *Si c'est un homme*, *op. cit.*, p. 53.
22. S. Kessel (130665), *Pendu à Auschwitz*, *op. cit.*, p. 99.
23. A. Kajzer (matricule inconnu), *Za drutami śmierci*, *op. cit.*, p. 36.
24. C. Delbo (31661), *Auschwitz et après*, *op. cit.*, t. I, p. 109.
25. R. Vrba (44070), *Je me suis évadé d'Auschwitz*, *op. cit.*, p. 150.
26. M. Bednarski (30951), *W szponach Gestapo*, *op. cit.*, p. 114.

Enfin, il faut rappeler qu'en un sens, un codétenu représentait une menace pour la survie. Ce facteur, dont je traiterai plus loin, pesa souvent lourd sur le sort, les choix et la conscience des prisonniers de camps de concentration. Il est extrêmement révélateur que ce sujet soit très rarement évoqué directement dans les récits des rescapés, qui se contentent de faire des allusions d'ordre général, sans visages ni noms. À cet égard, les exceptions dans les sources sont rares.

> *Je la vois et je pense : elle pourrait bien boire de cette eau puisqu'elle va mourir... Elle attend. Ses yeux implorent et je ne la regarde pas*[27].

Somme toute, le système lui-même imposait aux prisonniers une certaine insensibilité à l'égard de leurs compagnons de détention. Si l'on fait abstraction des facteurs de solitude évoqués plus haut, on doit admettre que le système même qui remplaçait le nom des gens par des numéros encourageait le développement d'une certaine distance inhumaine entre détenus. Parfois, d'anciens détenus trouvèrent plus facile, dans leurs récits, de mentionner leurs plus proches amis par des numéros plutôt que par leurs noms.

> *Par exemple, trois d'entre nous, mes deux compagnons, n° 1057, n° 1061 et moi-même, restions toujours ensemble. Dans chaque situation, nous nous entraidions*[28].

La solitude du camp exerçait un impact considérable sur le mode de fonctionnement des prisonniers. Confrontés en permanence à des menaces extérieures, le retrait dans la solitude ou l'introversion devenaient parfois un moyen de retrouver ce

27. C. Delbo (31661), *Auschwitz et après*, *op. cit.*, t. I, p. 84.
28. Michał Ziółkowski (1055), *Byłem od początku w Auschwitz*, Gdańsk, Marpress, 2007, p. 24. Sont mentionnés dans cette citation : Jan Świątłowski (1057) et Mieczysław Wojciechowski (1061).

qui était connu, familier, reconnaissable et, dans une certaine mesure, contrôlable. Les thèmes des aspirations, de la nostalgie et du monde des rêves seront développés ultérieurement, mais je mentionne ici quelque chose de plus brutal et de plus frappant. À l'extérieur, le danger était continuel. Le monde intérieur, précisément du fait de cet isolement, était sûr.

> *Mais je ne me suis jamais senti en sécurité avec quiconque. Je me coupais de tout le monde. Je m'occupais de moi et, dès mon arrivée ici, je n'ai jamais fait confiance à qui que ce soit. Je n'ai jamais partagé d'informations et je n'ai jamais raconté à quelqu'un comment je me sentais*[29].

> *Contrairement à toute logique, au lieu de chercher à aller vers les autres, je me mis à les éviter, comme si je me cachais derrière moi-même de mes compagnons d'infortune, tout aussi malheureux qu'eux, voire davantage*[30].

> *Mon unique rêve réalisable était d'être seul*[31].

> *Jamais je ne m'approchais d'une autre fille pour lui demander son nom ou lui révéler le mien. Nous étions entièrement seules, de simples jumelles numérotées, chacune de nous s'efforçant de survivre. La seule à qui je pensais était Miriam*[32].

La solitude, mode d'évasion temporaire, de pause, d'opportunité de se recueillir, était en fait désirée dans la foule du camp de concentration. Aussi paradoxal que cela puisse paraître au regard des commentaires ci-dessus, on ne peut traiter de la solitude au camp sans tenir compte de ce paradoxe. Une personne

---

29. Berndt Abraham (107783), *No Graves to Visit. A Survivor Remember at Last*, [Larchmont], Berndt Abraham Memorial Fund of Larchmont Temple, 1994, p. 13.
30. M. Chylińska (44685), « Działania SS w Brzezince przeciw węzłom społeczno-emocjonalnym więźniów », *Przegląd Lekarski – Oświęcim*, 1986, p. 155.
31. S. Sattler (68652), *Prisoner of 68 Months*, *op. cit.*, p. 79.
32. E. Mozes Kor (A-7063), *Les Jumelles de Mengele*, *op. cit.*, p. 68.

se sentait seule et était souvent attirée par la solitude. Peut-être est-ce parce que, face à toutes les expériences traumatisantes, les prisonniers s'évadaient dans l'isolement, malgré eux. Chacun aspirait à se retrouver seul avec lui-même au moins pour un moment. Le plus souvent, c'était impossible.

Mais il était parfois souhaitable – quand ce n'était pas nécessaire – de se tenir à l'écart de la foule [...] Les prisonniers désiraient ardemment se retrouver seuls. Ils avaient un grand besoin de solitude[33].

Juste pour un bref instant, j'avais besoin de m'oublier, de mettre de l'ordre dans mes pensées confuses et de tenter de calmer mes nerfs soumis à dure épreuve. La tension d'être en permanence sur le qui-vive, la peur incessante d'être battu et le spectre constant de la mort ne me laissaient pas en paix[34].

On lui imposait une vie de bétail en troupeau, sans lui accorder jamais un moment de solitude, ni jour ni nuit. L'homme, quand il est seul, pense. L'important, c'était justement que la prisonnière ne pensât pas. La solitude est indispensable à l'âme pour mûrir. La solitude était donc rayée de la vie du camp[35].

Dans le camp, il ne se passait pas une seconde sans qu'on soit en compagnie de gens ; c'est pourquoi je recherchais la solitude par tous les moyens artificiels possibles : sortir des baraquements la nuit me procurait un grand plaisir. Le besoin d'intimité résultait de la présence constante de gens autour de soi[36].

Nous n'étions jamais seules, même pour un instant. Je me rendais compte que je devenais chaque jour plus farouche, que je haïssais

33. V. E. Frankl (119104), *Découvrir un sens à sa vie avec la logothérapie*, *op. cit.*, p. 76.
34. T. Sobolewicz (23053), *But I Survived*, *op. cit.*, p. 146. La citation décrit une situation où un prisonnier découvrit une cachette et dormit pendant un appel.
35. Z. Kossak (64491), *Du fond de l'abîme, Seigneur...*, *op. cit.*, p. 92.
36. Maria Elżbieta Jezierska (24449), citée in Ryn et Kłodziński (20019), « Głód w obozie koncentracyjnym », *Przegląd Lekarski – Oświęcim*, 1984, p. 25.

les hommes, que je ne pouvais plus entendre ni les disputes, ni les éclats de rire[37].

Mais on ne pouvait jamais trouver un moment de solitude. Ce tumulte, ce vacarme, vous rendait fou, jusqu'à en perdre le contrôle de soi[38].

On souffrait de la promiscuité[39].

Même des années plus tard, les symptômes de ce besoin de solitude se manifestaient.

Si j'avais à faire une profession de foi en ce moment, je dirais : je crois au silence. Je tâche de me lever avant tout le monde. Non pas pour travailler, mais pour goûter ces quelques heures de solitude que je vole au sommeil[40].

Mon passage au camp avait également eu un effet néfaste sur moi. À présent, je n'aime pas trop les gens, dans le sens que les conversations futiles m'ennuient. Je pense que les gens ne devraient parler que s'ils ont vraiment quelque chose à dire[41].

Qu'il fût un choix ou la conséquence de circonstances extérieures, l'état de solitude dans le camp était incontestablement un sérieux écueil. Objectivement, les personnes seules ou abandonnées rencontraient de bien plus grandes difficultés, tant sur le plan psychologique, en raison du besoin de partager expériences et sentiments, que sur un plan purement pratique, s'il s'agissait de trouver une aide, un soutien et de la solidarité pour faire face aux effroyables conditions de vie.

---

37. K. Żywulska (55908), *J'ai survécu à Auschwitz, op. cit.*, p. 79.
38. Z. Czerwińska-Kossakiewicz (49973), Publications, vol. XVI, p. 84.
39. A. Balbin (41796), *De Lodz à Auschwitz en passant par la Lorraine, op. cit.*, p. 61.
40. Ana Novac (17587), *Les Beaux Jours de ma jeunesse*, traduit du manuscrit hongrois par l'auteur et Jean Parvulesco, Paris, Balland, 1992, p. 33.
41. W. Dramińska (85374), Témoignages, vol. LXXXIII, p. 187.

La disparition de mes deux compagnes creuse ma solitude : je me renferme en moi-même et sens mon courage faiblir[42].

Je ne connaissais personne dans le camp, je n'avais accès à aucune information, à aucun soutien. Je n'étais pas le fils de quelqu'un de connu. S'il y avait eu dans le camp le fils d'un staroste, les gens auraient parlé, ils auraient connu et reconnu un tel prisonnier. Mais un employé de banque, même de haut niveau ? (C'est le métier de mon père.) Ce n'était pas un métier qui intéresserait des milliers de personnes. Je n'avais donc personne qui puisse être mon tuteur, mon protecteur ou mon conseiller. Ni personne qui pourrait s'intéresser à moi. Non, je devais me débrouiller entièrement par moi-même. Un fils unique désemparé, soudain privé du soutien de sa famille et privé de cette protection excessive, propre aux mères. Pour dire les choses franchement : à Auschwitz, je n'étais personne[43].

Parfois, l'isolement semblait être la seule forme de sauvetage. C'était nettement et objectivement le cas lorsqu'un prisonnier devait cacher sa véritable identité. Un prisonnier susceptible de reconnaître de telles personnes représentait une menace mortelle, non seulement pour elles, mais pour un éventuel réseau de résistance ou pour leurs familles cachées.

Me retrouver dans le camp était particulièrement pénible pour moi. Vivant sous une fausse identité, je devais éviter tout contact avec des personnes originaires de ma région[44].

L'isolement semblait aussi être une forme de répit dans une situation subjective, lorsque quelqu'un était persuadé de ne pas survivre s'il devait s'inquiéter d'autres que lui-même. Cela faisait probablement l'objet de terribles cas de conscience et avait des conséquences dramatiques pour l'avenir.

---

42. Camille Touboul (72420), *Le plus long des chemins. De Marseille à Auschwitz*, Nice, Losagne, 1998, p. 61.
43. W. Bartoszewski (4427), *Mój Auschwitz*, *op. cit.*, p. 41.
44. Henryk Matuszewski (5860), Témoignages, vol. XXII, p. 17.

J'arrivais, perdu, angoissé dans ce lieu immense. J'errais au milieu d'une multitude de matricules anonymes, lorsqu'un jour, je reconnus, debout, près des barbelés, un visage familier. Je le regardais longuement, éberlué. Oui aucun doute, je distinguais bien ses traits. C'était un ami intime de mes parents qui fut souvent reçu dans ma maison, à Bialystok. Il est là, dans le camp. Je ne suis donc plus totalement seul. Je courus vers lui et l'appelai joyeusement : « Heniek ! » Il se retourna, me dévisagea avec froideur. « Fiche-moi le camp ! » J'étais tout près de lui. Je tentai maladroitement de tendre les bras, embarrassé, presque honteux. « Mais je ne te demande rien, je voulais simplement te parler ! » Il détourna la tête, en murmurant sèchement : « Disparais. » Je restai figé, abasourdi par cette dureté. [Incapable de comprendre pourquoi cet homme bienveillant, qui avait passé des heures à bavarder avec moi, ainsi que le font certains adultes avec des jeunes à l'esprit curieux, pouvait me repousser avec une telle dureté.] Ce n'est qu'un peu plus tard que j'ai compris. Il était déjà si difficile de travailler à sa propre survie ! Auschwitz exigeait que l'on abandonne tout sentiment et tout élan du cœur. Cet homme avait craint que je ne l'encombre, que je lui enlève une petite part de chance. C'était affreux : mais, en me rejetant, il m'avait fait comprendre, dans un éclair, une leçon magistrale[45].

Mais, il faut avoir vécu là-bas pour comprendre certaines réactions[46].

La solitude – quelle que fût la façon dont elle était vécue – était une étape aux conséquences importantes dans le processus du camp de concentration. Car c'était clairement une rupture par rapport aux diverses habitudes et normes sociales préexistantes. Cette solitude dans la population des prisonniers en général mena à l'émergence d'une nouvelle organisation sociale au sein du camp de concentration. Cette nouvelle structure sociale émergea de cet égoïsme imposé aux prisonniers par leur

45. Samuel Pisar (B-1713), *Le Sang de l'espoir*, Paris, Laffont, 1979, p. 73-74.
46. A. Balbin (41796), *De Lodz à Auschwitz en passant par la Lorraine*, *op. cit.*, p. 93.

propre souffrance et par leurs besoins élémentaires inassouvis. En simplifiant quelque peu, elle reposait sur la force à la fois physique et psychologique, ainsi que sur les fonctions que l'on assumait et sur les relations dont on disposait. Les relations sociales dépendaient fondamentalement d'une lutte pour le pouvoir, tacite, mais constante et inévitable. Les forts avaient un pouvoir et une importance accrue, tandis que les faibles, étaient inexorablement mis en marge de la société du camp de concentration et acculés à la mort.

Je me suis retrouvée seule, dans la souffrance, au milieu d'une foule de détenues indifférentes, endurcies aux malheurs des autres. Chacune avait son passé, sa propre histoire tragique. Je n'étais utile à aucune d'entre elles et mon sort n'intéressait personne. Nous ne cessions de nous quereller pour tout, dans des baraquements bondés. On aurait dit que même l'air était devenu trop rare. Les plus fortes repoussaient les autres, elles se débarrassaient des plus faibles pour se protéger[47].

47. Halina Birenbaum (48693), *L'espoir est le dernier à mourir. Une jeune adolescente sous la terreur des nazis*, traduit par Corinne Rouach, Oświęcim, musée d'État d'Auschwitz-Birkenau, 2002, p. 152. La citation concerne le moment où Hela, la belle-sœur agonisante de l'auteur, est emmenée à l'infirmerie du camp.

LA MORT

Travail pénible, malnutrition, manque d'eau, crasse, fièvre, et pour finir Durchfall*[1]. *La mort commençait sa moisson*[2].

En commençant à préparer la structure de cette monographie, il m'a semblé naturel que ce sujet apparaisse tout à la fin du livre. Mais je dois reconnaître que c'eût été une erreur. Alors que, dans nos vies normales, le sujet de la mort est naturellement associé à des questions eschatologiques, dans le camp, c'était différent. La mort ne marquait pas la fin de la vie d'une personne, elle rôdait à chaque instant. Elle était présente dès le début, constamment, chaque jour, sans relâche[3]. J'ai donc modifié mon objectif initial et préféré traiter le sujet immédiatement après les premières expériences d'initiation et avant les sujets sociaux,

1. En allemand, diarrhée.
2. W. Klimaszewska (25993), Témoignages, vol. XV, p. 6.
3. E. A. Cohen (150634), *Human Behavior*, *op. cit.*, p. 5 : « Il existe une étroite ressemblance entre la mort et le camp de concentration, parce que, pour beaucoup de gens, être envoyé dans un camp de concentration signifiait littéralement la mort. » C'est pourquoi la mort est à l'épicentre des récits du camp : Ryn et Kłodziński (20019), « Śmierć i umieranie… », art. cité, p. 57 : « Presque tout ce qui a été écrit sur le camp ou exprimé sous d'autres formes de créativité humaine, par exemple la poésie, la peinture, la correspondance privée et les messages secrets, même l'humour, etc., véhicule le stigmate indélébile de la mort. Il ne pouvait en être autrement, parce que les auteurs eux-mêmes portent ce stigmate, ils sont marqués par la mort. »

culturels ou autres du quotidien. Car la mort était omniprésente. Ne pas savoir de qui étaient les cendres qui s'élevaient dans l'air avec la fumée, ni si le voisin de châlit était endormi ou déjà mort, et d'une façon générale qui était encore en vie et qui ne l'était pas, signifiait que la mort n'était pas quelque chose qui survenait tout à la fin. Elle régnait dans le camp.

À l'appel, on comptait aussi les morts[4].

Ma première hypothèse archétypale selon laquelle la mort devrait être décrite à la fin confirme exactement à quel point il faut aller au-delà de ses propres expériences et de sa propre conception de l'humanité comme du monde si l'on veut comprendre l'univers concentrationnaire. Dans le camp, on faisait l'expérience de la proximité de la mort, de sa tangibilité, de son ubiquité et de sa réalité concrète. Le camp et la mort sont deux concepts intrinsèquement liés[5]. Pour bien des déportés – qui, en général, n'avaient jamais été confrontés qu'à une forme de deuil ritualisée –, le contact avec la mort, désormais partenaire permanent de la vie, fut indubitablement un choc effroyable et l'une des causes majeures du stress ressenti lors de la première phase d'adaptation au camp.

J'étais sous le choc. C'était la première fois que je voyais de mes propres yeux des cadavres, des cadavres de gens assassinés[6].

C'était la première fois de ma vie que je touchais des cadavres. Les corps n'étaient pas encore rigides[7].

4. A. Balbin (41796), *De Lodz à Auschwitz en passant par la Lorraine*, *op. cit.*, p. 72.

5. Voir les travaux fondamentaux sur ce sujet : Ryn et Kłodziński (20019), « Śmierć i umieranie… », art. cité, p. 56-90 ; Frankowski, *Socjologiczne aspekty funkcjonowania*, *op. cit.*, p. 58-63.

6. Sarah Lichtsztejn-Montard (A-7142), *Chassez les papillons noirs*, Paris, Le Manuscrit, 2011, p. 54.

7. Filip Müller (29236), *Trois ans dans une chambre à gaz d'Auschwitz*, traduit de l'allemand par Pierre Desolneux, Pygmalion, 1980, p. 38.

Pour la première fois de ma vie, j'ai touché à des cadavres et c'était vraiment traumatisant. Ce ne le fut plus par la suite[8]*...*

Jusqu'à l'âge de dix-sept ans, je ne m'étais jamais trouvée à côté d'un mourant, et encore moins d'un mort ; dès cette première nuit à Auschwitz, la souffrance et la mort commencèrent à faire partie intégrante de mon existence quotidienne[9].

Voici les propos d'une jeune Polonaise de quatorze ans, à propos de sa camarade de Hongrie ; celle-ci, ayant perdu toute sa famille, venait chercher un amour maternel de substitution sur le châlit qu'elle partageait avec la mère de la jeune Polonaise. Elles dormaient ensemble sur le même châlit, sous la même couverture :

Un matin, je fus réveillée par l'étrange froideur d'Eli. Elle était morte en me serrant dans ses bras, tenant ma main. Longtemps, je sentis encore sa main dans la mienne et pleurai : où es-tu, Eli, où es-tu ? Pour la première fois, j'avais passé toute la nuit avec quelqu'un qui était mort, et c'était épouvantable[10].

Un jour, au block 9 des Zugangi, *je me réveillai un matin et réalisai que mon compagnon, un prisonnier âgé avec qui je partageais une couverture, était mort. Il m'avait parlé, mais aujourd'hui, je ne me souviens plus qui il était. Il ne s'était jamais plaint. Il était mort si paisiblement et si discrètement que je ne savais pas comment cela avait pu se produire*[11].

Si de telles expériences, prises séparément, pouvaient exercer un impact profondément marquant et traumatisant, que se passait-il lorsqu'une personne en vivait de similaires

8. H. Tajchner (39055), *Trois ans dans l'enfer d'Auschwitz*, *op. cit.*, p. 41.
9. Hilda Hrabovecká (matricule inconnu), *Arm With a Tattooed Number*, Bratislava, Marenčin PT, 2002, p. 39.
10. E. Friedman (A-26615), *Daleka droga do domu*, *op. cit.*, p. 77.
11. Jan Marszałek (18857), cité in Ryn et Kłodziński (20019), « Śmierć i umieranie... », art. cité, p. 63.

fréquemment, jour et nuit ? Que vient-il à l'esprit de celui ou de celle qui, au réveil, voit les morts, ceux qui tombent au sol pendant l'appel, ceux qui meurent en plein travail, ceux qui se jettent sur la clôture électrifiée, ceux qui sont battus et assassinés par les SS et les kapos, ou ceux qui gisent – morts – à l'extérieur de presque chaque baraquement ?

Les morts étaient partout. À tout instant du jour ou de la nuit, on les voyait dans la boue devant les baraquements, à l'intérieur des baraquements, dans le champ où on travaillait, sous le portail et sur la clôture de barbelés entourant notre camp. La population du camp ne variait pas beaucoup, seuls les visages changeaient. Un nombre considérable de gens disparaissait et un nombre tout aussi considérable apparaissait[12].

Non seulement la vie et la dignité humaine étaient bafouées ici, mais la mort d'êtres humains ne comptait pour rien[13].

Ainsi, la signification de la mort, auparavant un seuil transcendantal, ineffable, nimbée de mystère religieux, perd ses connotations initiales. Elle devient une routine quotidienne. Il s'ensuit – d'après les mémoires – un processus qui n'est pas seulement une forme de familiarisation, mais aussi une extrême indifférence à la vue de la mort.

Est-ce que j'ignore ce qui se passe ici ? Mais je ne veux pas VIVRE la MORT des milliers de fois, j'en détourne mes pensées et je pense au présent[14].

Je me dégoûte, parce que je commence à m'habituer à la mort, au spectacle quotidien de gens battus à mort, étranglés sur leur lieu de travail, à la vue de ceux qui meurent de diarrhée et dont on prend les meilleures chaussures ou les vêtements[15]...

12. J. Apostoł-Staniszewska (26273), *Echa okupacyjnych lat*, *op. cit.*, p. 307.
13. Z. Czerwińska-Kossakiewicz (49973), Témoignages, vol. XVI, p. 60.
14. R. Kagan (7984), *Des femmes au bureau de l'enfer*, *op. cit.*, p. 206.
15. Jerzy Pozimski (1099), Témoignages, vol. LII, p. 170.

Avec le temps, je m'habituais à la mort, la mort dans les conditions du camp devint banale et si elle ne concernait pas quelqu'un de proche, elle ne faisait plus guère d'impression. Peut-être était-ce une réaction instinctive de défense pour éviter l'effondrement psychologique[16].

Peu à peu, je m'habituais à voir des morts, des personnes assassinées, des mourants, ceux qui se jetaient sur les barbelés électrifiés. La mort cessa de me donner l'impression de quelque chose de terrible. J'étais épouvanté de réaliser que lorsque quelqu'un mourait à côté de moi pendant un appel, qu'un compagnon de détention s'effondrait dans une brouette, je ne me demandai pas comment l'aider, mais comment obtenir une ration supplémentaire le soir même[17].

Par ailleurs, avec le temps, la vue de corps jonchant le sol ou les monceaux de cadavres dans le camp cessa de m'impressionner. Il ne me venait pas à l'esprit qu'il s'agissait de gens. Les monceaux de corps éclaboussés de boue ou transportés dans des charrettes à bras ou par des « porteurs », ne me faisaient pas grand-chose. À l'occasion, mon cœur tressaillait lorsque je voyais un cadavre attirant davantage l'attention, par exemple avec le nez ou les joues rongés par les rats, sans doigts ni orteils. Mais un « cadavre normal » n'était qu'un cadavre, qu'on ignorait, tout simplement[18].

Alors ce n'était que le processus douloureux de l'engourdissement des sens face à la mort. Pourtant, malgré tout, quelle impression énorme c'était, sorte de paralysie mentale, de voir pendant le travail, émerger d'un monceau de prisonniers de guerre soviétiques assassinés (déposés dans la cour du block 23), plusieurs hommes pas encore tout à fait morts ; ils semblaient ressusciter, ramper hors du tas de cadavres pour venir s'appuyer contre le mur du block, à moitié conscients, les yeux hagards fixant le vide, apparemment inconscients de leur état et de ce qui se passait autour d'eux. La réaction à cette vue était

---

16. Alojzy Fros (136223), cité in Ryn et Kłodziński (20019), « Śmierć i umieranie… », art. cité, p. 66.
17. Piotr Hiroń (4668), cité in *ibid.*, p. 68.
18. Maria Ślisz-Oyrzyńska (40275), citée in *ibid.*, p. 82.

profonde, tout semblait pourri : le monde, les gens et cette misérable existence dans l'usine de la mort[19].

Dans cet apprivoisement de la mort, la communauté du camp utilisait des mots et des expressions pour la qualifier, ce qu'illustre parfaitement la recherche d'un nouveau langage[20] parce que le langage normal n'était pas adapté pour décrire la situation.

Votre kapo Franz est déjà dans le Himmelkommando*[21].

« Ils l'ont emmené » ou « parti à la démolition », « s'est fait écraser », « a eu la piqûre » ou « s'est envolé par la cheminée »[22].

Dans cette situation, nous devons considérer comment évoluèrent les perceptions de l'importance de la vie et de la mort, à quel point elles furent significatives l'une au regard de l'autre, et comment elles furent corrélées. À l'ombre du camp de concentration, la devise *Sowieso : Krematorium*[23], ces deux aspects extrêmes de l'humanité que sont la vie et la mort devaient être réévalués. Dans les récits des témoins, les remarques sur ce sujet sont généralement brèves, limitant toute spéculation, comme si les auteurs n'étaient pas entièrement convaincus de la nécessité d'aborder le sujet, comme s'ils estimaient que ceux qui n'avaient pas vécu cela, ceux qui avaient des perceptions préconçues de la vie et de la mort, seraient incapables de comprendre.

La vie ne valait rien dans le camp. Elle ne signifiait rien[24].

---

19. Józef Kret (20020), cité in *ibid.*, p. 67.

20. À propos du vocabulaire utilisé au camp pour désigner la mort, voir également *ibid.*, p. 84-85.

21. En allemand, Kommando du ciel. Bronisław Jureczek (26672), Témoignages, vol. III, p. 404 [propos de Walter adressés aux prisonniers de l'*Erkennungsdienst Kommando*].

22. Jan Stawarz (39534), cité in Ryn et Kłodziński (20019), « Śmierć i umieranie… », art. cité, p. 61.

23. En allemand, d'une façon ou d'une autre : le crématoire.

24. I. Greengrass (87224), *Judaism Is Indestructible*, *op. cit.*, p. 83.

Ceux qui vivaient, tôt ou tard, devaient mourir[25].

D'une façon ou d'une autre, c'est la mort[26].

Au camp, où c'était un phénomène parfaitement normal, le spectacle de la mort avait une dimension tout autre[27].

La mort, au camp, était un phénomène aussi courant que la pauvreté, les coups, la faim, et n'impressionnait pas les prisonniers[28].

Et je suis moi-même condamné à mort. Un mort peut-il pleurer un mort ?[29]

Une expérience aussi puissante de l'inévitabilité, de la banalité, de l'omniprésence et on pourrait même dire de la « normalité » de la mort laissa parfois de profondes traces dans les esprits et les émotions des rescapés.

J'ai gardé du camp une cicatrice indélébile – je suis insensible à la mort, à la vue des morts. J'ai déjà enterré nombre de mes proches, mais, par exemple, je ne suis jamais ému à la vue d'un cadavre dans un cercueil. Au début, je pensais être devenu anormal pour ce qui est des émotions. Mais ce n'est pas le cas. Je peux être ému par un bon film – mais pas par la mort d'un autre être humain. C'est le traumatisme que j'ai rapporté du camp où, chaque jour, on voyait de nombreux, parfois de très nombreux cadavres, où la vie humaine n'avait aucune valeur[30].

Cette expérience pourtant ne se limitait pas à la seule vue des cadavres. La mort n'est pas seulement un état, c'est aussi un processus de transition, le processus de l'agonie. Les prisonniers voyaient des gens encore vivants dont le sort était déjà

25. Jerzy Matlak (27252), Publications, vol. LXXXII, p. 28.
26. Franciszek Karwacki (14143), Publications, vol. LXIX, p. 52.
27. J. Brandhuber (87112), Témoignages, vol. LXXVI, p. 141.
28. Stanisław Kobylański (575), Publications, vol. II, p. 267.
29. Z. Gradowski (matricule inconnu), *Au cœur de l'enfer*, *op. cit.*, p. 110.
30. Henryk Król (1183), Témoignages, vol. LXXV, p. 210.

scellé – des gens sélectionnés, séparés des autres et emmenés dans les chambres à gaz. Ils voyaient des gens dont ils savaient qu'ils n'avaient aucune perspective d'avenir, qu'ils en étaient aux dernières minutes, ou peut-être au dernier quart d'heure de leur vie. Contrairement aux nouveaux arrivants, non initiés, qui ne se doutaient de rien, ces prisonniers expérimentés connaissaient les limites de l'espoir et savaient quand la mort devenait inévitable.

Avec beaucoup d'attention, je regarde celles qui sont désignées pour la mort. Elles ne sont déjà plus dans le monde des vivants. Têtes baissées, elles sont déjà mortes[31].

Certaines des victimes ainsi marquées pleuraient, criaient même parfois et résistaient, mais la plupart s'en allaient passives, dignes, en silence. Pourquoi partaient-elles si tranquillement, ayant pleine conscience de ce qui les attendait ? Je pense que c'était de leur part la résignation adoptée depuis longtemps comme l'unique attitude possible. Il y en avait parmi elles beaucoup qui ne se troublaient même pas et d'un regard nous disaient adieu ; parfois même, elles levaient la main pour nous saluer, semblant nous dire : nous aujourd'hui, vous demain[32].

Les cas de folie se multiplient. L'une crie, l'autre hurle, se mord les bras, l'une parle doucement, avec un sourire qui n'est plus de ce monde, à sa petite fille, sa petite Mariette qu'elle voit jouer auprès d'elle, une autre encore est impassible, résignée[33].

L'autre groupe se tenait à trois pas sur notre gauche. Debout, nous attendions d'autres ordres. Soudain, dans le groupe voisin, nous avons entendu un murmure. J'ai remarqué, dans les yeux de certains hommes, de grosses larmes qui coulaient sur la toile de leur tenue. Mais ils demeuraient immobiles. À un moment donné, ils nous ont lancé des mouchoirs, des canifs et autres petits objets.

31. Simone Lagrange (A-8624), *Coupable d'être née. Adolescente à Auschwitz*, Paris, 1997, p. 78.
32. P. Lewińska (32292), *Vingt mois à Auschwitz*, *op. cit.*, p. 103-104.
33. Sima Vaisman (747?), « Une déportée à Auschwitz témoigne », *Le Monde Juif*, n° 140, 1990, p. 161.

« Qu'est-ce que ça signifie ?! » demandai-je à l'ancien prisonnier qui était à côté de moi. « Ils n'en ont plus besoin, répondit-il, ils vont être fusillés... Tu ne vois pas combien ils sont ? » J'en comptais rapidement des dizaines. Oui, des dizaines de dizaines, au total une centaine[34].

Dans la cour, il y avait encore des files de condamnés attendant leur tour, se préparant à mourir. D'une main tremblante, un camarade de Bydgoszcz fit un signe d'au revoir, un autre me demanda d'informer sa femme et ses enfants, un autre encore, les larmes aux yeux, implora de l'aide. Ils étaient tous écrasés par un horrible spectre, une résignation désespérée, une impuissance incompréhensible devant la mort[35].

Ils partent pour le gaz demain, et cette jeune fille qui marche autour du block, tourmentant chacun par ses questions : « Comment pouvons-nous voyager dans un camion ouvert par un tel froid ? Ne vont-ils pas nous donner des couvertures ? Vont-ils me prendre ma chemise[36] *? »*

La tragédie de notre désespoir et la nature temporaire de notre existence signifiaient que trop rapidement, nous oubliions nos compagnons d'infortune qui, si facilement retournaient à la poussière, et pourtant, il y a un instant, à peine quelques heures, ces gens partageaient les châlits crasseux avec nous, ils partageaient des morceaux de pain et des bribes d'espoir de sortir du camp en vie[37].

En conséquence, la mort elle-même, si tangible et si présente, échappait en fait à tous les mots et définitions acquis au cours de la vie. Il y avait deux types de mort : l'une était invisible, universelle et théorique, l'autre était banale, corporelle, celle qu'on voyait et avec laquelle on coexistait chaque jour.

34. M. Bednarski (30951), *W szponach Gestapo*, *op. cit.*, p. 179.
35. Konrad Szweda (7669), Témoignages, vol. XXXII, p. 83.
36. Romana Duracz (43544), « Sceny z obozu zagłady », in Duracz, Fajkosza et Nowaka, *Przekaz Oświęcimski*, *op. cit.*, p. 63.
37. E. Springer (A-24020), *Milczenie żywych*, *op. cit.*, p. 82-83.

La mort elle-même était parmi nous, elle déambulait dans l'enceinte sous quelque forme qu'on voulait lui donner, ange ou diable, elle était partout. On pouvait l'entendre, la penser et la sentir[38].

Dans le camp d'extermination, la mort n'avait pas les ailes d'un ange. Elle était nue, dépouillée de sainteté et de dignité, privée de tout sentiment, dénuée de mots, de chants et de cérémonies. Sombre comme la nuit, silencieuse et innommable. Personne ne prenait le deuil, personne ne parlait, personne ne se souvenait, elle n'émouvait personne. Elle existait en chacun de nous. Les assassinés n'avaient pas de tombes, ni indice de sépulture, ni roulement de tambour, ni chant d'oiseau[39].

La mort ici est terrible, puante, gluante... lente. Et je sais très bien, à présent, qu'on va me coucher devant la baraque, sur la neige ou dans la boue[40]...

Les corps gisaient pêle-mêle. Dans le camp, personne ne respectait la mort. On traitait la dépouille humaine comme une guenille rejetée. Les mortes restaient donc telles qu'on les avait déchargées du brancard, les unes face au sol, les mains écartées, inertes, les autres sur le dos, montrant des yeux largement ouverts et une bouche figée dans un cri. Sur le dessus s'étendait un corps couvert de plaies, jeté en travers[41].

J'avais déjà tant côtoyé la mort... Un homme emmené pour être fusillé, le corps inerte d'un ami transporté sur nos épaules, le sentiment d'une menace permanente. Tel était le décor quotidien de ma vie. La mort était devenue une chose familière, au point d'oublier qu'il s'agissait de la mort d'un homme. Et voici que naissaient en moi la tristesse et l'indignation causée par une

38. L. Fynaut (185590), *I Survived Auschwitz and Buchenwald*, *op. cit.*, p. 125.
39. J. Apostoł-Staniszewska (26273), « Wobec śmierci w Brzezince i Ravensbrück », *Przegląd Lekarski – Oświęcim*, 1981, p. 167-168.
40. K. Żywulska (55908), *J'ai survécu à Auschwitz*, *op. cit.*, p. 126.
41. Z. Kossak (64491), *Du fond de l'abîme, Seigneur...*, *op. cit.*, p. 46.

truie et ses petits destinés à l'alimentation des détenus. D'où cela pouvait-il me venir[42] *?*

C'était ainsi que nous vivions, en voyant la mort à chaque minute sous nos yeux[43].

La mort dans le camp était tellement omniprésente qu'il devint possible d'en tirer profit. Par exemple, l'arrivée de nombreux convois était perçue comme globalement bénéfique pour le marché clandestin du camp. Si le taux de décès augmentait dans un block, on anticipait des rations plus importantes à partager avant que les décès ne soient enregistrés lors de l'appel[44]. La vue d'un prisonnier à l'agonie pouvait être perçue comme une occasion de profiter du pain qu'il n'avait pas mangé, ou de chaussures en relativement bon état, ou peut-être de pouvoir remplacer sa cuillère, gamelle, calot ou autre vêtement. Même un endroit spécifiquement désigné pour la mort pouvait être utilisé à d'autres fins.

La veille de Noël 1940, je fus invité par Albert à descendre à la morgue pour un dîner de Noël. C'était un curieux endroit pour une telle occasion, mais c'était alors aussi l'un des endroits les plus sûrs du camp. Les SS ne s'y rendaient guère ; même les kapos et les chefs de block l'évitaient[45].

La mort dans le camp était parfois prévisible, on pouvait la sentir approcher, que ce soit en raison d'un effondrement nerveux ou physique, ou des conséquences biologiques d'une santé délabrée. Chaque jour, il y avait des adieux poignants, et

42. A. Kowalczyk (6804), *Le Refrain des barbelés*, *op. cit.*, t. 1, p. 46-47.

43. Mordechaj Cyrulnicki (79414), « Twenty-Six Months in Oswiecim (Auschwitz) » in Ilya Ehrenburg et Vassili Grossman (dir.), *The Complete Black Book of Russian Jewry*, traduit en anglais par John Glad, James S. Levine, New York, Holocaust Library, 1981, p. 496. Pour l'édition française : *Le Livre noir. Textes et témoignages*, Arles, « Solin », Actes Sud, 2019.

44. Voir Alicja Glińska, « Z badań nad moralnością więźniów Oświęcimia », *Przegląd Lekarski – Oświęcim*, 1967, p. 39.

45. K. Piekarski (4618), *Escaping Hell*, *op. cit.*, p. 80.

pourtant, parfois, c'était le silence qui accompagnait le détenu au carrefour ultime de la vie.

> *[Mon père] se leva de son châlit, me regarda et me dit d'une voix calme : « Je crains fort que cette maladie ne me tue. Je me sens très mal. S'il m'arrive quelque chose et que tu étais libéré du camp, veille sur ta mère – et partagez-vous équitablement ce qui restera de mes affaires. » Je l'écoutai, sidéré. Je ne comprenais pas – je ne voulais pas comprendre – ce qu'il disait. Je repris mes esprits et répondis : « Mais papa, de quoi parles-tu ? Tu dois te rétablir. » Mais alors que les mots sortaient de ma bouche, je réalisai soudain que je n'y croyais pas moi-même. Mon père attira ma tête contre sa poitrine et ajouta dans un faible murmure : « Dis à ta mère que je l'ai toujours aimée et que je lui suis toujours resté fidèle. » Il embrassa ma tête rasée, puis se laissa retomber sur son lit. Je lui fis un signe de la main en partant : « Je pourrai peut-être te rendre visite un jour. Tiens bon. » Mais il ne m'entendit pas. Il était déjà quelque part ailleurs*[46].

> *On distingue maintenant ceux que la mort a touchés cette nuit. Car la mort se peint sur le visage, s'y plaque implacablement et il n'est pas besoin que nos regards se rencontrent pour que nous comprenions toutes en regardant Suzanne Rose qu'elle va mourir, en regardant Mounette qu'elle va mourir. La mort est marquée à la peau collée aux pommettes, à la peau collée aux orbites, à la peau collée aux maxillaires. Et nous savons qu'il ne servirait de rien à présent d'évoquer leur maison, ou leur fils ou leur mère. Il est trop tard. Nous ne pouvons plus rien pour elles*[47].

La banalité de la mort s'insinuait dans l'esprit des prisonniers, les obligeant à penser à l'imminence de la fin de leur propre vie. Indépendamment de l'attachement à la vie, de l'espoir ou de la lutte pour la survie, la conscience de la précarité de l'existence des autres prisonniers contraignait à considérer la précarité de sa propre existence.

46. T. Sobolewicz (23053), *But I Survived*, *op. cit.*, p. 126-127.
47. C. Delbo (31661), *Auschwitz et après*, t. I, *op. cit.*, p. 76.

Il y avait deux sortes de mort dans le camp. L'une, la pire, était la mort lente résultant de méthodes appliquées en vue d'affaiblir les individus, de la perte de vigueur, de maladies, diarrhées, infections, la mort par épuisement... Ceux qui attendaient la mort étaient dans un état d'esprit d'impuissance, de désespoir, le plus souvent d'indifférence et rarement de panique. Je n'en ai pas vu alors vouloir sauver leur vie ; parce que, souvent, ils manquaient de volonté, ils manquaient aussi de la volonté de vivre... Le second type de mort me préoccupait davantage : la mort soudaine de ceux qui sont condamnés à être abattus, pendus, gazés, etc. C'était un type de mort différent qui était subi de façon différente par ceux qui y étaient condamnés[48].

La mort était présente à chaque instant. On ne veut pas mourir et pourtant on s'habitue à cette idée. Comment l'expliquer[49] *?*

L'idée de ma mort n'était pas absente de mes calculs car chaque minute de vie était une victoire[50].

Je ne me rendais pas compte que j'avais accepté ma mort et que la permission de mourir que je m'étais donnée en recevant les coups me permettait d'aller au-delà de toutes les limites raisonnables, au-delà de toute peur[51].

Pourtant, un autre type de mort rôdait dans le camp. À proximité se trouvaient les fours crématoires crachant leur fumée, ainsi que la lueur des fosses en feu. Cette mort était invisible, mais son odeur était perceptible. C'était une mort camouflée, mais très présente ; c'était celle qui attendait les prisonniers des convois de Juifs, ou ceux dont les proches seraient sélectionnés plus tard dans le camp, dans les infirmeries du camp ou pendant l'appel.

---

48. Aleksander Giermański (716), cité in Ryn et Kłodziński (20019), « Śmierć i umieranie... », art. cité, p. 62-63.
49. D. Goland-Blaufoux (80593), *Un présent qui s'accroche à moi*, *op. cit.*, p. 102.
50. S. Alizon (31776), *L'exercice de vivre*, *op. cit.*, p. 196.
51. Ruth Bindefeld Neray (75912), *To Auschwitz and Back. My Personal Journey*, Sudbury (Mass.), Sudbury Press, 1997, p. 75.

Nous tentions de ne pas y penser, mais il n'y avait rien d'autre à quoi nous pouvions penser[52].

Ma voisine, Mme Codesh, était arrivée de Vilnius avec son fils âgé de quinze ans. Lorsqu'elle vit que les enfants étaient dirigés vers la gauche, elle lui conseilla : « Va avec les enfants. Ils recevront probablement un verre de lait. » Plus tard, en Israël, le jour de l'anniversaire de son fils unique, elle avala une énorme quantité de pilules. Elle avait quarante ans. Elle ne se pardonnait pas de l'avoir envoyé à la mort[53].

Cette conscience de la proximité des machines d'extermination de masse était particulièrement forte à Birkenau. Le silence sur ce macabre sujet dans de nombreux récits est révélateur de son caractère traumatisant. Il est parfois manifeste que les auteurs tentent d'atténuer cette peur en soulignant que bon nombre n'avaient pas imaginé le sort qui les attendait après leur déportation. Pourtant, tout le monde dans le camp voyait, sentait et entendait la présence d'une telle mort ; et en même temps personne, à l'exception des détenus du *Sonderkommando*, ne la voyait directement. Les prisonniers de Birkenau voyaient les victimes marcher calmement, attendant leur tour dans la forêt devant les crématoires IV et V. Et personne ne savait ce qui valait mieux, comme en témoigne une discussion dans l'un des bureaux du camp :

« Tant mieux pour eux s'ils vont à la mort sans le savoir », dit Frau Mendelson. Nous nous tûmes[54].

À Birkenau en particulier, dans les six derniers mois de 1943 et en 1944, alors que les fours crématoires étaient pleinement opérationnels, tout le monde voyait et savait. Ce n'était plus la mort, c'était un assassinat. Un massacre. Il est intéressant de

52. S. Lebovitz (39439), [*Shari: A True Story*], doc. cité, p. 90.
53. Harel (matricule inconnu), *Teraz już możesz płakać*, p. 123.
54. R. Kagan (7984), *Des femmes au bureau de l'enfer*, *op. cit.*, p. 229.

remarquer que le mot même de « meurtre » apparaît très rarement dans les mémoires des rescapés. C'était peut-être aussi le signe d'un certain apprivoisement de la mort.

C'était une période terrible. Chaque jour, j'observais de près l'extermination en masse des convois dans les chambres à gaz des quatre fours crématoires[55].

Des milliers d'enfants, de femmes et d'hommes, les jeunes et les vieux, les bien-portants et les malades étaient menés aux crématoires. Ce fut pour nous la période la plus difficile au camp. La prise de conscience de l'impuissance de ces personnes, associée à la certitude que notre tour viendrait après celui des Juifs, nous contraignait à réfléchir, et, en même temps, un instinct de survie nous incitait à refouler ces réflexions et à les ignorer. Mais on ne pouvait échapper à la fumée du crématoire et à l'odeur des corps. Dans le silence de la nuit, j'entendais de mes oreilles les cris des enfants brûlés vifs[56].

Il est difficile de décrire quelque chose d'aussi horrible que la mort de milliers de personnes dans une chambre à gaz. Pendant dix minutes, à une distance de 400 à 500 mètres, parvenaient à nos baraquements les cris les plus inhumains, les plus désespérés, de milliers de personnes endurant d'atroces souffrances. S'ensuivait un silence sinistre, aussi cruel que le cri de la mort[57].

... colonne de fumée, mince au début, puis formant des tourbillons... Le vent les rabattait vers nous en un nuage noir... L'odeur des corps brûlés était suffocante. Nos têtes étaient de plomb[58].

55. Anna Moszkowicz (79205), Témoignages, vol. XXXII, p. 133.
56. M. E. Jezierska (24449), Témoignages, vol. VIII, p. 1145.
57. J. Majchrzak (33204), cité in Ryn et Kłodziński (20019), « Śmierć i umieranie... », art. cité, p. 65. Ici, cependant, il faut remarquer qu'une distance de 400-500 mètres – la quasi-totalité de l'étendue du camp – semble trop importante pour pouvoir entendre les cris des personnes assassinées. D'autres rescapés ne confirment pas cela.
58. K. Żywulska (55908), *J'ai survécu à Auschwitz*, *op. cit.*, p. 218.

Et seulement cette terrible odeur de peau, d'os et de cheveux brûlés qui s'incrustait dans la gorge, au point qu'on ne pouvait plus se débarrasser de ce goût particulier[59].

... une odeur étrangement douceâtre, on aurait dit une odeur de brûlé. C'était le crématoire auquel étaient voués jeunes, vieux et malades, et auquel nous étions en fin de compte tous condamnés[60].

Je me suis levée avant les autres. Quand je suis sortie du baraquement dans un silence total, parce que le camp était encore endormi et que je me suis dirigée vers les latrines, l'atmosphère était surnaturelle. Comme dans un conte de fées. Juste devant la porte, on pénétrait dans un brouillard [la fumée du crématoire]. C'était une épaisse suspension. D'une consistance presque solide. Je ne suis ni chimiste, ni physicienne, et je ne sais pas comment l'expliquer. Mais après avoir fait quelques pas, je vis apparaître derrière moi un passage, découpé dans ce brouillard. Ce n'est qu'au bout d'un moment qu'il disparut[61].

Ce sont les récits d'anciens membres du *Sonderkommando*[62] qui livrent l'information sur ce qui se passait en réalité dans les chambres à gaz et les crématoires, ainsi que sur les bûchers à ciel ouvert. On ne pouvait s'échapper de là autrement que sous forme de fumée par les cheminées. Observant cela chaque jour, les membres du *Sonderkommando* étaient persuadés qu'en tant

59. Maria Żumańska (29940), Témoignages, vol. IV, p. 419.
60. O. Lengyel (25403), *Souvenirs de l'au-delà*, *op. cit.*, p. 38.
61. Z. Posmysz (7566), *Królestwo za mgłą*, *op. cit.*, p. 141.
62. Voir Kazimierz Smoleń (éd.), *Amidst a Nightmare of Crime. Notes of Prisoners of Sonderkommando Found at Auschwitz*, traduit en anglais par Krystyna Michalik, Oświęcim, musée d'État d'Auschwitz-Birkenau, 1973 ; également une série d'interviews bouleversantes : Gideon Greif, *We Wept Without Tears. Testimonies of the Jewish Sonderkommando From Auschwitz*, New Haven, Yale University Press, 2014 ; et une compilation de tous les récits : Cywiński, *Zagłada w pamięci więźniów Sonderkommando*, *op. cit.* Sur l'histoire du *Sonderkommando*, voir Franciszek Piper, « Les conditions de vie et de travail spécifiques du Sonderkommando », traduit de l'anglais par Andréa Lauterwein, *Revue d'histoire de la Shoah*, n° 171, 2001, p. 220-231.

que *Geheimnisträger**[63] ils seraient assassinés par la suite, afin que les criminels puissent éliminer toute trace et tout témoin de cet épicentre du mal.

Lorsque, après le gazage, on nous ordonnait de jeter les corps dans le four, nous en trouvions parfois qui donnaient encore des signes de vie, et nous ne voulions pas les jeter vivants dans un four ; alors, l'un des SS les achevait d'un coup de revolver[64].

Sur environ un millier de personnes gazées, un enfant encore vivant fut retrouvé. Les SS donnèrent à l'enfant un peu de lait, puis lorsqu'il reprit connaissance, ils l'abattirent d'une balle[65].

Nous vivions tant de choses horribles dans le camp qu'il est difficile de se souvenir de toutes. Mais je n'oublierai jamais cela ; un jour, je ne me souviens pas de la date, j'ai vu des enfants vivants jetés sur un bûcher, à proximité des crématoires[66].

Mais en voyant le corps brûler, j'ai pensé que les morts avaient peut-être plus de chance que les vivants ; ils n'étaient plus obligés de subir cet enfer sur terre, de voir la cruauté des hommes[67].

La tragédie de la vie quotidienne au camp, où tout effort possible avait pour ultime objectif de repousser l'échéance de la mort, tout en vivant littéralement parmi les morts et avec l'inévitabilité de sa propre mort, amenait les prisonniers à considérer la mort comme une sorte de libération.

---

63. En allemand, porteur de secret. Et une catégorie informelle de prisonniers dont le travail devait demeurer absolument secret.
64. Alter Feinsilber (27675), in Rudolf Höss trial, [IPN GK 196/82], in *Chronicles of Terror*, *op. cit.*, vol. V, p. 260.
65. Felix Rosenthal (176475), Témoignages, vol. IX, p. 1244.
66. Wanda Miszewska (44756), Témoignages, vol. CI, p. 146. L'auteur, certes, n'était pas dans le *Sonderkommando*, mais les Kommandos de prisonniers ordinaires travaillant près des crématoires et des bûchers à ciel ouvert assistaient à de telles scènes.
67. S. Venezia (182727), *Sonderkommando*, *op. cit.*, p. 94.

Nous regrettions de ne pas avoir été gazées immédiatement à l'arrivée au camp. À quoi bon souffrir autant pour arriver à mourir un jour ou l'autre d'épuisement, après des jours horribles passés à être frappées, maltraitées, insultées[68] *?*

Nous enviions ceux qui n'étaient plus en vie, ne ressentaient plus la douleur, et pourtant, on voulait tellement vivre[69].

Ceux qui mouraient pouvaient même être considérés comme chanceux. « Cet enfer ne les concerne plus », disaient les prisonniers. Un détenu risquait sa vie presque à chaque heure[70].

Je suis heureux de mourir. Personne n'est plus heureux ; personne n'est plus enviable que moi. Mes souffrances sont terminées, j'irai peut-être dans un monde meilleur[71].

La mort de chaque prisonnier était scrupuleusement inscrite dans les registres du camp[72]. Malheureusement, aucun des *Sterbebücher**[73] ne nous est parvenu. La numérotation des prisonniers et l'inscription de leur présence aux appels permettaient aux SS de disposer d'un registre à jour de la population du camp. C'est pourquoi, d'un point de vue administratif, la mort n'avait rien d'un événement dramatique, elle entraînait uniquement l'accomplissement des formalités bureaucratiques nécessaires. Elle devint une activité administrative avec des procédures rigoureusement observées et plus importantes que les faits.

Je me souviens d'un épisode choquant dans le block 28 de la morgue à Auschwitz. Un jour, une ou deux heures après la livraison à la morgue des corps de ceux qui avaient été assassinés par des

---

68. Suzanne Birnbaum (74837), *Une Française Juive est revenue*, Maulévrier, Hérault-Editions, 1991, p. 42.
69. Z. Czerwińska-Kossakiewicz (49973), Publications, vol. XVI, p. 51.
70. B. Dąbrowski (18375), in Dąbrowski, *Nietypowy więzień Auschwitz-Birkenau*, *op. cit.*, p. 43.
71. C. Papiernik (43422), *Unbroken*, *op. cit.*, p. 55.
72. À partir de l'été 1941.
73. En allemand, livres des morts.

injections de phénol, administrées par le SDG* Klehr *au block 20, un prisonnier émergea de la masse des cadavres et, rampant sur ses mains et ses genoux, dans un état de confusion totale, tenta de s'évader en escaladant les marches qui montaient au rez-de-chaussée. Au bout de quelques pas, il perdit l'équilibre et tomba, se cognant le front sur le bord d'une marche. Bouleversés par ce spectacle, les prisonniers de la morgue accoururent pour ramener le prisonnier vers les cadavres et l'étendirent sur un brancard qui se trouvait là. Plusieurs médecins arrivèrent. Ils prirent le pouls du malade. Pouvait-on faire quoi que ce soit pour aider un prisonnier déjà répertorié comme mort dans le registre du camp*[74] *?*

M'étant trouvé auparavant dans le camp de concentration de Dachau, je fus à même de comparer ses conditions à celles d'Auschwitz. À tous égards, Dachau était assurément mieux. La vie y était bien mieux organisée, il y avait plus d'ordre. Dans les deux cas, les gens étaient assassinés, mais certaines formes et certains règlements étaient observés à Dachau, alors que la mort guettait à chaque instant à Auschwitz. À Dachau, quand un SS battait les prisonniers, c'était en vertu d'un rapport pénal, nous n'étions pas harcelés comme nous l'étions à Auschwitz. Des gens étaient tués à Dachau au nom de la loi, mais le camp de concentration d'Auschwitz était régi par une absence totale de loi[75].

À Dachau, nous parlions d'une mauvaise journée quand nous enregistrions dix morts ; à Auschwitz, nous nous relayions jour et nuit aux sept machines à écrire pour remplir les nombreuses fiches qui accompagnaient chaque décès[76].

Les registres de la mort étaient ensuite reliés en volumes[77].

---

74. Julian Kiwała (9143), Témoignages, vol. XL, p. 171.
75. Paweł Stołecki (6964), Témoignages, vol. LXXV, p. 13.
76. H. Langbein (60355), *Hommes et femmes à Auschwitz*, *op. cit.*, p. 66.
77. Roman Taul (1108), Témoignages, vol. IX, p. 1265.

LA FAIM

Le Lager est *la faim : nous-mêmes nous sommes la faim, la faim incarnée*[1].

Par ces mots, Primo Levi assimilait le camp à la faim, et les prisonniers à la faim. Dans l'immense majorité des cas, l'épreuve d'Auschwitz fut l'épreuve d'une faim paroxystique[2]. Et toutes les autres épreuves, quelle que fût leur nature, furent toujours accompagnées par la faim. La faim était continuelle, quotidienne et omniprésente, tout comme la peur[3] et la mort. Elle était en fait l'antichambre de la mort. La faim était inséparable de la mort. Peu après leur arrivée, certains prisonniers, encore habitués au confort de leur vie d'avant la déportation, ne pouvaient pas manger la répugnante nourriture du camp. Ils changèrent vite d'attitude.

---

1. P. Levi (174517), *Si c'est un homme*, *op. cit.*, p. 112.
2. Voir Władysław Fejkiel (5647), « Głód w Oświęcimiu », in Jadwiga Mateja, *Témoins d'Auschwitz*, traduit par Alexandre Dayet et Oskar Hedemann, Oświęcim, musée d'État d'Auschwitz-Birkenau, 1998 ; voir aussi Godorowski, *Psychologia i psychopatologia*, *op. cit.*, p. 62-66 ; Frankowski, *Socjologiczne aspekty funkcjonowania*, *op. cit.*, p. 42-49.
3. Voir Ryn et Kłodziński (20019), « Głód... », art. cité, p. 24 : « Dans le camp de concentration, ce qui menaçait fondamentalement la vie, c'était deux facteurs : la peur et la faim. Ces deux facteurs résumaient le spectre des souffrances biologiques et psychologiques dans le camp. »

Il y eut celles qui ne purent rien manger pendant des jours et celles qui souffrirent de la faim immédiatement[4].

C'était dans ces gamelles immondes qui avaient été plongées dans la même eau que de nombreuses autres gamelles tirées de la fosse d'aisances qu'on nous donnait nos repas. Ces gamelles devinrent notre bien. Personnellement, je ne pouvais pas manger dans la mienne, parce que je la voyais constamment au fond de cette fosse d'aisances, et sentais constamment sa puanteur. Ce n'est qu'avec le temps que la faim me contraignit à me débarrasser d'une telle sensibilité[5].

Prévalait sur le dégoût le bon sens qui nous disait de manger afin de conserver au moins un minimum de force[6].

Les femmes qui, avant le camp, avaient passé un certain temps en prison s'accommodaient mieux des rations de famine. Elles s'habituaient à végéter plutôt qu'à vivre. Celles qui avaient été plus récemment privées de leur liberté, celles qui travaillaient ferme, donnant un maximum d'effort de muscles et de nerfs, souffraient davantage[7].

Jamais je n'ai eu davantage faim que pendant cette période, où j'étais encore en bonne santé et mal adapté au régime de famine[8].

Au camp, la nourriture comprenait un soi-disant thé ou café le matin, de la soupe à midi et une tranche de pain de 300 grammes le soir. De temps en temps, étaient ajoutés au pain un morceau de fromage moisi, environ 25 grammes de saucisson ou une minuscule portion de margarine ou de confiture. Le thé était fait à partir de n'importe quelles mauvaises herbes disponibles, le café à partir de céréales, la soupe très diluée à partir de poudre Avo, parfois avec un peu de millet, de farine de seigle ou d'orge perlée, ou un morceau de rutabaga

4. S. Alizon (31776), *L'Exercice de vivre*, *op. cit.*, p. 121.
5. M. Żumańska (29940), Témoignages, vol. IV, p. 413.
6. Eugenia Piwek (37602), Témoignages, vol. XXXVI, p. 122.
7. Z. Kossak (64491), *Du fond de l'abîme, Seigneur…*, *op. cit.*, p. 65.
8. F. Sedel (matricule inconnu), *Habiter les ténèbres*, *op. cit.*, p. 70.

ou de pomme de terre, le tout ayant une valeur calorique de 350 à 400 calories. L'apport journalier était théoriquement de 1700 calories, alors qu'un travail physique pénible nécessitait environ 4500 calories pour ne pas mourir de faim. C'était purement théorique, puisque toute la chaîne de détournements pendant la préparation et la distribution de nourriture signifiait qu'en réalité, les rations contenaient bien moins de calories[9]. Dans les infirmeries des camps, il y avait un « traitement diététique » d'une valeur nutritionnelle totalement insignifiante. La faim devenait rapidement le principal problème, entraînant souffrance et affaiblissement du prisonnier.

Le premier jour de travail est passé. La faim reprend son emprise sur l'homme spirituellement brisé et physiquement épuisé. La faim, ce tourmenteur, cet ennemi sans pitié, insensible au chagrin... réclame sans cesse son dû... Cet estomac insatiable... ne veut rien savoir du chagrin et de la douleur... Tu deviendras son esclave. Ta tête cessera de penser à autre chose qu'à lui. Tu devras mettre tout ton appareil pensant à son service. En dehors de lui, rien n'existera pour toi. Il deviendra le maître et seigneur de ton moi, le possesseur de ton âme[10].

Je ne m'attardais pas sur ce qui se passait. J'avais faim, je commençai à mourir de faim[11] *!*

Le pire, cependant, c'était la faim qui me dévorait. Mes entrailles se convulsaient. Mon corps avait besoin de plus de nourriture, mais j'étais incapable d'en obtenir[12].

9. Tadeusz Iwaszko, « The Housing, Clothing and Feeding of the Prisoners », in *Auschwitz 1940-1945. Central Issues*, *op. cit.*, vol. II, p. 51-63. Voir également Janina Kowalczykowa (32212), « Choroba głodowa w obozie koncentracyjnym w Oświęcimiu », *Przegląd Lekarski – Oświęcim*, 1961, p. 58-60 ; Ryn et Kłodziński (20019), « Głód... », art. cité, p. 21-37. Władysław Fejkiel (5647) estime que « *dans une ration quotidienne, il y avait environ 15 g d'albumine, 20 g de corps gras et 300 g de sucre* » (*Ibid.*, p. 87).

10. Z. Gradowski (matricule inconnu), *Au cœur de l'enfer*, *op. cit.*, p. 87.

11. Klaus Pollak (B-13547), *In Spite of Auschwitz*, Bloomington, Xlibris, 2006, p. 52.

12. T. Sobolewicz (23053), *But I Survived*, *op. cit.*, p. 104-105.

Après la guerre, l'ancien sous-directeur de l'Institut d'hygiène d'Auschwitz (Hygiene Institut der Waffen-SS*), le Waffen-SS und Polizei Hans Münch déclara : « L'inanition se produit en deux étapes. Au cours de la première étape [...], on vit sur les réserves de graisses. Une fois celles-ci épuisées, l'étape suivante commence : le manque de calories ne peut être compensé que par les protéines du corps[13]. » Au cours de la première étape, donc, le prisonnier perd rapidement du poids, puis, dans la seconde, son organisme compense le manque de nourriture en puisant dans les muscles et les organes. La faim était ainsi un processus de mort progressive, la durée dépendant de la nature de la personne, de l'époque de l'année, du type du travail effectué et de la capacité à se procurer davantage de nourriture[14]. En conséquence, la capacité de ce qu'on appelait « rationner la nourriture » était un art qui devait être maîtrisé. La faim devint rapidement et instantanément une sensation permanente et obsédante, reléguant les autres problèmes et désagréments au second plan.

La faim nous tenaille, jour et nuit. Je veux parler de cette faim qui vous tord le ventre. Nous ne rêvons que de manger. Et rien que d'y penser, cela nous donne encore plus faim[15].

Je n'attachais plus d'intérêt qu'à mon assiette de soupe quotidienne, à mon bout de pain rassis. Le pain, la soupe – c'était toute

13. Hans Münch, « Głód i czas przeżycia w obozie oświęcimskim », *Przegląd Lekarski – Oświęcim*, 1967, p. 79.

14. *Ibid.*, p. 84 : « La situation de quelqu'un qui travaillait dur était pratiquement désespérée. 3 000 calories étant nécessaires pour effectuer le travail, il aurait fallu qu'il en reçoive au moins 2700 pour vivre pendant seize mois. C'était l'équivalent d'un supplément de 1200 calories par jour, soit une ration supplémentaire de soupe chaque jour ou un colis de nourriture comprenant 6 kilogrammes de pain et 700 grammes de matières grasses tous les quatorze jours. La possibilité de recevoir de tels suppléments de nourriture était si improbable que celui qui travaillait dur était irrémédiablement condamné à mourir de faim. »

15. C. Naparstek (65710), *J'ai vécu l'extermination des* Juifs, *op. cit.*, p. 54.

ma vie. J'étais un corps, peut-être moins qu'un corps – un estomac affamé. L'estomac seul sentait le temps passer[16].

La faim est une sensation extrêmement forte. C'est une sensation de manque, constante, insupportable. Non seulement l'estomac réclame de la nourriture, mais le sens même du goût, le simple sens de l'odorat semblent confirmer cette vérité[17].

Ceux qui n'ont pas connu la faim ne peuvent imaginer cette sensation. La faim rend fou parce que la douleur des viscères qui se contractent donne l'impression qu'ils sont mordus par un reptile venimeux. La faim avilit la personne. Cette personne affamée recherche partout de la nourriture. Peu lui importe ce qu'elle va manger pourvu qu'elle puisse satisfaire sa faim[18].

Les stratégies employées pour obtenir de la nourriture étaient mises en œuvre dès la distribution des repas rationnés. Si l'on connaissait le prisonnier responsable de la soupe, on pouvait espérer pouvoir le convaincre de plonger sa louche plus profondément dans le chaudron. Si l'on ne connaissait personne au chaudron, il fallait se battre pour sa place dans la queue, une place qui permettrait peut-être de recevoir autre chose qu'une portion très diluée.

Obtenir un litre de soupe du chaudron ne requérait aucun talent. Il suffisait de se placer au bon endroit de la queue. Après tout, la contenance d'un chaudron se mesurait en litres. Quiconque connaissait les lois de la physique savait que les morceaux les plus épais sont plus lourds et tombent au fond. Chacun jouait des coudes, bousculait, pressait et poussait pour se trouver vers la 15ᵉ ou 20ᵉ place de la file d'attente d'un chaudron de 25 litres, puisque dans l'intervalle, selon toute probabilité, on pouvait espérer un ou deux morceaux de pomme de terre, voire trois, ce qui représentait une grande réussite. On discutait de cette réussite au cours de la pause du repas, ou peut-être

16. E. Wiesel (A-7713), *La Nuit*, *op. cit.*, p. 87.
17. Ignacy Radlicki (2212), *Kapo odpowiedział – Auschwitz. Wspomnienia adwokata z obozu Koncentracyjnego*, Varsovie, Redakcja Palestry, 2008, p. 80.
18. Z. Czerwińska-Kossakiewicz (49973), Publications, vol. XVI, p. 42.

pendant les pauses de toute une semaine. Incroyable. Et pourtant, ce pronostic se fondait sur le bon sens[19].

Seule la satisfaction temporaire de la faim – en supposant qu'une telle notion fût applicable dans un camp de concentration – restaurait la perception du monde à des proportions normales.

Il est peut-être étrange que lorsque j'avais faim, je ne pensais pas à la mort avec crainte, mais une fois rassasié, j'étais envahi par la tristesse, la peur de la mort et une immense nostalgie de la maison[20].

La faim est la chose la plus importante ; elle doit être apaisée. C'était parfois possible. Et dès qu'on pouvait assouvir régulièrement sa faim dans un meilleur block, dans un meilleur Kommando, avec un accès à la nourriture, on se mettait à remarquer davantage de choses. Par exemple, la beauté. Je sais que cela semble étrange. Mais c'était ainsi[21].

Car la faim chronique ne provoquait pas seulement une faiblesse physique et un ralentissement de tout mouvement, mais également de véritables douleurs physiques, ainsi que des pensées de plus en plus obsédantes et oppressantes orientées vers un unique objectif : se procurer n'importe quelle nourriture.

Manger... Mon ventre ne gargouille plus. Je ne ressens qu'une douleur qui me brûle. L'attente est si longue avant le soir[22].

La faim, bien plus que le froid, cependant, était le manque le plus difficile à supporter. La privation de nourriture provoquait une

19. Stanisław Takuski (35049), cité in Ryn et Kłodziński (20019), « Głód... », art. cité, p. 28.
20. Bolesław Dziewięcki (125546), *Z dna piekła. Moje przeżycia w niemieckich obozach koncentracyjnych 1943-1945*, Gdynia, Novae Res, 2015, p. 67.
21. Z. Posmysz (7566), *Królestwo za mgłą*, *op. cit.*, p. 273.
22. B. Bartnikowski (192731), *Une enfance en pyjama rayé*, *op. cit.*, p. 29.

fatigue accompagnée de faiblesse et de vertiges incessants. L'esprit devenait obsédé par l'idée de trouver quelque chose à manger[23].

La tête est constamment en proie à la fièvre. Une brise traverse le corps. Nous savons ce que représente mendier une cuillerée de nourriture. Insultes, jurons, coups de pied. Les heures se traînent, la salive coule sur des lèvres desséchées. Il est sidérant de constater à quel point ce fantasme morbide peut tourmenter. Une miche de pain. Ah, y mordre à pleines dents. L'envie irrépressible de nourriture… mordre… avaler. Finalement, sentir sur sa langue, sentir sur ses lèvres et satisfaire béatement son estomac… Je sais, je suis un animal[24].

Je connais bien cette sensation de faim à son paroxysme ; pourtant, lorsque j'essaie de la définir je n'y parviens pas, il n'y a pas de mots pour cela. C'est une sorte de sensation de creux, d'appel qui me pousse irrésistiblement à évoquer des mets préférés jadis ou des goûts d'aliments qui tournent en ronde obsédante ou encore l'évocation d'un état de satiété ; c'est un désir, un état de privation qui n'a rien de comparable à une douleur physique et qui est présent partout et nulle part dans l'organisme[25].

Arrêter le hurlement que l'on traîne en soi : manger. Peut-être cette dramatique obsession, plus dure que le désir sexuel, a-t-elle empêché un certain nombre de suicides. La faim est en effet une formidable gomme qui efface tout ce qui vous entoure et vous empêche de regarder en vous-même, de vous souvenir de la veille, d'imaginer le lendemain et d'évoquer ceux que vous avez aimés[26].

La faim. La faim continuelle ! Que faire pour l'apaiser ? La conscience se retire du cerveau, l'estomac fait mal comme s'il était tailladé par des couteaux, on est à bout de souffle. Une seule pensée occupe obstinément l'esprit : manger ! manger ! manger[27] *!*

---

23. Kurt Moses (B-11668), *Home at Last. A Memoir*, San Diego, Martell Company Publishing, 2005, p. 74.
24. K. Piechowski (918) *et al.*, *Byłem numerem…*, *op. cit.*, p. 47.
25. F. Sedel (matricule inconnu), *Habiter les ténèbres*, *op. cit.*, p. 70.
26. Joseph Bialot (matricule inconnu), *Votre fumée montera vers le ciel*, Montréal, Archipel, 2011, p. 102.
27. K. Piechowski (918) *et al.*, *Byłem numerem…*, *op. cit.*, p. 47.

L'irritation générale qui s'ajoutait à toutes ces sensations individuelles pouvait aisément mener à des disputes, voire à des bagarres entre prisonniers. Tout nouveau venu était un rival pour les rations déjà très réduites tandis que d'autres personnes suscitaient de la jalousie car elles avaient reçu un morceau de pain ou une pomme de terre de plus dans leur soupe. Un tel était soupçonné de vouloir voler du pain. Tel autre était, d'une façon générale, terriblement exaspérant.

Sous l'influence de la faim, les caractères changeaient. Certaines étaient continuellement agacées, irritables, querelleuses. Elles tâchaient de noyer la hantise de la faim dans un torrent de paroles. D'autres, plus apathiques devenaient passives, engourdies. Elles dormaient debout. Elles souffraient moins que les autres, car, en dormant, elles ne sentaient pas la faim. D'autres, enfin, supportaient leur sort avec sérénité, capables même de partager leurs portions insuffisantes avec leurs camarades[28].

La faim peut transformer les gens en voleurs et en animaux. La lutte pour la survie était acharnée entre nous[29].

Je ne pourrai jamais exprimer pleinement ce que je ressens à propos du mot « faim ». C'est quelque chose de pire que la souffrance, c'est comme un tourment constant des nerfs, qui semblent essayer, de leur propre chef, sans la participation de l'esprit, d'aider un corps indifférent à chercher de la nourriture[30].

La haine de la foule, qui veut mordre, déchirer, étrangler… pour chaque cuillerée de nourriture[31].

Il regarde fixement, avec une envie effroyable de mordre et de tuer. Oui, tuer et devenir propriétaire de la marmite[32] *!*

---

28. Z. Kossak (64491), *Du fond de l'abîme, Seigneur…*, *op. cit.*, p. 65.
29. M. Herzberger (matricule inconnu), *Survival*, *op. cit.*, p. 149.
30. Natan Żelechower (127262), Publications, vol. LXXXIII, p. 37.
31. Mira Paszkiewicz (84722), Publications, vol. I, p. 138.
32. M. E. Jezierska (24449), Publications, vol. II, p. 405.

Sous l'influence de la faim, la sympathie de jadis faisait place à l'antipathie. Peu à peu, l'antipathie élargissait son objet, et le dégoût de l'humanité apparaissait. C'était… un nouveau et sérieux triomphe du « système ». […] La couverture tirée sur la tête au seul moment où on pouvait causer, entre le coucher et le couvre-feu, était le symptôme de ce dégoût. – Oh, elle file un mauvais coton, disait-on. Elle s'est couvert la tête. On avait beau poser les plus bienveillantes questions, aucune réponse n'arrivait de dessous la couverture, ou alors c'était une explosion : « Allez-vous-en ! Je vous déteste ! Je déteste tout le monde. » Cela indiquait un état très sérieux. Cet état-là était tout proche de celui de « musulman »*[33].

Pour ceux qui n'ont jamais subi de telles épreuves, il est presque impossible d'imaginer les conflits mentaux déstructurants et les chocs annihilateurs de volonté vécus par un homme affamé[34].

Beaucoup de choses chez les détenus, qui semblent monstrueuses pour un observateur extérieur, deviennent compréhensibles et en partie excusables vues sous l'angle de la faim[35].

La sensation de la faim était plus forte que celle de la douleur ou de la peur[36].

Le manque de nourriture s'aggravait de jour en jour. Contrairement à ceux qui travaillaient à la cuisine, aux prisonniers chargés d'une certaine tâche, aux membres de l'élite organisée du camp, c'est-à-dire tous ceux qui pouvaient obtenir des rations supplémentaires, les autres prisonniers devaient se débrouiller comme ils pouvaient. Selon le Kommando ou le type

33. Z. Kossak (64491), *Du fond de l'abîme, Seigneur…*, *op. cit.*, p. 97-98. Le terme *Muselmann* est parfois traduit en français par celui de « musulman ».
34. V. E. Frankl (119104), *Découvrir un sens à sa vie avec la logothérapie*, *op. cit.*, p. 56.
35. L. Adelsberger (matricule inconnu), *Une pédiatre à Auschwitz*, *op. cit.*, p. 104.
36. S. Kobylański (575), Publications, vol. II, p. 267.

de travail réalisé, les prisonniers tentaient de trouver quelque chose, n'importe quoi de comestible.

Quelqu'un a dit un jour qu'en France, les pissenlits étaient un mets délicat destiné à la nourriture des lapins. En une journée, tous les pissenlits disparurent de l'immense Holzplatz*, *tout comme le trèfle partout ailleurs*[37].

Lorsque nous allions à Buda, un grand Kommando de trois cents femmes, je vis cette scène : nous passions devant un étang, l'une des femmes russes se pencha subitement sur la rive et attrapa une grenouille que, bien sûr, elle mangea immédiatement. Lorsque le Posten* *vit cela, il éclata de rire ! Eh bien, elle était jeune, en bonne santé et affamée. Elle ne recevait aucun colis et voulait survivre*[38].

Rendus fous par la faim, les prisonniers faisaient n'importe quoi pour trouver quelque chose à manger, ils léchaient même la soupe renversée sur le sol boueux[39].

La faim devenait insupportable. Je me souviens de Widawski, un étudiant de Vilno, qui devint fou à cause de la faim. Je vis comment il fut abattu par de jeunes SS qui riaient en voyant cet homme en délire. Je vis aussi un autre SS qui s'amusait à provoquer un prêtre de Radom en lui tendant un morceau de pain ; celui-ci fut achevé par les chefs de block. Je vis aussi un homme de taille gigantesque qui, sans défense, impuissant comme un enfant, était à genoux et qui, autorisé par un SS, léchait la soupe dispersée sur le sol. Comme un chien, il penchait la tête pour atteindre le sol, car les prisonniers fonctionnaires lui avaient brisé ses deux bras auparavant[40].

---

37. Alfred Skrabiania (26645), cité in Ryn et Kłodziński (20019), « Na granicy życia i śmierci. Studium obozowego muzułmaństwa », *Przegląd Lekarski – Oświęcim*, 1983, p. 49-50.
38. M. Ślisz-Oyrzyńska (40275), Publications, vol. LXIII, p. 79.
39. J. Lach-Kamińska (46223), Publications, vol. LXV, p. 83.
40. Czesław Ostańkowicz (8232), « Isolierstation. Blok numer ostatni », *Zeszyty Oświęcimskie*, n° 8, 1964, p. 107, in J. Mateja, *Témoins d'Auschwitz*, *op. cit.*, p. 227.

L'ampleur du phénomène de la faim, dans un camp de concentration pouvait affecter le comportement des prisonniers comme l'illustre un épisode dont j'ai été témoin vers le milieu de l'année 1942. Dans les latrines du block 15, à côté d'une cuvette, un prisonnier vomit une salade qu'il avait achetée à la cantine. Quelques minutes plus tard, un autre prisonnier arriva, déjà dans l'état [moribond] avancé d'un Muselmann, *recueillit le vomi du sol et le mangea*[41].

On disait souvent, ne mange pas cette merde..., parce que tu mourras ; si le typhus, la malaria ou la pneumonie ne te tuent pas, ce sera la dysenterie qui t'aura. Ton propre avilissement te tuera. Mais on ne pouvait pas s'en empêcher. Personne n'avait la force de réfréner sa faim[42].

Je ne me suis jamais aventuré au-delà du block 25, j'ai toujours craint de voir ce que mes compagnons nous avaient raconté. Là-bas, il y a une cabane en bois, et à l'intérieur, de nombreux cadavres. Ce sont les cadavres de malades morts à l'infirmerie, et ils sont rassemblés ici jusqu'à ce qu'il y en ait assez pour les transporter en une seule fois au crématoire. À l'angle de cette cabane, deux briques sont disposées tout près l'une de l'autre pour maintenir des bougies dans l'espace créé, et dessus, est posée une casserole où cuisent des pommes de terre. Sur le sol, à côté de la casserole, une femme est assise, elle goûte les pommes de terre pour vérifier si elles sont cuites. Que fait-elle ? – Ici, parmi les corps en décomposition, à préparer à manger ? Elle doit être folle. Non, elle n'est pas folle. Personne ne la dérangera ici, la* Lagerältester* *Stenia ne viendra pas ici, elle ne la poursuivra pas ici. Elle ne perdra pas ce qu'elle a chèrement acquis : quelques pommes de terre de la cuisine. La faim conduit les gens à commettre des actes ignobles*[43].

La faim faisait voler en éclats toutes les conventions ; elle l'emportait sur toute répulsion[44].

41. Stefan Kępa (799), cité in Ryn et Kłodziński (20019), « Głód... », art. cité, p. 27-28.
42. Z. Czerwińska-Kossakiewicz (49973), Publications, vol. XVI, p. 42.
43. *Ibid.*, p. 91.
44. B. Dziewięcki (125546), *Z dna piekła*, *op. cit.*, p. 48.

L'importance et le statut de chaque Kommando dépendaient du niveau de difficulté physique du travail, de la possibilité de travailler sous un toit, mais, surtout, de la possibilité de se procurer davantage de nourriture, ou du moins d'obtenir quoi que ce soit susceptible d'être échangé contre quelque chose de comestible.

Plus d'une fois, tenaillé par la faim, je mangeai du sucre noir – destiné aux chevaux, de la pulpe de betterave réservée aux vaches, de la pâtée pour les porcs, et même des pommes de terre pourries et gelées cuites à la vapeur, ou des rutabagas crus ramassés dans les champs, du seigle décortiqué, bref, tout ce qui pouvait me remplir l'estomac, souvent au détriment de ma santé[45].

L'un des stimulants utilisés à Auschwitz, notamment dans les années 1941-1942, était la saccharine. Outre son utilisation habituelle pour sucrer le café, et même l'Avo, elle était consommée directement. Je demandai un jour à un prisonnier pourquoi il avalait des pastilles de saccharine. Il répondit que cela l'aidait à ne pas ressentir intensément la faim pendant assez longtemps. Un autre déclara que la saccharine était comme le sucre, qui donne de la force, et il voulait rentrer chez lui. Il avait, semble-t-il, bien assimilé le slogan familier d'avant-guerre « le sucre rend fort »[46].

Les prisonniers qui, en été, allaient travailler aux moissons avec les Kommandos, introduisaient souvent dans le camp, clandestinement (en dépit des sanctions encourues s'ils étaient pris), des épis de blé ou de seigle. En frottant ces épis entre leurs paumes, les prisonniers faisaient tomber les grains dans la soupe du camp de concentration, lui donnant ainsi une consistance plus épaisse et un bien meilleur goût[47].

---

45. Szczepan Robak (86499), cité in Ryn et Kłodziński (20019), « Głód… », art. cité, p. 27.
46. Wincenty Gawliczek (10246), cité in Jagoda, Kłodziński (20019) et Masłowski, « Używki w obozie oświęcimskim », *Przegląd Lekarski – Oświęcim*, 1975, p. 54.
47. A. Gawalewicz (9225), *Reflections*, *op. cit.*, p. 55.

Un jour, un camarade et moi-même avons reçu l'ordre de fabriquer une balançoire à côté de la maison du Rapportführer* *Palitzsch pour sa fillette de quatre ans. Le temps était merveilleusement ensoleillé. Dans une niche, près de la maison, était étendu un mignon petit spitz. Il nous fallut trois jours pour construire la balançoire. Le premier et le deuxième jour, une écuelle de savoureux bouillon de poulet et de pâtes fut apportée pour le chien. Le spitz n'avait pas faim et n'était pas pressé de manger, alors, nous avons mangé à sa place. Apparemment, le chien ne terminait jamais toute sa nourriture comme nous l'avions fait, parce que le troisième jour, Palitzsch apporta une écuelle pleine pour le chien et attendit qu'il la mange*[48].

Une personne affamée saisissait toute occasion de manger, absolument n'importe quoi, et lorsque ce n'était plus possible, cette personne tentait de se réconforter par l'espoir, des rêves, des prières ou des leurres. L'idée de « tromper la faim » pouvait être une question de vie ou de mort.

Tout à coup, il me dit : – Aujourd'hui, j'ai mangé un œuf. Je lui jette un regard à la dérobée, je me demande s'il divague ou s'il plaisante. Mais il a l'air tout à fait normal. Pendant tout le trajet, j'essaie d'imaginer comment c'est, un œuf. Un œuf sous diverses formes. Mais c'est tellement irréel, ici, au camp, cela fait partie d'un autre monde lointain, disparu, rêvé, que j'abandonne vite cet effort ridicule d'y penser, d'y rêver[49].

Quelle merveille, les pommes de terre ! On n'avait jamais rêvé d'ananas et de gâteaux comme on rêvait maintenant de pommes de terre… Elles sont brûlantes, elles ont un je-ne-sais-quoi qui vous rappelle la maison[50]*…*

La faim me poussait à négocier avec les âmes du purgatoire, auxquelles je promettais des prières en échange de deux pommes de terre dans ma soupe[51].

48. Karol Szuster (9310), Témoignages, vol. XX, p. 53.
49. Roth (A-17140), *Avoir 16 ans à Auschwitz, op. cit.*, p. 295.
50. Z. Kossak (64491), *Du fond de l'abîme, Seigneur…, op. cit.*, p. 109.
51. Marta Wijas-Bielecka (7499), Publications, vol. I, p. 102.

Le plus souvent, cependant, c'était le pain qui suscitait un état de quasi-béatitude. Fondamentalement, c'était le seul aliment solide distribué dans le camp. Les prisonniers y pensaient toute la journée et en rêvaient la nuit. Nombre de rescapés gardèrent toujours avec eux un morceau de pain dur, tous les jours, jusqu'à la fin de leur vie. J'ai souvent été témoin d'un tel comportement[52]. Au camp, le pain, c'était tout : un rêve, une monnaie, une cause de bagarres et souvent de mort.

Manger un pain entier d'un coup ! Manger à satiété une fois encore dans la vie, advienne que pourra. Telle était l'attitude de tout prisonnier affamé[53].

... et la répartition du pain était considérée par nous tous comme quelque chose de sacré[54].

Il eût été raisonnable de garder au moins un peu de pain pour le matin. Mais d'une part, le risque était grand de se le faire voler pendant qu'on dormait, de l'autre, une personne mourant de faim a rarement la volonté de mettre de côté ne serait-ce qu'un petit morceau.

On nous donnait du pain une fois par jour, le soir. Il était censé être pour le dîner et le petit-déjeuner. Je n'ai jamais réussi à garder ne serait-ce qu'un petit morceau de pain jusqu'au matin. Je me persuadais que c'était par peur qu'il ne soit volé[55].

Le pain pouvait être coupé en trois tranches. Certains parvenaient même à le couper en quatre tranches ! Lorsqu'on mangeait la première

---

52. Pour une analyse des habitudes similaires après le camp, voir Jagoda, Kłodziński (20019) et Masłowski, *Więźniowie Oświęcimia*, *op. cit.*, p. 177-224 ; Masłowski, *Oświęcim. Cmentarz świata*, *op. cit.*, p. 158-168.

53. Adam Ziemba (21855), *A Piece of Bread*, traduit par Gerard Majka, Oświęcim, musée d'État d'Auschwitz-Birkenau, 2017, p. 69.

54. K. Piekarski (4618), *Escaping Hell*, *op. cit.*, p. 24.

55. R. Duracz (43544), in Duracz, Fajkosza et Nowaka, *Przekaz Oświęcimski*, *op. cit.*, p. 30.

tranche, c'était un enchantement pour la bouche et pour l'âme. À la deuxième, la tristesse commençait à poindre, et à la dernière, on avait envie de pleurer. J'ai mangé et j'ai faim. Toute une journée à attendre le prochain morceau de pain, et trois-quarts de la journée pour un peu de soupe[56].

Le vol de pain était une tragédie. Le châtiment infligé aux prisonniers voleurs de pain conduisait souvent à leur mise à mort et – il faut le souligner –, ce châtiment était considéré comme mérité. Le pain était synonyme de vie à tel point que prendre en cachette le pain d'un détenu était considéré comme un crime pour lequel le coupable ne pouvait demeurer en vie au sein de la communauté des prisonniers. Néanmoins, de tels vols se produisaient et leurs auteurs n'étaient pas nécessairement des gens sournois ou égoïstes. C'était souvent des prisonniers déjà complètement décharnés de type *Muselmann*, incapables de toute analyse rétrospective de leurs propres actes, comme si tous leurs sens étaient totalement émoussés et subordonnés à un désir irrépressible de nourriture.

Bien sûr, je ne sus pas qui me l'avait dérobé. Et franchement, je n'avais pas la force de mener une enquête ni de me plaindre. J'ai vu la mort devant moi. Sans nourriture, je n'avais plus d'énergie, et sans énergie, j'étais une proie facile pour les SS ou leurs kapos. Je devais attendre le lendemain à midi pour remplir mon estomac qui criait famine. Ce fut probablement une des nuits les plus longues de ma vie. Ceux qui n'ont jamais eu faim ne peuvent pas imaginer ce dont on est capable pour tenir. Un jour, je vis une vieille femme récupérer un morceau de pain qu'elle avait laissé tomber dans les latrines puantes[57].

C'est ainsi qu'il arrivait que le père mange le pain de son enfant[58].

Souvent, je fus le témoin de scènes dans lesquelles le père volait systématiquement de la nourriture à son fils à moitié conscient,

56. B. Dziewięcki (125546), *Z dna piekła*, *op. cit.*, p. 39.
57. R. Fayon (71503), « *Auschwitz en héritage* », *op. cit.*, p. 107.
58. Rosenberg (Z-6084), *A Gypsy in Auschwitz*, *op. cit.*, p. 71.

victime de fièvre. Il n'était pas rare non plus qu'un détenu étranglât, dans la nuit, son voisin pour lui dérober les restes de ses aliments[59].

Je me souviens d'un homme d'environ quarante-cinq ans, fort digne en dépit de son état décharné, qui était dans mon baraquement. Il avait un fils d'une vingtaine d'années. Un soir, le fils mange sa portion. Le père lui, décide de conserver la sienne sous sa tête pour le lendemain. Au petit matin, un cri déchirant : le pain du père a disparu. Le fils le lui a pris dans la nuit. Pour le père, ce chaînon alimentaire manquant apparaît immédiatement comme fatal. Étrange comme un organisme qui a atteint les limites de la résistance physique peut être définitivement brisé par un choc contre l'esprit. Avant le soir, il est mort[60].

Ce maudit pain ! Ce pain béni ! Non ! Non ! Non ! Ce n'était pas moi ! Je ne voulais pas cela ! Je n'ai rien à voir avec cela ! Ce n'était pas ce que je voulais ! Ce n'était pas moi ! Ce n'étaient que mes mains. C'est de leur faute. Elles l'ont fait malgré moi, contre ma volonté. Les mains – seulement les mains. Misérables, mains voleuses. Elles seules se sont faufilées, elles seules ont cherché partout. Elles seules ont détaché des morceaux, elles seules les ont enfoncés dans ma bouche. J'ai résisté ; je n'en voulais pas. J'ai tourné la tête, je me suis mordu les doigts, j'ai grondé ces mains : c'est une enfant, une enfant unique, qui est malade, qui risque de mourir, qui est en convalescence, qu'est-ce que je vais lui donner, qu'est-ce que je vais lui dire quand elle reviendra ? Les mains sont sourdes à tout cela et ont fourré de force les morceaux dans ma bouche[61].

Voler du pain n'était certes pas le seul délit commis à cause de la faim. La perspective d'être récompensé par une simple miche de pain rendait les gens affamés capables de commettre toutes sortes d'actions aux conséquences désastreuses.

---

59. Fejkiel (5647), « Głód… », art. cité, p. 85.
60. S. Pisar (B-1713), *Le Sang de l'espoir*, *op. cit.*, p. 87.
61. R. Duracz (43544), in Duracz, Fajkosza et Nowaka, *Przekaz Oświęcimski*, *op. cit.*, p. 31.

Combien de fois des prisonniers ont-ils signalé aux Allemands ou aux « pyjamas » qu'un autre prisonnier avait commis une infraction tout à fait mineure uniquement pour recevoir un morceau de pain ou une gamelle de soupe aqueuse, sans penser à la souffrance que son compagnon de misère aurait à endurer[62].

Des stimuli de base comme une odeur, la vue ou même la prise de conscience de quelque chose à manger sont perçus différemment par une personne sur le point de mourir d'inanition[63].

Il s'ensuit une totale perte de jugement et une absence totale de maîtrise de soi. Les déclarations suivantes rappellent quelque peu les descriptions des états de profonde dépendance à la drogue.

Plusieurs fois, j'ai observé une scène au cours de laquelle, pendant un repas du soir, un Muselmann, *fixant d'un regard vide le pain mangé par un codétenu, se lève de sa place avec difficulté, s'approche de l'autre prisonnier et tente de lui prendre son pain. Bien sûr, l'autre prisonnier cache immédiatement le morceau de pain et change de place. Une fois qu'il ne voit plus le pain, le* Muselmann *se calme instantanément*[64]*...*

Une certaine vivacité apparaissait chez ces personnes uniquement à la vue de la nourriture ou à la suite d'un stimulus visuel ou auditif qui se rapportait à l'alimentation[65].

À un certain stade, la faim provoquait un désir ardent de nourriture qui l'emportait sur toute autre voix intérieure, qu'elle soit morale ou intellectuelle, et finalement sur toute évaluation réfléchie de ses propres actions. Aucune objection ne pouvait

62. S. Kobylański (575), Publications, vol. II, p. 259.
63. Ce phénomène avait déjà été décrit en 1961 par Janina Kowalczykowa (32212), « Choroba głodowa w obozie koncentracyjnym w Oświęcimiu », art. cité, p. 58-60.
64. Aleksander Nowosielski (158283), cité in Ryn et Kłodziński (20019), « Na granicy... », art. cité, p. 49.
65. Fejkiel (5647), « Głód... », art. cité, p. 82.

alors réprimer la volonté de satisfaire, ne serait-ce que pour un moment, cette faim dévorante.

> *… on ne pouvait compter sur un homme que lorsqu'il n'était pas dominé par son appétit*[66].

> *Une terrible faim, et avec elle, l'instinct de conservation, de survie, supprime toutes les habitudes acquises par l'éducation, la conscience et même toute trace de ce qu'on appelle humanité*[67].

> *L'intelligence humaine n'est pas un remède à la faim, la raison ne réfrène pas toujours l'instinct*[68].

Dans ce contexte, il survenait des situations dans lesquelles les autres prisonniers ou leurs cadavres étaient perçus comme une nourriture potentielle. Comme de la viande. Il y eut des cas de cannibalisme à Auschwitz, bien que, en se fondant sur les récits des rescapés, il soit assez difficile d'estimer l'ampleur réelle de ce phénomène.

> *Dans les conditions du camp, lorsque je voyais une cervelle humaine près d'un crâne ouvert, j'étais hanté par l'idée : « Si j'étais seul, soudain, je prendrais cette cervelle sur un plateau et je la ferais cuire. » Je ne pouvais résister à ces pensées. Chaque fois que je voyais de la cervelle, ces idées se faisaient de plus en plus insistantes. C'était maintenant de la démence provoquée par la faim, ce n'était plus mon esprit, ce n'était plus moi*[69].

> *Des incidents de cannibalisme se sont produits dans le camp*[70]*…*

---

66. K. Piekarski (4618), *Escaping Hell*, *op. cit.*, p. 99.
67. Eugenia Kaczyńska (45887), in Piechowski (918) *et al.*, *Byłem numerem…*, *op. cit.*, p. 139.
68. I. Radlicki (2212), *Kapo odpowiedział*, *op. cit.*, p. 84.
69. Stefan Krupa (123348), cité in Ryn et Kłodziński (20019), « Psychopatologia głodu w obozie koncentracyjnym », *Przegląd Lekarski – Oświęcim*, 1985, p. 52.
70. Lilka Trzcińska-Croydon (44787), *The Labyrinth of Dangerous Hours. A Memoir of the Second World War*, Toronto, University of Toronto Press, 2004, p. 75.

Il y eut des cas de cannibalisme dans le camp des Tsiganes. Derrière le block 30, il y avait une cellule où les morts étaient déposés. Les corps étaient ensuite emportés par le Leichenkommando* *dans le camp des hommes. Je me souviens qu'un jour, on parla de l'épisode où les fesses [d'un mort] furent découpées. Un autre jour, les poumons disparurent du cadavre lors d'une autopsie effectuée par le docteur Vexler*[71].

La soudaine confiscation de nos cuillères nous avait cependant tous surpris, et, curieux, nous voulûmes découvrir la raison de ce geste. On finit par découvrir que deux déportés russes avaient été pris en train de découper les entrailles de plusieurs cadavres, dans l'intention de les manger. Loin de moi l'idée d'établir des comparaisons entre les déportés russes et nous autres, mais je jure au nom de nous tous que nous aurions préféré mourir de faim que de nous abaisser à une telle sauvagerie[72].

Au cours de cette période de sept jours, nous entendîmes d'horribles cris et gémissements en provenance de ce block, et lorsque les femmes furent emmenées au crématoire, l'aînée du block, une Slovaque du nom de Cyla (qui avait déjà été jugée en Tchécoslovaquie) nous dit qu'après ces sept jours, il y avait davantage de cadavres que de personnes en vie dans ce block, et que presque tous avaient des morsures aux doigts, les seins et les yeux arrachés[73].

On ne pouvait échapper à la faim autrement qu'au prix de tentatives extrêmement difficiles et risquées d'obtenir de la nourriture supplémentaire, laquelle était de toute façon insuffisante. Il existait cependant des moyens d'alléger les conséquences psychologiques de la faim. En particulier les réminiscences et les rêves. Les prisonniers se décrivaient divers plats, se rappelaient des recettes, emplissaient leur imagination d'images, de saveurs, d'odeurs et de textures des mets décrits[74].

71. Tadeusz Śnieszko (29620), Témoignages, vol. XV, p. 63.
72. Emilio Jani (180046), *My Voice Saved Me*, Milan, Centauro Editrice, 1961, p. 87-88.
73. Heidi Fried (matricule inconnu), Témoignages dans le cadre des procès contre d'anciens SS [IPN GK 196/153 part 1], *Chronicles of Terror*, *op. cit.*, vol. VI, p. 299.
74. Voir E. A. Cohen (150634), *Human Behavior*, *op. cit.*, p. 131 *et sq.*

Les réactions à la faim étaient diverses : sensation de faiblesse, irritabilité, parfois, indolence, somnolence et apathie. Il y avait ceux qui, tourmentés par la faim, saisissaient chaque occasion de parler de nourriture, de cuisine, de ce qu'ils mangeraient lorsqu'ils seraient libres[75].

En raison de la sous-alimentation, la préoccupation majeure du prisonnier, préoccupation autour de laquelle était centrée toute sa vie mentale, était de trouver de quoi survivre. Lorsque les gardes relâchaient momentanément leur surveillance, les détenus entamaient presque aussitôt des discussions portant sur la nourriture. L'un d'eux demandait à son compagnon de travail quel était son mets préféré[76].

Je ne sais pas s'il existe un autre endroit au monde où les gens parlent autant de nourriture que dans un camp de concentration[77].

Notre boulanger nous décrivait comment faire des gâteaux, des tartes et des pâtisseries françaises. Chacun de nous accordait toute son attention à ses conseils. Je pense être capable aujourd'hui de faire de la pâtisserie française – témoignage non seulement de la précision de sa description, mais de l'intérêt que suscitaient ses propos[78].

Les visions de nourriture les poursuivaient comme des furies démentes. Ils tentaient parfois d'apaiser ces furies en échangeant de longues descriptions savoureuses de leurs recettes préférées, débattant avec passion des détails, des ingrédients[79].

C'était terrible pour moi parce que mon estomac criait famine et que je devais écouter les prisonniers discuter de la meilleure manière d'assaisonner la sauce du canard rôti. Je m'éloignais aussi vite que possible d'un tel groupe. Le second sujet de conversation [le plus populaire] était le sexe[80].

75. Jarosław Warchoła (121698), cité in Ryn et Kłodziński (20019), « Głód… », art. cité, p. 24.
76. V. E. Frankl (119104), *Découvrir un sens à sa vie avec la logothérapie*, *op. cit.*, p. 54.
77. A. Ziemba (21855), *A Piece of Bread*, *op. cit.*, p. 70.
78. K. Piekarski (4618), *Escaping Hell*, *op. cit.*, p. 92.
79. L. Trzcińska-Croydon (44787), *The Labyrinth of Dangerous Hours*, *op. cit.*, p. 74-75.
80. B. Dąbrowski (18375), in Dąbrowski, *Nietypowy więzień Auschwitz-Birkenau*, *op. cit.*, p. 51.

Ce second sujet venait clairement en deuxième position car le besoin irrépressible de nourriture était bien plus fort.

> *Les routes du périmètre de l'usine étaient entretenues et nettoyées principalement par des femmes ukrainiennes, aisément reconnaissables à leur apparence robuste et à leurs foulards noués sur la tête. Elles travaillaient seules ou en équipe le long des routes. L'une de ces dames s'était entichée d'un jeune Juif et lui avait demandé, par signes, de l'accompagner dans une remise où elle entreprit de se dévêtir. Le garçon éclata en sanglots car il avait horriblement faim et avait espéré que cette femme lui donnerait à manger*[81].

Les mots et les images n'étaient pas les seuls moyens de tromper la faim. Il existait divers moyens de se leurrer, notamment fumer des cigarettes[82]. En fait, la fumée et la nicotine n'étaient pas utilisées seulement pour tenter de satisfaire l'envie de manger. Le leurre était d'autant plus trompeur que les cigarettes étaient souvent obtenues en échange de rations de nourriture.

> *J'ai appris à fumer au camp d'Auschwitz parce que les prisonniers plus âgés me disaient que c'était ce qu'ils faisaient pour tromper la faim*[83].

> *J'ai appris à fumer en 1942, après deux ans passés au camp, lorsque j'ai été témoin de la sélection des prisonniers du block 20 qui étaient atteints de tuberculose. C'était plus que mes nerfs ne pouvaient supporter. C'est alors qu'un camarade m'a suggéré de me mettre à fumer. De fait, la nicotine calmait mes nerfs, elle m'étourdissait et me rendait indifférent à tout ce qui se passait autour de moi*[84].

---

81. Joseph Spring (169926), *From Berlin to Biere. Growing Up in the Holocaust*, Melbourne, Hybrid Publishers, 2009, p. 93.

82. Voir l'ouvrage le plus complet sur les divers stimulants utilisés au camp et sur la façon de les obtenir : Jagoda, Kłodziński (20019) et Masłowski, *Używki,* p. 40-67.

83. Antoni Kubica (7617), cité in *ibid.*, p. 44.

84. Kazimierz Tokarz (282), cité in *ibid.*, p. 45.

Les fumeurs invétérés étaient capables d'échanger leur dernier morceau de pain contre des cigarettes ou même des mégots. J'en ai parlé avec plusieurs de mes compagnons. Pour moi, c'était totalement incompréhensible qu'un prisonnier puisse échanger son seul morceau de pain ou la soupe du camp pour quelques cigarettes. Tous me répondirent que les fumeurs étaient unanimes : en fumant, je trompe la faim, et en fumant l'estomac vide, j'ai la tête qui tourne, ce qui me permet d'oublier les horreurs du camp, l'humiliation, le froid et la faim[85].

Ces prisonniers fumeurs qui sacrifiaient leurs dernières miettes de pain pour un mégot avaient très mauvaise mine… Ils s'étaient eux-mêmes laissé sombrer dans une totale déchéance physique. Ces individus, consumés par l'accoutumance à la nicotine, les yeux profondément enfoncés dans les orbites, le regard vide et les corps émaciés – un squelette recouvert de peau – traînaient les pieds avec peine sur la place de l'appel, près de leur block, proposaient dans leur main tendue un morceau de pain ou de la margarine, répétant de leurs lèvres livides : « Pour une demi-cigarette, pour une cigarette entière[86]. »

Certains ne se contrôlaient pas et préféraient échanger du pain contre des cigarettes. Ces personnes « creusaient leur propre tombe ». J'en ai connu beaucoup. Elles sont toutes mortes[87].

Aussi, lorsque nous voyions un camarade fumer, nous savions qu'il avait cessé de croire qu'il tiendrait le coup. Une fois perdue, la volonté de survivre recommençait rarement à se manifester[88].

Privés de tabac, les fumeurs invétérés ramassaient des feuilles de raifort qu'ils faisaient sécher et fumaient à la place du tabac. On pouvait faire la même chose avec du houblon, mais c'était plus difficile à obtenir[89].

---

85. Eugeniusz Niedojadło (213), cité in *ibid.*, p. 44.
86. T. Niedzielski (423), Publications, vol. LXXVI, p. 55.
87. W. Pilecki (4859), *Le Rapport Pilecki*, *op. cit.*, p. 35.
88. V. E. Frankl (119104), *Découvrir un sens à sa vie avec la logothérapie*, *op. cit.*, p. 32.
89. Kazimierz Michalski (121537), cité in Jagoda, Kłodziński (20019) et Masłowski, *Używki*, *op. cit.*, p. 51.

On fumait aussi des feuilles de bouleau et de cerisier, ainsi que de vieux fume-cigarettes en bois réduits en miettes[90].

Contrairement aux cigarettes, l'alcool était consommé principalement par ceux qui ne souffraient pas de la faim, comme les chefs de block, les kapos et autres prisonniers chargés d'un travail[91]. Notamment pendant la dernière phase de fonctionnement du camp, en 1944, lorsque la discipline se relâcha par suite de l'approche du front, des séances régulières d'enivrement étaient organisées par les prisonniers les plus importants.

L'alcool n'était disponible que pour un petit groupe d'aristocrates du camp et de ceux qui ne craignaient pas de prendre des risques. L'aristocratie du camp achetait de la vodka en échange de rations de nourriture volées [grâce à] des liens avec les SS, qui faisaient commerce d'alcool quotidiennement dans les années 1943-1944. L'immense majorité des autres prisonniers du camp ignoraient totalement ces transactions[92].

Tout le monde n'avait pas faim tous les jours, au camp, parce qu'il y avait une organisation qui volait systématiquement les rations de nourriture à de très nombreux prisonniers affamés afin de nourrir le nombre infime de *Funktionshäftlinge*. La faim ne faisait qu'accentuer la stratification sociale au sein du camp, créant un nouveau clientélisme et de nouvelles dépendances entre les êtres.

À Auschwitz, le spectacle de détenus mourant d'inanition était aussi habituel que la vue des kapos bien repus[93].

Il est difficile pour quelqu'un d'affamé de parler à une personne rassasiée[94].

90. Tadeusz Orzeszko (131527), cité in *ibid.*, p. 51.
91. Jagoda, Kłodziński (20019) et Masłowski, *Oświęcim*, *op. cit.*, p. 161.
92. Edward Ferenc (281), cité in Jagoda, Kłodziński (20019) et Masłowski, *Używki*, *op. cit.*, p. 54.
93. H. Langbein (60355), *Hommes et femmes à Auschwitz*, *op. cit.*, p. 88.
94. J. Matlak (27252), Publications, vol. LXXXII, p. 39.

Rien d'étonnant si parmi les meurt-de-faim s'éveillaient des amertumes et des jalousies envers les privilégiées. Il est plus facile de souffrir, si toutes partagent la même souffrance[95].

Un soir, une Polonaise, Stasia, me donna un peu de l'eau dans laquelle elle s'était fait cuire des nouilles. Cette eau chaude, salée, avait un goût merveilleux[96] *!*

Pour obtenir de la nourriture supplémentaire, indispensable à une survie au-delà des trois mois habituels, il était essentiel d'avoir des amis aux bons endroits[97].

Je décidai de revenir à la méthode qui m'a évité de mourir de faim à Majdanek – retirer les couronnes en or aux prisonniers. À cette fin, je parlai au cuisinier qui se déclara disposé à nous donner des suppléments de soupe en échange d'or... De nombreux détenus se portèrent volontaires parce que les chances de survie étaient faibles, et la faim dévorante[98].

Le problème constant de la faim me contraignit à exploiter toutes les ressources possibles de l'époque. Peu auparavant, je m'étais lié d'amitié avec un Polonais chrétien qui, de temps en temps, recevait des colis de nourriture de sa famille. J'avais conclu un accord avec lui. Je ferais son lit chaque jour et j'effectuerais pour lui certaines corvées domestiques, et en échange, mon ami me donnerait un peu de la nourriture envoyée par sa famille[99].

En effet, à partir de l'automne 1942, les prisonniers « aryens » furent autorisés à recevoir des colis[100]. Ce sujet sera traité plus en détail ultérieurement, dans le contexte des relations entre

95. Z. Kossak (64491), *Du fond de l'abîme, Seigneur...*, *op. cit.*, p. 67.
96. H. Birenbaum (48693), *L'espoir est le dernier à mourir*, *op. cit.*, p. 163.
97. J. Spring (169926), *From Berlin to Biere*, *op. cit.*, p. 80.
98. N. Żelechower (127262), Publications, vol. LXXXIII, p. 20.
99. Neftali Frankel (161040), *I Survived Hell*, New York, Vantage Press, 1991, p. 109.
100. Iwaszko, « Zakwaterowanie », in *Auschwitz 1940-1945. Central Issues*, *op. cit.*, vol. II, p. 46.

les prisonniers et leur famille hors du camp. Cela changea la situation en procurant davantage de nourriture, en comblant partiellement les carences en vitamines et en fournissant parfois la possibilité de troquer ce qui pouvait être en surplus. Cependant, recevoir des colis de nourriture lorsqu'on est sous-alimenté exposait à un autre type de risque.

Un estomac affaibli par la faim ne pouvait assimiler une aussi grande quantité de nourriture d'un seul coup ; le prisonnier dévorait tout simplement tout ce que contenait le colis. D'où les violents maux d'estomac et la maxime du camp : « Tu reçois un colis, tu as de la diarrhée. » Douloureux, mais vrai[101].

Le camp, c'est la faim, disait Primo Levi, et les prisonniers vivaient et mouraient affamés. C'était une sensation aiguë, persistante, envahissante, écrasante, qui s'emparait entièrement du prisonnier, lui dictant toutes ses priorités, pensées et impulsions. À l'exception d'un petit groupe de prisonniers chargés de fonctions, c'était le vécu de tous les détenus. Depuis leurs premiers jours dans le camp, jusqu'à leur mort. Pour ceux qui survécurent, le sentiment perdura bien au-delà de la guerre.

Notre faim augmentait à mesure que notre force déclinait[102].

La faim était là pour nous rappeler que nous étions encore en vie, et jamais nous n'essayions de voler la nourriture des autres filles[103].

Pour nombre d'entre nous qui survécurent aux camps, la nourriture revêtit une nature quasi mystique[104].

---

101. Jan Starczewski (121625), cité in Ryn et Kłodziński (20019), « Głód… », art. cité, p. 33.
102. K. Piekarski (4618), *Escaping Hell*, *op. cit.*, p. 93.
103. E. Mozes Kor (A-7063), *Les Jumelles de Mengele*, *op. cit.*, p. 102.
104. Thomas Buergenthal (B-2930), *A Lucky Child. A Memoir of Surviving Auschwitz As a Young Boy*, Londres, Profile Books, 2010, p. 86.

LA SOIF

Une torture bien pire que la faim – du moins à court terme – était la soif. Elle concernait principalement les prisonniers qui effectuaient un travail extrêmement pénible, les prisonnières à Birkenau dès l'ouverture du camp et les détenus qui souffraient du typhus à l'infirmerie. Les prisonniers furent entassés dans les baraquements de Birkenau avant même que ne soit installée la tuyauterie qui aurait au moins permis un minimum d'approvisionnement en eau. Ainsi, au cours de la période initiale, des dizaines de milliers de prisonniers – principalement des femmes – durent se contenter d'un seul robinet. Ce problème causa un type spécifique d'inanition – l'inanition par la soif. Le manque d'eau devint pire que le manque de nourriture, et ses conséquences se firent sentir plus rapidement et plus douloureusement.

> *Je souffrais davantage de la soif que de la faim. Tant qu'on n'a jamais vraiment et régulièrement souffert de la soif, on a plus pitié pour ceux qui ont faim*[1].

> *La soif était pire que la faim*[2].

1. Ruth Klüger (A-3537), *Refus de témoigner : une jeunesse*, traduit de l'allemand par Jeanne Etoré, Viviane Hamy, 1997, p. 130.
2. Aniela Turecka-Wajda (23368), cité in Ryn et Kłodziński (20019), « Psychopatologia... », art. cité, p. 48.

La raison chancelle. La raison est terrassée par la soif[3].

La soif, la terrible soif, rend fou[4] *!*

Il est difficile de vivre en sachant cela, difficile de vouloir vivre, difficile de travailler, difficile d'exister. J'avais l'impression de perdre la raison. Au cours des premiers jours après mon arrivée, j'étais incapable de parler, de manger ou de dormir. J'avais seulement soif[5].

Nous étions tous terriblement déshydratés. Il n'est pas facile de garder son sang-froid dans une telle situation, mais c'était mettre en péril notre vie à tous que de perdre le contrôle de nous-mêmes et de céder au désespoir – de ne pas faire preuve de sagesse dans nos décisions et actions[6].

Face au manque d'eau, les gens luttaient pour sauver leur vie par tous les moyens possibles. La pluie et les flaques d'eau attiraient irrésistiblement les détenus, tout simplement parce que tout le monde voulait survivre – malgré les avertissements : boire de l'eau contaminée ne ferait que hâter la mort.

La faim était permanente. Lorsqu'il pleuvait, l'inextinguible soif était moins dévorante[7].

La vie à Birkenau était indescriptible. Il n'y avait pas d'eau. Quand il pleuvait, les femmes rampaient pour boire l'eau boueuse des flaques[8].

Toute grande flaque, même d'eau sale, était pour nous un précieux trésor. Ceux qui n'ont pas connu la soif ne connaissent pas le pur délice de boire de l'eau à satiété. La soif est plus terrible que la faim[9].

---

3. C. Delbo (31661), *Auschwitz et après*, *op. cit.*, t. I, p. 81.
4. S. Alizon (31776), *L'Exercice de vivre*, *op. cit.*, p. 180.
5. H. Rosensaft (52406), *Yesterday*, *op. cit.*, p. 30.
6. M. Herzberger (matricule inconnu), *Survival*, *op. cit.*, p. 144.
7. B. Dąbrowski (18375), in Dąbrowski, *Nietypowy więzień Auschwitz-Birkenau*, *op. cit.*, p. 23.
8. Claudette Bloch-Kennedy (7963), *Recherche en laboratoire*, Chambéry, Éditions de la Librairie J.-J. Rousseau, 2002, p. 19.
9. S. Kobylański (575), Publications, vol. II, p. 266.

Et ceux qui buvaient l'eau mouraient peu après[10].

La faim – si tenace et dévorante fût-elle – pouvait en fait être perçue comme moins éprouvante que la soif. Ce fait est confirmé par ceux qui ont fait l'expérience d'une soif inextinguible.

La soif, surtout, me torture. C'est pourquoi, j'échange ma ration de pain contre de la boisson. Les copains me soutiennent pour aller au travail[11].

Particulièrement insupportable était la soif ressentie par les malades du typhus. Les prisonniers atteints de cette maladie évoquent cette épreuve comme un état oscillant entre la vie et la mort. Outre les symptômes normaux de la maladie, il y avait l'incapacité de satisfaire l'intolérable soif. Les patients léchaient la condensation sur les vitres et faisaient tout ce qu'ils pouvaient, tandis que la température de leurs corps dépassait les 40 °C.

La soif, cette terrible soif voulait me brûler. Je buvais ma propre urine[12].

Plus d'une fois, le prisonnier était couché à côté de moi, et je me levai la nuit pour aller aux toilettes lécher les quelques gouttes qui coulaient sur le mur où les gens avaient uriné, ou pour boire un peu d'eau de la cuvette des cabinets. La soif l'emportait sur le sentiment de honte, sur la puanteur répugnante, tout – pourvu que ce fût de l'eau[13].

10. Jakub Wolman (33611), Témoignages dans le procès Rudolf Höss [IPN GK 196/87], *Chronicles of Terror*, *op. cit.*, vol. V, p. 116.

11. A. Balbin (41796), *De Lodz à Auschwitz en passant par la Lorraine*, *op. cit.*, p. 80.

12. Wanda Koprowska (37573), Publications, vol. XIII, p. 19.

13. S. Kobylański (575), Publications, vol. II, p. 269.

LE FROID

À la lumière des récits des prisonniers d'Auschwitz, leurs épreuves et leurs luttes internes semblent figées dans le temps. Les détenus étaient soumis à une tension permanente, continue, chaque journée ressemblant à la suivante. Les rescapés eux-mêmes décrivent souvent de la même façon ce qu'ils ont vécu. Mais une lecture approfondie des mémoires révèle une contradiction inhérente à cette impression générale : à savoir le changement des saisons. La vie au camp, au printemps et en été, durant les mois chauds, était quelque chose de complètement différent de ce que les prisonniers devaient endurer pendant les froides pluies de la fin de l'automne et les températures glaciales de l'hiver. S'ajoutaient alors à la faim, à la faiblesse et aux nombreuses maladies, la sensation d'un froid pénétrant, exacerbée par le manque de calories et les vêtements totalement inadaptés. De même, les chances de survie variaient considérablement selon la saison où les prisonniers arrivaient. Les déportés des convois du printemps disposaient de plusieurs mois pour s'adapter aux conditions effroyables du camp, alors que ceux de l'automne ou de l'hiver étaient contraints de s'adapter en un laps de temps beaucoup plus court, ce qui réduisait leurs chances de survie.

Nous avions eu beaucoup de chance, ne serait-ce que parce que nous sommes arrivés à l'époque chaude de l'année, alors que le temps était ensoleillé. Nous avons eu le temps de nous acclimater aux nouvelles conditions[1].

Le pays d'origine des prisonniers était également un facteur important : ceux qui arrivaient de Pologne, d'Ukraine ou de Biélorussie et étaient donc accoutumés au climat vivaient une situation différente de ceux qui venaient d'Italie ou de Grèce ; pour ces derniers, les écarts de température étaient insurmontables. Mais même ceux dont le climat d'origine était légèrement plus clément trouvaient difficile de s'adapter aux rudes conditions météorologiques du nord des Carpates, comme le décrit un jeune Juif hongrois :

À Auschwitz, les températures étaient déjà extrêmes en juillet. À 7 heures du matin, la température atteignait à peine 10 degrés. Nos vêtements n'étaient pas assez chauds et nous souffrions constamment du froid[2].

À la saison froide, notamment dans les espaces non abrités de Birkenau, les vents soufflant de la Porte de Moravie, dépression située entre les chaînes montagneuses des Carpates et des Sudètes, accentuaient l'impression de températures plus basses que celles qui étaient effectivement enregistrées. Si l'on n'avait pas la chance de travailler en intérieur, l'hypothermie devenait une épreuve presque constante.

Pour ajouter à notre détresse physique, il y avait notre lutte, toujours vaine, contre l'autre supplice : celui du froid. Bien souvent accru par le vent glacial des Carpates qu'aucun obstacle, dans cette plaine immense, ne venait détourner. Nous étions transpercés par ce froid, jusqu'au plus

1. Artur Krzetuski (1003), Témoignages, vol. LXXXII, p. 52.

2. Gábor (Neuman) Nyirö (matricule inconnu), *Le Fardeau des souvenirs*, Zürich, Kontaktstelle für Überlebende des Holocaust, 2017, p. 16. Il faut rappeler qu'il s'agit du récit de quelqu'un qui vivait dans un climat plus chaud. En réalité, les températures du matin en été dans la région d'Oświęcim (Auschwitz), avoisinaient les 15 à 18 °C. La sous-alimentation avait une influence directe sur la sensation exagérée de froid.

profond de nos viscères. Nos os même en étaient saisis. Ce froid têtu, persistant, inéluctable, nul détenu ne pouvait lui échapper. Hommes ou femmes... combien d'entre nous en moururent[3] *?*

À la fin de l'été et au début de l'automne, les pluies annonçaient une période difficile pour tous les prisonniers ; les tentatives d'obtenir un travail en intérieur se multipliaient, tout comme les tentatives de se procurer illégalement des sous-vêtements supplémentaires, ou de trouver quelque moyen de réchauffer, au moins momentanément leurs corps glacés. Les files d'attente devant les infirmeries du camp s'allongeaient et le nombre de victimes augmentait considérablement.

J'avais calculé que pour parvenir à survivre nous ne pouvions compter que sur un miracle inouï : la fin de la guerre avant octobre. Si nous passions l'hiver en ce lieu maudit, nous étions perdues. Et de fait, en octobre, la plus horrible des sélections a débuté – l'élimination des faibles[4].

L'automne fut particulièrement meurtrier pour les détenus de Birkenau[5].

La mortalité augmentait en automne[6].

Le temps passait. Au fur et à mesure que les jours s'écoulaient, les matinées devenaient plus froides, le vent de la montagne plus pénétrant. Chez soi, on aurait depuis longtemps endossé sa pelisse. Ici, c'était toujours le rayé ou un pull-over usé, rien de plus. Déjà, sur les poutres des baraques, du givre se déposait. Des jets de vapeur s'échappaient des bouches[7].

3. S. Alizon (31776), *L'Exercice de vivre*, *op. cit.*, p. 124.
4. Anna Molnár Hegedűs (matricule inconnu), *Pendant la saison des lilas*, traduit de l'anglais par Lise Viens, Toronto, Fondation Azrieli, 2016, p. 79.
5. C. Ostańkowicz (8232), in *Témoins d'Auschwitz*, *op. cit.*, p. 238.
6. M. Ślisz-Oyrzyńska (40275), Publications, vol. LXIII, p. 81.
7. Z. Kossak (64491), *Du fond de l'abîme, Seigneur...*, *op. cit.*, p. 63.

L'automne touchait à sa fin. Le premier hiver au camp approchait. Le temps se détériora et commença à nous tourmenter. Il plut sans interruption pendant des semaines. Et la mort décimait de plus en plus nos rangs. Émaciés, le corps décharné, squelettiques, les yeux enfoncés, le regard vide, nous traînions les pieds sur la place de l'appel et au travail, avançant péniblement dans la boue avec le peu de force qui nous restait[8].

Nous avons lutté de toutes nos forces pour empêcher l'hiver de venir. Nous nous sommes agrippés à toutes les heures tièdes ; à chaque crépuscule nous avons cherché à retenir encore un peu le soleil dans le ciel, mais tout a été inutile[9].

Le froid et le gel avaient un effet dévastateur sur la condition physique des prisonniers, dont les corps étaient déjà affaiblis par la sous-alimentation, mais aussi, inéluctablement sur la santé mentale des prisonniers en hypothermie.

Il fait très froid, nues sous nos robes, nous grelottons. Ce n'est pas grand-chose une culotte, mais Dieu qu'elle nous fait défaut[10] *!*

Le froid meurtrissait les tempes, les maxillaires, à croire que les os se disloquaient, que le crâne éclatait. Nous avions renoncé à sauter d'un pied sur l'autre, à taper les talons, à frotter les paumes. C'était une gymnastique épuisante[11].

À quel point ai-je vraiment ressenti le froid ? Mon corps était complètement engourdi, et je me souviens m'être répété inlassablement que je n'avais pas froid, comme pour m'en persuader. À la fin, je n'avais plus froid. C'était juste comme si mon corps était de fer. Je ne sentais rien. Mon âme ? Eh bien, cette partie de moi était morte depuis longtemps[12].

---

8. T. Niedzielski (423), Publications, vol. LXXVI, p. 47.
9. P. Levi (174517), *Si c'est un homme*, *op. cit.*, p. 191.
10. Fania Fénelon (74862), *Sursis pour l'orchestre*, témoignage recueilli par Marcelle Routier, Paris, Stock, 1976, p. 155.
11. C. Delbo (31661), *Auschwitz et après*, *op. cit.*, t. I, p. 29.
12. Kitty Hart-Moxon (39934), *I Am Alive*, Londres, New York et Toronto, Abelard-Schuman, 1961, p. 72-73.

Lutter contre le froid dans un état d'épuisement total revêtait des proportions similaires aux luttes menées contre la faim et la soif. Le désir d'échapper à la réelle douleur du froid constant ou du gel conduisait les prisonniers les plus épuisés à ignorer les règles élémentaires de sécurité au camp. Il suffirait de peu de choses et il ne faudrait pas longtemps pour que le nombre de décès augmente rapidement.

Le musulman déchirait sa couverture pour s'en faire des chaussettes russes et un mouchoir de tête. Ce tripotage serait impossible à dissimuler, il le savait, il serait rossé d'importance, le block entier aurait à se mettre à genoux à cause de lui. Cela lui était égal. Faute de couverture, il s'entourait la tête de chiffons. La responsable du block les lui arrachait et le bourrait de coups de poing. Cela ne l'atteignait pas. Il penchait la tête sous les coups et s'inquiétait de trouver de nouvelles loques[13].

De l'autre côté, ce sont, comme d'habitude, les cadavres. Au fur et à mesure que l'hiver s'installe, la ration quotidienne augmente[14].

Les endroits chauds – autres que ceux où travaillaient les Kommandos soi-disant les meilleurs, par exemple ceux de l'administration – n'existaient pratiquement pas dans le camp. Les poêles installés dans les baraquements demeuraient le plus souvent complètement froids. Même la soupe ou les autres boissons, par suite du processus de distribution prolongé, n'étaient plus chaudes lorsque le prisonnier les recevait.

Nous recevions très rarement de la nourriture chaude parce que la soupe de notre déjeuner était gardée dans nos baraquements plusieurs heures avant la pause du déjeuner et elle arrivait refroidie. Et nous passions toute la journée dehors, dans le froid[15].

13. Z. Kossak (64491), *Du fond de l'abîme, Seigneur…*, *op. cit.*, p. 98.
14. *Ibid.*, p. 217.
15. Wanda Tarasiewicz (6884), Publications, vol. I, p. 9.

Dans cette situation désespérée, les prisonniers plaçaient tous leurs espoirs dans l'arrivée d'un printemps précoce dont les premiers signes étaient attendus comme une délivrance pendant des semaines.

Ici et maintenant, notre but, c'est d'arriver au printemps. Pour le moment, nous n'avons pas d'autre souci[16].

« Tiens bon jusqu'au printemps », nous répétions-nous les uns aux autres, et le printemps apportait la chaleur tant attendue du soleil. Les yeux bouffis s'ouvraient et regardaient vers le haut, tirant quelque force. D'une certaine façon, on se sentait plus léger[17].

À l'arrivée du printemps tant attendu s'éveillaient chez ceux qui avaient survécu un certain optimisme et un espoir de survie.

Le printemps arrivait rapidement. Et les espoirs renaissaient, nous attendions jour après jour des informations sur la nouvelle offensive qui, selon nous, devait être la dernière, l'offensive décisive[18].

La fin du printemps et le début de l'été étaient moins cruels que l'hiver pour nous autres, les prisonniers. Un rayon de soleil occasionnel, le pépiement des oiseaux dans les arbres me rappelaient cet autre monde dont j'avais cessé de faire partie. La chaleur et la lumière du soleil apportaient néanmoins une lueur d'espoir au moral des prisonniers, une espérance que les choses s'amélioreraient. C'était irrationnel, pire – irréaliste ; ce n'était qu'une illusion – mais je recourais alors fréquemment à cette illusion pour me libérer de la sinistre réalité quotidienne[19].

Ainsi, le cycle des saisons, chacune avec ses températures propres, et les conditions météorologiques pesaient lourdement

16. P. Levi (174517), *Si c'est un homme*, *op. cit.*, p. 107.
17. Augustyn Mańkowski (442), *Za drutami obozu koncentracyjnego w Oświęcimiu*, Cracovie, Powściągliwość i Praca, 1945, p. 13.
18. Z. Pęckowski (124748), *Dobre komando*, *op. cit.*, p. 56.
19. T. Sobolewicz (23053), *But I Survived*, *op. cit.*, p. 128-129.

sur le sort de dizaines de milliers de personnes, aggravant la détresse de leur situation et précipitaient leur mort.

Averse, ouragan, tempête de neige, aucune de ces intempéries ne les libérait du travail. Quel que fût le temps, les colonnes sortaient. Seul le brouillard les retenait à l'intérieur du camp[20].

20. Z. Kossak (64491), *Du fond de l'abîme, Seigneur*..., *op. cit.*, p. 113.

L'HYGIÈNE

À Auschwitz, il n'y eut jamais ni rhume ni grippe. Nous n'étions atteintes que par des maladies mortelles[1].

La faim, le dur labeur et les intempéries exerçaient un impact énorme sur l'affaiblissement physique des prisonniers, mais la cause directe de nombreuses maladies était l'absence totale de conditions permettant de maintenir une hygiène élémentaire. Dans le camp, les prisonniers entassés pour dormir, marcher, travailler, assister à l'appel, n'avaient aucun moyen de combattre la crasse et la vermine, notamment les puces, les poux et les punaises qui propageaient toutes sortes de maladies, en particulier le typhus. Si, dans le *Stammlager* Auschwitz I*, les conditions étaient légèrement améliorées par la présence d'eau courante et de toilettes reliées aux égouts, Birkenau, surtout au début, ne disposait pas d'une infrastructure susceptible de protéger les prisonniers d'une crasse permanente.

Sans lumière, ni eau, ni égouts, il n'était pas possible de se laver. Il fallait se soulager à l'extérieur du block et, dans ces mêmes flaques, nous lavions nos gamelles et nous nous lavions ensuite. En raison de la saleté, la plupart des femmes contractèrent des maladies de peau pour lesquelles il n'y avait au début aucun remède. Les conditions devenaient effroyables[2].

1. S. Alizon (31776), *L'Exercice de vivre*, *op. cit.*, p. 152.
2. W. Tarasiewicz (6884), Publications, vol. I, p. 8.

L'approche du camp se sent à l'odeur. Odeur de charogne, odeur de diarrhée qu'enveloppe l'odeur plus épaisse du crématoire. Quand nous y sommes, nous ne le sentons pas. En revenant le soir, nous nous demandons comment nous pouvons respirer cette puanteur[3].

Lorsque nous pénétrâmes dans le camp des femmes, il régnait une atmosphère de mort... L'odeur était suffocante[4].

Comme nous empestions[5] *!*

Le camp sentait les latrines[6].

L'odeur dans les latrines était si horrible que je faillis vomir la première fois que je dus les utiliser[7].

Les conditions d'hygiène à Birkenau sont parfaitement rendues dans la description des latrines du quartier des femmes dans le camp. Il s'agissait pour l'essentiel de longues planches, avec des ouvertures découpées proches les unes des autres, au-dessus d'une tranchée assez peu profonde, généralement vidée à la main par le *Scheisskommando*[*8]. Les règles du camp ne permettaient de rester dans les latrines qu'un bref laps de temps le matin et le soir, et le problème, c'étaient les foules de prisonniers qui avaient besoin en même temps d'utiliser cette installation rudimentaire.

3. C. Delbo (31661), *Auschwitz et après*, *op. cit.*, t. I, p. 95.
4. Kazimierz Czelny (92238), *My Journey from Auschwitz to Buckingham Palace*, Londres, 1994, p. 56-57.
5. R. Duracz (43544), in Duracz, Fajkosza et Nowaka, *Przekaz Oświęcimski*, *op. cit.*, p. 37.
6. H. Rosensaft (52406), *Yesterday*, *op. cit.*, p. 27.
7. Horak (matricule inconnu), *Auschwitz to Australia*, *op. cit.*, p. 43.
8. En allemand, Kommando qui avait pour tâche de transporter les excréments des latrines du camp jusqu'à une usine de traitement des eaux usées située non loin de Birkenau.

La garde des cabinets était confiée à des ex-prostituées, mégères particulièrement abominables. Pour s'assurer du temps libre, elles fermaient leur bâtiment la plus grande partie de la journée. Un cabinet servait à plusieurs milliers de femmes. Salir le sol hors de ces cabinets entraînait des punitions terribles. Aussi, à l'entrée, se jouaient des scènes invraisemblables. Des foules de femmes luttant désespérément pour une place se basculaient dans les fosses immondes. Tout autour du block le sol argileux se transformait en boue profonde, mélangée d'excréments et d'urine. Certaines Häftlinge *exténuées par la maladie, surtout des Juives « Salonique » s'y embourbaient, perdaient leurs lourds sabots plats et ne pouvaient plus bouger. Elles mendiaient de l'aide, imploraient qu'on leur tendît une main secourable. Quelquefois, elles obtenaient ce secours, mais le plus souvent elles s'en passaient, chacune pensant à soi. Dans la cohue, à tout moment des femmes glissaient, tombaient. À l'intérieur du block régnait une puanteur insupportable, la foule y était encore plus dense, l'immonde boue du plancher atteignait les chevilles. Toutes les places étaient occupées, trop longtemps au gré de celles qui attendaient leur tour. Alors éclataient des bagarres et des jurons, puis des luttes s'engageaient. Les commères les mieux en forme empoignaient les plus faibles, les ôtaient des sièges et prenaient leur place. Les victimes poussaient des cris de paon, se défendaient en lançant des coups de pied. La boue giclait. Les* Häftlinge *plus anciennes et plus expérimentées entouraient un coin de mur de leurs bras comme d'une courtine. En groupe suivant un ordre de succession arrêté d'avance, elles profitaient de leur conquête, bourrant de coups de poings quiconque s'efforçait de forcer leur cercle. Les plus malheureuses étaient les dysentriques, et elles étaient très nombreuses. Elles imploraient la pitié des autres : « Laissez passer, laissez passer !... Malade... » Mais personne n'y prêtait attention. Au comble du désespoir, voyant qu'elles ne gagneraient jamais les bancs, incapables d'attendre, elles se soulageaient là où elles étaient. Tout cela se passait au milieu d'une puanteur indescriptible*[9].

Les plus ingénus, qui voulaient éviter des souffrances supplémentaires voire même de risquer leur vie, limitaient la fréquence de leurs

9. Z. Kossak (64491), *Du fond de l'abîme, Seigneur...*, *op. cit.*, p. 71-72.

visites dans les latrines. Ils se débrouillaient de la manière suivante : ils fabriquaient une serviette hygiénique suffisamment épaisse qui était composée de papiers, de morceaux de tissus, de feuilles et de copeaux[10].

Nous vécûmes ainsi, dans ce manque d'hygiène incroyable, tout le temps que dura notre présence à Birkenau, sans avoir jamais la possibilité de nous laver. Quelle horreur ! Quel abaissement au rang de bête on nous imposait ! Le plus terrible était qu'un être humain, lorsqu'il est considérablement affaibli, considérablement diminué physiquement, ne percevait même plus l'état de déchéance auquel il avait été réduit et arrivait dans cet affreux endroit [les latrines du camp] sans prendre conscience davantage de la perte de sa dignité. Quand il était parvenu à ce stade, la mort n'était pas loin[11].

Le musulman ignorait pudeur et décence. Il se soulageait là où il était, sans même essayer de gagner les cabinets. Appel, block, grabat, le lieu ou l'heure lui importaient peu. Cela lui valait une terrible bastonnade qui ne lui faisait aucun effet[12].

Inutile de préciser que les prisonniers étaient dépourvus du moindre article d'hygiène, fût-ce le plus élémentaire.

Selon eux, les « sous-hommes » n'avaient visiblement pas non plus besoin de papier toilette[13]...

Peut-on seulement comprendre ce que signifie avoir un rhume sans disposer de mouchoir ? Avoir la diarrhée, sans le moindre morceau de papier[14] *?*

---

10. Fejkiel (5647), « Głód... », p. 77-78.
11. S. Alizon (31776), *L'exercice de vivre*, *op. cit.*, p. 175.
12. Z. Kossak (64491), *Du fond de l'abîme, Seigneur...*, *op. cit.*, p. 98.
13. H. Dunicz Niwińska (64118), *Les Chemins de ma vie*, *op. cit.*, p. 54.
14. Erich Altmann (159923), *Face à la mort*, traduit de l'allemand par Guy Altmann, Paris, Le Manuscrit/Fondation pour la Mémoire de la Shoah, 2007, p. 99.

L'absence des produits d'hygiène féminine se fit peu remarquer, puisque la plupart des prisonnières n'avaient plus de règles. Dans le camp, et plus tard après la guerre, on se demanda si ce phénomène était le résultat de la tension physique et psychologique, de l'épuisement[15], ou plutôt de l'introduction de substances chimiques dans la nourriture du camp des femmes.

Elle me dit qu'elle avait cessé d'avoir ses règles. Elle était perplexe parce qu'elle n'avait couché avec personne depuis ses dernières règles. Je la calmai en lui racontant ce que je venais d'apprendre. Plusieurs autres filles se joignirent à la conversation. C'était un sujet qui nous concernait toutes, et chacune avait quelque chose à dire. « Comme c'est bon d'être débarrassée de toute cette misère », dit l'une. « Mais supposons que nous soyons stériles pour le reste de notre vie ? », demandai-je. « Soit. Nous ne pouvons rien y faire », dit Dora, pragmatique. « Nous ne savons pas comment ils nous font absorber ce truc, quel qu'il soit. » « Nous pourrions arrêter de boire le café. » « Ou de manger la soupe. » « Et si c'était dans le pain ? » « Ne dites pas de bêtises. Nous ne pouvons renoncer à rien[16]*. »*

Aucune de nous n'eut ses règles au cours de cette année dans le camp. Après la guerre, de nombreux médecins furent intrigués par ce problème. Mais aucun ne savait véritablement ce qui nous était arrivé. Il fallut deux ans à nombre d'entre nous pour que les menstruations réapparaissent[17].

Toutes les filles cessèrent d'avoir leurs règles après leur arrivée à Auschwitz, ce qui était en partie une chance, compte tenu des

15. Czesław Kempisty (16686) et Zdzisława Leszczyńska, « Z badań nad płodnością byłych więźniarek obozów hitlerowskich », *Przegląd Lekarski – Oświęcim*, 1974, p. 59 ; Czesław Głowacki, « Brak miesiączki u kobiet – byłych więźniarek obozów koncentracyjnych », in Henryk Urbanowicz, Jerzy Papaj, Stefan Kobrzyński, *Mieszkańcy Warszawy w KL Auschwitz-Birkenau w latach 1940-1945. Materiały z sesji popularnonaukowej – relacje, dyskusja*, Varsovie, Towarzystwo Opieki nad Oświęcimiem. Oddział Warszawski, 1985, vol. II, p. 21-23.

16. H. Fried (matricule inconnu), *The Road to Auschwitz*, *op. cit.*, p. 100.

17. Katalin Neumann (matricule inconnu), [*Remembrances of the German Concentration Camps 1944-1945*], USHMM Collection, 2017.133.1, p. 4.

conditions d'hygiène déplorables. Je pense que les nazis devaient mettre quelque chose dans notre thé[18].

En ce qui concerne l'hygiène, la situation était meilleure à Auschwitz I grâce au système d'égouts. Après tout, la plupart des bâtiments avaient été des casernes de l'armée polonaise avant la guerre. Les autres bâtiments étaient construits selon les normes d'avant-guerre et possédaient donc – quoiqu'en nombre insuffisant – des toilettes et des lavabos. Comme se souvenait Rena Kornreich Gelissen après son transfert à Birkenau :

Si horrible que fût Auschwitz, il me manque. Ça me manque de ne pas pouvoir me laver le visage et les mains, la paillasse et la petite couverture me manquent[19].

Cela ne change rien au fait que la véritable menace posée par l'absence d'installations et d'articles sanitaires était l'épidémie de vermine qui propageait le typhus et diverses autres maladies dans l'enceinte du camp. Pratiquement tous les récits d'anciens prisonniers mentionnent ce problème. Le premier récit ci-dessous décrit ce qu'on appelait le block Schonung, c'est-à-dire un block situé à côté de l'infirmerie du camp pour convalescents. Si le niveau d'hygiène était tel dans un endroit réservé aux personnes se remettant du typhus ou autres maladies, il n'est guère difficile d'imaginer l'état sanitaire dans le reste du camp.

Je dormais à l'échelon intermédiaire d'un châlit à trois étages [dans le block Schonung d'Auschwitz]. Je remontais toujours les jambes de mon pantalon avant d'aller aux toilettes. C'était une mesure essentielle à appliquer si l'on ne voulait pas attraper d'autres poux. Nous avions tous des poux, mais le sol en grouillait. Lorsqu'on posait le pied sur le sol, ils se mettaient immédiatement à remonter le long de vos mollets et vos tibias, sautant même plus haut. En revenant

18. Helen Stern Kuban (2282), *Born Twice. A Memoir*, Hollywood, Matyi Press, 2006, p. 31.
19. R. K. Gelissen (1716), *Rena's Promise*, *op. cit.*, p. 96.

des toilettes, avant de remonter sur mon châlit, je ramassais les poux des deux mains et les jetais par terre[20].

Ça grouillait de poux, de puces et de divers insectes. Dans la salle des malades qui souffraient de Durchfall, *le pus des phlegmons mêlé aux matières fécales et à l'urine exhalaient une puanteur insupportable*[21].

Dans cette situation, les maladies cutanées infectieuses se propageaient aussi. La gale envahissait la quasi-totalité du camp[22].

Un camarade nous recommanda de faire attention à toutes les blessures, car, dans les conditions du camp, même les plus insignifiantes pouvaient s'aggraver et ne pas cicatriser. Je pris ses avertissements à la légère, convaincu que mon système immunitaire était très résistant[23].

Peu après l'arrivée au camp, presque tout le monde développait toutes sortes d'éruptions cutanées et de furoncles. Seuls les prisonniers chargés de fonction, kapos, chefs de block et de chambrée, ou ceux qui appartenaient à des organisations étaient propres. La première chose qui survenait, c'était la perte de poids, puis le rétrécissement de l'estomac ; les pommettes commençaient à devenir saillantes, comme celles d'un Tatar, les oreilles devenaient plus pointues ; le pelvis commençait à ressembler à un bol concave ; j'avais en permanence la goutte au nez. C'est alors que la peau se dessécha, commença à peler, et en plusieurs endroits apparurent de grossières squames, des croûtes et des taches. En un mot, cela s'appelait Krätze *(gale) et ceux qui en étaient atteints étaient envoyés à l'infirmerie du camp*[24].

Presque tous les prisonniers avaient la gale et des poux[25].

---

20. František Beneš (25659), Témoignages, vol. LXXVIII, p. 163.
21. K. Szweda (7669), Témoignages, vol. XXXII, p. 81.
22. S. Kłodziński (20019), « Świerzb i ropowice w obozie Oświęcim-Brzezinka », *Przegląd Lekarski – Oświęcim*, 1970, p. 30-33.
23. Bednarski (30951), *W szponach Gestapo*, *op. cit.*, p. 154.
24. E. Cygan (5863), *Boga waszego tu nie ma*, *op. cit.*, p. 30-31.
25. Władysław Dyrek (19509), Publications, vol. LII, p. 82.

Des jours et des semaines passent dans cette boue, parmi toutes sortes de détritus, dans la saleté. Nos mains sont grises, nos visages ont perdu toute couleur, nos yeux deviennent chassieux, la peau du corps entier me démange. Les femmes blessées se grattent. La puanteur des corps non lavés nous suffoque[26].

Les démangeaisons vous rendaient fous. Les ongles ne suffisaient pas – nous nous frottions contre les montants des châlits, les coins des blocks, les murs, tout ce qui était à portée de main[27].

La gale amenait à se gratter jusqu'au sang, jusqu'à la formation de plaies où entraient les poux. Alors, il n'y avait plus rien à faire. Certains grattaient les plaies de leur ventre au point qu'on voyait leurs entrailles. Mais ce n'était guère difficile à faire, parce que sur leurs ventres, il n'y avait pas de graisse, seulement une fine peau parcheminée[28].

La salle sentait les corps en décomposition de personnes encore en vie[29].

Le typhus, cependant, ne constitua pas une menace seulement pour les prisonniers, mais également pour les SS. Suite à la multiplication des cas de contamination, les mesures préventives furent renforcées, et des appels furent organisés régulièrement pour rechercher des poux dans les coutures des vêtements des prisonniers. De temps à autre, des désinfections en masse furent organisées, qui comprenaient l'immersion de plusieurs milliers de prisonniers dans la même cuve remplie d'un liquide désinfectant.

Je grimpai rapidement dans le baquet et plongeai ma tête. Mon cœur s'arrêta. L'eau glaciale me causa en même temps une

26. P. Lewińska (32292), *Vingt mois à Auschwitz*, *op. cit.*, p. 69-70.
27. R. Duracz (43544), in Duracz, Fajkosza et Nowaka, *Przekaz Oświęcimski*, *op. cit.*, p. 37.
28. Z. Czerwińska-Kossakiewicz (49973), in *Memoirs*, vol. XVI, p. 55.
29. Bazyl Snitkowski (2120), Publications, vol. XVIII, p. 126.

sensation de brûlure. De toute évidence, ils avaient mis trop de chlore ou quelque autre produit chimique nauséabond. Mes yeux, mes oreilles et mes lèvres étaient très douloureux quand je sortis – et tout puait. « Qu'est-ce que c'est que toutes ces éclaboussures, sale gamin ? » hurla Mitas, tandis que le bout de sa matraque atterrissait sur mon dos. Je poussais un gémissement de douleur[30].

Sur quoi compter quand il est difficile de faire face aux maladies qui, de plus, envahissent le camp ? Typhus propagé par les poux. Tuberculoses. Pneumonies. Pleurésies purulentes, érysipèles, scarlatine, dysenteries, entérites, blessures provoquées par les coups. L'organisme trop faible, sous-alimenté, ne peut résister. Pieds enflés, phlegmons surtout. Les jambes sont dévorées par les microbes. Même les os de certains sont attaqués. Les Allemands se rendent, enfin, compte qu'il faut établir un minimum d'hygiène. Ils installent des lavabos, des douches. Pas par pitié, non, mais par peur d'être contaminés. Et aussi, et surtout, ils ont besoin de main-d'œuvre[31].

En réalité, tous les aspects de la vie quotidienne liés à la propreté étaient non seulement manifestement insuffisants, mais allaient à l'encontre des principes d'hygiène élémentaire qu'il est difficile de décrire par la notion relativement neutre de « manque d'hygiène ». Cela concernait les latrines et l'absence d'installations pour se laver, ainsi que la question essentielle de la nourriture. Par exemple, la gamelle utilisée par les prisonniers pour leur soupe et pour boire leur ersatz de thé ou de café. Au camp, cette gamelle – l'unique que possédait le prisonnier – ne servait pas seulement à manger et à boire.

Mon bol avait également un second usage. Il servait aussi d'urinoir. Chaque fois que j'y pense, la gêne et le dégoût me font encore pleurer.

30. T. Sobolewicz (23053), *But I Survived*, *op. cit.*, p. 102.
31. A. Balbin (41796), *De Lodz à Auschwitz en passant par la Lorraine*, *op. cit.*, p. 79.

À quel état d'humiliation un être humain était-il réduit ! Nous nous raccrochions à une seule idée, la survie[32].

Ceux qui ont connu le camp ne seraient pas surpris de constater que ces femmes fouillaient souvent les poubelles à la recherche d'une gamelle ou d'un bol apporté par les nouveaux arrivants du convoi et se servaient de ces récipients lorsqu'elles souffraient d'une maladie de la vessie ou d'une grave crise de dysenterie. Au lieu de passer toute la nuit près des latrines ou à côté, elles gardaient avec elles la gamelle et l'utilisaient. Les prisonnières cependant étaient toujours fouillées à la grille – activité que Mandl accomplissait avec plaisir – et tout ce qu'elles avaient sur elles était confisqué, y compris les gamelles qui étaient ensuite jetées dans un fossé. Elles y restaient un certain temps, puis étaient récupérées par les femmes chargées du nettoyage du camp qui les jetaient dans les excréments des toilettes où, de nouveau, elles demeuraient un certain temps. À l'arrivée d'un nouveau convoi, les femmes recevaient ces gamelles, mal rincées à l'eau parce que l'eau était rare dans le camp, et nous mangions de nouveau dans ces gamelles[33].

Les tentatives de certains de préserver une hygiène intime n'étaient envisageables que tant qu'ils ne devenaient pas *Muselmann* ; l'entretien d'une hygiène intime n'était possible que si d'autres besoins vitaux ou difficultés supplémentaires ne prenaient pas le dessus, s'ils avaient encore assez de forces pour s'en occuper. Mais parvenus au stade ultime de l'épuisement physique et mental, cela leur semblerait un effort absurde, inutile et vain.

Rester propre dans ces conditions déshumanisantes était impossible. Contrôler mes besoins élémentaires devint mon objectif[34].

C'était pourtant l'un des aspects de la lutte pour la survie.

---

32. B. Abraham (50627), *And the World Remained Silent*, *op. cit.*, p. 96.

33. Seweryna Szmaglewska (22090), Témoignages dans le cadre des procès contre d'anciens SS [IPN GK 196/165], *Chronicles of Terror*, *op. cit.*, vol. VI, p. 219.

34. Mira Ryczke Kimmelman (A-15744), *Echoes from the Holocaust. A Memoir*, Knoxville, The University of Tennessee Press, 1997, p. 65.

La volonté, l'espoir et l'hygiène m'ont sauvé la vie[35].

Demeurer propre dans ces conditions s'avéra déterminant pour la survie. L'absence d'hygiène favorisait la propagation des maladies de peau, caractérisées par des boutons et des démangeaisons sur tout le corps. Lorsqu'on se grattait, on saignait, ce qui provoquait des plaies purulentes. Pour un SS ou un kapo, un prisonnier sale ou malade faisait l'effet d'un chiffon rouge pour un taureau. Punis pour leur manque de soins, ces hommes étaient les premiers à être exterminés[36].

Je tentai de rester propre, mais ce n'était pas facile. Je me sentais humiliée et honteuse. Je détestais dormir dans mes vêtements. J'avais honte d'admettre que j'avais faim. J'avais honte d'aller aux toilettes et d'être exposée, à moitié nue devant tant d'autres femmes. J'avais honte de mon apparence. Je parlai rarement[37].

Nous restions des semaines entières sans nous laver. Nous étions chassées (par les SS-Aufseherinnen**) quand nous nous lavions ; laver nos vêtements était hors de question, mais devant les autorités, nous devions être propres, sinon nous étions battues à cause de notre crasse. Alors, comment pouvions-nous nous en tirer dans ces conditions*[38] *?*

J'essayais de rester propre, mais au bout de deux ou trois jours, je sentis que je dégageai une odeur abominable, comme ces autres prisonniers émaciés, faibles et l'air maladif[39].

Tant qu'ils en avaient la volonté, les gens s'efforçaient de se préserver du mieux possible. À Auschwitz I et dans les camps annexes qui disposaient d'égouts et d'installations sanitaires, les prisonniers tentaient de profiter des brefs instants autorisés pour

35. Ytic Feldman (35806), *35806. Mémoires de l'enfer*, Paris, éditions Écrire, 2003, p. 46.
36. K. Piekarski (4618), *Escaping Hell*, *op. cit.*, p. 23.
37. H. Rosensaft (52406), *Yesterday*, *op. cit.*, p. 30.
38. W. Koprowska (37573), Publications, vol. XIII, p. 25.
39. T. Sobolewicz (23053), *But I Survived*, *op. cit.*, p. 95.

se laver au moins le visage et les mains. Dans les camps comme Birkenau, où l'eau était bien plus inaccessible, les prisonniers essayaient de se laver avec ce qu'ils trouvaient.

> *Le froid et la faim, cela fait deux. Le troisième supplice, c'était la saleté. La saleté, tout comme la faim, émoussait ou aiguisait son tranchant, suivant la sensibilité et le moral de celle qui la subissait. Pour certaines, elle n'avait qu'une importance secondaire. Pour d'autres, elle devenait une torture*[40].

> *Au cours des jours suivants, j'ai observé comment certains d'entre nous ne se donnaient plus la peine de se laver correctement, se contentant de se tapoter avec l'eau glacée. D'autres ne quittaient même pas le block pour aller se laver.*
>
> *Pierre et moi étions parmi ceux qui se lavaient avec soin, et je me demande aujourd'hui si cette différence n'a pas déterminé ceux qui pouvaient survivre et ceux qui presque certainement ne le pourraient pas*[41].

> *Il était important de se laver, même si cela signifiait se frotter le visage avec une poignée de neige. L'effort de se laver le visage était un acte vital*[42].

> *À cause de la crasse résultant du fait que nous n'avions pas pu nous laver pendant des semaines et avions dû racler la saleté directement sur nos corps, les maladies contagieuses – notamment la dysenterie – commencèrent à se propager*[43].

> *Un être humain propre, même privé de liberté, se sent plus sûr de lui que puant, les mains et le visage crasseux. Le système concentrationnaire ne permettait pas de se laver une fois par jour, y compris les mains. Après la première « douche » prise dans la* Sauna, *il arrivait*

40. Z. Kossak (64491), *Du fond de l'abîme, Seigneur…*, *op. cit.*, p. 68.
41. F. Knoller (157103) *Desperate Journey. Vienna-Paris-Auschwitz*, Metro Publishing Ltd., Londres, 2002, p. 167.
42. S. Nomberg-Przytyk (matricule inconnu), *Auschwitz*, *op. cit.*, p. 19.
43. Jaroslav Drábek (94692), Témoignages dans le cadre des procès contre d'anciens SS [IPN GK 196/109], *Chronicles of Terror*, *op. cit.*, vol. V, p. 74.

que les détenus ne se lavent pas pendant plusieurs semaines. Les détenues du block 25 pouvaient se « nettoyer », le matin ou le soir, avec des herbes ou du café, au prix bien sûr de ne pas étancher leur soif[44].

Aucun puits n'était accessible aux prisonnières. Celles qui avaient la force et la volonté tenace de se laver de temps en temps sacrifiaient à leur toilette leur tisane du soir. À grand renfort de courbettes, de flatteries et de supplications, elles obtenaient de la femme de chambre de la responsable une cuvette. Elles y versaient à quatre ou cinq le contenu de leurs bols et elles se rinçaient toutes en commun avec délices. Elles se lavaient d'abord toutes le visage, puis le cou, puis les mains. Elles se souciaient peu de se passer la gale : elles l'avaient déjà... Enfin, quand elles prenaient leur bain de pied, le contenu de la cuvette était plutôt solide que liquide[45].

Au cours des deux premières semaines d'août 1942, il plut abondamment et l'eau se déversait sur le camp en torrents. Birkenau fut inondé de vase argileuse. La boue était un supplice supplémentaire. Elle collait au corps, montant jusqu'aux genoux et souvent plus haut. Mais l'eau recueillie dans les flaques après les pluies avait aussi son côté positif. Il y avait des petits réservoirs dans lesquels on pouvait laver quelques vêtements et se laver soi-même[46].

Plusieurs mois avaient passé depuis que je m'étais lavée avec de l'eau. Lorsqu'il y avait de la neige, on pouvait se frotter avec. Le thé, considéré comme une sorte de bain d'herbes bon pour la peau, ne nettoyait pas. Quelques filles utilisaient l'urine. Elles considéraient même que c'était bon pour le teint, une sorte de désinfectant[47].

Un jour, je fus arrêtée par un garde, un Letton. Il me demanda depuis combien de jours j'étais à Budy. Je lui dis, quelques jours seulement, ce qui était la vérité. Il répondit que c'était ce qu'il pensait à cause de la couleur de ma peau. De fait, j'étais alors encore*

44. H. Dunicz Niwińska (64118), *Les Chemins de ma vie*, *op. cit.*, p. 51.
45. Z. Kossak (64491), *Du fond de l'abîme, Seigneur...*, *op. cit.*, p. 69-70.
46. Czesława Szczerbakowska (7581), Publications, vol. LXVIII, p. 14.
47. K. Hart-Moxon (39934), *I Am Alive*, *op. cit.*, p. 64-65.

très pâle. Blanche. Et il me donna alors un conseil qui me fit rire. Il dut s'exprimer par gestes parce qu'il ne connaissait pas le terme en allemand. « Fais pipi ». Il me conseilla d'uriner dans mes mains en coupe et de me laver le visage avec l'urine. Ça te permet d'obtenir une couleur de peau « humaine[48] ».

La possibilité de se laver n'existait donc que pour ceux qui avaient encore la force de lutter pour cela. L'accès à l'eau, toujours très restreint, dépendait de la volonté de chacun. Pour les *Muselmänner* et les prisonniers affaiblis, investir de tels efforts était hors de question. Mais même les plus forts ne parvenaient pas toujours à obtenir au moins un peu d'eau pour se laver le visage.

À 4 heures du matin, le chef de block ou de salle hurlait : « Alle heraus ! » *[Tout le monde dehors !] Nous enfilions rapidement nos pantalons, chemises et chaussures, et nous nous précipitions avec nos gamelles pour puiser l'eau (une pompe à eau manuelle derrière le block 3). Nous ressemblions à des oiseaux sauvages ou à des animaux libérés de leur cage. Seuls les premiers arrivés au puits parvenaient à recueillir un peu d'eau pour se laver le visage, mais pour les autres, ce n'était pas si facile*[49].

Il gelait dans la « Washraum »*, une eau glacée coulait des douches, mais c'était de l'eau ! Et il y en avait beaucoup. Les plus intrépides jetaient bas leurs vêtements, et se frottaient nues des pieds à la tête… La première morsure de l'eau glaciale était pénible, mais un instant plus tard, cela devenait délicieux, réchauffant. Le corps vous brûlait comme du feu. On se sentait ragaillardie pour quelques heures, on avait l'impression de ressembler à ce qu'on était jadis. Celles à qui le froid faisait peur, frissonnantes, regardaient avec envie les vaillantes qui fumaient comme cent coursiers haletants, et ne présentaient à l'eau que la poitrine. Les plus timorées se lavaient tout juste la figure et les mains. D'ailleurs, il fallait se dépêcher, car les rangs suivants*

---

48. Z. Posmysz (7566), *Królestwo za mgłą*, *op. cit.*, p. 95-96.
49. Antoni Caputa (318), *Z Pietrzykowic w szeroki świat*, Waterloo (Ont.), 1978, p. 54-55.

attendaient. D'ordinaire, avant que les dernières aient trouvé le temps de se laver, on fermait le lavabo[50].

Celles qui avaient les coudes et les poings les plus forts parvenaient à se laver[51].

50. Z. Kossak (64491), *Du fond de l'abîme, Seigneur…*, *op. cit.*, p. 70-71.
51. W. Koprowska (37573), Témoignages, vol. XXII, p. 139.

LA VIE INTÉRIEURE

> *Je me rappelle fort bien que les coups sur la tête, fort douloureux, me faisaient perdre connaissance, mais c'était une bonne chose parce qu'alors, je ne ressentais plus la douleur. Les douleurs les plus insupportables se situaient près du cœur qui appuyait contre ma cage thoracique. J'allais exploser !*[1]

Dans un camp de concentration, la vie d'un détenu se déroulait dans deux mondes : celui de la réalité quotidienne du camp, brutale et continuelle, et son propre monde intérieur, éphémère, illusoire, empreint de nostalgie, mais bien à lui ! Cette dualité est importante. Avant d'aborder d'autres aspects de la vie au camp, attardons-nous quelque peu sur ce point.

La seule échappatoire au monde extérieur était le monde intérieur. Les pensées nostalgiques, l'imagination, les chimères, les rêves – tout ce qui, ne serait-ce qu'un instant, occupait les pensées avec autre chose que l'omniprésence du camp.

Aspirer au monde normal, au foyer, à la famille, à la liberté, à une vie remplie de plaisirs quotidiens trop peu appréciés, et inaccessibles dans le camp, tout cela prenait vie dans l'esprit. Pour certains, c'était une évasion, pour d'autres, l'effet était destructeur.

---

1. B. Dziewięcki (125546), *Z dna piekła*, *op. cit.*, p. 63.

Ici, dans le camp, au seuil de la mort, seules les choses fondamentales importaient. Aussi, personne n'évoquait les souvenirs de distractions, de voyages, de plaisirs intellectuels. Les seules choses après lesquelles l'âme hurlait de douleur, c'étaient les enfants, le mari, la famille, la maison[2]*...*

La maison... Pas un jour ne passe sans qu'on y pense. Pourquoi ? Nous avons vu nos maison en ruines brûler. Et pourtant, nous ne cessons de répéter... Notre maison, dans notre maison[3]*...*

Tout ce qui ressemblait ou rappelait la maison et la normalité prenait des proportions mythiques.

Manger avec une cuillère donnait l'impression d'avoir plus à manger[4]*.*

Les souvenirs nostalgiques faisaient partie des moyens d'échapper momentanément aux réalités du camp. À court terme, ils détendaient et atténuaient les tensions de la vie sur place.

Grâce à sa vie intérieure, le prisonnier pouvait se protéger du vide, de la désolation et de la pauvreté spirituelle de son existence. Il appelait le passé à la rescousse. En donnant libre cours à son imagination, il se rappelait certains événements, souvent sans importance, de sa vie d'avant. Les regrets qu'il éprouvait alors glorifiaient en quelque sorte ces souvenirs, et il arrivait même qu'ils revêtent un caractère un peu étrange[5]*.*

Je joue aussi au jeu de la nostalgie, me remémorant les souvenirs du passé pour oublier, un instant, l'épouvantable présent. Le jeu

2. Z. Kossak (64491), *Du fond de l'abîme, Seigneur...*, *op. cit.*, p. 85.
3. B. Bartnikowski (192731), *Une enfance en pyjama rayé*, *op. cit.*, p. 88.
4. S. Venezia (182727), *Sonderkommando*, *op. cit.*, p. 80.
5. V. E. Frankl (119104), *Découvrir un sens à sa vie avec la logothérapie*, *op. cit.*, p. 64.

consistait à imaginer une rue de Prague et à citer l'un après l'autre les magasins en décrivant les articles qu'ils vendaient[6].

La capacité à créer un monde libre, composé de souvenirs et de rêves, mais différent du monde du camp, permettait, du moins pour un temps, d'échapper à Auschwitz par la pensée. L'écart entre ce qui s'était vraiment produit dans leur vie d'avant et ce qu'ils désiraient ardemment, mais de manière irréaliste et idéalisée, n'avait aucune importance. Tant que ce monde permettait d'échapper à la réalité.

Au-delà des barbelés, le monde de l'imagination existait vraiment. Il suffisait de fermer les yeux pour le voir. Pour nous, c'était la vision d'images idéales, attendues quoique insaisissables, mais évoquées par une volonté inébranlable. « Nous vivons une illusion », dit une de mes proches camarades. Penser à ce qui fait le plus mal, se laisser envahir par les intrusions de l'imagination ou être confrontée à une réalité emplie de bestialité ? « L'illusion que nous ressentons tous nous donne de la force, la réalité nous l'enlève », répondis-je[7].

Nous ne trouvions de réconfort que grâce aux souvenirs du passé, en y noyant les souvenirs du présent[8].

Les souvenirs de notre vie d'autrefois nous revenaient encore, mais vaporeux et lointains, et par là même pénétrés de douceur et de tristesse, comme le sont les souvenirs de la petite enfance et de toute chose révolue[9]...

C'était le soir que les histoires du temps où les prisonniers étaient libres pouvaient être partagées. Les conversations sur les châlits ou les grabats en arrivèrent à devenir une véritable

6. G. Solan (A-27635), *My Heart is at Ease*, *op. cit.*, p. 29. La citation sur le jeu imaginaire de la liberté était celle d'une ancienne prisonnière âgée de quatorze ans à l'époque.
7. M. Chylińska (44658), « Kobiety w Oświęcimiu-Brzezince », *Przegląd Lekarski – Oświęcim*, 1988, p. 157.
8. Wanda Brzosko (64404), Publications, vol. LXXI, p. 20.
9. P. Levi (174517), *Si c'est un homme*, *op. cit.*, p. 181.

institution apportant un soutien mutuel, spirituel et psychologique. Les souvenirs partagés de ceux qui étaient allongés les uns à côté des autres permirent aux prisonniers d'être emportés dans le sommeil en imaginant dans leurs rêves tout ce qui était inaccessible.

Chacune raconte sa vie « d'avant », peut-être bien en l'enjolivant puisque chaque existence est une histoire dont nous voulons rêver. Et ces pays où nos voyages nous ont menées, les avons-nous vraiment vus ? Qu'importe[10] *!*

Rassemblées par petits groupes d'amies, nous parlions. Chacune disait sa province, sa maison, invitait les autres à lui faire visite. Vous viendrez, n'est-ce pas ? Vous viendrez. Nous promettions. Que de voyages nous avons faits[11].

Les femmes discutaient de toutes sortes de sujets. La nuit, surtout, elles réveillaient leur nostalgie de la maison, des enfants, du mari[12]*...*

De telles histoires avaient un effet thérapeutique face aux malheurs. À cet égard, le récit de Raya Kagan recevant la nouvelle que les ghettos de Vilnius avaient été liquidés est révélateur.

J'avais déjà cessé de pleurer, un vide étrange m'habitait, ce vide qui est l'indifférence. Annie le comprit. « Parle-moi de ta maison », dit-elle doucement près de moi[13].

De fait, le souvenir était souvent l'évocation d'un monde disparu. Et là, bien sûr, en fonction de ce que signifiait le monde perdu, on découvre que les connotations émotionnelles sont très différentes. La première citation concerne la destruction

10. C. Touboul (72420), *Le plus long des chemins*, *op. cit.*, p. 61.
11. C. Delbo (31661), *Auschwitz et après*, *op. cit.*, t. I, p. 79.
12. Genowefa Pilecka (PH nn, 79435), Témoignages, vol. XVI, p. 40-41.
13. R. Kagan (7984), *Des femmes au bureau de l'enfer*, *op. cit.*, p. 137.

de Varsovie pendant la révolte, les deux suivantes, les familles Juives assassinées.

> *Varsovie n'est plus ! Voici ta demeure, prisonnière. Envolés tes espoirs. Varsovie ! Varsovie*[14] *!*

> *Pendant la journée, je n'avais pas le temps de réfléchir. Ce n'était que le soir, allongée sur mon châlit, affamée et épuisée, que mes pensées vagabondaient vers le passé. Je pensais, encore et encore, au dernier jour où j'avais été avec mes parents et comment, ensuite, ils avaient été conduits à la mort. On n'avait même pas pu se dire au revoir. Avaient-ils beaucoup souffert, étaient-ils restés ensemble jusqu'à la dernière minute ? Je savais qu'ils étaient contents que je ne sois pas avec eux*[15]*.*

> *« J'ai laissé ma petite fille à la maison… » ajouta-t-elle au bout d'un moment, d'un ton si bas que je compris à peine. L'expression « à la maison » souleva en moi une vague d'amertume. J'étais jalouse de cette affreuse Alvira, au teint rougeaud qui parlait l'allemand aussi bien que les surveillantes : elle avait quelque part une maison, une famille, une fille auprès de qui elle retournerait quand la guerre serait finie. Et moi, où irais-je ? Vers qui me tournerais-je si jamais je réussissais à survivre à cet enfer ? Personne au monde ne m'attendait ? Et personne au monde ne serait là pour se réjouir de ma libération*[16] *!*

Car les souvenirs, même s'ils permettaient un moment de s'évader du camp, pouvaient également être la cause d'une grande souffrance. De nombreux récits les présentent en somme comme dangereux, comme quelque chose qui pouvait écraser, affaiblir la volonté, briser la résistance et détruire la personne. C'est ainsi que Primo Levi, parmi d'autres, le perçut lorsqu'il

14. Z. Czerwińska-Kossakiewicz (49973), Publications, vol. XVI, p. 147.
15. Paula Gruber-Herszkopf (matricule inconnu), *Lasting Pain. Memories of My Life*, traduit du néerlandais en anglais par Yvette Joy Blog, Amsterdam, Create Space-Assigned, 2013, p. 111.
16. H. Birenbaum (48693), *L'espoir est le dernier à mourir*, *op. cit.*, p. 177.

gisait, malade, à l'infirmerie du camp où il avait davantage de temps pour réfléchir :

> *Nous savons d'où nous venons : les souvenirs du monde extérieur peuplent notre sommeil et notre veille, nous nous apercevons avec stupeur que nous n'avons rien oublié, que chaque souvenir évoqué surgit devant nous avec une douloureuse netteté*[17].

D'autres ont souligné le pouvoir pernicieux, débilitant, de la nostalgie.

> *Un homme qui se laissait dépérir parce qu'il ne pouvait se donner un but s'abandonnait alors à des pensées rétrospectives*[18].

> *Et le soir, on entend de moins en moins de conversations chuchotées sur une éventuelle libération. Ils sont couchés et ils réfléchissent, ils réfléchissent encore, et souvent, une larme dans leurs yeux témoigne de leurs réflexions vagabondes. Ceux qui ne parviennent pas à arrêter tout cela s'effondrent*[19].

> *Réveiller les aspirations à la « liberté » n'était guère propice à la survie*[20].

Certains prisonniers luttaient donc constamment contre leurs souvenirs, tentant sans relâche d'éradiquer le passé, de ne pas y retourner, même en pensée. Pour tous ceux qui voyaient les visages de leurs êtres chers du passé, dont on ne savait rien d'autre sinon qu'ils étaient probablement déjà morts, combattre la nostalgie était un élément essentiel à la survie.

> *Je chasse toute pensée. Revenir au passé, aux moments heureux me détruit le moral. Je ne veux plus penser à Henri et à René. Je dois*

17. P. Levi (174517), *Si c'est un homme*, *op. cit.*, p. 81.
18. V. E. Frankl (119104), *Découvrir un sens à sa vie avec la logothérapie*, *op. cit.*, p. 97.
19. J. Brandhuber (87112), Publications, vol. VII, p. 61.
20. J. Brandhuber (87112), Témoignages, vol. LXXVI, p. 144.

me battre avec moi-même. Je cherche le positif dans cette situation impossible[21].

« Nous ne devons plus avoir de passé, murmure Oscar d'une voix altérée. Le passé est notre ennemi, car il va nous affaiblir. Il a raison. Mais le passé, c'est papa et Ida[22]. »

Tout cela était-il possible ? À court terme, certainement. La vie quotidienne dans le camp et le nombre incessant de stimuli extérieurs – du moins dans la journée – permettait, ou plutôt contraignait les prisonniers à se concentrer sur le présent. La nostalgie, toujours en éveil, se manifestait à chaque moment inoccupé. Soudain un signe clair associé au monde libre surgissait, provoquant une profonde crise émotionnelle.

Dans ma Waschraum*, *les travailleurs étaient de « haut niveau ». Il y avait notamment un chanteur d'opéra originaire de Vienne qui nettoyait les lavabos en entonnant de sa voix divine des airs de* La Traviata *ou de* Rigoletto. *Au son de ces mélodies bouleversantes, les vannes de mon cœur s'ouvraient et je me mettais à pleurer. Nous ne parvenions à supporter notre situation que si nous évitions de nous laisser envahir par nos émotions, et que nous nous soucions d'une chose et d'une seule : avoir assez à manger*[23].

Avec l'égocentrisme de tout être humain, elles acceptaient difficilement que le temps eût cessé d'exister pour elles, prisonnières, et seulement pour elles ; que les pendules de leur destinée fussent arrêtées, mais que dans le monde libre, les tic-tac et les sonneries pussent continuer, les enfants grandir[24]...

21. L. Badour (75127), in Esrail, *L'Espérance d'un baiser*, *op. cit.*, p. 104.
22. Léon Arditti (169738), *Vouloir vivre. Deux frères à Auschwitz*, Paris, L'Harmattan, 1995, p. 67.
23. A. Molnár Hegedűs (matricule inconnu), *Pendant la saison des lilas*, *op. cit.*, p. 70.
24. Z. Kossak (64491), *Du fond de l'abîme, Seigneur...*, *op. cit.*, p. 84-85.

J'imaginais mes tantes vivant leur vie confortable, en sécurité, à New York. Il me semblait inconcevable que nous habitions la même planète et levions les yeux vers le même ciel[25].

Divers sons nous parvenaient de l'autre côté du mur : le passage de charrettes, le tintement des bidons de lait en fer-blanc, bref, le monde libre. En outre, les oiseaux, notamment des étourneaux, faisaient leurs nids dans les boîtes accrochées aux arbres le long de la route. Tout cela nous laissait une forte impression[26].

Penché sur mes écuelles, j'aperçois sur l'autre rive des écoliers bien habillés, le cartable sur le dos. [...] De l'autre côté de la rivière, la vie continue donc ? En France, c'est peut-être la rentrée. Mieux vaut ne pas y penser. Le gouffre est trop grand[27].

La gravité de la menace posée par la nostalgie était telle que certains prisonniers renonçaient à de bons Kommandos afin d'éviter de sentir de trop près le monde normal et le goût de la liberté. Jerzy Brandhuber se souvient avoir eu, à un moment donné dans le camp de concentration, l'occasion de participer à des expéditions hebdomadaires en camion depuis la salle des vêtements jusqu'à une blanchisserie à Bielsko :

Je ne me rendis à Bielsko qu'une seule fois, mais je renonçai à refaire le voyage. Voir les gens marchant librement dans les rues de Bielsko était pour moi insoutenable, contraste brutal avec notre existence de prisonniers du camp de concentration d'Auschwitz[28].

Même les lettres et les colis – lien tant attendu avec l'ancien monde – accessibles seulement aux prisonniers « aryens » et ardemment convoités par les autres, apportaient eux aussi

25. D. S. Wisnia (83526), *One Voice, Two Lives*, *op. cit.*, p. 43.
26. J. Brandhuber (87112), Témoignages, vol. LXXVI, p. 144. Il s'agissait de Birkenallee, à Auschwitz I, séparée seulement par un mur et des barbelés et distante d'une route très fréquentée entre Oświęcim/Auschwitz, Rajsko et Brzeszcze.
27. M. Cling (A-5151), *Un enfant à Auschwitz*, *op. cit.*, p. 87.
28. J. Brandhuber (87112), Témoignages, vol. LXXVI, p. 132.

leurs accès de nostalgie que les destinataires avaient du mal à surmonter.

Chaque lettre reçue bouleversait jusqu'au plus profond de l'âme, remuait des pensées, des sentiments qui, les jours ordinaires étaient complètement piétinés, ensevelis sous la misère et l'abjection de la vie du camp. En présence de l'écriture tracée de la main chérie, l'heureux passé cessait d'être un mythe, un rêve. Il redevenait proche, réel, on aurait dit qu'on venait de le perdre. Tous les efforts pour se faire à cette perte échouaient, cessaient d'être efficaces[29].

Un colis de chez nous ! Bonheur indicible ! Quelqu'un avait acheté des choses dans un magasin, à Varsovie, les avait emballées, envoyées. Hanka monta sur son grabat et se mit à pleurer pour la première fois[30].

Ainsi, tout ce qui venait de ce passé, de ce monde-là, ébranlait les nerfs. Involontairement, les adultes se mirent à penser à leur enfance et à leur jeunesse. Dans les moments de grave danger ou de dépression, les souvenirs de leur enfance protégée resurgissaient, ravivant les sentiments de leurs toutes premières années.

Mon continent avait sombré. Un seul mot avait échappé au déluge : le mot maman. Et cela, détaché du paysage de Sanok, car point de tilleuls dans sa nuée d'abeilles musiciennes, ni de pré fleurant la camomille et le thym... Rien que ce mot, deux syllabes indo-européennes, un mot de nourrisson qui sentait le lait : maman[31].

Nous n'avons réellement besoin d'elle que dans l'enfance. Lorsque nous faisons nos premiers pas. Perdus dans l'immense monde incompréhensible. Totalement dépendants d'elle. Lorsqu'elle nous nourrit, nous habille, nous berce en fredonnant pour nous endormir, nous câline. En grandissant, nous commençons à nous éloigner d'elle. Avec le temps, une mère doit céder la place à un garçon, puis à un mari et aux enfants. Au fil des ans, elle devient de moins en moins indispensable. Ce n'est

---

29. Z. Kossak (64491), *Du fond de l'abîme, Seigneur...*, *op. cit.*, p. 84.
30. K. Żywulska (55908), *J'ai survécu à Auschwitz*, *op. cit.*, p. 46.
31. M. Pankowski (46333), *D'Auschwitz à Bergen-Belsen*, *op. cit.*, p. 30.

que pour un ultime moment qu'elle devient l'unique. À l'heure de notre mort, lorsque nous ressemblons à cet enfant sans défense, nous l'appelons de nos lèvres glacées : « Maman[32] *! »*

La force de ce lien atavique était si puissante que dans une souffrance indicible, dans une situation apparemment impossible à surmonter, on en arrivait même à reprocher sa propre naissance à sa mère. Voici le cas d'un prisonnier condamné à la peine du poteau. Contrairement au règlement, il s'évanouit pendant l'exécution de la sentence et fut ranimé à coups de fouet sur le postérieur avant d'être suspendu de nouveau au poteau. Le prisonnier, en proie à une souffrance inimaginable regretta d'être né :

> *Soudain un cri de désespoir perça le cœur des gémissements :* « Mutter, du eine Hure, warum hast du mir geboren? » *Et tout de suite après en polonais : « Putain de mère, pourquoi m'as-tu enfanté ? » Le dernier mot semble coupé. Le silence est total. Les gémissements se sont tus. C'est notre ami le Silésien qui vient de crier. Il n'a pas pu contenir sa douleur. La souffrance avait envahi tout son être*[33].

Et souvent, plus il était difficile de survivre à la réalité du camp de concentration, plus l'épuisement et les menaces augmentaient ; les souvenirs se faisaient alors de plus en plus douloureux face à cette réalité et devenaient dangereux, frappant de plus en plus fort et de plus en plus souvent, et de surcroît à des moments inattendus. La nostalgie était l'un des facteurs clés de la vie au camp.

> *Il était tout aussi impossible pour les prisonniers de surmonter la nostalgie que de supprimer leur pénible travail, la faim, les maladies infectieuses, etc*[34].

---

32. R. Duracz (43544), in Duracz, Fajkosza et Nowaka, *Przekaz Oświęcimski*, *op. cit.*, p. 21.
33. A. Kowalczyk (6804), *Le Refrain des barbelés*, *op. cit.*, t. 2, p. 107.
34. Stefan Budziaszek (20526), Témoignages, vol. LXXXVIIIa, p. 28.

Les fantasmes avaient un effet similaire à la nostalgie, bien que s'agissant d'une drogue psychologique différente, qui anesthésiait les difficultés quotidiennes. Cette drogue ne renvoyait pas au passé, mais présentait une image différente, fictive, du présent ou d'un avenir heureux qui viendrait après la libération, après la guerre, une fois que « tout serait fini ».

Lorsque la vie est trop cruelle, il faut tenter de tromper la réalité avec un peu de rêve[35].

Écarter les pensées sur le camp et tout ce qui se passait autour de moi était une forme d'autodéfense[36].

Les rêves me sauvaient de l'effondrement et me donnaient une force morale. Des pensées libres s'envolaient au loin vers les montagnes bleutées à l'horizon. Dans mon désespoir, mes désirs, mes déceptions, mon monde de rêves était précieux, il restaurait un espoir moribond, me comblait de sa beauté et de ses visions, il m'apaisait avec les souvenirs de ma mère, de mes sœurs, de la maison et de la liberté[37].

Vivre dans le monde de l'imagination était souvent une bouée de sauvetage. On rêvait de tout ce qui concernait la liberté. La prisonnière fantasmait, rêvait de situations dans le monde libre et s'imaginait qu'elle les racontait aux êtres qu'elle aimait, savourant les moindres détails[38].

Les fantasmes ont dû accompagner tous les prisonniers, mais sur les châlits, le soir, c'est un fait que la plupart du temps, de tels fantasmes étaient racontés par certains, tandis que d'autres s'en imprégnaient, écoutant intensément et réclamant des détails,

35. S. Alizon (31776), *L'Exercice de vivre*, *op. cit.*, p. 171.
36. G. Pilecka (PH nn, 79435), Témoignages, vol. XVI, p. 44.
37. M. Ślisz-Oyrzyńska (40275), citée in Ryn et Kłodziński (20019), « Śmierć i umieranie… », art. cité, p. 73.
38. M. Chylińska (44658), citée in *ibid.*, p. 74.

réfléchissant aux développements possibles de certains thèmes, montrant ainsi la nécessité absolue de s'évader dans le monde des chimères. Les objets et les moments vécus qui manquaient le plus aux prisonniers devenaient les thèmes de leurs rêveries. Et ce qui manquait était fort banal dans la réalité du camp de concentration.

Sur notre châlit, Mutti et moi-même imaginions ce que nous ferions lorsque nous serions de nouveau libres. Nous parlions de bains chauds avec du savon, de dormir dans des draps propres, de manger avec un couteau et une fourchette – tous les plaisirs de la civilisation que nous avions considérés comme acquis et dont nous étions privées pour ce qui semblait être une éternité[39].

De nombreux rêves, cependant, étaient des expériences vécues individuellement, dans le secret de l'imagination de chacun.

Parmi mes divers mécanismes de défense, probablement inconscients à l'époque, il y avait mon monde de rêves et de fantasmes. Allongée sur le châlit du camp, je parvenais à m'immerger dans un monde idéalisé de l'avenir et à oublier mon environnement, mieux encore, je perdais tellement le contact avec mon environnement que le retour à la réalité me demandait un véritable effort mental. Je parvenais aussi à entrer si profondément dans le monde imaginaire où les sensations étaient si fortes, que j'avais des difficultés à me convaincre que tout cela était irréel. Les plus fréquentes incluaient : planer dans l'air, défiant les lois de la gravité, expérience extrêmement agréable et si intense qu'à ce jour, dans les recoins profonds de ma conscience, ces merveilleuses sensations sont toujours présentes[40].

Je dois avouer que ce qui m'a retenu, durant ces jours d'atroce souffrance et d'épuisement, de sombrer dans le trou noir du découragement

39. Eva Schloss (A-5272), *Eva's Story*, Londres, Evelyn Kent Associates, 2008, p. 138.
40. A. Fros (136223), cité in Ryn et Kłodziński (20019), « Śmierć i umieranie… », art. cité, p. 74.

et de m'abandonner à la mort, ce ne fut pas la nostalgie de la maison, ni le regret d'une vie stupidement interrompue, ni un quelconque idéal transcendant. Non, au prix de paraître futile, je confesse que ce fut le désir farouche de retrouver un jour la montagne, et de m'élancer, skis aux pieds, dans la neige douce et étincelante[41].

Je me réfugiais dans le passé et dans l'avenir. Je rêvais de musique, de poésie, d'arbres, de ruisseaux chantants et de chants d'oiseaux[42].

Les sujets des fantasmes étaient inspirés par l'espoir qui, à son tour, était inspiré par les conditions de vie du prisonnier. Lorsque des rations alimentaires supplémentaires apparaissaient à l'infirmerie du camp, apportées clandestinement par des détenus qui travaillaient à la cuisine, cela remontait le moral et, ainsi, les rêveries des malades tournaient autour des notions de liberté.

En conséquence, l'atmosphère devint cordiale et les conversations s'engagèrent sur la liberté. « Que ferai-je quand je sortirai de cet enfer ? », tel était le thème permanent parmi nous, les convalescents[43].

Cette euphorie momentanée déclenchée par un assouvissement même partiel de la faim peut être comparée aux fantasmes de nombreux prisonniers au seuil de l'épuisement total. Deux citations de Kazimierz Piechowski décrivant son état d'extrême fatigue l'illustrent :

Le plus souvent, mes rêves portent sur une tranche de pain[44].

J'aspire à la vie, et pour l'instant, elle est incroyablement lointaine[45].

---

41. Willy Berler (117476), *Itinéraire dans les ténèbres*, récit préparé et annoté par Ruth Fivaz-Silbermann, Paris, L'Harmattan, 1999, p. 114.
42. S. Alizon (31776), *L'Exercice de vivre*, *op. cit.*, p. 210.
43. T. Sobolewicz (23053), *But I Survived*, *op. cit.*, p. 174.
44. K. Piechowski (918) *et al.*, in *Byłem numerem...*, *op. cit.*, p. 46.
45. *Ibid.*, p. 47.

Les prisonniers les plus résistants percevaient la nostalgie, les évasions dans le passé et les rêves d'avenir comme des facteurs de vulnérabilisation, de plaisantes illusions qui détournaient la personne de ce qui comptait le plus : la lutte quotidienne pour la survie.

> *Les rêves de liberté, les projets d'avenir, démobilisaient. On payait cher pour de tels rêves. Trop cher. Des prisonniers qui avaient de l'expérience, comme Tadeusz, pensaient à la survie. C'est sur elle qu'ils se concentraient. Ils mobilisaient toute leur force pour ce qui devait être fait maintenant*[46].

> *Malheur à celui qui rêve : le réveil est la pire des souffrances*[47].

Le réveil est le plus souvent compris dans son sens littéral de sortie du sommeil. Si les prisonniers commençaient à avoir des pensées nostalgiques et des envies au cours de ces brefs moments où ils s'allongeaient sur leurs châlits, le soir, ces pensées se transformaient naturellement en rêves lorsqu'ils s'endormaient, rêves qu'ils ne pouvaient plus contrôler. Nous allons donc nous intéresser à ces rêves[48] parce qu'ils reflètent aussi la vie intérieure des prisonniers contraints de vivre dans le monde d'un camp de concentration.

> *La nuit n'apporta ni répit ni repos. Sous les paupières fermées, s'étendait un ruban de cauchemars multicolores qui évoquait le néant des formes disparues de la vie. Le jour était l'ennemi du prisonnier, mais la nuit n'était pas son amie non plus*[49].

---

46. Z. Posmysz (7566), *Królestwo za mgłą*, *op. cit.*, p. 366.
47. P. Levi (174517), *Si c'est un homme*, *op. cit.*, p. 62.
48. Voir Jagoda, Kłodziński (20019) et Masłowski, « Sny więźniów obozu Oświęcimskiego », *Przegląd Lekarski – Oświęcim*, 1977, p. 28-66 ; également Maria Susułowska, « Próba interpretacji treści snów byłych więźniów obozów koncentracyjnych », *Przegląd Lekarski – Oświęcim*, 1976, p. 13-17. J'ai également traité de ce sujet dans un livre : Cywiński, *Sny obozowe*, *op. cit.* Voir aussi Wojciech Owczarski, *Sny więźniów obozu koncentracyjnego w Oświęcimiu*, Gdańsk, Wydawnictwo Uniwersytetu Gdańskiego, 2020.
49. Gracjan Fijałkowski (137632), « Odwszenie w Birkenau. BIId », repris et traduit in J. Mateja, *Témoins d'Auschwitz*, *op. cit.*, p. 251.

La nuit n'apporte pas d'apaisement. D'en haut et d'en bas, on entend des voix étranges, résonnantes, comme si c'était une station de radio que l'on arrive difficilement à capter. Quelque chose sonne, vibre, rappelle vaguement la voix humaine. Ces sons, indistincts et confus rappellent la langue hongroise, le hollandais, ou, qui sait, peut-être le grec. De toute manière personne n'y comprend rien et de plus, personne n'y prête attention. Il n'y a pas non plus de récepteur pour entendre le cœur des autres et personne n'a envie d'écouter. Ces bruits, que peut-on y faire ? Ils remplissent le vide d'une centaine d'êtres humains[50]*...*

Après une chaude journée, la nuit dans la baraque était pour nous un supplice plus grand que le dur travail du jour. En travaillant, nous pouvions respirer ; la nuit, nous étouffions[51].

De la fumée tout autour, rien d'autre que de la fumée ; elle est si épaisse qu'il faut fermer les yeux parce que la fumée âcre inflige une douleur intolérable. Il est difficile d'imaginer des fumées aussi palpables, débilitantes, envahissantes. Suffocantes... Suffocantes[52]*...*

Ces quelques heures de repos censées s'appeler le sommeil étaient en réalité une torture, c'était insuffisant[53].

Le sommeil est aussi un travail[54].

Le sommeil dans de telles conditions, ce n'était guère du sommeil. Cela n'avait rien à voir avec le sommeil et les rêves que nous connaissons.

La nuit au camp tirait à sa fin. Un moment de repos ; mais le sommeil de ceux qui étaient affamés et épuisés, parfois au-delà des

50. M. E. Jezierska (24449), Publications, vol. II, p. 404 ; repris et traduit in J. Mateja, *Témoins d'Auschwitz*, *op. cit.*, p. 91.
51. P. Lewińska (32292), *Vingt mois à Auschwitz*, *op. cit.*, p. 57.
52. M. Paszkiewicz (84722), Publications, vol. I, p. 140.
53. A. Mańkowski (442), *Za drutami obozu koncentracyjnego*, *op. cit.*, p. 10.
54. R. Kagan (7984), *Des femmes au bureau de l'enfer*, *op. cit.*, p. 67.

limites de l'endurance humaine, était sporadique. En fait, le sommeil dans le camp de concentration pourrait fort bien être le sujet d'une recherche médicale. Il ressemblait davantage à une fièvre maligne constamment récurrente qu'à l'état que nous qualifions normalement de sommeil. Le sol de la pièce était entièrement recouvert de paillasses, et sur chacune d'elles dormaient deux prisonniers. L'air sentait le renfermé, empestait, et les corps sales, infestés de poux de ceux qui essayaient de dormir étaient piétinés par ceux qui se précipitaient aux toilettes à cause de la diarrhée. Il y avait aussi les cris terrifiants des personnes à moitié conscientes et les décès qui arrivaient de nuit. Et puis, il y avait la vigilance agitée de ceux qui craignaient de se faire voler le morceau de pain qu'ils avaient parfois caché à l'intérieur du pantalon roulé qui servait d'oreiller[55].

Dormir et rêver était néanmoins indispensable, non seulement comme un temps de repos, mais aussi comme un temps d'évasion. Un médecin qui assistait Josef Mengele dans sa recherche pseudo-scientifique, d'une part accablé psychologiquement, et de l'autre, ayant accès à des médicaments introuvables même dans les infirmeries du camp, évoque ainsi la situation :

Après avoir consommé mon souper, j'avale deux tablettes de gardénal de dix centigrammes chacune. Je m'endors. J'avais grand besoin d'agir ainsi : je me sentais à bout de nerfs. En de telles circonstances le sommeil provoqué par le gardénal est le meilleur remède[56].

La plupart des rêves portaient sur la liberté, l'évasion du camp et le retour à la maison. En réaction à la faim de plus en plus tenace, les prisonniers rêvaient de nourriture – précision intéressante, non pas de la nourriture raffinée et de luxe, mais plutôt la nourriture à laquelle ils aspiraient chaque jour au camp : du pain, une soupe épaisse et des pommes de terre.

55. A. Kowalczyk (6804), *Le Refrain des barbelés*, *op. cit.*, t. 2, p. 10.

56. M. Nyiszli (A-8450), *Médecin à Auschwitz*, *op. cit.*, p. 76. La citation porte sur l'une des premières nuits après la découverte par l'auteur de l'ampleur des meurtres dans le camp.

De quoi le prisonnier rêvait-il le plus souvent ? De pain, de gâteaux, de cigarettes et de bains chauds. Comme il ne pouvait satisfaire ses désirs dans la réalité, il essayait de les satisfaire en dormant. Il est difficile d'évaluer ce qu'il retirait exactement de ses rêves. Une seule chose est certaine : la réalité brutale du camp l'arrachait invariablement à ce soulagement momentané[57].

Le passé appartenait à un autre monde ; un monde de moins en moins réel chaque jour qui n'avait de place que dans le monde des rêves[58].

La nuit était le moment où les souvenirs de la maison et de la famille assaillaient mon esprit[59].

La nuit, dans le silence, ma couverture sur la tête, mes chaussures enveloppées dans mon pantalon en guise d'oreiller, je suis libre de penser, de rêver… les cris, les « Schnell » dans tous les sens, les coups, s'éloignent ; notre peur de chaque instant s'atténue. Ce sentiment de liberté que je me ménage, que je m'invente, m'aide à transcender ma faim permanente. Je ne suis pas croyant. Mes réflexions se mélangent. Pourquoi tant de haine ? Où est passée notre civilisation ? Je m'endors en pensée près de Liliane[60].

Les rêves liés au camp étaient nettement moins fréquents. Tout comme les événements de la journée influençaient les rêves, les rêves eux aussi exerçaient parfois une influence sur le comportement des prisonniers le lendemain. Car dans les rêves – on le verra ultérieurement –, les prisonniers recherchaient des significations cachées et des prophéties qu'ils espéraient voir se réaliser.

---

57. V. E. Frankl (119104), *Découvrir un sens à sa vie avec la logothérapie*, *op. cit.*, p. 54.
58. Z. H. Steinitz (174251), *As a Boy Through the Hell of the Holocaust*, *op. cit.*, p. 288.
59. M. Eisen (A-9892), *By Chance Alone*, *op. cit.*, p. 96.
60. R. Esrail (173295), *L'Espérance d'un baiser*, *op. cit.*, p. 108.

Plus le rêve était agréable, plus le contraste avec les réalités du camp était marqué. En conséquence, inévitablement, le vacarme du réveil au matin devenait de plus en plus difficile à supporter. C'était alors qu'en une fraction de seconde, l'ancien monde disparaissait. Plus d'un ancien prisonnier se souvenait que le matin, la rudesse du réveil leur donnait envie de pleurer. Avec toute sa singularité, et à toute vitesse comme toujours, le monde concentrationnaire revenait. Et lui seul était réalité.

Le plus terrible, c'était le réveil, le moment où la réalité s'imposait. Ensuite, il fallait avoir le courage de se lever, de commencer une nouvelle journée[61]...

61. K. Żywulska (55908), *J'ai survécu à Auschwitz*, *op. cit.*, p. 40.

LES ÉMOTIONS ET L'APATHIE

Le camp de concentration précipitait la personne dans un monde où toute existence semblait impossible. Un monde auquel le prisonnier devait s'adapter assez rapidement ou mourir. Les gens se retrouvent parfois dans des situations dont ils ne peuvent imaginer toute la mesure. C'est ce qui se passe sur les fronts de guerre ou face à des catastrophes exceptionnelles. En les déshumanisant, le camp plaçait ses victimes dans une position encore plus insoutenable. Il apparaît cependant que les capacités d'adaptation de l'homme à des conditions que même l'imagination la plus audacieuse n'aurait pu concevoir sont d'une ampleur insoupçonnée.

Le grand écrivain russe Dostoïevski prétendait que l'être humain peut s'habituer à tout. Si, aujourd'hui, on nous demandait notre avis, nous répondrions : « Oui, l'être humain peut s'habituer à tout, mais ne nous demandez pas comment[1]. »

Le problème, avec la nature humaine, c'est que l'homme s'habitue à des choses auxquelles il semblerait impossible de s'habituer. J'en ai été témoin au camp[2].

Le camp imposait un perpétuel état de tension dont les raisons étaient variées : depuis la volonté de survivre jusqu'aux

1. V. E. Frankl (119104), *Découvrir un sens à sa vie avec la logothérapie*, *op. cit.*, p. 42.
2. W. Bartoszewski (4427), *Mój Auschwitz*, *op. cit.*, p. 30.

affres de la faim et de la soif, en passant par l'inquiétude pour les êtres chers ou le spectacle des souffrances endurées par les autres prisonniers, ainsi que le spectacle des victimes menées directement des wagons aux chambres à gaz. Peut-être ici l'avis d'un psychologue ou d'un psychiatre serait-il plus autorisé que celui d'un historien, parce qu'il s'agissait probablement d'une association de tensions de divers ordres ; toutes, extrêmement traumatisantes, atteignaient des limites extrêmes, inédites, et se manifestaient de manière continuelle et simultanée, s'intensifiant sans cesse et s'ajoutant à la déshumanisation planifiée du camp. Ce processus engendrait une pression émotionnelle exceptionnellement intense et spécifique. Elle était si forte qu'après la guerre, les rescapés convenaient tout à fait que cette expérience ne pouvait être expliquée ni décrite à des personnes qui n'avaient pas connu un camp de concentration.

J'ai déjà mentionné qu'au bout d'un moment, les choses devenaient routine dans le camp. Je ne veux pas dire littéralement, parce qu'il y avait beaucoup d'agitation, ou peut-être devrais-je dire, angoisse, peur, absence de confort rudimentaire, absence de propreté, faim (toujours présente), peur de la maladie, peur de ne pas trouver un endroit où dormir, parce que nous n'avions pas, chaque soir, la même place[3].

À la fin du printemps, alors que de nombreux convois de Hongrois arrivaient et que les crématoires fonctionnaient à pleine capacité, les Allemands recoururent aussi à des fosses. En dépit du camouflage, nous pouvions voir les épais nuages de fumée sale s'élever derrière les arbres et les flammes jaillir du sol. La puanteur de la chair brûlée nous donnait la nausée. Tout cela créait une impression irréelle, comme un cauchemar macabre[4].

Les journées étaient insupportables. J'étais en proie à une lutte interne constante. Les difficultés avaient causé une intense fatigue,

3. David Stevenson (B-14676), *A Spirit Unbroken. Memoir of a Holocaust Survivor*, North Charleston, Create Space Independent Publishing Platform, 2013, p. 65.
4. P. Gruber-Herszkopf (matricule inconnu), *Lasting Pain*, *op. cit.*, p. 123.

une tension et parfois une démoralisation, contrebalancées par un immense désir de vivre[5].

Qui n'a pas vécu cela ne pourra jamais comprendre. Les scènes les plus inhumaines produiront une impression d'horreur, c'est certain, mais notre souffrance naissait avant tout de la continuité de notre situation désespérée. Nous éprouvions sans cesse une douleur physique et psychique. C'était comme si, à chaque instant mourait un être cher, et comme si on nous harcelait sans cesse, et comme si toutes ces choses arrivaient en même temps. Je ne sais comment traduire cela dans le langage des hommes libres[6].

La plupart des descriptions fournies par d'anciens prisonniers portent sur leurs luttes internes pour survivre, ou sur le sort de leurs êtres chers. Douloureusement, ils abordent la question de la nostalgie, notamment la nostalgie pour les membres de leur famille assassinés. Dans les récits évoquant Auschwitz dans la seconde phase de son fonctionnement, alors qu'il n'était plus seulement un camp de concentration, mais aussi un centre d'extermination en masse, un thème retient plus particulièrement l'attention : dans le contexte de tous les événements décrits, il est question de la présence constante de la fumée des crématoires. À Auschwitz I, à Monowitz et dans d'autres camps annexes, on sentait la fumée, mais on ne la voyait pas, et peut-être pour cette raison était-elle encore plus terrifiante, menace diffuse, prégnante mais inconnue. À Birkenau, c'était la routine.

C'était une terrible époque. Chaque jour, je voyais de près la mise à mort en masse des convois dans les chambres à gaz et les quatre fours crématoires[7].

Non, on ne peut plus se maîtriser. On arrache brutalement leurs valises aux gens, on les secoue pour leur prendre leurs manteaux.

5. Stenia Mannheim (A-26261), *Stenia's Life Memories*, North Charleston, Createspace Independent Publishing Platform, 2015, p. 52.
6. K. Żywulska (55908), *J'ai survécu à Auschwitz*, *op. cit.*, p. 124.
7. A. Moszkowicz (79205), Témoignages, vol. XXXII, p. 133.

« Allez, allez, passez ! » Ils vont, ils passent. Hommes, femmes, enfants. Certains d'entre eux savent[8].

Certains jours, la fumée des crématoires voilait le soleil, créant une luminosité d'un gris terne intermédiaire entre le jour et la nuit. Nous observions les transports arrivant les uns après les autres, et les gens conduits à pied ou par camions aux chambres à gaz. Une odeur de poussière de charbon, mêlée à celle de la chair humaine brûlée, imprégnait tout le secteur. Nous nous rendions compte avec horreur que les nazis avaient l'intention de nous tuer tous. Jeunes ou vieux, pratiquants ou non, nous subirions tous le même sort : la mort. Nos jours étaient comptés, et nous le savions[9].

De toute évidence, les réactions émotionnelles aux événements du camp variaient. Chaque événement n'affectait pas tout le monde de la même manière. Les gens se préoccupaient de leur environnement immédiat, des quelques personnes qu'ils connaissaient et d'eux-mêmes. C'est naturel. Une analyse plus approfondie des états émotionnels lorsqu'ils se rendaient compte qu'ils « se trouvaient en enfer » nécessiterait probablement l'étude de l'étape à laquelle tel prisonnier sombrait peu à peu dans le statut de *Muselmann*. Alors qu'une personne en relativement bonne forme et encore forte peut tenter d'évaluer la situation, de l'analyser et de ressentir des émotions que nous connaissons tous, une personne au bord de l'inanition, épuisée, désorientée, perdue, ne réagit qu'aux stimuli directs.

Cependant, même menacés en permanence, avec la présence constante de la mort sous diverses formes, les prisonniers connaissaient des moments d'une telle intensité qu'ils en perdaient la raison. Les signes variaient probablement selon les personnes – souvent, c'était la prise de conscience soudaine de

8. Tadeusz Borowski (119198), *Le Monde de pierre*, traduit du polonais par Laurence Dyevre et Éric Veaux, Paris, Christian Bourgois, 1992, p. 98.
9. N. Leipciger (133628), *Le Poids de la liberté*, *op. cit.*, p. 87.

l'ampleur du massacre ou du sort des enfants dans le camp. Il semble qu'en s'habituant à vivre constamment sous tension, les anciens prisonniers ont signalé dans leurs récits l'existence de certaines situations extrêmes, qui provoquaient des réactions très diverses : accès subits de stress et de nervosité, mais aussi apathie et engourdissement. En voici quelques exemples. La première citation concerne l'aide apportée pour mener un groupe de prisonniers malades dans le sous-sol du block 11* où les SS les tuaient ensuite avec du Zyklon B.

Les ténèbres obscurcirent mes yeux. Le spectacle de la souffrance humaine, les cris et les appels déchirants causaient une douleur indicible. À demi-conscient, étourdi par les hurlements des tortionnaires et les gémissements des mourants, c'était comme si je sortais de l'enfer. J'avais la tête en feu, mon cœur brûlait. Devant mes yeux, le spectre d'une terrible mort par suffocation. Je me suis enfui en courant, voulant me cacher sous un amas de pierres, tomber sous terre, ne plus voir des humains blessés ni le terrible crime de tuer la dignité humaine[10].

La seconde citation décrit l'évacuation du block 25 à Birkenau, ironiquement qualifiée de salle d'attente parce que c'était là que les prisonnières sélectionnées pour être assassinées dans les chambres à gaz étaient détenues, parfois plusieurs jours, sans nourriture ni eau, et parfaitement conscientes de ce qui les attendait.

C'était une scène hallucinante. C'était d'une démence invraisemblable. C'était si révoltant, si inimaginable, si inadmissible que l'esprit se refusait à croire ce que voyait et enregistrait le regard ; ainsi que le tumulte et les hurlements terribles qui venaient frapper nos oreilles[11].

Les descriptions suivantes concernent la mort en masse. La première est extrêmement révélatrice car elle illustre ce que les

10. K. Szweda (7669), Témoignages, vol. XXXII, p. 83.
11. S. Alizon (31776), *L'Exercice de vivre*, *op. cit.*, p. 181.

rescapés qui organisaient après-guerre des expositions au musée d'État d'Auschwitz-Birkenau tentaient d'exprimer avec les tas de chaussures, de petites chaussures et sandales d'enfants.

> *Je reçus l'ordre de brûler cela sans tarder. Arrivé à sa place, je vis dans la cour, près de sa cheminée un très gros tas de petites chaussures d'enfants, sandales, pantoufles et bottines. Face à ce monceau de milliers et de milliers de chaussures d'enfants, je fus soudain pris de frissons ; je sentis quelque chose se fissurer, se briser en moi. En état de choc, j'avais des hallucinations, je voyais les visages d'enfants nus, effrayés, terrorisés qui, par peur, ne pleuraient même pas. Des enfants qui ne pouvaient pas comprendre, qui n'avaient rien fait pour mériter leur sort. Je perdis conscience et tombai*[12].

> *En 1942, je travaillai moi-même à plusieurs reprises près des bunkers où avaient lieu les gazages. Les scènes qui s'y déroulaient étaient terrifiantes, dépassant tout ce qu'un être humain normal peut imaginer. Ces bûchers en flammes, la puanteur des corps brûlés, l'évacuation des cadavres*[13]...

> *Un jour, je devais alors travailler à la cuisine depuis six mois, les filles m'appelèrent dehors. En approchant des barbelés, je vis des camions bondés de prisonniers de l'infirmerie du camp des hommes se diriger vers les chambres à gaz. Il y en avait environ quatre mille. Ce fut la première fois que je m'évanouis au camp. Je fus ranimée par un SS qui me battit si fort que je me retrouvai gisant dans une mare de sang*[14].

À cet égard, la situation la plus difficile était celle des prisonniers du *Sonderkommando* qui faisaient entrer les victimes dans les chambres à gaz, puis évacuaient les corps, coupaient les cheveux, arrachaient les dents en or et, finalement, brûlaient les cadavres dans les fours crématoires[15]. Il est difficile

12. S. Sattler (68652), *Prisoner of 68 Months*, *op. cit.*, p. 100-101.
13. Jan Kruk (10830), Témoignages, vol. LXXV, p. 35.
14. A. Kowalczykowa (27658), Témoignages, vol. XIX, p. 66.
15. Voir Greif, *We Wept Without Tears*, *op. cit.*, ainsi que Cywiński, *Zagłada*, *op. cit.*

d'analyser l'état émotionnel de ces prisonniers au regard de celui des membres d'autres Kommandos. Même après la guerre, ils furent accusés de complicité et, pendant des décennies, gardèrent le silence. Si Auschwitz était un autre monde, les conditions de travail du *Sonderkommando* – du point de vue de l'expérience humaine – représentaient la forme extrême de sa dégénérescence. Je voudrais ici mettre en garde contre la fausse impression que les émotions des prisonniers du camp étaient les mêmes ou qu'elles étaient réductibles à un dénominateur commun. L'enfer a ses cercles, mais – que Dante me pardonne – ils ne sont pas nécessairement concentriques.

> *Au bout d'un moment, Grabner dit à Mietek qu'il pourrait être affecté à un « travail facile ». Ce travail facile consistait à brûler les corps dans le crématoire. Bien sûr, au début, tout se passa bien. Il travaillait à l'intérieur, il faisait chaud, il avait davantage de nourriture. Mais lorsque je le rencontrai quelques années plus tard à Birkenau, il était désespéré. Il me dit en pleurant qu'il voulait « échapper » à ce Kommando, mais que c'était impossible*[16].

> *J'avais alors cessé d'être humain. Si j'avais été humain, je n'aurais pas pu le supporter ne serait-ce qu'une seule minute. Nous continuions parce que nous avions perdu notre humanité*[17].

> *Nous étions totalement épuisés. Nous avions verrouillé nos cœurs ; nous étions déshumanisés. Nous travaillions comme des machines*[18].

Soulignons que cet effondrement psychologique total pouvait survenir momentanément après des expériences très traumatisantes, telles que la mise à mort d'enfants ou de personnes handicapées, ou dans d'autres situations choquantes, et

16. Kazimierz Smoleń (1327), Témoignages, vol. LXXV, p. 173-174.
17. Shaul Chasan (182527), entretien in Greif, *We Wept Without Tears*, *op. cit.*, p. 273.
18. Leon Cohen (182492), entretien in *ibid.*, p. 305.

la réaction de chaque prisonnier dépendait de ce qu'il savait, de son expérience, de son imagination et de sa résilience propre.

> *Lorsque je me trouvais au block des enfants [à Birkenau, avec un convoi parti après le soulèvement de Varsovie], je frôlai la démence. Je ne pouvais pas dormir. La nuit, j'errais autour du block*[19].

> *On m'ordonne de m'asseoir à ma place sur un tabouret près d'une grande table. Mes compagnons de travail sont des malades mentaux, des déséquilibrés. Nous devons enrouler en pelotes des fils provenant de vieux vêtements. Je passai deux jours chez les aliénés. Je ne peux pas décrire l'horreur et la terreur des heures atrocement longues qui n'en finissaient pas. Tous ces détenus étaient des malades mentaux, devenus fous par suite des tortures auxquelles ils avaient été soumis pendant les interrogatoires de la Gestapo, ou simplement parce qu'ils étaient psychologiquement incapables de supporter les conditions de vie d'un camp de concentration*[20].

> *« Mon Dieu ! Tant de morts, tout autour de nous. Tant de tragédie, de douleur et de souffrance. Et ne peut-on rien faire ? Ne peut-on l'arrêter ?… Non, non ! » J'entendais encore le discours d'accueil du* Lagerführer *aux nouveaux prisonniers : « La seule façon de sortir d'ici, c'est par la cheminée. » En dépit de ma faim, j'avais perdu le sens du goût et ne trouvais aucun plaisir à manger mon morceau de pain ce soir-là. J'avais succombé à l'apathie et à un sentiment de totale résignation*[21].

> *Nos sens n'étaient pas comme ceux des autres… comme ceux des êtres humains vivant au-delà des barbelés, très loin, là-bas… sur Terre. […] Et lorsque vous mourez comme cela près d'une centaine de fois, inévitablement, vous devenez différents de ce que vous étiez sur Terre*[22].

Le désir de survivre exigeait des prisonniers qu'ils se détachent de tout ce qu'ils voyaient et ressentaient en permanence,

19. Bożena Krzywobłocka (83264), Témoignages, vol. XV, p. 85.
20. A. Gawalewicz (9225), *Reflections*, *op. cit.*, p. 51.
21. T. Sobolewicz (23053), *But I Survived*, *op. cit.*, p. 129-130.
22. W. Pilecki (4859), *Le Rapport Pilecki*, *op. cit.*, p. 55.

indépendamment du caractère totalement inacceptable de ces situations[23]. Le stress psychologique qu'elles provoquaient conduisait bientôt à l'indifférence et à l'apathie.

Les réactions que j'ai décrites se modifièrent dès les premiers jours, au cours desquels les prisonniers passèrent de la première à la seconde phase, celle de l'indifférence et de l'insensibilité aux émotions, grâce auxquelles on parvient à une sorte de mort émotionnelle[24].

Les détenus affichaient des comportements très différents dans la baraque.

Certains restaient là, apathiques, cherchant à comprendre le sens de leur destin. D'autres cherchaient force et réconfort dans la prière. Un grand nombre allaient de long en large, se rebellant et jurant pour se défouler.

Et certains se cachaient dans un coin de la baraque, espérant être laissés en paix[25].

Ici, au camp, tout contredit ce qu'on m'a appris dans mon enfance. Un cataclysme mystique s'est abattu sur mon âme, suivi d'un néant. Un néant rempli de peur. Une peur effroyable, constante, souvent sans fondement. Je suis submergée par une peur animale,

---

23. M. Chylińska décrit le mécanisme de défense des prisonniers consistant à réduire leur perception de ce qu'ils voyaient et à le comparer à celui de certains animaux qui se figent en réaction à une menace. Voir Chylińska (44685), « Wokół mechanizmów samoobrony psychicznej », art. cité, p. 205-212. À cet égard, je ne peux souscrire à l'affirmation selon laquelle « le prisonnier ne s'efforçait pas de changer la réalité du camp de concentration ; il tentait plutôt de s'adapter ; il ne combattait pas le mal autour de lui, mais tentait au maximum de l'éviter ». Alicja Glińska, « Kierunek przekształceń moralnych wśród więźniów Oświęcimia », *Przegląd Lekarski – Oświęcim*, 1969, p. 56. Ce que déclare Piotr Wesełucha me paraît bien plus proche de la vérité, « Obóz jako eksperyment psychiatryczny », *Przegląd Lekarski – Oświęcim*, 1970, p. 244 : « Je comprends bien que l'indifférence de certains prisonniers était un mécanisme de défense. C'était une résignation mentale qui leur permettait de ne pas réagir aux stimuli. »

24. V. E. Frankl (119104), *Découvrir un sens à sa vie avec la logothérapie*, *op. cit.*, p. 45.

25. G. Neuman Nyirö (matricule inconnu), *Le Fardeau des souvenirs*, *op. cit.*, p. 20.

subconsciente, d'un malheur anticipé, et parfois, parfois de nouveau l'indifférence, comme si tout cela ne me concernait pas[26].

J'ai vu à Birkenau comment des êtres humains, ou ce qu'il en restait, sombraient progressivement dans la non-existence, comme s'ils devenaient étrangers à eux-mêmes. J'ai vu comment la peur sur les visages des femmes se muait en résignation, et j'ai fait de mon mieux pour m'assurer que cela ne m'arriverait pas[27].

J'étais, tour à tour, en proie à l'apathie, à la résignation, à la révolte, à la haine et, en fin de compte, un sentiment d'impuissance dominait tous les autres[28].

Celles qui simulaient l'indifférence devenaient très vite indifférentes. Elles se faisaient à tout. L'indifférence, l'habitude sont très dangereuses, parce qu'elles faussent le jugement. Ce sont les premiers pas sur un plan incliné où il est difficile de s'arrêter[29].

L'apathie, l'insensibilité aux émotions et le sentiment que plus rien ne le touchait constituaient les symptômes de la seconde phase des réactions psychologiques du prisonnier... Cette insensibilité était en quelque sorte une coquille dans laquelle il rentrait chaque fois que c'était nécessaire[30].

L'état d'apathie survenait très rapidement, la plupart des rescapés parlent d'un laps de temps de quelques jours tout au plus, parfois une semaine à compter de leur déportation jusqu'à l'arrivée au camp. Alors que le détachement émotionnel[31] pouvait éviter à une personne de paniquer ou de souffrir d'une tension irrépressible, l'apathie profonde pouvait aussi devenir

26. E. Kaczyńska (45887), in Piechowski (918) *et al.*, *Byłem numerem...*, *op. cit.*, p. 123-124.
27. E. Springer (A-24020), *Milczenie żywych*, *op. cit.*, p. 83.
28. K. Żywulska (55908), *J'ai survécu à Auschwitz*, *op. cit.*, p. 184.
29. Z. Kossak (64491), *Du fond de l'abîme, Seigneur...*, *op. cit.*, p. 94.
30. V. E. Frankl (119104), *Découvrir un sens à sa vie avec la logothérapie*, *op. cit.*, p. 48.
31. Kazimierz Godorowski mentionne même un état d'« autisme de camp ». Godorowski, *Psychologia i psychopatologia*, *op. cit.*, p. 104-106.

dangereuse en ce qu'elle affaiblissait la volonté essentielle de survivre, ainsi que la capacité tout aussi essentielle de prendre à tout moment des décisions réfléchies.

> *Certes, ils devaient parfois faire des choix, prendre des décisions où il était question de vie ou de mort, mais ils auraient préféré que le destin choisisse pour eux. Ce refus ou cette incapacité de s'engager n'était jamais plus évident que lorsque les détenus devaient se décider pour ou contre une évasion*[32].

> *Les gens s'effondraient parfois et mouraient sur place. Souvent, on pouvait voir des individus totalement décharnés et psychologiquement désemparés, trébucher en chemin, entièrement coupés de tout contact avec leur environnement et au-delà de toute capacité à recevoir de l'aide. Un niveau élevé d'apathie était également observé chez les prisonniers qui, tout en fonctionnant encore, avaient renoncé à tout espoir de survivre à cette épreuve*[33].

> *Il y avait parmi nous tant de malades qui ne mangeaient pas que nous avions beaucoup de pain. Nous essayions de tous les arguments pour les convaincre de manger, de surmonter le dégoût que la nourriture leur donnait, de manger pour survivre. Nos paroles ne levaient en elles nulle volonté*[34].

> *« À quoi bon… Pourquoi faire ? Pourquoi ne pas renoncer ? Pourquoi lutter puisque nous devons toutes… » Le geste de sa main achève. La fumée qui monte*[35].

> *Et c'était à ce moment de perte de foi, le moment où la prisonnière décidait qu'elle ne survivrait pas, qu'elle rejoignait le groupe des* Muselmaninnen[36].

---

32. V. E. Frankl (119104), *Découvrir un sens à sa vie avec la logothérapie*, *op. cit.*, p. 82.
33. Peter Ornstein (174440), [*Surviving Auschwitz and a Death March*], USHMM Collection, 2009.336, p. 12.
34. C. Delbo (31661), *Auschwitz et après*, *op. cit.*, t. I, p. 25
35. *Ibid.*, p. 32.
36. Antonina Piątkowska (6805), Publications, vol. LXVI, p. 117.

Nous autres, vétérans du camp, savons déjà qu'après l'effondrement nerveux surviennent l'effondrement physique et la cheminée[37].

D'où la nécessité de trouver un juste milieu – ce qui n'était pas possible pour tout le monde dans le camp –, un équilibre entre l'indifférence à l'égard de ce qui semblait insupportable, mais sans succomber au doute et à l'apathie. L'adaptation qui ne conduisait pas à la soumission était perçue comme un mécanisme de défense, ce qui surprenait certains observateurs, sidérés par les capacités humaines incroyables, mais apparentes et parfois colossales à cet égard.

Maintenant, nous étions trop fatiguées pour sentir aussi profondément notre humiliation que le matin[38].

En fait, le sentiment d'impuissance avait un impact désastreux sur tous les prisonniers et réduisait leur sensibilité et leur réaction aux phénomènes qui, dans des circonstances normales, auraient ébranlé leur âme[39].

Cela peut sembler difficile à comprendre, mais après avoir été exposé à tant de brutalité, nos émotions étaient totalement étouffées[40].

L'atmosphère du crématoire, la faim et les coups faisaient de nous des gens sans âme, des automates mus par les nerfs[41].

Le spectacle de la mort et des cadavres, on l'a vu, si effroyable et si omniprésent, devenait aussi totalement banal, quotidien, ordinaire pour ainsi dire.

---

37. R. Taul (1108), Publications, vol. LXII, p. 36.
38. Macha Ravine (35334), in *Témoignages sur Auschwitz*, Paris, Éditions de l'Amicale des déportés d'Auschwitz, 1946, p. 125.
39. A. Ziemba (21855), *A Piece of Bread*, *op. cit.*, p. 65-66.
40. S. Althaus (73538), *Where is God?*, *op. cit.*, p. 76.
41. T. Niedzielski (423), Publications, vol. LXXVI, p. 26.

La souffrance et la mort étaient devenues des choses si courantes pour lui qu'elles ne le touchaient plus[42].

Cependant, au fil des semaines passées en tant qu'aide-soignant, je devenais de plus en plus insensible à la vue de la mort. Elle était si présente qu'elle ne me touchait plus[43].

La même tâche se poursuit pendant plusieurs jours. Notre sensibilité disparaît ; tout se conjugue pour nous rendre indifférents. Le spectacle de la mort ne nous émeut plus. Nous ne sommes plus des hommes[44].

La routine quotidienne qui, avec le temps, cessait de surprendre, faisait que la mort d'un camarade de détention – à moins qu'il ne s'agisse de quelqu'un de très proche – était principalement perçue comme une occasion d'acquérir les chaussures, les vêtements, la gamelle, la cuillère ou le pain de cette personne. Ce n'est que plus tard – le cas échéant – que survenaient des pensées émues à propos du défunt.

À plusieurs reprises, j'ai été témoin de scènes où, au cours d'un repas, un homme arrivé à la dernière limite de l'épuisement mourait la cuillère encore en bouche – il mangeait, mangeait, puis, les yeux ouverts, sa tête s'affaissait subitement comme si elle avait reçu un coup de matraque, et ne se relevait plus. Personne ne s'en préoccupait parce que tout le monde avait faim, et si le prisonnier mourant avait laissé un peu de soupe, il y avait toujours un volontaire pour la terminer[45].

Mais parvenir à ce sens du détachement semblait essentiel, comme l'ont souvent confirmé les rescapés – peu importe le

42. V. E. Frankl (119104), *Découvrir un sens à sa vie avec la logothérapie*, *op. cit.*, p. 47.
43. T. Sobolewicz (23053), *But I Survived*, *op. cit.*, p. 117.
44. C. Papiernik (43422), *Unbroken*, *op. cit.*, p. 49.
45. Stanisław Tyblewski (9605), Publications, vol. LXVIII, p. 105.

regard que nous portons là-dessus avec nos yeux d'après-guerre. Ce n'était qu'avec une telle attitude qu'on pouvait s'adapter à la spécificité d'Auschwitz, appréhender ses principes et ses mécanismes, tenter de les surmonter chaque jour. Ce n'était qu'en intégrant tout ce qui était différent et inhumain qu'ils avaient une chance – du moins pour un temps – de triompher du système, de le duper, de diriger leur sort comme ils imaginaient et ressentaient qu'il devrait être déterminé.

Ceux qui étaient incapables d'accepter les nouvelles normes, en d'autres termes, non pas comme un nouveau système axiomatique d'éthique ou de moralité, mais comme la condition objective du camp, connaissaient une situation bien plus insoutenable en termes d'émotions et de prise de décisions. On peut supposer que leur conception est sous-représentée dans les récits des rescapés, la plupart d'entre eux ayant péri.

> *De nombreux prisonniers s'habituaient aux crimes commis en permanence dans le camp. Cela progressait comme une anesthésie à toutes les horreurs. Mais ce n'était pas mon cas. Au cours des trois années passées à Auschwitz, je souffris des crimes de façon sans cesse plus intense, et c'était épuisant*[46].

Cependant, pour la plupart des rescapés confrontés aux expériences les plus extrêmes, la pratique incessante des massacres, le spectacle implacable des victimes se succédant sur la rampe menant aux chambres à gaz, des familles entières, enfants et personnes âgées, déclenchaient des mécanismes de défense. L'indifférence émotionnelle et psychologique à l'égard des victimes qui venaient d'arriver se manifestait à travers un aspect particulier. Au camp, la venue de nouveaux convois était associée à l'espoir d'obtenir de la nourriture, des vêtements chauds, de meilleures chaussures, des objets essentiels ou tout ce qui pouvait se trouver dans les bagages des victimes, bagages qui

46. B. Dąbrowski (18375), in Dąbrowski, *Nietypowy więzień*, *op. cit.*, p. 12.

étaient triés dans des entrepôts appelés « Kanada* », et situés à l'extrémité de Birkenau. Incapables d'influer sur le sort des victimes, les prisonniers exprimaient par cet espoir leur profond besoin de rationaliser ce qui se déroulait sur la rampe et sur le chemin menant aux chambres à gaz.

Il ne se passait pas un jour sans que nous voyions au moins une file de personnes allant à la mort. Nous devînmes si accoutumés à ce spectacle qu'il ne produisait plus la moindre impression sur nous. Nous avions commencé à perdre notre humanité[47].

Nous fûmes sauvées uniquement grâce à notre système nerveux, notre mécanisme mental d'autodéfense. Cela nous permettait de voir, d'entendre et de ressentir, tout en éliminant les moments les plus insupportables, nous dissociant en quelque sorte de ce qui se passait sur cette rampe. Celles d'entre nous qui furent incapables de développer ce détachement furent rapidement mises au pas par le camp. Dans une dimension aussi immensément complexe, la résilience nécessitait une force intérieure colossale. Aujourd'hui, il semblerait impossible de mobiliser une telle force intérieure. Et pourtant, nous avons été capables de la faire surgir en nous[48].

« Le convoi des femmes grecques, pensai-je, qu'est-ce qu'elles ont apporté ? » En même temps, je compris à quel point j'étais devenue insensible[49] *!*

Si quelqu'un me réveillait soudain d'un profond sommeil et me demandait ce que j'associe à « l'extermination en masse des Juifs hongrois », même aujourd'hui, je répondrais immédiatement : « L'effroyable puanteur écœurante, douceâtre, âcre des cadavres brûlés et… de graisse d'oie. » Quelle comparaison cynique et amorale ! Mais il n'y a rien que je puisse faire pour changer le fait qu'aux « festins » des principaux préposés et au marché noir du camp de

47. E. Sevillias (182699), *Athens – Auschwitz*, *op. cit.*, p. 39.
48. M. Chylińska (44685), « Kobiety w Oświęcimiu-Brzezince », art. cité, p. 158.
49. K. Żywulska (55908), *J'ai survécu à Auschwitz*, *op. cit.*, p. 203.

concentration, apparaissait soudain ce mets délicat, volé aux dizaines de victimes hongroises gazées[50]*...*

Et après douze heures de travail (équipe de jour et de nuit) ces filles, rentrées au block, s'offrent de véritables orgies de nourriture. Que leur importe que les flammes montent vers le ciel, que l'odeur d'os calcinés serre la gorge, qu'on entende des cris et des appels au secours sortant des flammes, que nos sœurs de misère se tordent de douleur dans la Sauna*, car on vient de leur arracher la chair de leur chair, leurs enfants, leur mère, leur mari, qu'elles ont déjà faim et froid. On mange goulûment, la graisse coule sur les doigts, sur les lits, on bavarde, on rit... Jamais, aucun écrivain, aucun poète ne saurait décrire cette vie. Est-ce cela l'enfer*[51] *?*

Les symptômes de l'extrême détachement de la réalité étaient ressentis probablement – peut-être pas en permanence, mais de temps à autre – par chaque prisonnier, notamment lorsqu'il était réduit au dernier degré de l'épuisement, et qui vivaient à la limite de la vie et de la mort. Les infirmeries du camp étaient le théâtre naturel de tels événements.

Un jour, alors qu'en tant que médecin, je gérai un service hospitalier à Auschwitz, l'un des patients me raconta que le prisonnier avec lequel il partageait un lit était probablement mort parce qu'il avait cessé de respirer. Après avoir confirmé le décès du prisonnier, je dis au patient de prendre un lit vacant. Quelle ne fut pas ma surprise lorsque le patient, un jeune homme de dix-huit ans, me demanda de le laisser dans le lit avec l'homme mort, parce que son corps était encore chaud et qu'avec lui, il aurait plus chaud que seul dans un lit[52]*...*

En fin de compte, chacun tentait d'échapper aux réflexions sur les abîmes de l'enfer où ils vivaient. Le personnel SS ainsi que les prisonniers privilégiés préposés à une fonction, et appelés les

50. A. Gawalewicz (9225), *Reflections*, *op. cit.*, p. 78. La graisse d'oie arrivait par transports hongrois.
51. S. Vaisman (747?), « Une déportée à Auschwitz témoigne », doc. cité, p. 167.
52. Czesław Jaworski (31070), Publications, vol. IV, p. 170.

« vieux numéros » s'évadaient souvent grâce à l'alcool (en général de la vodka) pris dans les bagages des nouveaux convois ou (en échange d'objets de valeur volés aux victimes) acheté aux travailleurs civils des entreprises de construction allemande embauchés par les SS dans le cadre de l'extension du périmètre du camp.

> *L'organisation du mouvement de résistance à Birkenau était dirigée [au cours de l'été 1943] par le socialiste Roman Frankiewicz, qui travaillait à la* Schreibstube*. *C'était un homme très avisé et très courageux. Sa seule faiblesse était de s'enivrer fréquemment. Et, en réalité, ce n'était guère surprenant. À Birkenau, de nombreux prisonniers, voyant les crématoires, la fumée des cheminées et des bûchers, cherchaient l'oubli dans la vodka qu'ils se procuraient de diverses manières*[53].

Pour la grande majorité des prisonniers, de telles possibilités de réagir à l'encontre de la réalité du camp ou pour s'en évader étaient, bien sûr, inenvisageables. Ils devaient conserver un équilibre entre un certain détachement et la tentation de sombrer dans une totale apathie. Pour survivre dans le camp, on devait comprendre et sentir sa logique. On devait devenir – comme l'a exprimé plus tard Konstanty Piekarski – un *homo campoconcentratus*.

> *Non, je ne sombrerai pas dans le désespoir. Je ne peux me permettre d'être le jouet de mes sentiments ; je ne peux pas me permettre d'être faible*[54].

> *Je n'étais plus la personne que j'avais été. Transformé en une sorte de créature de camp de concentration, j'étais pratiquement incapable d'imaginer que, dans cet autre monde, juste sous nos yeux, des gens étaient bien nourris et vivaient paisiblement*[55].

53. Edward Halek (39676), Témoignages, vol. LXXVIII, p. 35.
54. M. Nyiszli (A-8450), *Byłem asystentem doktora Mengele. Wspomnienia lekarza Oświęcimia*, musée d'État d'Auschwitz-Birkenau, Oświęcim, 2000, p. 15.
55. K. Piekarski (4618), *Escaping Hell*, *op. cit.*, p. 98.

DEVENIR UN *MUSELMANN*

> *La connaissance des abîmes les plus profonds de l'être humain est un savoir auquel on ne peut renoncer, car le chemin venant des plus grandes profondeurs arrive le plus souvent aux sommets*[1].

Parmi les prisonniers d'Auschwitz, l'état probablement le plus répandu était celui de *Muselmann*. À l'exception des prisonniers préposés à certaines tâches ou ceux qui travaillaient dans les meilleurs Kommandos, cet état menaçait tôt ou tard chaque prisonnier. La faim, la fatigue, le manque de sommeil, l'absence d'hygiène et les maladies épuisaient les prisonniers en quelques semaines ou, tout au plus, quelques mois. Après avoir puisé dans toutes ses réserves de graisses, le corps commençait à consommer la totalité des protéines trouvées dans les muscles et les organes internes. À ce stade, à l'exception de très rares cas miraculeux de meilleure affectation dans le camp, le point de non-retour était atteint et la fin, proche[2]. Il y avait deux façons de devenir un *Muselmann*. L'une était l'épuisement physique, l'autre l'effondrement psychologique. Habituellement, elles étaient liées.

1. L. Adelsberger (matricule inconnu), *Une pédiatre à Auschwitz*, *op. cit.*, p. 109.

2. Voir Stanisław Sterkowicz, « Przyczynek do zagadnienia moralności więźniów obozów Hitlerowskich », *Przegląd Lekarski – Oświęcim*, 1969, p. 47-52 ; Ryn et Kłodziński (20019), *Na granicy*, *op. cit.*, p. 27-73 ; Godorowski, *Psychologia i psychopatologia*, *op. cit.*, p. 145-155.

Cependant, le type de mort le plus commun à Auschwitz était causé par la dégradation en « Muselmann *». Cet état causait des ravages considérables et c'est pourquoi je l'inclus parmi les causes de mort en masse. Je le constatai dans le camp depuis mon arrivée à Auschwitz jusqu'à mon départ. Quiconque a été témoin de la mort d'un* Muselmann *ne l'oubliera jamais, de toute sa vie. Devenir un* Muselmann, *résultat de la faim et du travail à outrance, conduisait à l'effondrement nerveux du prisonnier, qui en même temps perdait sa force physique et la volonté de survivre au camp. Les* Muselmänner *mouraient partout : en dormant, en marchant, au travail, dans les blocks et dans les infirmeries, aux latrines, dans les allées, à l'extérieur des blocks, ils mouraient par suite des coups, ils mouraient d'épuisement, de faim, de maladie, etc*[3].

La genèse du phénomène du Muselmann *semble simple. La vie au camp nécessitait une lutte constante pour survivre envers et contre tout. On devait y croire malgré la réalité environnante. Celui qui manquait de foi et de volonté de se battre chaque jour tombait dans un état de résignation. L'apparence du* Muselmann *en était une conséquence*[4].

Alors que c'était incontestablement l'une des expériences les plus fréquentes dans le camp, cet état a surtout été décrit par des rescapés demeurés en meilleure condition et qui n'en étaient que des observateurs extérieurs. Et ce, probablement, pour deux raisons. Tout d'abord, parmi ceux qui avaient atteint un état avancé de *Muselmann*, très peu revinrent dans le monde des vivants. Ensuite, le *Muselmann* n'était certainement pas en situation de se souvenir de grand-chose, car même ceux qui survécurent à cet état ont des souvenirs lacunaires, portant principalement sur ce qu'ils ressentaient, les hallucinations et les mirages plutôt que sur des événements concrets ou une

3. J. Stawarz (39534), cité in Ryn et Kłodziński (20019), « Śmierć i umieranie… », art. cité, p. 80.
4. Stanisława Piąty (7558), citée in Ryn et Kłodziński (20019), *Na granicy*, *op. cit.*, p. 37.

appréciation de cet état lui-même. De telles évaluations sont beaucoup plus fréquentes dans les récits d'autres rescapés.

> *Mon quatorzième jour de travail à la carrière de gravier m'avait totalement épuisé et peu m'importait ce qui allait advenir de moi. J'attendais la mort comme une libération. Je sentis alors arriver mes derniers jours. Demain, je ne serai plus capable de suivre le rythme de travail, et le kapo mettrait fin à ma misérable existence au camp. Je n'avais pas la force de lutter pour rester en vie et je devenais lentement un* « Muselmann ». *Tous les prisonniers à Auschwitz savent ce que cela signifie. Mon corps était consumé de fièvre, je ne pouvais plus rien avaler, et des cercles violets dansaient devant mes yeux. Il me semblait que quelqu'un m'appelait par mon nom, ou que ma défunte mère me souriait, et soudain, les lumières de la pièce s'assombrissaient et tout mon corps tremblait de froid*[5].

> *Malgré sa maigreur, mon corps me semble de plus en plus lourd, m'asseoir et accomplir quelques gestes parcimonieux pour enfiler mes vêtements et me chausser est devenu un supplice indescriptible*[6].

> *J'étais à bout de forces. L'une après l'autre, toutes les fonctions de mon corps ont commencé à me trahir – paroles confuses, mouvements lents et mous, incapacité à réfléchir avec lucidité. La faim permanente provoquait d'atroces tiraillements dans l'estomac*[7].

> *Auparavant, j'avais encore la force de porter le poids de mon corps, désormais, même cela posait problème. Même parler était difficile. J'avais perdu du poids dans des proportions inimaginables. Ensuite, l'ambulance m'a emmené au block de convalescence (*Schonungsblock*[8]).

Le terme *Muselmann* était utilisé dans tous les camps de concentration ; pourtant, à ce jour, son étymologie n'est pas

5. A. Ziemba (21855), *A Piece of Bread*, *op. cit.*, p. 30-31.
6. F. Sedel (matricule inconnu), *Habiter les ténèbres*, *op. cit.*, p. 78.
7. Zdzisław Arkuszyński (131602), *Prawo do życia*, Pelplin, Bernardinum, 2005, p. 33.
8. E. Cygan (5863), *Boga waszego tu nie ma*, *op. cit.*, p. 33.

déterminée avec certitude[9]. Certains l'associent à la posture courbée et au hochement de tête, laquelle était enveloppée dans une écharpe. Pour ceux qu'on appelait les *Zugangi* (nouveaux arrivants), le mot *Muselmänner* était au début incompréhensible. Par la suite, ils se demandaient seulement si eux-mêmes étaient déjà dans un tel état.

Je fus choquée par ce spectacle. Leurs yeux exprimaient la folie, la faim et la soif ou l'apathie en tant qu'état intermédiaire entre ce qui leur restait de vie et la mort d'épuisement[10].

Après quelques semaines seulement dans le camp, nous ressemblions tous à des squelettes humains. Maigres, les yeux enfoncés, épuisés, sales. La faim, le dur labeur, les coups jusqu'à ce que le sang coule et qu'on perde connaissance, et le constant manque de sommeil faisaient des ravages parmi les prisonniers[11].

L'inanition, la maladie (en particulier le choléra et la dysenterie) et la démoralisation provoquaient le rapide déclin physique et mental de nombreux prisonniers[12].

Au bout d'un certain temps passé à Auschwitz, il était possible de reconnaître au premier coup d'œil que quelque chose s'était brisé chez une personne, quelque chose avait cédé. La volonté de survivre avait disparu, et la mort n'était plus qu'une question de temps. Cela

---

9. Witold Doroszewski, « O wyrazie muzułman », *Rozmowy o języku*, Varsovie, 1948, vol. IV, p. 85-92. Même à la fin des années 1960 et 1970, le terme apparaît entre guillemets dans les textes. Par la suite, cependant, de toute évidence sous l'influence des nombreux récits et mémoires d'anciens prisonniers, il fut accepté comme désignant l'état extrêmement complexe, mais néanmoins concret, du prisonnier, état défini avec précision dans la littérature médicale. De même, dans ce livre, j'ai décidé de l'utiliser comme un concept scientifique valide qui définit de façon tout à fait adéquate et sans équivoque l'état et la condition d'un prisonnier anéanti par la sous-alimentation, de l'écrire sans les guillemets devenus selon moi inutiles.

10. H. Dunicz Niwińska (64118), *Les Chemins de ma vie*, *op. cit.*, p. 63.

11. T. Niedzielski (423), Publications, vol. LXXVI, p. 46.

12. P. Ornstein (174440), [*Surviving Auschwitz and a Death March*], doc. cité, p. 10.

se manifestait par un teint particulier, des gestes dénués de vie, et des yeux au regard vide[13].

Le camp était rempli de *Muselmänner*. Ils étaient partout. Tous – à moins d'avoir bénéficié d'une chance exceptionnelle – avaient, dans une plus ou moins grande mesure, connu l'état de *Muselmann*. Le *Muselmann* était une caractéristique tout à fait propre aux camps de concentration, qu'on ne trouvait ni dans les prisons, ni dans les geôles, ni dans les camps de prisonniers de guerre.

Je le rencontrais parfois à l'époque où il tentait encore activement de trouver un meilleur travail et une meilleure nourriture... Mais même alors, c'était déjà trop tard. Ses forces l'abandonnaient, il devenait de plus en plus un Muselmann *; c'était aussi à ce moment qu'il commença à avoir des problèmes pulmonaires. Je le rencontrai un peu plus tard, et il était devenu méconnaissable. Les yeux profondément enfoncés, regardant fixement au loin, un teint grisâtre et terreux, traînant les pieds en se déplaçant, il avait cessé de se soucier de son apparence. Lorsque je l'arrêtai et tentai d'entamer une conversation, il donna l'impression d'être pressé. Regardant constamment devant lui, quelque part au loin, il répondait par monosyllabes ou, en guise de réponse, faisait un geste de la main caractéristique pour exprimer une totale résignation. En le regardant dans les yeux, on pouvait tout voir – ils ne suppliaient pas, ne demandaient rien, n'avaient besoin de rien. Peut-être exprimaient-ils une seule chose : laissez-moi tranquille. Il était encore en vie, mais dans ses yeux, il était déjà écrit :* Totenmeldung*[14].

Le Muselmann *était toujours dans l'attente de quelque chose. Il répétait constamment qu'un colis allait arriver, qu'il allait recevoir une lettre, que les choses s'amélioreraient bientôt ; tant qu'il était encore conscient, il vivait d'espoir. Plus tard, il n'attendait plus rien, et ne réagissait plus à rien. Il était indifférent, apathique... Il pensait que son sort était scellé et qu'il devait en être ainsi*[15].

---

13. W. Bartoszewski (4427), *Mój Auschwitz*, *op. cit.*, p. 44.
14. Ignacy Sikora (5814), cité in Ryn et Kłodziński (20019), *Na granicy*, p. 40.
15. Roman Grzyb (24545), cité in Ryn et Kłodziński (20019), *Na granicy*, *op. cit.*, p. 47.

Des Juifs du ghetto arrivaient pâles et décharnés, sans physionomie, sans individualité, sans expression et sans caractère. Des yeux fiévreux et la peau sur les os. On les appelait des « musulmans[16] *».*

Telles des fantômes, des lépreuses rongées de partout, des prisonnières errent tant qu'elles peuvent se soutenir, demi-nues, hagardes, sans volonté, sans le moindre réflexe de défense ou de protection, jusqu'à ce qu'elles s'affaissent définitivement, cadavres terrifiants aux yeux ouverts[17]*.*

Je doute que les images de Muselmänner *puissent être rendues à partir de photographies ou de descriptions écrites. Il fallait les voir dans diverses situations pour appréhender pleinement ce phénomène humain cauchemardesque. Ces yeux, au regard fixe et ne voyant rien. Ni douleur, ni désespoir, ni cri. Sourd, passif, nu, un homme totalement à l'abandon*[18]*.*

Les journées d'un tel individu passaient sans hier et sans lendemain. Il tremblait de froid malgré le soleil éclatant, et sa volonté de survivre mourait progressivement. Il vivait grâce aux instincts animaux les plus primaires. Sans émotion, sans foi, sans espoir[19]*.*

Ils n'étaient plus vraiment vivant, tout ce qui perdurait en eux, c'était le désir de satisfaire leur faim[20]*.*

La déchéance physique était causée principalement par la faim chronique[21].

16. K. Żywulska (55908), *J'ai survécu à Auschwitz*, *op. cit.*, p. 183.
17. C. Touboul (72420), *Le Plus Long des Chemins*, *op. cit.*, p. 90.
18. M. Chylińska (44685), citée in Ryn et Kłodziński (20019), « Śmierć i umieranie… », art. cité, p. 81.
19. K. Piechowski (918) *et al.*, *Byłem numerem…*, *op. cit.*, p. 43.
20. M. Ślisz-Oyrzyńska (40275), citée in Ryn et Kłodziński (20019), *Na granicy*, *op. cit.*, p. 60.
21. Voir M. J. Frankowski, *Socjologiczne aspekty funkcjonowania*, *op. cit.*, p. 33, qui souligne que la capacité à réduire ses besoins était un facteur important pour ralentir le processus de délabrement et la transformation en *Muselmann*.

> *L'état de* Muselmann *commençait une fois que l'homme avait perdu environ un tiers de son poids habituel. Les symptômes physiques, outre la perte de poids, comprenaient le gonflement des pieds et souvent de toute la jambe, la raideur des articulations qui entravait encore davantage le mouvement, et les diarrhées. Leurs visages prenaient une teinte bleu-gris et indiquaient très clairement qu'ils ne se souciaient plus de rien ni de personne*[22].

> *Pour d'autres, les plus nombreux, le processus est plus long. Il se déroule en deux temps. Les premiers jours, voire les premières semaines, les réserves du corps sont mises à contribution. Elles permettent de tenir et le prisonnier compte sur elles pour résister, se refuse à songer qu'elles ont des limites. Et soudain, ces stocks sont épuisés. Il en prend conscience brutalement. L'effet est foudroyant. La volonté « casse » et la déchéance est très rapide*[23].

> *Pour la première fois, je voyais ici à quel point un corps humain peut être usé. Si l'on prend un squelette et qu'on le recouvre seulement de peau, sans une once de chair, on aboutirait à cela. Et sur cette peau jaune, quelques cicatrices, quelques taches bleuâtres, quelques plaies ouvertes*[24].

De graves changements psychologiques[25] étaient également perçus par les autres prisonniers…

> *Le* Muselmann *est quelqu'un qui n'est pas épuisé seulement physiquement, mais également psychologiquement. Un* Muselmann *n'est plus une personne, c'est une « chose » qui peut rester debout sans bouger,*

---

22. K. Piekarski (4618), *Escaping Hell, op. cit.*, p. 37-38.
23. L. Arditti (169738), *Vouloir vivre, op. cit.*, p. 85.
24. J. Brandhuber (87112), Publications, vol. VII, p. 86.
25. Voir à cet égard les comportements et habitudes des *Muselmänner* : Stanisław Jagielski (121447), « Psychiczne "galwanizowanie muzułmana" », *Przegląd Lekarski – Oświęcim*, 1968, p. 106-109 ; Kowalczykowa (32212), « Choroba głodowa w obozie koncentracyjnym w Oświęcimiu », *Przegląd Lekarski – Oświęcim*, 1961, p. 58-60 ; Ryn et Kłodziński (20019), *Na granicy, op. cit.*, p. 46-48 ; Godorowski, *Psychologia i psychopatologia, op. cit.* Sur ce sujet, on trouve aussi plusieurs articles in *The Journal of Holocaust Research*, n° 34, 2020.

que vous pouvez frapper sans qu'elle réagisse, que vous pouvez renverser sans qu'elle se relève, parfois vous pouvez lui parler, et elle ne comprendra guère ce qu'on attend d'elle. Le Muselmann *est un être qui fera tout mécaniquement, sans réfléchir, il fera ses besoins sous lui, couché ou debout, il se salira comme un bébé, même au moment des repas du camp. En quelques jours, le* Muselmann *devient une « chose » qui cesse de se mouvoir et d'agir comme une créature biologiquement active*[26].

Le psychisme des Muselmänner *différait en fonction de l'intensité de leur faim. D'abord, une excitabilité démesurée, puis l'apathie totale. La première était la cause de querelles, voire de combats. C'était à la fois comique et profondément tragique de voir une bagarre entre deux* Muselmänner *à peine capables de se tenir debout*[27].

Les internés présentaient d'une manière générale des signes d'insuffisance cérébrale. Ils perdaient la mémoire et leur faculté de concentration. Devenus complètement amorphes, ils étaient capables de passer de longues heures à regarder devant eux, sans manifester la moindre réaction. Ils finissaient par se désintéresser du sort qui les attendait, et c'est presque avec indifférence qu'ils se laissaient conduire à l'abattoir. Cette hébétude facilitait, bien entendu, grandement la tâche des Allemands[28].

Ils devenaient indifférents à tout ce qui se passait autour d'eux. Ils se détachaient de tout lien avec les autres[29].

Peu leur importait à quel moment ils mourraient. Tant qu'ils pouvaient manger à leur faim au moins une fois avant que cela n'arrive. Les coups eux-mêmes ne leur faisaient plus rien. Ils avaient cessé de ressentir, de vouloir, de penser et de réagir. Ils étaient devenus des squelettes se déplaçant mécaniquement sur leurs jambes, sans s'en rendre compte[30].

---

26. Jerzy Mostowski (17221), cité in Ryn et Kłodziński (20019), *Na granicy*, *op. cit.*, p. 37.
27. Stefan Świszczowski (20033), cité in *ibid.*, p. 46.
28. O. Lengyel (25403), *Souvenirs de l'au-delà*, *op. cit.*, p. 151.
29. W. Fejkiel (5647), « Głód… », art. cité, p. 7.
30. T. Niedzielski (423), Publications, vol. LXXVI, p. 186.

… ainsi que, dans de rares cas, par les *Muselmänner* du camp qui ont survécu.

J'ai perdu l'appétit ; je ne peux manger ce qu'on me donne. Dans le Kommando, je ne travaille que si un SS ou un prisonnier chargé d'une tâche se trouve à proximité. C'est un grand effort pour moi de rentrer du travail à notre baraquement, je ne réagis pas aux cris. Pendant l'appel du soir, je reste assis par terre. Il y a plusieurs Muselmänner comme moi. Je regarde tout ce qui m'entoure d'un œil terne, indifférent, résigné, semi-conscient[31].

Ma santé mentale se détériorait également. Je ne pouvais plus faire de tête une addition de trois chiffres simples : je pouvais en additionner deux et j'oubliais le troisième ; quand je me rappelais le troisième, j'oubliais à quel chiffre j'étais censé l'ajouter. Découvrant un bout de journal, j'essayais de le lire, en vain ; les lettres se dispersaient devant mes yeux, sans que je puisse former le moindre mot. C'était particulièrement triste pour moi d'avoir oublié le nom de mon père ; quoi que je fasse, je n'arrivai pas à m'en souvenir[32].

On ne ressent plus rien. Les gens deviennent, comment dire, insensibles. Ils ne ressentent plus rien. Si quelqu'un était venu les placer debout contre le mur, ils n'auraient pas dit : « Non, au secours ! » Ils n'auraient ni pleuré ni crié, non, rien. Dans notre état, nous étions prêts à subir n'importe quoi, comme des moutons menés à l'abattoir. Comme ça. C'est à cela que nous étions réduits[33].

Il arrivait que nous restions longtemps sans dire un mot. Nous cherchions des puces, sans penser à rire, stupides abruties. D'autres fois, nous essayions de nous retrouver telles que nous étions avant, avec nos gestes, nos pensées, notre genre de vie. Mais c'était difficile. Nous avions oublié, tout simplement. Des bribes de souvenirs

31. Alfred Kwieciński (126963), Publications, vol. LXXVII, p. 14.
32. Józef Ciepły (169400), cité in Ryn et Kłodziński (20019), *Na granicy*, *op. cit.*, p. 46.
33. O. Rosenberg (Z-6084), *A Gypsy in Auschwitz*, *op. cit.*, p. 79.

nous revenaient parfois, des tableaux confus, irréels, de la vie passée[34].

On ne pensait à rien, on oubliait les êtres qu'on aimait le plus, on devenait insensibles et indifférents à tout ce qui se passait autour de nous. Pourtant, on était en vie[35] *!*

Je me mis à oublier le nom de mes collègues, amis et proches. Je craignais d'oublier mon propre nom, parce que mon esprit devenait souvent confus et obtus[36].

Ma mémoire me faisait défaut. C'était comme si quelqu'un avait passé un coup de chiffon sur mon esprit de dix-huit ans, ne me laissant que les contours flous de ma famille, de mes amis et camarades de classe. Stella devenait lentement un fantôme. J'avais du mal à voir ses yeux pétillants, à entendre sa voix, à respirer son parfum, et à ressentir son contact. Une seule image était devenue plus vive, et elle me hantait cruellement : la nourriture[37].

En peu de temps, je devins apathique et perdis tout intérêt à ce qui n'était pas la nourriture. À l'époque, peu m'importait ce que je mangeais pourvu que mon estomac soit rempli. J'étais presque devenu un Muselmann, *peut-être en étais-je déjà un*[38].

À cette époque, mes réactions à la douleur s'étaient émoussées... Au stade avancé de Muselmann, *je vivais au ralenti. Je n'étais plus capable d'une réflexion logique ; mes réactions étaient toujours différées. Je commençais même à perdre la sensation de faim*[39].

34. K. Żywulska (55908), *J'ai survécu à Auschwitz*, *op. cit.*, p. 123.
35. J. Matlak (27252), Publications, vol. LXXXII, p. 40.
36. R. Grzyb (24545), cité in Ryn et Kłodziński (20019), *Na granicy*, *op. cit.*, p. 46.
37. P. Berg (172649), *Scheisshaus Luck*, *op. cit.*, p. 74.
38. Bronisława Bukowińska (30513), citée in Ryn et Kłodziński (20019), « Głód... », art. cité, p. 26.
39. E. Ferenc (281), *Bez retuszu*, Jarosław, Fantazy Art, 1998, p. 70.

Les jours passaient. Réfléchir devenait plus difficile ; je perdais la raison[40].

Car il y avait des moments où je me demandais si ces bras et d'autres parties du corps étaient à moi. Mes mouvements se faisaient plus lents et plus mesurés[41]...

Le *Muselmann* du camp de concentration était incapable de résister à la tentation ou de surmonter une quelconque difficulté[42]. Les jugements portés sur son comportement sont toujours trompeurs parce qu'ils se fondent sur les critères d'un monde rationnel, réfléchi, logique, où les arguments sont pesés et où des choix peuvent être faits. Or, le *Muselmann*, dans son état le plus avancé, avait perdu de telles capacités[43]. Si les *Muselmänner* étaient encore en vie, c'était uniquement parce qu'ils n'étaient pas encore morts. Tout ce qu'ils faisaient était déterminé par deux instincts : le désir de manger et celui de se protéger du froid, douloureusement ressenti même en été.

Raison, honneur, ambition, prévoyance ne signifiaient rien... La faim brisait et déformait l'esprit du Muselmann, *lui ôtant toute son humanité. Aucun principe directeur – spirituel ou rationnel – ne le retenait. Ni la foi ni l'intelligence ne le réfrénaient car elles avaient disparu ; l'instruction et l'éducation selon certaines règles n'existaient plus. Un homme remarquable que j'avais connu, positif, patriote,*

40. A. Pollak (4777), *Three Years of Deportation*, *op. cit.*, p. 69.
41. M. Chylińska (44685), citée in Ryn et Kłodziński (20019), *Na granicy*, *op. cit.*, p. 47.
42. Sur le comportement et les habitudes des *Muselmänner*, voir Ryn et Kłodziński (20019), *Na granicy*, *op. cit.*, p. 44-46.
43. Voir Sterkowicz, « Przyczynek do zagadnienia moralności », art. cité, p. 48 : « Il ne fait aucun doute que les valeurs morales d'un prisonnier déclinaient généralement en proportion de sa perte de poids. Cette dégradation se manifestait, entre autres, par une attitude animale à l'égard de la nourriture, une perte progressive des sentiments altruistes, une attitude hostile à l'égard d'autres personnes devenues décharnées, le vol d'autres prisonniers et, dans les cas extrêmes, l'attaque des plus faibles et même la nécrophagie. La déchéance physique s'accompagnait donc de ce qui apparaissait comme une déchéance morale. »

soldat, professeur, militant social, s'était métamorphosé subitement en un être entièrement différent, éteint, aveugle, terne, apathique, ne réagissant plus qu'à la vue de la nourriture, aspirant seulement à assouvir sa faim et à trouver de la chaleur, se réfugiant dans cette chaleur pour échapper à tout effort ou travail[44].

Il est difficile aujourd'hui de déterminer ce qui causa le plus de préjudice aux gens et ce qui survenait en premier : la destruction du corps ou la destruction psychologique et morale[45].

Le terme « Muselmann » – *ou plutôt* « Muselmanin » *car, en tant que femme, c'était la seule de ce type que je rencontrai pendant tout le temps que je passais à Auschwitz – désignait quelqu'un qui était psychologiquement mort, mais physiquement encore en vie, quoique proche du stade moribond. Cela n'avait certainement rien à voir avec la déchéance morale*[46].

Les personnes attendant la mort comme seule délivrance n'exercent plus aucun contrôle sur quoi que ce soit. Comme elles attendent la mort, elles n'ont plus l'espoir d'une vie future.

Ô l'abominable sensation de sentir la vie glisser hors de soi, du plus profond de ses entrailles, sans pouvoir rien faire pour la retenir[47] *!*

J'ai perdu tout espoir et tout ressort. Je n'ai plus la force de réagir, tout m'est égal. J'attends la fin[48].

Je sens une pierre qui tombe à l'intérieur de moi, tombe d'un coup. C'est mon cœur. Et un merveilleux bien-être m'envahit. Comme

44. M. E. Jezierska (24449), citée in Ryn et Kłodziński (20019), *Na granicy*, *op. cit.*, p. 45.
45. S. Szmaglewska (22090), Témoignages dans le cadre des procès contre d'anciens SS [IPN GK 196/165], *Chronicles of Terror*, *op. cit.*, vol. VI, p. 219.
46. A. Piątkowska (6805), Publications, vol. LXVI, p. 116. Voir Witold Doroszewski, « O wyrazie muzułman », art. cité, p. 85-92 ; A. Glińska, « Kierunek przekształceń moralnych wśród więźniów Oświęcimia », art. cité, p. 55.
47. S. Alizon (31776), *L'Exercice de vivre*, *op. cit.*, p. 123.
48. F. Sedel (matricule inconnu), *Habiter les ténèbres*, *op. cit.*, p. 102.

on est bien, débarrassé de ce cœur fragile et exigeant. On se détend dans une légèreté qui doit être celle du bonheur. Tout fond en moi, tout prend la fluidité du bonheur. Je m'abandonne et c'est doux de s'abandonner à la mort, plus doux qu'à l'amour et de savoir que c'est fini, fini de souffrir et de lutter, fini de demander l'impossible à ce cœur qui n'en peut plus. Le vertige dure moins qu'un éclair, assez pour toucher un bonheur qu'on ne savait pas exister[49].

Indifférent, automatique, mû uniquement par les pulsions les plus primaires, le comportement du *Muselmann* conduisait inévitablement à des malentendus et des querelles avec d'autres prisonniers plus ou moins conscients de leur état, encore capables de prendre des décisions et qui tenaient encore à quelque chose[50]. Les *Muselmänner* pouvaient être punis pour leur comportement irrationnel par un groupe de prisonniers plus important. Ce que faisaient ou ne faisaient pas les *Muselmänner* pouvait mettre en péril d'autres prisonniers ; ils pouvaient violer le code moral le plus strict du camp, par exemple : voler la ration de nourriture d'un autre prisonnier. Les *Muselmänner* étaient tolérés dans une certaine mesure par les autres, mais autour d'eux et entre eux des conflits surgissaient régulièrement.

Une scène nocturne effroyable me hante tout particulièrement. Sous l'emprise de l'éclatant clair de lune, la foule dans l'avant-cour est en proie à une agitation fébrile. Dans cet éclat du clair de lune de juillet, un Muselmann*, squelette ambulant, tente de s'asseoir sur la planche qui sert de latrine. Mais il est trop faible et bascule dans les excréments. Alors qu'il s'y noie, les autres détenus, avec une totale indifférence, défèquent au-dessus de lui... Je me dis : ce ne peut pas être vrai, ce doit être un rêve dans un rêve*[51]*...*

49. C. Delbo (31661), *Auschwitz et après*, *op. cit.*, t. I, p. 74.
50. Sur les relations entre les *Muselmänner* et les autres prisonniers, notamment les prisonniers chargés d'une fonction, ainsi que sur le comportement et les habitudes des *Muselmänner*, voir : Ryn et Kłodziński (20019), *Na granicy*, *op. cit.*, p. 53-56.
51. A. Gawalewicz (9225), *Reflections*, *op. cit.*, p. 71.

Que veut dire « musulman » ? C'est le produit idéal de l'« éducation » du camp. On appelait musulman une femme qui adoptait envers tout, bien ou mal, une attitude d'indifférence désespérée, animale. Le musulman n'était sensible qu'à la faim et au froid. Il consacrait à s'en défendre tout ce qui lui restait de force. Rien d'autre ne comptait pour lui. Il n'avait d'affection pour personne, n'éprouvait le besoin d'aucune amitié. Il était hostile à toutes ses camarades, mais savait être servile et mielleux envers les propriétaires de riches colis dont il pouvait espérer l'aumône. Il mendiait avec une impudence inlassable, et si la mendicité ne rendait pas, il volait[52].

Il n'est pas vrai que les Muselmanninen *volaient, mendiaient ou rampaient devant n'importe qui. Dans le camp, ces êtres si malheureux étaient privés de toute volonté. Ces femmes étaient incapables de faire quoi que ce soit – bien ou mal. Elles étaient indifférentes à tout ce qui les entourait*[53].

Dans la phase initiale, en particulier, le *Muselmann* devient nerveux, irritable et querelleur. Les femmes, semble-t-il, encore plus que les hommes. La situation exceptionnelle dans laquelle ces personnes survivaient encore, en étant donc toujours soumises aux règles écrites et non écrites du camp, ainsi que leur incapacité à comprendre les instructions ou à percevoir les dangers et situations requérant un certain type de comportement, suscitait des tensions chez les gardes SS, les prisonniers préposés à une tâche, ainsi que chez les prisonniers ordinaires.

Les Muselmänner *étaient antisociaux, irritables et incapables de communiquer*[54].

[Les Muselmänner*], à cause de la faim, réagissaient très lentement aux questions et aux ordres, et, très souvent, obtempéraient*

52. Z. Kossak (64491), *Du fond de l'abîme, Seigneur…*, *op. cit.*, p. 98.
53. A. Piątkowska (6805), Publications, vol. LXVI, p. 117-118.
54. K. Piekarski (4618), *Escaping Hell*, *op. cit.*, p. 39.

avec un retard considérable, ce qui rendait furieux le personnel allemand[55].

La colère de l'un prenait, devant l'indifférence de l'autre, des proportions exagérées, et elle était encore exacerbée par le danger que présentait cette indifférence à cause de la menace de l'inspection[56].

Il existait certaines différences entre le comportement des hommes et des femmes Muselmänner. *Les femmes parlaient plus vite, plus fort, et se comportaient de façon bruyante et hystérique. Elles colportaient beaucoup de méchants ragots sur les autres prisonnières et connaissances. Plus que les hommes, elles étaient agressives les unes envers les autres*[57].

On pouvait même distinguer deux catégories de détenus à Auschwitz. D'une part, ceux qui se souciaient encore de certaines choses, conservaient un certain espoir, et d'autre part les prisonniers qui, bien qu'encore en vie, n'attendaient plus rien, avaient perdu toute capacité d'analyse, de raisonnement ou de réflexion. Les zombies des films d'horreur d'après-guerre constituent peut-être une analogie pertinente avec ce dernier groupe. À chaque instant de la vie, de l'existence, à chaque réaction si mineure fût-elle, il y avait deux groupes bien distincts, quoiqu'au sein d'un seul *Konzentrationslager*. Les relations entre les deux groupes étaient bien sûr déséquilibrées : les vivants considéraient ceux qui n'étaient pas encore morts au mieux comme une menace, mais le plus souvent comme les dernières braises d'une vie qui s'éteignait, à peine différente des cadavres qui jonchaient le camp çà et là.

---

55. J. Kowalczyk (32212), Témoignages dans le cadre des procès contre d'anciens SS [IPN GK 196/161], *Chronicles of Terror*, *op. cit.*, vol. VI, p. 175.

56. V. E. Frankl (119104), *Découvrir un sens à sa vie avec la logothérapie*, *op. cit.*, p. 90.

57. Jan Wolny (15496), cité in Ryn et Kłodziński (20019), *Na granicy*, *op. cit.*, p. 62.

Leur vie est courte mais leur nombre infini. Ce sont eux, les Muselmänner, *les damnés, le nerf du camp ; eux, la masse anonyme, continuellement renouvelée et toujours identique, des non-hommes en qui l'étincelle divine s'est éteinte, et qui marchent et peinent en silence, trop vides déjà pour souffrir vraiment. On hésite à les appeler des vivants : on hésite à appeler mort une mort qu'ils ne craignent pas parce qu'ils sont trop épuisés pour la comprendre. Ils peuplent ma mémoire de leur présence sans visage, et si je pouvais résumer tout le mal de notre temps en une seule image, je choisirais cette vision qui m'est familière : un homme décharné, le front courbé et les épaules voûtées, dont le visage et les yeux ne reflètent nulle trace de pensée*[58].

Dans ce monde sans miroir, où vous n'êtes plus qu'un squelette en mouvement dépourvu d'existence propre, ce sont les autres qui vous évaluent, qui vous renseignent, vous condamnent… « Tu es musulman ! » L'homme, ainsi désigné, n'a même plus la force de broncher, de protester. Prostré, émacié, la démarche saccadée et l'œil mort, il se sait, il se sent condamné. Le terme de « musulman » dont chaque déporté se souvient et dont je n'ai jamais compris l'origine, dans ce contexte dramatique, est le plus terrible des jugements. Il désigne ceux dont on voit, dont on sait, qu'ils sont arrivés au bout de leurs ultimes forces ; ceux qui n'ont plus d'autres réflexes que celui de la souffrance physique. Ils ont échappé aux chambres à gaz, risqué d'être pendus ou battus à mort ; maintenant ils vont mourir d'épuisement ; cela se voit. Ils s'écrouleront un ou deux jours après, dans une allée du camp, au milieu d'une file, sur leur lieu de travail. Insensibles aux coups administrés pour les remettre sur pied, ils meurent dans l'instant[59].

Dans ces visages – et il y en avait tant dans ces écuries construites en briques –, ce n'était pas la pâleur de type cadavérique qui terrifiait, mais la peau grise, incrustée de crasse couvrant leurs pommettes saillantes, d'où émergeaient des yeux incroyablement grands, effrayés, inconscients et cependant affamés. Ils regardaient fixement sans rien faire, et pour moi, un Zugang, *il semblait que tous les*

58. P. Levi (174517), *Si c'est un homme*, *op. cit.*, p. 138-139.
59. S. Pisar (B-1713), *Le Sang de l'espoir*, *op. cit.*, p. 87-88.

yeux étaient malveillants, agressifs, avides de pain et de nouvelles du monde apportées par les nouveaux prisonniers arrivant chaque jour. Certains de ces yeux qu'il me fallait croiser avant d'atteindre le « refuge » étaient dangereux. Ces pupilles affamées, aux regards sombres d'où semblait émaner la mort, comme s'ils hésitaient à proférer le dernier mot, je ne les oublierai jamais[60].

Ils étaient tout autour de nous... Tout ce que je pouvais ressentir pour eux, c'était une pitié méprisante. La sympathie était un sentiment d'un autre monde, perdu[61].

Les *Muselmänner* étaient solitaires. L'amitié ou la camaraderie au camp requéraient au moins un objectif commun et quelque logique dans les actions. Le *Muselmann* demeurait seul avec sa faim épuisante et accablante. Le *Muselmann* abordait la mort seul, évité par ceux qui voulaient encore échapper à une telle mort.

À cette époque, nombreuses étaient les connaissances qui m'évitaient et me trouvaient simplement répugnant. Je n'étais pas lavé, ou plutôt crasseux, couvert d'abcès sans la moindre chance de sortir de mon état de Muselmann[62].

Mais pour quelqu'un qui continuait à réfléchir, à lutter, à désirer, le comportement instinctif, irresponsable, illogique du *Muselmann* était la chose la plus irritante. Devenir *Muselmann* montre clairement que les relations humaines se construisent sur une certaine logique escomptée, sur une prévisibilité et une capacité à communiquer... Tout ne vient pas de l'empathie. Lorsque la logique et la prévisibilité font défaut, notamment en temps de crise, comme c'était le cas de la vie quotidienne au camp, de telles relations sont impossibles à rétablir.

60. J. Apostoł-Staniszewska (26273), citée in Ryn et Kłodziński (20019), « Głód... », art. cité, p. 34.

61. F. Knoller (157103) *Desperate Journey. Vienna-Paris-Auschwitz*, Metro Publishing Ltd., Londres, 2002, p. 188.

62. E. Ferenc (281), cité in Ryn et Kłodziński (20019), *Na granicy*, *op. cit.*, p. 58.

Mais avant tout, le musulman est un homme qui a des fuites. À l'hôpital, l'infirmier lui a donné une poignée de charbon et une recommandation : « Bouffe ça, mais un peu moins à la fois... et reste sans manger, mon vieux, pendant deux ou trois jours... » Cause toujours. Le soir, il se jette sur sa ration de pain, il l'engloutit et ses yeux brillent de fièvre[63].

Même s'il recevait chaque jour un colis de cinq kilos, le Muselmann *ne partagerait jamais, il ne donnerait jamais à quelqu'un sa soupe ou sa ration de pain, il était prêt à mourir sur un tas de nourriture moisie et pourrie, mais il ne la partagerait pas. Tel est le résultat d'une tragique évolution psychologique – la peur de la faim*[64].

Devenir un *Muselmann* conduisait à la mort, soit une mort silencieuse, paisible, salvatrice dans quelque coin du camp ou pendant la nuit, soit une mort résultant d'une sélection pour la chambre à gaz[65]. Dans de très nombreux témoignages, cependant, le mot mort est appliqué au *Muselmann* bien avant l'extinction réelle des derniers signes de vie. Ce qui frappe le plus dans ces récits, c'est le fait que personne n'est jamais présent pour accompagner les *Muselmänner* qui meurent.

Des travaux insupportables, des conditions de survie intolérables, la terreur des chambres à gaz conduisaient certains détenus à des stades de déshumanisation complète. Épuisés physiquement et psychiquement, ils ne réagissaient plus à rien. Leur indifférence totale à leur environnement témoignait du fait qu'ils n'étaient même plus conscients de vivre. Malgré leur état, ils étaient obligés d'exécuter les pires travaux du camp[66].

---

63. M. Pankowski (46333), *D'Auschwitz à Bergen-Belsen*, *op. cit.*, p. 26-27.
64. M. E. Jezierska (24449), citée in Ryn et Kłodziński (20019), *Na granicy*, *op. cit.*, p. 40.
65. Voir Ryn et Kłodziński (20019), « Śmierć i umieranie... », art. cité, p. 80-81.
66. H. Dunicz Niwińska (64118), *Les Chemins de ma vie*, *op. cit.*, p. 63.

Alors surviennent finalement l'horreur de la faim inexorable et l'ultime étape du muselmannisme. On perd conscience de son environnement, on cesse de réagir aux stimuli extérieurs, on devient indifférent aux coups, on réagit à la douleur par le rire, on cesse de ressentir la faim et cependant, on vit, c'est-à-dire jusqu'à ce que le corps meure de faim[67].

Lorsqu'ils étaient finalement mis à mort, ils n'en étaient probablement pas conscients[68].

67. S. Takuski (35049), cité in Ryn et Kłodziński (20019), « Głód... », art. cité, p. 35.

68. Avraham Harshalom (99288), *Alive From the Ashes*, Tel-Aviv, Milo Publishing House, 1990, p. 83.

LA VOLONTÉ

Au camp, rien n'est plus important que la force de caractère[1].

La volonté était une condition de survie[2]. L'espoir de survivre n'existait que tant que la volonté d'une personne ne se brisait pas. Au camp, seuls ceux qui avaient encore de la volonté continuaient à vivre. Les autres prisonniers étaient sur une spirale descendante sans retour. En conséquence, la volonté, même si elle ne protégeait pas d'une mort soudaine, fortuite et inattendue, évitait véritablement de devenir un *Muselmann*, et peut-être surtout témoignait que ce stade n'était pas encore survenu. La volonté est associée essentiellement à la détermination, à l'adhésion à des principes, à la capacité de résister ou du moins de demeurer ferme dans la poursuite de ses propres objectifs. C'est une approche trompeuse, très trompeuse. Elle provient de notre monde ordonné, paisible. D'après les témoignages des rescapés, contrairement à notre interprétation élémentaire, la

1. M. E. Jezierska (24449), « Biały efekt », art. cité, p. 100 ; repris et traduit in *Témoins d'Auschwitz*, *op. cit.*

2. Voir Kępiński, « Oświęcimskie refleksje psychiatry », art. cité, p. 8 : « Nous ne devons pas oublier que, jusqu'à une période très récente, pendant l'entre-deux-guerres, la plupart des psychiatres et psychologues niaient l'existence du libre arbitre. Par ailleurs, dans les situations d'asservissement absolu, alors que la dignité humaine du choix était bafouée, la volonté de survivre joua un rôle décisif. »

volonté dans les situations extrêmes se rapproche davantage de l'instinct, ou de forces primordiales associées à l'instinct de survie le plus fondamental. Il se produit parfois une interaction entre ces deux vecteurs de l'action humaine que sont la volonté et l'instinct. Leur analyse dans les récits des rescapés semble donc aussi ardue qu'importante.

On pleurera plus tard. On haïra plus tard. Survivons d'abord. Heures, jours, semaines[3]*...*

Nous ne savions pas à quel point les forces du corps et de l'âme sont faibles face aux méthodes d'humiliation et de destruction, de même que nous ne connaissions pas la force de l'instinct d'existence, tant qu'on est en vie[4].

Il était sidérant de constater à quel point nous nous accrochions à la vie, comment nous nous concentrions sur un seul objectif : tenir bon et survivre[5].

L'effort investi pour demeurer en vie était littéralement surhumain[6].

Survivre d'un jour à l'autre, voire d'une heure à l'autre, exigeait une adaptation aux conditions du camp, et impliquait une acceptation immédiate d'une réalité inédite sans commune mesure avec les épreuves antérieures les plus rudes.

Tout au long des années passées dans le ghetto dans les conditions les plus horribles, nous avions réussi à préserver un semblant d'humanité. Désormais, c'était fini[7].

---

3. L. Arditti (169738), *Vouloir vivre*, *op. cit.*, p. 93.
4. R. Kagan (7984), *Des femmes au bureau de l'enfer*, *op. cit.*, p. 59-60.
5. A. Pollak (4777), *Three Years of Deportation*, *op. cit.*, p. 31.
6. F. Berland Hyatt (38307), *Close Calls*, *op. cit.*, p. 100.
7. Sara Zyskind (matricule inconnu), *Stolen Years*, Minneapolis, Lerner Publications, 1981, p. 203.

J'avais toujours supposé qu'il existait des limites à ce qu'un cœur humain pouvait supporter. Et pourtant, alors que j'avais de loin dépassé ces limites d'endurance, ma vie ne s'était pas arrêtée. Plus tard, je compris que mon corps seul avait continué à vivre, tandis que mon âme, ou la majeure partie de mon âme, avait péri et était enterrée dans les ruines de mon monde dévasté[8].

« On m'a tout pris, on a brûlé ma femme et mes enfants. J'ai cru devenir fou et j'ai voulu me suicider. Et je suis en vie. Pourquoi ? Je n'en sais rien. Et je veux vivre. Il le faut... » (Ici, il s'est arrêté comme s'il hésitait à découvrir toute sa pensée.) « Soyez fort, enchaîne-t-il, c'est l'enfer ici, mais ne perdez pas courage[9]. »

[Après] plusieurs jours à Auschwitz, j'avais peur de mourir – puis j'ai eu peur de ne pas mourir[10].

La lutte pour préserver la liberté de jugement, pour maintenir une identité, le libre arbitre ou pour revendiquer sa religion était le premier test et probablement le plus difficile de la volonté personnelle dans le camp. Ce n'était en aucun cas une lutte pour des idéaux élevés. En étant constamment entouré de *Muselmänner*, on comprenait rapidement que la volonté était le dernier recours contre la spirale descendante du camp menant à la mort. Pour échapper au statut de *Muselmann*, on avait besoin de sang-froid, donc de force de caractère.

Nous attendîmes assez longtemps, observant les prisonniers se déplacer dans le camp. On remarquait immédiatement certaines différences. Certains prisonniers semblaient en relativement bonne santé et leurs vêtements étaient à peu près propres, tandis que d'autres pouvaient à peine marcher. Nous vîmes tout cela par la fenêtre[11].

---

8. Sara Selver-Urbach (matricule inconnu), *Through the Window of My Home. Memories From Ghetto Lodz*, Jérusalem, Yad Vashem, 1986, p. 130.
9. H. Bulawko (130494), *Les Jeux de la mort et de l'espoir*, *op. cit.*, p. 64-65.
10. Martin Greenfield (A-4406), *Measure of a Man. From Auschwitz Survivor to Presidents' Tailor*, Washington, Regnery History, 2014, p. 17.
11. Ludwik Kozakiewicz (57345), Témoignages, vol. LXXX, p. 14.

Le grand problème qui se pose au camp : c'est durer. Comment résister au système tentaculaire qui, impitoyablement, vous oppresse, vous broie, vous écrase ? Comment résister à cette action sournoise de la mort qui, chaque jour et chaque nuit, sans un instant de répit, sape jusque vos ultimes ressources physiques et morales[12] *?*

La loi non écrite et sauvage du camp nous éloigne de nos sensibilités naturelles. Elle veut que nous ingérions l'idée que nous sommes des esclaves et non des hommes. Notre survie est liée à la conservation de notre moi[13].

La volonté n'était pas seulement influencée par la faiblesse physique et la faim, mais également par la tension d'avoir en permanence à prendre des décisions, fussent-elles les plus triviales, face à la mort qui rôdait continuellement[14] : dans quelle rangée se tenir pendant l'appel, de quelle place s'emparer de force dans la file d'attente pour recevoir la soupe, faire un pas en avant ou non lorsqu'on réclamait des volontaires, regarder le chef de block dans les yeux ou baisser le regard, exposer sa tête lorsqu'on est battu, ou la protéger de son bras dont on a besoin pour effectuer un travail physique, avancer de quelques pas ou rester sur place – tous ces choix pouvaient faire pencher la balance du côté de la vie ou de la mort. Ces choix nécessitaient de la détermination et, par conséquent, une mobilisation de la volonté. C'était l'unique forme de liberté dont disposait encore un prisonnier et c'était sur elle que se fondait la prise de décision. Et chaque décision pouvait être la dernière.

Les gens avaient presque perdu le contrôle de leur propre sort dans ce monde sauvage créé par les nazis. Chaque pas que je faisais comportait un risque ; chaque pas pouvait me mener directement à la mort ou prolonger ma vie. La question se posait en permanence :

---

12. H. Bulawko (130494), *Les Jeux de la mort et de l'espoir*, *op. cit.*, p. 149.
13. R. Esrail (173295), *L'Espérance d'un baiser*, *op. cit.*, p. 113.
14. Voir Antoni Kępiński, « Refleksje oświęcimskie: rampa. Psychologia decyzji », *Przegląd Lekarski – Oświęcim*, 1968, p. 26-35.

où étais-je censé aller ? Dans quelle direction ? Celui qui ne voulait se précipiter vers la mort et y succomber devait vivre dans cette insupportable tension et ce doute insoutenable[15].

Je n'en peux plus d'être vigilant[16].

Cette vigilance, épuisante et incessante même la nuit, était pourtant essentielle à la survie du prisonnier. Car on ne pouvait survivre sans volonté.

Le vent fouettait nos corps décharnés, nos mains étaient enflées par le froid et le travail. Mes compagnons gémissaient d'épuisement. Je serrais les dents ; je ne voulais pas m'apitoyer sur mon sort. Je voulais m'en sortir[17].

Nous savions qu'il n'y avait qu'une seule manière de rester en vie, nous devions nous accommoder de tout et tenir le coup, encore et encore[18].

Pour échapper à toute l'horreur qui nous entourait, chacune avait sa recette[19].

Il y avait une telle variété de tactiques de survie qu'il est impossible de les décrire toutes ici ; ce n'est d'ailleurs pas le propos de ce livre. Mais certaines étaient communes à presque tous les prisonniers, révélant ainsi leur degré de compréhension de leur situation, ainsi que la nature de la menace la plus courante. La tactique la plus répandue consistait à se rendre invisible. Ceux qui sortaient des rangs mouraient entre les mains des SS, du kapo, du chef de block ou d'autres *Funktionshäftlinge* trop zélés.

---

15. Z. H. Steinitz (174251), *As a Boy Through the Hell of the Holocaust*, *op. cit.*, p. 286.
16. R. K. Gelissen (1716), *Rena's Promise*, *op. cit.*, p. 60.
17. Regina Tempelhof (A-26634), Témoignages, vol. XXIX, p. 18.
18. Nina Weilová (71978), *Auschwitz. Matricule 71978*, Zurich, Kontaktstelle für Überlebende des Holocaust, 2017, p. 40.
19. S. Alizon (31776), *L'Exercice de vivre*, *op. cit.*, p. 208.

Je veillais à ne pas me faire connaître, à ne pas me distinguer, à n'être ni le premier ni le dernier, j'espérais alors éviter les coups et ne pas m'attirer d'ennuis[20].

Tenter de ne jamais être la première ni la dernière. Essayer de passer inaperçue. Se rendre presque invisible. Ne pas montrer son visage. Garder une expression neutre. Éviter dans la mesure du possible, d'exposer son numéro à des yeux malveillants[21].

Autre tactique répandue : afficher – au moins en apparence – une volonté constante de travailler, un désir de se rendre utile, indispensable, capable de fournir un effort, se montrer en bonne santé et vigoureux.

« Arbeit macht frei ». D'ailleurs, être jugé incapable de travailler, c'était être placé dans un convoi pour le gaz, donc mieux valait travailler[22].

La règle fondamentale, qu'il faut avoir à chaque instant à l'esprit, si l'on veut tenter de survivre : ne jamais admettre, ou laisser paraître, le moindre signe d'infirmité, ni de faiblesse. Une angine, une jambe démise, une plaie qui s'infecte ? Impossible ! Le principe est impitoyable : les plus faibles doivent être détruits[23].

On admirait les forts, on méprisait les faibles[24].

Dans la lutte pour la survie, la volonté humaine, tôt ou tard, entrait en compétition avec l'instinct. Plus le prisonnier était affaibli, plus les réflexes non maîtrisés par la force de caractère étaient puissants.

20. A. Giermański (716), cité in Ryn et Kłodziński (20019), « Śmierć i umieranie... », art. cité, p. 73.
21. S. Alizon (31776), *L'Exercice de vivre*, *op. cit.*, p. 194.
22. Jerzy Tabeau (27273), compte rendu in « Raporty uciekinierów z KL Auschwitz », *Zeszyty Oświęcimskie*, n° IV (numéro spécial), 1991, p. 84.
23. S. Pisar (B-1713), *Le Sang de l'espoir*, *op. cit.*, p. 78.
24. L. J. Micheels (117641), *Doctor 117641*, *op. cit.*, p. 100.

Ce qui se réveillait en moi, c'était l'instinct primaire d'un animal pris au piège qui comprenait qu'il était menacé de mort[25].

Il n'existait pas de philosophie de survie ou de froid calcul. Personne ne pensait à ce genre de choses. Il n'y avait que l'instinct de conservation[26].

Il est difficile, on l'a vu, de déterminer la limite au-delà de laquelle on commençait à devenir un *Muselmann*. De nombreux facteurs entraient en jeu, notamment l'état de santé, déterminé pour chacun par ses prédispositions et le contexte. On peut cependant avancer que, parmi ces nombreux facteurs, la ligne de démarcation était généralement le moment où l'instinct de conservation l'emportait sur la volonté humaine de préserver sa vie. Ce seuil fondamental dans le processus, souvent irréversible, qui conduisait à l'état de *Muselmann* mérite une attention particulière.

Dans la « salle d'attente » attenante à la chambre à gaz, comme je l'ai déjà mentionné, j'ai survécu cinq mois. À cette époque, les habitants temporaires du block changeaient tout le temps. J'ai donc rencontré plusieurs milliers de personnes qui attendaient la mort. Malgré ce nombre considérable, j'ai le sentiment de pouvoir décrire l'état psychologique et les réactions de la plupart des occupants perpétuellement renouvelés de ce block. On peut les répartir selon les groupes suivants :

— ceux qui se résignaient à leur sort et affirmaient même : « Il n'y a plus d'espoir, la mort est une délivrance, le plus tôt sera le mieux » ;

— ceux qui, malgré tout, ne croyaient pas à ce qui les attendait : « Ce n'est pas vrai, c'est impossible » ;

— ceux enfin qui, jusqu'au tout dernier moment, croyaient pouvoir s'en sortir vivants. C'était dans ce dernier groupe, ceux qui croyaient à l'impossible, qu'une infime poignée de gens réussirent

25. M. Bednarski (30951), *W szponach Gestapo*, *op. cit.*, p. 118.

26. B. Dąbrowski (18375), in Dąbrowski, *Nietypowy więzień*, *op. cit.*, p. 45.

tout à fait miraculeusement à quitter le block 7 et à vivre. Bien sûr, ce n'était pas seulement une question de foi aveugle, il fallait savoir quelle conduite adopter dans une situation fondamentalement désespérée qui n'offrait qu'un minimum d'opportunités. Vous deviez être un Muselmann *actif*[27].

La volonté de résister était sans doute dans un ressort beaucoup plus enfoui et secret qui s'est brisé depuis, je ne saurais jamais... Je ne regardais rien. Je ne ressentais rien. J'étais un squelette de froid qui souffle dans tous ces gouffres que font les côtes à un squelette[28]*...*

L'un des premiers symptômes du déclin de la volonté était le déni de la réalité.

Zosia nous racontait de plus en plus souvent qu'elle était endurante : « Je n'ai pas faim, je n'ai pas soif. » « Pourquoi mens-tu ? Tu sais bien que je ne mangerai pas ta ration. Comment peux-tu ne pas avoir faim, qui te croirait ? » Elle détourna la tête et se tut. Ses yeux étaient pleins de larmes[29].

Je m'étais approchée d'elle. « Nata ! tu ne peux pas, tu n'as pas le droit, tu guériras ! Mais ne bois pas de cette eau[30] *! »*

Puis venait le repli sur soi, une sorte d'introversion dans laquelle, outre une vigilance émoussée, apparaissait la menace de la nostalgie et, ce qui en était le plus proche, l'apathie. Viktor Frankl l'a aussi associée à ce qu'il qualifie de primitivisation de la vie intérieure, encore que, dans d'autres mémoires, ce qui était primaire, c'était le monde extérieur du camp de concentration. Les prisonniers choisissaient de se protéger en se tournant vers les réflexions intérieures, et se détachaient ainsi de la réalité extérieure.

---

27. A. Gawalewicz (9225), *Reflections, op. cit.*, p. 72.
28. C. Delbo (31661), *Auschwitz et après, op. cit.*, t. I, p. 73-74.
29. K. Żywulska (55908), *J'ai survécu à Auschwitz, op. cit.*, p. 45.
30. *Ibid.*, p. 119.

Un tel état de tension, en sus des innombrables expédients auxquels il devait recourir pour se maintenir en vie, réduisait la vie intérieure du prisonnier à un état quasi primaire. Ceux parmi les détenus qui avaient étudié la psychanalyse parlaient d'un phénomène de régression chez les prisonniers – un retour à un stade antérieur de développement mental[31].

Au camp, je me repliais sur moi-même pour me protéger des doutes extérieurs[32].

Je me renfermais. Mes pensées s'orientaient davantage sur la façon d'éviter la mort plutôt que sur la survie. Ce désir se fit plus intense lorsque je commençai à me rétablir[33].

Pour vivre, au camp, il faut investir un maximum d'efforts. Je voulais vivre, donc je ne me suis pas effondrée. Mais les prisonnières ne pouvaient pas toutes être aussi déterminées. Par exemple, mon ancienne voisine de Varsovie, une artiste peintre, née Lipcówna. Une femme très sensible... Arriva un moment où elle cessa de se laver, elle était généralement abattue et disait qu'une telle existence n'avait aucun sens[34].

De fait, le facteur décisif dans la perte de volonté, c'était un effondrement psychologique, la perte de l'espoir, de la volonté de se battre, ce qui, bien sûr, menaçait tout le monde pour diverses raisons psychologiques et physiques, en fonction du psychisme de l'individu ou de situations extérieures objectives.

La régularité était telle que presque chaque décès était précédé d'un effondrement psychologique[35].

31. V. E. Frankl (119104), *Découvrir un sens à sa vie avec la logothérapie*, *op. cit.*, p. 53.
32. A. Krzetuski (1003), Témoignages, vol. LXXXII, p. 67.
33. T. Sobolewicz (23053), *But I Survived*, *op. cit.*, p. 174.
34. W. Dramińska (85374), Témoignages, vol. LXXXIII, p. 176.
35. Tadeusz Krupiński (224), Publications, vol. LXXV, p. 14.

Un symptôme me frappa. Chaque fois qu'un compagnon que je connaissais se tournait vers moi pour me déclarer : « Regarde, je n'en peux plus », quelques jours plus tard, peut-être dix, il était mort. Ces crises étaient le symptôme d'une mort imminente[36].

Les personnes physiquement fortes mais manquant de volonté s'effondraient et mouraient en quelques jours, une dizaine tout au plus, tandis que d'autres qui avaient des silhouettes d'enfants, mais de la force de caractère, étaient capables de supporter le fardeau de l'existence la plus misérable du prisonnier, avec calme et bonne humeur comme s'ils s'étaient préparés depuis longtemps à une longue vie spartiate[37].

Malheureusement, c'étaient les jeunes qui résistaient le moins bien. Ils s'effondraient. Je connais beaucoup d'exemples où les jeunes avaient perdu la volonté de survivre et mouraient rapidement dans le camp. Une chose est absolument certaine : l'état psychologique d'une personne est bien plus important que son état physique[38].

Immédiatement, on pouvait deviner qui allait lâcher prise et qui était prêt à lutter. Pas nécessairement les grosses filles qui semblaient en bonne santé. C'était plus une question de caractère. Je pouvais le voir dans les yeux[39].

Certains facteurs d'effondrement d'un prisonnier étaient souvent prévisibles, par exemple son état de santé ou sa capacité à supporter les conditions de travail, mais d'autres étaient propres à la situation de guerre, à la terreur imposée par l'Allemagne ou à la mise en œuvre de l'extermination. Et un certain nombre de ces facteurs doivent être mentionnés afin de montrer que certaines personnes qui arrivaient à Auschwitz se trouvaient déjà en un état de trouble émotionnel, ou qu'elles y sombraient immédiatement parce que leurs familles étaient assassinées dans les chambres à gaz. Elles avaient bien sûr beaucoup moins de

36. I. Radlicki (2212), *Kapo odpowiedział*, *op. cit.*, p. 108.
37. Zygmunt Nowacki (4617), Publications, vol. LXXII, p. 91.
38. A. Krzetuski (1003), Témoignages, vol. LXXXII, p. 63.
39. R. Bindefeld Neray (75912), *To Auschwitz and Back*, *op. cit.*, p. 49.

chances de garder le moral et leur force de caractère sans succomber au doute général.

Je connaissais au camp un jeune garçon torturé par sa conscience. Il était convaincu d'être responsable de l'arrestation de ses camarades. Au cours d'un interrogatoire, on lui avait seulement posé des questions sur eux. Sans se douter de rien, il avait mentionné les noms de ses camarades de classe (d'avant la guerre), que la Gestapo avait ensuite arrêtés. Ce garçon lui aussi mourut rapidement dans le camp[40].

Et combien de prisonnières ignoraient les raisons de leur emprisonnement ! [...] Elles souffraient et mouraient sans savoir la cause de leur affreux sort. C'étaient les plus malheureuses. Les vraies « politiques » étaient au moins orgueilleusement conscientes : « Je sais pourquoi je suis ici... En engageant le combat, j'avais prévu les conséquences, et je ne regrette rien[41]*... »*

Une règle était de rigueur : ne pas penser à ce que votre famille, les êtres les plus chers étaient devenus. Et surtout, ne pas s'apitoyer sur soi-même. Il fallait s'endurcir[42].

Les événements du camp provoquant l'effondrement du prisonnier étaient cependant innombrables. Il serait très difficile de les énumérer tous, car le catalogue des épreuves de la vie quotidienne dans le camp de concentration serait sans fin. De plus, chacun réagissait différemment aux diverses provocations. L'un des exemples les plus extrêmes, difficile à imaginer, était celui de prisonniers placés en quarantaine de sortie, puis ramenés au camp. La frustration d'un espoir ravivé et toutes les émotions humaines qui en découlaient devaient être absolument insupportables.

La quarantaine de sortie devenait elle aussi, pour bien des Häftlinge, *la source des tortures les plus pénibles. Pour des raisons*

40. A. Krzetuski (1003), Témoignages, vol. LXXXII, p. 63-64.
41. Z. Kossak (64491), *Du fond de l'abîme, Seigneur...*, *op. cit.*, p. 172.
42. H. Bulawko (130494), *Les Jeux de la mort et de l'espoir*, *op. cit.*, p. 152.

qu'on n'a jamais pu expliquer, très souvent quelqu'un était élargi, soumis à la quarantaine de sortie, et après un mois ou deux, on le renvoyait au camp. Y retourner !... Celui qui n'a pas séjourné dans un camp ne pourra comprendre ce qu'éprouvait celle à qui cela arrivait. Être déjà de l'autre côté des barbelés et y revenir !... Se voir dans l'encadrement de la porte, au seuil de la liberté, et être repoussée en arrière... Entrevoir la lueur du jour par le couvercle entrebâillé du cercueil et entendre ce couvercle se rabattre à nouveau ! Endurer tout cela était peut-être le pire des tourments[43].

Le caractère extrême de ces épreuves, semble avoir provoqué davantage de dépressions graves qu'une progression de l'apathie, de la soumission et de la résignation. Les témoignages montrent cependant qu'à l'exception de ceux qui arrivaient avec des troubles mentaux préexistants, qui avaient subi des changements psychologiques en devenant des *Muselmänner*, ou qui avaient traversé des crises temporaires dues au stress d'une sélection ou d'une autre expérience traumatisante, un pourcentage très faible de prisonniers perdait définitivement la raison.

C'est un fait, je n'ai jamais été témoin de cas de démence, et je suis convaincu que c'étaient précisément les conditions anormales du camp qui renforçaient la résilience psychologique. Soit dit en passant, j'avais constaté plus de cas de folie pendant la Première Guerre mondiale[44].

Mais, curieusement, il y avait peu de personnes au camp qui perdaient la raison. Soit elles s'adaptaient totalement, soit elles mouraient[45].

Le caractère extrême des souffrances du camp de concentration renforçait ainsi les réactions de défense ou précipitait la perte de maîtrise de soi. La proximité de ces deux voies dépendait de plusieurs épreuves, humiliations et conditions. En un très court laps de temps, on pouvait glisser inexorablement d'une voie à l'autre. Une volonté libre et forte perdurait plus

43. Z. Kossak (64491), *Du fond de l'abîme, Seigneur..., op. cit.*, p. 186-187.
44. J. Brandhuber (87112), Témoignages, vol. LXXVI, p. 141.
45. Z. Posmysz (7566), *Królestwo za mgłą, op. cit.*, p. 155.

longtemps chez certains que chez d'autres. Cela dépendait en grande partie de l'endurance d'un individu.

> *Les conclusions tirées des expériences vécues dans les camps de concentration prouvent en effet que l'homme peut choisir. On pourrait citer de nombreux comportements, souvent de nature héroïque, qui démontrent que le prisonnier pouvait surmonter son indifférence et contenir sa colère. Même si on le brutalise physiquement et moralement, l'homme peut préserver une partie de sa liberté spirituelle et de son indépendance d'esprit*[46].

> *La capacité à préserver de l'énergie était pour moi la raison majeure pour laquelle j'ai survécu cinq ans à la faim, au froid et à l'épuisement, aussi bien sur le plan physique que psychologique*[47].

Le combat mené par la volonté contre l'asservissement, le contrôle de soi afin de ne pas devenir un *Muselmann*, l'instinct de vie malgré l'inévitable mort, l'espoir en dépit du désespoir, et peut-être surtout, la lutte constante pour contrôler son sort dans le prochain quart d'heure – tout cela laissa des traces profondes pour la réadaptation des rescapés à la vie. Nombre d'entre eux auraient probablement défini ces vestiges de façons très diverses qu'on ne peut réduire à des concepts médicaux comme le syndrome du camp de concentration.

---

46. V. E. Frankl (119104), *Découvrir un sens à sa vie avec la logothérapie*, *op. cit.*, p. 91.
47. K. Piekarski (4618), *Escaping Hell*, *op. cit.*, p. 21.

LA COMMUNAUTÉ DANS LE MONDE DU CAMP

Devenir un *Muselmann*, c'était pénétrer dans l'antichambre de la mort, et y trouver la mort elle-même. Mais avant d'atteindre le stade de *Muselmann*, le parcours d'un détenu à travers l'inhumanité du camp, bien que marqué par une grande solitude, n'était pas aussi solitaire qu'on pourrait le penser. Le camp était une foule, un champ de bataille où des unités s'affrontaient, mais, on l'a vu, même seul, on se trouvait toujours au sein d'une foule immense à laquelle on ne pouvait échapper. Il serait donc intéressant de revenir sur l'arrivée des prisonniers dans le camp de concentration, pour tenter d'appréhender cette expérience, non pas du point de vue de l'individu, mais dans sa dimension sociale, collective.

En arrivant dans l'univers du camp, on laissait derrière soi non seulement sa vie antérieure, son vécu, ses habitudes et ses coutumes ; on laissait également son statut social, quel qu'il fût, ainsi que la culture associée à ce statut. Dans le camp, l'individu entrait dans une collectivité qui, égalitaire en apparence seulement, le réduisait au rang de pion parmi la masse des détenus qui travaillaient et vivaient sous la férule d'un petit groupe de *Funktionshäftlinge*, prisonniers préposés à des fonctions spécifiques, élevés au-dessus du statut de simples prisonniers. En réalité, en tant que collectivité, le camp était une mosaïque de sections, de groupes et de strates, dont la complexité augmenta avec le développement du camp et l'arrivée de convois de prisonniers de plus en plus diversifiés[1]. Ainsi, une nouvelle communauté se constituait, reconstruite dans des circonstances atypiques à partir des vestiges des relations et caractéristiques sociales antérieures, artificiellement juxtaposées les unes et les autres en un lieu et un moment donnés. C'est sur ces aspects que j'aimerais consacrer ici un peu plus d'attention.

Les premiers convois arrivés au camp en juin et juillet 1940 comprenaient principalement des Polonais[2], détenus pour avoir appartenu à des mouvements scouts ou à des organisations patriotiques, soupçonnés de participer au mouvement de résistance, ou bien des soldats ou des jeunes gens arrêtés alors qu'ils tentaient de franchir la frontière pour rejoindre les forces armées polonaises qui s'organisaient en France. Ces derniers étaient souvent farouchement déterminés à résister et à combattre les Allemands. Or, dès l'été 1940, les convois commencèrent à perdre cette uniformité des débuts lors de l'arrivée de milliers de personnes arrêtées au cours de rafles effectuées dans la rue. Une communauté du camp extrêmement diversifiée commença alors à s'organiser, dans laquelle les divers facteurs socioculturels antérieurs au camp interférèrent avec la capacité à s'adapter à la réalité du camp dans le cadre des relations sociales nouvellement créées[3]. Cette première période est évoquée avec

1. Voir Anna Pawełczyńska, « Przemiany struktury społecznej a możliwości przeżycia obozu oświęcimskiego », *Przegląd Lekarski – Oświęcim* (1973), p. 76 : « Comme dans toute communauté plus importante, de nouveaux critères de différences sociales, ainsi que des systèmes de dépendance et d'inégalités devaient être établis. Les différences qui reflétaient des traces des statuts sociaux d'avant l'entrée au camp ainsi que celles acquises dans le camp déterminaient dans une certaine mesure des chances de survie plus longues que ne le prévoyaient les plans nazis. »

2. Au sujet des Polonais à Auschwitz, voir : Franciszek Piper, *Poles in Auschwitz*, traduit en anglais par William Brand, *Voices of Memory, vol. III*, Oświęcim, musée d'État d'Auschwitz-Birkenau, 2013.

3. Ce phénomène a été analysé comme suit par Pawełczyńska, « Przemiany struktury społecznej », art. cité, p. 77 : « Dans le contexte du travail forcé

une certaine animosité par Tadeusz Kośmider, de Przemyśl, qui avait tenté de franchir la frontière avec la Slovaquie :

> *Dès l'été 1940, les premiers convois de Varsoviens arrivèrent. Ils apportèrent au camp beaucoup de bonne humeur, de désinvolture et de ruse. Leur façon de chanter en cachette et leurs premières tentatives d'organiser des spectacles relevèrent le moral des prisonniers. En revanche, parmi les Varsoviens se trouvaient nombre de petits malfaiteurs et d'individus indifférents à la politique arrêtés au cours de rafles de rues ; ces derniers perturbaient l'ordre et la discipline interne chez les jeunes idéalistes qui faisaient partie des prisonniers des premiers convois. Ce fut avec les premiers convois de Varsovie que commencèrent les vols de pain et que prospéra le marché noir du camp*[4].

---

tel qu'on le comprenait, une éducation supérieure constituait un désavantage pour les prisonniers qui en avaient bénéficié. Le manque d'expérience pour effectuer un travail physique les rendait moins efficaces ; en outre, l'existence d'une intelligentsia dans les nations assujetties au Troisième Reich représentait une menace pour le sentiment de supériorité nationale des Allemands et à leur capacité de manipuler librement les individus ; un détenu plus instruit que le SS ou le prisonnier chargé de le surveiller inspirait à ses supérieurs officiels une haine viscérale. En revanche, une éducation supérieure associée à des compétences appréciées au camp, par exemple celles de médecin, ingénieur, artisan, ou la connaissance d'une langue étrangère (en particulier l'allemand) augmentait les chances de survie d'un prisonnier. Les détenus d'origine paysanne avaient en général une moindre résistance à la faim et de très faibles capacités à s'adapter aux conditions du camp et à la pression de la terreur quotidienne. Leurs chances de survie étaient considérablement plus faibles que celles des prisonniers d'origine ouvrière. Les prisonniers issus de la classe ouvrière étaient habitués au travail physique et à diverses formes de coopération sociale et savaient faire face à des situations difficiles ce qui, bien entendu, leur conférait une meilleure résilience, et facilitait leur adaptation par rapport aux paysans et à l'intelligentsia. Une catégorie à part était celle des prisonniers arrivés à Auschwitz et provenant des marges de la société : il s'agissait de criminels, y compris ceux qui avaient été condamnés pour vagabondage ou pour crimes sexuels. Cette catégorie était représentée par des Allemands et, pour cette raison, nombre d'entre eux avaient de meilleures chances de survie. »

4. T. Kośmider (624), Témoignages, vol. LXXVII, p. 73.

Cette régression d'idéalisme et de moralité était en un sens structurellement ou systématiquement similaire à d'autres événements beaucoup plus tardifs – nettement plus faciles à imaginer, quoique évidemment à une échelle différente, lorsque des prisonnières dites asociales furent amenées dans les baraquements des femmes :

Ils avaient logé avec nous des filles envoyées de l'établissement correctionnel Magdalenki, ce qui contribua considérablement à l'atmosphère désagréable qui régnait dans le block[5].

Par suite de l'expansion du camp, des groupes de prisonniers commencèrent à se constituer dès l'automne 1940. Ce qui unissait ces prisonniers, c'étaient des expériences sociales et professionnelles communes ou des conceptions politiques partagées.

Dès les premiers mois à Auschwitz (octobre-décembre 1940), malgré le nombre de victimes et la misère de la masse des détenus, une nette division en groupes commence à se dessiner entre les prisonniers. Ces groupes peuvent être définis d'après la carrière militaire ou les orientations politiques de droite ou de gauche[6].

Les non-dits et les jugements faisaient partie de la réalité du camp qui créait des microcosmes reproduisant tous les types de relations humaines déterminées par le bien et le mal, la richesse et la misère, l'arrogance et l'humiliation[7].

Tentons maintenant d'examiner les éléments clés qui contribuèrent à la formation et à la croissance de la communauté au sein du camp.

Le premier élément extrêmement important qui, dès leur arrivée à Auschwitz, arracha presque chaque individu à ses codes

5. B. Krzywobłocka (83264), Témoignages, vol. XV, p. 80.
6. Ludwik Rajewski (4217), Témoignages, vol. XXI, p. 107.
7. H. Dunicz Niwińska (64118), *Les chemins de ma vie*, *op. cit.*, p. 93.

culturels propres était la vulgarité du camp. Je ne parle pas seulement du langage obscène et scatologique qui avait rapidement envahi l'espace tout entier, mais de quelque chose de plus profond : la perte continuelle de sens du moindre message – et pas seulement oral. Le camp, réalité impitoyable et violente, déshumanisante et humiliante, était, en fait un espace qui réduisait les relations interpersonnelles à un niveau d'une bassesse extrême.

Les titres et les distinctions n'avaient plus cours, ils n'avaient de sens que sur Terre [...]. Les titres nous faisaient désormais sourire[8].

Les différences sociales s'estompaient rapidement, car les valeurs culturelles acquises et le vernis des bonnes manières se perdaient et disparaissaient. Seuls les caractères endurcis, qui avaient reçu de leur mère une bonne éducation bien ancrée, étaient capables de tenir face à la psychose souvent collective, mais naturelle, de la faim[9].

C'est ainsi que passaient pour les aristocrates du camp (et ils l'étaient effectivement) des assassins, des criminels professionnels, des voleurs, des bandits, des perceurs de coffres-forts ; en un mot, la lie d'une société normale. Les intellectuels, les savants, les rabbins, les témoins de Jéhovah, les artistes (à l'exception des musiciens qui avaient « réussi[10] *»), dégringolaient tous, quant à eux, au fond de cette nouvelle société de « sous-hommes » conçue par le génie nazi*[11].

Nous avions trois Anweiserin *dans notre Kommando : Anita, une Allemande, mère célibataire, véritable dinde. Frida – une hideuse créature reptilienne, aux dents de vampire, d'apparence humaine. Et Emi la simple d'esprit, elle aussi mère célibataire, toujours en mouvement. Les femmes pensaient qu'elle avait dû être danseuse*

8. W. Pilecki (4859), *Le Rapport Pilecki*, *op. cit.*, p. 56.
9. A. Ziemba (21855), *A Piece of Bread*, *op. cit.*, p. 71.
10. Allusion aux orchestres du camp dont les musiciens bénéficiaient de conditions de vie nettement meilleures que les autres prisonniers.
11. S. Laks (49543), *Mélodies d'Auschwitz*, *op. cit.*, p. 32.

dans quelque cabaret, bien que son corps ne le laissât pas deviner. Tout simplement, une fille. Bref, une équipe triée sur le volet, des individus très louches. Ces femmes étaient aussi des prisonnières, portant chacune un triangle noir[12].

Toute manifestation de bonnes manières en public, tout signe de culture et de raffinement étaient accueillis avec dérision, moqueries, voire brutalité par nombre de *Funktionshäftlinge* – souvent choisis pour leur passé criminel et pathologique. Leur autorité, pour eux synonyme de vie, devait dépendre du renversement total de l'ordre social, moral et éthique. L'inversion des hiérarchies sociales et éthiques était voulue par la politique des SS, mais elle était tout particulièrement visible au quotidien dans le comportement des *Funktionshäftlinge*. Cela commençait par des vulgarités, mais allait jusqu'à la capacité de tuer des gens, interprétée à Auschwitz comme une garantie de survie. Cette aptitude était requise de ces prisonniers, qui avaient pour mission de détruire toutes les valeurs d'avant-guerre, y compris les valeurs sociales.

« Je vais m'occuper de vous autres après l'appel, vous les p… d'intellectuels. Vous n'êtes que de la merde. » Et pour souligner son mépris, il cracha dans notre direction[13].

« Ces foireuses d'intellectuelles ! » continuait à crier Jozka. « Pardon », « S'il vous plaît », tu ne sais pas parler comme il faut ? alors tu vas l'apprendre[14] *!*

Heureusement, je perdis mes lunettes assez rapidement. Alojz, et il n'était pas le seul, détestait les intellectuels, et les lunettes étaient

12. W. Koprowska (37573), Publications, vol. XIII, p. 24. Dans le système concentrationnaire, le triangle noir signalait les individus considérés comme socialement inadaptés par le régime nazi – entre autres les handicapés, les sans-abri, les chômeurs, les prostituées, les alcooliques, les Tsiganes… *(N.d.É.)*
13. T. Sobolewicz (23053), *But I Survived*, *op. cit.*, p. 79.
14. K. Żywulska (55908), *J'ai survécu à Auschwitz*, *op. cit.*, p. 27.

précisément un signe distinctif de cette excroissance méprisable, dégénérée, méritant seulement d'être éliminée de la race humaine[15].

Ainsi, le nivellement par le bas affectait naturellement davantage ceux qui devaient renoncer aux habitudes d'un monde culturel construit parfois sur des générations, au prix de sacrifices considérables, aux antipodes de la grossièreté et de la vulgarité.

Mon passage dans le camp fut un immense choc pour moi. J'avais été élevée dans un foyer où l'on m'avait inculqué le culte de la dignité humaine et de l'humanité. Je ne peux pas dire que mon passage dans le camp effaça tout ce qui m'avait été enseigné à la maison et tout ce que j'avais acquis dans mon environnement, mais la confrontation brutale m'a certainement incitée à réévaluer mes convictions[16].

En attendant, celles qui ont cru appartenir aux plus hautes castes de l'échelle sociale s'aperçoivent très vite que la majorité des déportées n'en a cure ; elles souffrent cruellement de se voir ravalées au rang de tout-le-monde[17].

Je ne voulais pas finir comme certaines autres issues d'un milieu raffiné – comme les femmes de Belgique et des Pays-Bas. Ça se passa mal pour elles, dès le début[18].

À Birkenau, un petit homme râblé, avec une dent branlante pleurait devant moi. L'un des détenus l'avait battu et, selon ses termes, tout le monde s'en prenait à lui. Les kapos allemands lui avaient cassé les dents. Il rappela que, contrairement à sa situation actuelle, avant la guerre, il avait un poste haut placé à Varsovie. Et voilà ce qu'il était maintenant[19].

15. A. Gawalewicz (9225), *Reflections*, *op. cit.*, p. 45.
16. W. Dramińska (85374), Témoignages, vol. LXXXIII, p. 179.
17. Odette Abadi (A-5598), *Terre de détresse. Birkenau. Bergen-Belsen*, Paris, L'Harmattan, 1995, p. 39.
18. S. Beer (82589), [*To Auschwitz and Back: an Odyssey*], doc. cité, p. 28.
19. B. Dziewięcki (125546), *Z dna piekła*, *op. cit.*, p. 68.

Je regardais Zosia, l'élégante Varsovienne qui fréquentait la bonne société et qui, assise ici, la tête rasée, rêvait de voler[20]...

Les méthodes d'humiliation et de déshumanisation affectaient les classes les plus privilégiées de l'ancien monde de façon très particulière. Il est difficile d'échapper à l'impression que, outre la brutalité ordinaire du camp, intervenait aussi une dimension de vengeance plébéienne, et sans doute souvent aussi – entre compagnons de détention – une absence d'empathie à l'égard des aristocrates et des riches propriétaires terriens en général. Le sort du comte Władysław Baworowski en est une illustration : il était persécuté et raillé par les SS et les *Funktionshäftlinge*, en dépit de son utilité objective en tant qu'interprète du camp, par exemple, pendant les appels et les discours des SS.

L'interprète, le comte Władysław Baworowski, [...] avait déjà été particulièrement malmené par nos persécuteurs en raison de son origine aristocratique[21]...

La description de la mort du prince Ludwik Czetwertyński, trouvée dans des archives, en est un autre exemple :

La première fois que j'ai été confronté à la mort, c'était quelques jours seulement après mon arrivée au camp, dans le block 12 de Bednarek[22]*. Juste après un appel, j'ai remarqué une foule rassemblée devant le block et j'ai demandé ce qui se passait. On m'a alors informé que le chef du block était en train de battre l'un des princes Czetwertyński*[23] *(à l'époque, de tels titres étaient*

20. K. Żywulska (55908), *J'ai survécu à Auschwitz*, *op. cit.*, p. 33.

21. Kazimierz Albin (118), *Warrant of Arrest*, traduit en anglais par Witold Zbirohowski-Kościa, Oświęcim, musée d'État d'Auschwitz-Birkenau, 2003, p. 78.

22. Emil Bednarek (1325) était un prisonnier polonais cruel (à l'époque chargé de la surveillance du block 12). Il fut jugé et condamné à la prison à vie lors des procès de Francfort dans les années 1960.

23. Il s'agit de Ludwik Czetwertyński (14081) ; le meurtre eut lieu le 3 mai 1941.

encore en vogue). Ces coups entraînèrent la mort immédiate du « coupable »[24].

L'un des facteurs principaux de l'adaptation aux réalités du camp était donc la capacité à comprendre, à accepter et à s'adapter à la nouvelle hiérarchie sociale du camp où la force intellectuelle ou spirituelle n'avait aucune valeur. Elle pouvait même se révéler désastreuse.

> *Mon affectation à ce Kommando*[25]*, je la devais avant tout à la gentillesse du prisonnier Jaś Trembaczowski, qui inscrivit mes coordonnées personnelles le jour de mon arrivée. Interrogé sur ma profession, je répondis la vérité : étudiant. Il rétorqua : « Tu es idiot, pas étudiant. » Trembaczowski déclara alors : « Si tu veux vivre, donne-moi une profession plus adaptée. » Il finit par me demander s'il y avait quelque chose que je serais capable de faire. Je lui dis que je m'y connaissais un peu en menuiserie, alors il inscrivit comme profession :* « Tischlerlehrling » *(apprenti-menuisier)*[26].

> *Une réponse du genre prêtre, juge, avocat, conduisait à être battu et tué*[27].

> *Parmi ceux qui hier encore étaient des* Funktionshäftlinger, *nous n'avons maintenant que des tailleurs, cordonniers, menuisiers, charpentiers, serruriers, peintres, et bien d'autres professions de ce type. Intéressant de voir ce qui en sortira*[28].

---

24. F. Karwacki (14143), Publications, vol. LXIX, p. 41.
25. Il s'agissait du Kommando DAW (Deutsche Ausrüstungswerke) : cette entreprise détenue par la Schutzstaffel fonctionnait grâce à un réseau d'usines et d'ateliers qui exploitait le travail des ghettos et des déportés dans les camps de concentration. Elle équipa ainsi l'armée allemande et mena des travaux de reconstruction de lignes ferroviaires ; elle fabriqua aussi des boiseries (couchettes, fenêtres, meubles) pour le camp.
26. Stefan Łukasz (23565), Témoignages, vol. LXXXIII, p. 220-221.
27. W. Pilecki (4859), *Le Rapport Pilecki*, *op. cit.*, p. 26.
28. W. Dyrek (19509), Publications, vol. LII, p. 119.

Les travailleurs manuels, notamment les travailleurs qualifiés, habitués auparavant à exercer leur profession dans de meilleures conditions et à l'abri, s'en sortaient mieux. Le travail pénible cependant faisait le plus de victimes parmi ceux qui, en liberté, n'avaient jamais effectué de travail physique[29].

Ceux qui avaient une formation professionnelle et technique étaient autorisés à travailler dans leur métier. Les cols blancs éprouvaient la plus grande difficulté à trouver un travail correspondant à leurs compétences parce que très peu de postes de ce type étaient disponibles ; or 70 à 75 % des détenus appartenaient à l'intelligentsia. La plupart d'entre eux furent donc affectés en tant que travailleurs non qualifiés aux Kommandos les plus durs. D'où les taux de mortalité les plus élevés[30].

Les personnes qui avaient connu une existence protégée, les artistes et les intellectuels sans expérience, ainsi que ceux qui étaient par nature des rêveurs, des utopistes, des fanatiques religieux comptant uniquement sur la grâce divine, et d'une façon générale, les gens peu réalistes, incapables de s'adapter aux conditions parce qu'ils étaient effrayés de ce qu'ils voyaient dans le camp, jugeant inconcevable que l'enfer puisse exister sur terre, avaient de faibles chances de survie[31].

Il faut néanmoins souligner que, même si les valeurs et les habitudes de l'intelligentsia étaient parfaitement inutiles dans le travail forcé d'un camp de concentration, elles jouaient un rôle déterminant pour le maintien du courage et de la force morale. Cela ne s'appliquait qu'à une minorité de spécialistes indispensables à l'administration du camp ou au bureau d'architecture travaillant à l'expansion du camp.

Les êtres sensibles, dont la vie était auparavant entièrement consacrée à des activités intellectuelles, souffraient certes beaucoup (ils

29. E. Fajkosz (37629), in Duracz, Fajkosz et Nowak, Przekaz *Oświęcimski*, *op. cit.*, p. 138.
30. J. Tabeau (27273), Report, in « Raporty uciekinierów z KL Auschwitz », art. cité, p. 85.
31. A. Andrunik (66686), cité in Ryn et Kłodziński (20019), « Śmierć i umieranie… », art. cité, p. 72.

étaient souvent d'une constitution plus délicate), mais leur vie intérieure en sortait pratiquement indemne. Grâce à elle, ils pouvaient échapper à l'enfer du camp et retrouver leur liberté spirituelle. Cela explique pourquoi les prisonniers d'une complexion moins vigoureuse étaient mieux équipés pour survivre aux conditions de vie du camp que les natures robustes[32].

En général, les intellectuelles enduraient mieux la faim que les manuelles. Elles savaient se créer des intérêts, se forcer à penser à autre chose qu'au manque de nourriture. Les simples paysannes n'y arrivaient pas. Leur esprit entier était absorbé par le problème : comment approcher de la cuisine sans se faire remarquer, et voler quelques pelures de pommes de terre ou des écorces de [courges][33].

Beaucoup de choses dépendaient des origines sociales et du niveau d'intelligence du prisonnier. Les gens intelligents étaient plus disciplinés et comprenaient mieux la souffrance des hommes. Ceux qui arrivaient en tant qu'apolitiques ou criminels rencontraient de plus grandes difficultés[34].

La motivation, entre autres, jouait un rôle extrêmement important. Paradoxalement, certains intellectuels s'accommodaient mieux des conditions du camp que, par exemple, les paysans[35].

Nous reviendrons bientôt à la condition des paysans. Du point de vue allemand, l'intelligentsia était à bien des égards indésirable et dangereuse ; en même temps, elle était jugée peu fiable à cause de sa « ruse », sa « fourberie » et son usage des idées abstraites incompréhensibles pour le SS moyen ou le *Funktionschäftling*. En conséquence, cette catégorie de détenus était systématiquement persécutée. Par ailleurs, les Polonais, qui représentaient la majorité des prisonniers du camp au cours des deux premières années de son existence, tentaient de sauver les

32. V. E. Frankl (119104), *Découvrir un sens à sa vie avec la logothérapie*, *op. cit.*, p. 61.
33. Z. Kossak (64491), *Du fond de l'abîme, Seigneur…*, *op. cit.*, p. 66.
34. J. Lach-Kamińska (46223), Publications, vol. LXV, p. 101.
35. W. Bartoszewski (4427), *Mój Auschwitz*, *op. cit.*, p. 32.

représentants les plus méritants, reconnus et estimés du monde d'avant le camp. L'un des moyens les plus importants consistait à transférer les prisonniers les plus vulnérables dans les « bons » Kommandos, pour y effectuer un travail plus facile et sous un toit.

Ces activités, nécessairement sélectives et discrétionnaires, devinrent rapidement l'un des domaines les plus importants des structures naissantes de la résistance. Cela se produisait souvent avec l'aide du prisonnier allemand Otto Küsel, qui soutenait les Polonais dans l'*Arbeitsdienst** du camp. Les citations suivantes concernent l'automne 1940 ou le début de l'année 1941 :

> *Des personnes âgées furent employées dans l'unité d'épluchage des pommes de terre, généralement des intellectuels qui discutaient de la situation politique et échangeaient toutes sortes de « potins »*[36].

> *Dans la période initiale, à part quelques emplois de « copistes » (salle des enregistrements), etc., pratiquement le seul refuge pour ceux qui étaient incapables de se livrer à un travail physique pénible était l'unité d'épluchage des pommes de terre dans la cuisine. On disait souvent à l'époque que la moitié du gouvernement polonais était à Londres, et l'autre moitié à l'épluchage des pommes de terre*[37].

> *L'unité d'épluchage des pommes de terre était un endroit particulier dans le camp de concentration d'Auschwitz. On disait qu'il était plus facile de devenir ministre du gouvernement avant la guerre que d'entrer dans l'unité d'épluchage des pommes de terre*[38].

> *De nombreux prisonniers, âgés, personnages autrefois importants, travaillaient dans ce Kommando. Avant la guerre, ils avaient occupé des postes de responsabilité dans le gouvernement polonais,*

---

36. Wilhelm Brasse (3444), Témoignages, vol. III, p. 378.
37. E. Fajkosz (37629), in *Byłem numerem…*, *op. cit.*, p. 138.
38. L. Kozakiewicz (57345), Témoignages, vol. LXXX, p. 20.

par exemple directeurs de département, vice-ministres, membres du Parlement, etc. Dans leurs conversations, ils projetaient de parvenir à des postes encore plus élevés après la guerre[39].

Presque toute l'élite de l'intelligentsia était passée par la cuisine[40].

Dans certaines situations qui nécessitaient des prises de décisions difficiles, il pouvait subsister des vestiges de l'ancienne solidarité sociale ou des réminiscences de la reconnaissance accordée avant le camp à certains groupes ou individus.

Lorsque les forces ont commencé à me faire défaut, je me suis rendu dans la salle d'admission du dispensaire du camp où le Dr Dering a refusé de m'admettre. Il m'a poussé dehors, ma tête a heurté le mur et j'ai perdu connaissance. Alors que j'étais inconscient, j'ai été pris en charge par un infirmier qui m'avait reconnu. Lorsque Dering a appris que j'étais un officier polonais, il m'a soigné. L'attitude de Dering à mon égard a changé du tout au tout[41].

J'ai également entendu une conversation entre Nowak et un autre médecin, très probablement Władysław Dering (numéro 1723) : « Écoutez, prenons-le en charge. » « Soyez sérieux, nous n'avons pas de place, il ne survivra pas. Il n'y a aucun espoir pour lui. Ne voyez-vous pas combien de personnes vous avez à soigner ? » « Recevons-le. Donnez-lui une chance, c'est un jeune intellectuel[42]. »

À l'extrême opposé se trouvaient les paysans. L'incapacité intellectuelle et culturelle de s'adapter à de nouvelles conditions était incontestablement un reflet de leur statut d'avant-guerre[43]. Les paysans n'avaient, depuis des générations, aucune expérience ni capacité d'adaptation : ils étaient souvent pratiquement analphabètes, ne connaissaient pas le monde au-delà du bourg

39. W. Dyrek (19509), Publications, vol. LII, p. 86.
40. I. Radlicki (2212), *Kapo odpowiedział, op. cit.*, p. 90.
41. Kazimierz Rawicz (9319), Témoignages, vol. XXVII, p. 34.
42. W. Bartoszewski (4427), *Mój Auschwitz, op. cit.*, p. 47.
43. A. Pawełczyńska, « Przemiany struktury społecznej », art. cité, p. 77.

et des villages voisins, ne parlaient aucune langue étrangère, étaient habitués à une vie rude néanmoins coutumière et cyclique suivant le rythme des saisons du berceau à la tombe, au sein d'une communauté familière de voisins.

Il semblerait que chez les paysans, c'est le manque de calme auquel ils étaient habitués et l'insuffisance de nourriture surtout du point de vue de la quantité qui furent décisifs. Comme on le sait, les paysans, à l'époque de l'entre-deux-guerres, mangeaient mal mais beaucoup. C'est pourquoi dans le camp, ils ressentaient plus la faim et s'enfonçaient plus rapidement dans la dépression. Par rapport aux autres catégories de détenus, les paysans furent, je crois, les plus nombreux à mourir. Ils se sentaient malheureux aussi pour d'autres raisons. Ils s'adaptaient mal à leur entourage qui parlait des langues différentes. Ils se mouvaient lentement, ne connaissaient pas la langue allemande et ne savaient pas établir des contacts. Ils ne savaient pas non plus se débrouiller. Ils pensaient sans cesse à leur famille, à leur exploitation et étaient remplis de nostalgie de l'espace libre[44].

Les paysans étaient moins enclins à la réflexion morale abstraite, idéologique, politique, militante ou historique. On les avait arrachés au rythme que la nature avait conféré à la vie de leurs pères, puis à leurs propres vies. Ils suivaient la logique, par ailleurs correcte selon laquelle, lorsqu'on travaillait, on recevait, et lorsqu'on ne travaillait pas, on ne recevait pas. Le problème était que ce bon sens, cette logique très terre à terre, n'avait pas sa place dans le camp[45].

C'étaient des paysannes [de la province de Zamość]. Certaines n'avaient jamais pris le train auparavant, jamais vu de SS, ni de camp de concentration, etc. Elles ne pouvaient absolument pas comprendre ce à quoi elles s'étaient heurtées. Elles étaient incapables de s'adapter à la vie du camp. Elles vivaient dans un renoncement total. Pendant des heures, elles restaient assises sur leurs châlits en se lamentant, parlant des poules, des oies et des vaches de leur ferme abandonnée.

---

44. Fejkiel (5647), « Głód... », art. cité, p. 90.
45. W. Bartoszewski (4427), *Mój Auschwitz*, *op. cit.*, p. 33.

Elles n'avaient aucune résistance, ni psychologique, ni physique. Elles mouraient comme des mouches[46].

Marta était une paysanne des environs de Kampinos. Nous étions ensemble à Pawiak. On l'avait arrêtée à cause de la présence de partisans dans sa région [...]. Elle ne parlait pas, en pensée, elle était toujours chez elle ; elle revoyait son pré, son puits, son étable, la rivière, la forêt... S'il lui arrivait de s'endormir pour un court instant, on entendait des gémissements : « Où est ma vache ? Il faut la traire[47] *! »*

L'infortune des paysannes déchirait le cœur. Elles avaient une nostalgie désespérée de leurs enclos, de leur chaumière, de leurs enfants, de leur champ... Silencieuses et absentes d'habitude, elles se mettaient quelquefois à parler sans s'adresser à personne : « Zuska mène maintenant les oies aux champs. » Ou bien : « Maintenant, je vais traire Noiraude... » Ou encore : « Il faudrait trier les pommes de terre[48]*... »*

On pourrait penser que, lorsque les autorités du camp autorisèrent les prisonniers dits aryens à entretenir une correspondance postale, et en particulier à recevoir régulièrement des colis de nourriture, la situation des paysans se serait considérablement améliorée. Après tout, leurs familles, même pauvres, disposaient d'importantes réserves de ce qui, au camp, valait son poids d'or : pommes de terre, oignons... Malheureusement, cela nécessitait la capacité d'écrire une lettre en allemand. Là, ils pouvaient recevoir l'aide de codétenus instruits, mais il fallait aussi savoir écrire entre les lignes à cause de la censure. Nombre d'entre eux n'avaient aucune expérience épistolaire.

Comme je savais l'allemand, le jour où il fallait écrire les lettres, c'était pour moi une véritable maison de fous. Les prisonniers s'adressaient à moi pour que je leur écrive des lettres. Bon, j'acceptais. Un paysan prisonnier me demande de commencer la lettre ainsi :

46. Zofia Bratro (27182), Témoignages, vol. XV, p. 30-31.
47. K. Żywulska (55908), *J'ai survécu à Auschwitz*, *op. cit.*, p. 104-105.
48. Z. Kossak (64491), *Du fond de l'abîme, Seigneur...*, *op. cit.*, p. 172.

« Loué soit le Seigneur Jésus et Sa Mère... », puis comment va la vache, etc., etc[49].

« Alors, que veux-tu que j'écrive d'autre ? » demanda l'écrivain public à celui dont il rédigeait la lettre. « Dépêche-toi, je n'ai pas toute la journée ! » Un lemko trapu et costaud, originaire des environs de Sanok, ouvrit grand la bouche, et des gouttes de sueur apparurent près de son nez. Pendant un moment, il grossit, enfla, rougit puis explosa : « Je veux savoir si les ruches sont bien préparées pour l'hiver, et si la vache a vêlé, et si tous les champs ont été ensemencés[50]*... »*

Et même si les paysans pouvaient transmettre clandestinement quelque information sur la faim régnant dans le camp, leurs familles à l'extérieur du camp se heurtaient à des obstacles pratiquement insurmontables pour des raisons purement culturelles.

Les paysannes recevaient très rarement des colis. Leurs familles disposaient de plus de vivres que les pauvres diables de la ville, mais leurs envois étaient freinés par leur ignorance de la technique d'expédition, de la manière de rédiger l'adresse en allemand et d'enregistrer le colis à un bureau de poste souvent éloigné[51].

Au fur et à mesure de l'expansion du camp, parallèlement aux clivages sociaux, apparurent divisions, particularismes et exclusions. Les plus importantes étaient les divisions ethniques et nationales. Au cours des deux premières années du camp d'Auschwitz, les prisonniers polonais constituaient le groupe le plus important, aux côtés de groupes minoritaires. Pendant la seconde phase de l'histoire du camp, la réalité devint extraordinairement multiculturelle et multinationale. Les Juifs représentaient le groupe numériquement le plus important à cette époque, bien que très diversifié, originaire de toutes les régions occupées de l'Europe. L'affiliation nationale était un facteur déterminant dans la structure du camp. Alors que l'identité

49. J. Brandhuber (87112), Témoignages, vol. LXXVI, p. 142.
50. E. Cygan (5863), *Boga waszego tu nie ma*, *op. cit.*, p. 29.
51. Z. Kossak (64491), *Du fond de l'abîme, Seigneur...*, *op. cit.*, p. 66-67.

individuelle était remplacée par le matricule du détenu, l'identité nationale apparaissait non seulement sur l'insigne triangulaire cousu sur la tenue rayée du prisonnier, mais également dans tous les registres du camp. Même certains tableaux statistiques de la population du camp étaient divisés selon des critères nationaux. Bien évidemment, ces divisions étaient imposées pour que les Allemands puissent traiter chaque groupe différemment : d'une part, afin que les prisonniers *Reichsdeutsche* et *Volksdeutsche* puissent bénéficier de meilleures conditions et se voir confier des tâches plus importantes, et d'autre part, afin que les prisonniers Juifs puissent être persécutés de façon encore plus systématique[52].

Dans le convoi, il y avait principalement des Polonais – à cette époque, s'il s'y trouvait des Juifs, ils étaient immédiatement affectés à la compagnie disciplinaire[53].

Le lendemain matin, après le premier appel, le Lagerführer Fritzsch et le Rapportführer Palitzsch ordonnèrent à tous les cuisiniers ou toute personne ayant travaillé à la cuisine, de faire un pas en avant. Neuf d'entre nous obéirent. Franciszek Nierychło, Fryderyk Sznajkart de Cracovie, Michał Sroka, Mieczysław Borek de Sanok, les deux frères Mruk (prêtres salésiens de Cracovie), Władysław Kochanek, moi-même et Józef Immerglück de Cracovie qui, en tant que chef de cuisine à Wiśnicz, avait pris Nierychło dans la cuisine, lui avait même permis de se rendre à Cracovie pour voir sa femme. Nous fûmes comptés et allions nous rendre à la cuisine avec le kapo de cuisine Arnold ; Nierychło s'approcha de Palitzsch et l'informa qu'Immerglück était Juif, alors Palitzsch ordonna à ce dernier de courir à nouveau (Immerglück mourut plus tard dans la compagnie disciplinaire[54]*).*

52. Voir Franciszek Piper, *Jews in KL Auschwitz*, traduit en anglais par William Brand, Voices of Memory, vol. IX, Oświęcim, musée d'État d'Auschwitz-Birkenau, 2019.
53. Tadeusz Chrościcki (16665), Témoignages, vol. X, p. 2.
54. Alojzy Drzazga (972), Témoignages, vol. XXXIII, p. 47.

Les origines nationales exerçaient aussi une influence notable sur les regroupements au sein même de la communauté des détenus du camp. Il faut mentionner aussi certains facteurs favorables : l'appartenance à une communauté nationale, la communication dans sa propre langue (notamment au cours des dernières années de l'histoire du camp où le nombre de langues utilisées s'accrut considérablement), les préjugés liés aux conflits internationaux d'avant-guerre et – on ne peut le nier – l'influence plus ou moins consciente de la propagande raciste d'abord issue des divers nationalismes, puis, après l'occupation d'autres pays par le Troisième Reich, de Berlin.

> *J'ai constaté en outre dès le début l'opposition des nationalités et j'ai vite reconnu l'impossibilité de lutter contre un cloisonnement qui se doublait facilement d'hostilité mutuelle*[55].

> *Les Allemands frappaient tout le monde, les Polonais haïssaient les Ukrainiens qui, à leur tour, haïssaient les Russes, et tout le monde haïssait et donnait des coups de pied aux Juifs et aux Tsiganes. Il y avait des exceptions, en particulier parmi les gens d'Europe occidentale et les communistes allemands. D'une façon générale, cependant, c'était la loi de la jungle. Les faibles étaient battus par les forts ; les plus malins et les plus rusés survivaient*[56].

Les Allemands représentaient un groupe de prisonniers relativement réduit, mais le plus privilégié[57]. Au sein de ce groupe, le statut de *Reichsdeutsche* était plus élevé que celui de *Volksdeutsche*. Les SS avaient besoin d'eux pour accomplir diverses tâches de surveillance, ne serait-ce que pour la langue qu'ils parlaient, mais pas seulement. Compte tenu de la nature du travail, les SS préféraient nommer des droits

55. S. Kessel (130665), *Pendu à Auschwitz*, *op. cit.*, p. 99.
56. George Ginzburg (64147), *A Will to Live. Autobiography*, Caulfield South (Australie), Makor Jewish Community Library, 2003, p. 112.
57. Voir Jan Szuła, « Więźniowie Niemcy w strukturze terroru obozowego », *Przegląd Lekarski – Oświęcim*, 1991, p. 77-82.

communs allemands pour réaliser des tâches plutôt que des prisonniers politiques allemands, antinazis, socialistes, communistes...

Ces quelques « triangles rouges[58] *» se sentaient indiciblement malheureuses et isolées. Le reste de leurs compatriotes n'était que des « triangles » verts et noirs, des prisonnières de droit commun et des prostituées, dont la bassesse était épouvantable*[59].

Les prisonniers allemands avaient l'occasion de bénéficier de privilèges inaccessibles aux autres groupes nationaux. Ils disposaient d'un statut juridique différent et – du moins en théorie – les cas concernant un prisonnier allemand ne pouvaient pas tous être résolus par la garnison SS en place. Ce statut revêtait plus d'importance dans la vie quotidienne parmi les prisonniers : les chefs de block n'osaient pas toujours battre un Allemand et les kapos ne maltraitaient pas un Allemand au travail. Les privilèges allaient des questions les plus élémentaires aux monopoles organisés extraréglementaires.

Les Allemandes disposaient de leurs propres toilettes[60].

Les formulaires [sur lesquels les lettres devaient être écrites], c'était toute une question : on pouvait les avoir à très bon marché à la cantine, il fallait avoir des bons. Aucune Häftlinge *n'en possédait. L'argent des prisonnières était gardé en dépôt, mais on ne délivrait plus de bons depuis plus de six mois, sauf aux Allemandes. Il fallait demander à celles-ci d'acheter des formulaires et de vous les céder ensuite. La transaction était coûteuse. Pour rendre ce service, les Allemandes réclamaient trois tranches de pain et deux parts de margarine, ou des oignons et de l'ail. Elles pouvaient exiger tout ce qu'elles voulaient : elles savaient que chacune des prisonnières se*

58. Il s'agissait de prisonniers allemands envoyés au camp pour raison politique. Il est ici question de femmes.
59. Z. Kossak (64491), *Du fond de l'abîme, Seigneur...*, *op. cit.*, p. 162.
60. M. Żumańska (29940), Témoignages, vol. IV, p. 423.

priverait volontiers de manger pendant quelques jours, mais qu'elle achèterait un formulaire[61].

Ils ont prononcé la sentence en conformité avec la dintoïra[62] *des kapos : si, à la suite du témoignage ou de la dénonciation d'un prisonnier non allemand, un prisonnier allemand est condamné par les SS à une peine disciplinaire quelconque, le dénonciateur sera mis à mort par les kapos*[63].

Ces privilèges, et d'autres encore, bénéficiaient indubitablement aux Allemands. Ils leur permettaient d'accéder à des postes plus élevés. Ce n'est donc pas sans raison que, pour les autres détenus, la position du prisonnier allemand était ambiguë : dans quelle mesure ce prisonnier se sentait-il allemand et était-il enclin « patriotiquement » à coopérer avec les SS, et dans quelle mesure appartenait-il ou appartenait-elle plutôt au groupe des prisonniers ou au groupe des victimes du système ?

« L'usine est bombardée ! » « Mon Dieu, voilà cinq ans que j'attends ce moment ! » lui répondis-je. Je remarquai une soudaine jubilation à côté de moi, et un autre homme s'exclama : « C'est le début de la fin, pour eux ! » Mais un autre détenu Juif nous mit en garde calmement : « Ne manifestez pas votre joie, nous avons deux détenus allemands dans notre baraquement, ils pourraient nous dénoncer aux autorités SS du camp[64]. »

Si un prisonnier allemand était nommé à un bon poste, il ou elle devenait ce qu'on appelait *Prominent**. Les conséquences de cette soudaine promotion sociale, quoique fort différentes dans les conditions du camp, se traduisaient par l'acquisition d'une autorité qu'on n'aurait jamais imaginée ; tout cela affectait

61. Z. Kossak (64491), *Du fond de l'abîme, Seigneur…*, *op. cit.*, p. 76.

62. *Din Toïra*, retranscription d'un mot yiddish signifiant la « loi de la Torah » ou la « Loi ». *(N.d.T.)*

63. A. Kowalczyk (6804), *Le Refrain des barbelés*, *op. cit.*, t. 2, p. 150.

64. L. Bach (A-19723), [*Testimonies*], USHMM Collection, 2010.159, p. 280.

aussi bien les simples SS que les prisonniers allemands investis d'une tâche. La première des citations suivantes concerne un prisonnier qui, à Dachau, avait été un simple infirmier diplômé et qui, à Auschwitz, fut nommé *Lagerältester* de l'infirmerie des prisonniers. La seconde citation montre que le contexte social, l'éducation et la culture ne garantissaient pas l'adoption d'un comportement noble à l'égard des autres prisonniers.

> *Wörl incarnait le type même de prisonnier allemand qu'on trouvait dans tous les camps. Avant son arrestation, il vivait modestement, et après la libération, il reprit ce mode de vie. Dans le camp, on lui avait accordé beaucoup plus de pouvoir qu'il n'en avait jamais eu. Les SS en avaient fait un « Führer », et il n'avait pas eu la force de résister à toutes les tentations offertes par ce statut de Führer offert à ceux qui se démarquaient*[65].

> *La détenue von Plaffenhofen resta peu de temps dans le camp de Harmęże. C'était une prisonnière privilégiée, et elle en profita pour nous faire des problèmes. Elle était, à l'époque, notre chef de block*[66].

Après la première période d'environ deux ans, alors qu'il y avait une nette majorité de prisonniers polonais, un nombre croissant de prisonniers Juifs commencèrent à arriver dans le cadre de ce qu'on appelait le programme de la Solution finale de la question Juive. Ces convois amenaient des gens qui avaient déjà subi des persécutions depuis tant de générations que les menaces et les humiliations faisaient désormais partie intégrante de leur identité, de leur façon de se percevoir, quasiment au même titre que les divers stéréotypes, histoires, voire traditions religieuses unissant la communauté Juive. Et pourtant, après l'arrivée au camp, chacun de ces individus perdait tout son univers. Contrairement aux prisonniers politiques comme les Polonais, le sentiment prévalant avant la guerre d'appartenir

65. H. Langbein (60355), *Ludzie w Auschwitz*, trad. de l'allemand par Viktor Grotowicz, musée d'État d'Auschwitz-Birkenau, Oświęcim, 2017, p. 323.
66. Janina Perun (22013), Témoignages, vol. XI, p. 47.

à une communauté et les aspirations sociales des Juifs étaient à jamais perdus. Les références historiques aux persécutions du passé ne pouvaient atténuer la violence de cette expérience individuelle. Persistait cependant le besoin humain de trouver des références dans le passé expliquant la persécution séculaire des Juifs, comme dans le cas de cette jeune fille originaire d'Italie :

Deux générations seulement de liberté entre le ghetto de Rome et la nuit d'Auschwitz. Une courte parenthèse. La vague est revenue se fermer sur nous[67].

Cette croyance fermement enracinée en l'inévitabilité de la persécution pouvait souvent conduire au doute. Notamment lorsque la persécution était si impitoyablement cruelle.

Je lui donnai du pain. Elle refusait, elle balbutiait. « Trop tard, tu es bonne pour moi, mais il est trop tard. Je ne vivrai plus très longtemps. À quoi bon ? Pour qui ? Je n'ai plus de famille, plus d'amis, plus de patrie ! » « Comment ? Pourquoi dis-tu que tu n'as plus de patrie ? Ta patrie c'est la Pologne. On aura besoin de gens comme toi ! » « Oh non ! Il se trouvera toujours quelqu'un pour dire : De quel droit vit-elle, cette Juive ? » « Tu dis des bêtises, après cette guerre, ça n'aura plus d'importance que tu sois Juive ou non. Tout le monde hait l'hitlérisme et ses théories racistes. » « Ce n'est pas vrai, 90 % des intellectuels disent : le Juif restera un Juif ! » Je me rappelai une détenue qui, la veille, en voyant passer le convoi de la mort disait : « Écoute, Krystyna, ces méthodes sont terribles, mais, en tout cas, la question Juive, en Pologne sera résolue. Aussi paradoxal que ça paraisse, nous le devrons à Hitler. » Cette même détenue avait les larmes aux yeux en voyant un enfant Juif, et au péril de sa vie, elle donnait de l'eau à une vieille femme Juive[68]*...*

Jusqu'aux déportations des Juifs hongrois au printemps 1944, les Polonais et les Juifs polonais représentaient la majorité des

67. P. Sonnino (A-26699), *C'est arrivé*, *op. cit.*, p. 82.
68. K. Żywulska (55908), *J'ai survécu à Auschwitz*, *op. cit.*, p. 224.

prisonniers à Auschwitz. Les relations entre ces deux groupes sont en général passées sous silence[69] ou commentées avec une certaine amertume. Il semble raisonnable de supposer que la propagande allemande, ainsi que les slogans nationalistes d'avant-guerre et peut-être même des conflits ethniques antérieurs avaient imprégné le camp et, dans une certaine mesure, atténué la compassion entre codétenus subissant les mêmes souffrances. La première citation, concernant la fin de l'année 1943 ou le début de 1944 émane d'un prisonnier qui avait déjà été arrêté le 11 septembre 1939, soit, cinq jours après le début de l'occupation allemande de Cracovie.

D'après ce que j'entendais de la bouche des nouveaux arrivants, je me rendis compte que le venin de la propagande nazie avait contaminé la majeure partie d'entre eux[70].

Bram acquiesça. « Les Polonais aident les Polonais, les Russes et les Ukrainiens aident les leurs. Qui nous aidera[71] *? »*

Les Juifs étaient les plus maltraités et les plus haïs par le personnel SS ainsi que par tous les anciens du camp[72].

En plus des autres humiliations et des autres dangers, nous les Juifs, sous-hommes parmi les sous-hommes, sommes en butte à l'antisémitisme féroce des Polonais, qui se comportent avec nous comme des seigneurs, nous haïssent et nous accablent, ne sachant se montrer fraternels qu'avec leurs compatriotes[73].

---

69. À la lumière de nombreux récits, l'opinion exprimée en 1973 par Anna Pawełczyńska (« Przemiany struktury społecznej », art. cité, p. 80) semble incontestablement trop restrictive lorsqu'elle limite les fondements des antagonismes dans le camp : « Les conflits nationaux (de grande envergure) étaient néanmoins entretenus et exacerbés dans des situations où, au-delà de la sphère irrationnelle, il y avait un véritable conflit d'intérêts quant à la nationalité (autre que allemande) qui allait dominer l'appareil du pouvoir dans le camp. »
70. Sattler (68652), *Prisoner of 68 Months*, *op. cit.*, p. 93.
71. M. Mermelstein (A-4685), *By Bread Alone*, *op. cit.*, p. 141.
72. Władysław Książek (72200), Publications, vol. VI, p. 24.
73. W. Berler (117476), *Itinéraire dans les ténèbres*, *op. cit.*, p. 91.

> *On ressent l'antisémitisme, surtout de la part des Polonais non Juifs. Nous le vivons en permanence. J'en ai été victime à l'*Union Werke**, lorsque l'ingénieur polonais, responsable du bureau d'étude, aristocrate et antisémite, me vire, alors même que la direction de l'usine avait accepté ma présence. Nous ne sommes pas tous égaux devant la souffrance. Il y a les Juifs et il y a les autres. À l'humiliation incessante organisée par les nazis, s'ajoutent le regard et le comportement condescendants, l'hostilité des Polonais*[74].

La recherche sur les symptômes d'antisémitisme parmi les prisonniers devrait être reprise dans ses fondements, car il est difficile de généraliser en se fondant sur une dizaine ou plusieurs dizaines de citations. On ne peut cependant passer sous silence, ni même nier que les prisonniers Juifs ressentirent les conséquences de l'attitude hostile des autres prisonniers du camp à leur égard.

Il convient de distinguer l'antisémitisme raciste nazi généralisé des SS à Auschwitz d'une part, et l'antisémitisme hérité de l'atmosphère d'avant-guerre d'autre part, même si ce dernier était également présent dans le camp.

> *Rhode*[75] *me convoqua pour me dire d'un ton bienveillant : « Je comprends qu'il y ait une solidarité entre les prisonniers et que vous vouliez sauver votre vie à tout prix. Je vous respecte, vous les Polonais, et je fermerai les yeux sur vos "combines". Mais [...] si vous faites des choses comme ça, dites-le moi, pour que je ne tombe pas à cause de vous [...] bon... et encore une chose... n'essayez pas de sauver les Juifs*[76] *! »*

> *L'antisémitisme allait grandissant. Dans les baraques mixtes, où la plupart des non-Juifs se composaient de Polonais, la situation était intenable*[77].

74. R. Esrail (173295), *L'Espérance d'un baiser*, *op. cit.*, p. 132.
75. Werner Rohde, médecin SS.
76. Tadeusz Paczuła (7725), *Administracja Szpitala Obozowego*, in *Memoirs*, vol. XXV, p. 10.
77. C. Papiernik (43422), *Unbroken*, *op. cit.*, p. 78.

Il faut également mentionner l'observation faite par un jeune Juif hongrois sur ces relations internes entre Juifs et Polonais, car elle émane d'un jeune observateur extérieur qui n'aurait pas encore été influencé, ou à peine, par l'idéologie :

> *Le plus flagrant, le plus choquant pour moi, c'est la relation existant entre Polonais Juifs et non Juifs. Peut-être cela vient-il aussi du fait que j'ignore totalement à cette époque leur histoire nationale. [...] À Auschwitz, où les Polonais Juifs et non Juifs sont présents en nombre, l'occasion de les observer même involontairement est quotidienne. Je peux dire en résumé et par avance que le seul mot qu'on pouvait leur appliquer et qui leur était commun est : méfiance, méfiance réciproque*[78].

Ce ne sont cependant pas seulement les vestiges de l'ancien monde qui peuvent expliquer cette méfiance réciproque. L'histoire du camp laissa aussi sa marque sur l'évolution de ces relations. Lorsque Auschwitz commença à fonctionner, les Polonais y étaient pratiquement les seuls prisonniers, mais les détenus allemands, d'abord déportés d'Allemagne, et plus tard d'autres régions comme la Silésie, furent principalement affectés à des fonctions. En partie en réaction à ce phénomène, le mouvement de résistance des détenus polonais se fixa, parmi ses principaux objectifs, de s'assurer que des Polonais seraient nommés à des postes importants dans les blocks, Kommandos et autres institutions clés du camp. Ils remportèrent quelques succès spectaculaires, notamment dans la cuisine et les dispensaires du camp. Mais après deux ans d'efforts, la répartition ethnique des détenus changea rapidement et menaça les tentatives des Polonais de « civiliser » les postes clés – selon leur conception du monde et leurs affinités particulières.

> *Chez les Polonais, l'antisémitisme, que la SS propageait par tous les moyens, se rattachait à une longue tradition. Il était, de plus,*

78. N. Roth (A-17140), *Avoir 16 ans à Auschwitz*, *op. cit.*, p. 275-276.

renforcé par la crainte de perdre des privilèges durement acquis. Pour Henry Bulawko, la plupart des détenus polonais étaient des « antisémites-nés » chez lesquels ni le patriotisme ni la haine des Allemands ne pouvaient atténuer la prévention contre les Juifs[79].

Bien sûr, l'impact destructeur du camp affectait la mentalité des deux côtés comme le rappelle Zofia Kossak avec empathie :

Ajoutons à cela l'endurcissement, le sadisme... Joignons-y l'amertume, désespoir à la vue du massacre massif de leurs compatriotes. Ces sentiments s'extériorisaient par un esprit de vengeance qui défait toute retenue, par la malveillance envers tout ce qui n'allait pas en masse dans le four[80].

Il n'empêche que les moins persécutés voyaient toujours une menace dans les plus persécutés – ne serait-ce que parce qu'ils ne souhaitaient pas être confondus avec ces derniers. Mais en dépit de ces tendances générales, la situation exceptionnelle des Juifs à Auschwitz incitait aussi certains à réfléchir et – il faut le souligner – à modifier ou revoir leurs opinions d'avant-guerre.

Dans le camp, mon opinion sur les questions nationales changea aussi. Personnellement, j'ai vu des Juifs qui, avant leur exécution s'exclamaient : « Vive ma patrie, la sérénissime République de Pologne ! » Et j'ai vu aussi des Polonais de souche qui, pour un avantage matériel, collaboraient avec l'occupant et trahissaient leurs compatriotes polonais[81].

Je n'étais pas antisémite avant la guerre, mais j'avais grandi dans une atmosphère d'hostilité à l'égard des Juifs. Mes proches cousins pouvaient prendre un bâton et me déclarer qu'ils allaient en ville battre des Juifs. Une dame âgée, qu'on aurait pu prendre pour une

79. H. Langbein (60355), *Hommes et femmes à Auschwitz*, *op. cit.*, p. 76-77.
80. Z. Kossak (64491), *Du fond de l'abîme, Seigneur...*, *op. cit.*, p. 161.
81. Jan Sikorski (19086), cité in Ryn et Kłodziński (20019), « Śmierć i umieranie... », art. cité, p. 68.

femme cultivée, était capable de dire au vendeur Juif dans un magasin : « Vous, sale crapule. » Je condamnais fermement cette attitude à l'époque, mais j'avoue avoir éprouvé une aversion à l'égard des Juifs. Le camp d'Auschwitz me guérit totalement de cette aversion. [...] Dans le camp, les Juifs réagissaient passivement aux insultes. Souvent, leur visage exprimait du dédain, voire de la compassion, à l'égard de ceux qui les insultaient. Je regrette que nous ne puissions plus voir de Juifs en Pologne après la guerre. Il semble manquer quelque chose dans le paysage. Me manque aussi la coopération d'avant la guerre entre Polonais et Juifs. Mais le camp n'a pas eu cet effet sur tout le monde. Nombre de mes connaissances n'ont pas été guéries de leur antisémitisme par leur séjour à Auschwitz[82].

La population Juive des prisonniers, en particulier à partir de 1943 et résolument en 1944, était loin d'être unie. Elle était même plus divisée que tous les autres groupes ethniques et nationaux. Pour nombre d'entre eux, la seule chose qu'ils avaient incontestablement en commun était l'étoile jaune cousue sur leurs uniformes rayés. Les convois arrivant à Auschwitz comprenaient des Juifs laïques et totalement assimilés venant de pays riches d'Europe occidentale, des Juifs d'Europe méridionale qui ne parlaient pas un mot de yiddish et n'étaient pas habitués aux températures polonaises, et des Juifs orthodoxes issus des *shtetls* d'Europe centrale et orientale, qui n'avaient pas grand-chose à voir avec les riches Juifs français et néerlandais, en grande partie non religieux et bourgeois par excellence. Il y avait aussi ceux qui avaient été baptisés et qui, parfois depuis des générations, ne se considéraient pas comme Juifs jusqu'à ce que Berlin découvre leur origine. Chacun de ces groupes ressentait différemment les réalités d'Auschwitz.

Le camp de Birkenau se remplissait progressivement. Déjà, lorsque j'y étais, les convois de Juifs de France et des Pays-Bas arrivaient, et les Juifs de Slovaquie y étaient aussi déportés. Je me souviens que

82. B. Dąbrowski (18375), in Dąbrowski, *Nietypowy więzień*, *op. cit.*, p. 106.

lorsque ces convois arrivaient, le nombre de suicides de prisonniers augmentait rapidement[83].

Je me souviens que les Juifs grecs et italiens tombaient comme des mouches. On était maintenant à la fin de l'automne. Les matinées, les soirées et les nuits étaient glaciales, et les Grecs et les Italiens ne supportaient pas le climat polonais[84].

Les plus misérables étaient les femmes Juives, notamment les Grecques, prisonnières dans l'*Aussenkommando** qui, lorsqu'elles rentraient du travail ressemblaient à un cortège d'ombres[85].

Les Juifs grecs souffraient plus que les autres, et ce pour deux raisons principales. La première était que nous venions de la Méditerranée ; moi-même, j'étais né à quinze mètres de la mer. Nous étions accoutumés à un climat beaucoup plus tempéré que celui auquel nous devions nous habituer en Europe centrale. La seconde raison était l'obstacle de la langue. Les Juifs ashkénazes, qui connaissaient le yiddish, parvenaient à comprendre les Allemands. Nous ne pouvions pas les comprendre et nous avions du mal à nous habituer au climat. Dès le début, ce furent deux facteurs de mortalité parmi les Juifs grecs[86].

Leur répugnance pour toute brutalité gratuite et leur incroyable sens de la persistance, au moins virtuelle, d'une dignité humaine, faisaient des Grecs, au Lager, *le groupe national le plus cohérent et de ce point de vue le plus évolué*[87].

Dans certains cas, les divisions sociales antérieures entre Juifs furent transposées dans le camp. C'était le cas des Juifs français

83. F. Beneš (25659), Témoignages, vol. LXXVIII, p. 161.
84. Gina Gotfryd (A-14662), [*A Survivor's Testimony*], USHMM Collection, 1995.A.0170, p. 11.
85. B. Krzywobłocka (83264), Témoignages, vol. XV, p. 82.
86. Yaacov Handeli (115003), *De la tour Blanche aux portes d'Auschwitz. Un Juif grec de Salonique se souvient*, traduit de l'hébreu par Danielle Agi-Vainunska, Paris, L'Harmattan, 2001, p. 99.
87. P. Levi (174517), *Si c'est un homme, op. cit.*, p. 122.

qui, avant la guerre étaient déjà divisés entre ceux qui vivaient en France depuis des temps immémoriaux et les Juifs de la nouvelle – première ou deuxième – génération qui, en général, avaient immigré en France depuis les territoires polonais. Ces derniers furent déportés à Auschwitz bien avant les Juifs de France plus établis.

> *Les Français [c'est-à-dire les Juifs français] forment des sous-groupes. Ainsi, les Juifs de vieille souche française ne comprennent rien à ce qui leur arrive. Désarmés par leur totale soumission à la France, ils se retrouvent nus face au désastre. « Ça » ne pouvait pas leur arriver, « pas à eux », citoyens loyaux, fidèles à la devise de la République, souvent anciens combattants ou fils des survivants de la guerre de 1914. Nombre d'entre eux vénèrent Pétain. [...] C'est tout juste s'ils n'accusent pas les « Polonais », dont je suis, d'être responsables de leur malheur*[88].

Parfois, les relations entre communautés Juives étaient tendues en raison du passé conflictuel et des animosités entre pays voisins :

> *Malheureusement, l'amitié n'était pas toujours au rendez-vous. Je me souviens de batailles féroces entre les Roumaines et les Hongroises. Elles ne pouvaient pas se sentir et s'empoignaient sous n'importe quel prétexte*[89].

Le traitement réservé aux Juifs était incontestablement pire que celui que subissaient les prisonniers « aryens », mais avec le temps, les SS affectèrent certains Juifs à diverses fonctions. Souvent, ces Juifs s'acquittaient de leur tâche avec excès de zèle – c'était la tendance de nombreux *Funktionschäftlinge*, pas seulement des Juifs. Cette attitude est très clairement décrite par Primo Levi :

---

88. J. Bialot (matricule inconnu), *Votre fumée montera*, *op. cit.*, p. 84.
89. S. Lichtsztejn-Montard (A-7142), *Chassez les papillons noirs*, *op. cit.*, p. 223.

> *Les* prominents *Juifs constituent un phénomène aussi triste que révélateur. Les souffrances présentes, passées et ataviques s'unissent en eux à la tradition et au culte de la xénophobie pour en faire des monstres asociaux et dénués de toute sensibilité. Ils sont le produit par excellence de la structure du* Lager *allemand ; qu'on offre à quelques individus réduits en esclavage une position privilégiée, certains avantages et de bonnes chances de survie, en exigeant d'eux en contrepartie qu'ils trahissent la solidarité naturelle qui les lie à leurs camarades : il se trouvera toujours quelqu'un pour accepter*[90].

Parmi les Slaves de l'Est, deux groupes de prisonniers constituaient des communautés étroitement soudées : les Russes et les Ukrainiens. Les Russes – à l'exception de ceux qui avaient fui le travail obligatoire et avaient été capturés – étaient presque exclusivement des prisonniers de guerre de l'Armée rouge, déportés au camp à partir de l'automne 1941. Six mois plus tard, ceux qui avaient survécu au *Stammlager*, furent transférés à Birkenau[91] qui, dans les documents officiels, presque jusqu'à la fin, était qualifié de *Kriegsgefangenenlager* (camp de prisonniers de guerre). Non seulement la catégorie à part de leur camp, mais aussi probablement les barrières linguistiques, les expériences militaires partagées et la prudence naturelle avivée par le stalinisme les conduisirent à se regrouper et à ne pas se mêler aux autres prisonniers.

> *Tout au long de mon séjour dans les camps de concentration, je verrai toujours les Russes à part, ils s'entraidaient beaucoup, étaient très solitaires et n'avaient apparemment pas une bonne opinion du reste de l'humanité*[92].

---

90. P. Levi (174517), *Si c'est un homme*, *op. cit.*, p. 139-140.

91. *Auschwitz 1940-1945. Central Issues*, *op. cit.*, vol. II, p. 36-37. Voir également Jacek Lachendro, *Soviet Prisoners of War in Auschwitz*, traduit par William Brand, *Voices of Memory*, vol. XI, Oświęcim, musée d'État d'Auschwitz-Birkenau.

92. Claude Zlotzisty (184260), *Dernière porte*, Paris, Le Manuscrit, 2005, p. 60.

Les femmes russes ne nous aimaient pas, nous les femmes polonaises, simplement parce qu'elles nous enviaient les colis que nous recevions de chez nous. Elles disaient souvent : « Vous les Polacks, n'avez jamais travaillé de votre vie, au moins maintenant, vous allez apprendre à travailler », ou elles nous faisaient des reproches : « Vous, les bourgeois polacks qui recevez des colis. » Elles ne pouvaient tout simplement pas accepter l'idée de ces colis[93].

Les SS qui, en servant au camp, évitaient de combattre sur le front de l'Est, se vengeaient cruellement des prisonniers de guerre de l'Armée rouge. Le harcèlement, les coups et les meurtres provoquaient une véritable hécatombe chez les prisonniers de guerre relativement jeunes et physiquement en bonne santé. Le taux de mortalité finit par dépasser les 93 % de leur nombre total, soit le taux le plus élevé de tous les groupes de prisonniers d'Auschwitz.

Les prisonniers de guerre soviétiques furent massacrés de la façon la plus inhumaine, des dizaines d'entre eux étaient assassinés chaque jour[94].

J'ai personnellement vu depuis la fenêtre du block où je travaillais (le block 26) comment, pendant le travail dans le Kiesgrube *(carrière de graviers) situé juste à l'extérieur de la clôture près du block 26, les kapos tuaient de leurs propres mains les prisonniers de guerre soviétiques au travail, en utilisant les manches de pelles. Ces scènes se répétèrent à maintes reprises*[95].

« Et à part ça, comment ça va, Alek ? » « Tu sais, hier, j'étais avec le kapo dans le secteur des prisonniers de guerre russes. Une horreur. Un individu normal ne supporterait pas un tel spectacle. Mais peut-être ne sommes-nous plus normaux[96] *? »*

Au Holzhof, c'était un véritable massacre. Un SS désignait l'un des prisonniers de guerre soviétiques, et les kapos le jetaient au sol*

---

93. M. Ślisz-Oyrzyńska (40275), Publications, vol. LXIII, p. 80.
94. Artur Rablin (1021), Témoignages, vol. XXVII, p. 105-106.
95. Franciszek Wieszała (9537), Témoignages, vol. XVI, p. 77.
96. K. Piechowski (918) *et al.*, in *Byłem numerem…*, *op. cit.*, p. 58.

et le rouaient de coups de bâtons. Les prisonniers de guerre continuaient à travailler et demeuraient totalement impassibles, ils étaient apathiques. Lorsque le Scharführer ordonnait à un prisonnier se dirigeant vers lui de s'arrêter, le malheureux s'immobilisait, attendait que son camarade tombe par terre, puis, après un coup donné par le kapo, se remettait à marcher. De plus en plus de corps gisaient sur le sol, morts[97].

Je me souviens d'une scène, en particulier, où des prisonniers de guerre soviétiques transportaient des briques [à Birkenau]. Ils étaient si faibles qu'ils pouvaient à peine porter une seule brique, tout au plus deux. Ils avançaient au ralenti, comme sous hypnose. De temps à autre, l'un d'eux s'écartait du groupe, s'effondrait à côté d'un tas d'ordures et y restait. Quelques heures plus tard, un amoncellement de corps s'était formé – probablement déjà morts[98].

Par ailleurs, dans le camp des femmes :

La vie en commun avec les Russes s'arrangeait à l'amiable. On ne pouvait en dire autant des Ukrainiennes. Ces dernières étaient restées au stade primitif. [...] Rien ne les intéressait que l'assouvissement de leur appétit. La faim les torturait plus que les autres, car elles étaient gloutonnes comme des animaux, et, de même que les Russes, ne recevaient jamais de colis. Aussi, leurs yeux noirs et vifs prenaient-ils à la vue d'une nourriture quelconque l'expression d'oiseau de proie[99].

Il y avait de nombreuses Ukrainiennes dans notre Kommando, et elles se distinguaient de toutes les autres par leur force et leur persévérance. Il était souvent difficile de comprendre d'où elles puisaient leur force pour dominer toutes les autres. Elles étaient même plus fortes que les Polonaises, qui n'étaient pas si faibles parce qu'à l'époque, elles recevaient des colis de chez elles[100].

97. Adam Jurkiewicz (476), Témoignages, vol. LXXV, p. 67.
98. F. Beneš (25659), Témoignages, vol. LXXVIII, p. 161.
99. Z. Kossak (64491), *Du fond de l'abîme, Seigneur...*, *op. cit.*, p. 165.
100. Z. Czerwińska-Kossakiewicz (49973), Publications, vol. XVI, p. 44.

La force des femmes ukrainiennes qui travaillaient au-delà de la norme représentait donc une véritable menace pour les autres prisonnières incapables de travailler aussi rapidement et aussi efficacement. Et ces problèmes sont évoqués dans certains mémoires.

> *Tout bien considéré : on aurait été bien en peine de déceler de la discrimination raciale parmi les* Häftlinge. *Dans cette foule cosmopolite, on voyait nettement l'absurdité de toutes les théories sur la supériorité d'une « race » par rapport à une autre ; il était totalement vain de parler de bonnes Polonaises, Françaises ou Hollandaises et de mauvaises Tchèques, Juives et Grecques. Nous apprenions à rude école qu'il n'y a pas de nation à laquelle on puisse accoler l'étiquette de « bonne » ou de « mauvaise ». Mais ce groupe de femmes ukrainiennes, on ne pouvait tout simplement pas les supporter*[101].

Il faut aussi souligner que les Allemands jouaient habilement les groupes nationaux les uns contre les autres et, en l'occurrence, ils ravivaient les animosités polono-ukrainiennes d'avant-guerre pour briser la solidarité au sein des Kommandos de prisonniers.

> *Le chef cuisinier embaucha quelques travailleurs supplémentaires. Le fait qu'il s'agissait d'Ukrainiens fut interprété comme une tentative délibérée d'attiser la discorde au sein de l'équipe de la cuisine et de réduire le passage clandestin de nourriture organisé par les cuisiniers polonais. Mais une fois de plus, avec le temps, tout changea. Les Ukrainiens étaient eux aussi des prisonniers affamés*[102].

> *Le Kommando se composait essentiellement de femmes ukrainiennes, probablement presque toutes des soldates, très bien organisées et résistantes. Elles haïssaient les Polonais. Elles me persécutaient*

101. R. Duracz (43544), in Duracz, Fajkosza et Nowaka, *Przekaz Oświęcimski*, *op. cit.*, p. 44.
102. T. Sobolewicz (23053), *But I Survived*, *op. cit.*, p. 176.

parce que j'étais la seule Polonaise parmi elles. Mais dans certaines limites, parce que l'autre Polonaise était la kapo[103].

Sadiques comme ils étaient, les Allemands faisaient exprès de monter les communautés nationales les uns contre les autres. Par exemple, ils nommaient souvent un Français kapo de Polonais, un Polonais kapo de Russes, etc[104].

À Budy, notre groupe était très uni. À l'origine, seuls des Polonais y travaillaient[105].

Les Tsiganes (les Roms[106] et les Sintés[107]), autre groupe voué à l'extermination, étaient séparés du reste du camp. Leur isolement dans le *Zigeunerlager**, distinct au sein de Birkenau, explique pourquoi il existe si peu d'informations dans les sources. La situation des Roms et des Sintés dans le camp était particulière parce que les Allemands ne parvenaient pas à décider s'ils étaient capables de travailler ou non. D'un côté, ils ne s'épuisaient pas en accomplissant des travaux pénibles, de l'autre, comme il leur était interdit de quitter leur section, il leur était très difficile d'acquérir de la nourriture supplémentaire ou des objets de première nécessité, ou de participer au troc ailleurs dans le camp. Ils avaient été décimés par les maladies, avant même l'envoi dans les chambres à gaz des derniers membres de leur groupe au début du mois d'août 1944[108].

103. Halina Krzymowska (26487), Account in A. Dauksza, *Klub Auschwitz i inne kluby*, *op. cit.*, p. 184.

104. C. Naparstek (65710), *J'ai vécu l'extermination des Juifs…*, *op. cit.*, p. 52.

105. Stanisław Zyguła (682), Témoignages, vol. IV, p. 439.

106. Ce terme a été utilisé pendant des siècles pour décrire de nombreux groupes de cette ethnie complexe, et est encore aujourd'hui considéré parfois comme péjoratif. Je l'utilise ici uniquement dans un contexte historique.

107. Sławomir Kapralski, Maria Martyniak et Joanna Talewicz-Kwiatkowska, *Roma in KL Auschwitz*, traduit par William Brand, *Voices of Memory*, vol. VII, 2011, Oświęcim, musée d'État d'Auschwitz-Birkenau ; Jan Parcer (éd.), *Los Cyganów w KL Auschwitz-Birkenau*, Oświęcim, SZwP, 1994.

108. Tadeusz Szymański (20034), « Przypadki noma (rak wodny) w obozie cygańskim Oświęcim-Brzezinka », *Przegląd Lekarski – Oświęcim*, 1962,

Les Tsiganes arrivaient avec tous leurs biens. Rien ne leur était confisqué. Ils marchaient dans le camp, portant leurs propres vêtements. Leurs cheveux n'étaient pas coupés. Le camp était rempli de roulottes tsiganes[109].

Notre block rassemblait un mélange de nationalités. Nous avions des Russes, ou plutôt des Tsiganes russes, des Tsiganes polonais, des Tsiganes allemands naturellement, des Tsiganes hongrois, des Tsiganes autrichiens, des Néerlandais et des Belges. Aucun Italien, ni Yougoslave. J'ai aussi rencontré des Tsiganes français, des musiciens, un père et ses deux fils. Mais ils se trouvaient dans un autre block[110].

D'où venaient les Tsiganes, je ne posais pas la question. Ils restaient assis dehors. Des familles entières, avec des enfants en bas âge. Certains jouaient des instruments, mais la plupart erraient d'un endroit à l'autre ou restaient assis, fixant un point, le regard vide. Un Tsigane derrière des barbelés ! Existait-il quelque chose de plus triste pour un Tsigane ?! Nous oubliâmes bientôt les Tsiganes. Ils avaient été brûlés eux aussi, comme les Juifs[111].

Peu de personnes versèrent une larme sur le sort des T[s]iganes[112].

L'appartenance à un groupe national ou social donné déterminait les chances de survie. Celles-ci se traduisaient par la couleur et la forme de l'insigne cousu sur la tenue rayée. L'existence d'un groupe de statut inférieur était une source de consolation pour ceux dont le groupe était dans une situation relativement meilleure.

---

p. 68-70. Tadeusz Szymański, Danuta Szymańska (11785) et Tadeusz Śnieszko (29620), « O 'szpitalu' w obozie rodzinnym dla Cyganów w Oświęcimiu-Brzezince », *Przegląd Lekarski – Oświęcim*, 1965, p. 90-99.

109. Tadeusz Jachimowski (3720), Témoignages, vol. XIII, p. 58.

110. Walter Winter (Z3105), *Winter Time. Memoirs of a German Sinto Who Survived Auschwitz*, Hatfield, University of Hertfordshire Press, 2004, p. 52.

111. B. Dziewięcki (125546), *Z dna piekła*, *op. cit.*, p. 55.

112. Charles Liblau (matricule inconnu), *Les Kapos d'Auschwitz*, Paris, La Pensée universelle, 1974, p. 105.

Les Volksdeutsche *occupaient une pièce séparée, même dans le camp. Elles craignaient de se mélanger avec nous*[113].

*Lorsque nous nous retrouvâmes dans ce qu'on appelait l'*Erweiterung* *[extension], les Aryennes vivaient au rez-de-chaussée, et les femmes Juives furent placées au premier étage*[114].

L'auteur de la citation suivante attribue à tort l'hécatombe des Roms et des Sinté au noma[115], maladie qui se propagea dans le *Zigeunerlager*, mais cette citation reflète fort bien la hiérarchie des chances comparée aux communautés traitées le plus durement.

[Emmener les Tsiganes vers les chambres à gaz] fut aussi un événement en cela qu'il s'agissait d'un gazage massif de non-Juifs. Mon camarade et ami, le général André Rogerie, a témoigné sur cette nuit et évoqué l'angoisse naissante des « Aryens » qui réalisaient que les gazages pourraient ne pas avoir la « race » pour seule justification, qu'eux-mêmes, suivant les circonstances, pourraient être concernés[116].

Tout de même, c'est bien qu'ils ne gazent plus les « Aryens », maintenant. Tout, mais pas ça[117] *!*

---

113. K. Żywulska (55908), *J'ai survécu à Auschwitz, op. cit.*.
114. Wera Plaskura (37943), Témoignages, vol. XVI, p. 28.
115. Le noma est une gangrène de la bouche qui ravage le visage en détruisant les muqueuses, les gencives, et les tissus mous, musculaires et osseux. Dû au manque d'hygiène et à la malnutrition, il touche en premier lieu les jeunes enfants et persiste de nos jours dans les pays subtropicaux.
116. R. Esrail (173295), *L'Espérance d'un baiser, op. cit.*, p. 143.
117. T. Borowski (119198), *Le Monde de pierre, op. cit.*, p. 198.

LA HIÉRARCHIE

La communauté du camp, regroupement artificiel en un même lieu de personnes originaires de diverses régions d'Europe et dénué de toute tradition et culture, allait se créer de toutes pièces. Aucune théorie d'égalitarisme total n'a jamais pu fonctionner en pratique. Quelle que soit la société, on y trouve inévitablement une stratification, des relations de dépendance, un clientélisme et des cercles privilégiés. Composée d'individus animés du but personnel très précis de survivre en surmontant leur faim, le travail éreintant et la violence du camp, la communauté des prisonniers se hiérarchisa rapidement. Cette évolution s'opéra sur la base de trois éléments clés : premièrement, certains facteurs antérieurs au camp pouvaient affecter la place du prisonnier dans l'organisation ; deuxièmement, les nominations par les SS changeaient le statut et les droits de certains individus ou groupes ; troisièmement, la lutte constante pour la survie avait un effet sur l'équilibre des pouvoirs à l'intérieur du camp. Ce sont ces trois éléments de la constitution de la hiérarchie que j'évoquerai, en les illustrant par des exemples.

Dès la déportation, on trouve des traces de la hiérarchie sociale établie avant l'arrivée au camp. Et, même après avoir quitté le train, comme le montre la citation ci-dessous, cette ancienne hiérarchie demeurait évidente : c'étaient les mêmes familles, les mêmes dirigeants, les mêmes autorités…

Le rabbin se tient bien droit et marche le premier. Il a toujours été un exemple aux autres[1].

Quelques heures plus tard, cette hiérarchie avait disparu. Elle s'était volatilisée. Élaborée au cours des siècles, elle cessait d'exister littéralement en quelques instants. Il suffisait de retirer toutes les caractéristiques hiérarchiques et de brutalement mettre à nu la dignité des hommes comme un simple concept emprunté et la construction sociale séculaire se désintégrait.

Habillés du sinistre uniforme rayé, sans leur barbe, les rabbins étaient méconnaissables. D'ailleurs plus personne ne parlait de religion. Personne ne se souvenait des fêtes Juives, la pratique religieuse dans mon camp était inexistante[2].

Comme je l'ai déjà mentionné à propos des problèmes d'adaptation des couches sociales supérieures, les prisonniers devaient s'adapter à l'effondrement des structures hiérarchiques normales. Les gens se perçoivent dans leur position sociale stéréotypée. Cela disparaît lorsque « le monde s'effondre ». L'incapacité à déterminer sa position sociale aboutit à une incertitude sur soi-même.

La majorité des prisonniers souffraient d'une sorte de complexe d'infériorité. Nous avions tous été, ou cru être, des personnages importants. Puis on nous avait traités comme des nullités, comme des « non-êtres »… Bien qu'il n'y pensât pas consciemment, le prisonnier ordinaire se sentait complètement avili. Et ceci devenait plus évident encore lorsqu'on observait les contrastes que présentaient les structures sociologiques du camp[3].

1. C. Delbo (31661), *Auschwitz et après*, t. I, *op. cit.*, p. 8.
2. Y. Feldman (35806), *35806. Mémoires de l'enfer*, *op. cit.*, p. 40.
3. V. E. Frankl (119104), *Découvrir un sens à sa vie avec la logothérapie*, *op. cit.*, p. 88.

Les as militaires et politiques, arrachés en pleine activité au maquis, ne pouvaient se résigner à se voir éliminés sans appel du réseau, à considérer leur vie de combat comme terminée[4].

Tous regrettaient leur ancien rôle. Mais même dans les conditions du camp de concentration, même dans ce monde nouveau, il était impensable qu'un si grand nombre de prisonniers ne crée pas une communauté avec ses propres élites, sa classe moyenne, ses travailleurs, ses domestiques et, naturellement, un grand nombre de prisonniers en marge, exclus de toute circulation des biens.

On aurait pu croire que tous les prisonniers avaient une pensée commune, partageaient un même objectif, et qu'il existait une compassion mutuelle, indépendamment de leurs origines, leurs classes sociales, ou leurs nationalités. Avec une population de vingt-cinq mille prisonniers en moyenne, le camp semblait créer une société unie avec des conditions spécifiques dans lesquelles se constituerait spontanément une démocratie. Mais cela ne se produisit pas. Dans cette masse de gens, dans cette société censée être unie, il n'y avait qu'une seule pensée commune, celle de sortir libre[5].

Les conditions dans lesquelles cette communauté émergea, se développa, devint plus organisée et stratifiée, étaient dominées par des menaces alarmantes et des agressions. Cela exerça incontestablement un fort impact sur la façon dont se constitua la hiérarchie sociale du camp.

Que se passait-il, à l'intérieur, chez la plupart de ces jeunes gens ? Qu'était-il advenu de leur attitude envers leurs semblables ? Car il est impossible qu'avant leur incarcération ils aient été ainsi. Autour de moi, les conflits éclataient sans cesse, engendrant perpétuellement de nouvelles querelles, les gens s'affrontaient, probablement pour des futilités, pour rien. Il était exclu de subordonner les classes inférieures

4. Z. Kossak (64491), *Du fond de l'abîme, Seigneur…*, *op. cit.*, p. 175.
5. W. Książek (72200), Publications, vol. VI, p. 28.

aux plus élevées dans la hiérarchie. En conséquence, incapables de connaître la paix, extérieure ou intérieure, ils luttaient entre eux, s'épuisant eux-mêmes et épuisant les autres. J'avais l'impression que cette interminable succession de tensions et de stress n'était rien d'autre que l'expression de leur lutte menée contre tous les malheurs afin de survivre biologiquement une heure de plus. Seuls ceux qui étaient les plus proches les uns des autres pouvaient rester soudés sans exprimer de sentiments mutuels plus profonds[6].

La deuxième nuit que je redoutais tant arriva. Sur les planches de bois, nous étendîmes des paillasses de fortune. C'étaient des machins puants, dont la fine couche de copeaux de bois faisait ressentir chaque planche. Il était hors de question de se déshabiller. Tout d'abord, parce qu'il faisait très froid dans le block. Ensuite, parce que nous redoutions les vols. Nous n'ôtions même pas nos chaussures parce qu'elles auraient certainement disparu. Simplement, parce que nous étions nouvelles arrivantes, les anciennes prisonnières l'auraient fait par malveillance. Et cette malveillance s'était emparée de chacune d'entre elles[7].

Tant que des intérêts personnels n'étaient pas en jeu, une telle agression envers les plus faibles n'existait pas[8].

D'une façon générale, quiconque dans le camp était positionné plus haut qu'un autre considérait de son devoir de le lui faire sentir de la pire manière possible. Le caractère de la personne jouait dans ce cas un très grand rôle, mais sans doute davantage encore l'éducation du camp, la règle de la responsabilité directe des supérieurs pour les manquements de leurs subordonnés et la responsabilité collective. Cette dernière donnait lieu à des dénonciations[9].

On a parfois l'impression qu'il émane de l'histoire et de la vie une loi féroce que l'on pourrait énoncer ainsi : « Il sera donné à celui qui

6. M. Chylińska (44685), « Działania SS w Brzezince… », art. cité, p. 155.
7. W. Koprowska (37573), Publications, vol. XIII, p. 18.
8. Z. Posmysz (7566), *Królestwo za mgłą*, *op. cit.*, p. 128.
9. J. Tabeau (27273), in « Raporty uciekinierów z KL Auschwitz », art. cité, p. 89.

possède, il sera pris à celui qui n'a rien. » Au Lager, *où l'homme est seul et où la lutte pour la vie se réduit à son mécanisme primordial, la loi inique est ouvertement en vigueur et unanimement reconnue*[10].

L'une des lois les plus dures du Lager *: « Décharge-toi de ton travail sur celui qui est plus faible et profite de ta force pour le terroriser.*[11] »

Agir de manière agressive envers les prisonniers plus faibles, ou du moins manifester du mépris à leur égard, faisait partie intégrante de l'affirmation de sa propre position. Dans un environnement aussi hostile, on était soit le vainqueur absolu, soit la victime écrasée. Dans la lutte pour la survie, il n'y avait généralement pas de place pour les distinctions subtiles. Ce système était, de fait, imposé par le système.

Une organisation intérieure, créée entre prisonnières et disposant de tous les colis reçus, aurait été d'une grande utilité. Mais il était impossible à Oświęcim d'établir un service de ce genre. La plus petite manifestation d'accord, d'intelligence réciproque, d'entente secrète était radicalement supprimée par l'exécution rapide des coupables[12].

En théorie, on pourrait imaginer un camp où il n'y aurait aucune différence autre que la répartition la plus élémentaire entre prisonniers ordinaires et *Funktionshäftlinge*, en supposant que ces derniers observaient eux aussi les règles. Telles étaient les premières réflexions utopiques qui s'imposaient à l'esprit de certains prisonniers conscients des divisions sociales :

Nous avons tous la même apparence. Pour la première fois, je connaissais un monde sans distinction de classe. Riches et pauvres, jeunes et vieux partageaient le même sort comme jamais auparavant[13].

---

10. P. Levi (174517), *Si c'est un homme*, *op. cit.*, p. 136.
11. Liana Millu (A-5384), *La Fumée de Birkenau*, traduit de l'italien par Laure Raffaelli-Fournel, Paris, Cerf, 1993, p. 165.
12. Z. Kossak (64491), *Du fond de l'abîme, Seigneur…*, *op. cit.*, p. 67.
13. M. Mermelstein (A-4685), *By Bread Alone*, *op. cit.*, p. 118.

Mais la réalité était bien plus brutale :

> *La « société » à Auschwitz est très organisée, rigide, pyramidale. Elle repose sur la terreur, la menace permanente de la mise à mort*[14].

Une communauté organisée et stratifiée sous l'influence de la menace de la mort non seulement définit différemment ses objectifs individuels et sociaux, mais évalue différemment les normes qui devraient rapprocher la communauté de ces objectifs. Revenons donc aux trois éléments de la hiérarchie sociale des prisonniers d'Auschwitz évoqués dans l'introduction de ce chapitre. Le premier concernait les positions sociales hors du camp qui conservaient leur importance dans le camp. J'ai déjà abordé, en grande partie, ce problème dans le chapitre précédent, et mentionné comment certains groupes sociaux éprouvaient des difficultés à s'adapter aux conditions du camp, tandis que pour d'autres (par exemple les paysans), le camp n'offrait pratiquement aucune chance de survie. Par ailleurs, les connaissances d'avant le camp constituaient un facteur très important. Elles aidèrent plus d'un détenu à sortir de situations oppressantes qui, dans le camp, pouvaient s'avérer mortelles. Avoir des connexions donnait la possibilité de devenir « quelqu'un ». Ce statut, pour des choses mineures ou non, conférait d'appréciables privilèges.

> *Les blocks étaient surpeuplés. Nous dormions encore à même le sol, et le chef de chambrée dormait sur la table. Comme le chef de chambrée me connaissait, il me permit de mettre ma tête sous la table pour dormir. Cela garantissait que personne ne me marcherait sur la tête la nuit*[15].

Le second élément, c'était l'organisation de l'ensemble des prisonniers par les SS qui nommaient ceux qui étaient chargés

14. R. Esrail (173295), *L'Espérance d'un baiser*, *op. cit.*, p. 130.
15. W. Siwek (5826), Témoignages, vol. XIII, p. 164.

de certaines fonctions, et qui imposaient les règles, et – plus important encore – décidaient comment ces règles devaient être appliquées. La plupart de ces pratiques étaient empruntées aux camps de concentration d'avant-guerre. Je ne reviendrai pas ici sur les divisions dites « raciales ». Il est parfaitement évident que, conformément à ce qui était généralement stipulé dans la politique du Troisième Reich, au camp également, les prisonniers étaient traités différemment en fonction de leur classification « raciale ».

Dans l'univers du camp, les distinctions raciales et « sociales » s'interpénètrent. Les premières, raciales, déterminent une frontière entre les Allemands et les autres humains ; ainsi un détenu allemand non Juif, très éloigné d'un prisonnier Juif, relève-t-il du « groupe supérieur » des « Aryens ». Viennent ensuite les Slaves puis les Juifs, ces derniers, tout en bas de l'échelle[16].

En haut de cette hiérarchie – et cela je le comprends vite – se trouvent les « Aryens » et parmi eux ceux d'origine allemande, que ce soit les Reichsdeutsche *(Allemands du Reich) ou* Volksdeutsche *(Allemands d'autres pays), triangle rouge (politique) ou triangle vert (criminel). Ensuite viennent les Polonais non Juifs. Ces derniers, souvent, ont le droit de recevoir des colis de chez eux. Leur contenu permet non seulement de mieux s'alimenter mais aussi d'acheter certains avantages qui au camp peuvent être vitaux. Des non-Juifs d'autres nationalités, j'en rencontre peu à Auschwitz : quelques Belges et des Français qui travaillent au* Schlächterei SS *(charcuterie de la SS, travail ou Kommando qui est en soi un privilège). Quant aux Juifs, qui représentent la masse des* Häftlinge *au* Lager, *ils sont voués à courte échéance à disparaître*[17].

Je voudrais insister sur les influences officieuses. Car c'était une caractéristique du camp où souvent, au prix d'une déshumanisation, on pouvait rejoindre le panthéon des élus, distribuant des lueurs d'espoir de survie ou occupant divers postes

16. R. Esrail (173295), *L'Espérance d'un baiser*, *op. cit.*, p. 131.
17. Roth (A-17140), *Avoir 16 ans à Auschwitz*, *op. cit.*, p. 292-293.

dans la hiérarchie sociale en appartenant à tel Kommando, tel groupe ou tel cercle de privilégiés. Les prisonniers ne voyaient qu'occasionnellement le personnel SS, et pas toujours dans des situations violentes. Ce pouvait être le lent et pédant *Rapportführer* ordonnant de procéder à un nouveau décompte pendant un appel. Ce pouvait être le garde SS qui s'ennuyait, assis à l'ombre sous un arbre, observant le Kommando au travail. Ce pouvait être le *Blockführer**, qui apparaissait brièvement dans l'enceinte des barbelés pour trouver son subordonné, le chef de block, et lui transmettre un ordre. Pour de nombreux détenus, l'incessante brutalité quotidienne et le climat de menaces constantes émanaient principalement de la soi-disant « auto-administration » des prisonniers, incarnée par les différents *Funktionshäftlinge*.

> *J'ai vu des prisonnières être battues et brutalisées, j'ai vu des femmes transporter des rails qu'elles pouvaient à peine soulever sur leurs épaules, mais au début, je n'ai pas vu le moindre SS. Ils agissaient à distance, par l'intermédiaire des prisonniers qui étaient devenus leurs instruments*[18].

> *Invariablement, tout au long de l'histoire du camp, il y eut deux mondes séparés par un gouffre sans fond. L'un était bien nourri, reposé, correctement habillé et bénéficiant de toutes sortes de droits, l'autre était sale, affamé, couvert de poux, et abandonné de Dieu et des hommes. L'un opprimait l'autre en fonction des ordres et avec une satisfaction personnelle, l'autre ne pouvait réagir d'aucune façon sous peine de mort. Le second devait endurer à la fois une douleur physique et une douleur morale, encore plus atroce. Et le premier savait ce qui pouvait nous faire mal*[19]*...*

> *Mieux lotis étaient ceux qu'on appelait l'élite des prisonniers du camp de concentration qui s'entendaient si bien avec les Allemands*

18. S. Szmaglewska (22090), Témoignages dans le cadre des procès contre d'anciens SS [IPN GK 196/165], in *Chronicles of Terror*, *op. cit.*, vol. VI, p. 218.
19. J. Apostoł-Staniszewska (26273), citée in Kłodziński (20019) et Masłowski, « Poniżanie godności więźniów », art. cité, p. 92.

qu'ils s'appelaient par leurs prénoms. Certains prisonniers chargés de fonctions étaient amis des SS. De nombreux Polonais étaient chargés de fonctions : médecins, cordonniers, tailleurs ou mécaniciens – ils avaient tout, ils n'avaient jamais faim, c'était presque mieux qu'en liberté. Ils étaient gardés, séparés du monde, en sorte qu'aucun mal ne pouvait leur arriver. Souvent, c'étaient de tels porcs qu'ils maltraitaient leurs propres camarades afin que les Allemands les perçoivent comme de bons despotes. Il était alors plus facile de devenir kapo et de ne pas avoir à travailler[20].

Comme le rappelle sans détour Jerzy Pozimski, chef de chambrée, c'est-à-dire *Funktionshäftling* :

Il est vrai que dans certaines circonstances, le tact ne s'impose pas, au contraire, la brutalité devient l'impératif des sentiments humains[21].

Les relations entre le personnel SS et les prisonniers chargés de fonction évoluèrent certainement. Cependant, en particulier au cours de la seconde phase de l'histoire du camp, lors de l'avancée des Alliés pendant la guerre, lorsque le pillage des biens des victimes de la Shoah atteignit son sommet, on pouvait souvent avoir l'impression que le *Funktionshäftling* était plus proche du personnel SS auquel il ou elle était utile que de n'importe quel prisonnier placé sous sa férule. Cette proximité, qui résultait d'une certaine interdépendance, du moins au regard d'intérêts temporaires, était contraire aux principes idéologiques du national-socialisme.

[Au début de l'année 1943] Katia, une Juive slovaque, a obtenu le poste de Rapportschreiberin *[dans le camp des femmes de Birkenau]. Une* Schreibstube *a été créée, ainsi que de nombreux autres Kommandos. Katia avait la main ferme. L'ordre régnait dans le camp. Grâce à Katia, nous exerçons une certaine influence sur le*

20. Stefan Lipniak (8524), Account in A. Dauksza, *Klub Auschwitz i inne kluby*, *op. cit.*, p. 20.
21. J. Pozimski (1099), Publications, vol. LII, p. 132.

*choix de celles qui entrent dans des Kommandos particuliers. Mes filles, des éclaireuses, entrent dans l'*Effektenkammer*[22].

La grosse Katia accourut à la porte du camp. C'était une Juive slovaque, le chou-chou de toutes les Aufseherinen *et de l'*Oberkapo*. La direction du camp avait essayé de lui trouver des ascendances aryennes et de changer son étoile en triangle noir. Il n'était pas convenable en effet de favoriser officiellement une Juive*[23].

À la lecture des témoignages et publications, il est difficile d'évaluer comment les *Funktionshäftlinge* espéraient survivre à l'effondrement du système dans le camp. Cette analyse serait très certainement intéressante et apporterait de nombreuses réponses importantes, mais la rareté des sources la rend impossible. Le même problème se présente pour les anciens SS, qui n'écrivirent jamais leurs mémoires, tout comme il n'existe que de très rares récits signés par des *Funktionshäftlinge*.

Dans la quasi-totalité des récits d'anciens prisonniers, on peut relever des passages décrivant comment un emploi spécifique se traduisait directement par un statut déterminé dans la hiérarchie des prisonniers. Je ne présenterai ici que les passages les plus révélateurs de la façon dont les postes qui conféraient un certain pouvoir engendraient des dérives et des abus de la part de ceux qui en étaient investis.

Mon Dieu, combien de fois on a été frappés à la tête par le chef de block parce que personne ne le comprenait ou ne s'entendait avec lui[24].

Ne pouvant assouvir contre les oppresseurs la haine qu'il a accumulée, il s'en libérera de façon irrationnelle sur les opprimés, et ne s'estimera satisfait que lorsqu'il aura fait payer à ses subordonnés l'affront infligé par ses supérieurs[25].

---

22. W. Klimaszewska (25993), Témoignages, vol. XV, p. 7.
23. K. Żywulska (55908), *J'ai survécu à Auschwitz*, *op. cit.*, p. 60.
24. I. Radlicki (2212), *Kapo odpowiedział*, *op. cit.*, p. 64.
25. P. Levi (174517), *Si c'est un homme*, *op. cit.*, p. 140.

La chef du block 8 était « Stenia » Starostka, une ancienne camarade de la prison de Tarnów arrivée à Auschwitz un mois plus tôt. Voulant soumettre une requête, [une détenue] s'adressa à elle comme à une bonne amie, demandant de l'aide pour sa mère [de meilleures conditions dans le block, un meilleur travail]. Elle fut surprise par les cris et les hurlements. Le poste de chef de block avait provoqué [chez Stenia] des changements fondamentaux et il était hors de question de solliciter une faveur[26].

La chef de block [Zofia Szczublewska] était une mauvaise personne qui n'avait aucune considération pour ses compagnes, punissant les prisonnières pratiquement sans raison, une personne ivre du pouvoir qu'elle détenait[27].

L'Oberkapo* *Kühne (je ne me souviens plus de son prénom ni de son matricule de prisonnier) était le type même du criminel. Il s'était fait une vie très confortable, ne pensant qu'à lui-même, pas à ses subordonnés. Il ne se mobilisait pour la défense de « ses » prisonniers que s'il avait le sentiment d'une atteinte portée à son poste de « pouvoir*[28] *»*.

J'ai vu une blocowa, *ancienne bonne à tout faire, se choisir pour « ordonnance » son ancienne patronne. Celle-ci était donc obligée de décrotter les souliers de son ex-domestique et de ravauder ses loques*[29].

Certaines étaient aussi fières de leurs brassards, marque de leur statut, que d'une décoration militaire, et semblaient sincèrement émues lorsqu'elles recevaient un mot d'éloge d'un officier SS[30].

Souvent pires que le chef de block étaient ses adjoints, des Polonais de Silésie. Ils étaient animés par le désir de plaire aux Allemands. D'où venaient tous les coups ? Du sommet, des SS[31].

26. Wanda Marossanyi (7524), Témoignages, vol. XIV, p. 84.
27. M. Żumańska (29940), Témoignages, vol. IV, p. 417.
28. A. Krzetuski (1003), Témoignages, vol. XII, p. 115.
29. O. Lengyel (25403), *Souvenirs de l'au-delà*, *op. cit.*, p. 81.
30. K. Hart-Moxon (39934), *Return to Auschwitz*, Thirsk, House of Stratus, 2000, p. 78.
31. I. Radlicki (2212), *Kapo odpowiedział*, *op. cit.*, p. 67.

Il faut mentionner ici quelques situations particulièrement pénibles qui survenaient dans le camp. Je l'ai déjà précisé, devenir un *Funktionshäftling* signifiait souvent inverser du tout au tout son système de valeurs[32]. Un *Prominent* était au service des SS, et ainsi, c'était pour les SS qu'il accomplissait chaque jour le pire du « sale boulot ». C'était ce qu'on attendait d'eux. C'était ce qui définissait leur fiabilité. Précision importante : si les SS en concluaient que tels ou tels *Funktionshäftlinge* n'étaient pas à la hauteur et les relevaient de leurs fonctions en leur retirant leur brassard, la vengeance de leurs anciens subordonnés persécutés était immédiate, et personne, absolument personne, n'en était surpris. Personne ne les défendrait. Une fois qu'ils avaient accepté le poste, les *Funktionshäftlinge* devenaient totalement otages des SS. Dans la terminologie de la science politique d'aujourd'hui, on qualifierait cela de rupture de l'intégrité morale. À l'époque, c'était la règle. Certains refusèrent ce poste, alors qu'ils savaient que c'était une chance de devenir un *Prominent* dans le camp. En général, leur refus était motivé par leur volonté héroïque de préserver leurs valeurs morales. Je me souviendrai toujours de Władysław Bartoszewski qui, à maintes reprises au cours de nos entretiens, souligna à quel point il avait été soulagé de n'avoir jamais eu à endosser un rôle de *Funktionshäftling*, ce qui lui évita de prendre part à toutes sortes de répressions.

> *Si tu ne veux pas travailler à la* Stubendienst, *je ne te forcerai pas. Dans cette fonction, il faut être méchante, sinon, il n'est pas possible de contrôler un millier de femmes*[33].

---

32. Voir Tadeusz Fedorowicz, « Uwagi o "rewirach" i funkcyjnych obozowych », *Przegląd Lekarski – Oświęcim*, 1969, p. 149 : « La plupart des prisonniers du camp de concentration perdaient le sens de la solidarité et étaient plutôt fiers de leur égoïsme, de leur insensibilité et de leur désir de survivre à l'enfer du camp, même au détriment d'autres prisonniers. L'influence du système concentrationnaire, créé et mis en œuvre par les nazis, sur la réévaluation morale de la personnalité des prisonniers est fondamentale. » Voir également M. T. Frankowski, *Socjologiczne aspekty funkcjonowania*, *op. cit.*, p. 66-72.

33. Z. Bekerman (67444), *Bound to Live*, *op. cit.*, p. 79.

Rares étaient ceux qui refusaient un poste où l'on avait plus à manger. La nourriture, les vêtements, le sommeil et le travail effectué étaient des facteurs de survie décisifs[34].

À la suite de l'intervention de compagnes de détention de la Schreibstube *et de l'*Arbeitseinsatz*, *Katia me proposa le poste de chef du block 14. Je déclinai l'offre*[35].

Krankemann m'avait repéré ainsi qu'un autre prisonnier, Jerzy Barski, étudiant d'une école d'art dramatique, pour le poste de chef de chambrée. Nous ne voulions pas de ce poste. Il me convoqua plusieurs fois, me demandant si je voulais être chef de chambrée ; j'expliquai que je ne parlais pas l'allemand et que j'avais les mains gelées, ce qui m'empêchait de battre les prisonniers. Il m'ordonna d'acheter un manuel d'allemand à la cantine, ce que je fis, mais je n'avais aucune envie d'apprendre. Il me convoqua à plusieurs reprises à ce sujet, me harcelant et me battant, mais il ne me fit pas changer d'avis[36].

Cependant, au-delà de la question des *Funktionshäftlinge*, on doit admettre que l'organisation du travail elle-même créait des castes parmi les prisonniers. Celles-ci s'avéraient plus ou moins utiles aux SS, en fonction de leurs attributions et connaissances des rouages internes du camp, le remplacement de ces détenus pouvant revenir plus ou moins cher.

Travaillant au Département politique, je devais prêter particulièrement attention à mon environnement, parce qu'ils nous interdisaient (à nous, les prisonniers employés dans la Politische Abteilung**) sous peine de mort de parler de ce qui se passait ou de ce qui se disait dans les bureaux du Département politique. J'adoptais donc une attitude extrêmement prudente envers mes compagnons de captivité*[37].

---

34. Peter Lebovic (matricule inconnu), *Souvenirs de la plus longue année de ma vie*, Zurich, Kontaktstelle für Überlebende des Holocaust, 2017, p. 27.
35. M. Żumańska (29940), Témoignages, vol. 4, p. 417.
36. Zbigniew Lewandowski (2420), Témoignages, vol. 14, p. 77.
37. R. Taul (1108), Témoignages, vol. IX, p. 1269.

Le travail dans l'imprimerie était soumis au secret. Les prisonniers employés devaient signer une clause de confidentialité. L'imprimerie du camp d'Auschwitz imprimait des fiches, des questionnaires et des formulaires. On imprimait des centaines de milliers, et même des millions de ces documents. Les commandes émanaient des autorités du camp, mais souvent aussi d'autres camps de concentration via les autorités du camp d'Auschwitz[38].

J'étais réticent à les rencontrer [les prisonniers du Sonderkommando *après le transfert de certains d'entre eux au secteur BII en septembre 1944] et évitais leurs invitations. Le travail qu'ils effectuaient faisait d'eux des gens qui étaient « disparus » ou « perdus »*[39].

Enfin, le troisième élément fondamental permettant aux gens d'atteindre une position dans la communauté des prisonniers était la capacité à aider les autres pour leur propre survie.

Dans le camp, tout n'était pas noble et toute action n'était pas héroïque ni inspirée par de nobles mobiles. Il y avait aussi une règle : je te donne afin que toi aussi tu me donnes. En d'autres termes, rien n'était gratuit ! Les compagnons du camp rendaient service à ceux dont ils pouvaient attendre une réciprocité. Les prisonniers qui travaillaient, par exemple, à la cuisine ou aux abattoirs, ou dans quelque autre Kommando privilégié risquaient leur vie, mais pas nécessairement par sympathie pour moi ou pour d'autres. Tant que je pouvais être utile aux autres, j'aurais assez et serais capable d'aider des camarades en leur fournissant nourriture, sous-vêtements ou objets en surplus du camp. C'est-à-dire tant que j'étais encore ce qu'on appelait un Prominent. *C'était à l'époque où je croyais être vraiment adoré par chacun à tout moment*[40].

Je développerai ce sujet lorsque j'aborderai la question des approvisionnements ou du « commerce » dans le camp, ainsi

38. Tadeusz Kopyt (2152), Témoignages, vol. XVI, p. 34.
39. T. Jachimowski (3720), Témoignages, vol. XIII, p. 75-76.
40. Rudolf Diem (10022), Témoignages, vol. CLXXII, p. 144.

que du marché des diverses faveurs. Tous ceux qui parvenaient à s'introduire dans ce réseau naissant d'interdépendances, en apportant leurs compétences, leur débrouillardise, leur courage, faisant parfois fi de leurs principes moraux ou déontologiques, ou en exploitant les avantages liés à leurs fonctions, leur travail ou leurs relations, avaient la possibilité de faire partie intégrante d'une communauté qui – bien que composée d'individus aux profils variés – œuvrait véritablement à l'élaboration de tactiques de survie mutuelle. Dès le début, les principaux centres de ces arrangements informels mais fondamentaux étaient les lieux de travail les plus inaccessibles et les plus recherchés, comme la cuisine ou le dispensaire.

La classe supérieure était composée des quelques rares personnes qui travaillaient dans la cuisine des SS, hors du camp, et dans la cuisine des prisonniers[41].

Comme Leo avait besoin, de temps en temps, de nourriture supplémentaire, il ne ferait de mal à personne en travaillant à la cuisine. Mon kapo, à son tour, avait besoin de médicaments provenant du dispensaire et sachant que j'y travaillais, me protégeait. Les SS eux aussi « organisaient » de la nourriture depuis leur cuisine et étaient donc exceptionnellement polis envers le personnel de la cuisine. Chacun de nous comptait sur un plan d'interdépendance mutuelle[42].

Parmi tous les groupes de l'intelligentsia, les médecins du camp s'en sortaient relativement mieux que les autres[43].

Quand je commençai à connaître davantage de gens à l'intérieur et autour de l'hôpital, je me rendis compte que d'être médecin-infirmier me conférait une appartenance aux strates les plus élevées de la haute bourgeoisie du camp. Cela me semblait bizarre de penser en termes

41. K. Piekarski (4618), *Escaping Hell*, *op. cit.*, p. 54.
42. *Ibid.*, p. 74-75.
43. E. Fajkosz (37629), in *Byłem numerem…*, *op. cit.*, p. 143.

de classes sociales dans un camp. Chacun y entrait quasiment nu, comme lorsqu'on entre dans la vie et pourtant cela ne faisait pas de différence dans les enjeux[44].

Dès la fin de 1940, on pouvait percevoir les premiers signes de stratification dans la communauté des prisonniers. Au fil du temps, l'un des facteurs déterminants devint la durée de détention du prisonnier dans le camp.

Je découvris que plus je restais en vie, plus je m'approchais du noyau dur qui non seulement avait appris à vivre mais aussi à prospérer. Je commençais à faire partie du paysage. On se mit à m'appeler par mon prénom, dès que les anciens m'eurent adopté ma promotion fut assurée[45].

Mon second hiver s'annonçait plus supportable que le premier. J'étais moins affamé et je n'avais plus peur de cet univers alentour[46].

L'ancienneté est une marque de distinction dans la plupart des sociétés. Les anciens du camp peuvent être comparés aux anciens des prisons, mais il faut rappeler que dans ces dernières, la population se compose de gens qui ont été jugés et condamnés pour des crimes bien définis. Au camp, la communauté était différente. Les anciens, ceux qu'on appelait les « bas numéros » ou « vieux numéros », se distinguaient principalement parce qu'ils étaient habitués à l'étrangeté du monde du camp, par leur degré d'intégration grâce à l'expérience et par une compréhension approfondie de ses règles et règlements non écrits. Ils étaient les derniers rescapés des premiers convois, ceux qui avaient vu des centaines et des milliers de prisonniers mourir ou être assassinés. Ils constituaient non seulement une caste distincte, mais également, à bien des égards, une culture distincte au sein du camp.

44. L. J. Micheels (117641), *Doctor 117641*, *op. cit.*, p. 119.
45. R. Vrba (44070), *Je me suis évadé d'Auschwitz*, *op. cit.*, p. 176.
46. Geve (matricule inconnu), *Survivant d'Auschwitz*, *op. cit.*, p. 210.

Les anciens prisonniers avaient du prestige, des relations et des amis, mais je ne savais pas encore tout cela[47].

Le fait de connaître des « anciens » prisonniers et de recevoir de l'aide de ceux qu'on appelait les Zugangi *était un phénomène positif. En revanche, parmi les prisonniers qui avaient une longue expérience du camp de concentration, on observait une attitude dédaigneuse, méprisante à l'égard des prisonniers récemment arrivés*[48].

Les « bas numéros » n'agissaient pas seulement par orgueil. Celles qui restaient debout sur l'immensité du cimetière, comme le sapin des montagnes sur le désert d'une forêt abattue, avaient survécu à tant d'horreurs que leur sensibilité devait fatalement s'émousser. Elles avaient dû s'habituer au vocabulaire comme au reste, pour ne pas devenir folles. Elles avaient fini par devenir indifférentes, par perdre le sens de la mesure. Les souffrances des novices n'éveillaient pas leur compassion. Elles s'en agaçaient parce qu'elles les jugeaient dérisoires[49].

Sans cesse, on entendait l'argument par lequel les « vieux » justifiaient leur dureté envers les « nouveaux ». « Aujourd'hui, c'est un paradis. En 1940 et 1941, ce qu'on a souffert, c'était bien autre chose. Pourquoi seriez-vous mieux lotis[50] *? »*

C'est à cette période que j'ai, moi aussi, fait l'amer constat que les prisonniers de longue date étaient généralement devenus des « sauvages » dans le camp, au point qu'il devenait préférable d'éviter tout contact avec eux[51].

Cette tension lourde de réprobations entre la sensibilité des *Zugangi* et le monde apparemment incompréhensible des « vieux

---

47. B. Dąbrowski (18375), in Dąbrowski, *Nietypowy więzień*, *op. cit.*, p. 20.
48. L. Kozakiewicz (57345), Témoignages, vol. LXXX, p. 21.
49. Z. Kossak (64491), *Du fond de l'abîme, Seigneur…*, *op. cit.*, p. 96.
50. H. Langbein (60355), *Hommes et femmes à Auschwitz*, *op. cit.*, p. 72.
51. E. Fajkosz (37629), in *Byłem numerem…*, *op. cit.*, p. 96.

numéros » se manifeste dans de très nombreux mémoires. Je ne pense pas avoir la compétence voulue pour discuter des diverses conditions psychologiques, mais il semble que ces deux groupes – quoique parfois divisés seulement par le nombre de mois passés dans le camp – étaient désormais séparés par des langues et concepts différents, au sein d'une culture différente, avec des priorités totalement différentes, vivant selon des normes différentes et des tabous différents. Quelques mois, un an ou deux, suffisaient pour qu'une personne change au point de devenir incompréhensible pour ceux qui n'avaient pas partagé les mêmes expériences. À la lumière de ces expériences, les anciens prisonniers regardaient avec condescendance et indifférence ce qui horrifiait les nouveaux[52]. La réponse d'un ancien prisonnier, un Juif français *Blockältester**, à un prisonnier déjà « vieillissant » qui demandait si les relations entre nouveaux et anciens prisonniers du camp pourraient s'améliorer, est très révélatrice :

> *Il faut du temps pour qu'une âme arrachée à un univers normal et jetée dans un monde où l'on peut mourir pour un rien, il faut du temps pour que cette âme trouve un équilibre intérieur*[53].

---

52. Voir Kłodziński (20019) et Masłowski, « Poniżanie godności więźniów », art. cité, p. 76 : « Selon Mieczysława Chylińska (44685), le traitement des *Zugangi* évoquait les caractéristiques d'une initiation primitive, par exemple la surprise, l'absence de pitié, la brutalité, la cruauté et la douleur croissante imposée aux prisonniers nouveaux arrivants. Dans le vocabulaire culturel, les mots manquent pour définir clairement ou correctement les rituels du camp [dans l'accueil des *Zugangi*]. » Il faut souligner que, dans les sociétés primitives, les initiations présentaient un avenir qui pouvait être difficile, mais qu'on attendait résolument, par exemple le passage à la maturité, alors que le camp ne proposait qu'une perspective sans espoir de terribles souffrances et de mort. Sur le processus douloureux d'acquisition de la mentalité d'un prisonnier chargé de fonction, voir Czesław Głowacki, « Rozmiary i istota przemian w psychice kobiet w obozach koncentracyjnych », in Henryk Urbanowicz, Jerzy Papaj et Stefan Kobrzyński, *Mieszkańcy Warszawy w KL Auschwitz-Birkenau w latach 1940-1945. Materiały z sesji popularnonaukowej – relacje, dyskusja*, Varsovie, 1985, vol. II, p. 24-30.

53. A. Balbin (41796), *De Lodz à Auschwitz en passant par la Lorraine*, *op. cit.*, p. 106.

La stratification de la communauté des prisonniers était déjà nettement visible en 1943, mais elle prit des proportions démesurées pendant la phase finale du camp, à partir du printemps 1944. Le monde des *Prominente*, des *Funktionshäftlinge* et des vieux numéros était absolument incomparable avec le monde des *Zugangi*, surnommés millionnaires[54], ces prisonniers de la base relégués dans les Kommandos où prévalaient des conditions fatales. Les premiers vivaient dans un luxe relatif, mais également de plus en plus ostentatoire, qui aurait paru tout à fait inimaginable dans les premières années du camp, alors que les derniers demeuraient constamment tourmentés par la faim et la mort. Avec la démoralisation de certains SS en raison du tournant défavorable des événements sur le théâtre des opérations, avec le relâchement de nombreuses règles et des procédures de surveillance, avec l'influence croissante des entreprises privées employant de la main-d'œuvre esclave et, surtout, avec la corruption qui se propageait parmi le personnel SS et la conviction que la seule chose qu'ils pouvaient retirer de cet *anus mundi* serait ce qu'ils réussiraient à accaparer, l'influence des prisonniers capables de tirer profit de la situation s'accrut de manière fulgurante. Ceux qui renforcèrent leurs positions dans la hiérarchie du camp étaient d'habiles organisateurs, parfois de véritables directeurs d'équipes fournissant des services commerciaux complexes. Le camp avait dépouillé ces gens de leurs illusions, fait voler en éclats leurs inhibitions et leurs scrupules. Comme l'objectif ultime était la survie, et que seuls les élus du sort pouvaient y parvenir, on devait à tout prix œuvrer pour ce sort. La stratification de la communauté des prisonniers continua à s'accentuer rapidement.

Il y avait aussi des leçons plus difficiles à avaler. Je m'aperçus qu'il y avait une hiérarchie qui vivait princièrement, qu'il y avait une

54. Jargon d'Auschwitz désignant les prisonniers ayant des numéros à six chiffres.

échelle sociale que l'on pouvait gravir, que des querelles couvaient et explosaient, que des amourettes naissaient, étaient consommées et s'éteignaient, que la vie au « Kanada » ressemblait par maints côtés à la vie courante. L'important n'était pas qui vous étiez mais qui vous connaissiez[55].

Je vais le soir au Krankenbau*. *On nous fait attendre sur le trottoir, debout après la fatigue du travail et de l'appel. Des détenus bien habillés entrent et sortent, tandis que la plèbe attend que le portier fasse signe d'entrer, presque un par un*[56].

Les témoignages suivants peuvent sembler très éloignés de l'image qu'on se fait d'un camp de concentration et d'extermination. Certes, ils concernent principalement les derniers mois de l'existence du camp et seulement quelques individus statistiquement négligeables parmi tous les prisonniers et victimes d'Auschwitz, mais ils nous renseignent sur une certaine réalité créée au sein du système de castes qui non seulement contrôlait la majeure partie de la circulation non officielle des biens dans le camp, mais avait atteint un niveau auquel bon nombre de simples gardes SS ne pouvaient aspirer.

« Où as-tu pris cela ?... Comment as-tu osé ? » demandait-elle avec colère à un Muselmann *en arrachant de sa tête couverte d'abcès un sale torchon. Et elle ne remarquait point le col de fourrure de sa voisine, col qui trahissait la présence d'un chaud manteau sous le « rayé ». Tandis que, sur un châlit, dormaient de malheureuses créatures que le froid rétrécissait sous la mince couverture du camp, à quelques pouces de distance, d'autres* Häftlinge *reposaient entre des draps propres, vêtues de beau linge de soie, sous une double couverture chaude. Les unes devaient aller le matin à un travail dur et meurtrier. Les autres savaient que la responsable du block les retiendrait à l'intérieur des baraques sous n'importe quel prétexte. Les unes n'avaient pendant des semaines aucune possibilité de se laver ; aux autres, une servante personnelle apportait de l'eau volée*

---

55. R. Vrba (44070), *Je me suis évadé d'Auschwitz*, *op. cit.*, p. 175-176.
56. M. Cling (A-5151), *Un enfant à Auschwitz*, *op. cit.*, p. 88.

à la Sauna. *Elles possédaient leur propre seau, et n'étaient pas obligées de fréquenter les immondes latrines. La servante emportait le seau. Elle était encore reconnaissante d'être nourrie en échange*[57] *!*

*Une « éminence » se devait de fêter dignement son anniversaire. Pour Reinhold, l'orchestre dont Laks et Coudy faisaient partie donnait une aubade le matin de ce jour faste ; l'*oberkapo *apparaissait en pyjama de soie, distribuait généreusement des cigarettes aux musiciens et leur offrait des liqueurs, le tout en musique, bien entendu*[58].

Un dimanche de juillet, les kapos organisèrent un match de football dans le camp [Auschwitz I]. Le prix pour les vainqueurs était une marmite de soupe. Nous jouions contre le Kommando des cordonniers. Les cordonniers remportèrent la soupe[59].

Je ne savais pas davantage qu'il m'avait acheté au chef de block pour un citron. J'ignorais tout alors de l'immense marché noir qui se pratiquait dans le camp, un marché noir qui permettait à certains de vivre et en conduisait d'autres à la torture et à la mort[60].

Je me tenais avec deux camarades près du block lorsqu'un homme de haute taille, élégamment vêtu s'est approché de nous : il portait un veston foncé et un pantalon rayé. Nous ne lui prêtions pas d'attention particulière. Remarquant notre absence d'intérêt, l'homme a demandé avec froideur : « Pourquoi n'avez-vous pas ôté votre calot devant moi ? » Nous avons alors retiré notre calot et nous nous sommes mis au garde à vous, comme devant un SS. Et il a poursuivi : « Savez-vous qui je suis ? » « Non », avons-nous répondu. « Je suis le Lagerältester *! Avant, pour un tel comportement à mon égard, je vous aurais tués ! » Nous lui avons humblement présenté nos excuses. Il était évident que c'était un homme magnanime*[61].

57. Z. Kossak (64491), *Du fond de l'abîme, Seigneur…*, *op. cit.*, p. 148.
58. H. Langbein (60355), *Hommes et femmes à Auschwitz*, *op. cit.*, p. 151-152.
59. W. Siwek (5826), Témoignages, vol. XIII, p. 163.
60. R. Vrba (44070), *Je me suis évadé d'Auschwitz*, *op. cit.*, p. 114.
61. B. Dziewięcki (125546), *Z dna piekła*, *op. cit.*, p. 52. Cet événement eut lieu à Birkenau en juillet 1943.

On trouve de nombreux autres exemples de telles situations. Il importe ici de remarquer que la stratification sociale offrit à quelques prisonniers l'occasion de se rendre utiles à la nouvelle aristocratie du camp[62] et de devenir eux aussi des privilégiés.

> *Grâce à ma propre habileté, à ma connaissance de l'allemand et à des circonstances favorables, j'obtins un travail convoité, à l'intérieur, ce qui était une condition* sine qua non *de survie*[63].

> *Il était très important de ne pas s'épuiser inutilement, de conserver son énergie*[64].

> *Je mangeais de nouveau à une table et non plus debout comme dans les autres équipes de travail. Le sort d'un prisonnier pouvait basculer si subitement et si souvent et par pur hasard ! L'improbable devenait probable, puis réel. De nombreuses réflexions me traversaient l'esprit, mais l'une en particulier m'obsédait : « Je ne dois pas commettre la moindre erreur. » Je devais être vigilant pour conserver cette chance*[65].

Et pourtant, à l'extrémité opposée de la hiérarchie du camp, se trouvaient ceux que le réseau de la nouvelle aristocratie ne remarquait pas, ceux qui étaient voués à mourir, puisque c'était ce que la machine voulait pour permettre à d'autres d'avoir une chance de survie.

> *Une prisonnière travaillant* aussen *[dehors] était traitée comme un animal, non seulement par les SS et les prisonniers chargés de fonction, mais également par les autres prisonnières qui avaient la chance de travailler à l'intérieur. Là, c'était comme les règles de la nature : la plus faible devait mourir, la plus forte gagnerait toujours. Tout comme une plante qui pousse rapidement cache la lumière aux*

---

62. Voir Sofsky, *L'Organisation de la terreur*, *op. cit.*, chap. sur « L'aristocratie », p. 182-191.
63. S. Kępa (799), Témoignages, vol. LXXVIII, p. 5.
64. T. Sobolewicz (23053), *But I Survived*, *op. cit.*, p. 91.
65. *Ibid.*, p. 157.

plantes plus chétives et sourit aux rayons du soleil, il en allait de même à Birkenau[66].

Les conditions et les relations étaient meilleures dans les bons Kommandos que dans ceux qui devaient travailler à l'extérieur. La jalousie, elle, concernait les conditions de vie. Si les conditions étaient implacables, on ne pensait qu'à soi[67].

Les vieux qui travaillent dans notre Kommando sont particulièrement maltraités. Ils sont des parias, au plus bas de l'échelle dans la hiérarchie concentrationnaire du Lager, *inhumaine et impitoyable. D'abord, ils sont les derniers arrivés. Leur numéro cousu sur leurs vêtements rayés les trahit au premier regard*[68].

Que les SS venaient d'un autre monde, qu'ils n'étaient pas de même nature que les prisonniers, qu'ils étaient comme leurs chiens aux crocs acérés, cela, les prisonnières pouvaient le comprendre.

Il était très révoltant pour nous les prisonnières de devoir marcher nues devant des hommes. Nous ne prêtions aucune attention aux SS – pour nous, ce n'étaient pas des êtres humains, ce n'étaient pas des hommes. Cependant, la désinfection des baraquements et des vêtements était effectuée par nos camarades, des prisonniers. Des colonnes de femmes nues devaient monter dans des auges contenant un désinfectant liquide près de l'endroit où les prisonniers hommes travaillaient, et y lancer leurs vêtements. Et cela était extrêmement pénible – tout simplement humiliant[69].

Mais qu'au sein du même camp, du même système, puisse exister une stratification où tant de personnes mouraient de faim et d'épuisement, tandis que d'autres profitaient du pouvoir, de l'or, de l'alcool et de divers autres stimulants, était

66. Z. Czerwińska-Kossakiewicz (49973), Publications, vol. XVI, p. 37.
67. Z. Posmysz (7566), *Królestwo za mgłą*, *op. cit.*, p. 119.
68. Roth (A-17140), *Avoir 16 ans à Auschwitz*, *op. cit.*, p. 247.
69. Maria Świderska-Świeratowa (28019), Témoignages, vol. XIII, p. 13.

tout simplement insupportable pour les prisonniers. Après tout, les privilèges de certains rabaissaient toujours les autres. Et cela s'appliquait à tous les cas sans exception, quelle que soit l'ampleur des privilèges.

> *Quand les soldats de la patrouille ou la surveillante jetaient de la viande au chien, les prisonnières ne ressentaient que l'infini du tort qu'on leur faisait. Mais quand une camarade s'empiffrait sans souci de leur présence famélique, ce sentiment s'aggravait de révolte et de rancune. On pouvait alors voir clairement comment croît la haine entre les classes, comment éclatent les révolutions, et qui en est responsable*[70].

Bien sûr, on pouvait mépriser la stratification, mais surtout on pouvait, en acceptant son existence, essayer de gagner l'antichambre des cercles supérieurs pour augmenter ses chances de survie. Même si ce n'était pas entièrement vrai, on pouvait au moins donner l'impression d'appartenir aux milieux privilégiés. Tout d'abord, la motivation personnelle augmentait, une perspective de survie apparaissait, la volonté en était renforcée. Ensuite, cela limitait le risque d'être perçu comme appartenant à la majorité des prisonniers qui ne se souciaient pas de leur apparence. Cela montre bien l'influence réelle des attributs des couches sociales supérieures sur le sort des hommes dans le camp.

> *Ma sensation de bien-être se renforça tellement que je commençai à prendre soin de mon apparence autant que possible. Maintenir une certaine allure était essentiel dans le camp. Une apparence négligée chez un prisonnier incitait les Allemands à le battre et à le maltraiter*[71].

> *Dans le camp, les gens étaient tous indifférents les uns aux autres. C'était une conséquence de la pauvreté générale. Ceux qui avaient*

70. Z. Kossak (64491), *Du fond de l'abîme, Seigneur…*, *op. cit.*, p. 148-149.
71. Kazimierz Kaszubski (3416), *To przeżyłem*, Varsovie, 2016, p. 57.

bonne apparence suscitaient sympathie et respect. Ceux qui semblaient démunis étaient malmenés par tout le monde[72].

Face à la stratification sociale croissante, le seul élément d'égalité entre les prisonniers était fondamentalement la mort qui les guettait tous. Même si les chances de survie étaient différentes pour le *Prominent* ou pour le *Zugang*, radicalement différentes pour le prisonnier du *Sonderkommando* ou pour la prisonnière espérant survivre un jour de plus en tant que domestique de sa chef de block, le dicton du camp de concentration *Sowieso : Krematorium* s'appliquait à tout le monde. Et la fumée s'échappant des cheminées du crématoire ne leur permettait pas de l'oublier.

N'importe qui peut tomber malade et rejoindre le Himmelkommando. *Cette inquiétude nous accompagna en fait tout le temps que nous étions au camp. Nous avions bien conscience que même le travail dans le meilleur Kommando ou dans la plus haute fonction de ce qu'on appelait « l'auto-administration des prisonniers » n'était pas une garantie. Trop de fois, nous avions vu que la moindre bévue suffisait à perdre son poste et à devenir un « moins que rien*[73] ».

72. B. Dziewięcki (125546), *Z dna piekła*, *op. cit.*, p. 68.
73. T. Kośmider (624), Témoignages, vol. LXXVII, p. 83.

LES RAPPORTS HUMAINS ET L'AMITIÉ

Comme il est difficile de trouver un ami dans le camp, où la faim transforme les gens en bêtes sauvages[1].

Dans la brutalité d'un univers nouveau et par nature incompréhensible, où régnait une hiérarchie inaccessible au *Zugang*, était-il possible, malgré l'isolement ressenti au cœur même du camp, de tisser d'étroites relations humaines ? C'est là une question importante. Il est trop facile d'affirmer que, confronté à des menaces et des épreuves communes, les détenus devaient naturellement rechercher des liens de réciprocité et de solidarité. Une telle approche équivaudrait à une volonté d'appliquer notre compréhension du monde d'aujourd'hui à celle du monde concentrationnaire. Ce modèle ne résiste pas à l'examen des témoignages et autres sources. La situation au camp était plus complexe[2].

L'établissement de relations humaines profondes requiert incontestablement du temps. Du temps libre, dans une paix et une intimité relatives où deux ou plusieurs personnes peuvent se réunir loin de la foule. Telles étaient les trois conditions qui faisaient singulièrement défaut dans la vie au camp. Les

1. E. Kaczyńska (45887), in *Byłem numerem...*, *op. cit.*, p. 139.
2. W. Witek-Malicka, *Dzieci z Auschwitz-Birkenau*, *op. cit.*, p. 195-220.

prisonniers étaient toujours dans une foule, pressés et bousculés, soumis constamment à des ordres, des interdictions et des contraintes.

Il n'y avait pas un jour, ni même une heure de calme au camp. C'est pourquoi, dans cette immense masse de gens, il était difficile de se faire des amis, ou même de rester en contact avec ceux qu'on aimait[3].

Surtout, il était difficile d'établir une relation stable dans une situation où les gens étaient sans cesse remplacés. Certains mouraient, d'autres étaient transférés dans un autre baraquement, un autre Kommando ou un camp annexe, et d'autres disparaissaient du jour au lendemain pour des raisons totalement inconnues, tandis que d'autres encore apparaissaient immédiatement à leur place. La foule était ainsi remaniée en permanence[4].

Afflux constant de nouveaux prisonniers, perpétuellement de nouveaux visages inconnus. Cela ne créait pas les conditions propices à l'établissement de relations d'amitié. Dans cet enfer, une personne se sentait seule, abandonnée, perdue, terrorisée, menacée en permanence et constamment vulnérable[5].

Celui qui hier était allongé près de toi, à qui tu avais parlé et échangé des paroles d'espoir et de désespoir, tu ne l'as pas revu. Le soir suivant, un inconnu avait pris sa place, avec lequel tu refaisais connaissance et qui, à son tour, disparaissait. Tout ce temps où tu étais complètement seul dans ce groupe, dont toi-même tu ne voulais pas faire partie. Tellement de corps vivants inconnus ont disparu : je n'ai jamais su leurs noms et ne le saurai jamais. C'était ça Birkenau[6].

---

3. J. Apostoł-Staniszewska (26273), *Echa okupacyjnych lat*, *op. cit.*, p. 315.
4. Certains interprètent le remaniement régulier des prisonniers comme une politique délibérée des SS visant à empêcher les prisonniers de nouer des relations personnelles dans le camp. Voir M. Chylińska (44685), « Działania SS w Brzezince », art. cité, p. 145-161.
5. J. Marszałek (18857), cité in Ryn et Kłodziński (20019), « Śmierć i umieranie... », art. cité, p. 63.
6. M. Antelin (145808), *Chronique maladroite d'un candide*, *op. cit.*, p. 43.

Soudain, il était parti, il n'était plus là. Je ne savais pas ce qui lui était arrivé[7].

Parfois, on appelle un nom et cette personne ne revient jamais[8].

Ne vous attachez pas trop à qui que ce soit ou à quoi que ce soit sur le mode de la possession. Tout cela peut disparaître en un clin d'œil, que ce soit par suite de sélections, de désinfections, ou de la mort[9].

Autrement dit, à long terme, ce n'était que dans les groupes privilégiés, moins exposés aux changements quotidiens, qu'il était possible d'établir des relations durables. Mais ces groupes, qui comprenaient l'aristocratie du camp, les *Funktionshäftlinge* et les « anciens numéros », se coupaient du reste du camp. Pour l'immense majorité des prisonniers, chaque jour était une nouvelle lutte pour la survie. En conséquence, chaque conversation, chaque rencontre avec une personne de connaissance pouvait être la dernière.

Je les encourage et je les exhorte à réagir. Je leur décris la situation qui évolue [...]. Nous nous quittons sur une chaleureuse poignée de main[10].

Autre facteur déterminant entravant l'établissement de bonnes relations, voire d'une amitié, c'était le climat de tensions permanentes qui, s'ajoutant à l'épuisement dû au travail pénible et à la sous-alimentation, exacerbait l'anxiété de chacun jusqu'à provoquer un effondrement mental manifeste.

Je supposais que, dans ce camp de misère humaine, les prisonniers se montreraient amicaux les uns envers les autres et s'entraideraient ; or j'assistais à quelque chose de complètement différent[11].

7. Winter (Z3105), *Winter Time*, *op. cit.*, p. 73. La citation concerne un enfant devenu ami des médecins qui avaient provisoirement réussi à le sauver.
8. J. Brandhuber (87112), Publications, vol. VII, p. 63.
9. S. Cernyak-Spatz (34042), *Protective Custody*, *op. cit.*, p. 160.
10. M. Nyiszli (A-8450), *Médecin à Auschwitz*, *op. cit.*, p. 114-115.
11. M. Bednarski (30951), *W szponach Gestapo*, *op. cit.*, p. 112.

Le spectacle que je voyais ébranla ma confiance dans ce qui est écrit dans les livres. Dans des situations désespérantes, quand l'être humain perd le contrôle de lui-même, l'amitié ne se renforce pas, mais s'effondre[12].

Dans les relations entre Häftlinge *se marquaient certains changements dus au « système ». En général, le camp tuait plutôt l'esprit de camaraderie qu'il ne le développait. Cela pour maintes raisons*[13].

Sous la pression harcelante des besoins et des souffrances physiques, bien des habitudes et bien des instincts sociaux disparaissent[14].

Vivre au sein d'une telle masse humaine n'avait rien d'aisé. Un être affamé et battu, vivant dans l'incertitude constante du lendemain, un être brutalement dépouillé de tout ce qui, lorsqu'il était libre, semblait nécessaire pour vivre, devient particulièrement nerveux et réagit de façon totalement différente, même à de simples incidents de la vie quotidienne, contrairement à vous et à moi aujourd'hui, cher lecteur[15].

À Auschwitz, il n'y avait pratiquement pas de cœur [...]. Chacun, dans son égoïsme avide, luttant sans cesse pour survivre avançait sans égard pour les autres, n'entendant pas les gémissements, ne regardant pas en arrière, un solitaire égoïste déambulant parmi les cadavres[16].

Dans le camp, les gens n'étaient plus humains, encore moins polis ou bien élevés[17].

Chez de nombreux prisonniers, j'observe une tendance à la déchéance à mesure qu'ils perdent leur conduite morale, ce qui n'est guère surprenant. Dans l'univers du camp, de détestables traits de caractère, dissimulés en temps normal, masqués par l'aisance

12. R. Kagan (7984), *Des femmes au bureau de l'enfer*, *op. cit.*, p. 295.
13. Z. Kossak (64491), *Du fond de l'abîme, Seigneur...*, *op. cit.*, p. 94.
14. P. Levi (174517), *Si c'est un homme*, *op. cit.*, p. 134.
15. A. Ziemba (21855), *A Piece of Bread*, *op. cit.*, p. 7.
16. W. Brzosko (64404), Publications, vol. LXXI, p. 21.
17. M. Ślisz-Oyrzyńska (40275), Publications, vol. LXIII, p. 47.

matérielle, refont surface. Les qualités, quant à elles, disparaissent [...]. Arrachés au monde des relations réglées, ils perdent leur sens de l'équilibre. Ils deviennent à la fois audacieux et obséquieux [...]. Bon nombre ne croient plus qu'ils reviendront un jour à la vie normale, et c'est pourquoi, il y a tant de cas où toute cette misère et ces incertitudes se déversent dans de mesquines querelles [...]. Les chamailleries constantes suscitent haine et inimitié mutuelles[18].

Pour l'heure, ce n'était plus seulement nos manières et nos normes de comportement qui s'étaient éloignées de nos vies, mais la grossièreté et la brutalité qui s'y étaient superposées sans restriction. Les expressions de notre visage, nos langues semblaient cracher une colère et une haine venimeuses, et il n'y avait pas une once de considération pour autrui[19].

L'impossibilité de rester seul, ne serait-ce qu'un instant engendrait des frustrations. Cette nervosité était plus facile à maîtriser de jour, pendant le travail. Sous pression et sous la surveillance du kapo, les chances d'échanges prolongés avec les autres se faisaient rares. La nuit, cependant, dans les moments tant attendus de calme, de répit et de temps de réflexion, la promiscuité dans les baraquements et les blocks, les châlits et les grabats provoquait une nette recrudescence de l'agressivité.

Enfin, nous allions nous coucher. C'était difficile de faire tenir trois personnes dans un tel lit. Très difficile. On était tous fatigués, très agités, la moindre peccadille à laquelle, normalement, personne ne prêtait attention entraînait les gens à croiser le fer, à chercher querelle, comme des chiens enragés, tout simplement. C'étaient eux qui avaient transformé ces gens en animaux, pas seulement en animaux, mais en animaux enragés[20].

18. J. Pozimski (1099), Publications, vol. LII, p. 176.

19. S. Selver-Urbach (matricule inconnu), *Through the Window of My Home*, *op. cit.*, p. 128.

20. J. Wolman (33611), Témoignages dans le procès Rudolf Höss [IPN GK 196/87], *Chronicles of Terror*, *op. cit.*, vol. V, p. 113.

Lorsque les « koïas » étaient pleines à craquer, les incidents entre internés étaient fréquents. Pendant le jour déjà, le vacarme qui régnait constamment dans le block usait nos nerfs, nous exaspérait, nous rendant odieuses les unes aux autres. Les plus pacifiques d'entre nous étaient parfois saisies d'une envie folle d'étrangler leurs voisines, tellement nos nerfs à toutes étaient à fleur de peau. Le soir, cette exaspération atteignait à son comble, sous l'effet des contacts physiques inévitables*[21].

L'hostilité entre voisins d'une même paillasse est affreusement humaine et compréhensible. Chacun gêne l'autre, chacun prend plus de place qu'il n'est censé en occuper[22].

Dans toute situation de surpeuplement et de promiscuité, lorsqu'on devait se bousculer pour prendre sa place, sa position, pour accéder à l'eau, à la soupe ou aux latrines, éclataient de violentes disputes et des rixes.

On ne peut s'imaginer l'atmosphère qui régnait entre les compagnes du même block dans de telles conditions qu'en se rappelant bien que nous étions en fin de compte des êtres humains à trois dimensions et non pas des planches. Comment se mouvoir, se vêtir, se déshabiller, manger, dormir, vivre en général, dans cet entassement de corps humains, dans ces ténèbres complètes ? Il était impossible de ne pas écraser le pied à quelqu'un, de ne pas donner un coup de pied à la tête en montant dans sa couchette ou bien en en descendant, de ne pas renverser l'écuelle avec le café sur la couverture, d'échanger un sabot qu'on ne distinguait pas au toucher. Fatiguées, éreintées, notre patience était limitée ; aussi une atmosphère d'énervement régnait-elle toujours dans le block[23].

Et dans la ruée, l'une bousculait l'autre, lui marchait sur les pieds, une autre recevait à sa place un coup de poing sur le dos et s'en étonnait ; mais généralement, on ne demandait pas beaucoup pourquoi.

21. O. Lengyel (25403), *Souvenirs de l'au-delà*, *op. cit.*, p. 60-61.
22. S. Laks (49543), *Mélodies d'Auschwitz*, *op. cit.*, p. 36-37.
23. P. Lewińska (32292), *Vingt mois à Auschwitz*, *op. cit.*, p. 55-56.

Nous ressemblions plus exactement à des bêtes féroces qu'à des personnes civilisées[24].

Autour de nous se déroulait entre les prisonniers un combat perpétuel, acharné, pour une vie d'animal, pour un morceau de pain, pour un mégot de cigarette, pour du fil et une aiguille, pour une gorgée d'eau potable[25].

Nous luttions constamment pour une meilleure place pour dormir, pour une couverture, une place dans le Waschraum, *pour de l'eau à boire, pour une gamelle de soupe, parce qu'il n'y avait pas assez de gamelles pour tout le monde. On luttait aussi pour une place dans les latrines*[26].

La lutte pour un moment de répit se menait seul[27].

Malgré la concentration d'un si grand nombre de personnes et un objectif commun clairement partagé par tous – survivre –, le camp ne fut point un espace social au sein duquel des relations humaines pouvaient se renforcer, s'approfondir, mûrir et revêtir des caractéristiques stables.

Nous avions décidé de nous retrouver entre Italiens, tous les dimanches soir, dans un coin du Lager *; mais nous y avons bientôt renoncé parce que c'était trop triste de se compter et de se retrouver à chaque fois moins nombreux, plus hideux et plus sordides. Et puis c'était si fatigant de faire ces quelques pas, et puis se retrouver, c'était se rappeler et penser, et ce n'était pas sage*[28].

Au contraire, au lieu de resserrer les liens, le camp de concentration était un endroit où ils s'amenuisaient, s'affaiblissaient et se réduisaient au minimum.

---

24. Lisa Pinhas (41117), *Récit de l'enfer*, Paris, Le Manuscrit, 2016, p. 95-96.
25. S. Laks (49543), *Mélodies d'Auschwitz*, *op. cit.*, p. 33.
26. J. Lach-Kamińska (46223), Publications, vol. LXV, p. 90.
27. Z. Posmysz (7566), *Królestwo za mgłą*, *op. cit.*, p. 83.
28. P. Levi (174517), *Si c'est un homme*, *op. cit.*, p. 51.

La plupart du temps, la simple camaraderie de travail et les banales relations mondaines antérieures ne résistaient pas à l'emprisonnement[29].

Nous parlions rarement. Que pouvions-nous dire ? Nous devions faire attention à ce que nous faisions et devenir aveugles à ce que faisaient les autres. Nous devions devenir inhumains afin de survivre, et surtout, nous devions survivre. C'était la seule chose qui me permettait de continuer. Je devais survivre[30].

À cet égard, les tentatives – mentionnées dans de nombreux récits – de se souvenir des prénoms et des noms des autres détenus d'un Kommando, d'un baraquement, voire d'un même châlit, sont très révélatrices.

Quant aux noms des prisonniers avec lesquels je travaillais, malheureusement, je ne me souviens d'aucun nom de famille. Nous ne connaissions généralement que nos prénoms. Je n'ai jamais rencontré aucun prisonnier de mon Kommando après la guerre[31].

J'avais seulement quelques contacts étroits au Bekleidungskammer*, *il y en avait une dizaine à peu près que je connaissais mieux, je me souviens des prénoms et des visages, mais seulement d'un nom, Świerczyna Bernard*[32].

Je me souviens que l'un de nous avait des contacts avec la population, mais je ne me souviens plus qui c'était[33].

Le détachement émotionnel et le déclin de l'empathie parmi les prisonniers augmentaient au fil du temps passé derrière les barbelés. C'est quelque chose que les nouveaux prisonniers,

29. Z. Kossak (64491), *Du fond de l'abîme, Seigneur…*, *op. cit.*, p. 97.
30. Heinz Salvator Kounio (109565), *A Liter of Soup and Sixty Grams of Bread. The Diary of Prisoner Number 109565*, New York, Bloch Publishing, 2003, p. 54-55.
31. Ajzyk Szwarc (92811), Témoignages, vol. XXXIII, p. 103.
32. Stefan Miazek (44257), Témoignages, vol. III, p. 287.
33. Adam Klus (419), Témoignages, vol. IV, p. 512.

souvent, ne pouvaient pas comprendre, ni pardonner aux « anciens numéros ». Car, au début de leur calvaire dans le camp de concentration, les gens pouvaient encore se faire la promesse qu'eux-mêmes ne succomberaient pas à une telle dégradation.

> *Je restai là à regarder les hommes plongeant la tête dans les bidons pour lécher jusqu'à la dernière goutte. Je n'avais jamais vu des gens agir ainsi, comme une meute de chiens luttant pour un morceau de viande. J'étais déterminé, quoi qu'il arrive, à ne jamais m'abaisser à ce niveau*[34].

Après un certain temps passé dans le camp, durant lequel chacun avait dû se consacrer à ses propres objectifs de survie quotidienne, on ne s'intéressait plus aux problèmes des autres. Même la mort des autres n'émouvait plus certains prisonniers, comme en témoignent de nombreux mémoires, ou cette description d'une scène à la suite d'une bagarre de quelques *Muselmänner* qui voulaient voler la soupe d'autres détenus :

> *Quatre cadavres gisaient sur la place. Ils avaient payé de leur vie quelques lampées de soupe. Je regardai cette scène, qui ne suscitait de réaction chez personne. C'était comme si un tel incident était compréhensible et normal. Personne ne se donna même la peine de découvrir les noms de ceux qui avaient été tués*[35].

On notera cependant que cette tension nerveuse et ce détachement émotionnel n'étaient pas les seuls facteurs qui entravaient les relations personnelles. J'ai déjà mentionné de nombreux autres facteurs du même ordre comme la faim, l'apathie, la faiblesse ou le processus conduisant à devenir un *Muselmann*, mais il faut rappeler ici que les circonstances extérieures n'encourageaient pas non plus l'ouverture entre les prisonniers. Le camp était le prolongement, et même la quintessence d'un système

34. M. Eisen (A-9892), *By Chance Alone*, *op. cit.*, p. 87-88.
35. A. Kajzer (matricule inconnu), *Za drutami śmierci*, *op. cit.*, p. 35.

totalitaire fondé sur la terreur, la surveillance et l'oppression totale d'un État policier. À cet égard, la limite entre les SS et la *Politische Abteilung* (la Gestapo du camp) d'une part et le monde des prisonniers de l'autre était quelque peu floue. Tout comme le kapo était une extension de la surveillance exercée par les SS, la Gestapo, elle aussi, avait son propre réseau d'espions et d'informateurs. Les prisonniers étaient souvent interrogés et torturés. Il y avait aussi des dénonciations spontanées faites par des prisonniers qui espéraient au moins sauver leur propre vie. Le système lui-même et les dangers invisibles créaient donc une atmosphère où la première règle des relations humaines était la méfiance, et surmonter cette méfiance, c'était prendre un risque calculé pour atteindre un objectif donné.

> *La camaraderie existait principalement parmi ceux qui étaient arrivés à Auschwitz à la suite d'enquêtes politiques [...]. Les prisonniers ordinaires arrêtés dans la rue au cours de rafles – comme moi – étaient accueillis avec méfiance par les prisonniers plus expérimentés ; ils prenaient d'abord le temps de nous évaluer et de vérifier qui nous étions, avant de nous accepter parmi eux. De leur point de vue, c'était parfaitement compréhensible parce qu'il pouvait fort bien y avoir parmi nous des criminels et des délateurs*[36].

> *Je rencontrai également une fille avec laquelle j'avais été à l'école ; elle était là aussi en tant que non-Juive et fut effarée de me voir. Je lui promis que je ne parlerai à personne de ses origines. Je n'ai jamais cherché à reprendre contact avec elle afin de ne pas éveiller les soupçons*[37].

> *C'était un secret de polichinelle qu'Olpiński et Malorny étaient des espions du département politique. Leurs victimes étaient généralement des prisonniers naïfs qui ne savaient pas tenir leur langue, et qui payèrent leur imprudence de leur vie*[38].

36. W. Bartoszewski (4427), *Mój Auschwitz*, *op. cit.*, p. 27.
37. P. Gruber-Herszkopf (matricule inconnu), *Lasting Pain*, *op. cit.*, p. 117.
38. F. Wieszała (9537), Témoignages, vol. XVI, p. 77.

Mais c'était en premier lieu parce que chacun était obnubilé par ses propres problèmes quotidiens, dont l'issue pouvait souvent se révéler fatale. La priorité accordée par chacun à la volonté de survivre l'emportait sur toute autre préoccupation. Les souffrances et la violence omniprésentes, d'une ampleur inimaginable, étaient devenues banales, anesthésiant toute empathie. Les liens et les relations humaines s'étaient relâchés, remplacés par de puissants mécanismes d'autodéfense dans l'esprit des prisonniers expérimentés. Tous ces facteurs affaiblissaient les réactions des prisonniers aux problèmes des autres et pourraient, peut-être un peu hâtivement, être interprétés comme une forme d'indifférence.

Vos angoisses, aucun des prisonniers, croyez-vous, ne peut les partager. Pourtant elles sont identiques chez tous ceux qui sont alignés dans ces enclaves de mort[39].

Être solidaire était un luxe que peu pouvaient se payer ; une bouchée donnée à l'autre était une bouchée de moins pour soi[40].

La solidarité n'existait que quand on avait assez pour soi ; autrement, pour survivre, il fallait être égoïste[41].

Si tu veux survivre, sois un parfait égoïste. Ne pense qu'à toi et rien qu'à toi[42] *!*

Lorsque la torture commença, quelqu'un se précipita-t-il pour sauver la victime ? Loin de là ! Nous restâmes là, en silence. Je demeurai silencieuse. Personne n'intercéda. Au contraire. Enfin un répit, nous pouvions nous reposer. Cette torture se poursuivit. Elle semblait s'éterniser à tout jamais, nous entendions les râles de la femme torturée, mais pour nous – avant tout – elle prolongeait la

39. S. Pisar (B-1713), *Le Sang de l'espoir*, *op. cit.*, p. 76.
40. S. Venezia (182727), *Sonderkommando*, *op. cit.*, p. 145.
41. *Ibid.*, p. 144.
42. Henri Graf (A-5184), *Ne pas mourir*, Rouen, C. Chomant, 2007, p. 53. C'était le conseil entendu par un prisonnier de la part d'un « ancien numéro ».

pause du travail. Des secondes inestimables, des minutes, de repos supplémentaires[43].

Aucune d'entre nous ne s'opposait, aucune ne prenait la défense des prisonnières tombant au sol, chacune veillait à se tenir debout pendant l'appel[44].

Nous regardions nos camarades, battus, roués de coups, pendus, torturés et exécutés d'une balle. Nous refoulions cette réalité hors de notre conscience avec une détermination farouche, dans l'espoir que cela ne nous arriverait jamais ! Peut-être, par souci de préserver notre dignité, avions-nous accepté l'inexorable réalité. Mais alors, il nous aurait fallu mourir avec dignité, en regardant l'ennemi droit dans les yeux. Non ! Cela aurait été trop théâtral. Impossible. Peut-être sommes-nous alors simplement lâches ? Peut-être tentions-nous de nous sauver aux dépens de nos semblables ? Des questions aussi sinistres, déprimantes, paradoxales me traversaient l'esprit en permanence[45].

Le témoignage suivant est un véritable acte d'accusation contre les prisonniers qui se trouvaient dans le camp depuis longtemps. Il décrit le coût moral de la survie.

L'instinct de conservation pousse l'être humain à sauver sa propre vie avant tout et à n'importe quel prix. Cela le rend rapace et dur : « S'il nous faut piétiner les corps de nos camarades pour sauver notre vie, piétinons-les. Que les plus faibles périssent[46] *! »*

Les formes extrêmes de cette « indifférence » étaient souvent un problème, mais elles pouvaient parfois, dans une certaine mesure, être salutaires. On a beaucoup écrit sur le camp en tant que lieu de déshumanisation. Ce n'était pas

43. Z. Posmysz (7566), *Królestwo za mgłą*, *op. cit.*, p. 102.
44. M. Ślisz-Oyrzyńska (40275), citée in Ryn et Kłodziński (20019), « Śmierć i umieranie… », art. cité, p. 62.
45. Ryszard Friedman (B-4112), *Jeden spośród wielu*, Cracovie, Znak, 2017, p. 183-184.
46. Z. Kossak (64491), *Du fond de l'abîme, Seigneur…*, *op. cit.*, p. 96.

seulement du point de vue des SS. La déshumanisation exerça également un réel impact sur la façon dont les prisonniers se percevaient les uns les autres, fondamentalement, comme des objets.

Pour faire un peu d'exercice et me réchauffer, je me chargeais du transport de ceux qui s'étaient effondrés[47].

En rentrant du travail], les coups pleuvaient sur la tête de celle qui transportait le cadavre de sa camarade. Enfin, on pouvait se débarrasser de ce maudit fardeau qu'on avait placé aujourd'hui sur nos épaules, et on apprenait à haïr les gens. Et la haine était si forte que rien ne pourrait l'effacer[48].

La perception des autres détenus comme une menace s'intensifiait lorsqu'on avait quelque chose à cacher. La description que fait ci-dessous Halina Birenbaum révèle parfaitement les changements psychologiques, pourrait-on dire, se produisant chez des personnes qui possèdent soudain plus que les autres. Dès lors qu'on avait pris la décision de ne sauver que sa propre vie, les autres prisonniers étaient au mieux considérés comme des rappels à l'ordre de la conscience, au pire comme une menace de perdre ce qui avait été acquis.

Basia avait rencontré par hasard l'un de ses cousins qui travaillait au Sonderkommando. *Ce cousin l'aida en lui envoyant de la nourriture et des vêtements par l'intermédiaire des hommes qui travaillaient dans notre camp comme menuisiers, électriciens ou autre... Les membres de ce Kommando brûlaient les cadavres sur ordre des SS et ils surveillaient ceux qui étaient condamnés à la chambre à gaz pendant qu'ils se déshabillaient. Ils envoyaient ensuite leurs vêtements à un autre Kommando, qui les triait et les désinfectait avant de les envoyer en Allemagne. Ces hommes avaient donc toujours plus à manger qu'il n'en fallait. Ils récupéraient aussi des vêtements et des bijoux. La plupart d'entre eux*

47. Jerzy Bogusz (61), Témoignages, vol. LXXV, p. 213.
48. Z. Czerwińska-Kossakiewicz (49973), Publications, vol. XVI, p. 46.

aidaient leur famille et leurs amis du camp, et parfois même des étrangers. Basia reçut ainsi plusieurs colis de son cousin. Certains lui firent forte impression. Elle les rangea immédiatement dans son sac et les surveillait jalousement. Elle se mit à nous éviter et devint extrêmement taciturne, secrète et distante. Elle se comportait d'une manière désagréable et grossière envers ses compagnes d'atelier. Elle détournait mes questions, me parlait avec irritation. Je finis par me rendre compte qu'elle voulait prendre ses distances pour éviter de me voir affamée[49].

La lutte pour la survie était une constante de l'existence quotidienne et engendra une rivalité entre les prisonniers car personne ne pouvait garantir la survie. Elle commençait dès l'appel du matin, avec la constitution des Kommandos, la sélection des outils de travail, l'obtention d'un peu plus de soupe, les faveurs d'un kapo ou d'un chef de block, un morceau de rutabaga découvert en se rendant au travail, jusqu'à la sélection (des malades du typhus, par exemple) afin de n'être pas envoyé dans les chambres à gaz. Les descriptions de ces sélections, où la tension de la compétition était à son comble, montrent très clairement la lutte des individus s'efforçant de survivre.

Le processus de sélection déclenchait alors une mêlée générale opposant tous les prisonniers ou un groupe à un autre. Une seule chose comptait : faire rayer son nom ou celui d'un ami de la liste fatale, même si chacun savait que pour chaque condamné gracié, il fallait trouver une autre victime[50].

Malgré toutes ces difficultés rencontrées pour élaborer des relations d'amitié ou de camaraderie, il faut rappeler qu'être seul dans le camp réduisait considérablement les chances de

49. H. Birenbaum (48693), *L'espoir est le dernier à mourir*, *op. cit.*, p. 150-151.
50. V. E. Frankl (119104), *Découvrir un sens à sa vie avec la logothérapie*, *op. cit.*, p. 29.

survie[51]. En effet, qui pourrait soutenir un prisonnier dans un moment de doute ou d'effondrement psychologique ? Qui trouverait des médicaments lorsque quelqu'un était malade ? Qui partagerait le contenu d'un colis reçu, qui intercéderait auprès du chef de block en faveur d'un autre prisonnier, le soutiendrait lors d'un appel particulièrement long ? À nouveau, il faut se rappeler que, dans des situations extrêmes, la différence entre l'amitié – sentiment naturel dans un monde de liberté et de choix désintéressés – et le simple fait d'avoir un objectif commun, une sorte de coassurance dans une situation aussi dangereuse[52], n'est guère aisée à identifier ou à définir clairement.

> *Au camp, l'amitié était quelque chose d'essentiel. Je pense que sans l'amitié, les prisonniers s'épuisaient très rapidement et ne pouvaient survivre au camp. L'entraide était le meilleur mouvement de résistance dans le camp, et son objectif était la survie. En outre, les individus qui ne cherchaient pas à se faire des amis et n'étaient pas amicaux envers les autres s'aigrissaient et devenaient hostiles à la communauté ; très souvent, ils finissaient par devenir les criminels du camp*[53].

> *Le système du camp démoralisait les gens. L'amitié sauvait les gens de la démoralisation*[54].

51. Voir Fedorowicz, « Uwagi o "rewirach" i funkcyjnych obozowych », art. cité, p. 149 : « Seul, vous ne pouviez pas survivre dans le camp, alors chacun s'accrochait à un groupe ou devait se faire quelques amis. » À ce jour, l'analyse la plus complète de la camaraderie et de l'amitié au camp est celle de Zenon Jagoda, Stanisław Kłodziński (20019) et Jan Masłowski, « Przyjaźnie oświęcimskie », *Przegląd Lekarski – Oświęcim*, 1978, p. 32-77.

52. Voir *ibid.*, p. 66 : « Ce n'est que lorsqu'on réalise pleinement à quel point l'amitié était un luxe psychologique rare, inhabituel et contraire aux présupposés des fondateurs des camps de concentration nazis, que se révèle sa signification exceptionnelle et souvent décisive pour la survie » ; des mêmes auteurs, *Więźniowie Oświęcimia*, *op. cit.*, p. 65 *sq.*

53. Roch Wystrach (10241), cité in Jagoda, Kłodziński (20019) et Masłowski, « Przyjaźnie oświęcimskie », art. cité, p. 67.

54. Konrad Szweda (7669), cité in *ibid.*, p. 70.

Dans les camps, les relations d'amitié revêtaient des formes multiples et complexes ; les gens avaient vu diverses choses, certaines qu'elles ne racontaient à personne parce que, au camp, les gens avaient des attitudes très diverses, les uns privilégiaient l'intérêt personnel, offrant leur aide en échange d'un avantage, les autres accaparés par leur propre survie ne pensaient qu'à eux et à ne pas avoir faim ; bref, les amitiés étaient très diverses[55].

Néanmoins, dès leur arrivée, les *Zugangi* tentaient de retrouver des proches, des collègues, des amis dans cet océan de souffrances, cherchant à recréer un semblant de communauté.

Nous sommes dans une jungle qui ne laisse aucune place à la sentimentalité. Les membres de chaque petit groupe sont solidaires ; cela joue contre les autres[56].

Les prisonniers du camp vivaient en groupes. C'était indispensable compte tenu de la situation prévalant dans le camp. Il était très difficile de s'en sortir sans camarades et sans amis. C'était ressenti particulièrement par les nouveaux venus[57].

*Lorsque je travaillais de nuit à l'*Effektenkammer**, j'étais le premier prisonnier à rencontrer les nouveaux arrivants. Nombre d'entre eux me demandaient d'informer les prisonniers qu'ils connaissaient de leur arrivée, ce que je faisais dans la mesure du possible*[58].

Si cette quarantaine est somme toute supportable malgré la brutalité, la fatigue des exercices et des appels et l'angoisse diffuse de l'avenir, c'est non seulement à la présence de son aîné qu'il le doit, mais aussi au fait que tous ses codétenus viennent de France et constituent une sorte de petite communauté homogène et relativement solidaire[59].

---

55. Józefa Szkodzińska (32293), citée in *ibid.*, p. 43.
56. R. Esrail (173295), *L'Espérance d'un baiser*, *op. cit.*, p. 105.
57. J. Brandhuber (87112), Témoignages, vol. LXXVI, p. 151.
58. S. Miazek (44257), Témoignages, vol. III, p. 292.
59. M. Cling (A-5151), *Un enfant à Auschwitz*, *op. cit.*, p. 80.

Mon père et mon frère moururent eux aussi à la suite de la sélection. Accablé et le cœur brisé par cette épreuve, j'errais dans le camp à la recherche de camarades qui pourraient m'aider à me remettre sur pied. Je rencontrai mon instituteur, Jan Redziej, qui, lui aussi, nous cherchait. Il prit grand soin de moi, me donnant chaque jour une gamelle de soupe et un morceau de pain[60].

Malgré toutes les adversités que bien d'autres que moi ont évoquées également et qui seront abordées ultérieurement, les exemples de camaraderie et d'amitié ne disparaissaient pas, mais leur sphère d'influence se modifiait. Il y avait des choses que les gens pouvaient se procurer les uns pour les autres, et d'autres qui étaient inaccessibles à tous. Par-delà l'aspect purement émotionnel, la réalité du camp de concentration contraignait les prisonniers à nouer des alliances temporaires ou quelque peu plus durables[61]. Les structures de ces alliances dans le camp des hommes étaient sensiblement différentes de celles du camp des femmes[62]. C'est très net dans les mémoires des rescapés. Dans ce contexte, ces différences semblent assez naturelles. Dans le camp des hommes, de petits groupes se formaient, constitués d'individus d'un milieu et d'une origine similaires, partageant les mêmes convictions. Bien que de taille réduite, il s'agissait de groupes ouverts et accueillants, dont les membres changeaient souvent. Appartenir à l'un de ces groupes n'empêchait pas de faire partie d'un autre groupe. Dans le camp des femmes, en revanche, des groupes de plusieurs femmes pouvaient se former, très exclusifs. Ils étaient parfois appelés « familles ». Il faut

60. Henryk Jaworski (31071), Témoignages, vol. XIII, p. 87.
61. Voir Frankowski, *Socjologiczne aspekty funkcjonowania*, *op. cit.*, p. 77-90.
62. Contrairement à ce qu'on aurait pu attendre, on ne trouve guère dans les mémoires d'anciens prisonniers de nombreuses comparaisons entre les camps d'hommes et les camps de femmes. C'est probablement parce que la plupart des détenus ne connaissaient véritablement qu'un seul type de camp – pour hommes ou pour femmes – et c'était celui qu'ils décrivaient. Sur ce sujet, on peut citer l'article de M. Chylińska (44685), « Kobiety w Oświęcimiu-Brzezince », art. cité, p. 148-165, qui se fonde sur les souvenirs de l'auteur.

rappeler qu'à l'origine, le camp tout entier n'était destiné qu'aux hommes qui, à l'exception de ceux qui se connaissaient avant le camp, se regroupaient en fonction d'expériences et de convictions similaires.

En dépit de la moisson de mort et du dénuement absolu des masses de prisonniers, dès les premiers mois que je passais au camp (octobre-décembre 1940), une répartition en groupes commença à se dessiner nettement. On y trouvait des groupes de militaires de carrière, tant de gauche que de droite. Le comportement de certains militaires qui parlaient ouvertement d'organisations clandestines, sans tenir compte du fait qu'ils se trouvaient dans un camp de la mort était particulièrement étonnant[63].

Demande-lui de m'aider. Il est slovaque comme nous, peut-être acceptera-t-il[64].

Les idées politiques constituaient un véritable ciment soudant les groupes. Cet aspect concernait particulièrement les communistes qui se reconnaissaient entre eux et se soutenaient les uns les autres, partageant une même croyance en la reconstruction d'un monde qui, selon eux, serait juste.

Jouent également les engagements idéologiques, particulièrement entre communistes. Pour ces déportés-là, Juifs ou non, « prisonniers de fonction » ou simple Häftlinge *(détenus), c'est leur engagement politique qui est déterminant. Ils ont su créer des solidarités vraiment salvatrices*[65].

Ada Jaranowska, l'officier de liaison du camarade Logi-Sowiński, était originaire de Łódź. Elle était communiste et appartenait au collectif communiste qui s'était constitué dans le block 5 [...]. J'ai parfois participé aux réunions du collectif [...]. Au cours de la

63. L. Rajewski (4217), Témoignages, vol. XXI, p. 107.
64. R. Vrba (44070), *Je me suis évadé d'Auschwitz*, *op. cit.*, p. 210. La citation porte sur une situation où un prisonnier tente de se cacher dans l'entrepôt du « Kanada » jusqu'à ce que son attaque de typhus passe.
65. R. Esrail (173295), *L'Espérance d'un baiser*, *op. cit.*, p. 130.

célébration de la Révolution d'octobre, malgré mon état fiévreux, j'ai récité « Paris Commune » de Broniewski, dans le block 5. Irka Szczypiorska a récité « Grenada » de Svetlova. Ensuite, nous avons chanté des chants révolutionnaires. Assistait également à cette célébration le Dr Lubow qui a prononcé un discours. Tout cela s'est passé la nuit[66].

Tout naturellement, les Kommandos étaient un autre axe de création de relations humaines. Les prisonniers dormaient dans les blocks et les baraquements, mais passaient la majeure partie de la journée à travailler ensemble dans les Kommandos. En particulier dans les meilleurs Kommandos où le travail nécessitait des échanges humains et n'était pas particulièrement éreintant, il y avait de nombreuses occasions d'établir et de consolider des relations entre certains prisonniers.

Ceux qui avaient réussi à entrer dans un bon Kommando tentaient aussi d'y faire entrer leurs amis[67].

Travaillant depuis longtemps dans le même Kommando, je me liai bientôt d'amitié avec les camarades auxquels je pouvais faire confiance[68].

Pour ma part, par exemple, je travaillais à la Kommandantur Reinigung *et Eugeniusz Niedojadło dans le dispensaire des SS, près de mon lieu de travail. Je n'étais pas un* Muselmann *et lui non plus. Alors, nous étions souvent en contact. Cette relation entre anciens prisonniers était plus intense qu'avec les autres*[69].

Un modèle social différent se dégageait dans le camp des femmes[70]. Les prisonnières formaient des groupes très

66. B. Krzywobłocka (83264), Témoignages, vol. XV, p. 84.
67. A. Giermański (716), Témoignages, vol. LXXIV, p. 200.
68. Tadeusz Żaboklicki (21668), Témoignages, vol. LXXVIII, p. 146. Le Kommando dont il est ici question est celui des menuisiers.
69. M. Ziółkowski (1055), *Byłem od początku w Auschwitz*, *op. cit.*, p. 29.
70. Sur le camp des femmes et les prisonnières à Auschwitz en général, voir Irena Strzelecka, *Women in Auschwitz*, traduit par William Brand,

étroitement soudés sur le plan émotionnel, appelés « familles », nettement séparés des autres prisonnières. Chacun de ces groupes renfermait presque tout un monde d'échanges culturels, d'empathie, d'entraide, de solidarité et de sacrifice. Ces prisonnières distinguaient le monde intérieur, celui de leur « famille », du monde extérieur, qui leur était étranger, hostile ou au mieux indifférent. De tels groupes étaient composés de femmes venues de toutes les régions d'Europe, de diverses cultures, religions et nationalités. Je ne pense pas que ce phénomène puisse se réduire à cette génération particulière de femmes, qui étaient socialement bien plus limitées qu'aujourd'hui, à commencer par le droit de paraître seules en public, d'étudier à l'université et d'exprimer publiquement des opinions politiques. Il me semble que ce modèle de groupe devait provenir de certaines profondeurs anthropologiques, une sorte d'atavisme, la nécessité d'établir des cellules sociales de base proches de la nature féminine ou la représentant. Cela semble particulièrement vrai parce que de tels groupes n'apparaissent nulle part dans le camp des hommes, quelle que soit la région d'origine, la culture ou la religion des prisonniers. Quelle était donc la signification de ce modèle ?

Alors que les hommes s'efforçaient de résoudre leurs problèmes individuels, les femmes formaient de petites « familles » pour se soutenir les unes les autres[71].

Mais je ne me sentais pas seule à Auschwitz. Depuis le début, j'avais noué des liens étroits avec quatre autres filles Juives de mon convoi, à peu près de mon âge. Nous ne connaissions pas la devise « Tous pour un et un pour tous », mais elle nous décrivait parfaitement[72].

Voices of Memory, vol. XII, Oświęcim, musée d'État d'Auschwitz-Birkenau, 2017.

71. K. Hart-Moxon (39934), *Return to Auschwitz*, *op. cit.*, p. 70.

72. Eva Libitzky (matricule inconnu), *Out on a Ledge*, River Forest, Wicker Park Press, 2010, p. 114.

L'une obtenait un peu de pain, une autre trouvait un mouchoir ou un crayon et quelques bouts de papier, une autre encore un gobelet d'eau. Les membres d'un groupe s'entraidaient et faisaient front contre les autres. Hors de la famille, il fallait recourir à la corruption ; à l'intérieur, il y avait amour et entraide[73].

Les relations de camaraderie [étaient difficiles]. Ceci ne voulait pas dire que l'amitié n'existait pas. Les prisonnières qui avaient les mêmes idées sur la vie, rapprochées par leur caractère et leur attitude, liées par des intérêts communs, se soudaient comme les membres d'une famille unie. Rien ne pouvait ébranler leurs sentiments mutuels[74].

L'une des premières leçons de la survie dans le camp des femmes du moins, c'était qu'il fallait trouver un « groupe ». On ne pouvait pas les qualifier de « famille », mot aujourd'hui si galvaudé. « Groupe de soutien » serait le terme le plus proche de la terminologie moderne[75].

Une telle amitié était un admirable don de Dieu. Grâce à elle, le petit groupe si étroitement uni pouvait tout subir sans se laisser abattre. Il échappait à Oswiecim. Il pouvait, ne fût-ce que pour un moment, se croire en liberté, planer en imagination au-dessus des barbelés, vivre de sa vie ancienne. Son climat spirituel s'opposait efficacement à l'atmosphère destructrice du camp. Les membres d'une équipe de ce genre étaient vraiment privilégiés et plus enviables que celles qui nageaient dans l'abondance. Pourtant, elles étaient peu nombreuses[76].

Cela ne signifie pas qu'en dehors des « familles », il n'existait pas d'amitiés normales entre deux personnes dans le camp des femmes. De telles amitiés existaient, avec toutes les réserves pour le camp des hommes, car il est difficile de faire la distinction

73. K. Hart-Moxon (39934), *Return to Auschwitz*, *op. cit.*, p. 79-80.
74. Z. Kossak (64491), *Du fond de l'abîme, Seigneur…*, *op. cit.*, p. 96-97.
75. S. Cernyak-Spatz (34042), *Protective Custody*, *op. cit.*, p. 145.
76. Z. Kossak (64491), *Du fond de l'abîme, Seigneur…*, *op. cit.*, p. 97.

entre une authentique amitié et un arrangement à l'amiable avantageux pour les deux parties.

Avec le temps, je me rendis compte que quelqu'un de seul n'avait aucune chance de survivre alors que celui qui avait des amis et s'efforçait d'être avec les autres avait de meilleures chances dans la lutte pour la vie. Il avait du soutien ; il pouvait compter sur l'aide des autres. C'est ce qui rendait l'amitié si importante[77].

Autre leçon que je retirai, par rapport aux restrictions, c'était le fait que les gens ne pouvaient pas véritablement survivre seuls. Outre la chance, la force de leur constitution et leur stabilité émotionnelle, il était important d'avoir un ami, quelqu'un pour vous couvrir, quelqu'un sur qui, littéralement, s'appuyer[78].

Nous nous sommes juré avec une de mes amies et comme preuve de notre attachement mutuel, de ne pas abandonner l'une ou l'autre mourante dans la boue. Il semble invraisemblable que tendre la main à un être humain qui tombe puisse être la preuve du plus grand attachement et pourtant c'était ainsi. Aider quelqu'un à se lever de la boue, cela signifiait se décider à rester dans la boue avec lui[79].

Nous nous entraidions et réconfortions les amis qui s'effondraient et geignaient. Cela pouvait arriver même aux plus braves d'entre nous, surtout lorsqu'ils tombaient malades. Aucun mot de réconfort ne pouvait aider ceux qui se laissaient aller. Ils étaient emmenés à l'infirmerie et on ne les revoyait plus[80].

Je reste seule au fond de ce fossé et je suis prise de désespoir. La présence des autres, leurs paroles faisaient possible le retour. Elles s'en vont et j'ai peur. Je ne crois pas au retour quand je suis seule[81].

77. E. Friedman (A-26615), *Daleka droga do domu*, *op. cit.*, p. 80.
78. F. Berland Hyatt (38307), *Close Calls*, *op. cit.*, p. 97.
79. P. Lewińska (32292), *Vingt mois à Auschwitz*, *op. cit.*, p. 63.
80. A. Pollak (4777), *Three Years of Deportation*, *op. cit.*, p. 31.
81. C. Delbo (31661), *Auschwitz et après*, *op. cit.*, t. I, p. 118.

Face à ces difficultés objectives pour établir d'étroites relations humaines, on trouve bien sûr de nombreux cas d'actes d'un altruisme authentique qui brisaient tous les obstacles et faisaient voler en éclats les stéréotypes, témoignant d'un incroyable dévouement. Il ne serait ni juste ni honnête que les exemples présentés plus haut masquent cette vérité. La citation suivante montre que l'amitié pouvait briser les barrières nationales et politiques ainsi que celles qui étaient propres au camp de concentration. Józef Polak, un *Funktionshäftling*, cacha à la Gestapo l'identité du général soviétique Dmitri Karbychev en le faisant passer pour son *Stubendienst** :

> *En tant qu'écrivain d'un block qui se trouvait à proximité du block des prisonniers soviétiques, je leur rendais souvent visite et eux aussi, parce que j'étais devenu très ami avec nombre d'entre eux*[82].

Autre exemple :

> *Lorsque je reçus pour la première fois un superbe colis, les gens m'assaillirent de toutes parts, y compris des gens que je ne connaissais pas. Par exemple, un mendiant de Jędrzejów, ici avec la tête rasée, qui semblait tout à fait humain. Il y avait aussi un Juif, un vieil homme appelé Księski. Je partageai un peu avec lui, à contrecœur parce que son camion avait tué ma sœur Hela. Nous n'avions pas gagné le procès parce que ce Juif était riche*[83].

Nous devons cependant veiller à ne pas exagérer dans le sens contraire. Le camp ne se composait pas uniquement de héros qui avaient réussi à émerger des masses de prisonniers anonymes, pour figurer dans les manuels d'histoire et se faire connaître du grand public. Les histoires de Kolbe, Pilecki, Gradowski, Cyrankiewicz, Vrba, Leszczyńska ou Küsel ne sont ni caractéristiques ni représentatives des prisonniers d'Auschwitz. Et il

82. Józef Polak (3288), Témoignages, vol. XIIa, p. 186.
83. B. Dziewięcki (125546), *Z dna piekła*, *op. cit.*, p. 50.

ne s'agit pas tant d'une moyenne sociologique que de l'ampleur même de l'expérience humaine.

> *À part les nobles cas de dévouement souvent héroïque envers les autres, le prisonnier moyen, précipité dans l'avilissement de l'humanité, dans d'effroyables conditions, dans la crasse, la misère et la faim, dans l'incessante lutte pour la survie, se transformait pratiquement en animal, ne se souciant de rien d'autre que de rester en vie et d'essayer de demeurer en arrière-plan, parfois de la façon la plus méprisable. Mon Dieu, j'en ai vu tant d'exemples terrifiants qu'avec une ironie quelque peu amère, je me souviens de la formule de Gorki « homme, comme ce mot sonne fièrement » puisque, à quelques très rares exceptions, elle ne pourrait guère s'appliquer à quelque situation du camp que ce soit*[84].

84. Antoni Golemo (9256), cité in Jagoda, Kłodziński (20019) et Masłowski, « Przyjaźnie oświęcimskie », art. cité, p. 42-43.

L'EMPATHIE

Dans le camp, des milliers, et par la suite des dizaines de milliers de personnes étaient concentrées au même endroit, au même moment, confrontées à des peurs, des problèmes, des perspectives et des destins très semblables. L'empathie pourrait sembler alors naturelle, chaque prisonnier appréhendant les tragédies bien réelles des autres, puisque celles-ci étaient si proches de sa propre situation. Tout le monde devait plus ou moins faire face au même sort. Cependant, cette conception est fondée sur la perspective d'une personne libre et en sécurité. Certes, on voyait bien les souffrances des autres prisonniers. On les voyait chaque jour, sans arrêt, une image omniprésente à laquelle personne ne pouvait échapper. Et, incontestablement, ces images créaient des situations dangereuses, suscitant la peur, un sentiment d'impuissance et de désespoir.

On ne s'habitue pas à voir battre les autres[1].

Cette noble déclaration de Charlotte Delbo contredit dans une certaine mesure de nombreux témoignages sur Auschwitz. On pouvait s'y habituer. Ou, à défaut de s'y habituer, on pouvait le rationaliser et s'en détacher en toute sécurité. L'expérience vécue dans ce camp impliquait en fait

1. C. Delbo (31661), *Auschwitz et après*, *op. cit.*, t. I, p. 90.

une certaine anesthésie ou une sorte de détachement des images quotidiennes difficiles à supporter. La plupart des prisonniers développaient un mécanisme de défense, peu étudié à ce jour, qui leur disait de ne pas regarder les souffrances d'un autre prisonnier, ou de les observer à distance, comme à travers une fenêtre[2].

Ce phénomène a été décrit de façon très réaliste par une jeune fille alors âgée de quinze ans, qui se tenait au garde-à-vous pendant un appel et assistait à la pendaison d'une fugitive reprise.

> *J'étais forcée de regarder, je ne voyais pas vraiment. Aucune de nous ne vit la pendaison. Nous étions forcées de regarder, mais nous ne la voyions pas*[3].

Dans la plupart des mémoires qui abordent ce sujet, cet émoussement de l'empathie est présenté comme la marque d'une déshumanisation. C'était sans aucun doute un effet de l'activation des mécanismes de défense du prisonnier. Des années plus tard, en mentionnant ce manque d'empathie et en réprouvant leurs propres sentiments de l'époque, les rescapés attribuaient cet effondrement à l'horreur orchestrée du camp.

> *Dans le camp, l'exposition constante aux souffrances humaines et à la mort émoussait inévitablement chez nous tous à la fois la sensibilité et la compassion, mais sur bon nombre, cet effet n'était rien d'autre que de la déshumanisation*[4].

> *Notre métamorphose était bien entamée, conditionnés comme nous l'étions à abandonner notre sensibilité face à la souffrance d'autrui.*

---

2. Je ne suis pas tout à fait convaincu par le lien de cause à effet proposé par Frankowski (*Socjologiczne aspekty funkcjonowania*, *op. cit.*, p. 99), à savoir que l'atomisation de la communauté des prisonniers, l'effondrement des liens sociaux et le profond état d'anomie aboutissaient à la disparition de la compassion.
3. E. Schloss (A-5272), *Eva's Story*, *op. cit.*, p. 92.
4. K. Piekarski (4618), *Escaping Hell*, *op. cit.*, p. 81.

Nous savions tous que les hommes étendus devant nous étaient condamnés à mourir ou déjà morts. C'était une réaction de survie instinctive, comparable à celle d'un troupeau qui continue de paître lorsqu'un prédateur tue l'un d'eux. Les autres savent très bien qu'ils ne peuvent l'empêcher ; ils ne sont d'ailleurs que trop conscients que, tant que le prédateur est occupé par le mort ou le blessé, leur propre vie est prolongée[5].

Nous y faisions face du mieux que nous pouvions. Nous détournions la tête. Nous riions haut et fort. Nous bavardions bruyamment. Pour ne pas entendre. Ne pas voir. Nous toutes, sans exception[6].

J'observais les exploits de ces malheureux sans sympathie. Tout sentiment en moi était mort depuis longtemps[7].

Le système du camp nous avait transformés en un type d'homme différent – un robot mécanique, sans âme ; il avait tué toutes nos émotions humaines. Nous étions indifférents, ne réagissions à rien. Nous nous animions seulement en recevant quelques cuillerées de soupe[8].

Je me détournai de lui et me couvris la tête avec la couverture. Je l'entendis gémir et murmurer quelque chose, de plus en plus faiblement. À ma grande horreur, j'en conclus que j'étais devenu « professionnellement » indifférent aux souffrances de l'autre, à la mort de l'autre, et les cadavres ne m'effrayaient plus. Ce qui demeurait, c'était une aversion à la vue des corps dépouillés et le désir d'effacer tout cela de mon esprit[9].

Même dans les descriptions de la sélection – en d'autres termes, d'une lutte binaire, peut-être à l'insu des participants, mais en fin de compte une question de vie ou de mort –, les

5. *Ibid.*, p. 29.
6. R. Duracz (43544), in Duracz, Fajkosza et Nowaka, *Przekaz Oświęcimski*, *op. cit.*, p. 26.
7. T. Niedzielski (423), Publications, vol. LXXVI, p. 187.
8. *Ibid.*, p. 62.
9. E. Cygan (5863), *Boga waszego tu nie ma*, *op. cit.*, p. 22-23.

victimes semblaient adopter le détachement d'un observateur extérieur. Les témoignages suivants illustrent ces situations.

Étant assise près de la fenêtre, je pus tout voir. Ces gens ne savaient rien, ni où ils se trouvaient, ni pourquoi on les avait amenés là. Rien d'inquiétant, autour d'eux, rien annonçant la mort. Des gens travaillaient dans les baraques. De loin en loin, des inscriptions leur indiquaient qu'ils allaient à la désinfection[10].

De temps en temps, je les regardais dans les yeux – que pensaient-ils, que ressentaient-ils, savaient-ils ce qui les attendait ? Mais non. Ils étaient calmes. Peut-être pouvait-on déceler un soupçon d'incertitude ou de réserve chez certains[11].

De nouveau, il y eut aussi, d'une manière ou d'une autre, des tentatives de rationaliser et de prendre ses distances face aux pires scènes imaginables dans le baraquement 25 du camp des femmes, une salle d'attente remplie de *Muselmännerinen* épuisées, sélectionnées pour la chambre à gaz. Bien évidemment, quiconque aurait tenté d'aider ces victimes au seuil de la mort eût été immédiatement contraint de les rejoindre. Cependant, les femmes demeurant dans les baraquements voisins étaient forcées de vivre en permanence à proximité du monde de la mort imminente, dont chacune souhaitait s'échapper, du moins en pensée.

« Maman, à boire, je vais mourir, à boire ! » Personne ne s'approchait du block de la mort. Personne ne donnait d'eau aux condamnées. Nous n'en avions pas, et même si nous avions pu nous en procurer, nous n'en aurions pas donné à une inconnue, à une Juive grecque. De toute façon, elle était condamnée. Nous tâchions de faire taire ainsi nos remords, nous tâchions de nous persuader que nous n'avions pas failli au devoir. Mais ces voix déchirantes ne nous laissaient pas en paix, elles pénétraient dans nos cœurs, dans nos cerveaux[12].

10. K. Żywulska (55908), *J'ai survécu à Auschwitz*, *op. cit.*, p. 217.
11. T. Sobolewicz (23053), *But I Survived*, *op. cit.*, p. 137.
12. K. Żywulska (55908), *J'ai survécu à Auschwitz*, *op. cit.*, p. 64.

Tout le monde ne parvenait pas à supporter de telles rencontres, ce qui n'implique en aucun cas que les prisonniers avaient le choix. L'exemple extrême était celui des prisonniers du *Sonderkommando*. Mais de telles situations étaient beaucoup plus fréquentes. On pouvait observer des scènes très similaires à celles du block 25 du camp des femmes de Birkenau dans le block 21 d'Auschwitz I où avaient lieu également des sélections pour les chambres à gaz.

Le travail dans ce block me laissa émotionnellement anéanti. Les sélections constantes, le contact avec des gens qui savaient qu'ils avaient été sélectionnés pour mourir m'épuisaient nerveusement. Souvent, ils s'adressaient à moi pour me demander une ultime cigarette avant de mourir. Je tentais de quitter le block, demandant même à Entress de me transférer, et je l'entendis me répondre que je pouvais partir, mais seulement avec les prisonniers malades[13].

Ceux qui avaient encore assez de force pour vivre dans un semblant de communauté où ils pouvaient parler et « organiser » des biens de première nécessité, se distinguaient de ceux qui ne bénéficiaient plus de telles possibilités. À cet égard, malgré la promiscuité quotidienne dans le monde surpeuplé du camp, ils étaient très distants. Ils étaient préoccupés par différents problèmes et faisaient face à une autre dimension de la douleur et de la faim. Bon nombre redoutaient de franchir cette frontière invisible au-delà de laquelle il n'est point de retour.

La nature humaine, semble-t-il, est telle qu'une situation misérable devient supportable si l'on peut seulement constater qu'il y a des gens encore plus maltraités et démunis que soi[14].

Toutes mes voisines s'étaient mises à bavarder, seule Zina restait triste et absente. Comme je savais par expérience que la bonne humeur des autres irrite ceux qui vivent enfermés dans leur douleur,

13. J. Kiwała (9143), Témoignages, vol. XL, p. 165.
14. Paul Steinberg (157239), *Speak You Also*, New York, Metropolitan Books, 2000, p. 121.

je me gardais de lui parler, évitant ainsi de blesser sa sensibilité si cruellement éprouvée[15].

Ce n'était rien à côté de la terreur qui saisissait, à la vue des musulmans, les Häftlinge *qui avaient gardé leur personnalité. C'était encore pire si, dans cette physionomie abrutie et apathique, on retrouvait un visage connu, si on se rappelait que cette créature déchue était hier encore une femme courageuse, charmante, intelligente*[16] *!*

Paradoxalement, le camp appauvrissait ou rétrécissait ce que, dans le monde normal, on appelle empathie. Celle-ci se limitait à certaines situations exceptionnelles, à la famille et aux amis. Toute capacité à ressentir de l'empathie se portait exclusivement sur ces personnes, parfois de façon très exagérée. L'anonymat et l'omniprésence de la souffrance et de la mort exigeaient des gens qu'ils développent certains réflexes défensifs. Ceux qui étaient incapables de se protéger succombaient au doute ou à la brutale prise de conscience que les nobles élans de l'humanité n'avaient aucune pertinence dans la logique du camp.

J'avais épuisé toutes mes larmes, tout mon chagrin à force de voir, tout au long de la journée, des gens être battus ou tués[17].

Un matin, seulement parce que j'avais soutenu une femme qui s'évanouissait à côté de moi dans la rangée, j'ai été convoquée au rapport et, devant tout le monde, soumise à un châtiment exemplaire, un fer chauffé au rouge fut appliqué sur ma cuisse droite. Marquée au fer comme un animal, je dus me débarrasser de tous mes sentiments de pitié et de solidarité envers mes compagnes, l'indifférence devint la norme obligée[18].

Dans quelques récits seulement se manifeste une approche différente, qui serait difficile à qualifier du mot d'empathie au

15. L. Millu (A-5384), *La Fumée de Birkenau*, *op. cit.*, p. 136.
16. Z. Kossak (64491), *Du fond de l'abîme, Seigneur...*, *op. cit.*, p. 99.
17. T. Sobolewicz (23053), *But I Survived*, *op. cit.*, p. 87.
18. E. Springer (A-24020), *Milczenie żywych*, *op. cit.*, p. 79.

sens large, mais plutôt de stratégie de survie ou de mesure barométrique de la distance à parcourir avant de sombrer dans l'état de *Muselmann*.

À Auschwitz, une façon de demeurer fort, c'était d'aider les autres[19].

19. S. Beer (82589), [*To Auschwitz and Back: an Odyssey*], doc. cité, p. 50.

LA FAMILLE

Le thème de la famille, bien qu'intimement lié à celui des relations interpersonnelles, est un sujet en soi. Si la plupart des individus ne vivent pas seuls c'est, en règle générale, parce qu'ils ont une famille. À Auschwitz, cette question a pris trois formes bien distinctes. Au cours des deux premières années de l'histoire du camp, c'est le manque des proches libres à l'extérieur qui a été le plus fort, tout comme les tentatives pour entrer en contact avec eux. *A contrario*, dans les mois suivants, le sentiment majoritaire chez les Juifs était celui de vide laissé par l'assassinat des membres de leur famille dans les chambres à gaz. Parfois, d'aucuns s'inquiétaient pour leurs proches dans le camp. Les liens familiaux sont particulièrement forts et solides ; une discussion approfondie à leur sujet nécessiterait probablement un livre entier. Ou, selon la distinction présentée plus haut, plusieurs livres. S'il n'y a pas lieu ici de faire une étude aussi détaillée, il reste que le sujet ne peut être mis de côté car il a concerné presque tous les prisonniers du camp. Dans les témoignages, pourtant, la famille n'est pas toujours évoquée en détail. On peut penser que c'est parce que ces textes étaient destinés à un large public et que les survivants préféraient souvent garder pour eux ce sujet particulièrement sensible et intime.

Je n'ai jamais cessé de penser aux enfants. Quand je m'endormais, je caressais leurs petites têtes qui sentaient merveilleusement bon.

Je m'endormais heureuse et le matin, il y avait le labeur, un travail éprouvant et physique ! Ainsi s'écoulaient les jours. Si proche de la maison, et pourtant si éloignée ![1]

Perdre des êtres chers, ressentir le manque des membres de sa famille, d'une mère, de ses enfants, vivre dans l'incertitude de ce qui leur est arrivé – ce sont les raisons principales de la dépression[2].

Les détenus les plus aguerris donnaient aux plus « jeunes », moins expérimentés, des conseils pour sauver leur peau dans des moments difficiles. Nombre d'entre nous étions désespérés et pensions en permanence à nos foyers, à nos femmes, à nos familles proches. Smyczek avait raison de dire que chaque prisonnier du camp, s'il voulait survivre, devait oublier qu'il avait eu un foyer, une épouse et des êtres chers. Dans le camp, la vie était complètement différente, c'était une vie au jour le jour[3].

Il n'y avait pas de remède à la nostalgie – à de très rares exceptions près. L'une des entreprises les plus intéressantes pour réussir à garder un lien avec les familles, et en particulier avec les enfants, fut celle du Kommando des arpenteurs qui avaient du papier et de quoi écrire. En s'inspirant des livres pour enfants qu'ils trouvaient près du « Kanada », ils écrivirent des contes qu'ils destinaient à leurs propres enfants. Ils les firent ensuite passer clandestinement hors du camp pour être transmis à leurs familles. C'est la seule fois de l'histoire d'Auschwitz que des détenus réussirent à faire des cadeaux à leurs enfants. Le musée d'Auschwitz a publié des fac-similés de ces contes[4].

Après les avoir reliés, j'envoyai clandestinement à ma famille les exemplaires achevés du premier et du second conte [Les aventures

1. W. Koprowska (37573), Publications, vol. XIII, p. 28.
2. Wiktoria Klimaszewska (25993), Témoignages, vol. XV, p. 15.
3. J. Brandhuber (87112), Témoignages, vol. LXXVI, p. 141.
4. Jadwiga Pinderska-Lech et Jarek Mensfelt (dir.), *Bajki z Auschwitz*, Oświęcim, musée d'État Auschwitz-Birkenau, 2018.

du poulet noir *et* L'histoire du lapin, du renard et du coq]. *Les contes furent passés sous le manteau hors du camp par l'ouvrier en civil Józef Łyszczarz, de Mysłowice. À l'époque, il travaillait dans le camp comme réparateur de téléphone pour la poste*[5].

Les déportés « aryens » dont les familles vivaient sur les territoires occupés par le Troisième Reich avaient le droit d'entretenir une correspondance postale avec elles. La réception de lettres ou de colis représentait le moment le plus important de la routine au camp, non seulement parce que cela supposait pour eux un supplément de nourriture, mais aussi et surtout pour des raisons psychologiques : ils retrouvaient l'espoir de survivre.

À cette époque, je reçus de ma famille une lettre avec une photographie de mes enfants. Une petite Juive me la remit pour que j'y jette un coup d'œil et la lui rende immédiatement. Mon Dieu, que n'avais-je pas vu ? Mes yeux se remplirent de larmes[6].

Le camp de concentration avait disparu, la mort ne rôdait plus alentour, j'étais en compagnie de ceux que j'aimais – et je me jurai alors que je serais forte, que je tiendrais le coup. J'allais survivre pour eux. Pour eux, j'allais revenir. J'allais revenir même si je me retrouvais à l'autre bout du monde[7] *!*

Le maintien de contacts très restreints avec les membres des familles était une ruse de la part des autorités du camp. Elle leur permettait de savoir si des détenus étaient enregistrés sous leur véritable identité. Avec la menace de l'arrestation des proches, cela permettait de prévenir bien des évasions. De nombreux prisonniers profitèrent néanmoins de cette opportunité de correspondre avec leur famille et de recevoir des colis de nourriture.

Tout ce pathos écrit en allemand sur des formulaires imprimés n'avait rien de personnel, de sincère. Chaque lettre ressemblait à

5. Józef Drożdż (33208), Témoignages, vol. XXXIV, p. 54.
6. W. Koprowska (37573), Publications, vol. XIII, p. 37.
7. M. Ślisz-Oyrzyńska (40275), Publications, vol. LXIII, p. 57.

celle de la voisine, à celles que j'avais déjà écrites. C'était un signe de vie, rien de plus. Et j'avais parfois tellement envie d'en écrire[8].

Pourtant, tous ceux qui en avaient le droit n'écrivaient pas toujours de lettres. Certains devaient garder leur identité secrète, quand d'autres préféraient ne pas faire encourir de risques à leur famille.

Une fois par mois, mes collègues écrivaient des lettres pour les envoyer chez eux. Mais moi non. Je n'avais plus personne à qui écrire [mon père était aussi à Auschwitz, ma mère à Ravensbrück] et je ne voulais pas écrire à ma tante de crainte qu'elle fasse l'objet d'un interrogatoire[9].

Une faible proportion de détenus recevait de l'argent. Certains n'avaient pas le droit de contacter leurs familles, quand d'autres connaissant leur situation financière difficile ne leur demandaient pas d'aide, les assurant – contrairement à la réalité –, qu'ils allaient bien et n'avaient pas besoin d'argent[10].

Certains n'arrivaient pas à se souvenir de leurs adresses. Leurs lettres rédigées mais sans adresse où les envoyer, ils faisaient les cent pas derrière leurs camarades pour rafraîchir leur mémoire à grand renfort de formules magiques[11].

Lorsque je reçus une lettre de mon mari en provenance de Majdanek, une lettre écrite en polonais, je ne reçus en réalité que l'enveloppe avec à l'intérieur une note précisant que les lettres ne pouvaient être qu'en allemand. C'était arrivé deux fois. Mon mari ignorait cette condition quand moi, je ne pouvais pas lui répondre faute de papier[12].

8. K. Żywulska (55908), *J'ai survécu à Auschwitz*, *op. cit.*, p. 188.
9. T. Sobolewicz (23053), *But I Survived*, *op. cit.*, p. 123.
10. Franciszek Targosz (7627), Témoignages, vol. IV, p. 567.
11. E. Cygan (5863), *Boga waszego tu nie ma*, *op. cit.*, p. 29.
12. Irena Przybyszowa (43551), cité in Kłodziński (20019) et Masłowski, « Poniżanie godności więźniów », art. cité, p. 78.

Ces lettres écrites en allemand censurées dans le camp ne pouvaient rien révéler des conditions du camp, de la faim ou des maladies. Pourtant, nombreuses furent les tentatives pour diffuser hors du camp les informations les plus importantes.

Le 13 janvier 1944, ma mère Zofia Kączkowska, docteur en médecine, détenue n° 46442, est morte du typhus dans le camp des femmes de Birkenau. À partir de ce jour, je commençai à penser à m'enfuir du camp sans redouter que mes proches soient persécutés. Certes, ma femme avec ma petite fille vivait à Varsovie. Je l'informai de mes plans et lui conseillai de déménager. Bien entendu, je ne leur dis pas explicitement que j'avais l'intention de m'échapper et qu'en conséquence elle devait éviter la Gestapo. J'écrivis grosso modo *: « Je me félicite de votre intention de vous rendre à la campagne. L'air frais vous fera le plus grand bien, d'autant plus que Szczepan (mon deuxième prénom) a l'intention, m'avez-vous dit, de changer de lieu de travail*[13]*. »*

Dans mes lettres, je me référais à moi-même en utilisant le pseudonyme de « Oncle Miecio ». Comme ça, j'étais en mesure de renseigner ma famille à propos de ma situation. Par exemple : « Oncle Miecio m'a écrit qu'il avait le typhus, qu'il était épuisé et très faible[14]*. »*

Les Juifs étaient dans une situation complètement différente. Dès leur arrivée, les sélections sur la rampe signaient l'arrêt de mort de leurs familles. Parents, frères et sœurs, enfants, maris ou épouses étaient assassinés. La famille se transformait en un souvenir douloureux et traumatisant, un monde qui disparaissait. Même s'ils avaient encore de la famille quelque part, les détenus Juifs n'avaient le droit ni de leur écrire des lettres, ni d'en recevoir. Au cours des mois d'extermination collective, ils ne pouvaient savoir si leurs proches étaient encore en vie. Maria

13. Zbigniew Kączkowski (125727), Témoignages, vol. XXI, p. 147.
14. W. Dyrek (19509), Publications, vol. LII, p. 94.

Oyrzyńska évoque ce sujet en distinguant sa propre expérience de celle des Juifs ou des Russes :

En dépit de ma présence dans un camp de concentration, en dépit de tout ça, j'étais heureuse car j'avais une maison, une mère, des sœurs, leur amour et leur dévouement. [...] Contrairement à ces milliers de femmes russes et Juives qui n'avaient plus de maison, plus de famille et ne recevaient ni lettres ni colis. Elles ignoraient même où se trouvait leur famille[15].

Chaque jour, au Revier*[16], *je voyais ces pauvres « sans-noms » comme je les appelais, sans colis, sans lettres, qui me semblaient en manque d'amour et oubliées de tous. Elles avaient été des mères, des sœurs, des filles, des épouses, des grands-mères*[17].

Le souvenir des derniers instants sur la rampe, de ces regards échangés dans la hâte, sans savoir qu'ils seraient les derniers, l'absence d'adieux, la sélection forcée, tout cela accompagné de remords immenses et injustifiés, empoisonnaient la conscience de ceux qui, jusque-là, avaient survécu.

Seigneur Dieu ! C'est moi qui ai mis mon petit garçon sur le côté gauche. À cause de mon amour stupide, j'ai dit la vérité, qu'il n'avait pas encore douze ans. Je voulais lui épargner le travail forcé et je l'ai tué[18] *!*

Du point de vue psychologique, la condition des Juifs était bien pire que celle des autres détenus. D'un côté, la nostalgie naturelle d'un monde anéanti ne pouvait que les désespérer plus encore ; de l'autre, c'était un sentiment extrêmement personnel, intime. L'impossibilité du deuil ne pouvait qu'aggraver cet état. Dans cette situation, comme l'ont écrit Natan Żelechower et d'autres, espoir et mort étaient liés :

15. M. Ślisz-Oyrzyńska (40275), Publications, vol. LXIII, p. 78-79
16. Le quartier des malades du camp.
17. *Ibid.*, p. 83.
18. O. Lengyel (25403), *Five Chimneys. The Story of Auschwitz*, Academy Chicago Publishers, Chicago, 2011 [3e éd.], p. 32-33.

Nous parlions de moins en moins de l'avenir et je me mis à retourner de plus en plus souvent, en pensée, vers ma femme et ma fille avec lesquelles j'avais parfois envie de me retrouver l'instant suivant dans le grand silence de la vie après la mort[19].

Bien qu'être avec Mila fût mon vœu le plus cher, nous ne nous parlions pas. Nous ne parlions pas de notre passé ou de nos espoirs pour le futur comme des sœurs peuvent le faire. Nous ne parlions pas des membres de notre famille que nous croyions tous morts. En fait, je ne me souvenais pas avoir jamais eu une maison ou une vie avant. Nous existions l'une à côté de l'autre. Nous étions mortes de fatigue et de faim. La seule chose que nous étions capables de faire, c'était de survivre. La nuit, nous dormions l'une à côté de l'autre, mais cette joie que nous avions éprouvée à être ensemble était envolée, elle nous avait été volée dans la fleur de l'âge[20].

Ces mots des prisonniers du *Sonderkommando*, chargé de brûler les victimes gazées, nous montrent l'anxiété profonde qu'ils ressentaient face au sort des êtres chers :

Vous savez, j'espérais seulement ne connaître personne – ni amis ni famille – dans les convois[21].

Il y avait une grande variété de situations parmi les détenus. Certains n'avaient pas de famille qui les attendait hors du camp, sans pour autant qu'elle ait été tuée dans des chambres à gaz. D'autres (le pire des cas sur le plan psychologique) comptaient des proches à l'intérieur du camp, plus ou moins loin d'eux. Il y avait aussi ceux, assez rares, dont un membre de la famille

19. N. Żelechower (127262), Publications, vol. LXXXIII, p. 43.

20. Bronia Brandman (52643), *The Girl Who Survived. A True Story of the Holocaust*, New York, Scholastic, 2010, p. 54.

21. Henryk Mandelbaum (181970), Igor Bartosik et Adam Willma, *Dans les crématoires d'Auschwitz. Entretien avec Henryk Mandelbaum ancien détenu et membre du* Sonderkommando *au camp d'Auschwitz*, traduit du polonais par Alexandre Dayet, Oświęcim, musée d'État d'Auschwitz-Birkenau, 2012, p. 55.

était un *Funktionshäftling*, ce qui lui permettait d'aider les siens. C'était le cas de Tante Erna, dont la sœur, devenue chef de block, jouissait à la fois d'une meilleure situation et pouvait faire profiter sa famille élargie de ses privilèges.

Tante Erna était notre ange-gardien. Sans elle, il nous aurait été difficile de survivre au camp de Birkenau – c'est ainsi que s'appelait le camp où nous avions été envoyées[22].

Généralement, dans le camp, les membres d'une même famille souffraient de la même façon et partageaient le même sort. Deux cas de figure étaient possibles : soit les proches se trouvaient dans une autre partie du camp, dans une baraque éloignée ou un autre Kommando – les efforts, alors, consistaient à tenter de garder le lien. Ou bien, ils se trouvaient à proximité et le défi devenait de constituer une communauté au quotidien. Là aussi, les solutions étaient radicales. Observons d'abord la première situation, la préservation de liens à distance.

Il fallait déployer beaucoup de temps et d'énergie pour découvrir où se trouvait un être cher – en particulier, lorsqu'on ne pouvait pas se déplacer entre les différents blocks, sections, zones ou subdivisions.

Les hommes qui vivaient dans les blocks 12, 13 et 14 voulaient établir des contacts avec les femmes. Tout le monde espérait y trouver sa femme, sa sœur. Si quelqu'un s'approchait des barbelés, un garde SS lui tirait dessus depuis le mirador[23].

Combien de nos collègues, à la vue d'une femme prisonnière, pensaient qu'elle était peut-être sa mère, sa sœur ou sa fille ? Mais le cœur du détenu du camp de concentration est dur – une demi-heure plus tard, son esprit ne pensait plus qu'à une chose : où trouver de la nourriture[24].

22. E. Friedman (A-26615), *Daleka droga do domu*, *op. cit.*, p. 76.
23. Israel Berkowski (98803), Témoignages, vol. XXXV, p. 28.
24. W. Pilecki (4859), Publications, vol. I, p. 114.

Maman... Je ne l'ai pas vue depuis tant de semaines ! Parfois, on peut se faire signe de loin de part et d'autre des barbelés. Elle a changé... Cheveux courts... Elle a beaucoup maigri, elle est sale, apeurée. Comme moi. Nous sommes l'un en face de l'autre, chacun d'un côté des barbelés et nous nous sourions. Pas très longtemps[25].

J'avais vu la baraque où se trouvait ma mère, mais je ne pouvais pas y entrer. Je voulais savoir si la baraque de Maman était comme la mienne, si sale, si les châlits n'avaient pas de paille, et je voulais savoir si je pouvais être avec Maman un petit moment. Je l'ai vue plusieurs fois, de loin[26].

On essayait aussi de s'assurer que ses proches étaient encore en vie. Cela devenait particulièrement compliqué quand les prisonniers, n'ayant plus la force de travailler ou de tenir debout pendant l'appel, se présentaient à l'hôpital du camp : ils passaient alors du risque d'avoir des ennuis avec le kapo à celui de subir la sélection à l'hôpital.

Ma fille a attrapé le typhus deux semaines après son arrivée au camp et a été envoyée à l'hôpital du camp... Les femmes détenues n'avaient pas le droit d'y aller même pour voir de la famille proche. Vous ne pouviez pas connaître l'état de santé ou même savoir si votre parent était mort. Je n'avais aucune information concernant ma fille[27].

Maman a insisté pour aller au Revier, *car elle ne pouvait plus tenir debout pendant l'appel [après s'être foulé la cheville]. Ensuite, elle a contracté le typhus. Malgré les soins du docteur Węgierska et des miens, ma mère, Adela Szemplińska, est morte dans mes bras. Après ça, je me suis effondrée physiquement et j'ai attrapé le typhus*[28].

---

25. B. Bartnikowski (192731), *Une enfance en pyjama rayé*, *op. cit.*, p. 132.
26. Józef Nowaczkiewicz (192735), Témoignages, vol. XXII, p. 56.
27. M. Żumańska (29940), Témoignages, vol. IV, p. 414.
28. Hanna Laskowska (7938), Témoignages, vol. XXXVII, p. 93.

> *Une autre fois, j'eus l'impression qu'à la place de mon cœur, on avait mis une lourde pierre. Quelqu'un dit : « Il faudrait qu'elle puisse pleurer... » Mais je ne savais plus pleurer*[29].

La situation était différente pour ceux qui se retrouvaient dans la même baraque ou le même Kommando. Auschwitz étant divisé entre le camp des hommes et le camp des femmes, cela pouvait concerner les relations pères-fils ou mères-filles, qui devenaient extraordinairement difficiles car, dans le camp, la fonction parentale de soutien de famille, qui se loge de manière instinctive et héréditaire dans la psyché, ne pouvait être assumée. Là aussi, la déshumanisation eut un effet délétère. Au début, le parent essayait de protéger son enfant en lui donnant sa portion de nourriture. Puis, il prenait conscience d'une double-peine : il ne serait à la fois plus en capacité de survivre ni de protéger son enfant. Certaines situations extrêmes ont conduit à séparer l'adulte de son enfant pour éviter à celui qui se sacrifiait des conséquences fatales.

> *Comme mon père a souffert ! Comment est-il possible qu'un homme ne puisse pas aider ses trois fils affamés ? Ce n'est que de nombreuses années plus tard que j'ai compris la douleur qui avait été la sienne*[30].

> *Une partie de notre routine quotidienne consistait à être affectés au travail dans différents endroits. Mon père m'aidait à remplir mon quota. Il devait travailler deux fois plus ou au moins une fois et demie plus. Sans son aide, j'aurais été tué là-bas. Mon père était très fort*[31].

---

29. K. Żywulska (55908), *J'ai survécu à Auschwitz*, *op. cit.*, p. 116. La citation arrive au moment où l'auteur vient d'apprendre qu'une personne très proche vient de mourir du typhus.
30. R. Tessler (matricule inconnu), *Letter to My Children*, *op. cit.*, p. 60.
31. M. Kohn (77355), *Weep Tears of Blood*, *op. cit.*, p. 40. L'auteur de la citation n'avait alors que douze ans.

Au début, ma mère me donnait un peu de sa ration. Elle s'est affaiblie rapidement et m'a dit : ne me prends pas pour une mauvaise mère si j'arrête de te donner une part de ma nourriture. Si je ne le fais pas, je vais mourir et il n'y aura plus personne pour te protéger[32].

Quelques heures plus tard, mon père profita d'un moment de calme pour m'attirer à lui et me murmurer : « Je vais te parler très sérieusement. Ensemble, nous n'allons jamais survivre, parce qu'en travaillant ensemble, nous allons souffrir l'un pour l'autre. Nous allons souffrir doublement. Nous devons nous séparer. » « Non, ai-je crié, tu ne peux pas m'abandonner. » « Tu dois m'écouter, dit-il fermement. C'est la seule manière. » Je secouai la tête en signe de protestation pour faire partir ces mots de mon cerveau. L'idée qu'il me quitterait me donnait le vertige. C'était un sentiment de panique que seul un enfant sur le point d'être abandonné pouvait ressentir. « Tout seul, tu vas survivre, me dit-il. Tu es jeune et fort et je sais que tu vas t'en sortir. Si tu es le seul à survivre tu dois nous honorer en vivant, en n'étant pas désolé pour nous. C'est ça que tu dois faire.[33] »

« Il n'y a qu'une seule façon pour nous de survivre, disait-il. Nous devons rester séparés, chacun dans un endroit différent, éloignés l'un de l'autre. Au moins l'un d'entre nous vivra pour raconter ce qu'ils nous ont fait, à nous, à nos enfants et à notre peuple. » Lajos et moi essayâmes de protester, mais il continua sur sa lancée : « Si nous restons ensemble, au même endroit, nous souffrirons le martyre, nous ressentirons les souffrances des uns et des autres, nous serons témoins de la faim et de l'inanition des uns et des autres.[34] »

Les relations entre frères et sœurs dans le camp étaient différentes.

La plupart des sœurs dans le camp s'aimaient d'un amour quasi morbide[35].

---

32. S. Lichtsztejn-Montard (A-7142), *Chassez les papillons noirs*, *op. cit.*, p. 213.
33. M. Greenfield (A-4406), *Measure of a Man*, *op. cit.*, p. 8.
34. M. Mermelstein (A-4685), *By Bread Alone*, *op. cit.*, p. 128.
35. L. Millu (A-5384), *La Fumée de Birkenau*, *op. cit.*, p. 153.

Être seule dans le Lager C *était peut-être une bénédiction. Avoir des sœurs encore en vie, ne pas être seule était aussi une bénédiction, mais c'était tous les jours, toutes les heures, un chemin semé d'embûches. Lorsque ce jour s'achèvera, serons-nous encore toutes les quatre en vie ? Si tu es sans sœurs, tu ne ressens pas cette pression, cette responsabilité absolue de rester en vie à la fin de la journée. Combien de fois cette responsabilité nous a laissé la vie sauve. Je ne peux le dire*[36].

Jadwiga Bartel voulait être transférée [de Ravensbrück] à Auschwitz car son jeune frère Erwin Bartel s'y trouvait. Elle était mue par son amour de sœur. À Auschwitz, elle trouva son frère et ils s'entraidèrent[37].

Encore une chose. Il y avait avec moi, dans le camp, des garçons qui avaient été élevés par leurs frères et sœurs aînés. Ils avaient appris le partage des corvées familiales, les règles de la coexistence. Au même moment, moi, en tant que fils unique, j'apprenais à m'adapter au groupe, ce qui était à certains égards particulièrement difficile[38].

Par ailleurs, bien des situations dans le camp faisaient redouter d'être séparés. Cela pouvait être la fin de la quarantaine, l'affectation à un autre Kommando ou à une autre baraque, une hospitalisation ou un événement susceptible de survenir à tout moment pour ceux qui voulaient rester ensemble.

Une inquiétude douloureuse rongeait le cœur des mères arrivées avec leurs filles, des sœurs encore réunies. Il leur semblait que le véritable enfer ne commencerait pour elles qu'au moment de la séparation. Que faire pour rester ensemble ? Demander à la Bubi ou à la Hasse une affectation à la même colonne ? À Dieu ne plaise ! Cela n'aurait abouti qu'au résultat contraire[39] *!*

36. Isabella Leitner (matricule inconnu), *Fragments of Isabella. A Memoir of Auschwitz*, New York, T.Y. Crowell, 1978, p. 44.
37. J. Perun (22013), Témoignages, vol. XI, p. 46.
38. W. Bartoszewski (4427), *Mój Auschwitz*, *op. cit.*, p. 34.
39. Z. Kossak (64491), *Du fond de l'abîme, Seigneur…*, *op. cit.*, p. 90.

Le dilemme – rester unis ou se séparer – ne doit pas être considéré uniquement comme un choix binaire. Il y a eu de nombreuses variations dans l'esprit des familles présentes dans le camp. C'était d'autant plus le cas pour les Juifs qui avaient dû faire preuve de tant de confiance et d'efforts pour rester ensemble au cours des difficiles années passées dans les ghettos, suivies de la déportation qui s'était terminée par la sélection sur la rampe. Inévitablement, les familles qui avaient vu où ces efforts les avaient menées devaient en permanence remettre en question l'impératif selon lequel il fallait demeurer unis. Les mots qui vont suivre furent prononcés par un père à l'intention de ses fils après leur arrivée à Auschwitz lorsqu'il comprit ce qu'était le camp :

> *Il y avait de la peine dans chacune des syllabes qu'il prononçait. « Je vous ai fait du mal », commença-t-il. « Je n'aurais jamais dû vous empêcher de fuir dans la forêt ou de rejoindre les partisans.*[40] »

Contrairement aux attentes, la difficile évaluation des stratégies pour rester ensemble ne prit pas fin à l'arrivée au camp. Les séparations pouvaient se produire à chaque instant, mais leur appréhension pouvait varier. Un jeune garçon, alors âgé de quatorze ans, se souvient avoir quitté sa famille, pressentant que le camp familial Juif de Theresienstadt aboutissait à la section BIIb du camp de Birkenau :

> *J'ai décidé de quitter ma famille et de ne pas aller dans les chambres à gaz. Au début, mes parents n'étaient pas d'accord. Mais au cours de notre dernière conversation, ma mère m'a dit : « Tu dois partir, je crois à ta survie*[41]. »

La séparation pouvait aussi être un obstacle à la persécution. Il faut garder en tête que la prégnance des liens entre les

40. M. Mermelstein (A-4685), *By Bread Alone*, *op. cit.*, p. 127.

41. Jiri J. Diamant (169049), in Freund (John) et Bacon (Yehuda), dir., *After Those Fifty Years. Memoirs of the Birkenau Boys*, Toronto, Lg Pub., 1997 (2de édition), p. 66.

membres d'une même famille pouvait rendre plus difficile la légitime défense. La déshumanisation devait empêcher l'entraide ; et les noms des prisonniers étaient réduits à des nombres afin qu'ils n'aient aucun lien entre eux, aucune relation, et ne puissent former des groupes organisés. Par conséquent, révéler les liens familiaux pouvait exposer les prisonniers à être plus persécutés encore, ou instrumentalisés par le service de sécurité du camp.

Les Allemands étaient capables de toutes les perversions pour nous humilier. Par exemple, pour s'amuser, un Allemand ordonnait à un père de fouetter son fils. Si le père refusait, c'était l'inverse : il ordonnait au fils de frapper son père. Le père disait lui-même à son fils d'obéir, et si les deux refusaient, ils étaient fouettés l'un et l'autre, souvent à mort. Les choses étaient faites ainsi, de manière sadique[42].

Dans le camp, je voyais régulièrement deux jeunes adolescents de l'âge de mon petit frère qu'on avait laissés avec leur père et que les kapos, ces détenus qui nous encadraient, prirent pour filleuls [« pipels* »]. *Un mois plus tard, ils donnaient des coups de pied à leur père*[43].

À Buna, on haïssait les « pipels » *: ils se montraient souvent plus cruels que les adultes. J'ai vu un jour l'un d'eux, âgé de treize ans, battre son père parce que celui-ci n'avait pas bien fait son lit. Comme le vieux pleurait doucement, l'autre hurlait : « Si tu ne cesses pas de pleurer tout de suite, je ne t'apporterai plus de pain. Compris*[44] *? »*

Un jour, deux personnes âgées ont été amenées au block 11. Comme d'habitude, après l'appel du soir on nous a envoyés de force sur la place d'appel, et ces deux individus se tenaient à la porte, l'air déprimé et terrifié par ce qu'elles voyaient. La pancarte que l'homme tenait disait qu'ils risquaient la mort par inanition si leur fils ne se présentait pas volontairement au camp. C'était terrible. Je ne pouvais pas imaginer la liberté achetée à un tel prix[45].

42. S. Venezia, *Sonderkommando*, *op. cit.*, p. 146.
43. Y. Feldman (35806), *35806. Mémoires de l'enfer*, *op. cit.*, p. 38-39.
44. E. Wiesel (A-7713), *La Nuit*, *op. cit.*, p. 102.
45. E. Ferenc (281), *Bez retuszu*, *op. cit.*, p. 11.

LES ENFANTS

Il est impossible d'effacer sa famille du flot des souvenirs, des rêves et des sentiments d'un être. Les enfants tiennent une place à part dans le vaste spectre des émotions liées à la famille. Dans le camp, il ne pouvait en être autrement. Auschwitz n'épargnait pas les enfants : dans le camp, ils étaient eux aussi des prisonniers, et c'était bien là le problème[1]. Un grand nombre d'entre eux, environ deux cent mille, furent assassinés dans les chambres à gaz. D'autres, destinés eux aussi à être assassinés, restèrent enfermés de longs mois à Birkenau dans un camp spécial de Juifs de Theresienstadt. Plusieurs milliers d'enfants roms connurent également ce sort. Des enfants furent aussi envoyés à Auschwitz depuis la région de Zamość, colonisée par l'Allemagne. Enfin, plusieurs milliers d'enfants polonais furent déportés à Auschwitz après l'insurrection de Varsovie. On ne peut donc pas parler d'Auschwitz sans s'intéresser à la question des enfants. Il y avait des enfants dans le camp, les détenus adultes les voyaient et cela, ainsi que le mettent en lumière leurs souvenirs et parallèlement à la question de la famille, joua un

1. Un travail monumental a été réalisé à propos des enfants dans le camp par Helena Kubica, *Nie wolno o nich zapomnieć. Najmłodsze ofiary*, Oświęcim, musée d'État d'Auschwitz-Birkenau, 2002 ; voir aussi sa monographie « Children and Adolescents in Auschwitz », in *Auschwitz 1940-1945. Central Issues*, *op. cit.*, vol. II, p. 201-290 ; W. Witek-Malicka, *Dzieci z Auschwitz-Birkenau*, *op. cit.* Voir aussi Ryn et Kłodziński (20019), « Śmierć i umieranie... », art. cité, p. 79-80.

rôle émotionnel majeur dans leur expérience concentrationnaire. Pourtant, assez peu d'anciens prisonniers (même parmi ceux qui eurent des contacts avec les enfants) écrivirent sur ce sujet même. Leur silence laisse penser qu'il était très difficile pour eux de poser des mots sur ce souvenir particulier.

> *Le plus épouvantable, le plus pénible, c'était certainement de voir les enfants*[2].

> *Je fus prise d'un frisson en voyant les enfants dans le camp. Nous avions fait un pacte tacite de ne pas évoquer les enfants dans nos conversations. Nous nous efforcions aussi de chasser toute pensée d'extermination d'enfants à Auschwitz*[3].

Toutefois, il était impossible – et en particulier à Birkenau en 1943-1944 – de se soustraire à la vue des enfants ou de ne pas sentir leur présence. Même si les adultes ne les croisaient pas tous les jours, leurs espaces se chevauchaient souvent, par exemple à l'hôpital.

> *Une infirmière qui avait pris soin dans le block des enfants d'un petit garçon yougoslave de six ans prénommé Olek avait dit lorsque l'enfant avait mis les bras autour de son cou et l'avait embrassée : « Une année de camp m'avait fait oublier à quoi ressemblait la tendresse*[4]*. »*

Les enfants n'entraient pas seuls au camp, ni n'étaient systématiquement dirigés vers la mort à leur arrivée. Parfois, un enfant qui était entré dans le camp pouvait, après une sélection ou un autre événement tragique, devenir brusquement orphelin et n'avoir d'autre choix que de grandir et de s'assumer seul. Il n'avait alors d'autre choix que de mûrir en quelques instants. C'était une question de vie ou de mort, à laquelle il ne pouvait être préparé.

---

2. A. Piątkowska (6805) Publications, vol. LXVI, p. 151.
3. R. Kagan (7984), *Des femmes au bureau de l'enfer*, *op. cit.*, p. 162.
4. H. Langbein (60355), *Hommes et femmes à Auschwitz*, *op. cit.*, p. 237.

Alors que je me tenais là, entouré par la mort, mon esprit était en proie à la confusion et au choc. Comment continuer ? Qu'allais-je faire ? J'avais perdu mon guide et mon conseiller[5]*. En qui pourrais-je avoir confiance ? Il n'y avait pas de réponses rassurantes*[6]*.*

Je dus m'asseoir, entièrement nue sur un banc, avec les autres enfants. Des garçons étaient là eux aussi. Il faisait très froid. Nous n'avions aucun endroit où nous dissimuler. C'était très gênant d'être là sans vêtements. Certaines filles croisaient les jambes et se couvraient de leurs mains. D'autres tremblaient de peur face aux SS qui nous pointaient du doigt en riant. Dans ce camp, la nudité fut l'une des choses les plus déshumanisantes qui soient[7]*.*

Auschwitz n'avait pas été prévu pour accueillir des enfants. On n'avait pas anticipé, dans les camps de concentration allemands d'avant-guerre, de cadre de fonctionnement pour une telle éventualité. On n'avait pas établi de règles de conduite. Auschwitz, à la fois camp de concentration et camp d'extermination, créa du fait de la présence des enfants une situation à laquelle l'ensemble du système concentrationnaire allemand n'avait pas été préparé. Ni le personnel SS, ni les *Funktionshäftlinge* ne savaient comment se conduire face aux enfants.

Dans cette agitation [dans la Sauna*], un jeune soldat SS m'a soudain saisi le bras et m'a arraché ma poupée. Mes larmes et mes supplications pour qu'il me la rende étaient vaines. Ma poupée avait disparu et je savais que je ne la reverrais plus jamais. J'avais pendant si longtemps pris soin d'elle, on avait vécu tellement d'expériences ensemble. Je lui avais confié tant de choses ces dernières années et maintenant tout était fini*[8]*.*

5. Son père, au cours d'une sélection. *(N.d.T.)*
6. K. Moses (B-11668), *Home at Last*, *op. cit.*, p. 59.
7. E. Mozes Kor (A-7063), *Les Jumelles de Mengele*, *op. cit.*, p. 69.
8. N. Weilová (71978), *Auschwitz. Matricule 71978*, *op. cit.*, p. 40.

Il en est ainsi. Les deux hommes n'ont jusqu'alors surveillé que des adultes. Leur brutalité et leur bestialité sont notoires. Depuis que le block abrite des enfants, le chef de block et Olek le Sanglant s'ennuient[9].

Jamais je n'oublierai le surveillant de chambre – seul son nom s'est effacé de ma mémoire – qui battait les enfants [dans un baraquement en briques de Birkenau après l'insurrection de Varsovie], même les plus jeunes, s'ils faisaient pipi au lit dans leur sommeil. Sachant cela, les enfants plus âgés qui s'occupaient d'eux les sortaient du lit et les mettaient aux toilettes, juste pour leur épargner les coups[10].

Les fonctionnaires du block des enfants [créé pour les transports provoqués par l'insurrection de Varsovie] étaient terribles. On nous battait avec des lambeaux de vêtements ou tout objet à portée de main, on nous volait nos rations alimentaires, on nous menaçait et on nous terrorisait. Si une surveillante était gentille avec nous, la surveillante du block la renvoyait aussitôt. La surveillante du block s'appelait Roma Ciesielska[11].

Rapidement, les enfants s'approprièrent le monde du camp dans lequel ils vivaient. Ils en assimilèrent la nouvelle réalité avec la même avidité que n'importe quel jeune enfant assimile la réalité du monde extérieur. Ils adoptèrent ainsi les normes de cet autre monde, le monde du camp de concentration d'Auschwitz. Les témoignages à ce propos sont relativement rares, mais on imagine aisément combien il est dramatique que des enfants s'adaptent aux normes d'un camp. Les extraits suivants concernent les enfants du *Zigeunerlager*, mais peuvent s'appliquer à toute autre section où se trouvaient des enfants. Le monde des adultes devenait le leur, en dépit de l'horreur.

---

9. B. Bartnikowski (192731), *Une enfance en pyjama rayé*, *op. cit.*, p. 36.
10. W. Dramińska (85374), Témoignages, vol. LXXXIII, p. 175.
11. B. Krzywobłocka (83264), Témoignages, vol. XV, p. 80.

Nous étions au camp « tzigane ». Nous recevions de nouveaux arrivants, un petit groupe de Tziganes allemands… Je m'approchai des enfants.

— Que faites-vous ?

— Nous jouons.

— À quoi ?

— À brûler les Juifs[12] *!*

Je me souviens de cette fois, où dans le camp tzigane, j'ai remarqué un groupe d'enfants qui jouaient à empiler des cailloux les uns sur les autres. Lorsque je leur ai demandé ce qu'ils faisaient, ils m'ont répondu : « Nous faisons semblant de brûler les Juifs. » Les enfants ont développé ces instincts après les exécutions de prisonniers Juifs effectuées par les Allemands[13]*.*

Il n'y avait pas de règles particulières à destination des enfants dans le camp. D'ailleurs, étaient-ils toujours des enfants ? Ils étaient très jeunes mais, dans la mesure de leurs possibilités, travaillaient dans les Kommandos. Du haut de leur jeune âge, ils voyaient, ressentaient, comprenaient ce qui se passait. Les témoignages montrent que, très rapidement, ils quittèrent l'enfance pour devenir de « petits adultes »[14].

Kató était si heureuse de me voir ! La charmante enfant joufflue qu'elle était s'était transformée en jeune fille élancée. Son travail consistait à trier les vêtements des victimes des chambres à gaz. Elle avait vu des dizaines de prisonniers entrer dans ces chambres à gaz dont personne ne revenait, entendant continuellement leurs cris d'agonie. La fleur de sa jeunesse s'était fanée, l'insouciance enfantine et joyeuse qui illuminait naguère ses yeux avait disparu. À 14 ans à peine, elle était une femme mûre luttant pour sa survie[15]*.*

12. K. Żywulska (55908), *J'ai survécu à Auschwitz*, *op. cit.*, p. 253.
13. B. Epstein (79104), Témoignages dans le procès Rudolf Höss, [IPN GK 196/99], *Chronicles of Terror*, *op. cit.*, vol. VI, p. 281.
14. Voir W. Witek-Malicka, *Dzieci z Auschwitz-Birkenau*, *op. cit.*, p. 114-115.
15. A. Molnár Hegedűs (matricule inconnu), *Pendant la saison des lilas*, *op. cit.*, p. 81.

Même les enfants de trois ou quatre ans étaient des personnes matures. Ils comprenaient, restaient silencieux et surtout ils étaient fatigués de la vie[16].

Des blocks spéciaux furent aménagés pour les enfants de Theresienstadt ou encore ceux qui étaient arrivés après l'insurrection de Varsovie. Les relations avec ces enfants étaient laissées au bon vouloir du chef de block – même quand il s'agissait d'une mère qui souhaitait voir son enfant.

Les mères n'avaient pas le droit de voir leurs enfants car, en travaillant dans les différents Kommandos, elles risquaient de transmettre une épidémie au block des enfants. Il était difficile de leur expliquer cette interdiction et difficile de la faire comprendre aux enfants. Et puis, une telle interdiction ne protégeait de toute façon pas les enfants des infections, qui étaient omniprésentes dans le camp[17].

Certaines des femmes qui venaient dans le block n'y avaient pas leurs propres enfants mais, dans un sens, elles se sentaient responsables du block. Chacune d'entre elles essayait d'une manière ou d'une autre de m'aider… Celles qui travaillaient dans la cuisine du camp m'ont été d'une aide précieuse, notamment Anda Kowalczykowa (d'Oświęcim), qui s'était chargée de fournir aux enfants une soupe plus épaisse, et dans le chaudron, au lieu de la soupe, on pouvait trouver des légumes cuits, des pommes de terre et même une saucisse[18].

Certains retenaient leurs larmes pour ne pas augmenter l'angoisse de leurs enfants ou provoquer leurs questions[19].

La veille de Noël, après l'appel du soir, nous sommes allés au block des enfants [voir ceux de la région de Zamość]. Nous leur avons

16. R. Duracz (43544), in Duracz, Fajkosza et Nowaka, *Przekaz Oświęcimski*, *op. cit.*, p. 56.
17. Romualda Cieślik-Ciesielska (27184), Témoignages, vol. XXII, p. 128.
18. *Ibid.*, p. 129.
19. F. Müller (29236), *Trois ans dans une chambre à gaz d'Auschwitz*, *op. cit.*, p. 107.

apporté du pain, de la marmelade et des biscuits, et nous leur avons joué des chants de Noël polonais. J'ai prononcé un bref discours. Les enfants étaient émus et pleuraient. Le 27 décembre, ils ont été emmenés au block 24. Personne ne sait ce qui leur est arrivé[20].

Les enfants de la région de Zamość ont finalement été tués par des injections de phénol dans le cœur. Cet épisode a mis en émoi le camp entier. Contrairement à ce qui est dit dans la citation précédente, tout le monde savait, même si rares sont ceux qui ont écrit à ce sujet. Cette réticence est un exemple très parlant montrant à quel point la souffrance des enfants a profondément affecté les prisonniers.

Je savais que les enfants qui allaient au block 20, de l'autre côté de la cour, se dirigeaient vers le cabinet de Klehr, qui allait les tuer en leur injectant du phénol. Les filles plus âgées, de douze à quinze ans, qui guidaient les plus jeunes, savaient aussi qu'elles allaient mourir, mais elles se sont comportées avec héroïsme : elles ne pleuraient pas, ni ne se lamentaient, bien au contraire, elles divertissaient les plus jeunes, afin d'adoucir leurs derniers instants avant la mort. La mort de ces êtres innocents nous remplissait de chagrin, mais à la douleur s'ajoutait la rage d'être si impuissants et de devoir assister passivement à la mort d'enfants. J'avais une approche complètement différente de notre mort à nous, prisonniers du camp, de la mort de ceux qui étaient engagés dans la résistance clandestine et qui sacrifiaient leur vie pour la cause, et de la mort d'êtres innocents qui ne savaient pas ce qu'était l'Occupation et qui profitaient de la vie et de leurs jouets, et qui ici, au seuil de la vie, étaient confrontés à une mort atroce[21].

Lors d'une sélection d'enfants, les SS installèrent une barre à 1,2 mètre de haut. Tous les enfants qui passaient en dessous étaient envoyés au four crématoire. Sachant cela, les petits enfants levaient autant que possible leurs petites têtes vers le haut, afin d'être dans

20. Ludwik Żuk (37939), Témoignages, vol. XXXV, p. 64.
21. K. Tokarz (282), cité dans Ryn et Kłodziński (20019), « Śmierć i umieranie… », art. cité, p. 79.

le groupe qui allait survivre. Instinctivement, ils sentaient ce qui les attendait s'ils ne dépassaient pas la barre avec leurs têtes[22].

Des expériences pseudo-médicales étaient réalisées sur les enfants. Josef Mengele s'intéressait surtout aux jumeaux, mais d'autres médecins SS ont utilisé des enfants pour leurs propres recherches criminelles. Les adultes prisonniers qui voyaient et réalisaient ce qu'étaient ces expériences en furent très affectés.

En sortant, j'ai vu un groupe de jeunes garçons nus blottis les uns contre les autres dans une salle. Ces garçons avaient été châtrés et j'ai vu du fil chirurgical suspendu à leurs pénis. Ils semblaient en état de choc et de confusion. Je ne voyais pas dans leurs yeux ou leur comportement la moindre étincelle de vie. Je suis retourné en toute hâte aux baraques et j'ai repris mon travail, reconnaissant d'être encore entier, mais incapable d'oublier le regard de ces garçons[23].

Le caractère particulièrement traumatisant de la vue des enfants dans le camp est évident dans les propos, maintes fois répétés après-guerre, presque comme un mantra ou une incantation, du *Sonderkommando* Henryk Mandelbaum. Il travaillait dans les fours crématoires au moment de l'arrivée massive et quotidienne des Juifs, par familles entières, en provenance de Hongrie dont des milliers d'enfants furent immédiatement sélectionnés pour les chambres à gaz. Ce spectacle insoutenable, ces actes terribles qu'il était forcé d'accomplir chaque jour, Henryk Mandelbaum les a totalement effacés de sa mémoire. Je me souviens l'avoir à de nombreuses reprises entendu nier avec feu et émotion la véracité des témoignages d'autres prisonniers du *Sonderkommando*, et même de ceux que les SS eux-mêmes faisaient devant les tribunaux, en insistant :

22. B. Epstein (79104), Testimony in the Rudolf Höss trial, [IPN GK 196/99] in *Chronicles of Terror*, *op. cit.*, vol. VI, p. 281.
23. M. Eisen (A-9892), *By Chance Alone*, *op. cit.*, p. 131-132.

Je n'en ai pas vu [des enfants] ! Vous discutez avec un homme sérieux qui a beaucoup vécu. Je ne suis pas ici pour vous mentir. Quand je ne sais pas, je dis que je ne sais pas. Peut-être n'y en a-t-il pas eu pendant mes services ? Il y avait des femmes, mais des enfants ? Je me souviendrais de la présence d'enfants gazés, de quelle façon leurs corps brûlaient... [...] Je le répète : je n'ai jamais vu de cadavres d'enfants pendant mon travail[24].

Les enfants les plus jeunes, qui survécurent par miracle, n'ont pas participé aux marches de la mort. Ils ne connaissaient pas leurs propres noms, ignoraient ceux de leurs parents, et n'étaient même pas sûrs de leur origine. Leur vie entière en fut affectée : dans le souvenir des violences terribles dans lesquelles elle avait commencé, ils ne purent, pendant des décennies entières, parfois toute leur vie, se rappeler leur petite enfance, leur famille et leurs origines.

*Le nom de Grzegorz Tomaszewski m'a été donné après-guerre. Nous vivions dans une ville que je ne connais pas. Inconsciemment, je pense que c'était dans le district de Lwów [le numéro du prisonnier indique qu'il est né en 1939 et qu'il est arrivé dans le transport de l'*Einsatzkommando *9 en provenance de Vitebsk, le 9 septembre 1943]. Je ne sais pas si c'était vraiment le cas. De la période de mon enfance, quelques fragments ont été conservés dans ma mémoire concernant ma maison et mon séjour au camp. Nous avons été expulsés de notre maison – plus tard, il y avait des baraquements. Nous vivions dans une forêt, dans une sorte de hutte construite par mon père avec des encadrements de fenêtres. [...] Je n'ai jamais revu mon père. Nous avons été embarqués dans des véhicules et conduits à une gare où on nous a fait monter dans des wagons de marchandises. [...] À cette époque, ma mère est tombée malade. Je me souviens qu'elle est arrivée un jour avec de la nourriture pour mon plus jeune frère et qu'elle s'est effondrée. On l'a mise sur une civière et on l'a emmenée. Je n'ai jamais revu ma mère. Ma grand-mère et mes frères et sœurs, je ne les ai jamais revus non plus [...]. L'une des*

24. M. Mandelbaum (181970), *Dans les crématoires d'Auschwitz, op. cit.*, p. 50.

filles avec qui j'étais dans la maison d'enfants [après la libération] m'a dit que je m'appelais Griszka. Je ne sais pas comment le nom de famille Żukow-Grisza m'est venu dans la tête. Mais il ne s'agit là que d'associations informelles, et je ne sais pas d'où elles viennent. Je me souviens cependant que nous parlions polonais à la maison[25].

J'avais alors trois ans. [...] Je me souviens que j'ai été amenée au camp dans un uniforme bleu marine, composé d'une jupe plissée et d'un chemisier. Ces deux parties de l'uniforme étaient reliées par de jolis boutons blancs. Je me souviens que dans le train, ma mère avait de longues tresses noires[26].

25. Grzegorz Tomaszewski (149894), Témoignages, vol. XXXIII, p. 36-39.
26. Lidia Skibicka-Maksymowicz (70072), Témoignages, vol. XCI, p. 118.

LES NAISSANCES

Les enfants qui arrivaient à Auschwitz posaient problème, à bien des égards, à l'administration du camp. Tôt ou tard, eux aussi furent envoyés à la mort, et cette expérience tragique tourmenta les consciences des prisonniers adultes. Il y avait pourtant des situations plus difficiles encore qui affectaient en particulier l'état mental des détenues dans le camp des femmes : les naissances dans le camp. Des femmes enceintes arrivaient dans les convois et il y eut aussi des cas de femmes qui tombèrent enceintes dans le camp. Dans les deux cas, des enfants naissaient dans le camp. Les règles rivalisaient de cruauté : les femmes « aryennes » avaient en théorie le droit de garder leur bébé – qui, parfois, était même enregistré dans les registres du camp, assez souvent tatoué et maintenu en vie en dépit de toutes les horribles conditions du camp qui prolongeaient simplement l'agonie du nourrisson. Les femmes Juives n'avaient même pas ce droit : leurs enfants devaient mourir sitôt nés, faute de quoi elles étaient tuées avec leur nourrisson. Dans les faits, la grande majorité des nouveau-nés mouraient quelques heures ou quelques jours après être venus au monde.

Il arrivait souvent que l'une des prisonnières donne naissance sur ce « four » à un nouveau prisonnier dont l'existence était très courte[1].

1. Wanda Urbańska (45811), Témoignages, vol. LXXII, p. 32.

> *On m'a conseillé de me présenter en cas d'accouchement imminent, et de ne pas le faire plus tôt pour ne pas être transférée à la maternité du block 24 où il y avait des* Durchfall *et d'autres maladies*[2].

L'histoire des enfants nés dans le camp nous confronte à la déshumanisation la plus brutale, à l'inhumanité la plus profonde, tout en nous mettant face à l'innocence la plus absolue. C'est peut-être là que nous pouvons voir et ressentir l'inhumanité du camp de concentration d'Auschwitz de manière absolue et irréfutable.

Différents travaux universitaires de l'après-guerre considéraient qu'il fallait s'abstenir de citer des descriptions trop brutales du camp. C'est pourtant ici impossible. On ne peut comprendre les abysses dans lesquels ont été plongés les déportés sans les évoquer. Après de longs mois, un petit être humain innocent tant désiré était né. Non seulement ce bébé n'avait alors aucun espoir de survie, mais c'était souvent sa propre mère qui devait le tuer.

> *Lorsque j'étais au camp d'Auschwitz [janvier-août 1943], il n'était pas possible d'enregistrer la naissance d'un enfant. Au cours de la première semaine de mon internement, une femme de la région de Zamość a accouché au block 14. Des infirmières sont venues la voir et ont pris le bébé. Quand j'ai posé des questions à ce sujet, elles m'ont dit que le bébé serait exterminé. Au début du mois d'avril, la position s'est quelque peu assouplie. Les enfants pouvaient vivre dans les mêmes conditions que les adultes. Aucun soin particulier n'était permis. Par conséquent, les enfants qui avaient été épargnés sont morts au bout de quelque temps. […] Accoucher pendant la première période du camp, surtout avant mon arrivée, et le signaler aux autorités du camp signifiait une condamnation à mort pour l'enfant et pour la mère. C'est pour cette raison que les annotations dans les registres indiquaient souvent qu'il s'agissait d'une fausse couche*[3].

2. Stefania Sikorska (32354), Témoignages, vol. XXXIII, p. 34.
3. J. Kowalczyk (32212), Témoignages dans le cadre des procès contre d'anciens SS [IPN GK 196/161], *Chronicles of Terror*, *op. cit.*, vol. VI, p. 177.

Les petites créatures malheureuses, nées dans notre block 17, mouraient seules, enveloppées de copeaux de bois[4] *; les enfants Juifs mouraient en criant doucement. Tout cela se passait devant tout le monde, et c'était la chose la plus tragique. [...] De petits nouveau-nés mouraient, et tant de femmes, tant de mères étaient présentes, et rien ne se passait. Quelle époque étrange, comme elle aurait dû être différente ! La vie était cruelle dès les premières heures après la naissance*[5].

On amena dans notre block des nourrissons. Leurs mères travaillaient. L'un des bébés avait été mis au monde près d'une baraque, par une Juive grecque. Personne ne nourrissait les bébés Juifs. Les mères n'avaient pas de lait. D'ailleurs pourquoi les nourrir ? Ils n'étaient déclarés nulle part. Personne ne s'occupait d'eux. Ils pleuraient, geignaient, s'affaiblissaient, enflaient et mouraient. Tout le monde poussait un soupir de soulagement[6].

Sur une paillasse, six bébés qui ne doivent pas avoir plus de quelques jours. Quel spectacle ! Les membres desséchés et le ventre distendu. Les mères sont couchées sur des grabats à leurs côtés. Épuisées, la peau sur les eaux, elles gisent là, souvent nues. Elles ne semblent plus en avoir conscience[7].

En mai 1943, la situation de certains enfants changea. Ceux qui avaient des yeux bleus et des cheveux clairs furent retirés à leurs mères et envoyés à Nakło pour être « germanisés »[8]. *Les gémissements déchirants des mères disant au revoir aux convois de nourrissons en partance. Tant qu'ils étaient encore avec leurs mères, la maternité elle-même offrait une lueur d'espoir. La séparation avec leurs enfants fut terrible*[9].

---

4. Ceux qui tapissaient les châlits.
5. M. Ślisz-Oyrzyńska (40275), in Ryn et Kłodziński (20019), « Śmierć i umieranie... », art. cité, p. 79.
6. K. Żyvulska, *J'ai survécu à Auschwitz*, *op. cit.*,p. 119.
7. H. Langbein (60355), *Hommes et femmes à Auschwitz*, *op. cit.*, p. 234.
8. Les Allemands ont enlevé et germanisé environ 200000 enfants polonais, jugés racialement valables pour être forcés à devenir Allemands. L'action fut dirigée par le *Lebensborn* et la documentation de ces enlèvements fut détruite à la fin de la guerre. Uniquement 30000 de ces enfants ont été retrouvés après la guerre.
9. Stanisława Leszczyńska (41335), Publications, vol. X, p. 3.

Si la grossesse et l'accouchement dans les camps étaient des expériences extrêmes, ce n'est qu'après l'accouchement que la situation de la mère et du nouveau-né devenait véritablement inhumaine. La situation était dictée par la loi la plus sévère du camp. Le premier problème, qui concernait la plupart des mères, mal nourries et décharnées, était le manque de lait. La solidarité permettait parfois de surmonter cette difficulté.

Le 21 octobre 1944, j'ai donné naissance à ma fille, que j'ai appelée Jolanta. Une sage-femme, une prisonnière originaire de Łódź, très gentille et droite, s'est occupée de moi. Le docteur Konieczna s'est également occupée de moi. Je ne pouvais pas nourrir ma fille parce que j'avais une inflammation des seins. J'ai été opérée par une femme médecin, une prisonnière russe (je ne me souviens pas de son nom). Après l'opération, je n'avais plus de lait dans les seins. Ma fille était nourrie par des Russes, des Ukrainiennes et et des Yougoslaves qui avaient elles aussi accouché dans le camp. Plus tard, ma Jolanta a été allaitée par une Polonaise de Varsovie. Elle avait donné naissance à un fils dans le camp, mais il est mort peu de temps après[10].

Il était difficile pour un nourrisson de survivre dans ces conditions. Les femmes russes et leurs enfants étaient peut-être un peu plus résistants[11].

En raison de la faim et des conditions de vie dans le camp, de nombreuses mères n'avaient pas de lait. Les mères russes étaient plus résistantes et allaitèrent souvent d'autres bébés (en plus des leurs). Sur le lit, à côté de moi, parmi d'autres, reposait une prisonnière française qui ne pouvait pas donner le sein à son enfant. Mais il n'a pas accepté de prendre le lait d'une autre femme et il est mort[12].

Il est impossible de décrire la tragédie des mères qui, après neuf mois de grossesse, les difficultés propres à l'accouchement

10. Danuta Drzazga (26275), Témoignages, vol. XXXIII, p. 75-76.
11. W. Dramińska (85374), Témoignages, vol. LXXXIII, p. 175.
12. G. Pilecka (PH nn, 79435), Témoignages, vol. XVI, p. 47.

et l'éveil naissant de l'instinct maternel, perdirent rapidement leurs enfants. À notre échelle, c'est très peu de temps... mais bien assez pour qu'elles aient l'occasion de les voir, de les sentir, de les toucher, de les câliner, de leur donner un nom et de s'attacher à eux. Les descriptions de femmes survivantes, témoins extérieurs, comme celles des mères elles-mêmes – rédigées après-guerre – sont extrêmement laconiques.

> *Je suis arrivée à Auschwitz le 12 août 1944 à la suite de l'insurrection de la ville de Varsovie. J'étais l'une des centaines de femmes enceintes. C'est dans le camp que nous avons donné naissance à nos enfants. Les femmes polonaises n'étaient pas spécialement victimes de persécutions. Il y avait eu sporadiquement des passages à tabac et des harcèlements. Cependant, un jour de novembre 1944, alors que j'étais à l'hôpital, une cinquantaine de femmes enceintes, Juives hongroises et slovaques, ont été amenées... Mais le gynécologue, le Dr Konieczna, avait reçu l'ordre de « trier » ces femmes. Elle a donc pratiqué des avortements sur celles dont la grossesse était la moins avancée et, pour les autres, a dû provoquer l'accouchement. Les mères dont les enfants étaient vivants étaient censées tuer elles-mêmes leurs bébés. Elles ne pouvaient pas s'y résoudre. Elles ne croyaient pas que cela était possible. Ces enfants vivaient donc pendant une semaine ou deux. Lorsque la date de sortie de ces patientes s'est approchée, le personnel de l'hôpital les a averties du sort qui leur était réservé. On leur a dit très clairement qu'avec des enfants elles ne feraient que passer par la cheminée alors que, sans enfants, elles avaient une chance de sauver leur peau en devenant une force de travail. Le délai de réflexion était court, elles devaient prendre une décision le matin même. Une scène terrible s'est déroulée devant mes yeux. Je me souviens d'une image en particulier (le témoin pleure d'émotion et se tait un instant) : une femme Juive en proie à une lutte acharnée avec elle-même, était incapable d'assassiner son propre enfant. Elle couvrait son enfant d'une couverture puis le découvrait et le serrait dans ses bras. Au petit matin, l'enfant était mort et sa mère, la folie dans les yeux, étreignait le cadavre*[13].

13. Zofia Kalmus (83887), Témoignages dans le cadre des procès contre d'anciens SS [IPN GK 196/110], *Chronicles of Terror*, *op. cit.*, vol. VI, p. 255-256.

Ce que je ressentais ? De la douleur. Je ne pensais qu'à mon mari. Mon mari était malade. Je ne savais pas si c'était le typhus qu'il avait. Je l'ai appris au même moment. Et ma belle-sœur est morte, d'une pneumonie, je crois. Et je donne naissance à mon enfant et je dois aller avec lui au crématoire. Parce que c'est ça que... Je n'ai pas pensé à vivre. Et je pense que je ne pourrai pas sauver le bébé. Et j'accouche... Je donne naissance à un bébé pour qu'il soit tué. Et je n'ai pas eu le temps de souffrir parce que le bébé est né en une seconde. Et en bonne santé [...]. J'entends le bébé pleurer et pleurer et pleurer. Et un jour, le deuxième jour... je lui ai dit, donne-moi mon bébé. Je veux le nourrir, nourrir le bébé. Et elle est venue sur mon lit et elle a commencé à me parler et elle m'a dit... J'ai dit, où est le bébé ? Elle a dit, il est dans le, dans le... vous savez, les malades, certains y vont aussi. Les malades... Et j'ai entendu le bébé pleurer. J'ai dit : « Donnez-moi le bébé ». Je vais... Et elle a dit, si je te donne le bébé, tu iras là-bas avec le bébé. Tu vois ce que je veux dire ? J'ai dit, c'est ce que je veux. Je veux partir. Je suis déjà fatiguée. Et je veux aller avec le bébé au crématoire. Je veux mourir avec mon bébé... Je la supplie, j'entends des pleurs, et je lui demande de me donner le bébé. Je suis très... J'ai dit que je ne voulais pas vivre, que je voulais mourir avec mon bébé, donne-moi mon bébé. [...] [J'ai compris que le bébé était mort] quand je n'ai plus entendu les pleurs. Vous savez, je n'avais plus de larmes. Je m'en fichais, je voulais mourir. Vous savez, quand arrive cette minute où vous voulez juste mourir, vous ne voulez plus vivre, tout s'arrête. [...] Tu es fatiguée, tu es fatiguée, tu veux dormir, tu veux mourir. Il n'y a plus rien[14].

Quelques jours plus tôt, l'une de nos compagnes, arrivée avant nous, avait donné la vie à un nouveau-né [...]. Et puis, pour qu'il soit un peu mieux protégé, on lui avait fait place dans un Koje *tout en haut, là où il ne serait pas trop visible. Soudain, une nuit, un cri*

14. Alina Bacall-Zwirn (476490), *No Common Place*, *op. cit.*, p. 73-74. Ici, l'infirmière, une femme croyante a mis le bébé dans la pièce des maladies où ses pleurs ont été entendus de quelques jours à une semaine. Ainsi, elle a sauvé la mère du crématoire. Le numéro sur l'avant-bras de la mère a un zéro en trop, ce qui est probablement une erreur du tatoueur.

terrible qui résonne encore à mes oreilles me réveilla. Un rat était en train de dévorer la tête du bébé ! Trop petit et trop faible pour crier, il était mort sans bruit, mais la mère avait senti le pelage de l'animal. Elle était là, tenant le cadavre de son enfant serré contre elle et se battant contre l'horrible animal qui ne voulait pas lâcher sa proie. Le combat était sans issue. Alors, de guerre lasse, la malheureuse femme se jeta sur les fils électriques avec le corps de son bébé mais aussi le rat qui ne voulait pas lâcher sa proie. C'est ainsi que, au matin, on ne retrouva plus que leurs cadavres[15].

Les femmes Juives devaient choisir : soit elles se rendaient dans la chambre à gaz avec leur enfant, soit elles le tuaient aussitôt né. Aussi difficile que cette idée soit, le médecin ou l'infirmière qui tuait un bébé agissait avec humanité pour éviter à la mère de le faire.

Elle me dit : « Bien, donnez-moi l'enfant. » Et je donne l'enfant. Je l'ai donné. Je ne savais pas ce qu'on allait en faire mais je m'en doutais. Parce que c'était les mères qui devaient tuer leurs enfants. C'était comme ça. Ce n'était pas quelque chose de triste. C'était quelque chose d'inévitable. J'ai donné l'enfant[16].

Mais l'horreur a atteint son paroxysme lorsque j'ai vu des nouveau-nés être noyés dans un petit seau à linge en bois. Je me souviendrai toujours de ces petites mains s'agrippant au bord du seau[17].

J'ai assisté à la mise au monde d'un enfant par une femme de notre transport prénommée Zofia (je ne me souviens plus de son nom de famille). Le bébé était en bonne santé et le médecin et l'infirmière voulaient le cacher. Malheureusement, le bébé s'est mis à pleurer bruyamment. Le médecin SS est alors arrivé, il a pris l'enfant et, devant sa mère et tous les autres patients, il l'a jeté

15. S. Lagrange (A-8624), *Coupable d'être née*, *op. cit.*, p. 74.
16. Charlotte (75140) et Henry Zucker (A-5325), *Les Balcons fleuris d'Auschwitz*, Champrond en Gâtine, Colombier, 2000, p. 247.
17. C. Bloch-Kennedy (7963), Témoignages dans le cadre des procès contre d'anciens SS [IPN GK 196/111], *Chronicles of Terror*, *op. cit.*, vol. VI, p. 45.

dans le poêle en feu. Zofia a eu une forte fièvre et est morte trois jours plus tard[18].

Toutefois, même quand les mères, les infirmières et les médecins faisaient tout ce qui était en leur pouvoir pour sauver l'enfant, comme pour tout autre prisonnier, le nouveau-né pouvait être désigné à la vindicte d'un SS.

Le SS se penche vers l'enfant, lui saisit la jambe et le fait tournoyer. Le choc a rendu un son mat. Le SS a vérifié que le coup était définitif et a laissé tomber les jambes encore tremblantes. Sur le mur du block, il y avait une tache sombre[19].

18. Stefania Rojek (26817), Témoignages, vol. XXXII, p. 20-21.
19. B. Bartnikowski (192731), *Une enfance en pyjama rayé*, *op. cit.*, p. 142.

LE RESPECT DES VALEURS

En raison du système de fonctionnement du camp, les récits d'après-guerre ne nous permettent pas de restituer avec justesse la hiérarchie des valeurs qui guidait le comportement des prisonniers[1]. D'autant que celle-ci dépendait de nombreuses variables. Les détenus venaient d'horizons divers ; les plus récemment arrivés portaient sur les événements un autre regard, différent de celui des « anciens », et leur état, mental comme physique, qui se détériorait, influençait cette perception. La question vaut pourtant la peine d'y réfléchir. Parmi toutes celles que l'on se pose sur la morale dans le camp, la plus fondamentale concerne la préservation de sa dignité au quotidien.

Jusqu'au mois d'août 1939, je pensais connaître les gens, mais je me trompais, je n'avais connu que ce que les gens prétendaient être[2].

Nous ne savons jamais quand nous sommes vraiment humains[3].

1. La question de la moralité est posée dans de nombreux ouvrages qui abordent le sujet de l'évolution de la personnalité. Dans le contexte polonais, les travaux les plus importants à ce jour sont certainement les études d'Alicja Glińska. Voir en particulier : « Z badań nad moralnością więźniów Oświęcimia », art. cité, p. 37-45, et « Kierunek przekształceń moralnych wśród więźniów Oświęcimia », art. cité, p. 53-57. Voir Gawalewicz (9225), *Z rozważań*, *op. cit.*, p. 46-48 ; Stanisław Sterkowicz, « Przyczynek do zagadnienia mora », art. cité.
2. Sattler (68652), *Prisoner of 68 Months*, *op. cit.*, p. 58.
3. G. Fijałkowski (137632), « Odwszenie w Birkenau », art. cité, p. 77.

Je reviens à la lancinante question que je n'ai jamais plus cessé de me poser depuis les premières heures à Birkenau : qu'est-ce qu'un homme ? Qu'est-ce qu'un être humain ? Personne ne possède une réponse complète et satisfaisante[4].

Je sais que l'expérience acquise à Auschwitz est unique. Nulle part ailleurs, on ne voit si bien l'homme à nu[5] *!*

Sans éprouver la haine, je refuse le pardon[6].

Lorsque nous parlons de sens des valeurs, nous nous situons à deux niveaux : l'éthique (science normative) et la morale (science descriptive). À Auschwitz, ce monde à part, s'affrontaient les normes issues du monde ordinaire et celles imposées par les SS ou élaborées par les prisonniers du camp. Ce n'était pas un territoire privé de normes morales, même si leur compréhension, adoption et application prenaient parfois plus de temps que certains n'en avaient pour survivre.

« Dites-moi, qu'est-ce qui est autorisé dans le camp ? » « Tout, tant que l'on ne se fait pas prendre[7]*. »*

La devise dans le camp : « Ne vous faites pas attraper. S'ils vous attrapent, ils peuvent vous tirer dessus[8]*. »*

En règle générale, vous deviez faire ce que vous n'aviez pas le droit de faire[9].

---

4. S. Alizon (31776), *L'Exercice de vivre*, *op. cit.*, p. 184-185.
5. K. Żywulska (55908), *J'ai survécu à Auschwitz*, *op. cit.*, p. 182.
6. S. Alizon (31776), *L'Exercice de vivre*, *op.cit.*, p. 192.
7. J. Apostoł-Staniszewska (26273), *Echa okupacyjnych lat*, *op. cit.*, p. 285. Voir aussi Szuła, « Więźniowie Niemcy w strukturze terroru », art. cité, p. 79-80 : « Kurt Müller, qui dirigeait l'atelier de cordonnerie donnait des conseils aux prisonniers pour survivre. Il avait cette règle : "Vous avez le droit de tout faire, même ce qui est interdit, mais vous ne devez jamais vous faire prendre." Il battait des prisonniers non pas parce qu'ils ne respectaient pas les règles du camp mais pour s'être fait attraper. »
8. F. Berland Hyatt (38307), *Close Calls*, *op. cit.*, p. 91.
9. Fejkiel (5647), « Głód… », art. cité, p. 13.

Ceux qui étaient capables de s'imposer des contraintes éthiques ou idéologiques étaient minoritaires[10].

Soyons clairs : il faut s'abstenir de tirer des généralisations morales hâtives de l'analyse de souvenirs puisque les auteurs eurent tendance, après des années de traumatisme, à transformer leurs souvenirs sous l'influence de leur jugement moral ou de celui d'autrui. Ces témoignages ont été déformés tantôt intentionnellement, tantôt involontairement.

Par moments, je m'arrête d'écrire pour me demander si je ne devrais pas épargner au lecteur la description des fragments les plus « pénibles » de cette singulière chronique d'un autre monde. Je pèse le pour et le contre, je décide d'écarter une chose, j'hésite à propos d'une autre et finalement, vaincs ma résistance, car il me semble à tort ou à raison que le sujet principal de mon récit perdrait alors de son expression et serait même incompréhensible[11].

Je sais qu'on ne dit pas tout du comportement des prisonniers, y compris des Juifs, dans les conditions du camp. On oublie, intentionnellement ou pas. En même temps, pourquoi devrait-on tout, absolument tout publier[12] *?*

La droiture ou, en des termes plus généraux, l'attitude cohérente avec ses propres règles morales ou éthiques, se transforme nécessairement dans une situation où les principes eux-mêmes évoluent rapidement. Il ne s'agit en aucun cas d'une simple atténuation de certaines exigences essentielles, d'un abaissement de seuil ; les différentes règles sur lesquelles reposait le monde du camp ont modifié la façon dont la rectitude morale était perçue. Cette transformation était indispensable pour que l'individu puisse fonctionner dans le camp. Si nous devions imaginer

10. W. Bartoszewski (4427), *Mój Auschwitz*, *op. cit.*, p. 31.
11. S. Laks (49543), *Mélodies d'Auschwitz*, *op. cit.*, p. 38.
12. Havka Folman Raban (32291), *They Are Still With Me*, Western Galilee, Beit Lohamei Haghetaot, 2001, p. 160-161.

aujourd'hui dans nos rues un homme à moitié nu, à l'odeur pestilentielle, cherchant autour de lui des déchets à avaler, sans empathie pour les réels problèmes des passants, nous ne qualifierions certainement pas son attitude de convenable. Pourtant, dans le camp, tout cela restait dans les limites du convenable. Une fois encore, si on recommandait aujourd'hui à quelqu'un de ne pas se goinfrer pour laisser manger un enfant, une chose si anodine ne pourrait pas être considérée comme un recours à son sens moral. Dans le camp, pareille demande s'apparenterait à un sacrifice plus qu'à une prise de conscience morale.

Presque toute la vie dans le camp était rythmée par des situations qui étaient radicalement, terriblement et clairement différentes de celles que les individus étaient amenés à vivre dans la vie normale. Les normes morales, comme toutes les autres normes, avaient pour boussole la médiocrité. Dans la mesure où l'inhabituel était une caractéristique habituelle des questions morales dans le camp, les modèles généralement admis de comportement dans le monde dit libre ne pouvaient être repris[13].

Auschwitz était une sorte de « négatif » du monde auquel on nous avait enlevés. Le blanc était devenu noir, le noir blanc, les valeurs avaient pivoté à 180 degrés. Pour m'exprimer d'une manière plus concrète, chacun d'entre nous se trouvait dans l'alternative suivante : ou bien battre et torturer son prochain, ou bien être battu et torturé par lui. Les sentiments de dignité et d'humanité étaient considérés comme un délit ; le raisonnement logique comme un symptôme de folie ; la pitié comme un signe de faiblesse physique et morale pathologique. Inversement, les instincts humains les plus bas, précédemment tempérés par l'éducation et la culture s'étaient transformés dans le camp en authentiques vertus, devenant en même temps, l'une des conditions nécessaires mais non suffisantes de la survie[14].

La logique perdit ses droits en même temps que notre balance des valeurs. Ici, ce qui importait[,] c'est ce qui pouvait rendre la vie

13. A. Gawalewicz (9225), *Z rozważań*, *op. cit.*, p. 47.
14. S. Laks (49543), *Mélodies d'Auschwitz*, *op. cit.*, p. 32.

plus longue. Au premier plan venait ce qui se mangeait, tout ce qui pouvait se manger[15].

Les prisonniers voulaient vivre honnêtement, en gardant un sens moral formulé selon les lois de la nature. Dans le camp, les Funktionshäftlinge *lui disaient que la bonté était stupide, et la vertu une faiblesse. Ici, il fallait se débarrasser de la morale, apprendre à battre les autres et à tuer. [C'était] la preuve d'une force physique et de la véritable sagesse. Ce raisonnement bouleverse entièrement le monde intérieur des valeurs, brise des individus, détruit le corps et l'âme*[16].

Le pire était la mort de l'esprit dans le camp. Nous étions contraints de rester silencieux face à des actes contraires à nos aspirations, là où nous aurions voulu hurler, exprimer de la compassion, défendre ou nous défendre, alors que de toute façon nous étions menacés de mort. Ces refoulements avaient des conséquences ; nous souffrions tous de troubles psychiques à force d'agir contre notre volonté, à demeurer passifs[17].

La disparition de toute culture et du respect dans les relations entre individus, les cris incessants, l'hostilité, la tension, la hâte et la mort ont rapidement fait s'écrouler toutes les digues de moralité qui n'étaient dans les comportements quotidiens, les habitudes et les aspirations culturelles ou sociales que superficielles.

Ici, chacun de nous est à nu, le vernis de l'homme est décapé, apparaît le fond, qui structure l'individu, dans sa grandeur et sa bassesse, dans la bestialité de ses instincts. Les différences de statut social issues de l'argent, du savoir, de la culture, de la religion ont disparu. Ici, seul le caractère inné de l'homme demeure face à la mort omniprésente, l'homme est vrai[18].

15. Bulawko (130494), *Les Jeux de la mort et de l'espoir*, *op. cit.*, p. 154.
16. K. Szweda (7669), cité in Ryn et Kłodziński (20019), *Na granicy*, *op. cit.*, p. 40.
17. Z. Rębilas (99247), cité in Ryn et Kłodziński (20019), « Śmierć i umieranie… », art. cité, p. 67.
18. R. Esrail (173295), *L'Espérance d'un baiser*, *op. cit.*, p. 133.

Devant les dures conditions d'existence, les caractères et les personnalités se découvrirent dans leur vérité profonde. L'hypocrisie des conventions étant abolie, chacune montra son vrai visage. Dans ce lieu aucune tricherie n'était possible. Les traits étaient forcés comme dans une caricature. Nous étions aussi nues moralement que physiquement[19].

Ainsi, dans cette éprouvette du camp, on trouvait tout : bourse, crédit, transactions, inégalités sociales aiguës et luttes des classes. Un vrai univers dans lequel était singé le monde extérieur, avec toutes ses carences et ses défauts[20].

Le camp a causé des dégâts bien plus graves. Un point très important a été soulevé en 1969 par Alicja Glińska, qui conclut que « parmi les prisonniers d'Auschwitz qui ont écrit leurs mémoires, aucun ne peut prétendre que le camp l'a rendu plus noble[21] ». Plus de cinquante ans après la publication de ces mémoires, cette affirmation reste sans aucun doute valable. Le système concentrationnaire, en tant qu'avatar radical de la discrimination et de l'exclusion, a mené à la déshumanisation, tant dans ses principes que dans sa pratique. Au cours de ce processus, bien qu'il se soit déroulé de plusieurs manières, une hiérarchie inédite de valeurs diverses a renversé et remplacé les normes. Lutter pour conserver une morale rappelant l'époque de la vie libre devint progressivement vain.

Les couches supérieures traitaient les inférieures avec hauteur et mépris. Quant à ces dernières, elles enviaient souvent les autres et s'aplatissaient devant elles. Nous avions souvent l'impression de nous noyer dans la gadoue physique et morale. Les vagues de saleté montaient parfois jusqu'à nos lèvres, nous suffoquions, nous en mourions.

19. S. Alizon (31776), *L'Exercice de vivre*, *op. cit.*, p. 198.
20. Z. Kossak (64491), *Du fond de l'abîme, Seigneur…*, *op. cit.*, p. 152.
21. Glińska, « Kierunek przekształceń moralnych wśród więźniów Oświęcimia », art. cité, p. 55.

Et maintenant, il faut que je vous dise la vérité la plus grave, la vérité qu'il m'était difficile de révéler et d'expliquer auparavant. Et cette vérité, c'est que pour nous autres, à qui il fut donné de nous maintenir, de surmonter les conditions matérielles monstrueuses de notre vie, ce n'était point la saleté, les poux, les punaises, le lourd travail, les coups qui tombaient sur nous de la part des Allemands, qui constituaient notre peine la plus grande mais la boue morale, les rapports intérieurs entre les détenues. C'est ça qui était le plus terrible, c'est ça qui constituait notre véritable martyre[22].

Les Allemands réussirent à prendre des individus ce qu'il y avait de pire, de plus bas, de plus vil. Ils réussirent à réveiller et à libérer tous les instincts les plus bas et les plus mauvais qu'ils surent utiliser à leur profit. Ils s'attelèrent à extraire le maximum d'énergie de chaque prisonnier, à les détruire pour, d'une part, épargner leurs hommes et, d'autre part, mieux garder la main sur cette masse humaine. Ils se trouvèrent de nombreux complices parmi les prisonniers ; tout en répandant la haine parmi eux, ils les divisèrent en plusieurs groupes et consolidèrent leur pouvoir sur eux. Ils usèrent de la haine entre les nations. Non seulement la haine entre nations, mais aussi entre régions. Un Silésien considérait comme un devoir sacré de détruire, d'assassiner et de faire souffrir un prisonnier de la Petite Pologne[23]*, un Varsovien, un Lvovien, etc. Ils semèrent la haine entre Polonais, Juifs, Français, ils semèrent la haine entre les hommes au point que les Allemands frappaient les Allemands, les Juifs frappaient les Juifs, les Polonais frappaient les Polonais, et non seulement ils se frappaient, mais ils s'assassinaient aussi*[24].

Enfermez des milliers d'individus entre des barbelés, sans distinction d'âge, de condition sociale, d'origine, de langue, de culture et de mœurs, et soumettez-les à un mode de vie uniforme,

22. P. Lewińska (32292), *Vingt mois à Auschwitz*, *op. cit.*, p. 135-136.
23. Région historique de la Pologne, située au sud-est de l'actuelle république. Elle a pour capitale Cracovie. *(N.d.É.)*
24. J. Wolman (33611), Témoignages dans le procès Rudolf Höss [IPN GK 196/87]: *Chronicles of Terror*, *op. cit.*, vol. V, p. 117-118.

contrôlable, identique pour tous et inférieur à tous les besoins : vous aurez là ce qu'il peut y avoir de plus rigoureux comme champ d'expérimentation, pour déterminer ce qu'il y a d'inné et ce qu'il y a d'acquis dans le comportement de l'homme confronté à la lutte pour la vie[25].

Nous sommes-nous comportés comme des êtres humains ? Oui. Nous sommes-nous comportés comme des animaux ? Oui. Les gens ne comprennent pas ce que c'est que d'avoir vraiment faim[26].

La faim et la mort qui rôdaient en permanence eurent certainement un effet fondamental sur le bouleversement dans la hiérarchie des valeurs des prisonniers quand ils arrivaient au camp. D'un côté, la moralité était bouleversée et, de l'autre, le dénominateur commun rassemblant des prisonniers issus de couches sociales, de traditions, de religions, de nations et de systèmes éthiques très divers était réduit à peau de chagrin. La faim taraudait tout le monde ; elle tourmentait, affaiblissait et rendait fou presque tout le monde. Tous vivaient dans l'ombre de la mort. Et tous voulaient survivre.

Une seule chose comptait au camp : se maintenir en vie et faire en sorte d'aider ses amis à faire de même. Tout tendait vers ce but ultime. Les prisonniers étaient tellement centrés sur cette tâche qu'ils souffraient parfois de troubles psychologiques risquant de renverser leurs valeurs. Sous l'empire d'un monde qui n'attachait aucun prix à la vie et à la dignité humaines, où l'homme n'avait pas le droit de manifester sa volonté et qui faisait de lui une chose destinée à être exterminée (après avoir été exploitée jusqu'à la dernière extrémité), se desséchait tout sentiment des valeurs quel qu'il soit. Si le prisonnier ne résistait pas, s'il ne luttait pas pour sauver son honneur, il perdait son individualité, il cessait d'être une personne douée d'intelligence et jouissant d'une certaine liberté spirituelle. Tout ce qui lui restait, c'était l'impression d'appartenir

25. P. Levi (174517), *Si c'est un homme*, *op. cit.*, p. 133-134.
26. M. Kohn (77355), *Weep Tears of Blood*, *op. cit.*, p. 46.

à un grand troupeau, de vivre comme une bête, d'être dominé par ses instincts[27].

Vivre, vivre, tout repose sur ce désir, dont les formes sont extrêmes et viles, indignes du prix de la vie[28].

D'autres sont tués pour que je puisse rester en vie. Je ne suis pas sûre de tenir à la vie dans ces conditions. Ce serait probablement mieux s'ils m'avaient tuée[29].

Les situations où les détenus ont préféré renoncer à une forme de dignité en échange de leur survie sont exceptionnellement nombreuses. Il n'est pas nécessaire de les énumérer toutes. Aussi intéressantes qu'elles soient au cas par cas, elles suivent plus ou moins toutes le même schéma. Citons par exemple la description d'une « sélection » dans le camp des femmes au cours de laquelle des centaines de jeunes femmes avaient défilé nues devant des SS.

Les Allemands semblaient extasiés. L'un d'eux fit exprès de dire à haute voix : « C'est vraiment dommage qu'un de ces jours des jeunes filles si saines et si belles vont devoir aller au four crématoire. » Il n'en fallait pas plus pour nous démoraliser. C'était un défilé de jeunes femmes nues, marchant, pivotant comme des mannequins au gré de leur fantaisie[30].

Sur un plan moral, cependant, les prisonniers avaient sous les yeux des personnes qu'on battait, qu'on assassinait, qu'on conduisait dans les chambres à gaz. Ils payaient leur survie au milieu des mourants des reproches dont ils s'accablaient ; pour un prisonnier, participer au système des camps portait atteinte à l'estime de soi.

---

27. V. E. Frankl (119104), *Découvrir un sens à sa vie avec la logothérapie*, *op. cit.*, p. 60.
28. Franciszek Jaźwiecki (79042), « Wspomnienia », in *Zeszyty Oświęcimskie*, n° 5, 1961, p. 5-16.
29. S. Lebovitz (39439), [*Shari: A True Story*], *op. cit.*, p. 118.
30. L. Pinhas (41117), *Récit de l'enfer*, *op. cit.*, p. 181.

Le pire était la tension morale constante[31].

Une loi du camp veut que ceux qui vont à la mort soient leurrés jusqu'à la dernière minute. C'est la seule forme acceptable de pitié[32].

Examinons des situations extrêmes, même au regard des conditions du camp. D'anciens prisonniers du *Sonderkommando* – dont le rôle était d'aider à faire entrer dans les chambres à gaz, puis de brûler les corps morts dans les fours crématoires – ont raconté que la seule chose à laquelle ils s'attachaient, et c'est bien compréhensible, était d'éviter tout contact émotionnel avec les victimes et de ne pas rendre encore plus atroces leurs derniers instants en leur révélant le tragique de leur situation.

Aurions-nous dû leur dire qu'ils s'en sortiraient vivants ? Nous ne voulions pas mentir[33].

Mentir est un péché[34].

J'ai toujours dit que je ne comprenais pas l'allemand ou d'autres langues que le grec[35].

Lorsque le camp était encore en activité, les membres du *Sonderkommando* ont été cruellement accusés par de nombreux codétenus. Les raisons en sont évidentes : ils servaient la machine du génocide, avaient de bien meilleures conditions de vie et une bien meilleure nourriture. Les autres prisonniers

31. Lily Cohen (76619), Témoignages dans le cadre des procès contre d'anciens SS [IPN GK196/148], *Chronicles of Terror*, *op. cit.*, vol. VI, p. 84.
32. T. Borowski (119198), *Le Monde de pierre*, *op. cit.*, p. 10.
33. Josef Sackar (182739), entretien in Greif, *We Wept Without Tears*, *op. cit.*, p. 100.
34. H. Mandelbaum (181970), *Dans les crématoires d'Auschwitz*, *op. cit.*, p. 55.
35. M. Nadjari (119116), Publications, vol. CIC, p. 48.

ont instinctivement fait le lien entre tous ces faits, sans prendre en considération qu'aucun prisonnier du *Sonderkommando* ne s'était porté volontaire, qu'en tant que témoins de l'extermination, ils ne devaient pas survivre et que leur travail – un travail d'esclave comme partout ailleurs – avait ravagé leur esprit et leur âme d'une telle manière que le surplus de nourriture et de sommeil était une maigre consolation. L'exemple du *Sonderkommando* mérite d'être mentionné ici, car les accusations portées contre lui dans le camp et, dans une moindre mesure, après la guerre s'apparentent au reproche que de nombreux prisonniers se faisaient à eux-mêmes d'avoir été les complices des crimes du camp.

> *L'attitude des détenues à l'égard des prisonniers employés au* Sonderkommando *était très critique et hostile*[36].

> *Nous sommes souvent indignés par le* Sonderkommando *parce qu'il ne résiste pas, mais n'obéissons-nous pas à tous les ordres*[37] *?*

> *Je me souviens d'avoir eu le sentiment d'être coupable de crime parce que j'étais dépourvu de toute compassion humaine, parce que j'ai fait ce que les criminels me demandaient de faire sans protester, seulement arracher rapidement les haillons pourris, pour fuir, pour ne pas voir, pour ne pas entendre, pour ne pas vivre*[38] *!*

> *Ils [les Allemands] laissaient vivre des milliers pour exterminer des millions. Les détenus constituaient dans la structure du camp un élément très important*[39].

> *Nous aussi nous voulions vivre. Nous n'avons pas bougé. Ce fut ma première leçon de pitié tempérée. Tempérée par la peur de la mort. Elle fut suivie de nombreuses autres. Quel est donc cet instinct de*

36. B. Krzywobłocka (83264), Témoignages, vol. XV, p. 85.
37. Z. Czerwińska-Kossakiewicz (49973), Témoignages, vol. XVI, p. 133.
38. *Ibid.*, p. 89. La citation concerne la tâche consistant à ôter les uniformes rayés des cadavres dans le block 25 du camp des femmes.
39. P. Lewińska (32292), *Vingt mois à Auschwitz*, *op. cit.*, p. 173.

survie, si violent, si puissant qu'il vous rend lâche alors même que la vie n'a plus de sens[40] ?

Mes nuits sur la rampe se déroulaient sans remords, au rythme des trains qui surgissaient de l'obscurité puis disparaissaient[41].

À ce moment sont arrivés du FKL [Frauenkonzentrationslager]* *des camions bondés de femmes nues. Les femmes tendaient les bras et criaient :*
— Au secours ! Nous allons au gaz ! Au secours !
Elles sont passées près de nous, dans le profond silence de dix mille hommes. Pas un n'a bougé, pas une main ne s'est levée. Parce que les vivants ont toujours raison contre les morts[42].

Dans le camp de concentration, c'était surtout chacun pour soi. Voir quelqu'un qui se souciait des autres et essayait de consoler ses semblables était exceptionnel[43].

Je ne pouvais rien faire et je n'ai rien fait[44].

À l'instar des prisonniers du *Sonderkommando*, les *Funktionshäftlinge* étaient jugés durement. Cependant, contrairement aux prisonniers du *Sonderkommando*, ces derniers avaient généralement accepté la position qu'on leur avait assignée dans le camp et tombaient donc dans le piège moral qu'on leur avait tendu. Ils pouvaient participer à la terreur et ainsi accroître considérablement leurs chances de survie, ou bien perdre cette

40. S. Alizon (31776), *L'Exercice de vivre*, *op. cit.*, p. 127. Cette citation fait référence à un événement au cours duquel de nombreuses femmes ont observé une codétenue qui luttait pour sortir d'une fosse. Finalement un SS a lancé un chien qui a mordu la femme à mort.

41. R. Vrba (44070), *Je me suis évadé d'Auschwitz*, *op. cit.*, p. 197. Cette citation concerne un Kommando qui travaillait sur la rampe de Birkenau.

42. T. Borowski (119198), *Le Monde de pierre*, *op. cit.*, p. 122.

43. Asher Bar-Nir (A-11606), *A Journey of Survival*, Jerusalem, Yad Vashem, 2010, p. 60.

44. Leslie Schwartz (71253), *Surviving the Hell of Auschwitz and Dachau*, Berlin, LIT, 2013, p. 29.

position et tous les privilèges qui en découlaient. Être déchu de cette position signifiait être livré à la vindicte des autres prisonniers, considérée par tous comme justifiée et juste. Dans tous les cas, accepter la fonction équivalait à accepter de servir les bourreaux. Du point de vue de la morale, il s'agissait de la tactique de survie la plus radicale aux dépens d'autrui.

Je n'ai pas été surpris que les SS et les détenus allemands du camp soient pour la plupart, mais pas tous, inconsidérés et cruels ; ce qui m'a choqué, c'est la rapidité avec laquelle beaucoup de « nos propres » concitoyens ont perdu toute décence. Des gens qui, il y a peu, se comportaient comme des gens « normaux » à Terezin. La suprématie incontrôlable sur les autres détenus rendue possible dans cette atmosphère d'horreur, de cruauté et de misère totale, libérait leurs pulsions refoulées, qu'ils exerçaient sur leurs codétenus soumis[45].

Les causes produisent des effets. La cause, c'est la menace qui a fait croire à certaines personnes qu'elles pouvaient se protéger par l'obéissance et le respect des règles. Par exemple, les Allemands ont remis au prisonnier un long bâton et lui ont dit qu'il serait un Vorarbeiter* *et qu'il superviserait le travail des autres. Tant que cet homme ne frappait personne, à nos yeux, il n'était pas de leur côté. S'il frappait plusieurs fois, s'il faisait couler le sang, il gagnait la confiance des Allemands, et perdait la nôtre*[46].

Nous étions choqués de découvrir que des personnes, de manière tout à fait gratuite ou pour une récompense dérisoire – un bol de soupe, une portion de pain supplémentaire ou un meilleur endroit pour dormir – pouvaient traiter les autres avec brutalité. Pour faire bonne figure, pour démontrer leur loyauté et leur zèle devant l'appareil de terreur allemand[47].

Pétrifiés ? Mais que pouvaient-ils faire ? Que peuvent faire de simples exécutants ? Avaient-ils le choix ? Ils ne pouvaient pas

45. Toman Brod (168425), in Freund et Bacon, *After Those Fifty Years*, *op. cit.*, p. 55.
46. W. Bartoszewski (4427), *Mój Auschwitz*, *op. cit.*, p. 29.
47. *Ibid.*, p. 62.

accepter la fonction de Funktionshäftling, *mais c'est bien de celle-ci, qui les privait de toute humanité, dont ils rêvaient tous*[48].

À tout cela s'ajoutaient l'espionnage et la délation, plaies des régimes totalitaires, cauchemar des prisons et des camps. L'honnêteté nous pousse à constater qu'à Birkenau ce fléau était moins insupportable que les autres. Il y avait des mouchardes, il faut le reconnaître, mais elles étaient repérées. Avant qu'elles n'apparussent dans un block, on vous prévenait : « Attention au numéro un tel... » À part les Allemandes, les Häftlinge *de toutes nationalités se solidarisaient contre les autorités*[49].

L'avancement des fronts au cours de la guerre a fait penser à de nombreux Funktionshäftlinge *que la fin imminente des camps les obligerait à répondre de leurs actes, non pas devant l'administration actuelle du camp, mais devant une société humaine ultérieure*[50].

Les décisions prises par les *Funktionshäftlinge* appellent cependant un commentaire. Du point de vue des victimes, ils étaient des complices évidents. Mais leur collaboration a parfois permis d'introduire des facteurs objectifs que les SS n'auraient jamais pris en compte s'ils avaient été les seuls à décider. Il y a de bonnes raisons à cela, surtout dans les deux premières années d'existence d'Auschwitz, lorsque l'un des objectifs de la résistance polonaise clandestine naissante du camp était d'installer ses membres dans le plus grand nombre possible de postes à responsabilités.

Cette fois, Tamara était mêlée directement au drame. L'ordre était arrivé à l'infirmerie. Soixante-dix femmes devaient être choisies pour aller à la mort. Chaque doctoresse devait choisir cinq ou six victimes dans chaque salle. Tamara, qui avait deux salles, devait condamner douze personnes à mort ! La première fois, elle ne put s'y résoudre,

48. R. Duracz (43544), in Duracz, Fajkosza et Nowaka, *Przekaz Oświęcimski*, *op. cit.*, p. 33.
49. Z. Kossak (64491), *Du fond de l'abîme, Seigneur…*, *op. cit.*, p. 96.
50. H. Langbein (60355), *Ludzie w Auschwitz*, trad. de l'allemand par Viktor Grotowicz, musée d'État d'Auschwitz-Birkenau, Oświęcim, 2017, p. 219.

mais la deuxième fois, comme elle s'était aperçue que, devant son refus, les infirmières avaient choisi au hasard, elle préféra encore indiquer celles qu'elle savait perdues[51].

Il a désigné un jeune, un « musulman ». Nous appelions ainsi les déportés squelettiques, les squelettes vivants. Sans rien dire, en baissant la tête, le camarade est sorti des rangs. Oh ! Ce regard quand il est passé devant Salomon Finkelstein ! J'ai pris sa place. J'avais honte. Nous sommes partis. Nous l'avons laissé là tout seul, au milieu de la cour. Je m'en souviens, l'orchestre jouait une valse de Strauss. Je me suis mis au travail qui, désormais, allait être le mien[52].

La conséquence de ces situations de conflit n'a été, dans de nombreux cas, qu'un choix extrêmement difficile entre un moindre mal et un plus grand. Quel était le plus grand mal et quel était le plus petit ? La décision devait être prise en quelques minutes ou secondes par un homme avec un numéro en se basant seulement sur son jugement subjectif[53].

Néanmoins, les *Funktionshäftlinge* n'ont pas été les seuls à choisir de sauver leur peau (ou celle de quelqu'un d'autre) sans tenir compte du coût, des circonstances ou des conséquences pour leurs codétenus. Une nouvelle étape dans la transformation en *Muselmann* a également pu conduire à de telles décisions lorsque le désir de vivre, même dans un état de détérioration extrême, était supérieur à toute norme morale.

Quelqu'un a laissé un pain sur le châlit où je devais dormir. J'avais très faim. J'ai rapidement recouvert le pain pour que personne ne

51. C. Bloch-Kennedy (7963), in *Témoignages sur Auschwitz*, *op. cit.*, p. 21.
52. A. Balbin (41796), *De Lodz à Auschwitz en passant par la Lorraine*, *op. cit.*, p. 77. Ce cas concerne un prisonnier qui voulait sortir du *Begrabungskommando** et a demandé au chef du Kommando des électriciens de lui trouver une place parmi eux.
53. A. Gawalewicz (9225), *Z rozważań*, *op. cit.*, p. 47.

le voie et j'étais content d'avoir quelque chose à manger. Je n'ai pas signalé que j'avais trouvé le pain, comme j'aurais dû le faire, et personne ne l'a cherché. C'était mon premier vol[54].

J'ai commencé à voler mes codétenus, qui vivaient, comme moi, à la limite de la mort. Ce faisant, j'ai enfreint tous les liens de confiance et de parenté, et c'est toujours, toujours pour de la nourriture que je le faisais[55].

Il n'y avait pas de place pour la compassion. J'en ai conclu que je devais renoncer à tous mes scrupules pour sauver ma misérable vie, sans tenir compte de l'humiliation[56].

L'impression de participer, même involontairement, à ce système, l'incapacité de réagir face à l'immensité du mal ou d'aider ceux qui étaient dans le besoin, l'humiliation et la déshumanisation, l'omniprésence de la vulgarité et de la bassesse, tout cela a amené l'individu, privé des formes élémentaires de dignité, à ajuster ses valeurs et à les subordonner au seul instinct de survie.

Outre des cas d'héroïsme sans précédent, nous avons également assisté à des cas d'effondrement de la dignité humaine et à l'éradication des traits les plus humains chez les hommes[57].

Le séjour à Auschwitz a privé les gens de leur dignité, de leur honneur et de leur humanité[58].

Il n'était pas facile de préserver sa dignité dans le camp. Il y avait des gens qui pouvaient se comporter comme des porcs pour un simple morceau de pain – quelle que soit la fonction séculière ou

---

54. R. Tempelhof (A-26634), Témoignages, vol. XXIX, p. 15-16.
55. F. Knoller (157103) *Desperate Journey. Vienna-Paris-Auschwitz*, Metro Publishing Ltd., Londres, 2002, p. 189.
56. Kajzer (matricule inconnu), *Za drutami śmierci*, *op. cit.*, p. 47.
57. S. Szmaglewska (22090), Témoignages dans le cadre des procès contre d'anciens SS [IPN GK 196/165], *Chronicles of Terror*, *op. cit.*, vol. VI, p. 219.
58. K. Kaszubski (3416), *To przeżyłem*, *op. cit.*, p. 59.

ecclésiastique qu'ils avaient pu occuper avant la guerre. Dans le camp, ils se comportaient comme les plus viles des canailles[59].

Peu à peu, j'ai appris une terrible vérité : certains prisonniers auraient fait n'importe quoi pour survivre[60].

Celles qui sont avec leurs mères, leurs sœurs, leurs filles, les voient changer chaque jour, se dégrader physiquement, parfois moralement aussi. En dehors de leurs souffrances personnelles, c'est une torture supplémentaire qui ne pourra être oubliée[61].

Je me suis retrouvé dans un moulin entre deux meules qui broyaient systématiquement non pas de la farine, mais des êtres humains. Elles broyaient les inégalités, l'éthique et la morale, elles écrasaient les caractères. Nous commencions à ressembler à une décharge pleine de corps en décomposition sur laquelle viennent les charognards. Oui, un terrain idéal pour charognards[62].

Dans cette description du comportement humain du point de vue de la morale, nous devrions en définitive considérer ceux pour qui la préservation de la dignité, telle qu'elle était comprise avant le camp, était une condition de survie. Il ne fait aucun doute que ces personnes ont eu plus de facilité à parler de leurs expériences après la guerre parce que ceux qui les écoutaient avaient une perspective similaire fondée sur un socle commun et cohérent de bienséance. Mais la question demeure : ont-ils été suffisamment capables de décrire la réalité du camp, sa déshumanisation, l'évolution morale et le coût de la survie ?

---

59. Władysław Plaskura (1000), Témoignages, vol. LXXXII, p. 59.
60. L. Trzcińska-Croydon (44787), *The Labyrinth of Dangerous Hours*, *op. cit.*, p. 65.
61. Louise Alcan (75125), *Le Temps écartelé*, Saint-Jean-de-Maurienne, Feni XX Réédition Numérique – Truchet, 1980, p. 35.
62. J. Matlak (27252), Publications, vol. LXXXII, p. 25. Le garçon qui parle avait dix-sept ans dans le camp.

Les moyens que nous avons su imaginer et mettre en œuvre pour survivre sont aussi nombreux qu'il y a de caractères humains. Tous impliquaient une lutte exténuante de chacun contre tous, et beaucoup une quantité non négligeable d'aberrations et de compromis. Survivre sans avoir renoncé à rien de son propre monde moral, à moins d'interventions puissantes et directes de la chance, n'a été donné qu'à un tout petit nombre d'êtres supérieurs, de l'étoffe des saints et des martyrs[63].

À Auschwitz, j'ai appris où, dans ma conscience, s'arrêtait la tolérance et où commençait ce qui ne pouvait en aucun cas être toléré[64].

Mais je comprenais maintenant ce que mon père m'avait dit quand j'étais enfant : « Cherche toujours ce qu'il y a de bon en chacun, Ruth ; même un meurtrier peut avoir du bon en lui. » À Auschwitz, près de la clôture de barbelés électrifiés, les mots de mon père semblaient soudain prendre tout leur sens[65].

Malgré tout, j'avais conscience de devoir me comporter de la manière la plus élusive possible. La limite était de ne blesser personne. Et je ne l'ai pas fait. C'était le maximum que je pouvais attendre de moi-même. Peut-être pas assez, mais je n'étais vraiment pas un héros[66].

C'est peut-être pour cela que mon séjour à l'hôpital a été prolongé. Malgré le travail difficile, souvent ingrat, auprès des malades, j'avais l'impression de faire quelque chose d'utile – et c'était important[67].

En analysant la multitude des faits de l'histoire du camp, un peu en vrac il est vrai, on est surpris de trouver un nombre étonnamment élevé d'actions qui peuvent être considérées comme moralement positives. Établir la liste de ces situations où des prisonniers, forcés à

---

63. P. Levi (174517), *Si c'est un homme*, *op. cit.*, p. 142.
64. W. Bartoszewski (4427), *Mój Auschwitz*, *op. cit.*, p. 35.
65. Ruth Elias (73643), *Triumph of Hope*, New York, John Wiley & Sons, 1998, p. 125.
66. W. Bartoszewski (4427), *Mój Auschwitz*, *op. cit.*, p. 63.
67. T. Sobolewicz (23053), *But I Survived*, *op. cit.*, p. 118.

choisir entre leur propre bien et celui d'autrui, ont choisi ce dernier serait excessivement long[68].

Malheureusement, les gens bien n'ont pas eu la vie longue dans le camp[69].

Pour finir, il faut évoquer une autre question morale ressentie avec force par l'ensemble des prisonniers du camp : celle de la vengeance. Elle ne se posait pas qu'à titre individuel – les proches assassinés dans les chambres à gaz – la destruction d'un monde entier, déformé et violé au nom d'une humanité déshumanisée en était la cause. Cette question nous interroge sur les limites et la définition de la moralité, mais elle doit, dans l'esprit de celui qui observe depuis l'après-guerre – au nom de la décence – rester irrésolue.

La soif de vengeance prit tant de place dans nos cœurs pendant si longtemps qu'il n'y avait plus de place pour rien d'autre[70].

68. A. Gawalewicz (9225), *Reflections*, *op. cit.*, p. 15.
69. H. S. Kounio (109565), *A Liter of Soup and Sixty Grams of Bread*, *op. cit.*, p. 60.
70. Z. Czerwińska-Kossakiewicz (49973), Témoignages, vol. XVI, p. 51.

LA JUSTICE

Définir le sens des valeurs aurait été sans doute plus facile s'il avait été possible de tracer une frontière à l'intérieur du camp entre le juste et l'injuste. Or il est extrêmement difficile d'expliquer le sens de la justice dans le camp : Auschwitz était par définition un monde injuste. La justice n'y était d'aucune manière un sentiment qu'éprouvaient les prisonniers ; le fait même d'être déporté à Auschwitz était perçu comme une injustice.

Nous étions les spectateurs et les victimes d'un cauchemar monstrueux dont nous ne pouvions pas nous réveiller[1].

L'idée qu'il n'y avait aucune « justice » à trouver dans tout ce projet injuste rendait notre condition plus difficile[2].

L'une de mes voisines était l'épouse d'un officier de carrière, originaire de Cracovie, l'autre était une ouvrière parisienne. J'ai entendu les complaintes d'une paysanne ukrainienne, les promesses d'une fille des rues de Salonique, les prières de femmes tchèques malheureuses.

« Pourquoi es-tu ici ? » se demandait-on. Les réponses étaient variées : « Un Allemand a été tué dans ma ville. » « La Gestapo m'a fait sortir d'un cinéma », « Ils m'ont arrêté alors que j'étais en train de sortir de l'église avec mes enfants. Je n'ai même pas eu le temps

1. Sattler (68652), *Prisoner of 68 Months*, *op. cit.*, p. 79.
2. L. Fynaut (185590), *I Survived Auschwitz and Buchenwald*, *op. cit.*, p. 126.

d'avertir mon mari». «Je suis Juive», «Je suis tzigane», mais ce qu'on entendait le plus souvent était : «Je n'ai pas la moindre idée de la raison de ma présence ici[3]*.»*

Bien sûr l'absence de justice ne concernait pas seulement le fait même d'être déporté dans le camp. C'était à chaque instant un concept totalement abstrait. Les prisonniers étaient confrontés à une injustice tellement profonde qu'ils avaient recours instinctivement à leurs propres réflexions et sens du juste... C'était pourtant un exercice assez futile, car la liberté et l'arbitraire des assassins n'avaient aucune limite, même dans les cas où l'administration du camp tentait de réglementer certains aspects de la vie quotidienne.

Un sentiment d'impuissance vis-à-vis de la violence et de la malveillance paralysait chaque détenu physiquement et psychiquement. Tout recours à la justice ou au droit était impossible et même dangereux, car il provoquait des réactions brutales de la part des SS[4]*.*

C'était la loi d'Auschwitz. Tu recevais des coups pour travailler trop lentement, tu recevais des coups quand tu travaillais à toute berzingue pour augmenter l'efficacité. Les gens ne recevaient pas des coups parce qu'ils avaient fait quelque chose de mal mais car c'était la «loi des coups» qui régnait en maître. Ils ne cassaient pas la gueule de ceux qui avaient enfreint la loi du camp, mais de ceux qu'ils avaient envie de punir. Un kapo pouvait frapper un prisonnier parce que sa tête ne lui revenait pas[5]*.*

Alors, sans aucune raison apparente, les SS se sont mis à frapper avec leurs crosses de fusil ou leurs bâtons tous ceux qui étaient en train de sortir[6]*.*

---

3. O. Lengyel (25403), *Five Chimneys. The Story of Auschwitz*, Academy Chicago Publishers, Chicago, 2011 [3e éd.], p. 39.
4. H. Dunicz Niwińska (64118), *Les Chemins de ma vie*, *op. cit.*, p. 8.
5. M. Bednarski (30951), *W szponach Gestapo*, *op. cit.*, p. 136.
6. T. Sobolewicz (23053), *But I Survived*, *op. cit.*, p. 73.

Pour quelles infractions les prisonniers étaient-ils envoyés au block 11 ? Toutes et aucune à la fois[7] *?*

Tu étais présumé coupable avant même qu'ils aient pu prouver quoi que ce soit[8].

La justice au sein de la communauté des prisonniers était perturbée par l'arbitraire des détenus fonctionnaires qui était le reflet du comportement du personnel SS. Le *Funktionshäftling*, qu'il soit surveillant de block ou de chambre ou encore kapo, était considéré comme quelqu'un de bien lorsqu'il ou elle ne frappait pas d'autres prisonniers trop souvent, trop brutalement ou sans raison. La citation ci-dessous est très révélatrice puisque son auteure prend la défense d'un ancien surveillant de block condamné après-guerre à plusieurs années de prison en Tchécoslovaquie.

En tant que surveillante de block, elle n'était pas la pire dans son traitement des autres prisonniers ; je peux en témoigner car j'étais moi-même dans la baraque où elle était la chef de block[9].

Ne pas être le pire *Funktionshäftling* vous faisait déjà mériter des éloges. Le *Funktionshäftling* avait de l'autorité et de la nourriture, tout comme la perspective d'une vie plus longue. En perdant cette fonction, il perdait non seulement l'autorité et la nourriture, mais il pouvait aussi être désigné à la vindicte.

Sa situation est enviable ! Interné dans le camp pour meurtre, ce supplétif du chef de block a assassiné plus d'un détenu. Sa fonction le lui permet. En échange, il peut manger, beaucoup manger. À satiété ! Ici, mieux vaut être un bandit[10] *!*

---

7. T. Niedzielski (423), Publications, vol. LXXVI, p. 92.
8. F. Berland Hyatt (38307), *Close Calls*, *op. cit.*, p. 109.
9. Věra Foltýnová (42808), Témoignages, vol. LXXVIII, p. 188.
10. B. Bartnikowski (192731), *Une enfance en pyjama rayé*, *op. cit.*, p. 22.

Il règne au camp une équité jalouse : lorsqu'un puissant déchoit, ses amis font en sorte qu'il déchoie le plus bas possible[11].

Or des relations idéales entre prisonniers – qui apparaissent très clairement dans de nombreux énoncés – dépendaient du principe subliminal d'égalité. Les prisonniers veillaient à ce que tous les châlits soient uniformément remplis ou à ce que personne ne fasse semblant de travailler. Surtout, ils veillaient scrupuleusement à ce que chacun reçoive une portion égale de pain. Ils avaient même construit des balances spéciales pour garantir que les portions soient identiques. Le vol du pain d'un autre prisonnier était l'un des pires crimes.

Selon la taille du récipient, plusieurs personnes – parfois jusqu'à cinq personnes – partageaient un récipient. Nous faisions bien attention à ce que personne ne reçoive plus que sa propre part[12].

Voler son pain à un autre prisonnier était la plus grande nuisance – et dans les conditions du camp, le pire crime – que l'on puisse faire à un codétenu[13].

— Que se passe-t-il ?
— Une ordure a volé le pain d'un musulman. Le pauvre diable, trop faible, n'a pas pu se lever pour le reprendre.
— Et alors, les autres l'ont tabassé ?
— Ils l'ont tué, évidemment[14].

Le Stubendienst *insiste : « Vous voyez, voilà un voleur. Il a voulu voler votre ration. Donc il mérite la mort*[15].

---

11. T. Borowski (119198), *Le Monde de pierre*, *op. cit.*, p. 52.
12. Gábor Hirsch (B-14781), *De Békéscsaba à Auschwitz et retour*, Zürich, Kontaktstelle für Überlebende des Holocaust, 2017, p. 26.
13. T. Sobolewicz (23053), *But I Survived*, *op. cit.*, p. 123.
14. R. Vrba (44070), *Je me suis évadé d'Auschwitz*, *op. cit.*, p. 149.
15. A. Balbin (41796), *De Lodz à Auschwitz en passant par la Lorraine*, *op. cit.*, p. 84.

L'un des prisonniers a volé du pain aux autres parce qu'ils l'avaient laissé pour plus tard. Moi, je mangeais toujours mon pain immédiatement. Les prisonniers marquaient leurs pains avec du graphite. Plus tard, ils nous ont donné l'ordre d'ouvrir la bouche et c'est comme ça qu'ils ont attrapé le voleur. Je les ai vus se jeter sur lui. J'ai voulu protester, mais je me suis ravisé, craignant de subir le même sort. Ils l'ont mis à mort avec cruauté en lui arrachant même ses testicules[16].

Auschwitz n'est pas un lieu de pardon ou d'expiation[17].

Le pain pouvait être volé dans les réserves avant la distribution. Bien sûr, c'étaient principalement les *Funktionshäftlinge* et les autres *Prominente* qui avaient accès aux réserves et en tiraient profit. Une fois le pain distribué, chaque portion devenait la propriété du prisonnier, un bien sacré et inviolable. Toute tentative pour s'emparer de cette propriété sacrée était habituellement passible de la peine de mort, prononcée par les autres prisonniers ou par le surveillant du block. Dans ce cas, la peine de mort était d'ordinaire perçue comme juste et équitable.

Il n'en demeure pas moins qu'il y avait beaucoup de vols entre voisins sur les châlits et, avant la distribution, dans les réserves ou à la cuisine. Le vol dans les réserves n'était pourtant pas condamné par les prisonniers, qui le qualifiaient plutôt d'« organisation », question sur laquelle je vais revenir.

Le prisonnier surpris en train de chaparder du pain, de la soupe ou d'autres aliments était puni de mort et exécuté par des Funktionshäftlinge *ou des codétenus. Une punition était administrée au prisonnier. Mais celle-ci ne s'appliquait pas aux* Funktionshäftlinge *qui volaient les autres prisonniers autant qu'ils le pouvaient*[18].

16. B. Dąbrowski (18375), in Dąbrowski, *Nietypowy więzień*, *op. cit.*, p. 46.

17. R. Kagan (7984), *Des femmes au bureau de l'enfer*, *op. cit.*, p. 261.

18. Czesław Owczarek (26895), *Więzień numer 26895 wspomina*, Pabianice, 2005, p. 17.

Ces vols de nourriture commençaient dès les cuisines pour descendre toute la filière de ceux qui en avaient la charge, jusqu'au moment de la distribution où l'ultime vol avait lieu sous nos yeux[19].

La justice du camp, telle qu'elle était comprise, exigeait d'éliminer non seulement les voleurs de pain, mais aussi les espions. Ce n'était pas toujours facile. Parfois, il fallait faire en sorte que la Gestapo ne sache pas que son informateur avait été éliminé par des codétenus qui se sentaient menacés. Mais il y eut aussi des cas manifestes de règlements de compte collectifs.

Il y avait beaucoup d'espions et il arrivait qu'il y ait des règlements de compte. J'ai moi-même observé une scène de lynchage près de l'hôpital. Au début, des prisonniers jetaient des pierres. Je me suis approché pour demander à mes compagnons de quoi il s'agissait. Ils m'ont répondu : « C'est un espion. » Ils l'ont tué. Lorsque je parle de ces assassinats, je me rends compte qu'il peut être mal vu que des prisonniers aient tué d'autres prisonniers[20].

Ces faits solides, irréfutables, de la justice du camp contrastent avec le monde créé par les SS, dans lequel les concepts de justice ou d'injustice paraissaient absurdes. Tout au long de sa présence dans le camp, une personne pouvait (sciemment ou non) constater ce que signifiait la création d'un monde non pas plus ou moins juste, mais construit au-delà du concept même de justice ou d'injustice. Un monde qui ne comporterait ni loi ni limite pour les criminels. Même un jeune prisonnier qui travaillait bien et était réellement utile au système pouvait être tué à tout instant, par exemple lors d'une sélection aléatoire en représailles de l'évasion d'un détenu. La vision d'un retour à la justice après la guerre s'accompagnait donc inextricablement d'un désir de vengeance et de règlement de comptes.

19. S. Alizon (31776), *L'Exercice de vivre*, *op. cit.*, p. 144.
20. M. Ziółkowski (1055), *Byłem od początku w Auschwitz*, *op. cit.*, p. 74.

Les sélections suite à des évasions de prisonniers étaient tragiques. J'en ai vécu moi-même et je sais combien il était difficile d'adopter le bon comportement lorsque celui qui était chargé de la sélection se tenait face à moi : valait-il mieux le regarder droit dans les yeux (mais cela pouvait être interprété comme de l'insolence !), ou plutôt baisser la tête ? Et puis, une fois qu'il m'avait dépassé, mon inquiétude grandissait pour mon frère, qui était plus grand et se tenait à ma droite : le dépasserait-il ou le remarquerait-il ? Peut-on oublier un jour de tels moments[21] *?*

J'ai admiré certains de ces hommes pour leur calme et leur dignité. C'est vrai, certains pleuraient. Mais d'autres ont dit que leur mort serait vengée et ils y croyaient[22].

Ces mensonges écœurants, ce meurtre « légitimé » pouvaient briser jusqu'au prisonnier le plus endurci, le plus résistant. J'étais trop jeune pour me rendre compte de la perfidie du comportement des SS, mais tout de même, un fort sentiment d'indignation et une envie de me rebeller montaient en moi. Cela me donnait encore plus envie de vivre, de venger la mort de tant d'innocents. Je serrais les poings, je grinçais des dents, mais je devais me contrôler. Un homme avait été abattu. Il ne s'était rien passé. Tout était normal. Il fallait continuer à travailler en faisant semblant de n'avoir rien remarqué[23].

J'en avais vu pourtant et je devais en voir encore. Néanmoins, jamais je n'oublierai le Kommando de la mort. La faim, la soif, les coups, les maladies, d'accord ; mais rien n'égale en horreur la souffrance morale. Aujourd'hui, je peux manger et boire. Mes plaies sont refermées. Je suis guéri ou presque. Cependant impossible d'ôter de ma mémoire le souvenir de tous ces morts. Nous étions quatre-vingts environ au Begrabungskommando[24].

21. W. Plaskura (1000), Témoignages, vol. LXXXII, p. 58.
22. T. Sobolewicz (23053), *But I Survived*, *op. cit.*, p. 125.
23. *Ibid.*, p. 106.
24. A. Balbin (41796), *De Lodz à Auschwitz en passant par la Lorraine*, *op. cit.*, p. 76.

L'« ORGANISATION », LE VOL ET LE COMMERCE

Comment réfléchir à la moralité des prisonniers en appliquant un système de normes construit par la culture et la civilisation dans un monde libre ? Ceci dit, même dans le monde normal, on utilise le concept de circonstances atténuantes pour qualifier certains délits ; des réserves importantes sont introduites dans le jugement d'actions accomplies dans des cas de « force majeure ». Un individu qui s'approprie une voiture pour transporter à l'hôpital un blessé grave quand aucune ambulance n'est disponible sera jugé différemment d'un simple voleur de voiture.

La question qui se pose pour nous est de savoir jusqu'à quel point nous pouvons appliquer le principe de circonstances atténuantes ou celui, implacable, de force majeure lorsque nous analysons l'univers concentrationnaire. Dans les conditions de vie créées par le Troisième Reich, personne ne pouvait espérer vivre plus de trois mois à Auschwitz. En principe, un prisonnier ne possédait rien, si ce n'est un bol, une cuillère, un uniforme rayé et des sabots. Puisqu'il n'était pas possible de survivre sans davantage de vêtements et des médicaments, sans parler d'une portion supplémentaire de nourriture, il fallait se débrouiller en conséquence, c'est-à-dire par ses propres moyens.

Au cours des premiers jours dans le camp, une prisonnière pensait d'abord à ce qui était le plus important : la nourriture. Venaient ensuite la question des vêtements, puis celle de l'habitat. Ce n'est qu'une fois ces questions réglées qu'elle commençait à penser aux autres, aux camarades, à aider les autres[1].

Même dans des conditions les plus désespérées, il faut essayer de rendre la situation meilleure[2].

Comme il est agréable de sentir que l'on possède quelque chose[3].

La plus grande difficulté dans le camp n'était pas du tout l'accès restreint aux marchandises. Le vrai problème était la compétition entre détenus qui, tous, désiraient les mêmes biens. La chance de les acquérir était liée au risque de les perdre. Si l'acquisition de biens essentiels nécessitait des efforts et des compétences majeurs, on pouvait aussi tout perdre (au sens littéral) très rapidement au cours d'une action d'épouillage, par exemple.

Ils n'étaient pas autorisés à entrer dans le block pendant la désinfection. Tout ce qui était à l'intérieur était jeté : un morceau de savon, une brosse à dents, une lettre gardée précieusement. Toutes ces choses obtenues au prix de tant d'efforts ont disparu aujourd'hui[4].

Le camp était le théâtre de vols. L'acquisition d'un objet nécessitait généralement de s'approprier d'autres objets de valeur équivalente et qui pouvaient être achetés dans le camp.

C'est la loi implacable du camp : on vole pour gagner un jour, une heure de survie… On vole tout et n'importe quoi[5].

1. Hanna Szyller-Palarczykowa (17524), Témoignages, vol. XXX, p. 3.
2. Hans Winterfeldt (A-14318), *The Experience of a German Jew During the First Nineteen Years of His Life*, USHMM [DS 134.72 W568 A3 2017], p. 90.
3. A. Pollak (4777), *Three Years of Deportation*, *op. cit.*, p. 35.
4. Z. Czerwińska-Kossakiewicz (49973), Témoignages, vol. XVI, p. 39.
5. C. Touboul (72420), *Le Plus Long des Chemins*, *op. cit.*, p. 88.

Je descendis. Trop tard ! Les sabots de Zosia étaient là, mais les miens avaient disparu. Tu vois, trop tard[6] *!*

Celui qui perd ou qui se fait voler sa gamelle est condamné à mort, car il ne peut plus manger[7].

La vie pouvait dépendre de la possession d'un pull-over ou de bonnes chaussures. La nuit, pour ne pas me faire voler les miennes, je m'en servais comme d'un oreiller et je me mettais les lacets dans la bouche[8].

La communauté des prisonniers avait créé sa propre hiérarchie morale du vol[9] allant du vol estimable et admirable au vol criminel et punissable de mort. Cette échelle de valeurs dépendait de l'identité du voleur et du volé, de l'objet volé et des conséquences du vol sur les chances de survie de la victime.

Ce qui posait le moins de problèmes, c'était de voler les biens de codétenus déjà morts. Le défunt pouvait avoir encore sur son corps un morceau de pain non consommé, des chaussures de meilleure qualité ou d'autres objets. Le voleur, lui, pouvait avoir besoin de ces objets qu'il s'appropriait pour lui-même, pour les échanger contre d'autres biens, ou pour les utiliser comme cadeaux afin de s'attirer les faveurs de personnes mieux loties que lui. La vue d'un prisonnier mort dans le camp était presque toujours celle de la nudité. Tout ce qui avait de la valeur était immédiatement ôté à la victime.

J'ai appris plus tard que Zbyszek était décédé vers dix-sept heures. J'ai pris la couverture de son lit et j'ai dormi dessous[10].

---

6. K. Żywulska (55908), *J'ai survécu à Auschwitz*, *op. cit.*, p. 35.
7. M. Librati (145922), *145922*, *op. cit.*, p. 48.
8. C. (75140) et H. Zucker (A-5325), *Les Balcons fleuris d'Auschwitz*, Champrond-en-Gâtine, Éditions du Colombier, 2000, p. 101.
9. Voir Witek-Malicka, *Dzieci z Auschwitz-Birkenau*, *op. cit.*, p. 220-226.
10. Edward Pyś (379), Témoignages, vol. XII, p. 58.

Sans réfléchir, j'ai crié : « Je crois que cette femme est morte. » Tout le monde s'est précipité dans ma direction, a essayé d'enlever les vêtements de la morte, de récupérer sa couverture et ses affaires. C'était le seul moyen d'avoir quelque chose pour nous tenir chaud ; nous devions nous battre pour l'obtenir[11].

L'autre méthode pour se procurer des biens était le troc en fonction des besoins des uns et des autres. Ainsi, si une personne avait besoin de pain et une autre d'avoir chaud, les deux échangeaient pain contre pull :

Le troc se fait. Si on veut être au chaud, on doit mourir de soif. Soit ![12]

Le désir fou de ne pas sombrer et donc de satisfaire sa faim a donné naissance au commerce.

Cela signifiait : je ferai quelque chose pour toi mais pour un morceau de pain. Il existait déjà un groupe de prisonniers qui avaient accès à des rations de pain supplémentaires et qui pouvaient les échanger contre un bol de soupe. En plus, les fumeurs renonçaient à la nourriture en échange de cigarettes et se consumaient en quelques semaines, devenus des squelettes[13].

Rendre un service à un autre prisonnier en échange d'argent était important pour acquérir des biens. Un détenu pouvait par exemple « vendre » le fait de savoir écrire une lettre en allemand ou de recoudre un uniforme de prisonnier. Les services rendus s'étendaient à tous les aspects de la vie.

Les Roms, qui n'avaient pas le droit de travailler à l'extérieur du camp, devaient trouver un moyen d'obtenir les marchandises indispensables à la survie de leur famille :

11. Sonja Potgrabienskowa Drake (26318), *Sonja's Story. Five Years in Auschwitz and Dachau*, San Jose, Writers Club Press, 2000, p. 54-55.

12. Lucia Franco (A-24316), *Et un jour, la joie de vivre s'arrêta à Auschwitz*, Owings Mills (Maryland), Marla Stein Associates, 1994, p. 63.

13. W. Bartoszewski (4427), *Mój Auschwitz*, *op. cit.*, p. 31.

Je ne peux pas ne pas mentionner les méthodes particulières, dans le camp tsigane, pour chiper de la nourriture, des cigarettes et des vêtements, en échange desquels les femmes tsiganes offraient leurs charmes. Souvent, leurs maris montaient la garde, à l'affût de tout SS qui s'approcherait. Les prix étant très raisonnables, il n'est pas étonnant que le camp tsigane ait été de plus en plus fréquenté par des Kommandos de prisonniers privilégiés qui disposaient de réserves suffisantes de la marchandise recherchée pour satisfaire leurs besoins sexuels[14].

Au moment où les Tsiganes ont été amenés au camp, le « peuple élu » pouvait disposer des plus belles femmes tsiganes devenues leurs filles à tout faire[15].

Les prisonniers « aryens » pouvaient échanger les marchandises que leurs familles leur envoyaient dans des colis.

Je n'arrivais pas à comprendre qu'après tout cela, elle vive encore, après huit mois au camp. Elle recevait beaucoup de colis, trois ou quatre par semaines. Elle reprenait maintenant des forces. Elle graissait la patte à la Blokowa*, *pour pouvoir rester plus longtemps au lit le matin*[16].

Les Juives ne recevaient pas de colis, alors nous devions renoncer à des bouts de pain pour acheter des tenues qui nous donnent l'apparence de femmes[17].

Les inégalités dans le camp résultant de la hiérarchisation raciste, qui imposait des différences d'accès aux biens et aux possibilités selon les postes, les types de travail, les Kommandos, laissaient un espace au commerce. Face à la faim, au froid et aux menaces de mort, les besoins étaient énormes. L'offre, quant à elle, augmentait chaque année grâce à la stratification sociale au

14. R. Diem (10022), Publications, vol. 172, p. 145.
15. Jan Wolski (47072), *Łut szczęścia*, Wrocław, 2015, p. 45.
16. K. Żywulska (55908), *J'ai survécu à Auschwitz*, *op. cit.*, p. 69.
17. W. Tarasiewicz (6884), Publications, vol. 1, p.11.

sein du camp, aux contacts entre prisonniers et aux travailleurs des entreprises civiles installées tout autour. Ajoutons à cela la progressive démoralisation et la corruption du personnel SS, ainsi que l'aide venue de l'extérieur du camp. Cependant, rien n'affecta ce marché aussi profondément que l'extermination des Juifs et les transports successifs de déportés arrivant avec leurs effets personnels, puis triés par des Kommandos de prisonniers. Ceux qui jouissaient d'une position favorable ou de bonnes relations pouvaient ainsi amasser des biens précieux et obtenir des privilèges importants. Les biens des Juifs, propriété théorique du Troisième Reich, étaient pillés à tous les niveaux[18].

Tout le monde volait. Les SS volaient les objets les plus précieux, les prisonniers volaient tout ce qui pouvait être vendu sur le « marché des biens ». Ils volaient des biens demandés qui pouvaient ensuite être échangés contre de la nourriture. Mais est-ce que voler un objet volé était encore du vol ?[19]

Tout ce qu'un détenu ne pouvait acquérir par ses propres moyens ou qui n'était pas distribué par les voies officielles aux détenus ou reçu dans un colis en provenance de l'extérieur, devait être acquis par le troc, l'appropriation ou le vol. Comme je l'ai déjà mentionné, l'évaluation de ces actions reposait sur une hiérarchie allant du louable au condamnable. Comme tous les vols n'étaient pas jugés à la même enseigne, il a semblé nécessaire d'apporter des modifications sémantiques et des précisions.

J'avais faim. Je savais qu'il fallait que je trouve à manger en plus de ce qu'on nous octroyait pour survivre. Alors je volais. Je volais partout, je n'avais pas peur, tout m'était égal du moment que je mangeais. Je volais des pommes de terre, des navets et tout ce que je pouvais dégoter. Parce que, avec le travail à fournir, le détenu

---

18. Voir Andrzej Strzelecki, « Plundering the Victims' Property », in *Auschwitz 1940-1945. Central Issues*, *op. cit.*, vol. II, p. 137-170.
19. Z. Posmysz (7566), *Królestwo za mgłą*, *op. cit.*, p. 168.

qui, même sans prendre des coups, n'avait que sa ration pouvait rapidement mourir. Je risquais ma vie quand je volais, j'étais battu mais je m'en fichais. Voler, cela s'appelait organiser[20].

J'ai mis du temps à savoir que le mot « organiser » était le plus important dans la langue d'Auschwitz. Cela signifiait : voler, acheter, échanger, s'emparer. Ma toute première leçon a été de comprendre que tout pouvait servir de monnaie d'échange. Même l'eau. J'apprenais vite[21].

Nous « organisons », cela veut dire que nous dévalisons les entrepôts des SS, nous transférons ce qui est utile et précieux au camp. Nous soudoyons tous ceux qui, d'une manière ou d'une autre, pourraient représenter une menace pour notre communauté, nous la communauté des femmes détenues. Nous soudoyons toutes sortes de voyous employés comme kapos ou surveillants de block, nous soudoyons les SS qui n'agissent pas par bonté mais par avidité[22].

« Organiser » était notre devise du quotidien : plus un homme savait utiliser ses contacts, plus il avait de chances d'obtenir ce dont il avait besoin. Organiser signifiait également voler, en général plutôt dans les réserves que les biens des détenus. La vie des prisonniers, des kapos et des SS consistait à continuellement « s'organiser ». C'était aussi la raison pour laquelle certains d'entre nous qui pouvions nous « organiser » vivions encore et que ceux qui ne le pouvaient pas mouraient. Pour survivre à Auschwitz, il fallait s'adapter aux lois du camp[23].

Il y avait deux manières d'organiser : d'abord l'échange, autrement dit « la bourse » ; ensuite l'acquisition gratuite par ruse ou en faisant jouer des relations utiles[24].

---

20. Isidore Rosenbaum (65745), *Je suis né le 8 mai 1945*, Paris, Le Manuscrit, 2013, p. 83.
21. K. Hart-Moxon (39934), *I Am Alive*, *op. cit.*, p. 54-55.
22. W. Klimaszewska (25993), Témoignages, vol. XV, p. 8.
23. K. Piekarski (4618), *Escaping Hell*, *op. cit.*, p. 75.
24. Z. Kossak (64491), *Du fond de l'abîme, Seigneur…*, *op. cit.*, p. 144.

Cette capacité d'« organiser », de faire avec astuce et intelligence le lien entre l'offre et la demande en continu était une compétence essentielle qui positionnait le prisonnier dans la communauté du camp. On pourrait dire que le prisonnier détenait un « passeport pour la survie ».

> *Beaucoup d'entre nous sont devenus des experts pour voler tout ce qui n'était pas sous les yeux des nazis. C'était un défi de faire tout notre possible pour « enfreindre la loi ». Notre survie dépendait de notre volonté de prendre les risques associés au vol*[25].

Parfois, ceux qui n'avaient rien devaient imaginer comment on pouvait transformer ce « rien » en quelque chose – ce qui n'allait pas sans peine. Le vol devenait alors bien plus subtil et plus difficile à prouver.

> *Certains d'entre eux, avec une patience farouche, parviennent à échanger leur demi-ration contre un litre de soupe. Puis, un peu à l'écart, ils procèdent à l'extraction méthodique des quelques morceaux de pommes de terre qui se trouvent au fond ; après quoi, ils échangent cette soupe contre du pain, et le pain contre un nouveau litre de soupe qu'ils traiteront comme le premier, et ainsi de suite jusqu'à ce que leurs nerfs cèdent, ou que l'une de leurs victimes, les prenant sur le fait, leur inflige une sévère leçon en les livrant à la raillerie publique*[26].

Le terme « organiser » permettait de distinguer parmi tout un éventail de vols ceux qui étaient moralement acceptables. Le mot ne désignait que les vols directs d'un bien appartenant en propre à un codétenu, tel un morceau de pain, un vêtement, une chaussure, un bol, etc. Si le détournement diminuait les chances de survie du codétenu, surtout si l'objet volé était légalement la propriété du codétenu, il était généralement passible de la peine de mort. Ces vols étaient la

---

25. S. Althaus (73538), *Where is God?*, *op. cit.*, p. 96.
26. P. Levi (174517), *Si c'est un homme*, *op. cit.*, p. 120-121.

principale crainte au camp. Ils pouvaient toucher n'importe qui et devaient donc être condamnés. En revanche, voler un SS était considéré comme une « organisation » moralement justifiable.

> *Je n'oublierai jamais la distinction radicale qu'opère la morale du camp entre « voler » et « organiser ». Le vol entre détenus est du* Kameradschaftsdiebstahl, *du vol entre camarades, et on peut être puni de mort si on est pris à voler la ration de pain d'un codétenu. En revanche l'« organisation » est l'occupation la plus courante à Auschwitz, et les SS sont les premiers à s'y adonner*[27].

> *Mais un principe implicite interdit de prendre le vêtement ou la nourriture des camarades. Question de vie et de mort. On « organise » pour survivre, aux dépens des SS*[28].

> *Rien d'étonnant à ce qu'on volât à satiété à l'*Effekt *aussi bien qu'au « Canada ».*
> *On volât ?... Non !... À Oswiecim, ce mot s'appliquait tout au plus au* Häftling *affamé qui dérobait du pain dans le colis de sa voisine. Les employées de l'*Effekt, *soit qu'elles prissent quelque chose pour elles-mêmes, soit qu'elles le fissent au profit des autres, ne se sentaient pas coupables de vol. Les voleurs, c'étaient les Allemands. C'étaient eux qui dévalisaient les Juifs. Les* Häftlinge *leur reprenaient une partie de leur butin, diminuaient la part des bandits et en faisaient un usage souvent très admissible et noble*[29].

Il y avait toutefois une zone grise, moralement trouble, difficile à distinguer sémantiquement de l'« organisation » – c'est-à-dire le détournement aux dépens du camp. On désignait ainsi toute action dont les conséquences ne visaient pas un prisonnier en particulier, mais privait l'ensemble du camp. Cela pouvait être un vol dans la cuisine ou dans d'autres lieux de stockage de nourriture, une distribution inéquitable ; ou encore un

27. W. Berler(117476), *Itinéraire dans les ténèbres*, *op. cit.*, p. 106.
28. M. Cling (A-5151), *Un enfant à Auschwitz*, *op. cit.*, p. 90-91.
29. Z. Kossak (64491), *Du fond de l'abîme, Seigneur...*, *op. cit.*, p. 143.

Funktionshäftling abusant de sa position pour voler dans le block ou la baraque. Ces actions, dans la mesure où elles ne causaient pas de tort à une victime spécifique, étaient aussi appelées « organisation ». Les détenus chapardaient : lors des déchargements de cargaisons, dans les entrepôts de nourriture, dans la cuisine du camp, lors de la livraison de nourriture aux prisonniers, et enfin lors de sa distribution. En conséquence, après toute une série de vols, le prisonnier ordinaire recevait moins. Tout le monde « organisait ».

Nous avions une faim de loup. Notre nourriture avait connu plus de sélections que les Juifs à la chambre à gaz. Ça avait commencé par les cuisiniers. Puis, tous les prisonniers privilégiés du camp se gavaient à nos dépens. Ensuite, ceux qui portaient les marmites jusqu'à notre block se servaient à volonté. Enfin, notre nourriture se retrouvait entre les mains du personnel de block chargé de la distribution. Il n'en restait que très peu pour nous. Nous ne comptions pas[30].

Ce nouveau concept d'« organisation » qui devait permettre d'introduire une distinction morale entre des actions illégales, a été défini dans l'histoire d'Auschwitz de manière inégale et, pire encore, comme nous l'avons vu, a été souvent utilisé de manière abusive.

Il y avait souvent des incidents à l'intérieur du camp[,] dans les blocks, là où se déroulait l'« organisation » aux dépens des prisonniers pauvres et affamés. Untel volait un compagnon de block par exemple en lui chipant une portion de pain rationnée ou sa dernière cigarette, ou en échangeant des chaussures, une couverture, un manteau et en y cousant son numéro de prisonnier. En fin de compte, il racontait aux autres toute honte bue : « C'est moi qui ai organisé cela[31]. »

Ce mot était un terme générique pour mendier, voler et acheter[32].

30. Drożdżyński (matricule inconnu), « Mały spokojny obóz », doc. cité, p. 35.
31. W. Książek (72200), Publications, vol. VI, p. 32-33.
32. E. Altmann (159923), *Face à la mort*, *op. cit.*, p. 99.

La demande et l'offre créèrent un marché régulier dans le camp, la bourse. La bourse était un espace d'achat, de vente, d'échange et de troc sous les formes les plus diverses. La devise était constituée d'autres biens, des cigarettes, du pain, de la soupe puis, dans la deuxième phase de l'histoire du camp, d'objets de valeur provenant des convois transportant des Juifs. Aujourd'hui encore, lors de travaux de restauration ou d'entretien dans les baraquements ou les blocks, on peut découvrir des cachettes destinées à stocker des objets de négoce, par exemple dans des conduits de cheminée. Certains détenus s'étaient spécialisés et étaient capables de stocker à l'avance divers objets, savaient où trouver des acheteurs et pouvaient prédire la valeur des objets à telle ou telle période. Après tout, il n'est pas étonnant qu'un pull-over soit plus cher à l'automne.

Voici les prix approximatifs à Birkenau : une portion de saucisse rouge = une portion de pain, 5-6 pommes de terre crues = une portion de pain, pour cuisiner une soupe de pommes de terre – une portion pour le cuisinier ou une portion de pain, un gros oignon, un morceau de lard ; un gros pain = une grosse tranche de lard ou, par exemple, un pull ; une portion de pain = une chemise, etc. Comme vous le voyez, le pain avait beaucoup de valeur sur le marché. Pour une portion de pain ou un oignon, vous pouviez payer par divers services, par ex. transporter des marchandises de contrebande au-delà des portes, cuisiner, coudre ou trouver un uniforme à la bonne taille[33].

Par ailleurs, il est possible de comparer la portion de repas d'un prisonnier avec celle d'un chien de SS. Donc, sur le marché noir, le soir en 1942 (au cours de la plus importante des famines), un bol de soupe maigre coûtait le prix de cinq ou sept cigarettes quand le prix d'une gamelle de nourriture pour chien oscillait entre quinze et vingt cigarettes. Le ratio était plus ou moins le même en 1943, malgré la chute de la valeur des cigarettes. Un bol de soupe d'un prisonnier coûtait deux ou trois cigarettes, alors que la gamelle de

33. M. E. Jezierska (24449), citée in Ryn et Kłodziński (20019), « Głód… », art. cité, p. 31-32.

nourriture d'un chien coûtait jusqu'à dix cigarettes. Donc la nourriture pour chien demeurait cinq fois plus chère que la nourriture des prisonniers[34].

Tout comme dans le monde ordinaire, les prix dépendaient de l'offre et de la demande ainsi que de la monnaie d'échange utilisée. Le marché changea au fil du temps, évoluant sous l'influence des événements les plus divers qui affectèrent les principaux agrégats de la bourse du camp.

Les prix fluctuaient en fonction de la quantité de produits dans le camp[35].

Quelquefois, la bourse subissait une stagnation. Les convois arrivaient minables : les prisonnières ne venaient pas directement de leurs maisons, mais d'un autre camp. Une hausse des prix s'ensuivait.

Mais c'est révoltant, disait-on. Trois oignons pour ce petit pull-over de rien du tout ?

— Laissez, n'achetez pas maintenant, conseillaient les anciennes, pleines d'expérience. Ce n'est pas la peine de payer ces prix exorbitants. On attend cette semaine un bon convoi hollandais.

Le « bon convoi » arrivait, périssait dans la chambre à gaz, le marché regorgeait à nouveau d'une multitude d'objets de luxe et de bonne qualité, les prix baissaient presque de moitié. On remerciait les amies de leurs bons conseils[36].

La vie dans le camp [au cours de l'été 1944, après les transports de Juifs hongrois] bourdonnait comme dans une ruche. On pouvait acheter beaucoup de choses nécessaires, comme une ceinture ou un morceau de ficelle pour les pantalons, une cuillère en bois grossier sculptée par le vendeur, ou même une vraie cuillère en métal ; du fil à coudre, des aiguilles, des bretelles, des chaussures, des bottes ; même une chemise, une veste ou un pantalon arraché à un cadavre avec des traces de sang coagulé. Parfois, un surveillant de block

34. S. Tąkuski (35049), témoignage in *ibid.*, p. 32.
35. M. Ślisz-Oyrzyńska (40275), Publications, vol. LXIII, p. 50.
36. Z. Kossak (64491), *Du fond de l'abîme, Seigneur...*, *op. cit.*, p. 145.

entrait et achetait un paquet de cigarettes pour deux miches de pain[37].

Lorsqu'une importante quantité de dollars s'est mise à circuler dans le camp, le prix de la miche de pain sur le marché noir a atteint les 100 dollars[38].

Lorsque la distribution du tabac à la population civile de Cracovie a été interrompue, les répercussions, à l'intérieur des fils barbelés, barrière qui nous séparait de la communauté humaine, se sont fait sentir immédiatement dans le camp par une hausse sensible de la cotation du Mahorca et par suite du bon-prime[39].

... encore moins au Lager *où le besoin fait naître des talents d'usurier effrayants et insoupçonnés*[40].

En matière de commerce, il ne faut pas négliger l'échange de biens contre l'exemption d'un travail pénible ou l'obtention d'un travail plus facile. Au départ, il s'agissait de soudoyer un *Funktionshäftling* pour un meilleur poste. Plus tard, plus spécifiquement dans les dernières années du camp, cela prenait la forme d'un paiement régulier ou d'une taxe qui permettait d'être exempté de certains types de travaux, de désagréments ou de difficultés. De cette manière, il était possible d'acquérir une meilleure position dans la foule des prisonniers anonymes, gagner la confiance des *Funktionshäftlinge* et intégrer leur clientèle. Soulignons que se positionner – et positionner ses subordonnés si ceux-ci étaient des prisonniers privilégiés – était un réflexe commun pour obtenir plus de contrôle, même dans des situations banales.

Aujourd'hui, pour la première fois, j'ai servi la soupe du soir à la louche. Les plus proches de mes codétenus n'avaient aucune raison de se plaindre[41].

---

37. A. Kajzer (matricule inconnu), *Za drutami śmierci*, *op. cit.*, p. 39.
38. K. Piekarski (4618), *Escaping Hell*, *op. cit.*, p. 132. Cent dollars au début des années 1940 correspondent à 2000 dollars aujourd'hui.
39. P. Levi (174517), *Si c'est un homme*, *op. cit.*, p. 124.
40. L. Millu, *La Fumée de Birkenau*, *op. cit.*, p. 161.
41. J. Pozimski (1099), Publications, vol. LII, p. 134.

Nous mettons le doigt sur une triste réalité – la bourse s'est développée principalement grâce à ces sources d'approvisionnement : les transports de déportés Juifs, les travailleurs civils employés dans le camp et la dégringolade morale du personnel SS à l'approche du front de l'Est. En conséquence, la bourse a commencé à prospérer en 1943 et a atteint son apogée en 1944. Si tout pouvait être calculé (ce qui n'est pas le cas aujourd'hui), je dirais que 90 à 95 % de la valeur de la bourse étaient accaparés par les *Funktionshäftlinge* – en d'autres termes, les privilégiés. Ceci est très important. La grande majorité des prisonniers devaient se soucier de recevoir une ration d'ersatz de pain, tout en participant à 95 % des petites transactions quotidiennes de troc. Ce sont les puissants surveillants de block et les kapos qui ont constitué des fortunes difficilement évaluables aujourd'hui. La spécificité subjective des taux de change dans le camp complique encore davantage cette estimation car ceux-ci étaient fluctuants et non enregistrés. Les richesses qui circulaient alors n'étaient que le reflet de la volonté de survivre des *Prominente*, cette volonté de se raccrocher à un espoir tangible qu'avaient ceux qui, contrairement à la majorité des prisonniers, n'étaient pas condamnés à mourir dans les deux ou trois mois. L'espoir est un outil terriblement efficace.

Le simple fait de pouvoir offrir quelque chose à un *Funktionshäftling* donnait une place plus avantageuse à un détenu.

> *Lorsque je travaillais dans l'atelier d'outillage, je suis entrée en contact avec une prisonnière politique allemande, Ulka Rate. Elle avait servi comme* Arbeitsdienst. *J'ai facilité ses rencontres avec son petit ami, également prisonnier (un Polonais). En échange, Ulla, qui – en tant qu'*Arbeitsdienst* – *avait la possibilité d'effacer le numéro de prisonnier désigné pour un convoi en Allemagne ou de relier les numéros de prisonniers parents ou amis envoyés dans des Kommandos ou des camps distincts. Elle n'a jamais refusé mes demandes*[42].

42. R. Cieślik-Ciesielska (27184), Témoignages, vol. XXII, p. 127.

De temps en temps, Burghart [le surveillant du block] me demandait de rester dans le block pendant la journée. À sa demande, je dessinais des portraits au crayon, copiés à partir de photographies, pour des hommes SS. En échange, je recevais une portion en rab de soupe, tandis que lui était payé par les SS avec de la nourriture supplémentaire, et apparemment même avec de la vodka[43].

Un jour, l'un des surveillants du block m'a accosté en me demandant de produire une série de dessins pornographiques. Ce dernier avait même trouvé dans les entrepôts du « Kanada » un album relié en cuir dans lequel je devais mettre mes dessins de neuf sur douze centimètres. J'ai accepté sa demande, car c'était le début de ma présence dans le camp et que chaque « mission » de ce genre m'aiderait à m'adapter. Bien sûr, il fallait contourner le problème et, après réflexion, j'ai trouvé la solution.

J'ai choisi des scènes de la mythologie. Évidemment, des scènes assez naturalistes, comme Léda et le cygne, Europe et le taureau, Satyre et la nymphe, des scènes de l'île de Lesbos, etc. Le surveillant du block a d'abord été décontenancé par les thèmes des dessins, mais finalement, après un examen détaillé, il a été très satisfait de la série, estimant que les scènes que j'avais dessinées représentaient le degré le plus élevé de la perversion[44].

Ainsi, lorsque la bourse cessa d'être un moyen pour commercer sur un pied d'égalité pour revêtir les caractéristiques extérieures d'une entreprise hiérarchique puissante limitée par rien d'autre que la terreur, la forme la plus primitive de capitalisme s'épanouit et permit à certains de faire fortune. Cela n'était pourtant possible que pour les rares personnes qui, en vertu de la loi du camp, possédaient déjà des privilèges et étaient en capacité de connecter leurs positions à la richesse qui s'accumulait au sein du *Lager*. Cela ajouta à la stratification de la communauté des prisonniers, que révélaient non seulement les postes occupés

43. Władysław Siwek (5826), Témoignages, vol. XIII, p. 154.
44. J. Brandhuber (87112), Témoignages, vol. LXXVIII, p. 216-217.

par les *Funktionshäftlinge*, mais aussi les biens qu'ils possédaient et auxquels ils avaient accès, l'influence qu'ils exerçaient, tout comme leur capacité à corrompre d'autres *Funktionshäftlinge* et même des SS. Dans le monde normal, on parlerait de corruption, de profits illicites ou de malversations. Dans l'univers des camps, juger l'aristocratie des prisonniers en ces termes signifiait accepter l'hypothèse absurde qu'un prisonnier privilégié avait une chance de survivre sans chercher constamment à améliorer sa condition en dehors de toute légalité. Bien au contraire, ce n'est que parce que leur position rendait possible leur approvisionnement en nourriture et en vêtements, de meilleures conditions de vie dans les baraquements et l'accès à certains services, que l'élite du camp (du moins telle qu'elle se percevait elle-même) put s'assurer des chances de survie. C'était le cas même si les 95 % restants de la population concentrationnaire ne pouvaient ne serait-ce que rêver de tels privilèges. Eux ne pouvaient compter que sur les formes les plus rudimentaires de troc ou, d'une manière ou d'une autre, de s'attirer les faveurs des *Funktionshäftlinge*.

> *Le kapo de la* Sauna *était un Français honnête. Ensemble, nous triions les vêtements, et dans les poches, nous trouvions toutes sortes de choses à manger ou de l'argent et des bijoux à échanger contre de la nourriture. La nourriture était la véritable monnaie d'échange à Birkenau. Une fois, j'ai payé 8 000 dollars en huit billets de 1 000 dollars pour un morceau de salami. Une autre fois, j'ai échangé un diamant de deux carats contre deux morceaux de pains*[45].

> *J'ai réussi à obtenir de l'un des* Vorarbeiters *la permission de faire griller mon pain sur un poêle dans la cabane à outils pendant les pauses. En contrepartie, je devais lui en donner un morceau – je n'avais pas d'autre choix. Je mâchais lentement ces morceaux de pain et de croûte noircis. J'ai réussi à troquer deux soupes contre une demi-portion de pain avec un autre prisonnier. Un autre m'a donné un morceau de fromage fermenté et visqueux contre deux*

45. D. S. Wisnia (83526), *One Voice, Two Lives*, *op. cit.*, p. 45-46.

portions d'Avo. Le fromage, je l'ai ensuite échangé contre un morceau de pain. C'est ainsi que, progressivement, mon estomac s'est un peu calmé[46].

Peu à peu, les méthodes que les *Funktionshäftlinge* utilisaient pour s'enrichir ont fait apparaître le caractère malsain d'un système qui ne pouvait être perçu qu'à tort comme autre chose qu'un vol aux dépens des pairs. La plupart des vols consistaient à garder pour soi le pain prévu pour des prisonniers décédés (en retardant à dessein la déclaration des décès aux SS), à prendre pour eux la soupe la plus épaisse du fond du chaudron ou à se réserver des portions supplémentaires.

La différence entre le nombre réel de prisonniers dans le camp un jour donné et celui qui figure officiellement dans le rapport quotidien du bureau du camp au chef cuisinier et au kapo chargé des réserves alimentaires (Leo Wierzbicki) pouvait varier de 600 à 1 600 personnes. Cet écart se produisait au cours d'une même journée. Par exemple, un matin, il pouvait y avoir 25 000 prisonniers, mais le soir, suite à divers « accidents du travail » – décès à l'hôpital, fusillades, sélections, etc. –, il n'y avait plus que 24 000 prisonniers. Les bénéficiaires de ces écarts étaient non seulement les Funktionshäftlinge *(kapos,* Blockälteste *et* Stubedienste*), mais aussi les cuisiniers et les employés des entrepôts. Lorsque j'étais un simple prisonnier, je n'étais pas du tout au courant. En tant que cuisinier – ou plutôt aide-cuisinier –, je n'étais encore que le témoin de ces opérations qui se déroulaient en coulisses, car la plupart d'entre elles étaient contrôlées par les deux* Vorarbeitere, *Chmura et Szymański. Ils « organisaient » la nourriture pour l'hôpital et d'autres blocks, sachant très bien à quel point ils aidaient leurs camarades affamés*[47].

C'était un block [à Birkenau] où il n'y avait presque pas de prisonniers, hors les séjours temporaires de nouveaux arrivants. Mais chaque jour, un block complet (environ 440 prisonniers) était signalé,

46. T. Sobolewicz (23053), *But I Survived*, *op. cit.*, p. 95-96.
47. *Ibid.*, p. 159.

ce qui permettait au Lagerältester *Danisch d'obtenir des portions supplémentaires de nourriture*[48].

Plus d'une fois, nous avons aperçu Hania porter deux seaux dans la chambre du surveillant du block [à l'hôpital], l'un à moitié rempli de marmelade et l'autre d'herbes dans lequel Julia et Ania se lavaient toutes les deux les cheveux. Et toute la nuit, les malades du typhus criaient : de l'eau ! de l'eau ! de l'eau ! C'était la même chose avec la margarine, combien de fois avions nous senti l'odeur des galettes de pommes de terre frites dans la chambre du surveillant du block. Apparemment, telle était la loi du camp : ils étaient autorisés à voler en toute impunité. Ça valait pour la soupe non distribuée aux malades, les herbes, la margarine, le pain, la marmelade ; Hania a pu organiser, pour le surveillant du block, du charbon de la cuisine, des pommes de terre et du bois[49].

Bien qu'il soit difficile d'en mesurer l'ampleur aujourd'hui, cette monétarisation injuste concernait également des marchandises fournies depuis l'extérieur du camp par le mouvement de résistance ou de courageux habitants qui, la nuit, déposaient des médicaments et de la nourriture là où les Kommandos de prisonniers travaillaient la journée durant. Le témoignage suivant décrit le camp annexe de Rajsko*, où les prisonniers étaient employés dans des travaux horticoles :

Une organisation extérieure, par l'intermédiaire des femmes mentionnées ci-dessous, a fourni une grande quantité de nourriture et de médicaments. Dans un premier temps, la nourriture a été répartie entre détenus. Les premiers à recevoir la nourriture, les cadres, ont pris ce qu'il y avait de mieux. Mais les kapos n'ont pas tardé à comprendre qu'ils pourraient en tirer un profit personnel. Ils ont donc commencé à prendre de l'argent à leurs collègues, soi-disant pour couvrir le coût de la nourriture. Six Reichsmarks étaient prélevés chaque semaine, mais le pain n'était distribué que deux ou trois fois par semaine, parfois de la margarine. Les graisses, les viandes fumées,

48. Wiesław Kielar (290), Témoignages, vol. VIII, p. 1166.
49. M. Ślisz-Oyrzyńska (40275), Publications, vol. LXIII, p. 45.

la marmelade, la farine, les pâtes, le sucre, les cigarettes, la viande, tout était consommé par eux : Monsieur Józko, le kapo, et ceux qui travaillaient avec lui. La plus grande partie allait aux collaborateurs du kapo (d'autres kapos, des Allemands qui nous battaient avec férocité), alors que nos collègues, qui nous représentaient, étaient au courant et même collaboraient. Nous avons protesté en demandant la suspension de l'aide, car nous n'en avions guère l'usage, mais ce fut en vain. Cela fait bouillir le sang de penser que des gens avaient risqué leur vie pour nous aider et que ça n'avait servi à rien. Certains de ces médicaments, aussi variés que merveilleux, étaient vendus dans le camp contre de l'argent et divers services. Mais impossible de protester ouvertement sous peine d'être liquidé sur-le-champ par le kapo[50].

La mort elle-même pouvait être rentable. Aujourd'hui, de nombreuses personnes sont choquées par les abat-jour en peau humaine tannée sur ordre de la *SS-Aufseherin* Ilse Koch. Mais la peau humaine était également utilisée dans le camp où elle était, d'ailleurs, en abondance. Après avoir été traitée dans la tannerie du camp, on s'en servait illégalement pour fabriquer divers objets tels des couvertures de carnets ou d'agendas ; des os humains étaient taillés pour faire des porte-cigarettes.

Dans les premiers temps, j'avais eu de bons rapports avec [Dering], mais ils prirent fin brutalement. Il me montra un jour en riant une blague à tabac et me demanda si je ne lui trouvais rien de particulier. « Regarde bien, elle n'a pas de couture. Tu as déjà vu une blague comme ça, sans couture ? » Et il m'expliqua fièrement qu'il avait fait préparer et tanner la peau des bourses d'une des victimes de ses expériences. Je ne fus pas le seul à qui Dering montra sa blague à tabac[51].

Les kapos ou les surveillants de block, dans leur intelligence la plus cruelle et vidée de toute morale, arrivèrent à la conclusion que pour s'assurer à eux-mêmes, à leurs aides et à leurs clients, un niveau de vie correct, ils devaient fournir chaque jour un

50. Jan Winogroński (8235), Publications, vol. V, p. 75.
51. H. Langbein (60355), *Hommes et femmes à Auschwitz*, *op. cit.*, p. 221.

certain nombre de victimes à la machine de mort. C'est ainsi que la quantité de nourriture supplémentaire disponible devint proportionnelle au nombre de victimes dans un block ou un Kommando. C'est probablement à travers cet exemple que l'on perçoit de la façon la plus complète comment un prisonnier, en quête de la moindre chance de survie, devenait un rouage de la machine à tuer.

> *Les corps des malheureux étaient gravement amochés, couverts de furoncles et de plaies. Cinq d'entre eux avaient le crâne fracassé. [...] Puis nous avons commencé à disposer les corps de façon organisée. Il y en avait vingt-quatre en tout. « C'est six pains et deux paquets de margarine pour les* Blockälteste *», commenta le prisonnier plus âgé. « Maintenant, il va garder ces corps ici pendant quelques jours et recevoir leurs rations de la cuisine. Animal ! » Nous nous regardâmes. C'est ainsi que les* Blockälteste *obtenaient de plus larges portions de nourriture*[52].

Faire d'Auschwitz à la fois un camp de concentration rempli d'une foule de prisonniers (esclaves mal nourris aux chances de survie minimes), un centre de détention pour prisonniers et un centre d'extermination en masse des Juifs d'Europe, signifiait qu'à partir de la seconde moitié de l'année 1942, des marchandises affluèrent en quantités inimaginables dans un camp de concentration ordinaire. Ces marchandises se retrouvèrent inévitablement entre les mains des prisonniers chargés de fouiller et de trier les bagages des Juifs. Même en admettant que seul un petit pourcentage des objets de valeur fut accaparé et atteignit la bourse du camp, la loi des grands nombres permit à celle-ci de prospérer. Certes, il s'agissait surtout de la quantité des transactions, et non de leur valeur puisque celle-ci continuait à reposer sur des échanges de pains contre quelques cigarettes ou un oignon. En revanche, outre ces petites transactions, de véritables opérations boursières furent réalisées, auxquelles participèrent l'aristocratie du camp, des travailleurs civils et du

52. T. Sobolewicz (23053), *But I Survived*, *op. cit.*, p. 103-104.

personnel SS corrompu. Leurs chemins se rencontraient tracés par des motivations, des souhaits et des intentions différents.

> *Les motifs qui la faisaient agir pouvaient être de deux sortes : un souci altruiste – apporter aux camarades un tricot chaud, des gants ou des bas de laine.*
>
> *Ou bien une avidité égoïste – amasser une appréciable petite fortune en or, l'ensevelir avec toute la ruse et le soin possibles dans un endroit secret, se leurrer de l'espoir qu'après la guerre, on reviendrait chercher cette fortune. En attendant, porter sous le « rayé » infect du linge ravissant, dormir dans des draps fins, embaumer les parfums de Paris, c'étaient de bien grandes tentations*[53].

La corruption du personnel SS fut un élément important qui étendit la liberté d'action des *Prominente* et des prisonniers ayant un accès facile aux bijoux et autres produits de luxe. Plus on parlait de l'approche du front soviétique et de la perspective de la défaite, plus ils devenaient corruptibles[54].

> *Les richesses laissées par les Juifs assassinés de toute l'Europe, étaient volées par les détenus qui triaient leurs affaires, tombaient entre les mains de SS qui devenaient de plus en plus accessibles aux prisonniers, au point de leur faire confiance et d'oublier leur rôle d'assassins*[55].

> *Quant à l'état d'esprit des SS, un changement notable s'était déjà produit en février 1943. Je me souviens d'une conversation avec le SS-*Unterscharführer *Josef Neumann. De retour de vacances en*

53. Z. Kossak (64491), *Du fond de l'abîme, Seigneur…*, *op. cit.*, p. 142-143.
54. Voir Münch, *Głód i czas przeżycia w obozie oświęcimskim*, *op. cit.*, p. 82 : « Il était impossible de combattre cette corruption parce qu'elle n'était pas le fruit d'un besoin d'objets de luxe, mais d'une affaire de vie ou de mort, dans un sens d'un "être ou ne pas être". » C'est une légère simplification. Pour les prisonniers, la corruption d'un *Funktionshäftling*, et plus encore des SS, était bien entendu une question de survie, mais il s'agissait aussi, en particulier pour le personnel SS, d'un besoin de produits de luxe.
55. R. Diem (10022), Publications, vol. CLXXII, p. 146.

Slovaquie, il m'a dit que nous pourrions bientôt changer de lieu. Ces voyages et la vue des villes allemandes bombardées ont sans doute eu un effet déprimant sur eux[56].

Finalement, c'est avec l'accord des gardes SS eux-mêmes que nous avons pu visiter les maisons où nous avions reçu de la nourriture (bien sûr, le garde devait être « fiable » et recevait toujours sa part). Un jour, dans un village éloigné du camp, nous avons même organisé une « fusillade » – en utilisant, bien sûr, le fusil de notre garde SS. Je donne cet exemple pour illustrer une certaine interdépendance entre prisonniers et gardiens, basée sur un bénéfice mutuel : le gardien « fiable » pouvait toujours compter sur de la nourriture s'il laissait les prisonniers entrer en contact avec des civils[57].

Le prisonnier n° 2, Otto Küsel, était un habitué de la Schlosserei**. À sa demande, un jeu de passe-partout a été fabriqué, ainsi qu'un* « Storchschnabel ». *Il s'agit d'une sorte de pince très longue. Otto m'avait expliqué que les SS avaient fait venir du « Kanada » un genre de coffre-fort ou d'armoire à glace dans lequel étaient déposés les dollars pris aux personnes dans les transports de masse. Le* « Storchschnabel » *devait être utilisé pour extraire les dollars par une ouverture étroite sans déplacer le sceau ou le loquet*[58].

Tout le monde fait comme s'il ne savait rien et personne ne veut rien savoir, car chacun y trouve son avantage. Chaque gardien SS du crématoire pris à part est très maniable. Ils ne se méfient que les uns des autres. Ils sont sûrs que les hommes du Sonderkommando *ne trahissent personne. C'est pour cela que les cigarettes, l'eau-de-vie et la nourriture destinées aux SS sont remises en tête-à-tête à chacun par un homme du* Sonderkommando[59].

56. Włodzimierz Turczyniak (5829), Témoignages, vol. XXVII, p. 24.
57. Witold Wierusz (9479), Témoignages, vol. LXXVII, p. 23. L'auteur de la citation était dans le Kommando en charge de la surveillance. La citation concerne probablement l'année 1943.
58. A. Krzetuski (1003), Témoignages, vol. XII, p. 115.
59. M. Nyiszli (A-8450), *Médecin à Auschwitz*, *op. cit.*, p. 85.

L'approche du front de l'Est, l'affaiblissement du Troisième Reich, la perspective de représailles après-guerre coïncidèrent avec une incertitude grandissante quant au sort des prisonniers, dont beaucoup craignaient d'être exécutés pour éviter que le secret des crimes ne soit dévoilé. Il s'agit là de deux circonstances extrêmement importantes et complémentaires qui influençaient les actions éventuelles des prisonniers. À la fin du printemps et au début de l'été 1944, plus de 400 000 Juifs hongrois furent déportés à Auschwitz, ce qui donna lieu au plus grand tri de biens Juifs dans les entrepôts dits du « Kanada ». C'est à ce moment-là que la stratification de la communauté concentrationnaire atteignit son apogée ; la bourse du camp semblait alors offrir des possibilités presque illimitées. Il s'agit bien sûr du point de vue des prisonniers dans les bons Kommandos, des différents *Funktionshäftlinge*, des *Prominente* et des SS. Leur situation n'avait plus rien à voir avec celle de 1940-1941, pendant la première période de l'histoire du camp.

> *Mes compagons m'ont parlé de prisonniers plus anciens qui avaient accumulé des objets de valeur « juste au cas où » ils seraient transférés dans un autre camp ou libérés prématurément ou tout simplement parviendraient à s'évader*[60].

> *Dans la dernière période, certains surveillants de block ont transformé leur chambre en véritable boudoir. Tapis luxueux, couvre-lits et couvertures livrés illégalement depuis les entrepôts du « Kanada »*[61].

> *À l'époque, on pouvait rencontrer dans le camp des kapos ivres et des surveillants de block pomponnés. Dans les chambres des surveillants de block, j'ai vu des tapis rouges luxueux et, dans des caisses, les sous-vêtements de jour et de nuit les plus exquis. S'attendant à la fin imminente de la guerre, ils se sont mis à accumuler des vêtements élégants et divers bibelots. De nouvelles modes sont même apparues*

60. T. Sobolewicz (23053), *But I Survived*, *op. cit.*, p. 167-168.
61. J. Brandhuber (87112), Témoignages, vol. LXXVI, p. 146.

dans le camp. Par exemple, certaines femmes polonaises se sont mises à porter des blouses rouges à pois blancs[62].

En 1944, l'« organisation » était florissante. La meilleure preuve en était le soin lorsqu'à l'heure prévue, toutes les lumières s'éteignaient. C'est alors que dans chaque block [d'Auschwitz I], des thermoplongeurs et des réchauds fabriqués à partir de pièces disponibles étaient branchés. Une énorme quantité d'électricité était utilisée. Les autorités SS en étaient bien conscientes puisqu'un ordre avait été donné pour que tous les appareils de chauffage soient présentés ; elles ont menacé de sanctions sévères ceux qui seraient pris en possession de tels appareils. Cela ne les a pas beaucoup aidés[63].

Les contrastes dans le camp étaient incroyablement grotesques[64].

D'un point de vue moral, les jugements portés sur la bourse, le vol, l'« organisation » ou le commerce sont très variables et dépendent de chaque individu. Ceux qui n'avaient rien, les *Muselmänner* et ceux qui mouraient littéralement de faim voyaient des chefs de block bien nourris et bedonnants se goinfrer de produits de luxe en provenance du « Kanada » ou boire de la vodka achetée à des civils ou à des SS contre de l'or. La condamnation, la colère et la jalousie prédominent dans les récits. Certains avouent ouvertement qu'ils auraient aimé être à la place de ces chefs de block ou de leurs assistants. Toutefois, les opinions exprimées dans les mémoires ne sont pas nécessairement les mêmes que celles qu'ils avaient lorsqu'ils étaient encore dans le camp.

Pour survivre dans le camp, je devais me contenter de ce qui était absolument nécessaire pour me défendre contre les cinq dangers fondamentaux : la faim, le froid, le travail pénible, les chaussures inadaptées. Le reste n'avait pas d'importance. Ce que désiraient les prisonniers plus gradés – des uniformes et une casquette sur-mesure,

62. B. Krzywobłocka (83264), Témoignages, vol. XV, p. 82.
63. J. Brandhuber (87112), Témoignages, vol. LXXVI, p. 127.
64. J. Matlak (27252), Publications, vol. LXXXII, p. 5.

des sous-vêtements civils, une montre... – était au-delà de mes aspirations[65].

D'une manière ou d'une autre, à quelques exceptions près, la participation à l'« organisation » et à la « bourse » faisait partie de la vie et de l'expérience du camp. Plus encore, c'était quasiment une condition *sine qua non* de la survie dans le camp.

Je pose la question aux vivants : lequel d'entre vous n'a jamais utilisé ce type d'« organisation », la plupart du temps aux dépens de quelqu'un d'autre ? Ceux qui ne l'ont pas fait se taisent comme s'ils étaient dans la tombe. En fait, nous sommes tous silencieux, et pourtant il n'y a pas de conspiration du secret entre nous. Nous avons peur d'en parler[66].

En juillet 1943, le docteur König, médecin allemand, entreprend d'étudier la vitesse de sédimentation des érythrocytes, colossale dans les camps, par la méthode de Biernacki. Le médecin fait rechercher dix femmes ayant passé un an dans le camp et n'ayant vécu que de la nourriture du camp. Pouvez-vous imaginer qu'aucune de ces femmes n'ait été trouvée ? Les seules qui ont survécu un an dans le camp sont celles qui ont appris à « s'organiser » ou qui se sont fait envoyer des colis[67].

---

65. A. Gawalewicz (9225), *Reflections*, *op. cit.*, p. 81.
66. J. Matlak (27252), Publications, vol. LXXXII, p. 5.
67. J. Kościuszko (36319), *Testimonies* in the R. Hössa trial [IPN GK 196/106], *Chronicles of Terror*, *op. cit.*, vol. VI, p. 239-240.

LA LUTTE ET LA RÉSISTANCE

Sans aucun doute, la création et le fonctionnement d'une bourse dans le camp, les transactions avec le personnel SS et les travailleurs civils, tout comme les autres tentatives visant à affronter une situation extrême en contournant les règles officielles nous interrogent sur la capacité des détenus à travailler en dehors du système imposé par les autorités du camp ; et, par conséquent, sur leur volonté de résister, d'échapper ou de lutter contre le système du camp par tous les moyens[1].

Naturellement, dans une large mesure, cette question dépend des qualités personnelles, de la disposition et de la situation de chaque prisonnier. En règle générale, le *Muselmann*, le

1. La principale monographie sur la résistance à Auschwitz nous vient d'Henryk Świebocki, « The Resistance Movement », in *Auschwitz 1940-1945. Central Issues, op. cit.*, vol. IV. La question régulièrement posée à propos de l'absence de révolte de masse de la part des milliers de prisonniers a reçu des réponses diverses. La plupart d'entre elles oscillent entre des limites conceptuelles allant du désir de survivre à la crainte de la violence omniprésente. C'est ainsi que l'on pourrait résumer le point de vue exprimé par J. Apostoł-Staniszewska (26273) dans « Wobec śmierci... », art. cité, p. 163-168 : « Il existe une limite au-delà de laquelle l'individu, dans ces innombrables foules, devient totalement vulnérable face à l'anéantissement. Dans les camps de concentration, cette limite pouvait être franchie par une violence à laquelle personne ne pouvait s'opposer. Sans en saisir l'ampleur, on ne peut comprendre la mentalité de ces foules de prisonniers abattus, contraints de se résoudre au sort qui leur était réservé. »

malade ou le prisonnier affaibli, tous renonçaient à résister. C'est la résignation qui prévalait lorsque tout espoir de survie au-delà de quelques heures ou dizaines d'heures était perdu[2]. Les détenus du block 11 n'envisageaient pas d'opposition, sauf, peut-être, une opposition morale. À bout de forces, un Juif qui avait perdu sa famille lors de la « sélection », n'avait pas la tête à penser à une résistance autre que celle, instinctive, qui consistait à éviter les coups. Comme le montre la première des citations ci-dessous, si un prisonnier allongé à l'hôpital se battait encore pour quelque chose, c'était pour sa vie.

Celles qui viennent ici ne luttent plus. Il n'y a rien pour les soigner, pas de médicaments[3].

Comment était-il possible de survivre au camp ? Difficile à dire. Chaque ancien prisonnier donnera sans doute une réponse différente. Je ne sais pas pour les autres, mais moi au camp j'essayais de ne pas penser au camp[4].

Quand nous avions le choix entre la vie et la mort, personne n'avait la résistance en tête[5].

Nombreux étaient ceux (à l'instar des paysannes, des petits artisans élevés dans un esprit de stricte obéissance) qui manquaient de l'imagination nécessaire pour résister. Le camp

---

2. Ceci a été exprimé par Wesełucha avec beaucoup de force dans « Obóz jako eksperyment psychiatryczny », art. cité in *Przegląd Lekarski – Oświęcim*, p. 244 : « Il est sans fondement dans une telle situation, de rechercher des motifs patriotiques ou tout autre motif supérieur du comportement humain. L'homme se comporte alors comme un animal affamé placé devant un filet au-delà duquel il y a de la nourriture. Même si la nourriture est invisible, l'imagination prend le dessus et est capable d'inventer n'importe quoi. »
3. C. Touboul (72420), *Le Plus Long des Chemins*, *op. cit.*, p. 74.
4. Tadeusz Szymański (matricule inconnu), Publications, vol. II, p. 285.
5. Tadeusz Pietrzykowski (77), Témoignages, vol. LXXXVIII, p. 6.

dépassait l'entendement, minait la confiance des prisonniers, tout en les obligeant à penser à lutter contre la faim.

Il est difficile de répondre à ces questions. Il faut comprendre la véritable tragédie qui se déroulait devant nos yeux et dont nous étions les acteurs et les victimes. Comment un homme torturé, maltraité, réduit à l'état d'animal, un homme méprisé, sans dignité, sans soutien moral, comment cet homme peut-il soudain se révolter[6] *?*

Comment veux-tu faire de la résistance ici, avec des hommes à moitié morts, affamés, malades ? Je sais, il paraît qu'ailleurs, les copains ont formé des réseaux, sans doute avec des anciens de la Résistance. Je ne sais pas exactement… Ici, difficile d'entreprendre un soulèvement organisé. Pour l'envisager avec sérieux, il faudrait disposer non seulement d'armes, mais encore d'hommes capables de les manier. Aucune de ces deux conditions n'est remplie. La seule chose possible, c'est le sabotage[7].

Quiconque pouvait même penser à la résistance, ou avait une chance de penser à quoi que ce soit, devait s'être extrait de la strate la plus basse et la plus large des détenus, dont les pensées ne tournaient qu'autour de la nourriture et de la peur des coups. Chaque groupe de résistance devait commencer par assurer des conditions de vie supportables à ceux en qui il avait confiance. C'était la condition préalable de son activité, et non son but[8].

Pour nombre d'entre eux, la seule résistance à leur portée concernait sa propre position morale et, dans la mesure du possible, l'aide aux compagnons d'infortune pour tenir bon. Pour ceux qui, inéluctablement, devenaient des *Muselmänner*, s'accrocher à ces principes serait allé non seulement à l'encontre de la logique du camp, mais aussi de leurs facultés fragilisées et de leur volonté érodée.

6. C. Papiernik (43422), *Unbroken*, *op. cit.*, p. 57.
7. A. Balbin (41796), *De Lodz à Auschwitz en passant par la Lorraine*, *op. cit.*, p. 105.
8. H. Langbein (60355), *Ludzie w Auschwitz*, trad. de l'allemand par Viktor Grotowicz, musée d'État d'Auschwitz-Birkenau, Oświęcim, 2017, p. 361.

Notre résistance était principalement fondée sur l'entraide et la solidarité[9].

Résister dans un camp d'extermination, c'est protéger des vies[10].

L'action la plus répandue, non coordonnée et qui d'une certaine manière découlait naturellement d'un besoin collectif, consistait à réconforter son prochain avec espoir et optimisme en diffusant des informations édifiantes chargées de renforcer la volonté de survivre des prisonniers les plus affaiblis. Beaucoup d'anciens prisonniers se souviennent du rôle énorme de chaque bonne nouvelle, aussi invraisemblable ou même clairement fausse fût-elle. Les rapports souvent exagérés à propos des défaites allemandes sur les différents fronts, les rumeurs sur les difficultés croissantes dans tout le Reich, ainsi que le bruit d'une fin imminente de la guerre et de la libération remontaient le moral des prisonniers. Même si ces nouvelles défiaient la logique, elles inspiraient suffisamment de rêves et d'images de cette défaite tant attendue de l'Allemagne que, quelques instants durant, elles redonnaient l'envie de continuer à lutter pour survivre.

Nous ne pensions pas encore vraiment à la lutte armée à cette époque [fin 1940 et début 1941]. Prévenir les nouveaux arrivants des dangers imminents, les informer des conditions de vie, des possibilités de ne pas sombrer, et les réconforter – voilà ce que je pensais que nous pouvions faire. Je me refusais à répandre dans le camp l'idée absurde que la guerre serait bientôt finie, mais au contraire j'essayais d'armer les autres de patience et de persévérance[11].

Les plus forts et les plus résistants avaient le devoir de remonter le moral des centaines de prisonniers les plus faibles dans le camp

9. Paulette Sarcey (46650), *Paula. Survivre obstinément*, Paris, Tallandier, 2015, p. 75.
10. H. Langbein (60355), *Hommes et femmes à Auschwitz*, *op. cit.*, p. 241.
11. K. Rawicz (9319), Témoignages, vol. XXVII, p. 36.

[de Fürstengrube]. Les nouvelles des succès de la ligne de front apaisaient et rassérénaient les prisonniers les plus fragiles*[12].

Afin de remonter le moral de ces personnes, nous avons délibérément mis en circulation plusieurs nouvelles réconfortantes sur les défaites au front, en mer et dans les airs, sur les succès des Alliés, etc., des coups portés par nos partisans, que ce serait bientôt la fin, parce que le pays était si appauvri et les bombardements si terribles que le régime et l'économie s'effondraient, etc. Cela donnait envie de vivre, on voyait les visages émaciés sourire de joie – je vais survivre, bon sang[13] *!*

Le sabotage fut un autre acte de résistance, tout aussi peu coordonné. De nombreux prisonniers travaillaient dans des usines allemandes situées autour du camp. La plupart d'entre elles jouaient un rôle important dans l'industrie de guerre du Troisième Reich. Cela faisait partie de la routine quotidienne que de travailler plus lentement ou de fabriquer délibérément des produits défectueux.

Tous les prisonniers avaient généralement compris que chaque acte de sabotage, aussi petit soit-il, insignifiant et minime en apparence, hâtait la fin de la guerre[14].

Nous avons enlevé toutes les épingles et les autres objets des cheveux des femmes, nous les avons brossés avec nos mains et les avons chargés dans des sacs, qui devaient ensuite être expédiés. Nous avons chargé 1 500 kg à la gare d'Oświęcim. Je ne me souviens pas de la destination. Pour nous punir d'avoir mal trié les cheveux, nous avons été fouettés. En contrepartie, nous avons volontairement retardé le prochain envoi[15].

Une des formes supérieures de sabotage consistait à aider d'autres prisonniers. Elle était plus importante parce que les

12. Edward Matyszewski (matricule inconnu), *Témoignages*, vol. LXXIX, p. 143.
13. R. Taul (1108), *Publications*, vol. LXII, p. 36.
14. T. Kopyt (2152), *Témoignages*, vol. XVI, p. 35
15. Karol Bienas (1254), *Témoignages*, vol. XXI, p. 79.

difficultés des codétenus n'étaient généralement pas prioritaires au regard des problèmes très spécifiques et dramatiques que chacun vivait. Rares étaient ceux qui se préoccupaient de la population générale des prisonniers dans le camp. Ce qui comptait, c'était les connaissances et les amis les plus proches. La citation suivante nous vient d'un musicien de l'orchestre du camp dont les premiers mots, « Il me semblait », sont très significatifs. Ils signifient que l'action n'a pas été planifiée, organisée ou supervisée, mais qu'il s'agit d'une décision autonome et consciente prise par des dizaines de personnes qui ont tacitement décidé de soulager des prisonniers éreintés par une journée entière de travail forcé.

Il me semblait que nous jouions les marches du soir à un rythme plus lent pour l'accorder au pas de ceux qui rentraient[16].

Une action plus organisée nécessitait des conditions complètement différentes. Avant tout, elle exigeait des personnes fiables et motivées dans les meilleurs Kommandos, afin de ne pas s'épuiser à la tâche et de disposer d'un réseau de contacts et de canaux d'informations. Il est évident que cette forme de résistance structurée ne représentait qu'un tout petit groupe de personnes informées et engagées. Ces groupes pouvaient se former chez les anciens militaires, les membres d'associations de tir ou de sport. Des divergences idéologiques aboutirent parfois à la formation d'organisations parallèles qui ne se faisaient pas suffisamment confiance.

La résistance à l'intérieur et à l'extérieur du camp depuis l'arrivée de J. Cyrankiewicz s'est transformée en véritable mouvement organisé[17].

À cette époque, la tâche principale était d'établir l'organisation militaire afin que chacun garde le moral. Les objectifs pratiques

16. S. Laks (49543), *Mélodies d'Auschwitz*, *op. cit.*, p. 53-54.
17. Kazimierz Hałoń (20687), Témoignages, vol. XIV, p. 27.

étaient les suivants : avoir plus de nourriture, des vêtements supplémentaires, informer le monde et obtenir des nouvelles de l'extérieur ainsi que, objectif ultime, préparer nos unités à prendre le contrôle du camp quand viendrait l'ordre de parachuter des armes ou même des soldats[18].

En avril 1941, j'ai essayé de savoir quels groupes existaient et opéraient dans le camp. J'ai constaté qu'à cette époque, le groupe de Tomek[19] *comptait environ quatre cents membres, et le groupe PPS, commandé par le prisonnier Dubois, environ cent vingt. À ce moment-là, le colonel Stawarz commençait à former un groupe*[20].

Au cours de la seconde période d'existence du camp, un autre obstacle sérieux vint entraver la coopération entre les différents groupes de résistance : la diversité des langues. Cette barrière linguistique avait pour conséquence la formation de groupes autour de personnes qui parlaient la même langue et ne pouvaient agir que dans celle-ci. D'anciens prisonniers mentionnent dans leurs témoignages leur engagement dans la résistance clandestine. Ils décrivent les actions et les messages secrets, mais il est beaucoup plus difficile de lire en filigrane ce qui les motivait, bien que l'on puisse déduire qu'ils étaient habités par des raisons idéologiques, patriotiques et humanitaires, un désir de vengeance ou encore une aversion pour la passivité.

J'avais alors deux raisons de vivre : premièrement, travailler avec le mouvement de résistance et l'aider aussi longtemps que je pourrais tenir sur mes deux jambes ; deuxièmement, rêver et prier pour le jour où je pourrais être libre et dire au monde : « Voici ce que j'ai vu de mes yeux. Il ne faut plus jamais que cela se reproduise[21] *! »*

---

18. W. Pilecki (4859), *Le Rapport Pilecki, déporté volontaire à Auschwitz*, *op. cit.*, p. 44.
19. Il s'agit de l'Union des organisations armées créée par Witold Pilecki (connu dans le camp sous le nom de Tomasz Serafiński).
20. K. Rawicz (9319), Témoignages, vol. XXVII, p. 36.
21. O. Lengyel (25403), *Five Chimneys. The Story of Auschwitz*, Academy Chicago Publishers, Chicago, 2011 [3e éd.], p. 76.

La vengeance était, chez les prisonniers Juifs, un mobile important pour résister, eux dont la famille la plus proche et la plus éloignée avait été assassinée peu après leur arrivée. Cela donnait lieu à des discussions sur les restrictions à la vengeance du point de vue de la morale religieuse. Les citations qui suivent datent de l'été 1944 : la première fait partie d'une discussion entre jeunes garçons Juifs, la seconde d'une conversation dans une baraque de femmes.

> *« La vengeance n'est pas une tradition Juive », continue-t-il. « Nous laissons à Dieu les représailles. "La vengeance est à moi", c'est un privilège qui Lui est réservé*[22]*. »*

> *— Qui leur fera payer pour ce qu'ils font, chuchote Martha. Existe-t-il une vengeance ?*
> *— Les Juifs ne savent pas haïr. La loi ancienne : œil pour œil, dent pour dent n'est pas dans l'esprit des Juifs de nos jours. Des centaines d'années dans le monde chrétien ont plus agi sur les Juifs que sur leurs bourreaux chrétiens.*
> *— Dis-moi, Martha, pourrais-tu tuer un homme de tes propres mains ?*
> *— Je serais probablement capable de tuer Kristan, Kirchner ou Boger*[23]*.*

Il y avait deux types d'organisations clandestines à Auschwitz. D'un côté, une organisation militaire, aujourd'hui souvent associée à Witold Pilecki, qui avait pour objectif de préparer un soulèvement armé et les combats en cas de tentative de libération des prisonniers depuis l'extérieur. De l'autre, une organisation civile qui s'était donné pour mission d'aider les prisonniers en occupant des positions stratégiques dans le camp et en organisant la contrebande de marchandises, en particulier des médicaments, depuis l'extérieur du camp. Toutes les organisations polonaises essayaient de maintenir un contact permanent avec

22. M. Weintraub (matricule inconnu), *The Arrival*, *op. cit.*, p. 173.
23. R. Kagan (7984), *Des femmes au bureau de l'enfer*, *op. cit.*, p. 245-246.

l'État secret polonais et envoyaient régulièrement des messages et des rapports sur les événements survenus à l'intérieur du camp.

À l'automne 1942, de retour de la compagnie disciplinaire de Budy, je me suis adressée à une codétenue de mon transport, Monika Galica, en lui proposant de dresser une liste de toutes les femmes polonaises mortes dans le camp annexe. Galica a accepté l'idée avec beaucoup d'enthousiasme et, travaillant à l'hôpital où elle avait accès au registre des décès, elle a, à partir de ce moment-là, dressé régulièrement des listes de femmes polonaises décédées qu'elle remettait ensuite pour qu'elles soient conservées en lieu sûr. Cette action a duré près de deux ans[24].

Une fois, plus de quatre-vingts Juifs hollandais devaient être exterminés par injection. Kłodziński m'a demandé [en tant que Schreiber* *de l'hôpital], de fournir une liste de tous leurs noms et numéros, dans la mesure du possible, pour les besoins de l'organisation du camp. Ce jour-là, j'ai choisi l'infirmier Momont pour recevoir toutes les blouses dans le* Waschraum, *et personne ne l'a remarqué parce qu'il n'y avait qu'un seul infirmier dans le* Waschraum. *Je lui ai dit de noter leurs numéros sur une feuille de papier, ce qui n'était pas difficile car les Juifs portaient leur numéro sur la poitrine, ainsi que de demander et d'inscrire rapidement leurs noms au fur et à mesure qu'il les entendait, sans se soucier des fautes d'orthographe. L'opération réussit sans que personne ne s'aperçoive de rien. Momont ne savait même pas pourquoi il devait faire cette liste. J'ai donné la liste des Juifs morts à Kłodziński qui, avec Cyrankiewicz, l'a recopiée en une nuit sur du papier de soie. Une fois le papier de soie placé dans un emballage de caramel, le bonbon ainsi préparé fut confié à Józef Dyntar, l'*Unterkapo *de la serrurerie qui nous rendait souvent visite. Le lendemain, pendant la pause déjeuner, alors qu'il travaillait à l'atelier de serrurerie, Józef Dyntar le transmit à un travailleur civil de toute confiance. Grâce à « Magda » Kieres, ce « bonbon » parvint à l'organisation de Cracovie et la liste des noms et des numéros de tous les Juifs hollandais assassinés fut diffusée par la radio anglaise. Quelques jours plus tard, les SS entamaient une enquête dans le camp, mais ils ne réussirent pas à nous retrouver puisque les listes*

24. A. Piątkowska (6805), Témoignages, vol. XIIa, p. 227.

de prisonniers sélectionnés pour être tués étaient toujours entre les mains du S.D.G[25]*.*

Obtenir des informations sur le monde extérieur, en particulier sur l'évolution des fronts, constituait aussi une manière de résister. Les nouvelles sur le début du refoulement des Allemands par les forces armées alliées remontèrent particulièrement le moral des prisonniers et leur permirent de croire et de rêver à la libération du camp.

Woźniakowski a ensuite travaillé à la cantine des SS. C'est là, au sous-sol, que les SS disposaient d'une radio que les prisonniers utilisaient souvent en cachette. J'ai rassemblé des informations que j'ai transmises plus tard à Adam Kuryłowicz. J'ai transmis ces nouvelles oralement, et elles ont été utilisées plus tard par le Mouvement de résistance du camp[26]*.*

Les prisonniers du camp [de Jaworzno] lisaient également la presse officielle nazie, par exemple le Völkischer Beobachter[27].

Outre la documentation des crimes et le maintien de contacts avec les mouvements clandestins hors du camp, la résistance essayait d'éliminer les mouchards, d'influencer certains *Funktionshäftlinge* et de fournir aux prisonniers-médecins des médicaments – et dans la mesure de leurs modestes possibilités, de lutter contre la faim. Ils avaient recours à différentes méthodes pour s'approvisionner et récupérer de la nourriture qui n'était pas destinée aux prisonniers.

Les prisonniers employés dans la cuisine des SS, dans la salle des pommes de terre ou comme serveurs ont joué un rôle très important dans l'opération visant à aider les détenus affamés, hommes et femmes. Les déchets alimentaires de la cuisine des SS étaient généralement envoyés dans les porcheries et la basse-cour (Harmęże), etc. Souvent,

25. Stanisław Głowa (20017), Témoignages, vol. XXXVI, p. 6.
26. Władysław Glapa (26587), Témoignages, vol. XVII, p. 6.
27. Włodzisław Śmigielski (6916), Témoignages, vol. IV, p. 582.

avec ces déchets alimentaires, il était possible d'obtenir de la nourriture crue, de la soupe, etc. Il était presque de règle que les détenus de ces brigades de travail mangent la nourriture disponible sur leur lieu de travail et donnent leur nourriture à tel ou tel camarade[28]*. Certains, coopérant avec le mouvement de résistance, étaient chargés de nourrir des camarades spécifiques.*

Cependant, lorsqu'il s'agit d'engager la lutte et d'entrer en résistance, l'idée principale, pour beaucoup, fut de s'évader[29]. La tentation était grande, bien que l'entreprise fût extrêmement dangereuse et difficile à organiser. Outre le contrôle qu'exerçaient les gardiens et le risque, en cas d'arrestation, de subir des interrogatoires brutaux voire de mourir, il existait deux barrières redoutables que tous les candidats à l'évasion ne pouvaient espérer surmonter. La première était le manque de force, la plupart des prisonniers étant incapables de s'éloigner rapidement de la zone la plus dangereuse.

L'idée de fuir ne venait à personne. Il faut être fort pour vouloir s'évader. Il faut savoir compter sur tous ses muscles et sur tous ses sens. Personne ne songeait à fuir[30]*.*

La deuxième barrière était la langue. Une fois hors du camp, il fallait trouver un endroit où se cacher, attendre que passent les équipes de recherche allemandes, vaincre la faim, reprendre des forces et une forme humaine, enfin se procurer de faux papiers, des vêtements appropriés et se préparer au voyage vers la destination souhaitée. Sans l'aide de la population civile, il n'était pas réaliste de réussir tout cela, ce qui impliquait de parler le polonais. Pour ceux qui voulaient traverser les montagnes du sud, la connaissance du tchèque ou du slovaque était indispensable.

---

28. W. Glapa (26587), Témoignages, vol. XVII, p. 8.
29. Sur les évasions du camp, voir Henryk Świebocki, « Escapes from the Camp », in *Auschwitz 1940-1945, Central Issues*, *op. cit.*, vol. IV, p. 191-235.
30. C. Delbo (31661), *Auschwitz et après*, *op. cit.*, t. I, p. 44.

Les prisonniers Juifs et ceux qui ne parlaient pas le polonais semblaient avoir moins de chances de succès, car ils étaient moins soutenus par la population polonaise environnante[31].

Peut-être que les Polonais chrétiens qui pouvaient s'échapper d'ici et se cacher ont pensé à de telles choses, et on raconte qu'il y en a eu, mais d'après mon expérience, ils étaient très peu nombreux. Et je dis que les Juifs grecs, peut-être les Juifs d'autres pays, qui ne connaissaient pas la langue, n'ont pas pu se cacher. Et nous ne parlions même pas le yiddish – il n'était pas possible de penser, ne serait-ce qu'un instant, que l'on allait sortir d'ici, que l'on allait se cacher, que l'on allait s'enfuir ou se rebeller[32].

Dans le camp, à leur tour, des règles répressives furent mises en place pour empêcher les évasions. Elles visaient à abattre, affamer ou pendre des prisonniers choisis de manière aléatoire – généralement dix – pour chaque évadé, ou bien – si leurs adresses étaient connues grâce aux colis et aux lettres envoyés au camp – à tuer des membres de la famille du coupable. Ces méthodes furent très efficaces pour dissuader de nombreux prisonniers de tenter de fuir, du moins jusqu'à l'arrivée de l'Armée rouge dans les territoires où vivaient leurs familles.

On peut admirer la détermination et le courage de l'évadé, mais on ne peut pas oublier la règle de la responsabilité collective appliquée par les Allemands. L'évadé était généralement un prisonnier peu connu qui avait préparé pour tous les autres une surprise au goût amer, face à laquelle nous étions impuissants, pleins de ressentiment, hostiles et furieux. Qu'adviendra-t-il de ceux qui sont restés dans le camp ? Quel sera leur sort ? Comment survivre à ce rouleau compresseur meurtrier, combien de temps cela va-t-il durer ? Combien d'entre eux tomberont raides morts, parce qu'ils manquaient de force,

31. P. Ornstein (174440), [*Surviving Auschwitz and a Death March*], doc. cité, p. 15.
32. M. Ha-Elion (114923), *The Straits of Hell*, *op. cit.*, p. 44.

et combien seront choisis comme « équivalent » de celui qui s'est échappé[33] *?*

Comme les Allemands n'ont pas réussi à rattraper l'évadé, ils ont arrêté sa famille, c'est-à-dire son frère et sa mère, une vieille dame, et lors de l'appel du soir, devant tous les prisonniers réunis, ils ont été pendus. Cela devait être un avertissement pour les prisonniers restants et, en effet, de nombreux prisonniers renoncèrent à leurs projets d'évasion, ne souhaitant pas mettre en danger la vie de leurs proches[34].

C'est moralement difficile à comprendre. Je dois dire que celui qui avait décidé de s'échapper et savait quelles seraient les conséquences, agissait de manière irresponsable. C'est ce que j'ai pensé après la condamnation des parents et de ceux qui ont été déportés au camp à sa place. Je ne peux pas en juger autrement parce que ma vie ne peut pas avoir plus de valeur que celle de mes parents ou de mes proches[35].

De nos jours, on juge les évasions du camp le plus souvent en termes résolument positifs, on les qualifie presque d'actes héroïques. Pourtant, dans le camp, on les jugeait plus sévèrement, en raison surtout de l'ambiguïté morale qu'ils sous-tendaient. Chaque évasion était vue par la communauté des prisonniers avec un mélange d'envie et de malédiction, car elle soumettait les prisonniers du block ou du Kommando concerné à des représailles imprévisibles, mais toujours très lourdes.

J'ai eu à plusieurs reprises l'occasion de m'échapper, mais je n'y ai pas pensé parce que j'étais conscient de la responsabilité collective qui pesait sur mes épaules[36].

Nous avons décidé d'une chose : nous ne nous échapperions pas du camp avant que Jaroslav ne tombe aux mains des Soviétiques.

33. M. Firkowski (13182), *Przez trzy kacety*, *op. cit.*, p. 43.
34. S. Kobylański (575), Publications, vol. II, p. 268.
35. M. Ziółkowski (1055), *Byłem od początku w Auschwitz*, *op. cit.*, p. 89.
36. T. Chróścicki (16665), Témoignages, vol. X, p. 3.

Nous avions la garantie que personne ne serait responsable de notre évasion[37].

En 1944, après l'occupation par l'armée soviétique des territoires situés sur la rive droite de la Vistule, je n'avais plus à craindre la possibilité de répressions contre ma famille, c'est pourquoi les idées d'évasion sont devenues réalistes[38].

Personne n'a encore fait le bilan des gains et des pertes des évasions héroïques du camp, mais on peut prédire que le solde serait sans doute négatif[39].

J'ai eu l'occasion de discuter avec Kazimierz Piechowski de son évasion audacieuse dans une voiture de la Kommandantur, déguisé en officier SS. Chaque fois, je me rappelais ce que j'admirais le plus dans cet exploit remarquable. Non pas l'inventivité ou la bravade, sur lesquelles des légendes ont rapidement circulé dans tout le réseau des camps de concentration du Reich, mais le fait qu'en créant un Kommando fictif, lui et ses collègues cherchèrent sciemment à protéger leurs compagnons d'infortune d'une sélection pour le block 11 où ils seraient morts de faim. C'est ce qui m'a le plus impressionné dans l'évasion de Piechowski[40].

Cette évasion eut lieu en juin 1942, c'est-à-dire à une époque où les évasions étaient punies par la mort de dix ou vingt prisonniers. Ces quatre-là avaient organisé leur évasion de manière que les SS n'aient aucun moyen d'appliquer cette sanction. Le Kommando d'où ils s'évadèrent n'existait pas. Ils ne s'évadèrent pas non plus d'un block[41].

Quatre prisonniers s'étaient évadés de l'entrepôt principal du camp. Ils avaient revêtu des uniformes SS et utilisé une de

37. W. Kielar (290), Publications, vol. IX, p. 80.
38. Jan Prejzner (14046), Témoignages, vol. XIIa, p. 174.
39. M. Firkowski (13182), *Przez trzy kacety*, *op. cit.*, p. 47.
40. Edward Ciesielski, Witold Pilecki et Jan Redzej ont porté une attention particulière à cette évasion.
41. M. Ziółkowski (1055), *Byłem od początku w Auschwitz*, *op. cit.*, p. 88.

leurs voitures pour s'enfuir. C'était absolument incroyable. Les Allemands étaient furieux. J'étais ravi que les prisonniers qui s'étaient échappés soient polonais. Après l'appel du soir, l'évasion a fait l'objet de discussions passionnées dans les cercles fermés dans tout le camp. L'incident avait remonté le moral de nombre d'entre eux et les avait renforcés dans leur conviction qu'il était possible de quitter le camp par d'autres issues que la cheminée du crématoire[42].

La préparation d'une évasion exigeait un secret total et une détermination sans faille. Il fallait mettre au point une méthode différente de celles déjà découvertes par les SS et aussi, parfois, encourir de grands risques en se faisant transférer dans un Kommando de travaux forcés, en travaillant plus loin du camp, ou en passant du *Stammlager* Auschwitz I, relativement bien organisé, à Birkenau ou à un autre camp annexe.

Il était presque impossible de parler évasion avec qui que ce soit. Dans les conversations le mot même était évité comme une grossièreté, car les nazis qui n'étaient pas des naïfs avaient leurs mouchards infiltrés partout[43].

Les plans d'évasion ont changé parce qu'il est devenu possible d'être transféré à Birkenau où les conditions étaient meilleures pour mener à bien nos projets[44].

Dans la perspective d'une évasion les prisonniers cherchaient des vêtements civils, de meilleures chaussures, de l'argent et des objets fondamentaux comme des allumettes et un couteau. L'argent et les vêtements ainsi que les objets de première nécessité étaient achetés au « Kanada » et rassemblés dans des cachettes spéciales jusqu'à ce que l'occasion de s'évader se présente.

42. T. Sobolewicz (23053), *But I Survived, op. cit.*, p. 133.
43. R. Vrba (44070), *Je me suis évadé d'Auschwitz, op. cit.*, p. 289.
44. J. Tabeau (27273), Témoignages, vol. IX, p. 1255.

*Lorsque je travaillais à l'*Effektenkammer, *je fournissais aux prisonniers de confiance des vêtements civils qui étaient ensuite utilisés pour les évasions*[45].

Cependant, peu de gens se rendaient compte du danger que représentaient toutes les rencontres non arrangées avec la population locale à la frontière de la Galicie et de la Silésie. On ne pouvait jamais être certain de ne pas tomber sur un Allemand ou sur une famille *Volksdeutsch*. Compte tenu des évasions des autres prisonniers, le conseil donné en 1944 par Dimitri Volkov, capitaine de l'Armée rouge, à Rudolf Vrba alors qu'il préparait sa célèbre évasion, est particulièrement intéressant.

Et maintenant, je vais te donner quelques conseils car je sais que tu n'es pas du genre à aller finir aux chambres à gaz. Tu es comme moi. Tu t'évaderas ou tu mourras en combattant. Leçon n° 1 : ne fais confiance à personne. Par exemple, ne me dis pas quand ni comment tu vas t'évader. J'ai aussi mes plans mais je ne t'en dirai rien. Dès que l'on signalera ton évasion, ils viendront me trouver, ils t'ont vu me donner du pain. Et qui sait, sous la torture je pourrais parler. Je ne le crois pas, mais c'est une possibilité avec laquelle il faut compter, personne ne sait exactement ce qu'il est capable de supporter. Leçon n° 2 : n'aie pas peur des Allemands. Il y en a beaucoup mais chacun pris à part est tout petit. Ici, à Auschwitz, ils essaient de te briser, corps et âme. Ils essaient de te convaincre qu'ils sont des surhommes invincibles, mais je sais moi qu'ils peuvent mourir aussi vite que n'importe qui, j'en ai tué suffisamment en mon temps pour le savoir. Leçon n° 3 : une fois dehors, ne fais pas confiance à tes jambes, une balle courra toujours plus vite que toi. Ne leur donne pas l'occasion de tirer. Sois invisible. Ne te déplace jamais le jour, c'est le moment de te reposer. Et assure-toi d'avoir trouvé un endroit avant qu'il ne fasse jour, pour dormir à l'abri des regards. Leçon n° 4 : n'emporte pas d'argent. Je sais que tu peux en avoir autant que tu veux au Sonderkommando, *n'y touche à aucun prix. Si tu es affamé, tu seras tenté d'acheter à manger. Si tu n'as pas d'argent, tu ne peux pas. Vis de l'habitant, vole dans les champs et dans les fermes les*

45. R. Taul (1108), Account in *ibid.*, p. 1271.

plus isolées et évite les gens. Leçon n° 5 : voyage avec trois fois rien. Tu auras besoin d'un couteau et d'une lame de rasoir. Le couteau pour chasser ou pour te défendre. La lame de rasoir si jamais on est sur le point de te reprendre, ne les laisse pas te prendre vivant. Tu auras besoin d'allumettes pour faire cuire ce que tu auras volé. Tu auras besoin de sel parce qu'avec du sel et des patates, tu peux tenir des mois. Tu auras besoin d'une montre pour calculer tes étapes, t'assurer de ne pas être surpris par le lever du jour, Enfin elle peut te servir de boussole[46].

Se préparer à une évasion signifiait aussi choisir un moyen pour se suicider. Aucun des évadés ne souhaitait mourir – cela était plus à leur portée dans le camp qu'à l'extérieur. Cependant, les évadés, en cas de reprise, s'attendaient à des interrogatoires très brutaux de la part de la Gestapo, pour leur soutirer nombre de détails concernant les préparatifs de l'évasion et les codétenus impliqués. Nul ne pouvait être sûr de sa résistance face aux cruelles méthodes de la Gestapo. Après ces tortures, l'évadé capturé pouvait s'attendre à être pendu publiquement ou assassiné dans le block 11. Dans le meilleur des cas, il était contraint d'intégrer la compagnie disciplinaire d'où, le plus souvent, personne ne revenait.

Nous nous sommes échappés quelques semaines après l'échec de Świerczyna, Duzel et Piąty. Nous avions également du poison, « organisé » [par la femme de l'évadé] grâce au médecin de Katowice, le Dr Kuna. Il s'agissait de cyanure de potassium. Pour m'assurer de son efficacité, j'en ai donné un peu à ma souris Baśka, que j'avais élevée et entraînée pendant des mois. Je regrette d'avoir fait ça à Baśka, mais c'était une question de vie ou de mort. Le poison a parfaitement tenu ses promesses[47].

Au printemps 1943, Jarzębowski m'a dit « qu'il avait des problèmes ». Je savais qu'il avait l'intention de s'échapper du camp et c'est effectivement ce qui s'est passé. Après avoir été capturé et

46. R. Vrba (44070), *Je me suis évadé d'Auschwitz*, *op. cit.*, p. 224-225.
47. Stanisław Pawliczek (1085), Témoignages, vol. IV, p. 516-517.

ramené au camp, j'ai fait envoyer des lames de rasoir dans le bunker du block 11[48].

La perspective de s'enfuir était motivante ; l'image de la liberté était séduisante, mais en même temps, le risque et les conséquences d'une arrestation en dissuadèrent plus d'un. L'évasion était attrayante, mais hors du camp, il y avait encore une vaste zone contrôlée par les Allemands. Fuir n'était pas synonyme de liberté totale – mais cela améliorait nettement les chances de survivre à la guerre. Les prisonniers expérimentés confiaient souvent au futur évadé une mission : « raconter au monde ». C'était peut-être le seul objectif qui pouvait justifier les risques encourus par ceux qui fuyaient, et par ceux qui restaient.

> *Enfin, nous étions le 21 juillet 1944, jour de notre évasion. Si je me souviens bien, je n'avais pas pu rencontrer Jurek [Bielecki] depuis un certain temps à l'endroit où nous avions travaillé auparavant. Mais je savais qu'il viendrait me chercher. D'un autre côté, tant de temps passé à Auschwitz, je savais quelles seraient les conséquences si l'évasion échouait. J'étais brisé, je voulais laisser tomber. J'en ai été empêchée par ma chère amie Sonia Rotschild qui m'a expliqué, désespérée, que je ne devais pas renoncer. Elle m'a dit : « Peut-être ne vivras-tu en liberté que pendant une semaine ou deux. Peut-être qu'ils t'attraperont, c'est dur ! Mais il faut dire au monde ce qui se passe. Que les gens sachent. Que le monde entier sache ce qu'ils font aux gens d'ici*[49]. »

La volonté d'évasion des prisonniers devait être soutenue par une immense détermination pour l'emporter sur l'estimation du risque qu'ils encouraient et sur le prix à payer par leurs codétenus ou leurs familles. Particulièrement dramatiques furent les situations où, en dépit d'une énorme détermination, malgré les plans méticuleux, au tout dernier moment, au seuil

48. R. Taul (1108), Témoignages, vol. IX, p. 1269.
49. Cyla Zacharowicz (29558), Témoignages, vol. CIV, p. 105.

de la liberté, pour une raison ou pour une autre, l'évasion dut être annulée.

> *[Après l'échec de l'évasion,] je suis retourné à l'hôpital SS, sans rien comprendre. Je me suis assis sur les escaliers menant au grenier et j'ai fondu en larmes en pensant à la chance de fuir qui s'était échappée. J'étais dans cet état lorsque mon collègue Szewczyk m'a trouvé et m'a rappelé que j'avais encore un revolver caché. Il a pris le revolver et l'a caché quelque part dans le grenier de l'hôpital SS, puis il m'a apporté de l'alcool modifié, qu'il m'a dit de boire. Cela m'a aidé à me ressaisir et j'ai repris le travail*[50].

Une révolte armée collective, la seule de l'histoire d'Auschwitz, eut lieu le 7 octobre 1944. Elle fut initiée par certains prisonniers du *Sonderkommando.* C'est l'un des trois soulèvements armés des camps de concentration, ou plutôt des centres de mise à mort, car il n'y a pas eu d'événements comparables dans les camps de concentration *stricto sensu.* Les trois révoltes, Treblinka (2 août 1943), Sobibor (14 octobre 1943) et la révolte du *Sonderkommando* de Birkenau (7 octobre 1944), ont une caractéristique commune. Elles se produisirent toutes lorsque le nombre de transports se réduisit et tandis que les prisonniers employés aux massacres de masse étaient de plus en plus convaincus qu'en tant que témoins oculaires des crimes commis, en tant que « porteurs de secrets » *(Geheimnisträger)*, ils seraient tués. Telle était l'atmosphère d'anticipation du grand « nettoyage », avant l'arrivée de l'Armée rouge, qui régnait sur Birkenau au cours de la seconde moitié de 1944. Cela eut pour conséquence une augmentation du nombre d'évasions et la préparation d'une révolte par les détenus du *Sonderkommando.*

> *En 1944, une sorte de psychose des évasions se ressentait à Auschwitz, et surtout à Birkenau. De nombreux prisonniers s'évadaient, profitant des moments opportuns. Bien entendu, les raisons de ces évasions étaient diverses.*

---

50. E. Pyś (379), Témoignages, vol. XII, p. 57-58.

Néanmoins, il semble qu'un certain pourcentage de prisonniers ait succombé au complexe de « l'impossibilité de s'évader ». Par ailleurs, les défaites nazies et l'approche du front faisaient craindre aux autres les mesures que les autorités allemandes décideraient de prendre. Ceux qui n'avaient pas succombé à la psychose de la faiblesse étaient plus enclins à fuir et s'échappaient coûte que coûte[51].

La situation du *Sonderkommando*, selon les témoins, était diamétralement opposée à celle du Kommando du « Kanada » ou à celle des prisonniers qui travaillaient sur la rampe. Tout le monde à Birkenau était clairement au courant de ce qui se passait dans les « usines » de briques à l'extrémité du camp. Le simple fait que, dès le début de l'année 1944, des dizaines de milliers de prisonniers, eux aussi témoins à divers titres de l'extermination massive, avaient été transportés dans d'autres camps à l'intérieur de l'Allemagne indique qu'à l'époque, la dissimulation de leurs crimes n'était pas une priorité pour les SS. Néanmoins, les trois précédents meurtres de masse de prisonniers du *Sonderkommando* avaient fait naître chez les membres restants l'intime conviction qu'en cas d'effacement des traces, ils seraient les premiers à être assassinés.

Nous pensions que les Allemands voudraient à tout prix effacer les traces de leurs crimes. Ils n'y parviendraient qu'en tuant tout notre Kommando, sans en laisser un seul en vie… Par conséquent, nous ne voyions aucune chance pour nous dans le front qui s'approchait[52].

Notre situation semblait dangereuse et menaçante. Nous avons donc décidé de ne plus attendre plus longtemps. De plus, nous n'avions plus d'autre choix[53].

51. Henryk Dzięgielewski (121412), Témoignages, vol. XVII, p. 30.
52. Załmen Lewental (matricule inconnu), in *Amidst a Nightmare of Crime*, *op. cit.*, p. 154-155.
53. Szlama Dragon (83359), entretien in Greif, *We Wept Without Tears*, *op. cit.*, p. 169.

Il est bien plus difficile de souligner la résistance de ceux qui furent envoyés directement pour mourir dans les chambres à gaz. Mais dans le camp, on apprit que, dans un acte de désespoir, une femme avait tué un SS. Cela se passa dans la salle de déshabillage, quasiment au seuil de la chambre à gaz. Il y eut au moins quelques autres actes de résistance similaires. Avec le temps, les Juifs apprirent quel était le but véritable de Birkenau. Cependant, comme les personnes sélectionnées pour la chambre à gaz n'avaient aucun moyen de consigner leurs derniers instants, il ne nous reste que les conjectures et les suppositions d'anciens prisonniers, observateurs extérieurs.

> *Les gens, cependant, ne sont pas toujours allés à la mort sans faire preuve de résistance. Les Juifs de l'Ouest ne se doutaient de rien, ceux de Hongrie savaient peut-être quelque chose, mais pas dans le détail. Les Juifs polonais, en revanche, étaient toujours bien informés et plus d'une fois, des cas de tentatives de résistance ont été racontés*[54].

Les signes de résistance sont beaucoup plus fréquents dans les gestes et les comportements quotidiens des prisonniers, qui tentaient ainsi de garder leur dignité. C'était l'expression d'une victoire intérieure, personnelle, pour montrer aux SS que, malgré tous leurs efforts et toutes les apparences, le processus de déshumanisation avait été un échec. Le prix à payer était bien souvent un passage à tabac effroyable ou même la mise à mort. Ces moments figurent en bonne place dans les récits des prisonniers, la victoire face à l'humiliation et à l'intimidation, qu'il s'agisse de leur propre expérience ou de ce qu'ils ont observé. Ce type de résistance, ce type de lutte constituant une victoire morale non seulement sur le persécuteur, mais aussi sur soi-même, sur ses propres peurs, sa faim, ses faiblesses et ses humiliations, est l'expression la plus fréquente de la résistance individuelle à la cruauté et à l'injustice du camp.

---

54. E. Fajkosz (37629), *Byłem numerem 37629*, *op. cit.*, p. 155.

Je me souviens de la figure d'un agent de la Gestapo frappé par ma réponse méprisante à sa proposition de me sauver la vie au prix d'une lâcheté. J'ai encore devant moi l'image d'une SS Frau gênée qui contrôlait d'un regard avide un colis de ma camarade Aline, tandis que celle-ci en remettait le contenu à une autre de nos compagnes. Je vois les yeux baissés du commandant du camp lorsque, au cours d'une revue de santé passée au camp des femmes, une jeune fille s'arrêta devant lui tout rouge de honte et de colère. Je n'oublierai jamais les démarches pleines d'humilité d'un S.S. qui cherchait à passer pour un homme généreux auprès des détenus. Je me rappelle la colère impuissante d'un de nos chefs qui, ayant oublié en guise de représailles une détenue à porter plusieurs pelles lourdes, aperçut soudain d'autres détenues entourer la malheureuse et lui enlever toutes les pelles en la laissant les mains libres. Je me souviens également de la rage d'une SS Frau qui, voulant humilier une jeune détenue, lui a enfoncé un vase de nuit sur la tête, tandis que celle-ci, au lieu de pleurer, lui a ri au nez. Jamais ne s'effacera de ma mémoire la misérable figure d'un SS qui avait battu un prisonnier devant les femmes pour le forcer à crier de douleur, quand ce dernier, bien qu'ensanglanté et tout couvert de la boue dans laquelle on l'avait poussé, se fut levé en regardant droit et avec force devant lui. Le bourreau, sentant sa défaite, cracha derrière l'homme qui s'éloignait en chancelant... Ces actes de résistance surprenaient tellement les Allemands que souvent ils ne savaient y réagir dans leur rage impuissante qu'en laissant exploser leur colère et distribuant quelques coups à ceux qui leur tombaient sous la main[55].

Les noms de nombreux codétenus se sont estompés. Ce qui n'a pas disparu, ce sont les souvenirs de la dignité avec laquelle ils ont accepté la mort[56].

55. P. Lewińska (32292), *Vingt mois à Auschwitz*, *op. cit.*, p. 184-186.
56. C. Ostańkowicz (8232), *Isolierstation*, *op. cit.*, p. 111.

LA COMMUNICATION

En analysant les difficultés rencontrées pour structurer les mouvements de résistance, j'ai évoqué le problème de la langue. Plus largement, la question de la communication nécessiterait que je développe l'importance des différences émotionnelles et linguistiques et à quel point il était difficile pour les prisonniers de formuler leurs pensées. Le sujet comprend également la naissance de la *Lagersprache**, le jargon du camp, mosaïque de langues européennes, d'exclamations, de vulgarismes et d'invectives qui composait le bruit de fond permanent de la vie quotidienne à Auschwitz. Notons que la communication dans le camp n'était pas uniquement basée sur les mots. Peut-être même que ceux-ci n'étaient pas si importants, en particulier dans les relations avec les autorités.

> *Les kapos, en règle générale, ne parlaient pas aux* Häftlinge *ordinaires. Leur moyen de communication était leur cravache. C'était aux prisonniers de comprendre ce que voulait le kapo. Ceux qui n'avaient pas vite pigé étaient toujours maltraités*[1].

> *J'ai remarqué que dans le camp, d'abord on reçoit une correction et ensuite, si on a de la chance, une explication. Le plus souvent, aucune explication n'arrive. Tu as reçu des coups ? Garde ça pour toi, ou tu en auras davantage*[2].

---

1. A. Kajzer (matricule inconnu), *Za drutami śmierci*, *op. cit.*, p. 35.
2. Anna Heilman (48150), *Never Far Away. The Auschwitz Chronicles of Anna Heilman*, Calgary, University of Calgary Press, 2001, p. 73.

[Apprendre] comme moi à coups de pied aux fesses. En trois fois je sus le reconnaître et l'articuler en allemand, définitivement et jusqu'à aujourd'hui. La violence était le seul dictionnaire utilisé, là où tant de langues étaient parlées et où personne ne se comprenait[3].

Pourtant, à chaque fois que la communication verticale ou horizontale se faisait à travers des mots, il s'agissait d'un mélange de néologismes et d'emprunts à d'autres langues, adaptés pour décrire les réalités des camps de concentration. Un monde différent exige des concepts différents, des définitions différentes, d'autres champs sémantiques et lexicaux. Si l'expérience concentrationnaire avait duré plus longtemps, qui sait si une épistémologie des camps aurait pu se développer comme dans notre monde ? Certainement, ces germes étaient déjà formés[4].

Il est important de noter que le langage des camps de concentration était dépourvu de références culturelles et imprégné par la vulgarité.

La prison a été pour moi une école préparatoire au Lager. *J'y ai appris que ce grondement effrayant n'était pas forcément annonciateur de mauvaises nouvelles, mais rien d'autre que le « savoir-vivre » de nos geôliers. En réalité, il voulait simplement dire : sortez, donnez votre gamelle*[5]*, etc.*

Travailler lorsqu'ils ne vous frappent pas, mais se contentent de crier, est beaucoup plus supportable car vous ne perdez que vos forces, mais pas votre santé[6].

---

3. S. Alizon (31776), *L'Exercice de vivre*, *op. cit.*, p. 143.
4. Pour une analyse de la complexité de la *Lagersprache*, voir Jagoda, Kłodziński (20019) et Masłowski, *Oświęcim*, *op. cit.*, p. 26-97.
5. A. Gawalewicz (9225), *Reflections*, *op. cit.*, p. 36.
6. S. Tyblewski (9605), Publications, vol. LXVIII, p. 101.

Quant au langage du camp, il est généralement vulgaire, plein d'insultes et de malédictions. Personne n'était épargné. Les jeunes n'avaient aucun respect pour leurs aînés, ni pour les personnes ayant des titres académiques et réellement dignes de respect[7].

Un langage particulier régnait dans ce lieu, composé des termes et définitions les plus grossiers et les plus vulgaires, dépouillés de tout sentiment humain. C'était un autre monde, une autre planète, régie par des concepts et des lois différents[8].

La réalité des camps de concentration a donné naissance à un langage concentrationnaire. Premièrement, un ensemble de mots et d'expressions inconnus jusqu'alors et qui n'étaient utiles que dans le camp. Deuxièmement, elle a détruit un merveilleux héritage d'artisanat linguistique beau et harmonieux et, à la place, a sanctionné un vocabulaire de vulgarités de la pire espèce. Troisièmement, elle a provoqué une régression intellectuelle[9].

Le vocabulaire du camp y aidait aussi puissamment, l'abject argot composé d'allemand déformé, de polonais et de slovaque, débordant d'expressions ordurières et d'épithètes injurieuses. [...] Le « Scheissen » *allemand dans sa traduction polonaise littérale, conjugué de toutes les manières, était le supplément inséparable de chaque mot. Le complexe qui obligeait les fonctionnaires du camp à répéter continuellement des mots vulgaires, puants, relèverait du psychiatre. Il paraît que la médecine range de telles prédilections parmi certaines formes de névroses. S'il en est ainsi, tous les cadres d'Oswiecim à de rares expressions près étaient atteints de ces maladies.* Scheisse, Scheisse *encore et toujours* Scheisse. *Cela devenait une obsession. On l'entendait partout, elle puait partout. Et elle était d'une innocence primitive comparée à d'autres expressions qu'on n'épargnait pas non plus. C'était le début du système : cingler d'insultes la* Häftlinge, *la couvrir d'une grêle de mots ignobles pour la dépouiller de tout reste*

7. J. Lach-Kamińska (46223), Publications, vol. LXV, p. 101.
8. S. Selver-Urbach (matricule inconnu), *Through the Window of My Home*, *op. cit.*, p. 129.
9. M. Chylińska (44685), citée in Kłodziński (20019) et Masłowski, « Poniżanie godności więźniów », art. cité, p. 85.

de dignité. Ou bien l'insultée tentait une révolte et alors malheur à elle – ou bien elle se soumettait. Dans ce cas, elle s'accoutumait[10].

Notons cependant que le langage grossier répond à un double objectif : négatif et positif. L'objectif négatif était de renforcer la structure hiérarchique de la communauté des prisonniers, mais du côté positif, il s'agissait d'un substitut moins douloureux à la brutalité physique. Si un kapo criait et insultait les prisonniers, mais ne les battait pas, cela signifiait que, du point de vue des SS, le kapo avait rempli sa tâche de co-créateur de la terreur du camp, alors que du point de vue des prisonniers, le kapo s'était comporté honnêtement, miséricordieusement, presque comme un ami.

Un autre problème important est que de nombreux prisonniers se sont repliés sur eux-mêmes. En particulier au cours de la première période, lorsqu'ils ont été soumis à un choc cognitif et émotionnel, ainsi qu'au cours des dernières étapes de la transformation en *Muselmann*, le besoin et le désir de communiquer ont pratiquement disparu.

De ces jours de douleur, peu de paroles demeurent[11].

Mais il n'a pas envie de parler ; ici, personne ne parle volontiers[12].

Les gens du Lager *n'aimaient pas les discussions*[13].

On simplifiait les conversations. Les principaux sujets portaient sur la perspective d'un bon repas, et de notre devenir après la libération[14].

En effet, nous ne parlions guère et surtout pas de nos pensées secrètes. Ni les mères, ni les filles, ni les sœurs, ni les amies les plus proches

10. Z. Kossak (64491), *Du fond de l'abîme, Seigneur…*, *op. cit.*, p. 93.
11. S. Alizon (31776), *L'Exercice de vivre*, *op. cit.*, p. 194.
12. P. Levi (174517), *Si c'est un homme*, *op. cit.*, p. 37.
13. L. Millu (A-5384), *La Fumée de Birkenau*, *op. cit.*, p. 152-153.
14. Y. Feldman (35806), *35806. Mémoires de l'enfer*, *op. cit.*, p. 42.

n'échangèrent de confidences sur ces heures cruelles. Ce que nous vivions était si intense, si extraordinairement dur que nous n'avions plus la force de parler que de petits riens ou de choses étrangères aux expériences du moment. Tout était si insupportable qu'aucune d'entre nous ne commenta les événements dont nous étions les témoins. Ce silence, jamais rompu, pourrait paraître un mystère mais chaque minute requérait toutes nos forces physiques, toute notre énergie morale. Tout nous était douleur. Et en parler eût été insoutenable[15].

Outre les problèmes de communication liés à l'état mental des prisonniers, et à la brutalité et la vulgarité des messages transmis par les autorités hiérarchiques, de grandes différences linguistiques apparurent surtout dans les dernières années. Alors que, dans un premier temps, la langue officielle du camp était l'allemand et la langue utilisée par une majorité de prisonniers, le polonais, avec l'arrivée de transports de Juifs en provenance de toutes les régions de l'Europe occupée, la situation changea radicalement. Rappelons qu'à cette époque, il n'existait pas de langue universelle, comme l'anglais aujourd'hui, que les gens connaissaient plus ou moins bien. La mosaïque des langues faisait coexister des groupes distincts dans un même lieu, vivant les mêmes drames et les mêmes tragédies, mais ne pouvant que très occasionnellement communiquer entre eux – hormis par gestes ou dans le jargon très rudimentaire du camp.

Toutes les langues du continent européen pouvaient être entendues dans le camp, car les gens étaient venus à Auschwitz de tous les endroits que l'Allemagne nazie avait conquis. J'ai pensé à l'Empire romain et à l'adage « Tous les chemins mènent à Rome ». Il semblait que tous les chemins menaient à Auschwitz[16].

C'était une vraie tour de Babel et, en très peu de temps, je suis devenu un expert des insultes polyglottes[17].

15. S. Alizon (31776), *L'Exercice de vivre*, *op. cit.*, p. 226.
16. J. Bachner (159942), *My Darkest Years*, *op. cit.*, p. 163.
17. M. Antelin (145808), *Chronique maladroite d'un candide*, *op. cit.*, p. 35.

J'avais déjà signalé qu'à part le ladino et le grec, la langue la plus parlée en Grèce, en particulier dans la haute bourgeoisie, était le français. Par conséquent, nous ne pouvions communiquer qu'avec les Français et les Belges[18].

La langue est devenue un gros problème. Je parlais tchèque et allemand, c'est tout. Beaucoup des détenus parlaient anglais comme seconde langue, mais je ne comprenais rien à l'anglais. Ils étaient hongrois, français, roumains, russes et bien d'autres. La plupart d'entre eux étaient d'origine Juive et parlaient yiddish. Et je n'en savais évidemment rien[19].

Ainsi, apprendre une langue commune au camp de concentration a consisté à mémoriser diverses expressions – en fonction de la situation et des besoins de base du prisonnier concerné – dans différentes langues.

C'est ainsi que je baragouine bientôt mes premiers mots en polonais. D'abord, « Nié razoumié » (Je ne comprends pas). La peur réalise des miracles en matière d'enseignement des langues étrangères. On apprend très vite que le chef de chambrée se nomme Stubeltester et ses aides Stubedienst[20].

Il fallait s'adresser aux SS en allemand. Vous deviez également comprendre ce qu'ils disaient[21].

Les conversations entre les prisonniers des camps de concentration se tenaient principalement le soir et leur nature essentielle était

18. Y. Handeli (115003), *De la tour Blanche aux portes d'Auschwitz*, *op. cit.*, p. 100.

19. K. Pollak (B-13547), *In Spite of Auschwitz*, *op. cit.*, p. 45-46. Les conditions de ce garçon de quatorze ans à l'époque étaient en réalité exceptionnellement bonnes grâce à sa connaissance de l'allemand. Il fut ainsi protégé de nombreuses fois de la rage des *Funktionshäftlinge* dont il comprenait les ordres.

20. M. Cling (A-5151), *Un enfant à Auschwitz*, *op. cit.*, p. 80.

21. Kazimierz Brzeski (753), Témoignages, vol. XXXV, p. 39.

thérapeutique. Ils parlaient de nourriture, de liberté et discutaient volontiers d'histoires de guerre, vraies ou exagérées, mais toujours positives, prédisant l'effondrement du pouvoir de Berlin[22].

> *Peu de prisonniers dormaient [pendant leur temps libre] parce que les conversations avec les autres prisonniers avaient plus d'importance à leurs yeux. Elles offraient une sorte de soulagement mental. L'envie de parler l'emportait sur la fatigue et l'envie d'aller se coucher*[23].

> *Le soir, une fois rentrées dans notre baraque, nous discutions de la vie au camp, parfois aussi des événements politiques. Les déportés qui travaillaient à la* Politische Abteilung *ou à la* Schreibstube *rapportaient des informations entendues à la radio, fournies par les propos du chef allemand, par une conversation surprise entre les* Aufseherinnen, *ou encore transmises par un détenu*[24].

Les nouvelles du monde les plus importantes parvenaient au camp avec un léger retard, comme en témoigne la citation concernant l'insurrection de Varsovie en 1944.

> *Comme toujours, les nouvelles nous arrivent avec un retard de quelques jours*[25].

Les nouvelles se propageaient facilement dans le camp, le plus souvent de bouche à oreille. Comme dans toutes les prisons, dans les relations entre deux individus concrets, mari et femme, membres d'une même famille ou amis, un système de messages secrets était mis en place pour communiquer. Les personnes qui délivraient ces messages, généralement contre rémunération, étaient des membres de Kommandos qui pouvaient se déplacer dans le complexe du camp sans éveiller de soupçons – tels que les messagers officiels, les électriciens, les monteurs

22. Voir Jagoda, Kłodziński (20019), Masłowski, *Oświęcim*, p. 102-111.
23. B. Dąbrowski (18375), in Jacek Dąbrowski, *Nietypowy więzień*, *op. cit.*, p. 22.
24. K. Żywulska (55908), *J'ai survécu à Auschwitz*, *op. cit.*, p. 96.
25. R. Kagan (7984), *Des femmes au bureau de l'enfer*, *op. cit.*, p. 250.

et divers autres ouvriers qualifiés, indispensables à l'entretien de l'infrastructure du camp de concentration.

En janvier 1943, des Kommandos d'hommes sont venus [à Birkenau] pour installer des égouts dans le camp de femmes. Nous avons pris contact avec ces prisonniers masculins. Ils nous ont transmis des messages de maris et de fils. Moi aussi j'ai reçu un message de mon fils. Nous avons également reçu des nouvelles et des médicaments[26].

Malgré le risque qu'ils couraient en cas de contrôle, à la porte, d'être envoyés au Bunker, ces hommes apportaient aussi des petits mots, cachés dans leurs bottes, cousus dans leurs vestes[27].

Les informations qui circulaient dans le camp, avant de parvenir à tous les camps annexes grâce au transfert de prisonniers, n'étaient pas forcément vraies. Ce n'était pas leur but. La valeur réelle, la vérité factuelle, n'aurait été appréciée que si elle s'avérait utile d'une manière ou d'une autre.

Dans le camp, la valeur émotionnelle de l'information jouait un rôle bien plus important. Il était important que les nouvelles suscitent de l'espoir et qu'elles redonnent aux prisonniers la volonté de survivre. Plus les nouvelles positives circulaient, plus elles étaient écoutées. Et plus elles étaient écoutées, plus volontiers on les partageait.

Dans les camps la rumeur avait tendance à embellir tout ce qui sortait de l'ordinaire[28].

Je n'ai jamais demandé comment on l'avait su. Personne ne m'a jamais demandé comment je le savais. C'est ainsi que les nouvelles du camp se sont propagées[29].

---

26. W. Klimaszewska (25993), Témoignages, vol. XV, p. 7.
27. K. Żywulska (55908), *J'ai survécu à Auschwitz*, *op. cit.*, p. 43.
28. H. Langbein (60355), *Ludzie w Auschwitz*, trad. de l'allemand par Viktor Grotowicz, musée d'État d'Auschwitz-Birkenau, Oświęcim, 2017, p. 18.
29. M. E. Jezierska (24449), Témoignages, vol. VIII, p. 1147.

Le mensonge n'était pas une mauvaise chose s'il permettait de garder le moral. Cela impliquait tous les contacts interpersonnels. La première des citations suivantes concerne un sous-officier SS qui, interrogé en novembre 1944 sur l'avenir du *Sonderkommando*, a répondu qu'ils travailleraient près de Wrocław, sans doute en pensant au projet Riese. La deuxième citation concerne la réticence à informer les *Zugangi* de la *Sauna* du sort de leurs familles et de leurs enfants.

Aujourd'hui, je le sais, ce n'est pas pour m'induire en erreur qu'il a menti, mais pour m'épargner une mauvaise nouvelle[30].

Ce n'est pas la peine de leur dire la vérité. Elles l'apprendront assez tôt, aussitôt qu'elles arriveront au camp[31].

Diverses situations se présentaient dans le camp, et il fallait parfois mentir à ses amis. C'est arrivé dans notre groupe. Malheureusement, je ne me souviens pas de la date exacte à laquelle cela s'est produit. Travaillait avec nous un prisonnier appelé Stanisław (je ne me souviens pas de son nom de famille), originaire de la région de Lublin.

Il était connu pour sa passion du chant et, en effet, il chantait bien. Mais malgré les apparences, Stanisław n'était pas heureux et répétait sans cesse que ses jours étaient comptés. Il s'attendait à ce que, un jour, son numéro sorte et il soit exécuté. Cette pensée le hantait constamment. Et c'est effectivement ce qui s'est passé.

Cependant, nous avons appris [la veille] par le département politique que Stanisław allait être exécuté le lendemain, soit plus d'une douzaine d'heures avant l'événement. Nous avons tous convenu que nous ne devions pas lui en parler. En lui cachant cette tragique vérité, nous lui avons permis de passer une nuit paisible. Je ne pense pas devoir expliquer ce que chacun d'entre nous a ressenti lorsque

30. M. Nyiszli (A-8450), *Médecin à Auschwitz*, *op. cit.*, p. 212.
31. Sima Vaisman (747?), *Parmi les cris, un chant s'élève. Le témoignage exceptionnel d'une femme médecin déportée à Auschwitz*, Paris, Michel Lafon, 2002, p. 166.

Stanisław a chanté ce soir-là. Cela nous serrait le cœur, mais aucun d'entre nous n'a dit quoi que ce soit[32].

Aussi, parmi les diverses rumeurs, suppositions et mensonges, la communication dans le camp ne pouvait, bien sûr, pas être considérée comme un reflet de la réalité. Les exemples sont innombrables, mais en guise de *pars pro toto*, on peut se contenter de cette citation extrêmement parlante :

Ils étaient détenus dans le block 11. Nous avons appris qu'ils avaient été exécutés. Puis, lorsque nous avons été transférés à Ravensbrück, nous les avons retrouvés dans le camp[33].

Une dernière remarque s'impose, puisqu'il s'agit ici d'épistémologie et de mots. En fin de compte, les prisonniers utilisaient les mots non seulement pour communiquer avec d'autres prisonniers, mais aussi pour organiser leurs pensées, émotions et expériences. En mettant leurs propres mots sur leurs expériences et observations, ils introduisaient une certaine logique dans un monde qui en était totalement dépourvu ou dont la logique allait à l'encontre du bon sens.

Il faisait très sombre, mais j'ai vu les yeux des femmes. Ils étaient ouverts, mais immobiles.

Certaines d'entre elles parlaient tranquillement toutes seules. Après un certain temps, je me suis rendu compte que cela aidait merveilleusement à empêcher de devenir fou[34].

---

32. Alfred Wilk (170), Témoignages, vol. LXXVIII, p. 123-124.
33. M. Żumańska (29940), Témoignages, vol. IV, p. 426.
34. E. Friedman (A-26615), *Daleka droga do domu*, *op. cit.*, p. 80.

LA CULTURE ET L'APPRENTISSAGE

« Que la patrie apporte la vie avec douceur dans le sacrifice et, pour ceux qui tombent, la gloire et l'honneur pour toujours »... C'est ce que nous chantions à l'école des cadets. La gloire ? L'honneur ? Qui en veut ? Ceux qui vont être exécutés ? Foutaises ! Platitudes[1] *!*

Aussitôt arrivés au camp, les prisonniers entraient dans une sorte d'« hibernation culturelle ». Seules la politique et la religion continuaient à faire partie de leurs préoccupations.[2].

En matière de culture, beaucoup a déjà été écrit sur le *Lagermuseum* et, plus récemment, sur la musique et les orchestres du camp. Il n'est pas dans mon intention de reconstituer ici l'histoire de ces institutions, mais plutôt de mettre un doigt sur les manifestations artistiques ou intellectuelles de la culture qui ont permis à certains prisonniers de garder courage et de s'échapper de la réalité du camp[3]. Je dis « à certains », car la malnutrition, la fatigue, l'amaigrissement ou la transformation en *Muselmann* rendaient imperméables aux expressions culturelles et intellectuelles. Leur *raison d'être* reposait sur la recherche de

---

1. Jan Trembaczowski (9504), Publications, vol. I, p. 78.

2. V. E. Frankl (119104), *Découvrir un sens à sa vie avec la logothérapie*, *op. cit.*, p. 46.

3. On trouve l'analyse la plus complète de la vie culturelle dans le camp sous la plume de Jagoda et Kłodziński (20019), Masłowski, *Oświęcim*, *op. cit.*, p. 98-136.

nourriture et ne laissait pas de place à autre chose. Le nouveau prisonnier, lui aussi, était loin d'aspirer à des sommets d'intellectualité lorsque, confronté à l'univers concentrationnaire, sous le choc, il devait s'adapter à des règles fluctuantes[4]. Au bout d'un moment toutefois, les habitudes culturelles permettaient de se défaire de l'excès d'angoisse, de tensions et de doutes. Ainsi, les prisonniers composaient des poèmes, les mémorisaient et chantaient. De la sorte, ils recréaient pour eux et pour ceux qui les écoutaient un monde différent, plus amical et familier. Ceci eut une influence dans le retour temporaire à des modes d'expression culturelle qu'ils connaissaient dans le monde normal.

En écoutant les poèmes, nous étions dans un monde différent – le monde de la liberté[5].

Je n'ai pas perdu la raison, j'ai fait des rimes[6].

Les formes artistiques plus complexes sur le plan technique requéraient l'accord des autorités du camp ou du moins un peu de camouflage, voire de conspiration pure et simple. Il est intéressant de noter que les spectacles clandestins – même s'ils n'impliquaient évidemment que de très petits groupes de prisonniers – eurent lieu quasiment du début jusqu'à la fin de l'existence du camp. Ils étaient organisés aussi bien dans le camp des hommes que dans celui des femmes.

En 1940 et 1941, il existait à l'hôpital un théâtre de marionnettes clandestin qui donnait à voir des scènes de la Nativité avec, notamment, les marionnettes des SS du camp (Höss, Palitzsch) et des kapos[7].

En janvier 1945, j'ai assisté à deux reprises à la mise en scène illégale d'une « Szopka du Nouvel An ». La pièce était jouée dans un baraquement vide à l'arrière du camp. Lors de la première

4. C'est la conclusion de Maria Elżbieta Jezierska (24449) in *ibid.*, p. 101.
5. T. Niedzielski (423), Publications, vol. LXXVI, p. 174.
6. R. Klüger (A-3537), *Refus de témoigner, op. cit.*, p. 140.
7. A. Drzazga (972), Témoignages, vol. XXXIII, p. 51.

représentation, il y avait environ trente personnes, lors de la seconde, beaucoup plus. Les auteurs de la szopka étaient le Dr Perzanowska, le Dr Kasia Łaniewska et Irena Hołownia. Les personnages étaient des marionnettes en papier représentant un Schreiber, *un* Pfleger*, *un* Torwache* *et le Zwilling. Les chansons qu'ils chantaient étaient des textes satiriques sur la vie à l'« Hôpital »*[8].

En outre, les prisonniers des meilleurs Kommandos, les « vieux numéros », les *Funktionshäftlinge*, plus généralement tous ceux qui étaient mieux nourris et aguerris aux réalités du camp, assistaient souvent à des concerts[9] et à des pièces de théâtre tout à fait légales, au cours desquelles de petits groupes de SS pouvaient occasionnellement être aperçus dans le public. Voici une brève description d'un concert donné par Alma Rosé pour des *Funktionshäftlinge* du camp des femmes.

La sous-maîtresse regagna sa place en dansant. Après elle, se produisit Ewa Stojewska, une élégante artiste de Varsovie. Ensuite, une jeune fille Juive chanta des refrains entraînants, au rythme d'un air de jazz, à la grande satisfaction des SS[10].

Le don de dessiner, réciter des poèmes ou chanter pouvait attirer au prisonnier les faveurs d'un surveillant de block ou de chambrée, lui faire gagner une portion supplémentaire de soupe ou renforcer sa position sociale au sein de la communauté des prisonniers. Cela nous montre le besoin parfaitement humain d'expériences artistiques : un besoin probablement rendu plus aigu par la laideur du camp, sa saleté, sa puanteur et l'omniprésence de la mort.

Grâce à mon humour et à mes talents de chanteur, j'ai suscité de la sympathie à l'hôpital, ce qui m'a été utile à plusieurs reprises par la suite[11].

8. B. Krzywobłocka (83264), Témoignages, vol. XV, p. 87-88.

9. Sur la musique dans les camps allemands, voir Bruno Giner, *Survivre et mourir en musique dans les camps nazis*, Paris, Berg International Éditeurs, 2011.

10. K. Żywulska (55908), *J'ai survécu à Auschwitz*, *op. cit.*, p. 92.

11. Z. Lewandowski (2420), Témoignages, vol. XIV, p. 77.

Dans le block, il y avait une jeune et jolie fille yougoslave de dix-sept ans qui s'appelait Alegri. Surnommée le rossignol du camp, elle chantait merveilleusement bien. Lorsqu'on le lui demandait, elle chantait le plus souvent la chanson Mama *qui, dans les conditions du camp, émouvait profondément tout le monde. Je me souviens d'un incident. Un kapo de l'autre côté de la clôture de barbelés électrifiés, lui a demandé de lui chanter une chanson en lui promettant du pain. Alegri s'est approchée de la clôture, jusqu'à la tranchée, et a commencé à chanter. Le kapo écoutait si attentivement qu'il s'approcha inconsciemment de la clôture et, lorsqu'il fut à proximité immédiate, il s'appuya par inadvertance sur les fils et mourut*[12].

Tout cela [les récitations et les chants dans les baraques] avait un effet extraordinaire sur nous. Et c'était nécessaire. Car il n'y avait que deux possibilités dans le camp. Soit s'effondrer et abandonner, ce qui signifiait la mort, soit lutter pour la vie[13].

Dans les récits d'anciennes prisonnières, les mentions du chant folklorique polyphonique des femmes ukrainiennes apparaissent, sans surprise, comme l'une des émotions musicales les plus profondes du camp.

Parfois, quand exceptionnellement un moment de liberté se présentait (brouillard intense, un dimanche sans corvée, Blocksperre*[*14]), les Ukrainiennes s'asseyaient en rangs pour chanter des* dumkis *et des chansons de chez elles. Comme elles avaient de l'oreille, elles répartissaient les voix, créaient un beau chœur homogène. Ces chants émouvants et gracieux, dans la bouche de femmes primitives et brutales, semblaient être un appel à cette âme ruthène profondément endormie*[15].

N'importe quelle expression artistique ou culturelle, même la plus triviale et improvisée, permettait aux détenus de rêver, de

12. M. Żumańska (29940), Témoignages, vol. VI, p. 417-418.
13. A. Krzetuski (1003), Témoignages, vol. LXXXII, p. 62.
14. Bouclage au block. *(N.d.l.T.)*
15. Z. Kossak (64491), *Du fond de l'abîme, Seigneur…*, *op. cit.*, p. 165-166.

s'évader, de sourire ou même de rire, de sentir, un court instant, un soulagement. La citation qui suit concerne les femmes du Kommando *Effektenkammer*, communément appelé « Kanada » ; elle montre bien comment ces moments constituaient un contrepoint à la proximité des chambres à gaz et des fours crématoires qui entouraient les baraquements et l'espace de travail de ces femmes.

> *Ada, une petite brune, avait une voix magnifique. On lui demandait sans cesse de chanter. C'étaient toujours les mêmes airs : « Le Rossignol chante » et « Ave Maria ». Elle parodiait aussi les monologues de Kalinowa. Nous riions, en regardant Ada, vêtue d'une chemise de nuit, serrée à la taille par une corde, jouant Cléopâtre. Les autres, dans la baraque, nous regardaient « faire nos bêtises ». Elles avaient raison de qualifier ainsi nos distractions, mais nous voulions justement noyer la réalité dans l'oubli. Comment tenir autrement*[16] *?*

Les orchestres officiels des camps représentaient une expérience musicale à part. Détestés quand ils imposaient la cadence aux Kommandos qui se rendaient au travail et, plus encore, lorsqu'ils rentraient épuisés au camp le soir, les membres de ces orchestres étaient aussi enviés en tant que détenus privilégiés. Pourtant, on les bénissait pour leurs concerts du dimanche et leurs répétitions quotidiennes.

> *Ce qui m'a le plus touché, c'étaient les répétitions de l'orchestre qui avaient lieu dans l'une des salles du rez-de-chaussée du block 24. J'ai vu comment des groupes de prisonniers, dont de nombreux Juifs, se rassemblaient près du block et écoutaient*[17].

> *Si l'un de [ces musiciens] a survécu et peut lire ces mots, ou si l'un de mes lecteurs connaît personnellement l'un de ces prisonniers, j'exaucerai mon désir profond de leur dire ma gratitude pour le petit*

16. K. Żywulska (55908), *J'ai survécu à Auschwitz*, *op. cit.*, p. 179-180.
17. J. Brandhuber (87112), Témoignages, vol. LXXVI, p. 129.

bonheur que leur musique a apporté à nos vies à cette époque à Auschwitz[18].

Szymon Laks, compositeur et chef d'orchestre, *Kapellmeister* à Birkenau (Auschwitz II), juge beaucoup plus durement son propre rôle et celui des autres prisonniers musiciens.

La musique soutenait le « moral » (ou plutôt le corps) uniquement [...] des musiciens qui n'étaient pas obligés d'accomplir des tâches pénibles et pouvaient se nourrir un peu mieux.

Dans le même numéro de Przegląd Lekarski, *j'ai lu une autre perle que l'on doit à la plume d'un musicien professionnel, Adam Kopyciński, chef d'orchestre à Auschwitz I :*

« Grâce à sa puissance et à son pouvoir d'évocation, la musique renforçait chez les auditeurs du camp ce qu'il y avait de plus important : leur véritable nature. Cela explique peut-être que beaucoup certainement aspiraient intuitivement à vouer un certain culte à ce qui est le plus grand des arts et qui, précisément dans les conditions du camp, pouvait être – et il le fut, cela ne fait aucun doute – un médicament pour le psychisme malade des prisonniers. »

J'ai peine à croire que ce baratin pompeux sort de la bouche d'un musicien professionnel qui a été prisonnier dans un vrai camp de concentration nazi et y a vu à peu près la même chose que moi à Birkenau. « Renforçait [...] leur vrai nature » ! « Un médicament pour le psychisme malade » ! En réalité, la véritable nature du prisonnier se manifestait, à de très rares exceptions près, sous l'effet de la faim, des coups et de la maladie ; et le médicament pour son « psychisme malade », ce n'était pas la musique, mais la nourriture et de vrais médicaments[19] *!*

En tout cas, je n'ai pas rencontré une seule fois un prisonnier que la musique a réconforté et encouragé à survivre. La devise des affamés était : manger, manger, manger[20]*...*

---

18. N. Frankel (161040), *I Survived Hell*, *op. cit.*, p. 104.
19. S. Laks (49543), *Mélodies d'Auschwitz*, *op. cit.*, p. 131-132.
20. *Ibid.*, p. 118.

Dans un certain sens, une forme similaire d'évasion était offerte par les leçons que prodiguaient des membres de l'intelligentsia, des instituteurs et des professeurs d'université aux autres prisonniers. On rapporte en particulier des tentatives pour éduquer les jeunes prisonniers, afin de leur inculquer ce que l'on pensait être approprié à leur âge.

J'y ai rencontré Szpingier et Wieczorkowski, les deux professeurs avec lesquels j'avais partagé une cellule à Częstochowa. Leur gentillesse à mon égard m'a fait me sentir un peu mieux. Mon châlit était assez proche du leur. Pendant notre temps libre, généralement le soir, avec d'autres prisonniers, nous nous délections de leurs histoires sur la littérature polonaise – Słowacki, Żeromski, Sienkiewicz. À voix basse, ils nous donnaient des sortes de conférences, des cours fascinants qui représentaient une occasion sans pareille d'échapper quelques instants au monde sinistre qui nous entourait[21].

Pendant les heures de repos, de nombreuses prisonnières essaient de rendre la vie plus agréable aux autres. La professeur Wanda Moszczyńska donnait des cours d'histoire. Sa collègue Maniakówna, une militante paysanne, donnait des conférences sur le mouvement populaire et d'autres sujets. Des cours de langue étaient donnés en secret, des poèmes étaient écrits et récités. Les « perles » de la littérature polonaise lues avant-guerre étaient résumées[22].

Privées de tous biens spirituels, la parole imprimée elle-même nous étant inaccessible, nous nous retournâmes vers nos souvenirs, vers le savoir jadis acquis. Nous leur parlions du monde que nous avions appris à connaître lors de nos voyages, nous leur parlions de livres, de films et de pièces de théâtre et nous puisions même dans nos connaissances et nos idées d'ordre scientifique. Bien entendu, tout cela se passait à l'époque où nous nous étions déjà acclimatées à la vie du camp ; alors, quand la journée n'avait pas été trop dure, le soir nous nous racontions des histoires[23].

---

21. T. Sobolewicz (23053), *But I Survived*, *op. cit.*, p. 127.
22. W. Klimaszewska (25993), Témoignages, vol. XV, p. 15.
23. P. Lewińska (32292), *Vingt mois à Auschwitz*, *op. cit.*, p. 144-145.

> *Dans les moments de travail moins intense [au sein de l'*Aufnahmekommando* *de la* Politische Abteilung*], les prisonniers se livraient à des occupations personnelles. Tadeusz Wąsowicz, par exemple, prenait soin de son jeune camarade Jan Klimek [...] à qui il donnait systématiquement des cours de langue polonaise, d'histoire, de géographie, de mathématiques, etc. Il essayait par là de garder l'esprit de Klimek actif pendant tout son temps libre afin de le protéger des influences négatives qui peuvent affecter le mental d'un enfant (Klimek était mineur) détenu dans un camp. Wąsowicz s'occupait aussi de son camarade Jerzy Zwarycz, dans une certaine mesure de Piotr Datek, de deux prisonniers néerlandais (Hans et Robert Beckman, des frères à qui il enseigna également le polonais) et de moi. Cette forme d'attention semblait être un prolongement de l'entraînement des boy-scouts auquel Wąsowicz avait effectivement adhéré*[24].

Ces activités para-éducatives au caractère extrêmement positif (compte tenu des conditions du camp), fréquemment mentionnées dans les récits des prisonniers, reflètent sans aucun doute les cours clandestins dans la Pologne occupée. Elles avaient des effets puissants sur la condition et l'état d'esprit des prisonniers : elles renforçaient l'autorité des enseignants, rappelaient le monde du passé et ses valeurs culturelles, aidaient à mettre de l'ordre dans les faits et les idées, facilitaient la communication dans le camp dans diverses langues. Et, pour bon nombre de ceux qui écoutaient, les histoires et les conférences entendues le soir avant de s'endormir, permettaient d'échapper un instant aux réalités du camp.

---

24. T. Szymański (20034), Témoignages, vol. XXXIII, p. 12.

LE RIRE ET LA JOIE

Pour poursuivre sur la question des comportements ou des réflexes qui ne correspondaient pas aux intentions des créateurs du camp, il convient d'examiner de plus près les rires, la joie, l'esprit, l'ironie et les autres réactions des prisonniers qui leur permettaient de prendre de la distance avec les réalités du camp. Évidemment, le rire n'avait pas droit de cité dans l'espace d'Auschwitz, car rire est aux antipodes de la déshumanisation. Pourtant, il y avait aussi de l'espace pour une telle réaction face à la brutalité quotidienne[1].

> *Les pires expériences prédominaient dans la vie des prisonniers, mais il y avait parfois des moments de gaieté*[2].

> *On pouvait y trouver des gens qui n'avaient pas complètement perdu le sens de l'humour. Même s'ils ne le manifestaient qu'assez rarement, cet humour était une arme défensive très efficace. On sait que l'humour aide à garder une certaine distance à l'égard des choses et qu'il permet de se montrer supérieur aux événements, ne fût-ce que pour quelques instants*[3].

Le rire public et moqueur était utilisé par les *Funktionshäftlinge* pour humilier davantage les prisonniers. Tabasser ou donner des

1. Pour une analyse de l'humour du camp à partir de nombreux exemples voir Jagoda, Kłodziński (20019), S. Masłowski, *Oświęcim*, *op. cit.*, p. 137-159.
2. J. Brandhuber (87112), Témoignages, vol. 76, p. 141.
3. V. E. Frankl (119104), *Découvrir un sens à sa vie avec la logothérapie*, *op. cit.*, p. 54.

coups de pied à un détenu n'était pas assez, il fallait couronner le rituel du passage à tabac par un rire d'autosatisfaction. Les prisonniers ordinaires, eux, riaient beaucoup moins en public. Une expression ostensible de joie pouvait agacer fortement les *Funktionshäftlinge* ou les officiers SS et mettre le prisonnier en grave danger.

> *Seuls les* Prominente *étaient autorisés à rire. Pour les prisonniers ordinaires, ce n'était pas permis et le faire était presque un sacrilège*[4].

L'humour des prisonniers en privé était d'un tout autre ordre. Les exemples précis dans les témoignages sont rares ; est-ce par crainte d'être pris au pied de la lettre, ou plutôt mal compris ? Néanmoins, des témoignages concordants mentionnent l'émergence d'un « humour de potence » ou humour noir dans le camp qui dans des circonstances normales aurait suscité du dégoût, voire de l'indignation. Ce n'est guère surprenant puisque des types d'humour spécifiques à certaines communautés ne peuvent être compris qu'au sein de ces communautés. À l'instar de l'humour spécifique des chirurgiens ou des croque-morts, un sens de l'humour particulier avait fait son apparition dans l'univers particulier des camps de concentration pour aider les prisonniers à faire face à la réalité.

> *Bien sûr, l'humour dans le camp était spécifique, brutal et souvent cruel. L'hilarité était provoquée par des scènes qui, dans des circonstances normales, n'auraient suscité que l'horreur ou le dégoût*[5].

> *Dans la cellule [du block 11], nous organisions toutes sortes de divertissements culturels improvisés et nous nous racontions souvent des « blagues macabres »*[6].

4. E. Fajkosz (37629), *Byłem numerem 37629*, p. 157.
5. *Ibid.*
6. A. Gawalewicz (9225), *Reflections*, *op. cit.*, p. 70-71.

Dans ce sinistre block [le block 7 à Birkenau, Isolierstation**], il existait, conformément à l'atmosphère qui y régnait, un « humour macabre » ou pour être plus précis un humour de « chambre à gaz ». Ce type d'humour était totalement incompréhensible pour les personnes vivant dans le monde normal*[7].

Je regardai et ne comprenais toujours pas. La traînée de fumée grise masquait le reste de l'horizon devant moi. Je regardais bien, mais à part la fumée, je ne voyais rien. Dans l'air, je sentais l'odeur écœurante de quelque chose qu'on brûlait. J'étais tellement troublé par mes dernières expériences qu'il m'était difficile de rassembler mes pensées. Le kapo me regarde et se met à rire comme une baleine. S'étranglant de rire, il me demande : « Que préfères-tu ? Brûler dans un four ou frire ici, à l'air libre ? » Je compris tout de suite, comme si on m'avait versé un seau d'eau froide sur la tête… Je devais avoir une expression féroce sur le visage car le kapo s'est arrêté un instant, puis son rire sardonique a repris[8].

Bien sûr, seuls les prisonniers qui étaient dans un état physique et une condition mentale corrects pouvaient apprécier cet humour. Tout comme la raillerie, les plaisanteries du camp étaient surtout du goût des prisonniers privilégiés.

Il est revenu avec un sourire jusqu'aux oreilles et quelques paquets de Navy Cut, une marque britannique de cigarettes qu'un prisonnier de guerre anglais avait échangé avec le cuisinier. « Ça alors ! elles sentent délicieusement bon », dis-je au kapo. « Tu es trop jeune pour fumer, m'a-t-il répondu, mais pas trop jeune pour brûler. » Il a ri et m'en a tendu une[9].

Les trois premiers chiffres de Joseph étaient 175, ce qui a fait de lui la cible de nombreuses blagues dans notre Kommando. « Bist du ein Hundertfünfundsiebzieger *? » [Es-tu un 175 ?], lui demandaient-ils pour le taquiner*[10].

7. A. Gawalewicz (9225), *Refleksje z poczekalni do gazu*, Oświęcim 2000, p. 84.
8. A. Kajzer (matricule inconnu), *Za drutami śmierci*, *op. cit.*, p. 32-33.
9. P. Berg (172649), *Scheisshaus Luck*, *op. cit.*, p. 120.
10. *Ibid.*, p. 127. Le mot « *Hundertfünfundsiebzieger* » signifie homosexuel en allemand.

Outre les rêves et le récit de souvenirs émouvants, ces récits de bonne humeur et de bonheur sont rares. Aussi, lorsqu'ils font leur apparition, le contraste avec la tension et la peur omniprésentes dans le camp rend leur souvenir particulièrement profond. Ces instants pouvaient arriver à la faveur d'une lettre ou d'un colis reçu de la maison, de la nouvelle qu'un proche qu'on croyait mort s'avérait être vivant dans une autre partie du camp, d'un transport dans un Kommando où le travail était moins éreintant ou encore de la découverte ou l'« organisation » de ce qui pouvait améliorer de manière significative les chances de survie du prisonnier.

Mon premier jour dans le Schreibstube *– la chaleur, du chauffage, pas de cris particulièrement forts, un traitement relativement doux des SS –, et avec la perspective d'une deuxième gamelle de soupe fade, j'étais parfaitement satisfaite. Et puis quand, le soir venu, j'ai reçu un colis en provenance de ma maison avec un pull chaud, des sous-vêtements et des pantoufles, il ne me manquait presque rien. Je ne me souviens pas d'avoir jamais été aussi proche de la joie totale (ni avant, ni après) que ce soir-là. Oui, mais le bonheur est un concept très relatif*[11].

Un soir, tandis que nous étions couchés sur nos grabats, morts de fatigue, un de nos compagnons entra précipitamment et nous exhorta à nous rendre au lieu de rassemblement pour voir le coucher de soleil. Nous le suivîmes. Dans la cour, nous découvrîmes le ciel qui, à l'ouest, était couvert de nuages de formes diverses et aux couleurs chatoyantes, du bleu métallique au rouge sang. Quel contraste avec les baraques grises et maussades, tandis qu'ici et là des flaques d'eau éparpillées sur le sol boueux reflétaient le ciel embrasé ! Au bout de quelques minutes, émouvantes de silence, un prisonnier dit à celui qui se trouvait à côté de lui : « Comme le monde pourrait être merveilleux[12] *! »*

11. Edwin Kuffel (2237), Témoignages, vol. XXIX, p. 99.
12. V. E. Frankl (119104), *Découvrir un sens à sa vie avec la logothérapie*, *op. cit.*, p. 51.

Dans les quelques exemples mentionnés ci-dessus, comme dans le cas de la culture et de l'apprentissage, il faut être conscient qu'il s'agit de situations individuelles et particulièrement exceptionnelles, qui semblent se situer dans les marges d'une erreur statistique, et pourtant elles ont existé, elles ont été rappelées et confirmées dans les récits. Le camp est le lieu d'incarcération de personnes faites de chair et d'os.

> *Sans aucun doute, il faut plus de bravoure pour garder constamment un visage serein que pour mourir vite et en beauté*[13].

13. Z. Kossak (64491), *Du fond de l'abîme, Seigneur…*, *op. cit.*, p. 279.

LA PEUR

Bien sûr, à côté de ces sentiments positifs qui pouvaient être ressentis dans le camp, il y avait la peur qui, chaque jour, dominait.

Le reste d'entre nous regardait, pétrifié. J'étais littéralement paralysé par la peur[1].

Rien n'est normal pour une personne qui a vécu dans des conditions où l'on peut croiser la mort à tout moment[2].

La peur de la mort est plus forte que la douleur[3].

La peur de la mort et la peur de cette vie pire que la mort[4].

Assimiler la vie du camp était une expérience si douloureuse, si traumatisante que nous étions comme tétanisées. La peur arrêtait nos élans de révolte et celles qui furent assez fortes pour passer outre le payèrent de leur vie[5].

Un enfant du ghetto de Theresienstadt s'en souvient :

1. T. Sobolewicz (23053), *But I Survived*, *op. cit.*, p. 81.
2. R. Bindefeld Neray (75912), *To Auschwitz and Back*, *op. cit.*, p. 1.
3. Edward Sokół (12982), Publications, vol. LXVIII, p. 151.
4. H. Bulawko (130494), *Les Jeux de la mort et de l'espoir*, *op. cit.*, p. 76.
5. S. Alizon (31776), *L'Exercice de vivre*, *op. cit.*, p. 193.

On s'était habitués à la fumée et à l'odeur, mais jamais à la peur d'être le prochain à se faire brûler[6].

La peur de la mort a été décrite comme pire que la mort elle-même, et la peur de la douleur comme pire que la douleur. La peur, c'est l'imagination de ce qui pouvait arriver, et cette imagination était alimentée par les cris et les bruits que faisaient les personnes battues et torturées, par la vue des effets de la douleur ainsi infligée et de la mort elle-même. La peur a assimilé tous ces éléments dans l'imaginaire, ce qui, comme l'ont reconnu de nombreux survivants, était pire que ce qu'ils avaient réellement vécu.

La nécessité de trouver une place parmi les pires spectres de l'anti-humanité a conduit aux craintes les plus diverses de ce qui pourrait arriver, ne pas savoir pour quelle raison et ne pas savoir à qui cela pourrait arriver. Pour ne rien arranger, en se cachant à l'intérieur de soi – comme nous l'avons déjà mentionné –, on détruit plus rapidement et plus complètement le sentiment de sécurité que cela n'aurait été le cas autrement[7].

La peur ou l'anticipation de la douleur est une réaction émotionnelle plus forte que la réaction à la torture elle-même. Une fois qu'une personne est effectivement soumise à la douleur de la torture, elle a dépassé la peur de l'anticipation. Mais se réveiller le matin et être emmené dans les salles de torture est pire que la douleur elle-même. C'est l'anticipation, l'effroi, la peur. L'attente crée une anxiété terrifiante[8].

Nous creusons avec beaucoup de difficulté ; le surveillant du block nous presse avec son bâton. Tout le monde a le regard fixé vers le sol. Personne n'ose regarder autour de soi de peur de voir le surveillant de block s'approcher. La peur d'être frappé est pire que d'être frappé. Tant que vous n'avez pas vu[9]...

6. John Freund (168329), *La Fin du printemps*, Toronto, Fondation Azrieli, 2009, p. 42.
7. M. Chylińska (44685), « Działania SS w Brzezince », art. cité, p. 157.
8. D. Stevenson (B-14676), *A Spirit Unbroken*, *op. cit.*, p. 55.
9. A. Kajzer (matricule inconnu), *Za drutami śmierci*, *op. cit.*, p. 45.

Pour des raisons similaires, des peurs terribles et des angoisses affectaient les prisonniers dans des situations d'incertitude, où l'avenir était obscur ou impossible à prédire[10]. C'était le cas face aux changements. Ils étaient redoutés. Les changements inexpliqués laissaient présager que quelque chose de préjudiciable pour les prisonniers allait se produire.

Trois mois dans le KZ ont suffi à leur apprendre à regretter le passé et à craindre l'avenir[11].

Vous savez ce qu'il en est, mais nous ne savons pas ce qu'il en sera[12].

Au fond, nous avions tous un peu peur des changements : « Quand on change, c'est toujours en pire », disait un proverbe du camp[13].

Chaque changement entraîne un état d'incertitude pour aujourd'hui et pour demain. Le plus souvent un sentiment de danger ! Les nerfs constamment à vif, l'anxiété et les craintes incessantes... Vous étiez attentif à chaque mouvement, à chaque murmure dans le camp[14].

C'est pourquoi les prisonniers ressentaient comme une malédiction de devoir prendre une décision. Chaque décision était un saut dans l'inconnu, une question de vie ou de mort : car les conséquences de chaque décision n'étaient pas connues à l'avance et il n'y avait pas de règles[15]. Doit-on se porter volontaire pour un transport vers une destination inconnue ? Faut-il saisir l'opportunité d'être transféré dans un autre Kommando ?

10. Sur les effets déshumanisants de l'incertitude, voir Kłodziński (20019) et Masłowski, « Poniżanie godności więźniów », art. cité, p. 76-79.
11. M. Nyiszli (A-8450), *Médecin à Auschwitz*, *op. cit.*, p. 158.
12. J. Brandhuber (87112), Publications, vol. VII, p. 104. C'était un dicton courant dans le camp.
13. P. Levi (174517), *Si c'est un homme*, *op. cit.*, p. 180.
14. T. Niedzielski (423), Publications, vol. LXXVI, p. 119.
15. Sur ce sujet, voir l'analyse essentielle d'Antoni Kępiński en 1968, « Refleksje oświęcimskie : rampa », art. cité, p. 26-35.

Les prisonniers avaient peur de prendre des décisions, des initiatives. Car ils avaient le sentiment profond que le destin était leur maître et qu'il ne fallait pas essayer de l'influencer, mais plutôt le laisser décider à leur place[16].

La plupart des hommes et des femmes déportés rapportent qu'à un moment ou un autre, ils ont été confrontés à un « choix » qui engageait leur vie. On imagine mal dans cet univers l'existence du « choix » dont la notion est liée à l'exercice d'un libre arbitre. Quand la situation se présentait cela revenait souvent à jouer, bien malgré soi, à la roulette russe, marcher les yeux bandés au bord d'un précipice. Allait-on tomber ou s'éloigner du gouffre[17] *?*

Dans cette condition d'incertitude, chaque élément relativement constant, comme son « propre » châlit ou sa place dans une file devenait d'une importance fondamentale, non seulement pour des raisons tactiques, mais surtout pour des raisons psychologiques.

De loin, les zones où se déroulaient les appels ressemblaient à des places piétinées. Même les pierres étaient érodées par ce piétinement constant. Chaque prisonnier avait sa place piétinée, s'il avait été dans le même block pendant plusieurs mois, il connaissait sa place avec une telle précision qu'il ne se mettait jamais à la place de quelqu'un d'autre et ne permettait à personne de se mettre à sa place[18].

Un prisonnier à Auschwitz, dans la première phase de son séjour au camp, sacrifiait en effet tout ce qui lui restait de forces pour s'adapter à sa nouvelle situation, pour reconstruire autour de soi une sorte d'espace de sécurité relative, pour nouer des relations avec ses codétenus sur le châlit. Chaque changement pouvait non seulement détruire ce qu'il avait établi et l'obliger à un nouvel effort

---

16. V. E. Frankl (119104), *Découvrir un sens à sa vie avec la logothérapie*, *op. cit.*, p. 66.
17. R. Esrail (173295), *L'Espérance d'un baiser*, *op. cit.*, p. 84.
18. Z. Czerwińska-Kossakiewicz (49973), Publications, vol. XVI, p. 38.

d'adaptation, mais il pouvait aussi, contrairement aux attentes et aux intentions, entraîner une dégradation générale de sa condition.

> *Un jour, après l'appel du soir, le rédacteur du block vint dans notre chambre avec l'intention de recruter des prisonniers pour le travail. Personne ne voulait se porter volontaire car une rumeur avait circulé parmi les prisonniers que les volontaires iraient au mur – c'est-à-dire qu'ils seraient abattus*[19].

> *J'étais angoissé quand je suis retourné dans mon block. J'avais tout à fait le droit d'être inquiet des changements imminents*[20].

> *Environ un millier de prisonniers avaient été évacués de tous les blocks. Bien qu'on nous ait dit que nous avions été sélectionnés pour un transport [qui a effectivement été envoyé à Buchenwald en 1943], nous étions nerveux, craintifs et nous nous attendions au pire*[21].

> *Une atmosphère nerveuse et tendue régnait sur la plupart des prisonniers inscrits sur la liste de transport. Chacun d'entre eux savait à quoi s'attendre à Auschwitz. Les autres camps étaient inconnus. Dans un autre camp, le prisonnier devrait lutter pour sa survie en recommençant tout depuis le début. Il deviendrait un* Zugang, *un nouveau venu...*[22].

> *Je n'exagère donc pas la certitude qu'il ne faut pas croire un SS qui vous dit que quelque chose est noir, même s'il peut vous sembler noir en effet*[23].

Les choix étaient faits dans des situations où la prise de décision ne pouvait tarder : par exemple lorsque vous étiez menacé de mort. Dans ce cas, l'incertitude pouvait prolonger l'espoir.

---

19. Władysław Kowanetz (29638), Témoignages, vol. V, p. 666.
20. T. Sobolewicz (23053), *But I Survived, op. cit.*, p. 151. Cette citation fait référence à la crainte de se retrouver dans un nouveau Kommando et donc au risque d'être déporté dans un autre camp.
21. Józef Matynia (10970), Témoignages, vol. LXXIX, p. 120.
22. T. Sobolewicz (23053), *But I Survived, op. cit.*, p. 177.
23. M. Nyiszli (A-8450), *Byłem asystentem doktora Mengele. Wspomnienia lekarza Oświęcimia*, musée d'État d'Auschwitz-Birkenau, Oświęcim, 2000, p. 111-112.

Au cours de l'été 1944, lorsque des Tsiganes jeunes et en bonne santé furent sélectionnés pour aller travailler en Allemagne, je demandai au Dr Śnieżko, de l'hôpital du camp, de me sélectionner également, car je ne voulais pas être brûlé dans le crématorium. Je voulais vivre[24].

Aucune incertitude n'a suscité une telle angoisse, une telle peur, des expériences aussi extrêmes que la sélection dans le camp[25]. Si le sort de ceux qui furent sélectionnés sur la rampe de Birkenau peu après leur arrivée n'était pas connu au début, chacun avait pleinement conscience de ce que signifiait, dans le camp, le fait d'être sélectionné. Observer le groupe qui l'était ne laissait aucun doute sur son sort. Deux options étaient possibles : la vie en esclavage ou la mort immédiate dans une chambre à gaz. Les sélections avaient lieu régulièrement dans les hôpitaux, les baraquements et les blocks du camp et avaient pour but de trier les prisonniers pour envoyer à la chambre à gaz ceux qui étaient trop épuisés pour travailler efficacement : les *Muselmänner*, les malades, et surtout ceux que l'on suspectait d'être atteints de maladies infectieuses. Il s'agissait d'un examen dont l'issue dépendait du seul regard d'un médecin SS blasé.

Le silence et la monotonie pèsent depuis plusieurs jours sur le camp de concentration d'Auschwitz. C'est mauvais signe et mon pressentiment ne me trompe jamais. Ce grand silence n'est que le signe précurseur de nouveaux événements sanglants[26].

Le camp entier est comme en deuil. Personne ne parle. Les hommes planent comme des spectres. Même la faim n'est pas aussi oppressante lorsque la mort est imminente[27].

---

24. Jan Kwiatkowski (Z-5573), Témoignages, vol. III, p. 400.
25. Voir Franciszek Piper, « Selections in the Camp », in *Auschwitz 1940-1945. Central Issues*, *op. cit.*, vol. III, p. 103-115. Voir Ryn et Kłodziński (20019), « Śmierć i umieranie… », art. cité, p. 75-78.
26. M. Nyiszli (A-8450), *Médecin à Auschwitz*, *op. cit.*, p. 166.
27. M. Weintraub (matricule inconnu), *The Arrival*, *op. cit.*, p. 166.

« Je te comprends, acheva Ella doucement, les yeux en larmes, mais nous sommes impuissants, horriblement impuissants[28]. »

Le symbole de ces sélections, tant dans le camp que sur la rampe débarquant de nouveaux transports de Juifs, était Josef Mengele. Si tous les récits qui le mentionnent devaient être pris au pied de la lettre, Mengele aurait été présent à pratiquement toutes les sélections. C'était physiquement impossible.

Le Dr Mengele venait – je ne sais pas s'il était médecin, c'était en tout cas un SS – et tout le monde devait s'aligner devant le block, se déshabiller, puis il marchait le long de la rangée de prisonniers et les désignait : celui-ci, celui-là, etc[29].

Savoir que sa vie va être mise en jeu sur un regard furtif, à n'importe quel moment, doit rendre fou ! Comment supporter l'idée de voir « jouer sa vie » sur le seul regard méchant, mais aussi indifférent, d'un SS qui exécute un travail de routine[30] *?*

Putain de défilé, qu'il est long ! Peur, nous avons tous vraiment très peur. Car « tricher » pour se donner bonne figure, c'est chose relativement facile ; bomber le torse, je sais faire aussi ; en revanche, impossible de retrouver des fesses. Car des fesses, je n'en ai plus[31] *!*

J'ai vécu de nombreuses sélections, mais je n'oublierai jamais l'anxiété, la peur et l'horreur que j'ai endurées[32].

Les très rares fois où j'ai voulu raconter cela, les gens m'ont regardée bizarrement. J'ai lu dans leurs yeux qu'ils me croyaient l'esprit « dérangé ». Jamais personne n'a voulu écouter mon récit. Les gens

28. R. Kagan (7984), *Des femmes au bureau de l'enfer*, *op. cit.*, p. 228. Cette citation décrit un moment où malgré son expérience, on n'avait aucun moyen de sauver un ami sélectionné car le chef *Standesamt* avait déjà pris la liste.

29. Ester Tencer (matricule inconnu), Témoignages dans le cadre des procès contre d'anciens SS [IPN GK 196/110], *Chronicles of Terror*, *op. cit.*, vol. VI, p. 210.

30. S. Alizon (31776), *L'Exercice de vivre*, *op. cit.*, p. 188.

31. H. Graf (A-5184), *Ne pas mourir*, *op. cit.*, p. 98.

32. M. Ryczke Kimmelman (A-15744), *Echoes from the Holocaust*, *op. cit.*, p. 58.

se sont détournés avec un petit air de commisération, comme si je disais des inepties. Eux croyaient savoir. Moi seule « savais ». Rien n'est plus vrai que l'invraisemblable[33].

Pour les prisonniers squelettiques, chaque défilé devant les SS s'apparentait à une sélection.

J'étais un Muselmann. *Toute ma tête était couverte d'ulcères et je portais un bandage. Chaque fois que je passais la porte du camp, je tremblais que l'un des SS ne m'interpelle et ne m'envoie pour me faire tuer dans la chambre à gaz. À l'époque, il y avait des sélections constantes de* Muselmänner *qui étaient ensuite envoyés dans la chambre à gaz*[34].

La peur de la mort était aussi omniprésente que la mort elle-même. Elle concernait tous les prisonniers. Elle les accompagnait tous les jours, jusqu'au dernier soupir ; tout particulièrement ceux qui arrivaient d'une prison ou d'une maison d'arrêt où ils avaient été condamnés à mort et devaient se préparer à ce que l'exécution de leur condamnation survienne à tout moment. En sursis, ils vivaient chaque instant avec la crainte de voir exécuté ce qui était consigné dans leur dossier de prisonnier.

À Auschwitz, j'ai vécu dans une peur permanente, car lors de mon dernier interrogatoire au siège de la Gestapo, rue Pomorska à Cracovie, on m'a dit qu'une condamnation à mort allait être prononcée et que je devais attendre d'être exécuté à Auschwitz[35].

Je me souviens également d'un prisonnier appelé Michał Szmagara, originaire de Nowy Sącz, dont le numéro de prisonnier dans le camp était autour de 11 000. Il était arrivé avec un transport où tous les prisonniers (y compris lui-même) étaient condamnés à mort. Pendant qu'il travaillait avec nous, il était toujours conscient qu'à

33. S. Alizon (31776), *L'Exercice de vivre*, *op. cit.*, p. 189.
34. E. Ferenc (281), Témoignages, vol. XXI, p. 91.
35. Stanisław Rubaszewski (83781), Témoignages, vol. XXIX, p. 30.

tout moment, il pouvait être appelé pour être exécuté. Savoir cela était une expérience terrible pour lui. Il nous en parlait souvent. Il n'envisageait pas de s'échapper de peur de nous mettre en danger, nous et sa famille. Il a souffert ainsi pendant environ un an. Ils l'ont fusillé en septembre ou octobre 1942[36].

Un jour, avant le gong du réveil, le surveillant du block est entré dans notre salle, a allumé la lumière et a commencé à lire les numéros du transport de Lublin, celui précisément dans lequel j'étais arrivé le 5 avril 1941 (le dimanche des Rameaux). C'est avec appréhension que j'ai écouté les numéros des prisonniers qui augmentaient successivement à mesure qu'ils s'approchaient du mien – lors de la pause avant la lecture du numéro suivant, ma vie entière défila devant moi, en une fraction de seconde : un film à la vitesse de l'éclair. Après ce silence angoissant, le numéro qui fut appelé était plus élevé que le mien. [...] Tous furent abattus[37].

Nous entrons dans la cour du block de la mort. Dans le coin, entre le block 10 et le mur de la mort, sous ce mur, des corps gisent. Le Mur de la Mort – la frontière de la peur, des coups de feu, du silence et de l'agonie. Mais la peur n'est pas morte. La peur n'a pas été tuée. Elle vit – elle est restée au pied du mur –, seul le témoin muet du crime horrible est devenu silencieux. La peur est restée dans les yeux morts des victimes. Il est difficile de l'oublier[38].

La peur engendre un comportement irrationnel, elle fausse l'analyse logique des situations. Dans la citation suivante, notons l'emploi dramatique du mot « naturellement » dans la dernière phrase.

Ils nous ont encore battus lors de la distribution du pain. Je me souviens qu'une fois, il restait une seule portion sur la table après la distribution du pain. L'aide-soignant de la salle demanda : « Qui n'a pas pris son pain ? » Personne ne répondit. Au bout d'une demi-heure, on finit par trouver qui n'avait pas pris son pain.

36. A. Jurkiewicz (476), Témoignages, vol. LXXV, p. 55.
37. Franciszek Karwacki (14143), Publications, vol. LXIX, p. 54.
38. K. Piechowski (918), in *Byłem numerem*, *op. cit.*, p. 56.

Il avait fait cela par peur – bien qu'il eût très faim, il avait préféré ne pas venir à table pour ne pas risquer d'être battu. Naturellement, il fut ensuite battu à nouveau pour n'avoir pas pris de pain[39].

Seules la faim extrême et la transformation en *Muselmann* relativisaient la peur. Alors, la faim devenait le seul moteur, aucun risque pris, pas même les coups, ne pouvait empêcher le prisonnier de son aspiration à réduire sa faim.

Seule une faim profonde peut étouffer cette émotion caractéristique de tout être humain : la peur. Peur de la mort, peur de la souffrance, peur de la douleur, sous quelque forme que ce soit[40].

La peur peut être quotidienne – le mot « normal » n'est pas approprié ici. Cependant, dans certaines situations, la peur devient une expérience extrême, précisément parce qu'elle résulte d'un examen réaliste de la situation. Le très jeune Max Eisen, qui avait déjà perdu une grande partie de sa famille lors de la sélection sur la rampe, perdait là la dernière personne qui pouvait encore le soutenir, son père. Malade, fatigué et faible, il savait que la mort était imminente. Cette peur qu'il évoquait reflète sans aucun doute les sentiments de nombreuses personnes dans des situations similaires. Max a survécu ; c'est pourquoi ses expériences figurent parmi les mémoires d'anciens prisonniers. L'immense majorité de ceux qui se trouvèrent dans une situation similaire n'eurent pas l'occasion de consigner leurs sentiments :

J'ai compris que mon destin était scellé. Un sentiment d'impuissance et d'effroi m'envahit. Comment me préparer à affronter la chambre à gaz ? J'allais être réduit à un simple tas de cendres. J'avais toujours prévu, en dernier recours, de courir jusqu'à la clôture électrifiée et de mourir de mon propre fait, mais ce n'était plus possible car j'avais perdu ma mobilité. J'ai commencé à

39. J. Wolman (33611), Témoignages lors du procès de Rudolf Höss [IPN GK 196/87], *Chronicles of Terror*, *op. cit.*, vol. V, p. 113.
40. M. Eisen (A-9892), *By Chance Alone*, *op. cit.*, p. 115.

souhaiter que le Kommandant *me mette une balle dans la tête. J'ai pensé à ma famille et à ce qu'elle avait dû ressentir face à sa propre mort. Lorsque ma mère est entrée dans la chambre à gaz, elle s'occupait de mes trois frères et sœurs. Elle a dû se battre jusqu'au dernier souffle dans cette horrible chambre. Comment cela se passerait-il pour moi ? Lentement ou rapidement ? Mon âme quitterait-elle mon corps ? Rencontrerais-je à nouveau ma famille ? M'attendraient-ils tous ? Comment les reconnaîtrais-je ? Sous quelle forme ? Je me sentais complètement seul, sans personne pour prendre soin de moi ou me réconforter. Personne ne pouvait me sauver*[41].

Les prisonniers ressentaient la peur devant chaque *Funktionshäftling* et officier SS, tandis que les premiers craignaient les seconds parce qu'ils ne voulaient pas perdre leur position.

Maculés de sang par nos mains meurtries, trempés de sueur échevelés et fiévreux, nous étions en proie à une frénésie de désespoir : « Quoi qu'il arrive, nous ne les toucherons plus. » Mais il suffisait de regarder le garde, de voir qu'il saisissait son fusil et d'entendre le déclic métallique pour être dissuadé de tout caprice intempestif, de toute bouderie, de tout sanglot hystérique ou de toute lamentation[42].

La peur était un facteur déterminant en ce qu'elle rendait plus prudent et motivait à effectuer le travail correctement[43].

Le kapo, quant à lui, avait peur du SS. Perdre son poste de kapo équivalait presque certainement à une condamnation à mort[44].

La peur faisait des ravages dans les esprits, elle empêchait de prendre des décisions ou de réagir face aux tensions, elle était

41. *Ibid.*
42. R. Duracz (43544), in Duracz, Fajkosza et Nowaka, *Przekaz Oświęcimski*, *op. cit.*, p. 43. Cette citation concerne un Kommando dont le travail était de pousser de petits chariots chargés de pierres.
43. T. Sobolewicz (23053), *But I Survived*, *op. cit.*, p. 90.
44. B. Dąbrowski (18375), in Jacek Dąbrowski, *Nietypowy więzień*, *op. cit.*, p. 37.

omniprésente au quotidien[45]. Elle dura plus longtemps que le camp. Certaines réactions et certains rêves des survivants en témoignent avec force.

> *Pendant tout mon séjour dans le camp, je n'ai pas pleuré une seule fois*[46].

> *Les yeux d'un prisonnier de camp de concentration le trahissaient toujours, même quand il avait fui, était habillé, lavé et déjà bien nourri, et avait l'air d'une personne normale. Constamment, ses yeux regardaient dans toutes les directions par peur du danger qui le menaçait en permanence*[47].

---

45. Sur le choix de la mort comme échappatoire à la peur, voir Wesełucha, « Obóz jako eksperyment psychiatryczny », art. cité, p. 244.
46. W. Miszewska (44756), Témoignages, vol. CI, p. 151.
47. Anatol Adamczyk (23241), cited in Ryn et Kłodziński (20019), *Na granicy*, *op. cit.*, p. 43.

L'AMOUR ET LA SEXUALITÉ

Des rumeurs excitantes ont commencé à circuler : elles disaient qu'un convoi de femmes arriverait bientôt. Cela faisait deux ans que nous étions dans le camp et pendant tout ce temps nous n'avions vu aucune femme[1]*...*

On appréciait que les hommes travaillent non loin de nous. La kapo, dans ce cas, ne nous frappait pas, trop occupée à essayer d'être charmante – même de loin[2].

Bien trop souvent, on entend dire que la question de la sexualité dans les camps de concentration aurait été malheureusement passée sous silence dans les récits d'après-guerre. Des articles de presse, des reportages et des interviews, dont la rigueur scientifique peut être mise en doute, feignent sans cesse de « découvrir » l'existence d'un bordel (le *Puff**), des *Pipel**, ou quelque autre aspect de la sexualité dans ce lieu. La responsabilité en incombe en partie aux historiens spécialisés : à l'exception de quelques articles universitaires[3], le sujet a été peu traité dans

1. K. Piekarski (4618), *Escaping Hell*, *op. cit.*, p. 128.
2. W. Koprowska (37573), Accounts in *Memoirs*, vol. XIII, p. 34.
3. Jerzy St. Giza, Wiesław Morasiewicz, « Z zagadnień popędów w obozach koncentracyjnych. Przyczynek do analiz tzw. KZ-syndromu », *Przegląd Lekarski – Oświęcim*, 1973, p. 29-41.

les publications destinées au grand public[4], sans doute pour ne pas minimiser la souffrance endurée. S'il est indéniable que la question de la sexualité apparaît peu dans les livres d'histoire, ce sujet n'a pas pour autant été passé sous silence par les survivants qui relataient leurs expériences. Il suffit pour s'en convaincre de lire leurs récits, leurs mémoires et leurs journaux intimes. Au regard des mœurs des années de guerre et d'après-guerre, les anciens prisonniers se sont avérés nettement plus ouverts sur ces questions que l'on n'aurait pu s'y attendre. Après tout, ils ont abordé des sujets tout aussi dramatiques et complexes, il n'y avait donc pas de raison que leur attitude soit différente à propos de la sexualité.

L'amour physique ne connaît pas de frontières, même là où la vie était en danger[5].

Ce camp fabriquait des pervers[6].

Un camp internant des personnes dont l'âge allait *grosso modo* de quatorze à quarante ans environ, aux origines culturelles variées, ne pouvait être exempt de toute sexualité. On en trouve la preuve dans leurs conversations.

Il est vrai que, pour un garçon de quinze ans, mon éducation se fit très vite. Quand je parle d'éducation, il s'agit bien entendu, de tout ce qui touche aux mœurs et à la sexualité[7].

J'étais toute jeune à l'époque et certaines conversations étaient embarrassantes. Surtout quand les jeunes femmes mariées décrivaient de façon réaliste leur vie sexuelle[8].

---

4. Une exception est la publication récente en polonais par Joanna Ostrowska, *Przemilczane. Seksualna praca przymusowa w czasie II wojny światowej* (Varsovie, Marginesy, 2018).
5. Z. Arkuszyński (131602), *Prawo do życia*, *op. cit.*, p. 37.
6. Maciej Morawski (121547), *Jeden z wielu: wspomnienia*, Toronto, [s. d.] p. 46.
7. C. Zlotzisty (184260), *Dernière porte*, *op. cit.*, p. 46.
8. G. Pilecka (79435), Témoignages, vol. XVI, p. 40-41.

Il faut opérer une distinction au sujet de la sexualité dans le camp. Tout d'abord, il y avait l'homosexualité « situationnelle », qu'elle soit masculine ou féminine. Puis, il existait la sexualité « transactionnelle », c'est-à-dire les services sexuels de nature marchande ; ensuite l'hétérosexualité associée à des sentiments amoureux et, enfin, les violences sexuelles.

La description de l'amour homosexuel ne peut être un sujet majeur de ce chapitre en raison de l'absence de témoignages. En effet, seul un petit groupe d'homosexuels – moins d'une centaine – était enregistré à Auschwitz en tant que tels[9]. Il s'agissait exclusivement d'Allemands qui, selon le paragraphe 175 du Code pénal, étaient accusés d'être des « parasites antisociaux [...] menaçant la pureté morale et raciale de la race germanique ». La majorité des prisonniers portant un triangle rose avaient été envoyés avant-guerre dans des camps de concentration tels que Dachau, Sachsenhausen et Buchenwald. Pendant la guerre, les répressions contre les homosexuels allemands s'allégèrent, probablement en raison du besoin d'hommes sur les lignes de front. Il serait donc imprudent de s'attarder sur cette question.

Jusqu'en mars 1942, Auschwitz était un camp exclusivement masculin. À cette époque, les relations amoureuses et les rapports sexuels ne pouvaient s'établir qu'entre hommes. Toutefois, même pendant les trois dernières années du camp, lorsque celui-ci était divisé entre le quartier des hommes et celui des femmes, l'homosexualité « situationnelle » n'a jamais vraiment disparu entre détenus. Peu de témoignages d'anciens prisonniers concernent des relations homosexuelles qui auraient été consenties, c'est-à-dire obtenues sans violence, sans corruption, ou encore sans qu'un *Funktionshäftling* n'abuse de son

9. Piotr Cywiński, Jacek Lachendro, Piotr Setkiewicz, *Auschwitz From A to Z. An Illustrated History of the Camp*, Oświęcim, musée d'État d'Auschwitz-Birkenau, 2018, p. 83.

autorité. Nous disposons de peu de témoignages directs ou de première main. De telles relations eurent lieu dans tous les camps. Voici comment August Kowalczyk se souvient d'une nuit particulière.

Et voici que je flairai, moi aussi, l'odeur des foins et des acacias. J'aperçus dans l'obscurité la clarté d'un corps féminin. Zbyszek-le-cuistot se glissa sous ma couverture. C'est-à-dire, il y glissa d'abord un bras. Le bras prit place sur mon corps ballotté par l'imagination. La main de Zbyszek était remplie. Maintenant seulement, il glissa tout entier sous la couverture. [...] Il se serra contre moi et se mit à descendre tout doucement. Sa main était de plus en plus pleine. Je sentais son souffle sur mes cuisses, puis la chaleur et les mouvements de sa langue ; enfin le brûlant de ses lèvres mouillées. Le tremblement avant-coureur de mon corps lui signala que l'aboutissement était proche. Il prit tout. Encore un bisou, comme pour se faire pardonner, et le ventre de Zbyszek frôla ma tête. Un ventre qui sollicitait la réciproque. Ma bouche se remplit, de la langue jusqu'au palais[10].

Il y a nettement plus de témoignages livrés par des codétenues dans le camp des femmes :

À Birkenau, je ne pouvais rien ignorer de l'homosexualité, elle était pratiquée partout, les femmes y trouvaient un apaisement à leurs fantasmes, leur solitude, leurs besoins sexuels. Si pour beaucoup ce n'était qu'une illusion, pour quelques-unes, ce fut une révélation[11]*...*

J'entrai en cachette, le soir, au lavabo, pour prendre de l'eau. La kapo, une « triangle noir[12] *» en pantalon, essayait d'entraîner une jeune fille qui passait :*

— Viens ici, tu auras des patates chaudes !

La jeune fille ne comprenait pas... quelqu'un lui offrait des pommes de terre... Une autre femme ? Qu'est-ce que cela voulait

10. A. Kowalczyk (6804), *Le Refrain des barbelés*, *op. cit.*, t. 1, p. 137.
11. F. Fénelon (74862), *Sursis pour l'orchestre*, *op. cit.*, p. 213-214.
12. Signe de distinction des personnes « socialement inadaptées ».

dire ? Elle s'approcha, méfiante, regarda de près ces traits vulgaires, vit les yeux troubles, les gestes obscènes. Tout à coup, la jeune fille affamée comprit. Elle s'enfuit. La « triangle noir » la suivit[13].

Je m'aventurai dans les cabinets. Il y avait une foule, mais au milieu, il restait quelques places libres. Quelqu'un me cria : « N'y va pas, fais attention ! » Sur les planches, entre les trous était assise une Allemande, triangle noir, type masculin. Sur ses genoux, une fille, très féminine, aux cheveux longs. Elle regardait d'une façon languissante sa partenaire qu'elle embrassait sur la bouche. Ce baiser dura longtemps. Il était difficile d'imaginer scène plus macabre : un « tel » amour, dans un « tel » cadre. Je quittai la baraque en courant[14].

Suivant l'opinion générale au camp, l'assaisonnement quotidien de la soupe au salpêtre ou au salicycate avait pour but l'affaiblissement des désirs sexuels chez les prisonnières. Si c'était vraiment cela qu'on cherchait, le moyen n'était pas efficace. L'érotisme jouait à fond, chez les femmes que le camp n'avait pas encore ravagées, les « capitalistes », les fonctionnaires. Ne trouvant pas à s'assouvir normalement, il s'extériorisait en amours contre nature.

Dans ce domaine, les Allemandes tenaient la vedette. Elles paraissaient collectivement atteintes de déviations sexuelles. Les couples enamourés ne cachaient nullement leurs manières repoussantes, et scandalisaient tout le camp. L'œil expert d'une vieille Häftlinge *distinguait immédiatement celles qui « en étaient ». Il était particulièrement aisé de reconnaître les corruptrices, les initiatrices. Elles prenaient plaisir à s'habiller en hommes, portaient des sobriquets masculins : Bubi (Garçon), Léo, le Gros, Petit Jean (le gorille des latrines). Elles avaient des traits presque masculins, et une étrange voix enrouée, rappelant celle des adolescents en période de mue. Elles étaient toutes sadiques, impitoyables envers les femmes qui les laissaient indifférentes. Au contraire, elles perdaient la tête, se prosternaient avec une coquetterie abjecte devant celles qui avaient attiré leur attention ou ému leurs sens. Une passion sans frein en faisait des puissants foyers de dépravation,*

13. K. Żywulska (55908), *J'ai survécu à Auschwitz*, *op. cit.*, p. 136.
14. *Ibid.*, p. 71-72.

car bien des jeunes filles cédaient à la tentation. Devenir l'amie de madame la Doyenne du Camp équivalait à échanger immédiatement l'enfer du camp contre un paradis, honteux certes, mais chaud et où l'on se rassasiait[15]*...*

En effet, les abus sexuels perpétrés par certains *Funktionshäftlinge* sur des détenus de même sexe (les témoignages des femmes étant encore une fois incomparablement plus nombreux) pouvaient être rapidement repérés. Ces prisonniers qui disposaient au sein du camp de monnaie d'échange sous forme de nourriture, du sentiment d'un immense pouvoir sur autrui et d'une relative impunité, pouvaient garder à leurs côtés de jeunes sous-fifres dont les diverses fonctions incluaient inévitablement des services sexuels.

L'atmosphère du camp d'extermination faisait souvent disparaître toutes les inhibitions et la devise de nombreuses « éminences » était « jouir de tout sans penser au lendemain »[16].

Ici, l'amour est aussi rare que le reste. Ici on n'aime pas, on baise : Clara qui a perdu toute pudeur est devenue une sorte de fille à kapos[17]*...*

Le camp des femmes ressemblait à un couvent qui sentait l'acide phénique et les excréments. Les prieuresses étaient les seules à avoir droit à des amourettes[18].

À Auschwitz, la coutume voulait que les kapos et les chefs de blocks aient leurs favorites, sortes de petites servantes préférées... Elles choisissent parmi les rares jeunes filles qui se trouvaient là, celles qui savaient chanter, coudre, broder, etc... Ces « mères nourricières » déversaient ainsi leur affection sur leurs petites favorites. Elles les habillaient, leur donnaient des tas de bonnes choses à manger ; en bref, elles leur accordaient tous les délices

15. Z. Kossak (64491), *Du fond de l'abîme, Seigneur...*, *op. cit.*, p. 163-164.
16. H. Langbein (60355), *Hommes et femmes à Auschwitz*, *op. cit.*, p. 385.
17. F. Fénelon (74862), *Sursis pour l'orchestre*, *op. cit.*, p. 175.
18. S. Szmaglewska (22090), *Zapowiada się piękny dzień*, Varsovie, Prószyński Media, 2020, p. 19.

d'Auschwitz. Une petite « préférée » était toujours aux ordres, prête à flatter ou à dénoncer, pour se maintenir le plus longtemps possible dans les grâces d'une patronne généralement arbitraire et capricieuse. Je préférais avoir faim et travailler dur. Pendant les deux ans de mon séjour à Auschwitz, je n'ai jamais été une « petite préférée » ; étant donné mon âge pourtant, j'aurais parfaitement pu tenir le rôle[19].

On les appelait les « Pipel *», les « filles à kapo » ou les « putains du block ». On les appelait aussi les femmes entretenues et c'était sûrement la meilleure définition. Ce que cela impliquait était de notoriété publique, mais les jeunes filles n'étaient pas condamnées, car toute méthode de survie était considérée comme bonne*[20].

On peut expliquer le phénomène du *Pipel*, comportement homosexuel typique des camps de concentration, par la volonté des prisonniers de sauver leur vie ou, du moins, de survivre le plus longtemps possible. Cependant, même dans les relations hétérosexuelles où il n'y avait pas de différences hiérarchiques, les arrière-pensées étaient souvent de nature fort similaire – même si ces relations, telles celles d'amants de passage, étaient souvent très éphémères. C'étaient les hommes des Kommandos qui travaillaient régulièrement dans le camp des femmes, là où se trouvaient des prisonnières qui avaient cette possibilité. Ces hommes étaient souvent des ouvriers qualifiés, des électriciens employés pour effectuer les travaux de réparation et d'entretien dans les camps du complexe d'Auschwitz. En tant que prisonniers des meilleurs Kommandos, ils étaient relativement bien nourris, plutôt en bonne forme physique et avaient accès à des marchandises qu'ils pouvaient offrir à leur élue.

Tout homme venu une fois dans le camp des femmes employait ensuite toute son énergie, toute sa ruse pour y revenir souvent. Il pouvait toujours, profitant de l'inattention de son gardien,

19. H. Birenbaum (48693), *L'espoir est le dernier à mourir*, *op. cit.*, p. 118.
20. K. Kaszubski (3416), *To przeżyłem*, *op. cit.*, p. 77.

passer une demi-heure chez une surveillante du block ou chez sa remplaçante. Celles-ci avaient leurs chambres qui rappelaient la « maison »[21].

Nous étions tout seuls et les femmes cherchaient quelqu'un pour prendre soin d'elles. Si vous leur donniez quelque chose, elles étaient très heureuses. Après avoir perdu tous les membres de leur famille, cela signifiait beaucoup pour elles que quelqu'un prenne soin d'elles[22].

Rien de plus qu'un regard, quelques mots, un message secret, un petit cadeau – le plus souvent quelque chose à manger. Mais après tout, c'était un substitut à l'amour que ces jeunes de seize à dix-sept ans n'avaient pas encore connu. Et la peur de ne jamais le connaître. Mieux vaut une illusion que rien[23].

Elle a rencontré un homme responsable d'un des entrepôts [Kanada], elle lui a souri et lui a fait les yeux doux. Il lui a trouvé un travail dans l'un de ces entrepôts. Elle m'a dit : « Je m'en fiche, il me tripote, il me sourit, et pour ça, j'ai de meilleurs repas et un meilleur logement[24]. »

Le soir, on entendait chanter : « Pour un cube de margarine, il l'a embrassée pendant une demi-heure[25]. »

Pour un paquet de margarine, il a embrassé une demi-heure. La margarine était le symbole du sentiment, comme les fleurs, celui de la liberté[26].

21. K. Żywulska (55908), *J'ai survécu à Auschwitz*, *op. cit.*, p. 41.
22. I. Greengrass (87224), *Judaism Is Indestructible*, *op. cit.*, p. 103.
23. M. E. Jezierska (24449), « Biały efekt », art. cité, p. 90 ; repris et traduit in *Témoins d'Auschwitz*, *op. cit.*
24. Rita Hilton (matricule inconnu), [My Story], USHMM Collection, 1994 A.0274, p. 104.
25. S. Szmaglewska (22090), *Zapowiada się*, *op. cit.*, p. 19.
26. K. Żywulska (55908), *J'ai survécu à Auschwitz*, *op. cit.*, p. 42.

Il arrivait que cohami *et* cohama *ne se connaissent même pas, ne se parlent jamais et, combien de fois, ne connaissent pas la même langue ! C'était curieux, mais c'était comme cela*[27].

Ce n'était pas de la prostitution. C'était une institution. Une institution d'amour. Dans les camps de concentration, les normes morales étaient plus souples. L'idée était : vivre un peu avant de mourir[28].

Aujourd'hui encore, je ne sais pas si c'était de l'amour ou un éclair de compassion et de pitié pour les femmes opprimées dans ce camp. En tout cas, ce sentiment donnait l'espoir[29].

Les rendez-vous secrets ne se produisaient pas seulement à la faveur du proverbial « cube de margarine ». Il y avait aussi des cas de relations, d'engouements, d'affections plus durables et de grandes histoires d'amour.

Il y avait beaucoup de femmes dans la cellule. Je me souviens entre autres de Gienia, fiancée du prisonnier J. Pilecki, qui était le Schreiber *du block 11 (Gienia devait être condamnée à mort, mais son fiancé l'a sauvée)*[30].

Lily se rembrunit en m'expliquant qu'elle n'était pas du tout amoureuse, que c'était moi, plutôt qui étais folle. Mais ses beaux yeux brillaient et prouvaient qu'une pensée ou un sourire parviennent toujours, même dans un camp d'extermination, un Vernichtungslager, *à transformer le numéro A-5480 en une jeune fille passionnée et, par instants, heureuse*[31].

En revenant, j'ai croisé un couple : Jurek, un Polonais de Varsovie qui était pompier ici, et Hélène, une jeune fille Juive française aux cheveux noirs. Tout le monde connaissait leurs lettres d'amour

27. L. Pinhas (41117), *Récit de l'enfer*, *op. cit.*, p. 110.
28. B. Dąbrowski (18375), in Dąbrowski, *Nietypowy więzień*, *op. cit.*, p. 92.
29. J. Matynia (10970), *Młodość utracona za drutami*, Oświęcim, musée d'État d'Auschwitz-Birkenau, 2011, p. 67.
30. Maria Matlak (78954), Témoignages, vol. III, p. 396.
31. L. Millu (A-5384), *La Fumée de Birkenau*, *op. cit.*, p. 31.

enflammées et leurs roucoulements dans les allées sombres entre les baraquements. À cette heure de la nuit, l'atmosphère était saturée de romantisme. Parce que c'est interdit, parce que la mort règne partout, pour tout contredire, aller contre le bon sens. Les couples s'embrassaient sans réfléchir, sur un coup de tête. Ils se serraient l'un contre l'autre une brève seconde pour boire la force vitale, pour vivre un moment de plaisir pendant qu'il est encore temps, tant qu'ils sont encore en vie, parce que dans peu de temps, il sera peut-être trop tard. Car non loin de là, les autres se décomposaient ou brûlaient[32].

On parle beaucoup de l'aide apportée par les femmes de la région de Rajsko. Cette aide a vraiment existé, et d'une grande ampleur. Il ne faut pas y voir immédiatement une sorte de conspiration bravache, bien que de tels exemples aient également existé, mais dans la plupart des cas, cette aide est née de sentiments entre un homme et une femme. Il existe des preuves irréfutables que des contacts très étroits ont eu lieu et que certaines femmes sont tombées enceintes[33].

À Harmęże, nous avons rencontré des prisonniers qui nous ont beaucoup aidés. C'est là que j'ai rencontré mon mari, le prisonnier Alojzy Drzazga, que j'ai épousé lors d'un mariage secret alors que nous étions encore dans le camp. La cérémonie s'est déroulée avec la participation de deux témoins, des collègues. Le mariage a été célébré par un prêtre, prisonnier lui aussi, que mon codétenu Karol Czyszczoń avait amené d'un Kommando qui quittait le camp principal et se dirigeait vers Harmęże. Malheureusement, je ne me souviens pas du nom du prêtre. Certains détenus disent qu'il est mort pendant l'évacuation du camp, d'autres disent l'avoir vu après la guerre. Nos recherches pour le retrouver n'ont rien donné[34].

Cela peut sembler un lieu commun aujourd'hui, mais à Auschwitz, je peux assurer que l'amour aidait à vivre[35].

32. K. Żywulska (55908), *I Survived Auschwitz*, *op. cit.*, p. 262-263. Ces lignes ne figurant pas dans la version française de l'ouvrage.
33. J. Matlak (27252), Publications, vol. LXXXII, p. 8.
34. D. Drzazga (26275), Témoignages, vol. XXXIII, p. 74.
35. I. Rosenbaum (65745), *Je suis né le 8 mai 1945*, *op. cit.*, p. 104.

Il n'y a eu qu'une seule fois un mariage légal et officiel à Auschwitz. C'était l'union d'un célèbre communiste autrichien et d'une Espagnole. Aujourd'hui encore, on ne sait pas exactement pourquoi les SS ont autorisé ce mariage : était-ce grâce à un pot-de-vin ou pour d'autres raisons – à des fins de propagande, par exemple ?

Heim Frymel s'était marié six mois plus tôt [c'est-à-dire six ans avant son exécution après une évasion ratée] en tant que prisonnier dans le camp. Sa femme était une belle brune de nationalité espagnole. Je l'avais vue auparavant dans notre Schreibstube *où un SS l'avait escortée. C'est le seul et unique cas où un prisonnier s'est marié alors qu'il était détenu dans le camp. Le jour du mariage, on lui a donné des vêtements civils et le couple a été escorté, sous garde armée, au bureau d'enregistrement d'Oświęcim. Après le mariage, les jeunes mariés ont été ramenés au camp et ont reçu une chambre au premier étage du block 24, qui était le bordel du camp. Les prostituées avaient été sorties des appartements la veille. Le jeune couple y est resté jusqu'au lendemain. Au moment où la jeune femme a quitté son mari, les prisonniers lui ont fait leurs adieux en musique. Le couple a vécu ensemble très peu de temps. Après vingt-quatre heures de vie conjugale, le camp les a séparés et, moins de six mois plus tard, la mort a mis tragiquement fin pour toujours à cette union exceptionnelle*[36].

Pour se voir, les amoureux avaient recours à deux tactiques : soit ils trouvaient un lieu de rencontre secret, soit ils soudoyaient l'un de leurs gardes. Les amoureux dénichaient toutes sortes d'endroits pour partager un moment d'intimité, à l'abri du regard des SS.

Nous avions découvert les toilettes. Ici, au petit matin, l'eau s'écoulait goutte à goutte des robinets dans des fûts d'acier coupés en deux. C'était un lieu de rencontre idéal, et l'on voyait souvent des couples se prendre dans les bras les uns contre les autres dans une étreinte serrée, sans se soucier de ceux qui les entouraient. C'était une manière

36. J. Dziopek (5636), Témoignages, vol. X, p. 27.

d'exprimer la volonté désespérée de se rapprocher le plus possible de l'être aimé, de se donner l'un l'autre un sentiment de sécurité et d'appartenance, un désir éperdu de remplir d'amour nos vies tragiques. L'amour signifiait la vie, et nous voulions tous rester en vie[37].

Lors des raids aériens sur Auschwitz, l'alarme retentissait, les sirènes hurlaient et les gardes SS quittaient le camp. Tel était l'ordre. En revanche, les Kommandos masculins restaient généralement sur place. C'est à ce moment-là que des relations plus profondes pouvaient se tisser. Derrière notre baraque, il y avait un endroit de plusieurs mètres de large, dissimulé de telle sorte que les gardes ne pouvaient pas le voir depuis leur tour de guet. C'est là qu'ils allaient, un couple après l'autre... Des prisonniers russes, hommes et femmes. Et d'où venaient les grossesses ? Parce qu'il y en a eu. En 1944, il y avait beaucoup de grossesses[38].

C'est également à cette fin que les objets de valeur étaient « organisés » dans le but de corrompre les gardes SS. Cela pouvait simplifier grandement les choses, comme en témoignent ces propos de Shlomo Venezia, ancien prisonnier du *Sonderkommando* :

Pour cela, il fallait corrompre le garde allemand pour qu'il accepte de conduire des prisonniers dans le camp des femmes et ferme les yeux. [...] Même si c'était rare, je suppose que certains sont allés voir leur fiancées. Et une fois qu'ils étaient dedans, s'ils faisaient quelque chose avec les femmes, ça je ne le sais pas[39].

À toutes les stratifications sociales que nous avons déjà mentionnées (importantes dans la hiérarchisation des prisonniers), il faut ajouter celles liées à l'affection et à la sexualité. Celles-ci reposaient non seulement sur l'absence de normes morales, mais aussi sur l'âge, l'attrait et, en dépit de l'immense fatigue, la capacité à séduire. Toutes les femmes, et tous les hommes d'ailleurs, n'étaient pas dotés de ces qualités ou ces capacités. De plus, la libido ou même le simple intérêt affectif étaient l'apanage de

37. R. Elias (73643), *Triumph of Hope*, *op. cit.*, p. 114.
38. Z. Posmysz (7566), *Królestwo za mgłą*, *op. cit.*, p. 165.
39. S. Venezia (182727), *Sonderkommando*, *op. cit.*, p. 133.

ceux qui avaient encore de la force, ne souffraient pas de la faim ou pour qui les angoisses de la vie au camp n'avaient pas eu d'effet néfaste sur les fonctions sexuelles[40]. La libido devait certainement faire défaut aux *Muselmänner*[41].

> *Il faut dire que les femmes âgées et laides étaient complètement abandonnées, personne ne s'occupait d'elles et elles ne pouvaient compter que sur les rations du camp*[42].

> *J'ai eu l'occasion d'observer de près les prisonnières lors de la distribution de la soupe. Les femmes* Muselmänner *avaient l'air encore plus mal en point que nous*[43].

> *En un instant, toutes les femmes ont été sorties du block et emmenées quelque part. J'ai regardé leurs corps minces et élancés, mais je n'ai pas été tenté. [...] Elles se déplaçaient comme des ombres. Et dans leur sillage, la terrible puanteur des corps non lavés. J'ai compris que tout le monde souffrait de la faim, de la pauvreté, de l'humiliation et de la peur du lendemain*[44].

---

40. Voir Giza, *Morasiewicz, Z zagadnień popędów w obozach koncentracyjnych. Przyczynek analiz tzw. KZ-syndromu*, Przegląd Lekarski – Oświęcim, 1973, p. 33 : « Presque tous les sujets étudiés [vingt personnes sur la base de questionnaires] emprisonnés dans le camp jusqu'à l'âge de vingt ans ont connu des troubles sexuels (à la fois des troubles de l'érection et des troubles de l'éjaculation). Dix-huit des sujets présentaient des dysfonctionnements érectiles (érections très rares et incomplètes, absence d'érections nocturnes et matinales). Tous les sujets qui dans le camp ont mené une activité qui aurait normalement dû se terminer par une éjaculation ont rapporté des troubles éjaculatoires le plus souvent graves (éjaculation retardée, voire *impotentia ejaculationis*) » ; *ibid.*, p. 35 : « Dans ce groupe [vingt hommes dans le camp, âgés de vingt et un à trente ans], des troubles érectiles sont apparus chez tous les sujets à l'exception d'un seul. »

41. Wesełucha, « Obóz jako eksperyment psychiatryczny », art. cité, p. 245 : « La grande majorité des prisonniers qui languissaient dans le camp étaient non seulement incapables d'avoir des relations sexuelles mais ne pouvaient ne serait-ce qu'y penser. D'un côté, car la faim les tenaillait et qu'ils étaient dans un état de fatigue extrême, et de l'autre en raison du stress psychique mentionné auparavant. »

42. M. Żumańska (29940), Témoignages, vol. IV, p. 429.

43. K. Szuster (9310), Témoignages, vol. XX, p. 54.

44. B. Dziewięcki (125546), *Z dna piekła*, *op. cit.*, p. 66-67.

Les pensées sexuelles étaient exclues chez les êtres humains dans cette condition[45].

À l'autre extrême de l'échelle sociale, on trouvait un groupe de *Funktionshäftlinge*, sans aucune morale, relativement bien nourris et autoritaires, ne craignant personne d'autre que les SS. La citation suivante d'August Kowalczyk peut servir d'exemple du sentiment d'impunité qui régnait parmi eux, mais aussi de preuve que les violations trop flagrantes des normes sociales n'étaient pas tolérées même par les SS.

Parmi les détenus à la Compagnie Disciplinaire il y a vingt et quelques kapos, dont Willy, mon ex-chef du block 17. Willy au triangle noir. Ils y ont tous abouti pour « relations avec les femmes ». Eh oui ! Willy [...] s'était fait pincer lors d'un numéro de sexe avec une prisonnière allemande. [...] Une partie des kapos avaient été surpris en pleine séance de masturbation collective au grenier du block 20. Pendant ce temps, de l'autre côté de la cloison en béton, étendues sur une partie des baraquements dans le camp des femmes, des kapos allemandes se livrait à un jeu identique. Cette activité sexuelle singulière avait valu quelques mois de Compagnie Disciplinaire à leurs acteurs de part et d'autre[46].

Il est beaucoup plus facile de comprendre certaines situations décrites par des prisonniers qui se trouvaient dans des conditions émotionnelles extrêmes. Je citerai encore à cet égard Shlomo Venezia du *Sonderkommando* :

En revanche, je me souviens qu'un jour, parmi les cadavres sortis de la chambre à gaz, les hommes ont trouvé le corps d'une femme incroyablement belle. Elle avait la beauté parfaite des statues anciennes. Ceux qui auraient dû la mettre dans le four n'arrivaient

45. H. Langbein (60355), *Ludzie w Auschwitz*, trad. de l'allemand par Viktor Grotowicz, musée d'État d'Auschwitz-Birkenau, Oświęcim, 2017, p. 577.

46. A. Kowalczyk (6804), *Le Refrain des barbelés*, traduit du polonais par André Giaro, Oświęcim, musée d'État d'Auschwitz-Birkenau, 2003, t. 2, p. 148-149.

pas à se résoudre à faire disparaître une image si pure. Ils ont gardé son corps auprès d'eux le plus longtemps possible, puis ils ont bien été obligés de la brûler, elle aussi. Je pense que c'est le seul cas où j'ai vraiment « regardé ». Autrement, tout se faisait machinalement, il n'y avait rien à voir[47].

À l'instar d'autres camps de concentration, des maisons closes officielles, appelées *Puffs* ont été créées à l'automne 1943 à Auschwitz I ainsi qu'à Auschwitz III-Monowitz. Ces bordels étaient utilisés pour stimuler les prisonniers, bien que seuls les détenus dits aryens fussent autorisés à s'y rendre. Certains anciens prisonniers ont souligné dans leurs mémoires d'après-guerre que ce sont principalement les Allemands qui s'y rendaient. En privé, cependant, d'autres ont affirmé que ce n'était pas le cas et qu'en fait, tous ceux qui pouvaient en payer le prix et qui le voulaient y allaient. Il s'agissait le plus souvent de *Funktionshäftlinge* et de leurs protégés. Les prisonnières qui y travaillaient étaient volontaires. Certaines avaient été prostituées avant-guerre ; d'autres étaient des femmes qui avaient donné priorité à la survie sur la moralité.

La menace d'un recrutement obligatoire [pour le Puff*] planait continuellement sur le camp des femmes. Heureusement, le nombre des volontaires était si élevé que les autorités n'avaient aucune raison de recourir à la réquisition*[48].

— Qui veut aller à Auschwitz chez les hommes ? Le travail y est facile, vous aurez des habits civils et une bonne nourriture.

Elle dit cela avec un sourire hypocrite.

— Les volontaires n'ont qu'à se présenter.

Tout le monde se mit à poser des questions, très naïves, comme on le vit par la suite. Nous, les prisonnières de Pawiak, nous écoutions cette invitation avec méfiance.

Notre Blokowa*, restée à l'écart, renseigna une des détenues :*

— On engage au Puff, dit-elle.

---

47. S. Venezia, *Sonderkommando*, *op. cit.*, p. 140.
48. Z. Kossak (64491), *Du fond de l'abîme, Seigneur…*, *op. cit.*, p. 102.

— Qu'est-ce qu'on y fait ?
— Rien. Il faut y contenter vingt hommes par jour…
— Quels hommes ?
— Ceux qui ont des fonctions dans le camp, les anciens, est-ce que je sais…

Les volontaires étaient en nombre suffisant, on avait inscrit leur numéro.

De partout, on désignait la Coya* *voisine de la nôtre :*

— Une Polonaise, quelle honte !

Couchée sur son grabat, une jeune fille, vraisemblablement une volontaire, répétait : « J'ai faim, et puis, ça ne vous regarde pas[49]*. »*

Celles qui se présentaient au bordel étaient des prostituées pour qui rester dans le block 24 n'avait rien de terrible. Après tout, elles avaient gagné leur vie en le faisant avec des hommes avant leur arrestation, et maintenant, en se présentant au bordel, elles évitaient d'avoir à travailler dans la boue, affamées et frigorifiées. Au premier étage du block 24, elles avaient à leur disposition une salle de bain, et la cuisine leur fournissait une meilleure nourriture (que les prisonnières appelaient la « soupe de pute »). En dehors de cela, elles ne faisaient pratiquement rien, on les laissait sortir du camp pour des promenades – bien sûr, sous escorte SS. Les Juifs, les Russes et les Ukrainiens n'étaient pas autorisés à fréquenter le bordel. C'était la théorie, en pratique, c'était autre chose[50]*.*

Le travail des femmes les occupait deux heures, le soir. Chaque visite dans la chambre durait quinze minutes. Pour les prisonniers épuisés, ce n'était pas seulement une évasion vers le plaisir sexuel, mais paradoxalement la vue d'attributs du monde normal qu'ils avaient presque oubliés : un lit simple, des draps, des tapis, des rideaux, de la lingerie… Pour certains jeunes gens, c'était un rite de passage, comme le montre le récit d'un jeune homme de dix-huit ou dix-neuf ans à l'époque :

---

49. K. Żywulska (55908), *J'ai survécu à Auschwitz*, *op. cit.*, p. 66-67.
50. J. Brandhuber (87112), Témoignages, vol. LXXVI, p. 121.

> *Dans le couloir, je me suis arrêté devant une porte portant mon numéro, un instant après, elle s'est ouverte, une jeune fille m'a pris la main et m'a fait entrer. J'ai appris qu'elle était polonaise et originaire de Gdynia, où elles étaient appelées les « mouettes », et elle a appris que je n'avais jamais mis les pieds dans une telle institution. Elle a frappé au mur et a crié : « Krysia ! J'ai un puceau ! » L'affaire en elle-même n'a pas duré plus de cinq minutes, après quoi j'ai reboutonné ma braguette et elle est allée se laver dans le lavabo. Le temps était certainement compté. Nous nous sommes dit « à bientôt », mais, malheureusement, je n'ai jamais eu d'autre occasion*[51].

L'existence même d'un *Puff* créait de nouvelles possibilités d'échanges entre hommes et femmes, bien sûr, réservé uniquement à quelques-uns, mais affectant émotionnellement un groupe plus large de prisonniers, comme le montre la description suivante :

> *Il faut savoir que les « dames » ne travaillaient officiellement que le soir. Mais la nuit, les amours clandestines fleurissaient. Dans l'obscurité de la nuit, divers* Funktionshäftlinge *apparaissaient en bas du block 24 et, à l'aide de cordes, grimpaient jusqu'à leurs prostituées – naturellement en leur apportant divers cadeaux. Parfois, on soudoyait le* Blockführer. *Il y eut aussi des scènes humoristiques. Une fois, l'une des prisonnières hissa son « favori » à l'aide d'une corde jusqu'à son rebord de fenêtre, puis lâcha la corde, le fit tomber du premier étage jusqu'au sol, lui endommageant la colonne vertébrale. Il s'agissait d'une vengeance parce qu'il avait également recours aux services de femmes détenues dans le block 9*[52].

Les relations sexuelles entre les détenues et le personnel SS étaient absolument contraires à tous les règlements. Cela était considéré par les nazis comme un déshonneur pour l'uniforme SS et une trahison de la hiérarchie du Troisième Reich. S'ajoutait à cela, dans le cas d'une relation sexuelle avec des

51. M. Morawski (121547), *Jeden z wielu*, *op. cit.*, p. 60.
52. J. Brandhuber (87112), Témoignages, vol. LXXVI, p. 121.

femmes Juives ou roms, une infraction à la préservation de la « pureté du sang allemand ».

Alors que les prisonniers, hommes et femmes, pris en flagrant délit d'une telle relation étaient généralement punis de mort, les SS, eux, étaient retirés du camp et envoyés sur le front de l'Est. De telles relations, et même de l'amour sincère, pouvaient également concerner les SS-*Aufseherin* allemandes.

La femme SS a été arrêtée, soupçonnée d'avoir eu une relation intime avec un prisonnier. Malgré la violence et la torture, elle n'a pas voulu révéler le nom de l'élu de son cœur. Les longues périodes d'isolement et les tortures ont également eu un effet néfaste sur son état de santé. Au bout d'un certain temps, elle a disparu du camp[53].

Il faut également garder à l'esprit que selon l'idéologie nazie, le sang allemand pouvait être altéré si un prisonnier allemand « aryen » avait une relation sexuelle avec une détenue Juive. La réalité des camps était telle que même les détails les plus intimes devaient être conformes à l'idéologie – ce qui est, pratiquement, une définition du totalitarisme.

Dès les premiers jours de la construction, nous avons remarqué que nous étions observés de près par des filles de la Feuerwehr*. *Nous avons établi le contact. Il s'est avéré que toutes les femmes-pompiers étaient allemandes et que, dans le camp, elles portaient des insignes verts ou noirs, c'est-à-dire antisociaux. Un jour, alors que je me trouvais dans notre « remise à outils », j'ai été attaquée par quatre filles de la* Feuerwehr, *dont la dernière a verrouillé la porte de la remise derrière elle. L'une d'elles a commencé à m'embrasser, la deuxième a rapidement réussi à m'enlever ma veste, et la troisième a utilisé la force pour baisser mon pantalon. Leur agression m'a paralysée. J'ai finalement repris mes esprits, je me suis dégagé des étreintes des prétendantes, j'ai violemment repoussé la quatrième qui bloquait la porte et je me suis retrouvé au milieu de mes compagnons qui ont éclaté de rire. Cette aventure aurait pu me valoir un procès pour violation de la loi nazie*

53. J. Brandhuber (87112), Témoignages, vol. LXXVI, p. 145.

Rassenschande, *c'est-à-dire la souillure de la « race allemande ». En vertu de cette loi, un Polonais risquait la castration ou plutôt la mort*[54].

Enfin, certains témoignages révèlent que des violences sexuelles ont eu lieu.

Une nuit [...], des SS ont fait irruption dans la baraque avec l'intention de violer les prisonnières. Le vacarme épouvantable que nous faisions en criant nous a permis de nous enfuir[55].

Il n'y avait pas un jour où quelques SS ne venaient pas faire ce qu'ils voulaient à des jeunes filles ou à des femmes[56].

La véracité de ces événements est également confirmée par les récits du block 11 d'Auschwitz I, une prison à l'intérieur du camp de concentration. C'était le seul endroit du camp où des SS étaient postés en faction, y compris pendant la nuit.

En attendant notre exécution, nous avons été laissés nus et sans nourriture dans le bunker du block 11. Par une fente de la porte de ma cellule, j'ai pu voir les gardes SS ivres se livrer à des orgies sexuelles dans le couloir avec des prostituées qui avaient été arrêtées pour trouble à l'ordre public[57].

En ce qui concerne les relations sexuelles entre les SS et les femmes détenues dans les bunkers, je peux confirmer qu'elles ont eu lieu et qu'elles impliquaient le plus souvent des SS qui servaient de garde dans le block 11[58].

---

54. E. Ferenc (281), *Bez retuszu*, *op. cit.*, p. 30.
55. Zofia Szlachcic (38123), Témoignages, vol. V, p. 736.
56. S. Potgrabienskowa Drake (26318), *Sonja's Story*, *op. cit.*, p. 59. L'opinion selon laquelle il s'agissait d'un événement qui arrivait tous les jours est plutôt exagérée, probablement en raison de la propre expérience de l'auteur. Novice de quinze ans et vierge, elle a été brutalement violée par les SS du camp.
57. Alfred Woycicki (39247), Testimony for the Public Prosecutor's Office in Frankfurt am Main, *Testimonies*, vol. IX, p. 1318.
58. Maksymilian Chlebik (1251), Témoignages, vol. XL, p. 7. L'auteur était barbier dans le block 11 de décembre 1940 à octobre 1944.

LA FOI ET LA RELIGIOSITÉ

L'amour, le dévouement, la réciprocité n'existent jamais loin du monde des croyances et de la religion. Les expériences humaines servent de fondement à la compréhension des principes d'une transcendance. La mort qui approche, l'avenir, la vie après la mort sont ces grandes questions universelles. Une personne seule vivant dans la peur cherche naturellement des alliés invisibles – nous avons tous vu un sans-abri dans une grande ville se parler tout seul.

À Auschwitz, l'idéologie et les pratiques des SS se heurtaient à deux grandes religions : le judaïsme et son dérivé, le christianisme. L'impact de ce choc ne fut pas identique. D'un point de vue chrétien, il s'agissait d'une lutte du bien contre le mal, de la justice contre l'anarchie, de l'humanité contre son contraire. C'était un espace de tentation et de sacrifice. En fin de compte, le chrétien, ou « l'Aryen » – pour utiliser le terme allemand –, mourrait seul. Il n'appartenait pas nécessairement à un groupe ou, quand c'était le cas, c'était de son propre choix, de sa propre volonté qu'il était devenu membre d'une organisation comme l'armée, un mouvement de résistance clandestin, etc. Ainsi, aujourd'hui, de nombreux théologiens chrétiens se contentent d'expliquer Auschwitz usant de l'image de Jésus sur la croix, souffrant avec les victimes. Comme s'ils ne se rendaient pas compte qu'il avait été de la propre volonté de Jésus d'être crucifié, contrairement aux millions de victimes de la Shoah morts dans les camps.

Pour le judaïsme, le problème était et est toujours beaucoup plus profond, car identitaire et existentiel. Lorsque les Hébreux traversèrent la mer Rouge avec Moïse, il y a trente siècles, les eaux se fendirent. Mais lorsqu'ils périrent dans la Shoah, le Seigneur, qui avait dit : « Vous serez mon peuple, et je serai votre Dieu[1] », ne les a pas sauvés. Son absence a été clairement ressentie. L'accord initial, l'Alliance entre le Seigneur et son peuple était le suivant : obéissez à mes commandements et je serai votre Seigneur, je vous protégerai et je vous bénirai. Pourtant, les premiers à périr pendant la Shoah ont été précisément les Juifs les plus fidèles, les plus orthodoxes, qu'il était presque impossible de sauver en raison de leur foi inébranlable, de leur apparence reconnaissable, de leur ignorance de la culture non Juive comme de leur absence de liens avec la communauté non Juive. Face à la plus grande épreuve, après des siècles d'errance, et bien que d'innombrables règles l'eussent préservée, l'Alliance avait tout simplement été rompue. Le sens même du judaïsme semblait remis en question.

Ces deux expériences religieuses d'Auschwitz, la chrétienne et la Juive, ne sont en rien comparables. Pour les chrétiens, il s'agit d'un problème théologique, analogue à bien d'autres aspects du mal qu'il est difficile de comprendre dans ce monde : *mysterium iniquitatis*[2]. Pour les Juifs, il s'agit d'une destruction des fondements

1. *Et eritis mihi in populum et ego ero vobis in Deum*, Jérémie 30, 23. Ce sujet revient plus en détails dans d'autres écrits de la Tora, voir Lev. 26, 12 et bien d'autres.

2. *Mysterium iniquitatis*, ce concept a été utilisé par Jean-Paul II dans sa lettre à l'occasion du soixantième anniversaire de la libération d'Auschwitz le 27 janvier 2005 qui, lors de la cérémonie de commémoration a été lue par le cardinal Jean-Marie Lustiger dont la mère, Juive, avait été parmi les victimes d'Auschwitz : « En ces jours, nous devons nous souvenir des millions de personnes qui, sans qu'il y ait eu faute de leur part, ont été contraintes d'endurer des souffrances inhumaines et d'être exterminées dans les chambres à gaz. Je m'incline devant tous ceux qui ont vécu cette manifestation du *mysterium iniquitatis*. »

de tout, absolument tout ce qui concerne l'identité, d'une trahison incompréhensible de l'Alliance et une fin du monde[3].

Avant de parler de la religiosité à Auschwitz, il faut d'abord souligner que, pour des raisons évidentes, elle n'était pas au centre des préoccupations de la plupart des prisonniers. Tout d'abord, toute pratique religieuse était interdite dans le camp[4] sous peine de sanctions sévères. De surcroît, les prisonniers étaient mobilisés en permanence par des préoccupations plus immédiates.

> *Le sens de la vie quotidienne, ses désirs, ses rêves, ses efforts se résument à vouloir acquérir les biens les plus précieux. Il s'agit du pain, de la soupe Avo* et des produits de luxe, c'est-à-dire des cigarettes*[5]*...*

> *J'étais conscient du fait qu'aucune foi en une vie après la mort ne pourrait apaiser ma faim ou atténuer la tyrannie des souffrances physiques*[6].

Cela ne signifie pas que l'on ne puisse pas parler de religiosité dans le camp. Mais elle était limitée à des cercles restreints et secrets autour d'un prêtre ou d'un rabbin[7]. Ce fut donc de l'expérience d'une minorité absolue, se réunissant en cachette en petits groupes. La grande majorité des récits évoquant ce sujet parlent de changements importants dans leur rapport à la religion, la foi et la transcendance. Mais ces changements n'avaient rien d'uniforme. Ceux qui étaient très religieux, dont la vie s'organisait dans un temps et un espace sacrés, perdirent le soutien qu'ils recevaient auparavant dans les cérémonies religieuses et le calendrier liturgique. De très nombreux survivants dirent avoir

3. Voir Piotr Cywiński, *Epitaph*, traduit du polonais en anglais par Witold Zbirohowski-Kościa, Oświęcim, musée d'État d'Auschwitz-Birkenau, 2012, p. 150-151.
4. Jagoda, Kłodziński (20019), Masłowski, *Oświęcim*, *op. cit.*, p. 131-133.
5. A. Gawalewicz (9225), *Reflections*, *op. cit.*, p. 56.
6. H. Hrabovecká (matricule inconnu), *Arm With a Tattooed Number*, *op. cit.*, p. 37.
7. Jagoda, Kłodziński (20019), et Masłowski, *Więźniowie Oświęcimia*, *op. cit.*, p. 105.

perdu la foi ou, du moins, avoir changé fondamentalement leur perception et leur rapport à la religion.

Auschwitz était un endroit terrible pour les croyants qui luttaient contre la crise spirituelle, c'était une lutte vaine, le choc était trop fort. Ceux qui étaient croyants étaient désorientés. Certains ne voulaient pas parler. Auschwitz avait brisé toutes nos traditions et nous avait laissés à terre, à bout de nerfs[8].

Disparu son foyer, disparus les shabbats, disparu son monde, englouti son bonheur. Son père, sa mère, ses sœurs et frères, sa femme – aucun n'est plus de ce monde[9].

J'ai complètement perdu la foi. Je ne croyais plus en rien[10]*...*

Quelque chose s'est brisé en moi. Il y a eu un sentiment de vide, il n'y avait rien. Puis ce fut la terrible agonie, le chagrin extrême et la rancœur : contre Dieu pour m'avoir enlevé mon père, contre le destin et contre tout le monde. La révolte s'est installée en moi : pourquoi fallait-il que cela m'arrive ? Pourquoi[11] *?*

Des conversations s'engagent :
Savez-vous que je n'y tiens plus... Je suis à la limite de mes forces. Je vais me jeter sur les barbelés. Si ce n'est pas aujourd'hui, ce sera demain... Si je pouvais prier, cela me soulagerait peut-être. Mais je ne prie pas. La religion m'a déçue[12].

Dois-je prier ? Dois-je remercier Dieu de nous avoir à nouveau sauvé la vie ? Comment puis-je remercier ou louer un Créateur qui permet que cela se produise ? Ce n'est pas un miracle d'être en vie, c'est une tragédie[13].

8. S. Sattler (68652), *Prisoner of 68 Months*, *op. cit.*, p. 89.
9. Z. Gradowski (matricule inconnu), *Au cœur de l'enfer*, *op. cit.*, p. 159.
10. Dina Davidovich de Unikel (A-20102), [Return to Life], USHMM Collection, RG-02.128, p. 44.
11. T. Sobolewicz (23053), *But I Survived*, *op. cit.*, p. 129.
12. Z. Kossak (64491), *Du fond de l'abîme, Seigneur...*, *op. cit.*, p. 281.
13. R. K. Gelissen (1716), *Rena's Promise*, *op. cit.*, p. 177.

La principale question posée dans le camp, à laquelle aucune école théologienne n'a répondu sans équivoque à ce jour, était : « Où est Dieu ? » Pour de nombreux croyants, la toute-puissance, la justice et la miséricorde avaient complètement échoué. Le mal semblait être la seule force transcendante à subsister, peut-être pas totalement, mais au moins la seule à sidérer par sa puissance et sa totale impunité.

Auschwitz a été une tragédie pour le croyant. Dans les nuits d'insomnie, une seule question se posait. Pourquoi Dieu a-t-il permis cela ? Pourquoi[14] *?*

Une fois de plus, j'étais au bord de la crise de nerfs. Par la volonté de qui notre misérable peuple avait-il dû subir une telle succession d'horreurs ? Si c'était la volonté de Dieu, je sentais que même Lui devait avoir honte, car Il ne pouvait pas avoir voulu quelque chose d'aussi terrible que cela[15].

Et le prisonnier a tout supporté en silence et en humilité, debout, raide, les mains le long du corps et la tête baissée comme un cheval de trait dans le brouillard, endolori, éclaboussé de sang, battu, plein de crachats, dépouillé de son humanité, rendu fou, il se tient là et attend la miséricorde, il ne sait pas de qui, car il a appelé Dieu à l'aide, mais Dieu n'est jamais venu. Alors, le prisonnier demande : « Dieu, où es-Tu ? » Silence, il demande à nouveau : « Dieu ! Où es-Tu ? Où es-Tu ? Dis-moi, est-ce que Dieu existe ? » Personne n'a dit qu'il n'y avait pas de Dieu, ils ont dit qu'ils ne savaient pas. Parce que personne ne le savait vraiment[16].

J'avais été élevé dans l'orthodoxie, mais je me suis effondré dans un coin en accusant Dieu. Nous étions censés être le peuple élu. J'ai demandé à Dieu pourquoi nous avions été choisis – pour mourir ? Je me suis dit que je ne croyais pas du tout en l'existence de Dieu. Dieu ne devait être qu'une histoire. Comment un Dieu pouvait-il

14. Sattler (68652), *Prisoner of 68 Months*, *op. cit.*, p. 80.
15. M. Nyiszli (A-8450), *Byłem asystentem doktora Mengele. Wspomnienia lekarza Oświęcimia*, musée d'État d'Auschwitz-Birkenau, Oświęcim, 2000, p. 141-142.
16. Z. Czerwińska-Kossakiewicz (49973), Témoignages, vol. XVI, p. 50-51.

laisser tous ces gens humbles et religieux mourir ainsi ? J'ai pensé au rabbin qui m'avait livré son enseignement, qui était un saint et qui avait toujours donné la plus grande partie de son argent aux pauvres. J'ai accusé Dieu d'avoir permis que son peuple soit assassiné. Je me suis endormi en pleurant[17].

Je n'avais pas peur ; je ressentais seulement la tristesse de la mort. L'inutilité cruelle de cette parenthèse d'existence suspendue entre deux néants me tourmentait. J'existais encore, et demain je ne serais plus. À quoi bon la souffrance enserrée entre ces deux extrémités ? Peut-être un Dieu me regardait-il du haut des cieux ? Pourquoi m'avait-il fait naître si j'étais destinée à souffrir et à disparaître de la sorte ? Ce Dieu n'était-il donc pas sensible à la compassion[18] *?*

Et la haine envers le ciel n'est pas moindre que la colère envers les tyrans. Plus d'une fois, je me pose la question : est-ce que sortiront d'ici, s'ils sortent, des gens qui croient en Dieu ? Garderont-ils la foi ? Une réponse positive défie tous les sentiments humains[19].

Ce qui est arrivé aux adultes a été considéré par certains comme une punition pour les péchés. Mais l'assassinat de plus de deux cent mille enfants à Auschwitz pose l'une des questions les plus difficiles, celle de la justice face à l'innocence.

Certains parlaient de Dieu, de ses voies mystérieuses, des péchés du peuple Juif et de la délivrance future. Moi, j'avais cessé de prier. J'étais d'accord avec Job ! Je n'avais pas renié Son existence mais je doutais de Sa justice absolue[20].

Je pensais beaucoup à Dieu. Je possédais une compréhension très simpliste de la nature de Dieu. On m'avait dit que si vous étiez sages, Dieu vous récompenserait, et que si vous ne l'étiez pas, il vous

17. Michael Mason (83631), *A Name Unbroken*, Toronto, Fondation Azrieli, 2015, p. 21.
18. L. Millu (A-5384), *La Fumée de Birkenau*, *op. cit.*, p. 44.
19. R. Kagan (7984), *Des femmes au bureau de l'enfer*, *op. cit.*, p. 100.
20. E. Wiesel (A-7713), *La Nuit*, *op. cit.*, p. 76.

punirait. On m'avait dit que Dieu était partout et qu'il savait tout. Je me disais donc qu'il devait savoir ce qui nous arrivait. Pourquoi ne punissait-il pas les nazis et ne sauvait-il pas les gens qui ne faisaient rien de mal ? Quels péchés avaient commis les bébés pour être envoyés à la mort ? En quoi les femmes et les hommes pieux avaient-ils failli ? Conscient que ma connaissance des fondements de notre religion et de notre Dieu était sommaire, je me disais tout de même que le peu que je savais n'avait aucun sens[21].

*Où était le Dieu miséricordieux, l'*Adonaï Echad *? Si Dieu était si tout-puissant, n'entendait-il pas les cris de désespoir des mères, les pleurs des enfants innocents ? Ne sentait-il pas l'odeur des corps brûlés ? L'odeur des cheveux humains brûlés n'arrivait-elle pas jusqu'à lui ?! Ma sœur et moi avons pleuré toutes les larmes de notre corps cette nuit-là, gardant entre nous le pain de Jakubek, notre frère tant aimé. C'est cette nuit-là que j'ai une fois pour toutes enterré mon Dieu à Auschwitz*[22].

J'étais peut-être puni par Dieu, le Tout-Puissant, pour avoir été parfois un mauvais garçon, pour avoir parfois péché, et je me suis dit, une fois encore : « Quels péchés ces bébés et ces enfants si petits auraient-ils pu commettre ? » Et j'ai senti clairement que s'il y avait un Dieu et qu'il observait tout cela – aussi puissant soit-il –, il n'était pas bon ou il n'y avait pas de Dieu ! Aucun être humain – aucun Dieu – n'a le droit de provoquer le massacre d'innocents – de tous ces milliers d'enfants innocents – ou de le tolérer. Et je me trouvais là, petit et maigre, à Auschwitz, au milieu de ces clôtures électriques, des miradors et de gardiens SS aux chiens méchants. J'étais une personne libre, libérée de ma croyance en Dieu. Je ne lui demandais plus rien, je ne le priais plus et je ne lui demandais plus pourquoi[23].

« Nous avons tous péché. Peut-être que je mérite, que tu mérites, que nous méritons tous cette souffrance et ces malheurs. » « Peut-être

21. N. Leipciger (133628), *Le Poids de la liberté*, *op. cit.*, p. 88.
22. Bella Herson (matricule inconnu), [Tattooed Souls], USHMM Collection, 1999.106.27, p. 85.
23. Henry Starer (matricule inconnu), *Why*, New York, Vantage Press, 1991, p. 88.

toi et moi, mais tous ces enfants, tous ces milliers d'innocents. Ils ont péché aussi pour mériter ces malheurs[24] *?* »

Nous avons été conduits vers Birkenau. Même les chevaux manifestaient un étrange malaise. C'était pour moi un sentiment terrible. J'étais envahi par une peur intérieure et mon corps tremblait. Il m'est venu à l'esprit de questionner le Créateur. Avait-il oublié ces personnes, en particulier ces enfants innocents, et avait-il permis que de tels crimes se produisent[25] *?*

... pendant que Hitler fait ce qu'il veut, notre Tout-Puissant ne fait rien[26].

Au cours de conversations entre des personnes ayant reçu une éducation religieuse, des autorités religieuses, des rabbins et des prêtres ont pu tenter de trouver une réponse commune aux questions les plus perturbantes, mais les témoignages montrent sans équivoque qu'aucun enseignement théologique, aucune école de pensée religieuse n'était préparée à un désastre humain d'une telle ampleur, et qu'aucune d'entre elles n'a pu apporter une réponse susceptible d'apaiser les cœurs et les consciences. La première des citations qui va suivre est le souvenir d'un garçon de douze ans, la seconde évoque la fête de Pâque organisée dans un baraquement de Birkenau et dans la troisième, ce sont les mots d'une très jeune nonne.

Un jour, j'ai vu mon professeur bien-aimé de la yeshiva, M. Lefkowitz. Je l'ai regardé et lui ai dit, en hébreu : « Zo hi Torah we-zeh sekharah ? » « *C'est notre Torah ? C'est notre croyance et c'est ainsi que nous sommes récompensés ? Était-ce la volonté de Dieu ?* » *Il a disparu. Je ne l'ai jamais revu. Son visage en pleurs est toujours devant moi*[27].

---

24. A. Balbin (41796), *De Łódź à Auschwitz en passant par la Lorraine*, *op. cit.*, p. 101.
25. J. Matynia (10970), *Młodość utracona za drutami*, *op. cit.*, p. 56.
26. M. Weintraub (matricule inconnu), *The Arrival*, *op. cit.*, p. 177.
27. M. Kohn (77355), *Weep Tears of Blood*, *op. cit.*, p. 42.

Un jeune garçon de douze ans posa les « quatre questions[28] » en disant Mah nishtana, *« Pourquoi nous, les Juifs, sommes-nous différents des autres ? » Les larmes coulèrent des yeux de tous et, après la question, chacun se demanda pourquoi il en était ainsi[29].*

J'étais si effrayée que je ne pouvais faire rien d'autre que de pleurer et de me cacher derrière la mère supérieure. Elle m'a dit de prier et que tout irait bien, mais j'ai beaucoup prié, et ça n'a rien fait[30].

Cependant, ce n'étaient pas seulement les grandes idées religieuses et les siècles d'enseignement établissant le lien entre pratique et spiritualité – les unes comme les autres avaient fini par s'effondrer. Dans le contexte du camp de concentration, les créations de l'esprit reliant l'ici-bas et le monde invisible n'allaient pas de soi, comme le rappelle avec émotion Zofia Kossak, qui fut après-guerre une auteure catholique polonaise de premier plan.

Si on se basait sur ces faits, ces croyances, ces expériences, il aurait fallu s'attendre à voir le camp pulluler d'esprits, de larves, de fantômes. D'un block à l'autre, on aurait dû répéter des histoires de revenants impressionnantes et fantastiques, vraies ou fausses. Le terrain semblait s'y prêter comme nul autre. [...] Pourtant il ne se passait rien. Le problème des revenants n'existait pas au camp. Les rêves, prophéties de toutes sortes, la bonne aventure y jouaient un grand rôle. Les revenants, aucun[31].

Il n'est donc pas surprenant que certains récits mentionnent des tensions considérables entre les croyances, des tensions par rapport à la foi, et des tentatives pour la mettre en pratique dans

---

28. Les « quatre questions » sont l'un des rites traditionnels du seder de Pessa'h, rituel Juif visant à faire revivre aux participants, en particulier aux enfants, la fin de l'esclavage du peuple Juif en Égypte et son soudain accès à la liberté. Elles sont traditionnellement posées en chantant par le plus jeune de l'assemblée au début du récit de l'Exode. La première question, qui commence par *Mah nishtana*, est la suivante : « En quoi cette nuit diffère-t-elle des autres nuits ? » *(N.d.É.)*

29. I. Greengrass (87224), *Judaism Is Indestructible*, *op. cit.*, p. 94.

30. S. Potgrabienskowa Drake (26318), *Sonja's Story*, *op. cit.*, p. 53.

31. Z. Kossak (64491), *Du fond de l'abîme, Seigneur...*, *op. cit.*, p. 220.

la réalité quotidienne du camp. Cela montre que l'expression de la foi dans un monde structuré par l'ordre religieux ne s'exprime pas de la même façon dans l'univers concentrationnaire.

> *J'ai été surpris de me retrouver avec un morceau de lard dans la main. Nous étions une famille orthodoxe traditionnelle, nous ne mangions donc pas de porc. Et pourtant, mon père m'a dit que je devais en manger un petit morceau tous les jours. Lui et l'oncle Eugène, qui devaient être aussi affamés que moi, ne voulaient pas rompre avec leurs croyances et je m'émerveillais de leur force. Mais mon père m'a dit qu'il s'agissait d'une question de vie ou de mort, et que je devais choisir la vie*[32].

> *Le premier à s'enthousiasmer de cette nouvelle fut Yosesele, le rabbin de Novominsk, qui se leva et déclara que demain il devait mettre les tefillin. Nous avons essayé de le convaincre de ne pas mettre sa vie en danger, car cela reviendrait à se suicider. Mais le rabbin nous a expliqué que le suicide ne s'appliquait pas à Auschwitz « ce serait comme tuer une personne morte » et si une occasion d'accomplir une* mitzva *se présente, il faut la saisir, quoi qu'il arrive*[33] *!*

> *L'un d'entre eux n'en pouvait plus, il s'est cramponné à son lit crasseux et s'est mis à prier. « Notre Père qui êtes aux cieux... Donnez-nous ce jour... et pardonnez-nous... » « Tais-toi, bon sang », grogna un autre, « idiot, pourrais-tu pardonner à ceux qui commettent de tels crimes ?... Tu racontes n'importe quoi, ces mots devraient être supprimés de la prière. Pourquoi dire cela alors que de tels crimes ne peuvent être pardonnés*[34] *? »*

Ainsi, beaucoup perdirent la foi, ou alors leur foi se modifia radicalement. Pour d'autres, la foi était un refuge, une consolation, une échappatoire. Certains dirent même qu'elle se renforça dans le camp. Il s'agissait sans aucun doute d'une minorité. Aujourd'hui, à la lumière des sources disponibles, il n'est pas possible de produire des données quantitatives. Cependant, sur

32. M. Eisen (A-9892), *By Chance Alone*, *op. cit.*, p. 104.
33. Leibel (Leo) Zisman (matricule inconnu), *I Believe. The Story of One Jewish Life*, New York, GJCF, 2011, p. 105-106.
34. Z. Czerwińska-Kossakiewicz (49973), Publications, vol. XVI, p. 54.

la base de toutes les sources lues, j'estimerais que pour environ 10 à 15 % des prisonniers qui survécurent, la religion joua un rôle important dans la vie quotidienne du camp[35].

> *À Auschwitz, on pouvait voir des garçons hassidiques très religieux devenir amers et se détourner complètement de la religion. J'ai vu des gens auparavant assimilés devenir religieux. À Auschwitz, beaucoup d'entre nous se sont accrochés à leurs convictions, à leurs croyances et à leurs espoirs*[36].

> *Bien des choses que j'ai vécues ont encore renforcé ma foi. Après tout, c'est dans ces circonstances, au seuil de la mort, que des miracles se sont produits. Mais qu'est-ce qu'un miracle ? Chacun a ses causes. Cela a encore plus renforcé ma foi. Je crois toujours en Dieu et en sa miséricorde, et je suis heureux de ne pas avoir perdu la foi dans ces moments difficiles*[37].

Une prisonnière a trouvé une preuve de l'intervention de Dieu car dans les hôpitaux du camp, tout le monde ne mourait pas malgré l'absence quasi-totale de médicaments.

> *Il y a eu des fois où un malade s'est rétabli par la seule grâce du pouvoir divin*[38].

Les mots de Załmen Gradowski, écrits puis cachés dans le sol avant la révolte du *Sonderkommando*, sont pour nous un témoignage très important. Ils décrivent la prière dans le plus dur des Kommandos, chez des hommes émotionnellement exténués qui, en 1944, jour après jour, nuit après nuit, travaillaient dans les crématoires de Birkenau.

---

35. Selon Jagoda, Kłodziński (20019) et Masłowski (*Więźniowie Oświęcimia*, p. 143), plus d'un quart des anciens prisonniers ont affirmé que la religion a joué un facteur important dans leur survie. Il s'agit toutefois d'une étude menée après-guerre avec des survivants chrétiens.
36. M. Kohn (77355), *Weep Tears of Blood*, *op. cit.*, p. 50-51.
37. M. Ziółkowski (1055), *Byłem od początku w Auschwitz*, *op. cit.*, p. 116.
38. Maria Zychowicz (27111), Témoignages, vol. XI, p. 69.

Et malgré tout, en dépit de cet état d'esprit général, il se trouve un groupe de pratiquants obstinés qui s'évertuent à refouler toute amertume, à faire taire toute protestation venant chaque jour ravager leur cœur et leur âme et réclamer, demander des comptes. Non ! Ils persistent envers et contre tout à se laisser prendre dans les filets de la foi naïve. Sans demander raison ni chercher raison. Ils croient, ils sont toujours persuadés, et le démontrent chaque jour, que tout ce qui est fait et commis contre nous est commandé par une puissance supérieure, dont les desseins nous sont impénétrables. Et nous, avec notre simple raison humaine, ne pouvons le concevoir. Ils se cramponnent encore à toute force à leur Dieu. Ils sont empreints d'une foi profonde, même s'ils voient, s'ils sentent, s'ils pressentent qu'ils se noient dans l'océan de leur propre croyance. Et peut-être, peut-être qu'au fond du cœur les taraude aussi un doute sans répit, mais ils se tiennent fermes, ne veulent pas perdre leur dernier réconfort, ne veulent pas perdre leur dernier soutien. Et au sein de cette famille de cinq cents têtes, croyants, non-croyants, amers ou indifférents, s'est détaché dès le début un petit groupe, avec le temps toujours plus nombreux, d'hommes qui récitent toutes les prières journalières en minyan[39].

Face à la mort, trouver refuge auprès du Seigneur semble avoir été la réaction la plus fréquente, comme en témoignent également les prisonniers du *Sonderkommando* qui, chaque jour, entendaient ce qui se passait derrière la porte fermée de la chambre à gaz. Parfois, ils entendaient le chant de l'*Hatikvah*, de l'Internationale ou d'un autre hymne, mais le plus souvent c'étaient des prières.

De l'extérieur de la porte, nous les entendions taper, et nous entendions le Chema, *que tout le monde récitait là-bas*[40].

Certains récitaient le Vidouy[41].

39. Z. Gradowski, *Au cœur de l'enfer*, *op. cit.*, p. 157.
40. M. Nadjari (119116), Publications, vol. CIC, p. 51.
41. Lejb Langfus (matricule inconnu), « Notes » in Kazimierz Smoleń (dir.), *Wśród koszmarnej zbrodni*, Oświęcim, musée d'État d'Auschwitz-Birkenau, 1975, p. 119. Le *Vidouy*, dans le judaïsme, est la prière quotidienne de confession des fautes.

Il était très difficile d'avoir des objets religieux dans le camp car ils étaient confisqués immédiatement, dès l'arrivée. Cependant, ces objets (qu'ils proviennent de l'*Effektenkammer* ou de contacts extérieurs) devenaient la propriété des prisonniers, tout comme les tefillin mentionnés plus haut, et ils contribuèrent clairement à stimuler l'esprit des gens dans la prière. Lorsqu'il n'était pas possible d'acquérir ces objets de culte, les prisonniers fabriquaient parfois les leurs à partir des matériaux qu'ils trouvaient. Aujourd'hui encore, dans la collection du musée d'Auschwitz, on trouve un chapelet fait à partir de morceaux de pain. Il a dû falloir beaucoup de volonté pour sacrifier chaque jour une partie de la portion de nourriture si précieuse pour le confectionner.

> *La religieuse défunte a laissé une croix. Comment a-t-elle pu la conserver dans le camp ? Où l'avait-elle cachée ? Elle ne le dira plus à personne. C'est une croix du couvent, trop grande pour tenir dans la paume de la main. Elle devient le trésor commun, le précieux héritage de tout l'hôpital. Elle passe de main en main. Présentée aux mourantes, elle apporte une expression de paix à leur visage*[42].

> *Je garde un souvenir de mon séjour dans le camp sous la forme d'une minuscule statuette de la Vierge Marie taillée dans le manche d'une brosse à dents*[43].

Les fêtes religieuses dans le camp étaient particulièrement émouvantes, mais aussi parfois très déprimantes, d'autant plus que jusqu'en 1943 au moins, les SS – parmi lesquels la non-affiliation religieuse était la norme encouragée – rendaient avec toute leur habileté ces moments désagréables pour les prisonniers[44].

---

42. Z. Kossak (64491), *Du fond de l'abîme, Seigneur…*, *op. cit.*, p. 264.
43. J. Perun (22013), Témoignages, vol. XI, p. 48.
44. À propos de l'humiliation des prisonniers ayant pour motif la religion ou le patriotisme, voir Kłodziński (20019), et Masłowski, « Poniżanie godności więźniów », art. cité, p. 85-86.

Noël approche. La saison des grâces n'a pas eu beaucoup d'effet sur la vie des prisonniers, si ce n'est qu'elle ravive des souvenirs et suscite des émotions poignantes[45].

Pour Noël (je ne me souviens pas de l'année exacte)[46]*, ils ont fait un sapin de Noël pour nous, et sous celui-ci, plusieurs charrettes et voitures avec des Russes frigorifiés*[47].

Pendant le « Jour du Pardon » [c'est-à-dire Yom Kippour], le Lagerführer *[du camp annexe de Goleschau] a demandé aux Juifs si certains d'entre eux jeûnaient ce jour-là pour des raisons religieuses. Lorsque plusieurs d'entre eux se sont avancés, le* Lagerführer *a ordonné qu'aucune nourriture ne leur soit distribuée. Pendant la période de Noël 1943, de la nourriture plus substantielle a été distribuée – l'atmosphère était paisible dans le camp secondaire et il y a même eu une pièce de théâtre improvisée*[48].

Certains prisonniers ont, malgré tout, essayé de maintenir certaines pratiques religieuses ou culturelles : l'une d'elles était le baptême des nouveau-nés dont la chance de survie était proche de zéro.

Pendant mon travail au Kommando Aufnahme* *[à Birkenau], j'ai également été plusieurs fois à l'hôpital avec Truda Guttman pour enregistrer les nouveau-nés. Truda tatouait leur numéro de prisonnier sur leurs petites jambes. À ces occasions, j'ai été plusieurs fois la marraine du nouveau-né*[49].

Il faut ajouter qu'à l'instar des problèmes de santé, des cauchemars, des réactions à des images ou des sons traumatisants, les pertes de foi ou les changements fondamentaux dans la foi ont accompagné les prisonniers pendant des décennies, souvent jusqu'à la fin de leur vie.

45. T. Sobolewicz (23053), *But I Survived*, *op. cit.*, p. 175.
46. C'était en 1941, plus de six mois après l'opération Barbarossa.
47. K. Bienias (1254), Témoignages, vol. XXI, p. 80.
48. Isaak Grinberg (51712), Témoignages, vol. XV, p. 29.
49. Z. Bratro (27182), Témoignages, vol. XV, p. 37.

Je n'étais pas croyante avant de venir au camp. Après avoir quitté le camp, je suis devenue croyante. Mais ma foi est quelque peu différente du concept commun de « foi ». J'ai acquis la conviction que, malgré tout, il fallait avoir foi en l'homme. En croyant en l'homme, je crois aussi en Dieu. À mon avis, il était plus facile d'avoir foi en l'homme dans le camp qu'aujourd'hui. Dans le camp, la misère et la déchéance humaines étaient à leur zénith et il fallait croire en l'existence de l'humanité, ou alors considérer les hommes comme des bêtes. Et aujourd'hui[50] *?*

50. W. Dramińska (85374), Témoignages, vol. LXXXIII, p. 179.

L'ESPOIR

Halina Birenbaum a intitulé son témoignage *L'espoir est le dernier à mourir*. Il ne faut pas seulement voir dans ce titre une invitation poétique à avoir toujours foi en l'avenir. À la lumière de la plupart des souvenirs des camps de concentration, c'est une loi de la nature, une réalité physique : un être humain vit tant que l'espoir demeure en lui. Un prisonnier plus âgé mit en garde un *Zugang* de sa connaissance en ces termes :

Ne perds pas espoir, car l'espoir est essentiel à la survie ici[1]...

Celui qui perd espoir mourra de cette seule perte[2].

Certains prisonniers n'arrivaient tout simplement pas à supporter l'incertitude, l'ignorance de ce qui allait se passer ; beaucoup d'entre eux s'effondraient psychiquement. Une fois l'espoir envolé, il devenait impossible d'affronter la réalité[3].

Le prisonnier qui ne croyait plus à l'avenir – son avenir – était perdu. En perdant cette foi, il perdait sa spiritualité ; il se laissait dépérir moralement et physiquement. D'ordinaire, cela se produisait assez

1. J. Spring (169926), *From Berlin to Biere*, *op. cit.*, p. 77.
2. I. Greengrass (87224), *Judaism Is Indestructible*, *op. cit.*, p. 91.
3. F. Berland Hyatt (38307), *Close Calls*, *op. cit.*, p. 101.

subitement, lors d'une crise, dont les prisonniers aguerris reconnaissaient facilement les symptômes. Nous vivions tous dans la crainte de ce moment – pas pour nous, ce qui n'aurait servi à rien, mais pour nos amis. En général, cela commençait un matin lorsque le prisonnier refusait de s'habiller, de se laver, ou de rejoindre le terrain de manœuvres. Les supplications, les coups, les menaces ne faisaient aucun effet[4].

Et moi, cher Dieu, j'ignore pourquoi je suis encore en vie. Peut-être ai-je eu un peu plus de chance que les autres ? Tout bonnement de la chance. Car je n'ai certainement pas plus d'endurance physique. Ou peut-être est-ce parce que je n'ai jamais perdu espoir. L'espoir me nourrit et me permet de me préserver. L'espoir maintient l'étincelle de vie et m'empêche de perdre la tête[5].

Quelles que soient les épreuves subies, il ne fallait jamais que nous perdions espoir de sortir vivants de cet enfer. L'espoir, il n'y avait que cela pour nous permettre de garder le moral et nous donner le courage de nous battre pour survivre, jour après jour[6].

Autour de nous, à cause des mauvais traitements, des stations prolongées dans la boue, de l'angoisse physique et morale, certaines femmes avaient perdu la force de se battre. Elles choisissaient plutôt la mort en se jetant sur les fils électrifiés du camp ou bien elles se portaient malades, ce qui revenait à un suicide. Cependant, nous étions nombreuses à vouloir vivre à tout prix et on se raccrochait à ce désir, de toutes nos forces[7].

Pourtant, dans les moments d'effondrement psychique ou physique, ou quand on évaluait lucidement ses chances de survie à l'horizon de quelques semaines, s'accrocher à l'espérance n'avait rien d'une évidence.

Dans le premier camp [Dachau], je gardais l'espoir de survivre ; dans le second je le perdis rapidement[8].

4. V. E. Frankl (119104), *Découvrir un sens à sa vie avec la logothérapie*, *op. cit.*, p. 83.
5. E. Kaczyńska (45887), in *Byłem numerem*, *op. cit.*, p. 132.
6. N. Leipciger (133628), *Le Poids de la liberté*, *op. cit.*, p. 89.
7. H. Birenbaum (48693), *L'espoir est le dernier à mourir*, *op. cit.*, p. 117.
8. H. Langbein (60355), *Hommes et femmes à Auschwitz*, *op. cit.*, p. 66.

Je me sentis déshumanisé, presque comme un animal. J'étais en train de perdre espoir et, l'un après l'autre, mes amis les plus proches[9].

Chaque jour semblait s'enchaîner sans fin et sans autre avenir que la mort. La cheminée était là pour le prouver[10]...

La monotonie des jours et l'effroi de la situation, l'absence du moindre espoir d'un lendemain meilleur, créaient un abattement moral et donc un effondrement physique[11].

C'était une existence totalement dépourvue d'espoir. L'instinct nous poussait à essayer de vivre un jour de plus, ou une heure de plus, ou même une minute de plus[12].

Je vivrais donc une heure de plus. Après mon initiation dans le Strafkommando*, *j'ai cessé de penser à la survie en termes de jours*[13].

Nous sommes uniquement des condamnés en attente de mort. Finalement, la mauvaise tournure de la guerre pour les nazis ne fait qu'accroître le danger pour les condamnés en sursis que nous sommes. Les SS doivent nous « liquider » avant l'arrivée des troupes soviétiques. Difficile, dans ces conditions, de cultiver un espoir serein[14].

Denise qui ne cessait de dire : « Elles vont m'y envoyer » fut effectivement choisie. Elle attirait toutes les malchances car d'avance elle en était persuadée[15].

Comme dans les mots de bienvenue de Dante Alighieri, *Lasciate ogne speranza, voi ch'intrate* (« Abandonnez toute espérance, vous qui entrez ici »), l'objectif du camp était, dès le

9. Tadeusz Rosicki (13470), *My Fifty Months in Nazi Camps. The Message of Survival*, [s.l.] 1984, p. 31.
10. Bindefeld Neray (75912), *To Auschwitz and Back*, *op. cit.*, p. 59.
11. A. Mańkowski (442), *Za drutami obozu koncentracyjnego*, *op. cit.*, p. 10.
12. S. Althaus (73538), *Where is God?*, *op. cit.*, p. 74.
13. D. S. Wisnia (83526), *One Voice, Two Lives*, *op. cit.*, p. 50.
14. R. Esrail (173295), *L'Espérance d'un baiser*, *op. cit.*, p. 143.
15. D. Goland-Blaufoux (80593), *Un présent qui s'accroche à moi*, *op. cit.*, p. 49.

départ, de manière préméditée et organisée, de priver le *Zugang* de tout espoir. C'était le but derrière l'assassinat brutal de personnes sélectionnées pratiquement dans chaque nouveau convoi, derrière la terreur de la quarantaine, et c'était l'idée lancinante de tous les messages de bienvenue.

> *Son responsable, le* Blockältester, *nous fait face : « Premier commandement : défense de parler dans les rangs. Ici, je vous avertis, si vous vous conduisez bien, vous aurez la chance de vivre trois mois. Compris ? » Il se tait, regarde l'effet produit par ses paroles. Un silence de mort lui répond. Toutes les têtes sont baissées. « Vous aurez la chance de vivre trois mois ». Oui, nous avons compris. Nous sommes condamnés à mort*[16].

Ce que montrait le camp, ce n'était pas la perspective de la mort, mais son omniprésence, qui frappait sans cesse à la porte des baraques de chaque prisonnier.

> *J'ai ensuite vu une énorme flamme sortir de la cheminée du crématorium. J'ai été saisi d'horreur et d'un désir effrayant de liberté ou de passage dans l'au-delà*[17].

> *Et l'air chargé de fumée nous rappelait constamment que la vie était précieuse, non seulement en ce qui concernait des années normales, mais aussi à chaque heure et à chaque instant*[18].

Il n'est donc pas surprenant que les prisonniers du *Sonderkommando*, qui travaillaient au cœur de la machine de mort, aient été absolument convaincus que, tôt ou tard, ils seraient eux aussi assassinés et brûlés. « Porteurs de secrets », ils étaient en effet les premiers sur la liste et si quelques dizaines d'entre eux ont survécu, ce n'est qu'à la faveur du chaos de la fin de l'évacuation du camp.

---

16. A. Balbin (41796), *De Lodz à Auschwitz en passant par la Lorraine*, *op. cit.*, p. 67.
17. B. Dziewięcki (125546), *Z dna piekła*, *op. cit.*, p. 43.
18. S. Lebovitz (39439), *[Shari: A True Story]*, doc. cité, p. 93.

Non, mon seul horizon était le moment où j'allais être tué. Certains disent qu'ils ont résisté parce qu'ils gardaient l'espoir d'être libérés un jour. Mais moi, je ne pensais pas que je pourrais jamais me libérer de cet enfer. Je ne pense pas qu'aucun homme dans le Sonderkommando *ait gardé un espoir aussi naïf*[19].

L'incertitude peut en théorie coexister avec l'espoir ; c'est d'ailleurs une expérience commune dans le monde normal. On peut être tenté de dire que l'espoir n'est pas nécessaire dans un monde de certitude. Mais pour espérer dans l'incertitude continue du camp, il fallait que soient distillés de minuscules signes que la survie était possible.

Lorsque des prisonniers ayant survécu aux camps racontent leurs expériences, ils s'accordent à dire qu'il n'y avait rien de plus décourageant que de vivre dans l'ignorance de la durée de leur emprisonnement. Personne ne savait quand il serait libéré. (Dans notre camp, c'était chose impensable et il était absolument inutile d'en parler.) En fait, une détention était non seulement indéterminée, elle était aussi illimitée. Un psychologue connu appelait la vie dans les camps de concentration « existence provisoire ». On pourrait ajouter à cela : « existence provisoire d'une durée illimitée »[20].

À Birkenau, j'ai joué tour à tour de chance et de malchance[21].

Je suis encore en vie, mais je ne sais pas pour combien de temps[22].

Examinons de plus près les facteurs qui ont suscité de l'espoir chez les prisonniers selon les récits d'après-guerre des

---

19. S. Venezia, *Sonderkommando*, *op. cit.*, p. 148.
20. V. E. Frankl (119104), *Découvrir un sens à sa vie avec la logothérapie*, *op. cit.*, p. 78.
21. Hanuš Arend (B-14761) in Hana et Hanuš Arend, *Témoignages de deux rescapés pragois de l'Holocauste*, Zurich, Kontaktstelle für Überlebende des Holocaust, 2017, p. 42.
22. T. Rosicki (13470), *My Fifty Months in Nazi Camps*, *op. cit.*, p. 23.

survivants. Il y avait tout d'abord les conversations qui leur permettaient de se projeter dans l'avenir. Ces conversations pouvaient être anodines, relayer des nouvelles fausses ou peu réalistes, mais avec les nouvelles du front, elles rendaient possible l'idée d'une libération à venir. C'était un peu comme s'échapper dans le monde des rêves, mais c'était théoriquement assez réaliste pour considérer la survie comme un défi et donc de pouvoir accomplir quelque chose ici-bas[23]. Le rôle principal de ces conversations – du moins à mon avis – était d'évacuer la mort et de croire plus fort qu'il y avait encore quelque chose à chercher dans ce monde. Les prisonniers conversaient donc à propos de ce qui se passerait une fois la guerre finie, qui ferait quoi, quels seraient les choix et où essaieraient-ils de faire leurs preuves ? Surtout, les prisonniers se convainquaient mutuellement que la perspective d'un retour au monde normal était vraisemblable.

> *Parler, c'était faire des projets pour le retour parce que croire au retour était une manière de forcer la chance. Celles qui avaient cessé de croire au retour étaient mortes*[24].

> *Tout le monde se projetait sur son futur métier dans la Pologne libérée. Nous étions encore jeunes. Ces conversations nous remontaient le moral, nous redonnaient de la force*[25].

> *On espère, sans savoir quoi exactement. Il faut tenir. Un regard ami, une parole suffisent*[26].

> *Un mot gentil a empêché beaucoup de gens de sombrer*[27].

---

23. Voir Ryn, Kłodziński (20019), « Głód », art. cité, p. 24 : « Dans le camp deux extrêmes existaient : un mot d'espoir et du pain ou bien aucun mot d'espoir et pas de pain. "Mot" et "pain" étaient synonymes de vie. »
24. C. Delbo (31661), *Auschwitz et après*, *op. cit.*, t. I, p. 99.
25. J. Matynia (10970), *Młodość utracona za drutami*, *op. cit.*, p. 49.
26. L. Badour (75127), in Esrail (173295), *L'Espérance d'un baiser*, *op. cit.*, p. 103.
27. W. Dramińska (85374), Témoignages, vol. LXXXIII, p. 177.

Et nous avions tous besoin de quelque chose à espérer, en plus de notre propre survie[28].

Dans un second temps, ce sont les prédictions sur la fin de la guerre, du système nazi et la chute de l'Allemagne qui jouèrent un rôle important. Là encore, la question n'était pas de savoir si les hypothèses étaient fondées ou si cette perspective était trop lointaine pour représenter une consolation réaliste. L'important était qu'elle saurait convaincre les prisonniers que la fin s'approchait, qu'elle arriverait plus tôt que prévu, le plus tôt possible.

Nous vivions avec l'espoir d'une fin rapide de la guerre[29].

J'ai tiré Hela sur sa couchette. J'ai lavé ses blessures, ses égratignures et ses ecchymoses avec la décoction d'herbes qu'on nous avait donnée à boire, je l'ai enveloppée dans une couverture et j'ai essayé de la réconforter. Je lui ai dit que nous devrions certainement vivre assez longtemps pour voir le jour de la libération, car tout indiquait que la guerre allait se terminer rapidement. Mes paroles, bien que très éloignées de la réalité, ont manifestement soulagé Hela. Je le voyais bien, même si elle ne pouvait pas me répondre[30].

« La doctoresse a lu le journal », murmura Gustine, comme si elle me confiait un secret inestimable, « et elle a dit que dans quinze jours tout sera fini ». Depuis quatre mois déjà, j'entendais ces propos et j'allais devoir les supporter encore pendant une année entière[31].

N'importe quelle information ou rumeur pouvait renforcer les convictions ; la véracité des faits n'avait pas d'importance. Les prisonniers ne cherchaient pas à connaître la réalité : ce qui importait, c'est ce qu'ils voulaient entendre. On pourrait ici faire l'analogie avec les règles des mythes religieux censés expliquer le sens de la vie.

28. L. Trzcińska-Croydon (44787), *The Labyrinth of Dangerous Hours*, *op. cit.*, p. 82.
29. Maria Jaszczuk (64407), Publications, vol. XXVI, p. 112.
30. H. Birenbaum (48693), *L'espoir est le dernier à mourir*, *op. cit.*, p. 119.
31. L. Millu (A-5384), *La Fumée de Birkenau*, *op. cit.*, p. 150-151.

La libération de prisonniers du camp était toujours un événement pour tous ceux qui restaient. Plus d'un nourrissaient des illusions : maintenant, ce sera mon tour. Parce qu'ils avaient libéré un prisonnier deux numéros derrière ou devant moi, parce qu'il avait été arrêté sous un chef d'accusation similaire au mien, etc[32].

Nous nous accrochions à chaque lueur d'espoir. Un autre bruit, encore plus fantaisiste, annonçait la réunion d'une conférence internationale qui exigerait la suppression de tous les camps de concentration et en premier lieu, d'Auschwitz. Hitler devrait donner sa réponse dans les 24 heures. S'il refusait, l'Allemagne serait anéantie. Nous étions persuadées que le monde entier s'occupait de nous[33].

Un jour, une rumeur a circulé selon laquelle les gardiens seraient remplacés. Le camp devait être pris en charge par la Wehrmacht. Cette « Scheissparolen » *était crue volontiers, car elle laissait espérer un changement dans le traitement des prisonniers*[34].

À l'approche du front, fin 1944, chaque bruit entendu à l'horizon confirmait sans équivoque l'inéluctabilité de la chute de l'Allemagne et de la libération du camp. Chaque raid aérien dans la région d'Auschwitz (il y eut quatre raids aériens massifs visant principalement l'usine voisine de caoutchouc synthétique de Buna-Werke) annonçait l'arrivée des forces de libération.

Dans le silence de la nuit, nous guettions les bruits au loin. Nous attendions la première explosion de l'artillerie. Nous étions prêts à interpréter chaque pétarade d'une moto comme un tir de mitrailleuse, chaque détonation comme un coup de feu[35].

Chaque bombe qui explosait nous remplissait de joie, nous redonnait confiance en la vie[36].

---

32. Rudolf Diem (10023), Publications, vol. CLXXII, p. 48-49.
33. K. Żywulska (55908), *J'ai survécu à Auschwitz, op. cit.*, p. 87.
34. J. Brandhuber (87112), Témoignages, vol. LXXVI, p. 151.
35. N. Żelechower (127262), Publications, vol. LXXXIII, p. 66.
36. E. Wiesel (A-7713), *La Nuit, op. cit.*, p. 98.

C'était l'euphorie absolue. Pour la première fois au cours de ces cinq années d'agonie, je voyais le début de la fin. La lumière au bout du tunnel[37].

Tous ceux qui ont observé ou participé au démantèlement des installations de la machine de mort en tirèrent (à juste titre) des conclusions riches d'espérance. La nouvelle se répandit très vite dans le camp.

En décembre 1944, certaines des détenues de notre Kommando ont été emmenées au Abbruchkommando Krematorium III. *Dans ce Kommando, nous avons travaillé avec des prisonniers masculins au démantèlement du crématorium. Il y avait cinq fours dans ce crématorium. Les détenus masculins ont enlevé les briques et nous les avons disposées sur des tréteaux. Nous avons également enlevé les cadres des fenêtres. J'étais d'ailleurs au sous-sol où se trouvait la chambre à gaz. Je me souviens que les murs de la chambre étaient peints d'une couleur claire. Même si le travail n'était pas facile, il nous donnait une grande satisfaction et nous laissait croire que nous survivrions pour accéder à la liberté. Le démantèlement des bâtiments des crématoires équivalait à la défaite du Reich nazi*[38].

De tels événements et un tel optimisme faisaient des miracles sur les prisonniers leur apportant un surcroît de force puisqu'ils ouvraient de nouvelles perspectives – peut-être parce que celles-ci manquaient cruellement au camp et qu'elles étaient essentielles pour nourrir l'espérance.

Peu m'importait, à la fin, la vie ou la mort. J'étais sûre de la victoire. Croire en quelque chose, oui, cela peut soulever des montagnes. Peu importe la croyance. Il suffit seulement de croire. Mais il faut que la foi soit totale, absolue, inébranlable[39].

En revanche, dans l'incertitude, lorsque l'on manquait de fondement rationnel sur lequel faire reposer l'espoir, il fallait

37. M. Weintraub (matricule inconnu), *The Arrival*, *op. cit.*, p. 170.
38. Maria Dziurdzia (7408), Témoignages, vol. XXXVI, p. 93.
39. S. Alizon (31776), *L'Exercice de vivre*, *op. cit.*, p. 210.

trouver ailleurs des forces. Et c'est alors que, dans le camp, beaucoup se sont mis à chercher des explications dans l'irrationnel, dans les signes, dans la voyance. Les prédictions et visions paranormales, analysées et commentées de manière nécessairement positive, contribuaient à pallier l'absence d'avenir et satisfaisaient le besoin de bonnes nouvelles[40]. C'était le troisième facteur qui créait un espace favorable à l'espoir.

> *Les conditions du camp sont propices à la création de diverses psychoses et superstitions*[41].

> *Nous avions une incorrigible propension à voir dans tout événement un symbole ou un signe*[42].

> *La prétendue « libération » jouait un rôle important dans le camp. Des « nouvelles » circulaient sans cesse, selon lesquelles la guerre se terminerait dans trois mois*[43].

> *Beaucoup de prisonnières lisaient également dans les lignes de la main et prédisaient des choses merveilleuses : le retour en France, une très longue vie, des enfants, des petits-enfants*[44]...

L'interprétation des rêves était aussi une pratique quotidienne au camp. Il existait même un guide spécial des rêves du camp conçu à partir des dictionnaires de rêves de l'avant-guerre et adapté à la réalité concentrationnaire. J'ai abordé ce sujet dans un précédent ouvrage[45] et ne citerai pas ici tous les nombreux exemples de rêves porteurs d'espoir. Il est toutefois fascinant

---

40. Étaient pratiquées au camp différentes formes d'évasion ayant une parenté avec des pratiques paranormales (la cartomancie, les séances de spiritisme, l'hypnose et la magie blanche), Jagoda, Kłodziński (20019) et Masłowski, *Oświęcim*, *op. cit.*, p. 133 *sq.*

41. Zygmunt Tomaszewski (9682), Publications, vol. LXXVII, p. 113.

42. P. Levi (174517), *Si c'est un homme*, *op. cit.*, p. 118.

43. J. Brandhuber (87112), Témoignages, vol. LXXVIII, p. 226.

44. Nadine Heftler (A-7128), *Si tu t'en sors... Auschwitz 1944-1945*, Paris, La Découverte, 1992, p. 48.

45. P. Cywiński, *Sny obozowe w pamięci ocalałych z Auschwitz*, Oświęcim, musée d'État d'Auschwitz-Birkenau, 2019.

de constater que certains étaient effectivement prémonitoires, ce qui ne faisait que convaincre les prisonniers d'y croire encore plus. La femme dont le rêve est décrit ci-dessous est effectivement décédée exactement six semaines plus tard ; de nombreux autres exemples de ce type apparaissent dans les mémoires d'anciens prisonniers.

Cela a commencé par le rêve de la silencieuse et douce Miecia Korompay. Elle a vu en songe sa jolie Elżunia, suppliciée sous ses yeux par la Gestapo, venir près d'elle et lui dire : « Ne pleure pas, maman. Dans six semaines, tes peines se termineront. » Le rêve avait une telle apparence de réalité, que la Korompay en se réveillant avait encore la voix de l'enfant dans les oreilles. Elle ne doutait pas que ce rêve eût une une signification prophétique, et ses camarades partageraient cette conviction. […] À l'époque, le convoi du Pawiak vivait une période de mysticisme. Aucun convoi n'y échappait, tous devaient obligatoirement passer par là. Ce n'étaient que rêves et phénomènes surnaturels de toute sorte concernant l'avenir. D'où venait cette vague ? D'une envie tenace de trouver une raison d'espérer, alors que les pronostics venus de l'extérieur n'avaient plus de valeur, et qu'il était trop tôt pour se résigner ? Était-ce le pressentiment de se trouver à la veille d'événements décisifs, d'être arrivé au bout du chemin, devant une porte fermée ? Il est difficile de répondre. Toujours est-il que, vers la fin de novembre 1943, un vrai déluge de phénomènes extraordinaires inonda le camp. Pas un jour ne passait sans rêves, présages ou signes dans le ciel[46].

« Ne vous laissez pas prendre par les rêves », a déclaré Stasia avec fermeté. Protégez-vous-en comme des poux. Ils rongent les nerfs. […] Certains trouvaient que se faire prédire l'avenir les aidait à survivre, pas moi. J'ai développé une carapace ; je n'accepte pas les impressions fortes[47].

Si nous étions sages, nous nous rendrions à l'évidence : notre destin est parfaitement impénétrable, toute conjecture est arbitraire et

46. Z. Kossak (64491), *Du fond de l'abîme, Seigneur…*, *op. cit.*, p. 238-239.
47. J. Apostoł-Staniszewska (26273), *Echa okupacyjnych lat*, *op. cit.*, p. 280.

littéralement dépourvue de fondement. Mais les hommes sont rarement sages quand il y va de leur vie[48].

Je connais déjà suffisamment le Lager *pour savoir qu'il ne faut jamais faire des prévisions, surtout si elles sont optimistes*[49].

Le quatrième facteur d'espoir était toute amélioration aussi petite soit-elle. Il pouvait s'agir de quelque chose de vraiment important, comme le fait d'être transféré dans un autre Kommando, bien meilleur, la réception d'un colis ou un arrangement avec un membre de l'aristocratie du camp. Il pouvait aussi s'agir des premiers jours de chaleur du printemps après un hiver glacial, de la guérison d'une blessure gênante, de l'achat de chaussures plus confortables, ou de retrouver une connaissance que l'on croyait morte depuis longtemps.

Pour vous c'est plus facile, vous pouvez espérer ; vous pouvez attendre un colis, une lettre, mais nous ? On nous sélectionne, nous savons que finalement nous passerons toutes par la chambre à gaz, mais nous essayons de reculer ce moment et de prolonger nos souffrances[50].

Pendant la période où j'avais travaillé comme ouvrier non qualifié, comme l'avait fait aussi mon père, je n'avais jamais pensé à améliorer mon sort, ni même réfléchi à mon avenir. En réalité, mon cynisme empreint de fatalisme s'était développé au point qu'au fond de moi, j'avais seulement accepté un destin auquel il n'y avait pas d'échappatoire. Je vivais dans l'indifférence la plus totale à l'égard du lendemain. Je sentais que mon sort avait partie liée avec celui de milliers et de milliers de personnes qui, jour après jour, étaient exterminées dans les camps de la mort où nous vivions. À certains moments, en fait, j'en étais venu à souhaiter que mes derniers instants ne tardent pas à venir ; au moins, il me semblait qu'il y avait une issue à ma misérable existence. […] Une fois fait mon

48. P. Levi (174517), *Si c'est un homme*, *op. cit.*, p. 50.
49. *Ibid.*
50. K. Żywulska (55908), *J'ai survécu à Auschwitz*, *op. cit.*, p. 32.

apprentissage de soudeur, mon état d'esprit s'est amélioré. J'avais un peu plus d'espoir[51]*...*

[Après être entrée dans un bon Kommando affecté à Rajsko], je n'oublierai jamais l'émotion que j'ai ressentie à la vue des marguerites en fleurs et des poules qui se pavanaient dans les champs. Je me suis alors dit qu'en dehors de la boue du camp et du cri des corbeaux, une autre vie existait finalement[52].

Un peu de soleil et de chaleur m'avaient donné de la force et m'avaient permis de penser à la survie. Bien que j'aie été battu, frappé, humilié à l'extrême, épuisé par les maladies, la peur, la saleté et le froid, déchiré entre l'espoir et les doutes, je croyais que j'allais survivre parce que je le voulais vraiment. Pourtant les doutes ne m'avaient pas quitté comme la question : serais-je capable d'endurer cet enfer ?... Pourrais-je y survivre ? Mais le camp m'avait rendu résistant et obstiné dans ma quête de survie[53].

L'espérance est une grande force face au danger. Mais comme toute force, elle peut fonctionner à l'avantage ou au désavantage de chacun. Les SS l'avaient parfaitement compris. Les Juifs polonais déportés au camp, surtout à partir de la mi-1943, étaient de plus en plus conscients de ce qui les attendait à Auschwitz. En revanche, ceux qui avaient été déportés depuis d'autres régions de l'Europe occupée avaient été délibérément et systématiquement nourris de divers mensonges afin qu'ils gardent espoir. On leur avait dit : vous serez réinstallés, prenez vos affaires les plus importantes, mettez vos noms sur vos bagages afin de pouvoir les récupérer plus facilement par la suite, les personnes âgées seront emmenées dans des camions vers un camp de transit, (dans la salle de déshabillage) nouez les lacets ensemble pour ne pas perdre vos chaussures, n'oubliez pas la serviette et le savon...

51. N. Frankel (161040), *I Survived Hell*, *op. cit.*, p. 112-113.
52. Janina Sarnowska (29860), Témoignages, vol. XXXV, p. 105.
53. M. Ziółkowski (1055), in *Byłem numerem*, *op. cit.*, p. 245.

Celui qui ne court aucun risque ne se rend pas compte du pouvoir de l'espoir. Celui ou celle qui peut encore réfléchir froidement et rationnellement au seuil de la mort devrait arriver à la conclusion que sa situation est littéralement sans issue. Pourtant, dans de telles situations, la volonté humaine s'accroche à la moindre lueur d'espoir. La volonté de survivre amène à préciser le sens de cette volonté, et intègre souvent ce qui lui procure un sentiment personnel de sécurité, la soulage et éloigne les visions du pire.

Des foules de Juifs hongrois devaient attendre leur tour. Parfois, nous travaillions près d'eux [en tant que Kommando des vitriers]. Un jour, voyant une foule attendre son tour pour les chambres à gaz, je me suis tourné vers mes deux aides, des Juifs hongrois, pour qu'ils expliquent à leurs compatriotes le sort qui les attendait. Je regardais avec intérêt les visages pendant qu'ils leur parlaient. Puis, j'ai vu qu'ils commençaient à se disputer. Bien sûr, je ne comprenais rien à ce qu'ils disaient. Au bout d'un moment, mes compagnons ont renoncé et se sont éloignés des Juifs qui attendaient, en haussant les épaules. Je leur ai demandé quel avait été l'issue de leur conversation, ils m'ont dit que les nouveaux arrivants avaient refusé de les croire en leur rétorquant que puisque « vous êtes en vie, nous pourrons aussi sûrement coexister dans le camp »[54].

Dire une telle chose ? Comment pouvais-je leur dire qu'ils allaient être assassinés ? Il était impossible de révéler à qui que ce soit cette terrible vérité. Il faut savoir que le système était trop sophistiqué pour que nous puissions agir de quelque manière que ce soit. Les gens étaient condamnés à mourir et nous ne pouvions rien y faire[55].

Passant nue de la salle de déshabillage au bunker, une femme s'écria en pleurant : « Peut-être qu'un miracle va enfin arriver ?[56] »

54. Wacław Maliszewski (59195), Témoignages, vol. XVI, p. 69-70.
55. L. Cohen (182492), interview in Greif, *We Wept Without Tears*, *op. cit.*, p. 296.
56. J.A.R.A. (auteur inconnu), in *Amidst a Nightmare of Crime*, *op. cit.*, p. 115.

> *Ce qu'il y a d'horrible, c'est que les gens espèrent jusqu'au bout… Même nous, malgré notre expérience, nous n'osons pas regarder la réalité en face. Il faut agir tout de suite*[57] *!*

Tromper en donnant de l'espoir était une pratique courante des SS[58], pas seulement au cours de l'extermination en masse des Juifs. L'analyse de l'ensemble du système de pratiques SS montre que l'espoir fut instrumentalisé.

> *Je me souviens aussi de sept officiers russes qui venaient d'arriver du camp de prisonniers de guerre : on les a lavés, on les a enregistrés, puis on les a tatoués, mais tout cela pour les tromper car ils se doutaient qu'ils allaient être exécutés. On s'attendait apparemment à une résistance de leur part*[59].

Ces citations nous proviennent de témoins secondaires : il est évident qu'aucun souvenir des victimes assassinées ne nous est parvenu. Nous ne saurons jamais ce qui s'est passé dans leur tête à ce moment-là, nous ne pouvons nous reporter qu'à notre imagination.

La situation était différente dans le camp. Ceux qui y étaient depuis plus longtemps connaissaient ses mécanismes, ils avaient parfois établi des relations parmi les prisonniers et pouvaient au moins tenter d'échapper à la mort… Parfois, même sans cela, grâce à un simple coup du sort, un individu choisi, « sélectionné », parfaitement conscient de ce qui l'attendait (contrairement à ceux qui gravissaient la rampe) échappait à la mort[60]. Les pensées qui

57. K. Żywulska (55908), *J'ai survécu à Auschwitz*, *op. cit.*, p. 209. La citation est tirée d'une discussion au sein de l'*Effektenlager* à l'été 1944. Les prisonniers se sentaient moins utiles, les grands transports avaient cessé d'arriver, le front approchait et ils en savaient trop.

58. Voir Piotr Cywiński et Witold Zbirohowski-Kościa, *Epitaph*, Oświęcim, musée d'État d'Auschwitz-Birkenau, 2015, p. 122-123.

59. J. Skotnicki (125762), Témoignages dans le cadre des procès contre d'anciens SS [IPN GK 196/89], in *Chronicles of Terror*, *op. cit.*, t. V, p. 78.

60. Ryn et Kłodziński (20019), « Śmierć i umieranie… », art. cité, p. 78-79.

traversent l'esprit face à une mort imminente nous sont parvenues par pur hasard dans ces extraordinaires témoignages de survivants qui n'avaient pas pensé écrire leurs expériences.

La première citation décrit le block dit « de la mort », du camp de femmes de Birkenau, là où celles qui étaient sélectionnées pour la chambre à gaz étaient maintenues sans rien à manger ni à boire jusqu'à ce qu'un nombre suffisant d'entre elles soit rassemblé.

Le block 25 était entouré d'un mur. Il n'y avait pas de sol, seulement de la boue vaseuse. Des cadavres gisaient à l'une des extrémités du block et environ trois mille femmes étaient assises à l'autre bout écoutant le bruit du moteur du camion qui les livrerait aux chambres à gaz. L'ambiance était terrible. Larmes, lamentations, prières et malédictions incessantes. Des femmes folles de peur se jetaient les unes sur les autres, se frappant, se mordant, se griffant, se tailladant le visage les unes les autres. Je ne pouvais pas pleurer. Je suis restée immobile devant la fenêtre grillagée. Je me demandais s'ils allaient nous tuer avec du gaz ou nous brûler vifs[61].

Il y avait cinq crématoriums, comment ne pas s'inquiéter ? Je n'avais pas encore treize ans, et je voulais tellement vivre. J'avais mal en pensant que je ne verrais plus jamais ni le ciel ni le soleil. Je ne verrais plus jamais une fleur ou un brin d'herbe, je ne sentirais plus le vent sur mon corps, je ne pourrais plus jamais aimer un homme ou être aimée. Jamais je ne me marierais et n'aurais d'enfants. Au lieu de cela, je serais brûlée dans les flammes et les cendres. J'étais très, très effrayée. J'avais été condamnée à mort, et j'étais malade et inquiète chaque nuit[62].

Tout le monde n'a pas eu la chance de se trouver condamné à mort. C'est un état d'esprit assez spécial. Beaucoup se rendent compte

61. A. Kowalczykowa (27658), Témoignages, vol. XIX, p. 67.

62. Lusia Haberfeld (48703), *Lauferin. The Runner of Birkenau*, Caulfield South (Victoria), Makor Jewish Community Library, 2002, p. 51. Dans cette citation, la mère de l'auteur a été « sélectionnée » pour le camp et choisie pour la mort. Cependant, des codétenus ont réussi à la rayer de la liste ou à changer son numéro de prisonnier.

qu'ils vont peut-être mourir, soit parce qu'ils effectuent une mission particulièrement périlleuse, ou bien parce qu'ils sont très malades, mais ceux-là gardent toujours, cachée secrètement au plus profond d'eux-mêmes une petite flamme qui symbolise l'espérance[63].

Se préparer à la mort exige une grande concentration. C'est un état dans lequel un homme est incapable de se maintenir dès que le moindre petit indice, qui pourrait lui faire croire qu'il a encore droit à la vie, se profile à l'horizon[64].

L'espoir est le dernier à mourir, comme l'indique le titre du livre de Halina Birenbaum. L'espoir, cette énergie qui permettait de surmonter les pires situations, de déplacer des montagnes, qui conférait une force hors du commun, mais qui menait aussi à la mort parce que tous les signes, dans le ciel et sur la terre, étaient interprétés de manière positive et sans esprit critique – peu importait leur signification réelle. Des années plus tard, les survivants étaient encore tiraillés entre le sentiment d'avoir été trahis et leur foi en l'humanité. Cette ambivalence a longtemps persisté.

En effet, nous qui avions constaté à nos dépens la cruauté de l'époque au cœur de l'Europe, nous ne cessions de croire en la conscience de l'humanité[65].

Mais cela eut un effet encore plus important, à l'intérieur du camp cette fois, sur leur appréciation du retour à la normale – possible s'ils réussissaient à survivre. C'est un point important car tout espoir est ancré dans la perspective d'un retour à la normale. Pourtant, les prisonniers avaient aussi l'impression que l'idée qu'ils se faisaient de la normalité était morte à jamais. Ils ne pouvaient pas y revenir après avoir fait l'expérience de deux mondes si complètement différents. Ils craignaient que,

63. N. Heftler (A-7128), *Si tu t'en sors*, *op. cit.*, p. 100. Après la lecture de son nom, elle a échappé au block 11 dans la confusion qui en suivit.
64. *Ibid.*, p. 106.
65. R. Kagan (7984), *Des femmes au bureau de l'enfer*, *op. cit.*, p. 80.

même s'ils avaient quitté le camp, le monde au-delà des barbelés d'Auschwitz ne les reconnaisse ni ne les comprenne.

> *« Ce n'est pas possible, ce n'est pas croyable ! » Quand tu reviendras du camp et que tu raconteras aux autres tout ce que tu as vu, eux aussi ils te diront que ce n'est pas possible, que ce n'est pas croyable, et pourtant… hein*[66] *?*

> *Crois-tu que, si tu t'en tires, tu seras normale*[67] *?*

> *J'appréhende le moment du retour, confessait l'une d'elles. Maman ne cesse de prier pour que je revienne. Mais au fond, ce n'est pas moi qu'elle veut revoir, c'est la jeune fille qui a quitté la maison… Maintenant, je suis un être tout différent*[68].

66. A. Balbin (41796), *De Łodz à Auschwitz en passant par la Lorraine*, *op. cit.*, p. 95. Telle fut la discussion entre prisonniers lorsque l'un fit remarquer à l'autre que le savon qu'ils recevaient était étrangement léger, ce à quoi le second répondit qu'il était fabriqué à partir de graisse humaine.
67. K. Żywulska (55908), *J'ai survécu à Auschwitz*, *op. cit.*, p. 102.
68. Z. Kossak (64491), *Du fond de l'abîme, Seigneur…*, *op. cit.*, p. 275.

LE SUICIDE

La question des suicides constitue un sujet sensible. L'analyse des témoignages des survivants révèle de grandes divergences dans leur manière de considérer cette question. D'un côté, de nombreux récits mentionnent des suicides, ce qui peut donner l'impression (surtout à Birkenau) que, chaque jour, des prisonniers devaient être « retirés des barbelés ». De l'autre, selon certains chercheurs[1], le nombre de ceux qui mirent fin à leurs jours était relativement faible comparé à l'ampleur de l'humiliation et de la déshumanisation[2].

Je me demande souvent pourquoi il y eut si peu de suicides. Il aurait été si facile de toucher les barbelés électrifiés. Mais qu'était-ce que le suicide ? Un acte de courage ou de faiblesse[3] *?*

1. E. A. Cohen (150634), *Human Behavior*, *op. cit.*, p. 158.
2. Sur ce sujet, voir Ryn et Kłodziński (20019), « Z problematyki samobójstw w hitlerowskich obozach Koncentracyjnych », *Przegląd Lekarski – Oświęcim*, 1976 : « Un constat est frappant : dans les récits des anciens prisonniers, moins les prisonniers sont nombreux, plus le nombre de suicides rapportés est élevé. Ceci ne tient pas seulement au fait qu'ils sont restés plus longtemps dans le camp, mais aussi à ce que les suicides de prisonniers étaient beaucoup plus fréquents au cours des deux premières années d'existence du camp. » (p. 27) « Le nombre de suicides a nettement diminué en 1943-1944. À cette époque, les autorités du camp étaient moins répressives, le mouvement de résistance était actif, l'aide alimentaire aux prisonniers et les soins médicaux étaient mieux organisés, il était aussi plus facile d'entrer dans les Kommandos avec un travail plus léger, et il était également plus facile d'aider les prisonniers aux pensées suicidaires. » (p. 28)
3. H. Rosensaft (52406), *Yesterday*, *op. cit.*, p. 39.

De toute façon, à quoi cela aurait-il servi de s'ôter la vie puisque, pour le prisonnier ordinaire, l'espérance de vie était très réduite[4] *?*

Les rapports rédigés dans les camps de concentration ayant été brûlés, il est aujourd'hui impossible de déterminer avec précision le nombre de suicides[5]. Même les formes les plus manifestes (des prisonniers qui se jettent sur les barbelés électrifiés) nous sont inconnues. Si ces rapports avaient pu être conservés, et s'ils reflétaient fidèlement la réalité, ils n'auraient pas englobé tous ces moments tragiques de doute où le prisonnier renonce à se battre et, d'une manière ou d'une autre, se donne la mort. Ceci restera à jamais une histoire non écrite.

Des centaines, des milliers de déportés ne purent résister nerveusement à ce brusque passage d'un monde dans un autre monde, aux antipodes, dont ils n'avaient pu soupçonner l'existence, pas plus qu'ils n'avaient pu l'imaginer dans leurs pires cauchemars. Ceux-là, au bout de quelques jours, parfois même au bout de quelques heures dans le camp, « allaient aux fils », ce qui signifiait dans l'argot du camp se jeter sur les barbelés à haute tension[6].

Faute de pouvoir déterminer le nombre exact de suicides, tentons plutôt d'en étudier les causes. Pour ce faire, nous pouvons analyser deux types de sources : les descriptions des observateurs extérieurs et les rares témoignages de prisonniers qui ont tenté de se suicider mais qui ont « échoué ».

Aucune balance ne mesure la douleur ni les chagrins[7].

---

4. V. E. Frankl (119104), *Découvrir un sens à sa vie avec la logothérapie*, *op. cit.*, p. 32.
5. See Ryn et Kłodziński (20019), « Z problematyki samobójstw », art. cité, p. 25 : « Les suicides étaient plus courants dans le camp que les tentatives d'évasion, mais on manque de statistiques pour confirmer cette thèse. »
6. S. Laks (49543), *Mélodies d'Auschwitz*, *op. cit.*, p. 32-33.
7. S. Alizon (31776), *L'Exercice de vivre*, *op. cit.*, p. 247.

Les causes de suicide étaient généralement complexes. Dans le cas des Juifs, la première vague de suicides avait lieu dans les premières heures ou les premiers jours après leur arrivée dans le camp et avait sans doute pour cause la prise de conscience de l'ampleur de la Shoah, de l'assassinat de leurs proches, parents, conjoints, enfants, etc. L'absence de tout retour au monde d'avant, même après une libération, ajoutait à leur désespoir[8].

En général, cinq personnes en moyenne se suicidaient dans chaque transport. Ces personnes demandaient aux prisonniers aux uniformes rayés ce qui se passait et les prisonniers leur racontaient. L'horreur était visible depuis la voie ferrée. Le feu répugnant, qui engloutissait sans trêve un festin d'êtres humains, se trouvait juste au-delà de la clôture, à la vue de tous. Les suicidés prirent la dernière décision qu'ils pouvaient prendre en allant en direction des barbelés électriques. Nombreux étaient ceux qui, avant d'atteindre la clôture, étaient abattus par les gardes des miradors qui avaient reçu l'ordre de tirer sur quiconque « tentait de s'échapper ». Lors de mon troisième ou quatrième jour de Leichenkommando*, il y avait un nombre anormalement élevé de corps, très lourds. « Comment se fait-il qu'il y en ait autant aujourd'hui ? », s'est écrié l'un d'entre nous. Quelques heures auparavant, un transport était arrivé d'Allemagne. Ces gens ne s'étaient jamais vraiment considérés comme*

8. Voir Ryn et Kłodziński (20019), « Z problematyki samobójstw », art. cité, p. 27-28 : « L'opinion majoritaire était toutefois que les suicides étaient le plus souvent commis par des prisonniers d'origine Juive. Cela s'explique par le fait qu'ils étaient condamnés à l'extermination collective et donc convaincus du caractère désespéré de leur situation dans le camp. Dans le camp des femmes, ce sont les détenues Juives qui se sont le plus souvent suicidées. Les récits mentionnent également des cas de suicides commis par des prisonniers yougoslaves, néerlandais, grecs, tchèques, soviétiques, polonais et allemands. Les cas les plus fréquents de dépression dans le camp concernaient l'intelligentsia, qui était moins habituée au travail manuel et aux pénuries. Cela concernait notamment ceux qui, avant le camp, menaient une vie de privilégiés où ils ne connaissaient ni la faim, ni l'effort physique et l'inconfort. Au cours de leur vie antérieure, ils n'avaient pas eu à travailler de leurs mains et n'avaient pas vécu dans le besoin. »

Juifs. Ils étaient peut-être les descendants de la deuxième ou de la troisième génération de personnes qui avaient peut-être un parent ou un grand-parent Juif. Ou peut-être avaient-ils combattu pour l'Allemagne pendant la Première Guerre mondiale et n'avaient jamais cru possible que leur pays les trahisse. Quoi qu'il en soit, ils n'étaient certainement pas des Juifs pratiquants et s'étaient toujours considérés comme des Allemands non-juifs. Se retrouver dans un endroit comme Birkenau était une épreuve particulièrement amère, et un nombre disproportionné d'entre eux ont choisi de mettre fin à leurs jours[9].

Certains d'entre eux avaient déjà perdu tout espoir au moment où, sur les quais de la gare, leur famille avait été désunie ou anéantie ; d'autres enfin pensaient que l'effort de toute leur existence se trouvait brisé pour toujours et que pour sauver leur vie, il ne valait pas la peine de supporter tant de souffrances et d'humiliation[10].

Pour ceux qui avaient survécu au choc initial, les moments de désespoir sont arrivés plus tard. L'affaiblissement des corps affaiblissait aussi l'esprit. Si le prisonnier tombait malade ou n'était plus en mesure de travailler et donc promis à des coups supplémentaires, il ou elle pouvait perdre tout espoir.

Les prisonniers, battus, frappés, humiliés, bousculés et menacés, vivaient dans une atmosphère empuantie par la fumée nauséabonde des corps brûlés jour et nuit de milliers d'innocents assassinés chaque jour. Tout cela constituait une terrible charge pour l'esprit, incompréhensible pour qui n'y était pas et ne l'avait pas vécu en personne. C'est pourquoi, non seulement la faim, les travaux forcés, les coups, les humiliations, les maladies et les épidémies, mais aussi cette terrible charge de l'esprit, l'arrière-plan quotidien créé par l'assassinat injuste de milliers d'innocents brisaient les prisonniers et les privaient de tout espoir et de toute force pour lutter et

9. D. S. Wisnia (83526), *One Voice, Two Lives*, *op. cit.*, p. 42-43.
10. C. Liblau (matricule inconnu), *Les Kapos d'Auschwitz*, *op. cit.*, p. 38.

survivre. Ils sont nombreux à être allés jusqu'à la clôture barbelée pour se suicider[11].

Ceux qui « allaient aux barbelés » le faisaient le plus souvent le matin, craignant une nouvelle journée de tourments à venir. Juste avant la nuit (celle-ci offrait une pause de plusieurs heures dans nos souffrances), il était rare que ça se produise[12].

Ils préféraient mettre fin de cette façon à leur existence que de périr dans les chambres à gaz. Les hommes qui se suicidaient étaient avant tout des blessés, des malades ou des désespérés qui ne trouvaient ni geste de consolation, ni chaleur humaine dans leur isolement, leur détresse[13].

Pour les personnes brisées moralement, nerveusement épuisées et désemparées par une situation sans espoir, les fils de fer zingués bleu argenté représentaient la fin désespérée de leur lutte. Le corps frappé par le courant à haute tension secouait les fils tendus de l'imposante enceinte comme les doigts d'une harpe géante jouant le fortissimo d'un concerto grosso final. Il ressemblait à un insecte capturé se balançant sur une toile d'araignée. L'accord final d'une vie. Puis tout redevenait calme[14].

Parfois, l'apparition d'un froid automnal ou un changement de temps suffisait.

Encore faut-il s'estimer heureux qu'il n'y ait pas de vent. C'est curieux comme, d'une manière ou d'une autre, on a toujours l'impression qu'on a de la chance, qu'une circonstance quelconque, un petit rien parfois, nous empêche de nous laisser aller au désespoir et nous permet de vivre. Il pleut, mais il n'y a pas de vent. Ou bien : il pleut et il vente, mais on sait que ce soir on aura droit à une ration supplémentaire de soupe, et alors on se dit que pour un jour, on tiendra bien

11. J. Marszałek (18857) cité in Ryn et Kłodziński (20019), « Śmierć i umieranie… », art. cité, p. 63.
12. W. Pilecki (4859), *Le Rapport Pilecki*, *op. cit.*, p. 36.
13. C. Liblau (matricule inconnu), *Les Kapos d'Auschwitz*, *op. cit.*, p. 27.
14. Kazimierz Gwizdka (120164), Publications, vol. LXVI, p. 8.

encore jusqu'au soir. Ou encore, c'est la pluie, le vent, la faim de tous les jours, et alors on pense que si vraiment ce n'était plus possible, si vraiment on n'avait plus rien dans le cœur que souffrance et dégoût, comme il arrive parfois dans ces moments où on croit vraiment avoir touché le fond, eh bien, même alors, on pense que si on veut, quand on veut, on peut toujours aller toucher la clôture électrifiée, ou se jeter sous un train en manœuvre. Et alors il ne pleuvrait plus[15].

Les pires jours étaient les jours de pluie. La majorité des suicides avaient lieu les jours de pluie. Essayez d'imaginer : un homme affamé, affaibli, mal vêtu. Il commence à pleuvoir. Vous restez debout sous la pluie, pendant dix heures, et il pleut constamment, vous êtes trempé, votre chemise vous colle au dos, il fait froid, la terre mouillée colle à la pelle, la pelle mouillée vous glisse des mains. Alors certains s'effondraient, jetaient leurs pelles et allaient se faire tirer dessus[16].

Il existe évidemment très peu de récits de première main écrits par d'anciens prisonniers qui auraient succombé au désespoir. Ceux qui nous sont néanmoins parvenus confirment pleinement les descriptions des autres prisonniers.

En peu de temps, je suis tombé malade de la fièvre paratyphoïde. J'ai perdu la vue et l'ouïe. J'étais à l'hôpital et j'étais tellement déprimé que j'ai voulu m'électrocuter sur le barbelé. Dering a essayé de me calmer[17].

J'en suis venu à la conclusion que mourir dans cette situation ne serait pas la pire des choses – [ce serait] une voie de salut[18].

Je voulais mourir. Je ne savais pas ce que je faisais là. C'était une tragédie[19].

15. P. Levi (174517), *Si c'est un homme*, *op. cit.*, p. 204-205.
16. J. Wolman (33611), Témoignages lors du procès de Rudolf Höss [IPN GK 196/87], in *Chronicles of Terror*, *op. cit.*, vol. V, p. 116.
17. Alojzy Wyglenda (7510), Témoignages, vol. XXX, p. 36.
18. Dov Paisikovic (A-3076), Témoignages, vol. XLIV, p. 105.
19. S. Dragon (83359), interview in Greif, *We Wept Without Tears*, *op. cit.*, p. 140.

Il fait nuit, j'ai décidé de me suicider. Au diable tout ça ! J'en ai assez ! Tout mon optimisme naturel s'est envolé. Je m'allonge devant mon grabat. Avec ma main, je touche l'ongle qui dépasse. Je commence à me couper les veines. Soudain, une main puissante m'attrape. C'est la femme allongée à côté de moi qui avait senti mes mouvements rapides. « Qu'est-ce que tu fais ? », « Je ne veux pas être brûlée. Je préfère le faire moi-même... » « Es-tu folle ? » me chuchote-t-elle à l'oreille. « Tu veux mourir ? Tu es si jeune ! J'ai quarante ans ! Mengele a pris mes jumeaux de douze ans. Je n'aurai plus d'enfants et pourtant, je veux vivre ! Tu comprends ? » Elle arrache rapidement la manche de ma robe tachée de sang et panse mon poignet blessé. Ce n'est qu'une blessure sur la peau. Mes veines sont encore intactes. « Dors, mon enfant ! », ordonne-t-elle[20].

Les fils à haute tension étaient le moyen le plus courant pour se suicider, mais bien sûr seulement si l'on ne compte pas les cas, difficiles à classer, de dépression où les prisonniers ont simplement cessé de lutter pour vivre et se sont livrés à ce que le système leur réservait dans la tristesse et l'indifférence.

Les barbelés m'attiraient comme un aimant. En finir ! En finir une fois pour toutes ! Après, il n'y aurait plus rien, rien que le silence[21].

Les causes de décès incluaient des suicides en se rendant aux barbelés, et [initialement] cela concernait essentiellement les femmes Juives slovaques[22].

Nous nous sommes progressivement habitués à ces décès, nos sentiments se sont émoussés et, au bout d'un certain temps, nous les considérions presque comme des événements quotidiens : « Avez-vous vu unetelle ou unetelle ? » « Oh, elle est allée à la clôture hier »[23].

---

20. M. Harel (matricule inconnu), *Teraz już możesz płakać*, *op. cit.*, p. 126-127.
21. K. Żywulska (55908), *J'ai survécu à Auschwitz*, *op. cit.*, p. 93.
22. W. Marossanyi (7524), Témoignages, vol. XIV, p. 88.
23. R. Elias (73643), *Triumph of Hope*, *op. cit.*, p. 112.

Il y eut des cas de « morts arrangées » avec le SS de garde dans le mirador. Celui-ci abattait le prisonnier suicidaire avant qu'il n'ait atteint les fils. La victime mourait plus vite, le SS recevait quelques jours de congé supplémentaires ou une prime pour avoir empêché une évasion. Les autorités du camp ne se voyaient pas obligées de couper l'électricité pour détacher la victime du fil barbelé.

Dans le camp, il y avait des suicides. Très souvent, une prisonnière disait au SS qui les gardait qu'elle ne voulait plus vivre et se rendrait à la clôture de barbelés et qu'il devait donc l'abattre. Il s'agissait d'un accord entre la prisonnière et le gardien[24].

À cause de la faim et de la perte de poids (de soixante-quatorze kilos à environ quarante), j'ai fait une dépression et lui ai demandé [au SS] qu'il me tue. Il m'a expliqué que je devais simuler une tentative d'évasion pour qu'il puisse m'abattre[25].

Il existait d'autres types de suicide que le « passage à la clôture », cela pouvait être pendant le travail, par pendaison, en s'ouvrant les veines ou par empoisonnement.

La race jouait un rôle important dans ce cas, un Aryen devait être dans un très mauvais état pour être mis à mort par injection [de phénol], mais quatre-vingts à quatre-vingt-dix pour cent des Juifs se présentant à l'hôpital ont été condamnés à recevoir une injection. Beaucoup étaient au courant et se sont présentés à l'hôpital pour se suicider, préférant cette solution à celle qui consistait à se jeter sur des fils à haute tension[26].

L'une des prisonnières portant le nom de Borenstein s'est suicidée, elle ne pouvait supporter d'être vêtue d'un uniforme rayé et d'être tatouée. Elle a sauté du dernier étage[27].

---

24. M. Żumańska (29940), Témoignages, vol. IV, p. 426.
25. Ernst Toch (70231), Témoignages, vol. IX, p. 1288.
26. J. Tabeau (27273), Rapport in « Raporty uciekinierów z KL Auschwitz », art. cité, p. 95.
27. A. Moszkowicz (79205), Témoignages, vol. XXXII, p. 133.

*Au cours de la deuxième journée de travail à l'*Industriehof*, *le premier d'entre nous fit une dépression, accablé qu'il était par sa situation désespérée. C'était Marian Nosal, prisonnier numéro 9308 qui, sans rien dire à personne, a posé le panier de pommes de terre qu'il portait et, au passage d'une locomotive, s'est jeté sous les wagons. Le conducteur, un civil, a arrêté le train. Marian avait été coupé en deux*[28].

Stark[29] *battait les prisonniers. Il avait un talent particulier pour faire peur. Cette terreur invisible mettait les prisonniers dans un tel état que, par exemple, Karol Bok, le* Politische Abteilung – Aufnahme *kapo, se pendit dans le block 28 par peur de Stark*[30].

Lors de mes visites [au Sonderkommando], il se trouve toujours quelqu'un qui, me prenant à part, me prie de lui remettre un poison sûr et rapide. Je le refuse à chacun. Je regrette, aujourd'hui, d'avoir agi ainsi. Ils sont tous morts d'une mort sûre et rapide comme ils le désiraient, mais non pas de leurs propres mains, comme cela eût mieux valu, mais des mains de leurs bourreaux[31].

Certains qui n'avaient pas voulu se jeter sur la clôture électrifiée choisirent la « sélection » pour la chambre à gaz : principalement des Juifs qui ainsi, selon l'avis général, rejoignaient leurs familles déjà assassinées.

Les malades, les faibles et ceux qui souffraient de blessures et d'ulcères étaient mis de côté. Parce que j'étais épuisée après le typhus, j'avais également été mise à l'écart. J'ai été retirée de ce groupe par ma surveillante de block, Stenia, qui mit à ma place une prisonnière encore plus faible, une femme Juive qui avait demandé à être envoyée à la mort pour abréger ses souffrances[32].

---

28. K. Szuster (9310), Témoignages, vol. XX, p. 52. Cet accident concerna un groupe de scouts arrivés vers la fin de 1940. Il se produisit après une semaine de quarantaine, le deuxième jour de travail seulement.
29. Hans Stark était le chef du Bureau politique des admissions.
30. T. Szymański (20034), Témoignages, vol. IX, p. 1253.
31. M. Nyiszli (A-8450), *Médecin à Auschwitz*, *op. cit.*, p. 79-80.
32. Elżbieta Wawrzyczek (33324), Témoignages, vol. XXI, p. 9.

De nombreuses femmes de notre ville[33] *ont choisi de plein gré d'aller dans les chambres à gaz. Lorsque le médecin du camp est venu faire une « sélection », le docteur Lisa Meschengisser, qui ne pouvait plus supporter son tourment, a supplié d'une voix enrouée : « Ajoutez-moi aux "élus". » Le médecin a accédé à sa demande. La fille du chef du* Judenrat, *âgée de 17 ans, a demandé elle aussi à faire partie de celles qui quitteraient le camp de transit. Le médecin a accepté gracieusement de l'ajouter à la liste des personnes envoyées aux chambres à gaz*[34].

Une tentative de suicide, si elle échoue, peut être sévèrement punie, et même de la mort. En fin de compte, avec son numéro tatoué sur son avant-bras, un prisonnier n'était rien d'autre que la propriété déshumanisée du Troisième Reich. Toute volonté de décision autonome, même à propos de cette question ultime, était considérée comme de l'insubordination et une violation des règles.

Le suicide était considéré comme un crime : un des paradoxes d'Auschwitz. Ceux qui n'avaient pas réussi leur tentative de suicide étaient punis[35].

D'aucunes vont se jeter sur les fils. La taille de l'orchestre diminue presque quotidiennement, et avec le temps il se réduit de façon catastrophique. Les choses vont si mal qu'un jour Agdan se lance sur moi en proférant la menace suivante : « Dolmetscher, dis à ces fils de putes que, s'ils n'arrêtent pas d'aller aux fils, je les tuerai tous comme des chiens ! » Je réussis toutefois, non sans mal, à lui expliquer qu'il vaut mieux perdre quelques musiciens plutôt que tout l'orchestre dont les « youpins étrangers » constituent l'élément essentiel et le meilleur[36].

---

33. Il est ici question d'un convoi de Prużana datant de 1943.
34. A. Harshalom (99288), *Alive from the Ashes*, *op. cit.*, p. 83.
35. R. Kagan (7984), *Des femmes au bureau de l'enfer*, *op. cit.*, p. 95.
36. S. Laks (49543), *Mélodies d'Auschwitz*, *op. cit.*, p. 62.

LE SACRIFICE

Dans le camp, il n'y avait que sa vie qu'on avait le droit de préserver à n'importe quel prix[1].

Afin de conclure cette analyse sur l'expérience du camp de concentration d'Auschwitz telle que ressentie par les prisonniers, il faut, à rebours de la question des suicides, consacrer quelques mots à celle de sacrifice.

Pourquoi, dans des circonstances aussi défavorables, un nombre aussi important de prisonniers ont-ils été animés dans leur conduite par un désir d'abnégation, de force d'âme et de courage[2].

Ce sujet est particulièrement difficile à traiter, surtout si l'on veut en tirer des conclusions générales. La multitude des facteurs à prendre en compte rend chaque acte sacrificiel unique. L'appréciation de l'acte dépend des prédispositions de chaque être humain, de ses valeurs, de sa résilience, de sa santé, de l'évaluation qu'il fait de ses chances de survie ainsi que de sa relation avec le bénéficiaire de son sacrifice. Ces facteurs sont le plus souvent inconnus et pratiquement impossibles à étudier. En outre, il faut tenir compte de la subjectivité des jugements

---

1. T. Paczuła (7725), Camp Hospital Administration in Publications, vol. XXV, p. 19.
2. A. Gawalewicz (9225), *Reflections*, *op. cit.*, p. 15.

et du poids des propres expériences qui marquent les récits des codétenus et des témoins.

Certaines sources ont tiré de l'obscurité des actes de sacrifice, comme celui du père Maximilien Kolbe[3] qui fut même canonisé. Il y eut beaucoup d'autres exemples dont celui du professeur Marian Batko, tombé dans l'oubli parce que son cas fut instrumentalisé contre Kolbe par la propagande communiste. Selon certaines sources, tout comme Kolbe, il se sacrifia pour sauver la vie d'un jeune garçon qui avait été « sélectionné » pour être affamé après l'évasion d'un autre prisonnier[4]. En dépit de ces controverses, on peut affirmer que des sacrifices de soi pour autrui eurent bien lieu dans ce camp qui comptait plus de 400 000 prisonniers.

> *L'un d'entre nous, un jeune garçon de Bialystok, Sokolowicz, avait été « sélectionné » pour les chambres à gaz. À l'époque, il était fou d'angoisse, à tel point que Zishe Bagish, un artiste et écrivain célèbre de Bialystok, le remarqua. Bagish, les yeux pleins de larmes, fit signe au jeune homme de s'approcher de lui. « Vous êtes plus jeune et en meilleure santé que moi », lui dit-t-il. « Je sens que je ne pourrai pas survivre plus longtemps à cette épreuve. Je suis prêt à vous aider à vivre. Lorsqu'ils vous appelleront pour le transport vers les chambres à gaz, je prendrai votre place. Cela me donnera au moins une chance de sauver un camarade Juif*[5]. »

---

3. Le père franciscain polonais Maximilien Kolbe (1894-1941), tenant de l'indépendance de la Pologne et farouchement opposé aux dictatures fasciste et nationale-socialiste, fut arrêté en raison de ses opinions anti-nazies et de l'aide qu'il apportait aux personnes persécutées par le régime. Détenu à Auschwitz, il s'offrit de mourir à la place d'un père de famille polonais. Condamné à la mort par inanition, il survécut trois semaines et fut achevé par une injection létale. Il fut canonisé en 1982 par le pape polonais Jean-Paul II *(N.d.É.)*.

4. D'après un autre témoignage, il fut poussé hors des rangs par le chef de block adjoint.

5. Rafael Rajzner (matricule inconnu), *The Stories Our Parents Found Too Painful Too Tell*, édité par Henry R. Lew, Melbourne, AMCL Publications, 2008, p. 245. Ce récit suscite des doutes, car ces listes ont été établies sur la

À ce moment-là, un Tsigane [le beau-frère de l'homme choisi] (je ne me souviens pas de son nom – il était petit et assez trapu) est sorti des rangs et a demandé au chef de block qu'il soit envoyé à la chambre à gaz à la place de Kamiński, expliquant qu'il était célibataire quand Kamiński avait une femme et deux enfants. Le chef du block a refusé, déclarant que Kamiński ne survivrait de toute façon pas longtemps dans le camp, et qu'il n'y avait donc aucune raison de l'épargner[6].

Parfois, le sacrifice pouvait être le fruit du hasard, l'effet d'une décision d'un *Funktionshäftling* ou d'un SS. Le nombre de prisonniers devait correspondre à celui de la liste officielle. De nombreux prisonniers soulignent que l'une des raisons pour lesquelles ils ont survécu est que quelqu'un d'autre est mort à leur place – un fait qui restera dans leur mémoire jusqu'à la fin de leur vie.

La sélection était très rapide et je ne l'ai pas passée. J'attendais déjà dans le local d'où les transports partaient pour les chambres à gaz. Et là, j'ai eu l'idée que peut-être le prisonnier polonais – tout de même chef d'un Kommando de travail – pourrait m'aider. J'avais un bout de papier et un crayon et j'ai écrit un message très court. Ensuite, j'ai jeté le bout de papier par la fenêtre. Peu après, un SS est entré avec un jeune homme. Lui, il est resté à l'intérieur, et on m'a accompagné dehors. J'ignorais, à l'époque, cet échange cruel. Je l'ai seulement réalisé plus tard. Je ne pourrai jamais l'oublier et cela me tourmente toujours[7].

Les sacrifices quotidiens étaient bien plus fréquents : le soutien moral ou physique des compagnons de captivité épuisés par la longue route de retour du travail, le partage de la nourriture reçue dans un colis.

Zosia Węglińska, une prisonnière de Varsovie, imposait aux codétenus qui recevaient des colis une petite taxe, et avec cette nourriture

---

base des numéros de prisonniers et du nombre de prisonniers. Et sa nature parcellaire rend invérifiables ces informations.

6. Józef Ścisło (122845), Publications, vol. XIX, p. 76.

7. Andreas Sàs (B-14559), *Et alors, j'ai commencé à raconter*, Zurich, Kontaktstelle für Überlebende des Holocaust, 2017, p. 18.

elle préparait de la soupe pour les femmes Juives malades. À l'hôpital du camp, on l'appelait la « soupe de la patrie »[8].

Le block 25 était l'endroit où les prisonnières sélectionnées pour mourir étaient détenues jusqu'à ce qu'un nombre suffisant (un grand nombre) de prisonnières soit rassemblé. C'était un block isolé. La cour était entourée d'un mur, les fenêtres étaient grillagées. Les femmes détenues n'avaient souvent pas de nourriture. À travers le grillage, elles tendaient les mains avec des pots pour demander un peu d'eau. Il était interdit de leur donner quoi que ce soit ou même de s'approcher d'elles. Les femmes détenues dans le camp essayaient de les aider, au péril de leur vie car si elles étaient prises en flagrant délit, elles seraient forcées de rejoindre les prisonnières dans le block 25[9].

La décision des mères de ne pas se séparer de leurs enfants et de les accompagner dans la chambre à gaz constitue une forme de sacrifice, parfois en toute connaissance de cause (comme dans le cas des transports de Juifs de Pologne, parfaitement au fait de la situation à Birkenau). Des scènes similaires se produisirent lors de la liquidation du camp de famille tsigane *(Zigeunerlager)* où tout le monde connaissait et comprenait ce qui se cachait derrière l'objectif de soi-disant « déportation ».

Clausen se présenta au block du Kindergarten[10] *et ordonna à une femme allemande de lui remettre les enfants, parce qu'il s'agissait des enfants d'une Tsigane, et il l'assura qu'elle vivrait. La femme n'accepta pas et fut forcée de quitter la baraque avec les enfants et de rejoindre un groupe de Tsiganes. Ces Tsiganes furent conduits hors de leur camp et dirigés vers les chambres à gaz*[11].

Chaque sacrifice, en plus de sauver des vies ou d'apporter des bénéfices matériels, permettait de soutenir les autres prisonniers

8. Maria Czaicka-Żaczkiewicz (45550), Témoignages, vol. XXXII, p. 128.
9. M. Żumańska (29940), Témoignages, vol. IV, p. 425.
10. En allemand, le jardin d'enfants. *(N.d.É.)*
11. Tadeusz Jachimowski (3720), Témoignages, vol. XIII, p. 73.

qui appréciaient la valeur morale de ces gestes. C'était extrêmement important, même si nous avons beaucoup de raisons de croire que ces actes n'étaient pas courants.

> *Je m'étais habituée à l'égoïsme qui ne m'étonnait ni ne m'indignait plus. Mais j'étais, par contre, émue par le désintéressement, par la bonté*[12]...

Cependant, à la lecture des mémoires d'anciens prisonniers, comment ne pas constater que le fait même de se sacrifier était parfois discuté et interprété différemment dans le camp que nous le faisons aujourd'hui depuis la perspective de nouvelles générations ? Je ne commenterai pas les quatre citations suivantes, qui montrent combien il faut s'abstenir de juger de manière trop simpliste et stéréotypée en plaquant notre perspective d'après-guerre – ce à quoi j'ai appelé de mes vœux dans l'introduction de ce livre.

> *Celui qui s'était avancé, c'était le père Kolbe, mais je dois dire que ce qui m'a impressionné n'est pas qu'il ait donné sa vie pour quelqu'un d'autre (car la vie ne valait pas grand-chose dans le camp, nous étions habitués à voir des prisonniers se jeter contre la clôture ou être tués sans raison au travail). Nous avons été impressionnés par le fait que, devant tant de SS et de* Funktionshäftlinge, *il avait enfreint la discipline et osé sortir du rang*[13].

> *Pour mieux comprendre l'atmosphère qui régnait dans le camp, je voudrais redire que la mort représentait pour beaucoup de prisonniers une libération. Le père Kolbe était malade. Ses jours étaient comptés. D'ailleurs, lorsqu'il est sorti du rang et s'est présenté à la mort, il ne savait pas encore quelle mort l'attendait. Il pensait probablement qu'il serait fusillé*[14].

12. K. Zywulska (55908), *J'ai survécu à Auschwitz*, *op. cit.*, p. 108.
13. A. Jurkiewicz (476), Témoignages, vol. LXXV, p. 62.
14. B. Dąbrowski (18375), in Dąbrowski, *Nietypowy więzień*, *op. cit.*, p. 99.

Donner son pain, au camp, c'était une preuve d'abandon. De désespoir. Eva n'était pas prête pour lutter. Elle avait dix-neuf ans. Elle marchait vers la mort, innocente. Et je ne pouvais rien faire pour elle[15].

L'altruisme n'existe pas, il n'est pas d'acte derrière lequel ne se cache la recherche d'un profit personnel, ne serait-ce que dans la conscience d'agir librement. Qui n'est du reste, selon vous aussi, qu'une illusion, car la véritable liberté n'existe pas non plus[16].

15. A. Balbin (41796), *De Łodz à Auschwitz en passant par la Lorraine*, *op. cit.*, p. 84. Cette citation concerne une situation où, alors que deux Kommandos se croisaient, une jeune fille a jeté son pain à l'auteur de la citation, qui a reconnu qu'il s'agissait de sa nièce.

16. R. Klüger (A-3537), *Refus de témoigner*, *op. cit.*, p. 130.

CONCLUSIONS

> *Au-dessus de la porte du camp d'Auschwitz, il y avait une inscription immense, en lettres de métal, se découpant sur le gris du ciel :* Arbeit macht frei... *Le travail rend libre*[1] *!*

> Arbeit macht frei. *Dès le début nous y percevions du cynisme. Ce fut uniquement un autre mensonge, auquel nous devions faire face*[2].

Le moment est venu de conclure cette enquête sur les sentiments, les états d'esprit et les émotions des prisonniers du *Lager* Auschwitz. Cette tâche n'est ni simple ni univoque. L'historien est mal à l'aise face aux interprétations subjectives, lorsqu'il ne peut tirer de conclusions logiques, sans ambiguïté, des documents qu'il étudie. J'ai pourtant essayé de demeurer fidèle à la méthode historique, c'est pourquoi je tenterai de résumer toutes ces réflexions, conscient qu'il reste plus de questions que de réponses et que nous ne sommes pas en mesure de saisir tout ce que les survivants nous ont raconté. Au demeurant, nous devons nous rappeler qu'ils ne nous ont confié que ce qu'ils voulaient bien nous raconter, ce qu'ils étaient en mesure d'énoncer et ce que, à leurs yeux, nous devions comprendre.

---

1. S. Kessel (130665), *Pendu à Auschwitz, op. cit.*, p. 81.
2. Isidor Berenstein (116835), [*The destruction of my hometown Sochocin*], USHMM Collection, 1998, A.0277, p. 80.

J'espère sincèrement que cette monographie suscitera d'autres réflexions et – comme j'ai voulu le faire dans ce travail – qu'elle permettra d'écouter plus attentivement la voix des survivants, plutôt que de projeter sur elle notre imagination ou nos vœux pieux d'après-guerre. Je sais bien qu'il faut pour cela lire des dizaines, voire des centaines de milliers de pages de livres, de mémoires, de documents d'archives. Alors, seulement, il devient possible de tenter une synthèse de l'épreuve la plus tragique endurée par des êtres humains, qui nous paraît totalement inhumaine.

La première conclusion – indiscutable dans la mesure où elle fait très souvent l'objet de développements dans les témoignages –, c'est que le camp constituait un monde à part. Cela peut sembler un lieu commun, voire un procédé rhétorique, mais cela reste un point fondamental pour comprendre la condition humaine à l'intérieur du camp. C'est pour cette raison que je propose de prendre cette expérience concentrationnaire au pied de la lettre ; ce n'est qu'ainsi que se révélera la portée des observations des survivants. Toute tentative pour analyser l'humanité dans le camp sera inappropriée si l'on ne prend au sérieux cette remarque. Les méthodes comparatives traditionnelles sont ici vaines. Le monde du camp était très différent, dans son altérité globale, et toute analyse doit prendre en considération cette altérité. En proposant une autre solution, nous appliquerions des schémas développés dans une réalité qui nous est proche, mais totalement inadéquats à celle qui nécessite une approche distincte, tout aussi holistique, et très probablement même le développement d'une méthode de recherche propre. Cela est plus nécessaire qu'il n'y paraît, car nous vivons avec la conviction de pouvoir juger ces mondes (même si nous supposons qu'ils sont différents, du moins en théorie) à partir d'un même système de valeurs, que ces valeurs soient éthiques, pragmatiques, tactiques ou autres. Eh bien, non. Auschwitz a été élaboré en rupture totale avec les concepts de justice ou d'injustice, de bien ou de mal. Le camp fonctionnait de cette manière et, dans une plus ou moins large mesure, il exigeait que les individus fonctionnent ainsi. Par conséquent, ce système de valeurs fondamental pour nous aujourd'hui est totalement inapproprié pour l'analyse de nombreuses situations dans le camp. Toute axiologie de notre monde n'est pas indispensable à la construction d'un autre monde. L'exemple du camp montre bien que chaque monde a sa propre hiérarchie de valeurs. Évaluer Auschwitz à l'aune d'un autre monde, le nôtre, dont nous sommes si convaincus du bien-fondé, serait une erreur méthodologique. C'est l'une des raisons pour lesquelles de nombreux survivants ont hésité à parler. Ils craignaient que les outils utilisés pour évaluer leurs témoignages, issus d'un univers différent, fussent inadaptés, que les échelles et les critères fussent faussés dès le départ. Accessoirement, cela signifie qu'une altérité du monde est concevable. Il s'agit là d'une conclusion d'une importance fondamentale, non seulement pour la compréhension de l'humanité, mais aussi pour l'appréciation des limites de notre imagination humaine.

Au début de cette monographie, j'ai avancé la thèse que la question du genre humain était celle des choix humains. L'inhumanité du camp reposait sur le fait qu'il créait des conditions où les décisions n'avaient aucun rapport avec ce que les individus avaient connu à l'extérieur du camp. Tout un chacun prend des décisions à partir de sa propre expérience. Dans le cas présent, les individus furent contraints de prendre des décisions (avec de telles restrictions qu'elles ne pouvaient guère être considérées comme des choix) très loin des expériences que leur éducation, leur formation et leur culture leur avaient données. Par conséquent, les motivations de ces décisions étaient très différentes, à commencer par les tentatives pour devenir un *Funktionshäftling*, acquérir des privilèges aux dépens des autres prisonniers, ou les décisions menant à des sacrifices, des renoncements ou des suicides. Cela nous oblige à reconsidérer les frontières à peine imaginables entre les concepts ci-dessus et les comportements concrets. Le problème des choix faits par les personnes détenues derrière les barbelés d'Auschwitz soulève encore davantage de questions qu'il n'apporte de réponses. Parfois, se suicider était une échappatoire pour quitter un monde qui semblait trop honteux pour être acceptable. Parfois aussi, la lutte pour s'accrocher à ses valeurs semblait si vaine que les prisonniers décidaient de devenir *Funktionshäftlinge.* Cet aspect doit faire l'objet d'une étude plus approfondie, mais le manque de témoignages écrits par des *Funktionshäftlinge* rend la tâche difficile.

Auschwitz n'était pas non plus un monde unique, homogène. Ce n'est le cas que si on limite son analyse aux règlements, décrets et autres documents SS du camp. Il existait au moins deux ou trois mondes de prisonniers. Le monde du *Muselmann* n'était en rien comparable à celui du prisonnier qui était en mesure de se battre et de penser avec lucidité. Le premier, étouffé par ses désirs de survie les plus primitifs, n'était sensible qu'à la faim, qui réduisait à néant tout le reste. Le second avait encore le monde normal comme point de référence. C'est sans doute là le concept le plus important pour les distinguer : la persistance ou non d'un point de référence. Tant qu'ils avaient des repères, les détenus pouvaient réfléchir à leur situation et aspirer à d'autres choses qu'à suivre leur instinct de survie le plus primitif. Aujourd'hui, sur la base des sources dont nous disposons, il est difficile de définir les étapes de la transformation en *Muselmann.* Les témoignages d'anciens prisonniers indiquent cependant que ces contours flous et insaisissables constituent la grande différence entre le monde d'un *Muselmann* et celui d'un prisonnier qui gardait encore espoir. Ces deux univers coexistaient, côte à côte. Le troisième qu'il nous faut distinguer est celui des *Funktionshäftlinge*, qui avaient accepté de se rendre complices des rouages de la terreur. En fin de compte, pour analyser de manière exhaustive la dimension humaine dans le camp, il conviendrait de comparer le monde des *Funktionshäftlinge* avec celui du personnel SS et peut-être aussi avec celui des travailleurs civils employés dans le camp – si seulement ces derniers avaient laissé des témoignages substantiels qui feraient autorité. Il faut garder en tête que tous les prisonniers qui avaient encore un espoir de survivre ont fait ce qu'ils pouvaient pour dissimuler le moindre symptôme de transformation en *Muselmann*. À Auschwitz, de nombreux détenus ont atteint le point de non-retour au-delà duquel ils devenaient des *Muselmänner*, et ce point déterminait la vie ou la mort. Cela me semble très important, voire fondamental, pour comprendre la perception que nous avons de nous-mêmes en tant qu'êtres humains. Toutefois, à la lumière des écrits existants, je ne suis pas certain que cet aspect puisse être approfondi davantage.

Il est très clair que le but ultime du Troisième Reich était la déshumanisation. C'est un concept nouveau et assez étrange, mais c'est le seul dont nous disposons pour décrire ce phénomène. Il en dit long *ex silentio* sur la perspective d'un autre monde, car ce n'est pas l'individu qui était transformé, mais les conditions dans lesquelles il vivait cette « déshumanisation ». Cet élément est fondamental pour comprendre la condition humaine dans les camps. Nous rencontrons ce concept, qui nous est aujourd'hui familier, dans chaque cas de génocide. Mais en ce qui concerne les récits des prisonniers, soulignons l'importance de distinguer déshumanisation et animalisation – même si, dans de nombreux témoignages, les hommes sont comparés à des animaux. Il s'agit d'une comparaison strictement analogique. Les anciens prisonniers décrivent de manière très précise leur condition. Parfois, ils qualifient leurs bourreaux d'animaux, et ils auraient fait de même avec leurs codétenus si ces derniers étaient devenus bourreaux à leur tour. Précisons aussi qu'en dépit du discours véhiculé par la propagande sur les rats, les porcs et la vermine, il n'était pas nécessairement dans l'intention des SS d'encourager l'animalisation des prisonniers. Le chien du SS, instrument de terreur, était toujours quelque chose, ou même quelqu'un – à la différence d'un prisonnier. Il avait incomparablement plus de privilèges. Le détenu, devenu un numéro, n'était pas réduit au statut d'animal, il n'avait pas le même statut qu'un cheval SS par exemple. La déshumanisation n'était pas synonyme d'animalisation ; il s'agissait d'une catégorie ou une appellation tout à fait distincte. Cette conclusion me semble également capitale.

Le comportement social des prisonniers est aussi un élément particulièrement important, surtout dans les zones non réglementées par les autorités du camp. Il est très clair que tout regroupement massif de personnes, même au sein d'une réalité inimaginable, aboutira inévitablement à la formation d'une société hiérarchisée. Son organisation dépend en grande mesure des rôles attribués par les autorités, mais au-delà de cette hiérarchie officielle, une autre se crée aussi entre prisonniers selon la force physique, la persévérance, la foi en sa capacité à survivre, à s'adapter et à utiliser ses relations. L'attachement aux traditions, aux coutumes et habitudes depuis des temps immémoriaux, alors que toutes les règles sont transformées, devient dans le camp une faiblesse insurmontable. Cela saute aux yeux lorsqu'on compare les facultés d'adaptation des prisonniers originaires des marges de la société et celles des détenus issus des communautés paysannes strictement codifiées. Entre ces deux extrêmes, on identifie plusieurs groupes comme les artisans qualifiés, les communautés religieuses orthodoxes, l'intelligentsia et les professions libérales. Dans chacun, c'est le recours à l'imagination, à l'abstraction, à la facilité d'agir hors des conventions – qui validait l'axiologie des choix humains – qui déterminaient la capacité d'un individu à s'adapter, à prendre un quelconque contrôle sur une situation et son évolution. D'un côté, on voit bien l'extraordinaire potentiel d'adaptation des êtres humains, bien plus important qu'on pourrait le croire ; mais de l'autre, on constate que l'attachement à l'ancien monde enraye toute possibilité d'adaptation à un nouvel environnement.

Il faut cependant noter que pour s'adapter, il est avant tout nécessaire d'instaurer une distance entre soi et un monde nouveau : la terreur constante, la peur, la mort omniprésente et, en toute logique, les maigres chances de survie à long terme. Seuls ceux qui ne se laissaient pas aller au doute ou à la dépression pouvaient, tant qu'ils en avaient encore la force, garder un semblant de normalité indispensable pour continuer à fonctionner, ne serait-ce que pour « rationner » quelques calories en plus. De ce point de vue, l'importance de la liberté intellectuelle, mais aussi émotionnelle a pu être sous-évaluée ; l'une et l'autre sont souvent devenues des conditions *sine qua non* de la survie. Par ailleurs, le « renoncement » a conduit de nombreux prisonniers à se détacher excessivement de la réalité du camp : cela a pu les soulager un temps, mais aussi leur faire prendre trop de distance et donc relâcher leur vigilance ou, pire encore, tomber dans l'apathie. Cette dernière se traduisait par une soumission progressive aux agressions du camp sans chercher à leur résister, ce qui, avec la malnutrition et la faiblesse, participait à la transformation en *Muselmann*.

Lorsque la réalité se faisait terrifiante et vraiment menaçante d'un côté, et n'offrait aucun espoir de l'autre, les prisonniers avaient recours à des remèdes à court terme, mais essentiels. Qu'ils s'en soient remis aux pensées, aux rêves, à la réalité, à la divination ou aux ragots, chacune de ces méthodes a alimenté (au moins momentanément) un optimisme par ailleurs en berne. Ces fugues devinrent si nécessaires et si courantes qu'elles entrèrent dans le canon du comportement social des prisonniers. Le fait est que ces évasions éphémères de la réalité ont été, tôt ou tard, nécessaires à tous, qu'elles aient été spontanées ou fruits d'une nécessité froidement calculée. Le pragmatisme obligeait le prisonnier à plonger dans la réalité et à s'y adapter, mais son esprit – surtout dans les moments où la réalité devenait insupportable – proposait au moins une courte échappatoire.

L'alternative presque immédiate était la perspective de la mort. Et là, une observation s'impose à l'égard de tous les prisonniers : le contact constant avec la mort, ainsi que le rappel permanent d'être condamné par l'état carcéral n'a pas, en soi, tué – sauf dans les situations de grand désespoir. La preuve la plus éloquente en est le destin des prisonniers du *Sonderkommando*, persuadés qu'ils seraient les premières victimes de l'effacement des preuves des crimes. Bien que vivant au milieu des piles de cadavres, au sens littéral, à la vue et à l'odeur de corps brûlés, ils se sont rebellés (certes pas tous) lorsque la mort leur a semblé vraiment imminente. Cela s'est également produit à Treblinka et à Sobibor. En d'autres termes, la seule création de conditions qui prédestinaient à la mort ne tuait pas automatiquement, pas plus qu'elle ne provoquait une lutte immédiate pour la vie. Pour s'engager dans ce combat, il fallait en arriver à la conclusion que lui seul était porteur d'espoir. Imposer une situation désespérée à une personne motive cette dernière à résister. Ce n'est que lorsqu'elle n'a rien à perdre qu'elle finit par estimer le prix de sa vie.

Dans cette perspective, on comprend mieux pourquoi le système concentrationnaire s'est à ce point servi du pouvoir de l'espoir. Cela était manifeste lorsqu'il s'agissait d'apaiser les craintes des Juifs transportés vers l'extermination. Les autorités du camp ont tout fait pour que les craintes et les angoisses naturelles des victimes ne tournent pas à la panique – une panique qu'ils n'auraient pas pu contrôler. C'est dans ce but que, de temps à autre, les autorités donnaient à leurs victimes un signal rassurant : un camion portant l'emblème de la Croix-Rouge, l'assurance qu'après la désinfection et l'enregistrement, les personnes aptes au travail retrouveraient leur famille, ou qu'après la douche, on leur donnerait du thé chaud. En théorie, de tels signaux auraient dû appeler à la méfiance envers les Allemands, nourrie par les années d'occupation, tout comme aurait dû le faire la vue de prisonniers émaciés en uniforme rayé, la brutalité des SS méprisant la dignité et la vie humaines, l'absence visible d'enfants dans le camp ou l'odeur perceptible de chair humaine incinérée. Dans l'immense majorité des cas, jouer avec l'espoir des gens permettait de contrôler les foules. Quand, d'un côté, « l'espoir est le dernier à mourir » et que, de l'autre, ce même espoir est utilisé comme une arme pour infliger la mort, ce qui ressort est l'inversion complète des valeurs dans cet autre monde créé à l'intérieur du camp.

Dans des situations extrêmes, la capacité des humains à rationaliser leurs choix – en particulier dans la perspective à court terme du camp – ne connaît pratiquement aucune autre limite que celle de leur mort. Un seul exemple suffit : le choc traumatique profond que les femmes subissaient lorsque, peu après la « sélection », on leur ordonnait pour la première fois de se déshabiller, choc que l'on peut comparer à l'indifférence rapidement et clairement développée à l'égard de leur propre nudité dans le camp, quelques jours plus tard. Cela est évident dans presque tous les récits des femmes. Une exception à ce pragmatisme semble être la perte totale de sens logique des *Muselmänner*, exténués, entre la vie et la mort. Quant aux autres prisonniers (même ceux qui évaluaient lucidement le comportement de leurs codétenus), ils faisaient leurs propres choix en fonction des problèmes les plus cruciaux du moment. Par exemple, boire de l'eau dans les flaques, échanger ses rations alimentaires contre des cigarettes ou échanger des vêtements chauds contre un peu de soupe supplémentaire. La perspective à long terme n'existait pas, c'est pourquoi les décisions étaient souvent prises pour soulager sa douleur de manière immédiate, voire éphémère.

Si nous devions établir une hiérarchie des besoins fondamentaux des prisonniers, le premier serait l'accès à l'air, puis à l'eau, puis à la nourriture. Dans l'ordre, et seulement si ces besoins étaient satisfaits, viendraient les autres, les besoins hygiéniques, spirituels, sociaux et culturels fondamentaux. Cette hiérarchie des besoins changeait légèrement en hiver, lorsque les températures descendaient en dessous de zéro, en particulier chez les prisonniers originaires du sud de l'Europe. La lutte contre le froid devenait alors parfois plus importante que la lutte contre la faim, même si le manque de calories provoquait un refroidissement du corps plus important chez les prisonniers qui n'avaient pratiquement pas de graisse.

La volonté de survivre à tout prix est une force gigantesque qui a fortement infléchi le sort des prisonniers. Cette force était peut-être plus puissante que tout sens moral ou tout calcul. C'était très clair chez les *Muselmänner*, mais aussi chez des personnes peu scrupuleuses, ou qui n'avaient pas peur des conséquences de leurs actions : en particulier, les *Funktionshäftlinge* qui ne craignaient pas les réactions des codétenus ou des *Muselmänner*.

Il serait crucial d'entreprendre une analyse plus complète des situations désespérées qui menèrent au suicide. Mais il n'existe que très peu de témoignages de détenus qui ont pris une telle décision et ont été sauvés. La plupart, qu'ils aient mis fin à leurs jours ou se soient abandonnés à une mort inévitable en cessant de lutter, ont emporté avec eux leurs dernières pensées et le secret de l'élan qui les a poussés à cette extrémité. Néanmoins, les rares descriptions de ces détenus, ainsi que celles d'autres prisonniers témoins de ces tentatives de suicide, semblent défendre la thèse selon laquelle ces suicides étaient la conséquence d'une impulsion plus que d'une véritable réflexion. Les cas de prisonniers qui se supprimèrent par peur de révéler sous la contrainte des informations lors des interrogatoires menés par la Gestapo du camp furent exceptionnels.

Le sort des enfants est perçu très différemment. Leur condition, leur situation ou les événements les concernant furent ressentis comme particulièrement insupportables par les détenus adultes. Il ne s'agit pas seulement, semble-t-il, de la juxtaposition des notions de justice et d'innocence. Sous réserve de confirmation par des psychologues, j'ai le sentiment que l'instinct maternel ou paternel a été plus fort que toute forme de logique. Dans cette perspective, il convient néanmoins de souligner que le sens de la famille de l'être humain n'apparaît pas – à la lumière de l'expérience du camp – comme une caractéristique impérative. Alors qu'en général les Juifs étaient déportés à Auschwitz avec toute leur famille – moyen extrêmement efficace d'empêcher les jeunes adultes de s'échapper par peur de laisser derrière eux leurs enfants ou leurs parents âgés –, le camp était essentiellement un lieu où les instincts familiaux ne pouvaient s'exprimer que dans le monde du rêve et de la nostalgie. Dans certains récits, les liens familiaux (l'interdépendance des membres de la famille au sein du camp) semblent d'ailleurs entraver les chances de survie. Il fallut alors prendre la difficile décision de se séparer, afin d'augmenter les chances de chacun.

Sur la base de l'analyse de ces récits, on peut se demander si le destin collectif joue un rôle dans l'emergence d'un sentiment de communauté. Il ne fait aucun doute que, dans notre monde, la réponse à une telle question serait certainement affirmative. Ainsi, pour les théoriciens des États-nations, il s'agit de l'un des fondements des thèses les plus ambitieuses. Pourtant, Auschwitz montre quelque chose de tout à fait différent. Le destin individuel a été, de manière disproportionnée, tellement plus important, qu'il serait difficile d'affirmer sans équivoque que le destin commun, ou plutôt les conditions ou circonstances communes des destins individuels, soit devenu automatiquement un facteur de cohésion. Tous les anciens prisonniers que j'ai cités avaient vécu « leur » Auschwitz – ils se souvenaient et portaient les marques de leur propre Auschwitz. Parfois, ces marques se contredisaient. L'étude de la formation d'une mémoire collective d'après-guerre chez les survivants pourrait se réveler très intéressante. Cette recherche n'en est qu'à ses débuts[3] ; des analyses plus poussées des procès-verbaux de réunions organisées par les associations de survivants, par exemple, pourraient conduire à des conclusions marquantes.

Le système des camps lui-même, aussi efficace fût-il, ne pouvait englober tous les aspects de la vie humaine. À la périphérie d'Auschwitz, ou au-delà, est apparu un système local de prisonniers, puissant et parfois omniprésent, comprenant des organisations clandestines de nature religieuse, culturelle ou marchande, qui mirent en œuvre tout ce qui était en leur pouvoir pour agir sur des territoires qui n'étaient manifestement pas réglementés ou contrôlés. Aussi louables ou répréhensibles qu'aient été ces actions, les prisonniers qui ont pu accéder à de telles positions (au moins temporairement) en ont tiré quelques avantages. Des lieux et des activités explicitement interdits, mais mal surveillés, ont également pu être utilisés. Durant les dernières années, surtout en 1943-1944, il était possible de mettre à profit la démoralisation et la corruptibilité des SS. Pour en tirer parti, les prisonniers devaient faire preuve de discernement et être capables d'évaluer la mentalité de chaque SS. Le risque de telles actions était qu'elles bénéficient aux SS corrompus, mais les résultats sur le long terme pouvaient être positifs pour les prisonniers qui avaient été capables de construire un système de dépendance des bourreaux.

3. Pour la France, une première synthèse a été publiée par Olivier Lalieu, *Histoire de la mémoire de la Shoah*, Paris, Soteca, 2015. Dans une certaine mesure, cette évolution avait également été présentée par Floriane Schneider, *Shoah. Dans l'atelier de la mémoire. France, de 1987 à aujourd'hui*, Lormont, Bord de l'Eau, 2013. Dans de nombreux autres pays, ce champ doit encore faire l'objet de travaux.

L'efficacité du camp en tant que structure organisée n'a pas été le fruit d'une réflexion globale car le *Lager* a été créé à la fois en tant que camp de concentration à la manière des camps allemands d'avant-guerre, centre d'extermination et réservoir de main-d'œuvre esclave pour les usines d'armement allemandes installées autour du camp. Les priorités de chacune de ces tâches étaient en contradiction flagrante les unes avec les autres. Au cours des cinq années d'existence du camp, on a pu observer leur évolution, en particulier dans la deuxième phase de fonctionnement d'Auschwitz, lorsqu'une tension croissante et constante entre la fonction économique et la fonction génocidaire s'est fait sentir. Les exemples de l'absurdité de ce système étrange étaient nombreux : le meurtre d'hommes âgés de quarante à cinquante ans, encore capables de travailler, ou la décision de ne pas faire travailler les hommes roms et sintis, etc. Soulignons que si l'on considère l'état mental des prisonniers, plus le système était oppressif, moins la main-d'œuvre était efficace. Les *Muselmänner* en sont un exemple frappant, car ils rejetaient complètement le système et toutes ses règles, et bien que le système n'ait pas eu besoin d'eux, il les a maintenus en vie jusqu'à leur mort « naturelle ». Les nombreux et interminables appels étaient effectués au détriment du temps de travail, après quoi les prisonniers disparaissaient à moitié endormis dans les recoins sombres des blocks ou des baraquements. Les mêmes incohérences se retrouvent dans les hôpitaux du camp qui existaient surtout en raison de règlements d'avant-guerre et qui ont été maintenus de crainte que le personnel du camp ne soit infecté par le typhus, ou pour sauver des prisonniers ayant certaines aptitudes professionnelles. Cependant, en termes d'efficacité de la mise en œuvre des principaux objectifs du camp, l'existence et le maintien de ces hôpitaux n'étaient pas un choix rationnel compte tenu de la possibilité de reconstituer en permanence une main-d'œuvre de prisonniers lors de nouveaux transports. C'est pourquoi tant de sélections dans le camp ont été faites pour éliminer les plus grands *Muselmänner* et malades, envoyés dans les chambres à gaz. À l'opposé, les kapos et les surveillants de block sont restés les plus fidèles au système et, pour beaucoup, étaient émotionnellement « de l'autre côté », comme en témoigne leur manière de soigner leur apparence en portant des bottes cirées ou en fraternisant avec des SS.

Enfin, j'aimerais revenir au point que j'ai soulevé au début de ce livre : les questions concernant l'humain dans des conditions déshumanisantes apportent-elles des réponses sur nos contemporains, notre époque étant certes difficile, mais encore normale ? Je ne le pense pas. Certainement pas de manière directe. On pourrait en dire autant de l'application de méthodes comparatives appliquées à notre monde et à celui du camp, vouées à l'échec en raison des grandes disparités concernant la valeur des décisions humaines, les états mentaux, physiques et émotionnels de la plupart des prisonniers, la hiérarchie des besoins complètement différente, et les relations de cause à effet divergentes dans les expériences et choix des prisonniers. Une traduction littérale de nos modèles vers la réalité des camps de concentration serait une erreur méthodologique, et, à l'inverse, une traduction directe et non critique des observations des prisonniers de la réalité du camp ne peut avoir de pertinence pour le monde normal. En effet, les éléments auxquels répondait le comportement humain, et les réactions qu'ils engendraient, étaient complètement autres dans le camp, ils n'étaient pas compatibles avec la réalité de notre monde. En revanche, ils pourraient être d'une grande importance dans les analyses montrant la rapidité, la temporalité et le sens des changements chez les humains soumis aux règles impitoyables d'un autre monde. De telles études seraient significatives pour prédire les comportements lors de catastrophes à long terme, de guerres, de génocides et autres événements où, de façon soudaine et inattendue, non seulement la position de l'être humain, mais aussi les règles de conduite sont radicalement modifiées.

J'espère que ma tentative pour introduire la perspective des survivants, que nous n'avons pas été en mesure de comprendre suffisamment, respectera leurs paroles, leurs souvenirs et leurs avertissements, et ce, en ce qui les concerne spécifiquement. J'espère aussi qu'elle servira de proposition pour une nouvelle approche dans l'historiographie des camps de concentration et d'extermination, ainsi que, peut-être, dans d'autres études sur les génocides, afin que l'expérience humaine étudiée à travers la polyphonie des voix porteuses de mémoire devienne un point central de la recherche. Nous ne le devons pas aux survivants, mais à nous-mêmes, comme aux générations futures. Cette expérience était trop importante, trop grave et trop meurtrière pour être exprimée exclusivement par des chiffres, des dates et des faits. Les analyses doivent se concentrer sur des questions plus vastes que sur des constatations strictement factuelles.

Les survivants eux-mêmes ont eu besoin de beaucoup de temps pour s'adapter à la vie dans un monde redevenu normal, pour tenter de parler de certains aspects de leur expérience, ou ne serait-ce que pour essayer de comprendre pourquoi eux seuls ont survécu au camp alors que d'autres n'y sont pas parvenus[4].

> *Pourquoi moi ? Quelle est l'explication de ma survie personnelle ? Pourquoi est-ce moi qui suis resté vivant ? Je n'ai pas de réponse. Aucune explication satisfaisante mais une multitude d'hypothèses et de nouvelles interrogations*[5].

---

4. Pour une analyse de cette question troublante, voir Jagoda, Kłodziński (20019) et Masłowski, *Więźniowie Oświęcimia*, *op. cit.*, p. 131-176.
5. N. Roth (A-17140), *Avoir 16 ans à Auschwitz*, *op. cit.*, p. 256.

ANNEXES

LEXIQUE DU CAMP

Ce glossaire recouvre les termes et expressions les plus courants qui avaient cours dans le camp et qui apparaissent dans ce livre. La plupart sont ou proviennent de mots allemands dont le sens a été détourné.

Anus mundi (latin) : l'anus du monde. Il s'agit d'une définition métaphorique d'Auschwitz utilisée par le médecin SS Heinz Thilo.

Arbeitseinsatz : bureau du travail. Bureau chargé de l'attribution et du contrôle du travail des prisonniers et des Kommandos.

Arbeitsdienst : service du travail. Prisonnier chargé de la répartition des prisonniers pour le travail.

Arbeit macht frei : « le travail rend libre ». Inscription au-dessus du portail d'entrée d'Auschwitz I.

Aufnahmekommando, Aufnahme : prisonniers chargés de l'enregistrement des nouveaux détenus lors de leur arrivée au camp.

Aufseherin : surveillante, membre auxiliaire des SS chargée de la surveillance des femmes détenues dans les camps de concentration. Le mot existe aussi dans sa version polonaise (*aufzejerka*) ou plus rarement (*aufsejerka*).

Auschwitz I Stammlager : le camp principal. Il s'agit du premier et principal camp, situé en périphérie de la ville d'Oświęcim.

Auschwitz II-Birkenau : le deuxième camp du complexe d'Auschwitz construit aux environs du village de Brzezinka qui, en plus d'être un camp de concentration, a aussi servi de centre de mise à mort de la Shoah.

Auschwitz III-Monowitz : le troisième camp du complexe d'Auschwitz construit pour les besoins de l'immense chantier de Buna-Werke sur le site du village, avant-guerre, de Monowice.

Aussenkommando, **Aussen** : Kommando de prisonniers (ou brigade de travailleurs) travaillant à l'extérieur du camp.
Avo : marque de la poudre utilisée pour préparer la soupe du camp.
Bekleidungskammer : entrepôt de vêtements.
Begrabungskommando : Kommando de prisonniers (brigade de travailleurs) chargé de brûler les corps des détenus morts ou tués et les corps des Juifs assassinés dans les chambres à gaz du printemps 1942 au printemps 1943.
Blockältester : surveillant de block.
Blockführer : SS chargé d'un ou de plusieurs blocks de prisonniers.
Blocksperre : blocage temporaire d'un block de prisonniers durant lequel toute entrée ou sortie était interdite.
Block 11 (Auschwitz I) : block utilisé, entre autres, comme prison du camp. Il s'y tenait des procès de justice expéditive. La cour du block fut le théâtre d'exécutions.
Block 25 (Birkenau, section BIa) : block où se trouvaient les femmes exténuées ou mourantes. Lorsque ces femmes étaient suffisamment nombreuses, elles étaient envoyées dans la chambre à gaz.
Blokowa : surveillante de block. *Funktionshäftling* (prisonnière « privilégiée ») dont la fonction était de maintenir l'ordre et la discipline dans le block dont elle avait la charge.
Budy : camp annexe d'agriculture et d'élevage situé à quelques kilomètres au sud de Birkenau.
Buna-Werke : usine de caoutchouc synthétique (en construction) à l'est d'Oświęcim, appartenant à la firme IG-Farben et construite par le travail forcé des prisonniers.
Camp H : H pour l'allemand *Himmel*, ciel. Nom métaphorique désignant collectivement les prisonniers tués dans le camp. La lettre H est aussi la lettre qui, dans l'alphabet, suit la lettre g (Birkenau II section BII'g') où étaient situées les chambres à gaz.
Durchfall : diarrhée causée par la dysenterie (infection bactérienne répandue dans le camp).
Effektenkammer, **efekty** : entrepôts où étaient conservés les effets personnels des prisonniers.
Erweiterung : complexe de blocks en briques de prisonniers en construction à plusieurs centaines de mètres au nord du *Stammlager* Auschwitz I dans le cadre du plan général d'élargissement du camp.
Feuerwehr : en allemand, le service d'incendie, les sapeurs-pompiers.
FKL (Frauenkonzentrationslager) : camp de femmes créé en août 1942 à Birkenau.

Funktionshäftling : statut accordé à certains prisonniers pour qu'ils remplissent au nom des SS des fonctions auxiliaires auprès des autres prisonniers. En échange, ils jouissaient de certains privilèges : rations de nourriture, couvertures, etc.
Fürstengrube : sous-camp près de Mysłowice dont les prisonniers travaillaient dans une mine de lignite fournissant du charbon à la Buna-Werke.
Geheimnisträger : porteur de secrets. Catégorie informelle qualifiant un prisonnier qui détenait des informations secrètes, le plus souvent liées à l'envergure des crimes SS.
Häftling : prisonnier.
Hygiene Institut der Waffen-SS : institut de recherche traitant des questions d'hygiène et de bactériologie, situé à Rajsko, au sud d'Auschwitz.
Himmelkommando : Kommando du ciel. Appellation métaphorique des prisonniers assassinés.
Holzhof, Holzplatz : site proche d'Auschwitz I où un Kommando était employé à transférer, couper et stocker le bois, les troncs et les planches. Ce travail était l'un des plus pénibles du camp.
Industriehof : cour d'usine, lieu de travail très épuisant, consistant généralement au déchargement de matériaux de construction.
Isolierstation, Block 7 (Birkenau) : baraquement de la section BIb de Birkenau où étaient détenues les prisonnières les plus malades et les plus fatiguées, aussi familièrement appelé « salle d'attente des chambres à gaz ».
Kanada, Canada : nom courant de la section BIIg de Birkenau comprenant plusieurs dizaines d'entrepôts où étaient stockés et triés les biens confisqués aux Juifs qui venaient d'arriver dans les convois.
Kapo : *Funktionshäftling* supervisant le travail d'un Kommando.
Koïas ou Coyas : couchettes ou châlits.
Kommando : groupe de prisonniers chargé d'un type spécifique de travail. Le nombre de prisonniers par Kommando allait de quelques prisonniers à un millier.
Krankenbau : hôpital du camp.
Lagerältester : doyen des *Funktionshäftlinge.*
Lagerführer : officier SS, commandant du camp.
Lagersprache ou Lagerspracha : dialecte du camp composé de dictons et d'expressions vulgaires issus de différentes langues.
Leichenkommando : Kommando transportant les cadavres aux fours crématoires.

Muselmann ou musulman (pluriel Muselmanner) : nom courant pour désigner une ou un prisonnier extrêmement émacié, proche d'être moribond ou déjà dans cet état.

Oberkapo : supérieur des autres kapos dans un Kommando de grande taille.

« **Organiser** » : expression familière pour désigner le fait d'acquérir (par le troc, l'achat ou le vol) de la nourriture et d'autres objets dans le camp.

Pfleger : en allemand, ce mot désigne une infirmière ou un infirmier. À Auschwitz, il s'agit d'un *Funktionshäftling* employé dans l'hôpital du camp.

Pipel : jeune prisonnier devenu protégé d'un chef de block en échange de « services » à caractère sexuel.

Politische Abteilung : département politique, quartier général de la Gestapo dans le camp, où l'on procédait notamment aux interrogatoires des prisonniers.

Post : garde SS.

Prominent : prisonnier privilégié, membre de ce qui était qualifié d'aristocratie du camp.

Puff : bordel du camp établi à Auschwitz I et à Monowitz à l'automne 1943 : son accès était autorisé à ceux qui étaient catégorisés comme des prisonniers « aryens ».

Rajsko : camp annexe agricole et horticole au sud d'Auschwitz I.

Rapportführer : sous-officier SS, adjoint du chef de camp.

Revier : baraquement des malades.

Sauna : bâtiment situé à Auschwitz II dans lequel les prisonniers sélectionnés pour le travail étaient enregistrés, désinfectés et rasés.

Scheisskommando : nom du Kommando chargé de nettoyer les latrines des prisonniers de Birkenau.

Schlosserei : atelier de cordonnerie du camp.

Schonungsblock : baraquement pour les anciens malades à côté de l'hôpital du camp.

Schreibstube : bureau du camp.

Schreiber : écrivain. *Funktionshäftling* chargé de tenir les registres de prisonniers pour les besoins du superviseur du block ou du kapo.

Sélection : processus de tri opéré à l'arrivée des nouveaux convois, voire à l'intérieur du camp parmi les prisonniers, visant à choisir les prisonniers en mesure de travailler, et à envoyer les autres vers les chambres à gaz.

Sonderkommando : Kommando de prisonniers travaillant dans le crématoire du camp.

Sterbebuch (pl. Sterbebücher) : registre de décès.

Strafkommando, Strafkompanie : Kommando de prisonniers effectuant les travaux les plus exténuants. En général, on considérait qu'être muté à cette unité équivalait à une mort imminente.

Stubendienst (ou **sztubowy**, parfois **Stubenältester**) : *Funktionshäftling* subordonné chargé de maintenir l'ordre et la discipline dans l'un des blocks.

SDG (Sanitätsdienstgrade) : service sanitaire SS, assuré par des sous-officiers ayant reçu une formation médicale de base et capables d'assister les médecins SS. Certains SDG étaient chargés de tuer les prisonniers épuisés par des injections de phénol, tandis que d'autres versaient des pastilles de Zyklon B dans le système de circulation d'air des chambres à gaz.

Torwache : prisonnier gardien de porte.

Totenmeldung : certificat de décès des prisonniers.

Union Werke : usine d'obus d'artillerie et de fusées située près d'Auschwitz I.

Vorarbeiter : subordonné du kapo, *Funktionshäftling* subalterne.

Waschraum : salle de toilette commune.

Zigeunerlager : camp de la section BIIe de Birkenau dans lequel les Tsiganes étaient enfermés en famille.

Zugang (pl. Zugangi) : nom familier donné au prisonnier tout juste arrivé et ignorant des réalités du camp.

Zwilling : jumeaux.

SOURCES ET BIBLIOGRAPHIE

Pour cette étude, je me suis appuyé – à une échelle inédite – sur des publications et des témoignages de survivants. Beaucoup de ces documents font partie des archives du musée d'État d'Auschwitz-Birkenau, des cent et quelques volumes de témoignages, et des presque trois cents volumes de mémoires. Ils sont aussi, pour certains, tirés des minutes de procès tels que celui de Rudolf Höss. Certaines citations sont reprises des numéros spéciaux de *Przegląd Lekarski*, publié à Cracovie entre 1961 et 1991, notamment les questionnaires thématiques remplis par d'anciens détenus. J'ai également utilisé les récits conservés aux archives de l'United States Holocaust Memorial Museum.

Je tiens à exprimer ma sincère reconnaissance aux collaborateurs de ces institutions pour leur précieuse aide dans mes recherches, en particulier à Sara Bloomfield, Jacek Nowakowski, Vincent Slatt, Wojciech Płosa et Piotr Setkiewicz.

J'ai aussi cité des extraits des ouvrages suivants, mémoires des survivants d'Auschwitz publiés dans différentes langues :

Abadi (Odette), *Terre de détresse. Birkenau. Bergen-Belsen*, Paris, L'Harmattan, 1995.

Abraham (Ben), *And the World Remained Silent*, New York, Vantage Press, 1996.

Abraham (Berndt), *No Graves to Visit. A Survivor Remember at Last*, [Larchmont], Berndt Abraham Memorial Fund of Larchmont Temple, 1994.

Adelsberger (Lucie), *Une pédiatre à Auschwitz*, traduit de l'allemand par Jean-Pascal Auvray, Paris, Anne Carrière, 2024.

Albin (Kazimierz), *Warrant of Arrest*, traduit du polonais en anglais par Witold Zbirohowski-Kościa, Oświęcim, musée d'État d'Auschwitz-Birkenau, 2003.
Alcan (Louise), *Le Temps écartelé*, chez l'auteur, 1980 (disponible au format numérique).
Alizon (Simone), *L'Exercice de vivre*, Paris, Stock, 1996.
Althaus (Samuel), *Where Is God? Auschwitz-Birkenau to Dachau 1942-1945*, s.l., Newport News (Virginie), 2001.
Altmann (Erich), *Face à la mort*, traduit de l'allemand par Guy Altmann, Paris, Le Manuscrit/Fondation pour la Mémoire de la Shoah, 2007.
Chmura Godel (Anani), *Droga życia. Czyli rzecz o przetrwaniu*, Tel-Aviv, Etzbeoni Publishing, 2002.
Antelin (Maxime), *Chronique maladroite d'un candide, 1943-1945*, Paris, La Société des écrivains, 2005.
Apostoł-Staniszewska (Jadwiga), *Echa okupacyjnych lat*, Varsovie, Ludowa Spółdzielnia Wydawnicza, 1973.
Arditti (Léon), *Vouloir vivre. Deux frères à Auschwitz*, Paris, L'Harmattan, 1995.
Arend (Hana) et Arend (Hanuš), *Témoignages de deux rescapés pragois de l'Holocauste*, traduit de l'allemand, Zurich, Kontaktstelle für Holocaust Überlebende in der Schweiz, 2017.
Arkuszyński (Zdzisław), *Prawo do życia*, Pelplin, Bernardinum, 2005.
Bacall-Zwirn (Alina), *No Common Place*, Lincoln, University of Nebraska, 2000.
Bachner (James), *My Darkest Years*, Jefferson (Caroline du Nord), McFarland & Co, 2007.
Balbin, André, *De Lodz à Auschwitz en passant par la Lorraine*, Nancy, Presses universitaires de Nancy, 1989.
Bar-Nir (Asher), *A Journey of Survival*, Jérusalem, Yad Vashem, 2010.
Bartnikowski (Bogdan), *Une enfance en pyjama rayé*, traduit du polonais par Alexandre Dayet, Oświęcim, musée d'État d'Auschwitz-Birkenau, 2016.
Bartoszewski (Władysław), *Mój Auschwitz*, Cracovie, Znak, 2010.
Bednarski (Mieczysław), *W szponach Gestapo*, Varsovie, Neriton, 2004.
Bekerman (Zehava), *Bound to Live*, Tel-Aviv, chez l'auteur, 2001.
Berg (Pierre), *Scheisshaus Luck. Surviving the Unspeakable in Auschwitz and Dora*, New York, American Management Association, 2008.

Berland Hyatt (Felicia), *Close Calls*, Washington (D.C.), United States Holocaust Memorial Museum, 2000.
Berler (Willy), *Itinéraire dans les ténèbres*, Paris, L'Harmattan, 1999.
Berman (Gizel), *My Three Lives. A Story of Love, War and Survival*, Seattle, Niche Press, 1999.
Bialot (Joseph), *Votre fumée montera vers le ciel*, Paris, Archipel, 2011.
Bindefeld Neray (Ruth), *To Auschwitz and Back*, Sudbury (Ontario), Sudbury Press, 1997.
Birenbaum (Halina), *L'espoir est le dernier à mourir*, traduit du polonais par Corinne Rouach, Oświęcim, musée d'État d'Auschwitz-Birkenau, 2016.
Birnbaum (Suzanne), *Une Française Juive est revenue*, Maulévrier, Hérault Éditions, 1991.
Bloch-Kennedy (Claudette), *Recherche en laboratoire*, Chambéry, éditions de la Librairie J.-J. Rousseau, 2002.
Borowski (Tadeusz), *Le Monde de pierre*, traduit du polonais par Laurence Dyevre et Éric Veaux, Paris, Christian Bourgois, 1992.
Brandman (Bronia), *The Girl Who Survived*, New York, Scholastic, 2010.
Buergenthal (Thomas), *A Lucky Child. A Memoir of Surviving Auschwitz As a Young Boy*, Londres, Profile Books, 2010.
Bulawko (Henri), *Les Jeux de la mort et de l'espoir. Auschwitz – Jaworzno*, Paris, Amicale des anciens déportés Juifs de France, 1954.
Caputa (Antoni), *Z Pietrzykowic w szeroki świat*, Waterloo (Ontario), 1978.
Cernyak-Spatz (Suzan), *Protective Custody. Prisoner 34042*, Brooklyn, N & S Publishers, 2005.
Cling (Maurice), *Un enfant à Auschwitz*, Paris, Éditions de l'Atelier, 2008.
Cohen (Elie A.), *Human Behavior in the Concentration Camp*, New York, W. W. Norton, 1953.
Cygan (Edward), *Boga waszego tu nie ma. Wspomnienia z oboz.w hitlerowskich*, Jasło, 1992.
Czelny (Kazimierz), *My Journey from Auschwitz to Buckingham Palace*, Londres, chez l'auteur, 1994.
Dąbrowski (Jacek), *Nietypowy więzień Auschwitz-Birkenau*, Varsovie, Spectrum, 2010.

Delbo (Charlotte), *Auschwitz et après*, t. I : *Aucun de nous ne reviendra*, Paris, Éditions de Minuit, 1970.
Drożdżyński (Aleksander), « Mały spokojny ob.z. », *Zeszyty Oświęcimskie* 8, 1964, p. 35-52.
Dunicz Niwińska, Helena, *Les Chemins de ma vie : souvenirs d'une violoniste de Birkenau*, traduit du polonais par Alexandre Dayet, Oświęcim, musée d'État d'Auschwitz-Birkenau, 2021.
Dziewięcki (Bolesław), *Z dna piekła. Moje przeżycia w niemieckich obozach koncentracyjnych 1943-1945*, Gdynia, Novae Res, 2015.
Eisen (Max), *By Chance Alone. A Remarkable True Story of Courage and Survival at Auschwitz*, Toronto (Ontario), HarperCollins, 2016.
Elias (Ruth), *Triumph of Hope*, New York, John Wiley & Sons, 1998.
Esrail (Raphaël), *L'Espérance d'un baiser. Le témoignage de l'un des derniers survivants d'Auschwitz*, Paris, Robert Laffont, 2017.
Fayon (Ruth), *« Auschwitz en héritage ». De Karlsbad à Auschwitz, itinéraire d'une jeune fille dans l'enfer de la Shoah*, Neuchâtel, Alphil, 2009.
Feldman (Ytic), *35806. Mémoires de l'enfer*, Paris, éditions Écrire, 2003.
Fénelon (Fania), *Sursis pour l'orchestre*, témoignage recueilli par Marcelle Routier, Paris, Stock, 1976.
Feniger (Saba), *Short Stories. Long Memories*, Melbourne, Vista Publications, 1999.
Ferenc (Edward), *Bez retuszu*, Jarosław, Fantazy Art, 1998.
Feuerstein (Azriel), *The Tumbler*, Gateshead, Mirage, 2007.
Fijałkowski (Gracjan), « Odwszenie w Birkenau. BIId », *Zeszyty Oświęcimskie* 8, 1964, p. 71-81, repris en français in Jadwiga Mateja, *Témoins d'Auschwitz*, traduit par Alexandre Dayet et Oskar Hedemann, Oświęcim, musée d'État d'Auschwitz-Birkenau, 1998.
Firkowski (Mirosław), *Przez trzy kacety*, Łódź, Wydawnictwo Inne, 2006.
Fisher Spiro (Zsuzsanna), *In Fragile Moments*, Toronto, Fondation Azrieli, 2016.
Folman Raban (Havka), *They Are Still With Me*, Western Galilee, Beit Lohamei Haghetaot, 2001.
Franco (Lucia), *Et un jour, la joie de vivre s'arrêta à Auschwitz*, Owings Mills (Maryland), Marla Stein Associates, 1994.
Frankel (Neftali), *I Survived Hell*, New York, Vantage Press, 1991.

Frankl (Viktor E.), *Découvrir un sens à sa vie avec la logothérapie*, traduit de l'anglais par Clifford J. Bacon et Louise Drolet, Montréal, Les Éditions de l'homme, 2006.
Freund (John), *La Fin du printemps*, Toronto, Fondation Azrieli, 2009.
Fried (Hedi), *The Road to Auschwitz. Fragments of a Life*, Lincoln, University of Nebraska Press, 1997.
Friedman (Ester), *Daleka droga do domu*, Cracovie, Ambrozja, 1997.
Friedman (Ryszard), *Jeden spośród wielu*, Cracovie, Znak, 2017.
Fynaut (Louis), *I Survived Auschwitz and Buchenwald. Memoirs of a Belgian Survivor of Nazi Concentration Camps*, chez l'auteur, 2014.
Gawalewicz (Adolf), *Reflections in the Gas Chamber's Waiting Room. From the Memoirs of a Muselmann*, traduit du polonais en anglais par Witold Zbirohowski-Kościa, Oświęcim, musée d'État d'Auschwitz-Birkenau, 2017.
Geve (Thomas), *Survivant d'Auschwitz. J'ai eu 13 ans en camp de concentration*, traduit de l'allemand par Agnès Tribel, Paris, Jean-Claude Gawsevitch Éditeur, 2011.
Ginzburg (George), *A Will to Live. Autobiography*, Caulfield South (Australie), Makor Jewish Community Library, 2003.
Goland-Blaufoux (Dora), *Un présent qui s'accroche à moi*, Paris, Librairie académique Perrin, 2007.
Gradowski (Załmen), *Au cœur de l'enfer : document écrit d'un Sonderkommando d'Auschwitz, 1944*, traduit du yiddish par Batia Baum, Paris, Kimé, 2001.
Graf (Henri), *Ne pas mourir*, Rouen, C. Chomant, 2007.
Greenfield (Hana), *Fragments of Memory. From Kolin to Jerusalem*, Jérusalem, Gefen Publishing House, 1998.
Greenfield (Martin), *Measure of a Man. From Auschwitz Survivor to Presidents' Tailor*, Washington, Regnery History, 2014.
Greengrass (Isidore), *Judaism is Indestructible*, New York, Jewish Heritage Project, 2002.
Gruber-Herszkopf (Paula), *Lasting Pain*, traduit du néerlandais en anglais par Yvette Joy Blog, Amsterdam, Create Space-Assigned, 2013.
Haberfeld (Lusia), *Lauferin. The Runner of Birkenau*, Caulfield South (Australie), Makor Jewish Community Library, 2002.
Ha-Elion (Moshe), *The Straits of Hell. The Chronicle of a Salonikan Jew in the Nazi Extermination Camps Auschwitz, Mauthausen, Melk, Ebensee*, Mannheim, Harrassowitz Verlag, 2005.

Handeli (Yaacov), *De la tour Blanche aux portes d'Auschwitz. Un Juif grec de Salonique se souvient*, traduit de l'hébreu par Danielle Agi-Vainunska, Paris, L'Harmattan, 2001.
Harel (Miriam), *Teraz już możesz płakać...*, Cieszyn, Stowarzyszenie Służba Szalom, 2016.
Harshalom (Avraham), *Alive From the Ashes*, Tel-Aviv, Milo Publishing House, 1990.
Hart (Kitty), *I am Alive*, Londres, New York et Toronto, Abelard-Schuman, 1961.
Hart-Moxon (Kitty), *Return to Auschwitz*, Thirsk (Royaume-Uni), House of Stratus, 2000.
Heftler (Nadine), *Si tu t'en sors... Auschwitz 1944-1945*, Paris, La Découverte, 1992.
Heilman (Anna), *Never Far Away. The Auschwitz Chronicles of Anna Heilman*, Calgary, University of Calgary Press, 2001.
Henick Feldman (Celia), *Bittersweet Memories*, New York, Jay Street, 1996.
Herzberger (Magda), *Survival*, Austin (Texas), First World Library, 2005.
Hirsch (Gábor), *De Békéscsaba à Auschwitz et retour*, traduit du hongrois, Zürich, Kontaktstelle für Überlebende des Holocaust, 2018.
Horak (Olga), *Auschwitz to Australia*, Sydney, Kangaroo Press, 2000.
Hrabovecká (Hilda), *Arm With a Tattooed Number*, traduit du slovaque en anglais, Bratislava, Marenčin PT, 2002.
Jacoby (Erica), *I Held the Sun in My Hands. A Memoir*, Bloomington (Indiana), Author House, 2004.
Jani (Emilio), *My Voice Saved Me*, traduit de l'italien en anglais, Milan, Centauro, 1961.
Jezierska (Maria Elżbieta), « Biały efekt », *Zeszyty Oświęcimskie* 8, 1964, p. 83-100 ; traduit en français in Jadwiga Mateja, *Témoins d'Auschwitz*, traduit par Alexandre Dayet et Oskar Hedemann, Oświęcim, musée d'État d'Auschwitz-Birkenau, 1998.
Jockel (Helena), *Nous chantions en sourdine*, traduit de l'anglais par Florence Buathier, Toronto, Fondation Azrieli, 2015.
Kagan (Raya), *Des femmes au bureau de l'enfer*, traduit de l'hébreu par Fabienne Bergman, Paris, Association des fils et filles des déportés Juifs de France, 2020.
Kajzer (Abraham), *Za drutami śmierci*, Wałbrzych, Państwowe Muzeum Gross-Rosen, 2008.
Kaszubski (Kazimierz), *To przeżyłem*, Varsovie, 2016.

Kent (Roman), *70th Anniversary of the Liberation of Auschwitz*, Oświęcim, musée d'État d'Auschwitz-Birkenau, 2015.
Kessel (Sim), *Pendu à Auschwitz*, Paris, Solar, 1970 [1974].
Klüger (Ruth), *Refus de témoigner : une jeunesse*, traduit de l'allemand par Jeanne Etoré, Paris, Viviane Hamy, 1997.
Klüger (Ruth), *Żyć dalej…*, Wrocław, Ossolineum, 2009.
Knoller (Freddie), *Au-delà du désespoir*, traduit de l'anglais par Gilbert Fouquet, Bergerac, éditions de la Neva, 2018. Pour l'édition anglaise : *Desperate Journey. Vienna-Paris-Auschwitz*, Metro Publishing Ltd., Londres, 2002.
Kohn (Murray), *Weep Tears of Blood*, Margate et New Jersey, ComteQ Pub, 2010.
Kornreich Gelissen (Rena), *Rena's Promise. A Story of Sisters in Auschwitz*, Boston, Beacon Press, 2015.
Mozes Kor (Eva), avec Lisa Rojany Buccieri, *Les Jumelles de Mengele : le témoignage unique d'une rescapée de la Shoah*, traduit de l'anglais par Blandine Longre, Paris, Armand Colin, 2023.
Kossak (Zofia), *Du fond de l'abîme, Seigneur…*, traduit du polonais par Jean de Plater Syberg, Paris, Albin Michel, 1951.
Kounio (Heinz Salvator), *A Liter of Soup and Sixty Grams of Bread. The Diary of Prisoner Number 109565*, New York, Bloch Publishing, 2003.
Kowalczyk (August), *Le Refrain des barbelés*, t. 1, traduit du polonais par André Giaro, Oświęcim, musée d'État d'Auschwitz-Birkenau, 1998.
Kowalczyk (August), *Le Refrain des barbelés*, t. 2, traduit du polonais par André Giaro, Oświęcim, musée d'État d'Auschwitz-Birkenau, 2003.
Lagrange (Simone), *Coupable d'être née. Adolescente à Auschwitz*, Paris, L'Harmattan, 1997.
Laks (Szymon), *Music of Another World*, Evanston, Northwestern University Press, 1989.
Langbein (Hermann), *Hommes et femmes à Auschwitz*, traduit de l'allemand par Denise Meunier, Paris, Fayard, 2011 [1975]. Pour l'édition polonaise : *Ludzie w Auschwitz*, traduit de l'allemand par Viktor Grotowicz, musée d'État d'Auschwitz-Birkenau, Oświęcim, 2017.
Lebowic (Peter), *Souvenirs de la plus longue année de ma vie*, Zurich, Kontaktstelle für Überlebende des Holocaust, 2017.
Lebovic Simon (Rosalie), *Girl in a Striped Dress*, Margate (NJ), ComteQ Publishing, 2014.
Leipciger (Nate), *Le Poids de la liberté*, traduit de l'anglais par Lise Viens, Toronto, Fondation Azrieli, 2017, 2015.

Leitner (Isabella), *Fragments of Isabella. A Memoir of Auschwitz*, New York, T. Y. Crowell, 1978.

Lengyel (Olga), *Souvenirs de l'au-delà*, traduit et adapté du hongrois par Ladislas Gara, Perros-Guirrec, Éditions Le Bateau ivre, 1946. Pour l'édition anglaise : *Five Chimneys. The Story of Auschwitz*, Academy Chicago Publishers, Chicago, 2011 [3e éd.].

Lewińska (Pelagia), *Oświęcim. Pogarda i triumf człowieka. Rzeczy przeżyte*, Paris, Wydawnictwo Rady Narodowej Polak.w we Francji, 1946.

Levi (Primo), *Si c'est un homme*, traduit par Martine Schruoffeneger, Paris, Pocket, 2003.

Libitzky (Eva), *Out on a Ledge*, River Forest, Wicker Park Press, 2010.

Liblau (Charles), *Les Kapos d'Auschwitz*, Paris, La Pensée universelle, 1974.

Librati (Maxi), *145922*, Jérusalem, Ktav Publishing House, 2008.

Lichtsztejn-Montard (Sarah), *Chassez les papillons noirs*, Paris, Le Manuscrit, 2015.

Littner (Karl), *Life Hanging on a Spiderweb. From Auschwitz-Zasole to Gusen II*, Norderstedt, 2011.

Mandelbaum (Henryk), Bartosik (Igor) et Willma (Adam), *Dans les crématoires d'Auschwitz. Entretien avec Henryk Mandelbaum ancien détenu et membre du* Sonderkommando *au camp d'Auschwitz*, traduit du polonais par Alexandre Dayet, Oświęcim, musée d'État d'Auschwitz-Birkenau, 2012.

Mannheim (Stenia), *Stenia's Life Memories*, chez l'auteur, 2015.

Mańkowski (Augustyn), *Za drutami obozu koncentracyjnego w Oświęcimiu*, Cracovie, Powściągliwość i Praca, 1945.

Mason (Michael), *A Name Unbroken*, Toronto, Fondation Azrieli, 2015.

Matynia (Józef), *Młodość utracona za drutami*, Oświęcim, musée d'État d'Auschwitz-Birkenau, 2011.

Mermelstein (Mel), *By Bread Alone. The Story of A-4685*, Los Angeles, Crescent Publications, 1979.

Mermelstein (Ruth), *Beyond the Tracks*, New York, K'hal Publishing, 1998.

Micheels (Louis J.), *Docteur 117641. Une mémoire de l'holocauste*, traduit de l'anglais par Catherine Wieder, Paris, Belles lettres, 1990.

Millu (Liana), *La Fumée de Birkenau*, traduit de l'italien par Laure Raffaelli-Fournel, Paris, Cerf, 1993.

Minsky Sender (Ruth), *The Cage*, New York, Simon & Schuster Books for Young Readers, 1997.

Molnár Hegedűs (Anna), *Pendant la saison des lilas*, traduit du hongrois par Lise Viens, Toronto, Fondation Azrieli, 2016.
Morawski (Maciej), *Jeden z wielu*, Toronto, [s. d.].
Moses (Kurt), *Home at Last. A Memoir*, San Diego, Martell Publishing Company, 2005.
Mózes (Teréz), *Staying Human Through the Holocaust*, Calgary, Canada University of Calgary Press, 2004.
Müller (Filip), *Trois ans dans une chambre à gaz d'Auschwitz*, traduit de l'allemand par Pierre Desolneux, Paris, Pygmalion, 1980.
Naparstek (Charles), *J'ai vécu l'extermination des Juifs d'Europe au « Canada »*, Saint-Cloud, Transversales, 2008.
Nomberg-Przytyk (Sara), *Auschwitz. True Tales from a Grotesque Land*, Chapel Hill, University of North Carolina Press, 1985.
Novac (Ana), *Les Beaux Jours de ma jeunesse*, traduit du manuscrit hongrois par l'auteur et Jean Parvulesco, Paris, Balland, 1992.
Nyirö Gábor (Neuman), *Le Fardeau des souvenirs*, Zürich, Kontaktstelle für Überlebende des Holocaust, 2017.
Nyiszli (Miklós), *Médecin à Auschwitz. Souvenirs d'un médecin déporté*, traduit et adapté du hongrois par Tibère Kremer, Paris, Julliard, 1961. Pour l'édition polonaise : *Byłem asystentem doktora Mengele. Wspomnienia lekarza Oświęcimia*, musée d'État d'Auschwitz-Birkenau, Oświęcim, 2000.
Opatowski (Felix), *L'Antichambre de l'enfer*, traduit par Lise Viens, Toronto, Fondation Azrieli, 2013.
Owczarek (Czesław), *Więzień numer 26895 wspomina*, Pabianice, 2005.
Ostańkowicz (Czesław), « Isolierstation. Blok numer ostatni », *Zeszyty Oświęcimskie* 8, 1964, p. 101-120.
Pankowski (Marian), *D'Auschwitz à Bergen-Belsen*, traduit du polonais par Yolande Lamy, Lausanne, L'Âge d'homme, 2000.
Papiernik (Charles), *Unbroken. From Auschwitz to Buenos Aires*, Albuquerque, University of New Mexico Press, 2004.
Pawełczyńska (Anna), *Values and Violence. A Sociological Analysis*, traduit du polonais en anglais par Catherine S. Leach, Berkeley, University of California Press, 1979.
Pęckowski (Zbigniew), *Dobre komando*, Cracovie, Wydawnictwo Literackie, 1974.
Piechowski (Kazimierz) *et al.*, *Byłem numerem… Historie z Auschwitz*, Varsovie, Wydawnictwo Sióstr Loretanek, 2004.

Piekarski (Konstanty), *Escaping Hell*, Toronto, Dundurn Press, 1989.
Pilecki (Witold), *Le Rapport Pilecki – déporté volontaire à Auschwitz*, traduit du polonais par Patrick Godfard et Ursula Hyzy, Paris, Champ Vallon, 2014.
Pinhas (Lisa), *Récit de l'enfer*, Paris, Le Manuscrit, 2016.
Pisar (Samuel), *Le Sang de l'espoir*, Paris, Laffont, 1979.
Pogozhev (Andrey), *Escape from Auschwitz*, Barnsley, Pen & Sword Military, 2007.
Pollak (Aurelia), *Three Years of Deportation*, Ra'anana, DocoStory Publishers, 1999.
Pollak (Klaus), *In Spite of Auschwitz*, Bloomington (Indiana), Xlibris, 2006.
Posmysz (Zofia), *Królestwo za mgłą*, Cracovie, Znak, 2017.
Potgrabienskowa Drake (Sonja), *Sonja's Story. Five Years in Auschwitz and Dachau*, San Jose, Writers Club Press, 2000.
Radlicki (Ignacy), *Kapo odpowiedział – Auschwitz. Wspomnienia adwokata z obozu koncentracyjnego*, Varsovie, Redakcja Palestry, 2008.
Rajzner (Rafael), *The Stories Our Parents Found too Painful to Tell*, édité par Henry R. Lew, Melbourne, AMCL Publications, 2008.
Redgis-Klug (Yvonne), *Survivre. Souvenirs d'une rescapée d'Auschwitz (1945)*, Paris, Larousse, 2010.
Ronen (Mordechai), *I Am a Victor*, Toronto, Dundurn, 2015.
Rosenberg (Otto), *A Gypsy in Auschwitz*, traduit de l'allemand en anglais par Helmut Bögler, Londres, London House, 1999.
Rosensaft (Hadassah), *Yesterday. My Story*, New York et Jérusalem, Yad Vashem and Holocaust Survivor's Memoirs, 2005.
Rosicki (Tadeusz), *My Fifty Months in Nazi Camps. The Message of Survival*, [s. l.], 1984.
Rosenbaum (Isidore), *Je suis né le 8 mai 1945*, Paris, Le Manuscrit, 2013.
Roth (Nicolas), *Avoir 16 ans à Auschwitz. Mémoire d'un Juif hongrois*, Paris, Le Manuscrit, 2011.
Ryczke Kimmelman (Mira), *Echoes from the Holocaust. A Memoir*, Knoxville, The University of Tennessee Press, 1997.
Sarcey (Paulette), *Paula, survivre obstinément*, Paris, Tallandier, 2015.
Sàs (Andreas), *Et alors, j'ai commencé à raconter*, Zürich, Kontaktstelle für Überlebende des Holocaust, 2017.

Sattler (Stanisław), *Prisoner of 68 Months. Buchenwald & Auschwitz*, Jérusalem, Gefen Publishing, 1981.
Schloss (Eva), *Eva's Story*, Londres, Evelyn Kent Associates, 2008.
Schmitt (Gervaise), *Les Oubliés d'Auschwitz*, Vaux-le-Penil, Editeal, 2012.
Schwartz (Leslie), *Surviving the Hell of Auschwitz and Dachau*, Berlin, LIT, 2013.
Sedel (Fred), *Habiter les ténèbres*, Paris et Genève, La Palatine, 1963.
Selver-Urbach (Sara), *Through the Window of My Home. Memories from Ghetto Lodz*, Jérusalem, Yad Vashem, 1986.
Sevillias (Errikos), *Athens – Auschwitz*, traduit du grec en anglais par Nikos Stavroulakis, Athènes, Lycabettus Press, 1983.
Sobolewicz (Tadeusz), *But I Survived*, traduit du polonais en anglais par Witold Zbirohowski-Kościa, Oświęcim, musée d'État d'Auschwitz-Birkenau, 2011.
Solan (Gerta), *My Heart is at Ease*, Toronto, Fondation Azrieli, 2014.
Sonnino (Piera), *C'est arrivé : une famille italienne dans les camps*, traduit par Pierre-Emmanuel Dauzat, Paris, Armand Colin, 2008.
Spring (Joseph), *From Berlin to Biere. Growing Up in the Holocaust*, Melbourne, Hybrid Publishers, 2009.
Springer (Elisa), *Milczenie żywych. W cieniu Auschwitz, opowieść o śmierci i zmartwychwstaniu*, Oświęcim, musée d'État d'Auschwitz-Birkenau, 2001.
Starer (Henry), *Why*, New York, Vantage Press, 1991.
Steinberg (Jean-Louis), *Des quatre, un seul est rentré*, Paris, Association des anciens élèves de l'École alsacienne, 2004.
Steinberg (Paul), *Speak You Also*, New York, Metropolitan Books, 2000.
Steinitz (Zvi Helmut), *As a Boy Through the Hell of the Holocaust*, Constance, Hartung-Gorre Publishing House, 2009.
Stern Kuban (Helen), *Born Twice. A Memoir*, Hollywood, Matyi Press, 2006.
Stevenson (David), *A Spirit Unbroken. Memoir of a Holocaust Survivor*, North Charleston (North Carolina), Create Space Independing Publishing Platform, 2013.
Susser (Lili), *Lili's Story. My Memory of the Holocaust*, Colorado Springs (Colorado), Lili Susser, 1998.
Szmaglewska (Seweryna), *Zapowiada się piękny dzień*, Varsovie, Prószyński Media, 2020.

Tajchner (Henri), *Trois ans dans l'enfer d'Auschwitz*, Lille, La Voix du Nord, 1995.
Tessler (Rudolph), *Letter to My Children. From Romania to America via Auschwitz*, Columbia (Missouri), University of Missouri Press, 1999.
Touboul (Camille), *Le Plus Long des Chemins : de Marseille à Auschwitz*, Nice, Losagne, 1998.
Trzcińska-Croydon (Lilka), *The Labyrinth of Dangerous Hours. A Memoir of the Second World War*, Toronto, University of Toronto Press, 2004.
Vaisman (Sima), *Parmi les cris, un chant s'élève. Le témoignage exceptionnel d'une femme médecin déportée à Auschwitz*, Paris, Michel Lafon, 2002.
Venezia (Shlomo), *Sonderkommando. Dans l'enfer des chambres à gaz*, traduit de l'italien par Béatrice Prasquier, Paris, Albin Michel, 2007.
Vrba (Rudolf), *Je me suis évadé d'Auschwitz*, traduit de l'anglais par Jenny Plocki et Lili Slyper, Paris, Ramsay, 1988.
Weilová (Nina), *Auschwitz. Matricule 71978*, traduit de l'allemand, Zürich, Kontaktstelle für Überlebende des Holocaust, 2017.
Weintraub (Mietek), *The Arrival. I Sought God in Hell*, Jérusalem, Penina Press, 2012.
Wiesel (Elie), *La Nuit*, Paris, Éditions de Minuit, 1958.
Winter (Walter), *Winter Time. Memoirs of a German Sinto Who Survived Auschwitz*, Hatfield, University of Hertfordshire Press, 2004.
Winterfeldt (Hans), *The Experience of a German Jew During the First Nineteen Years of his Life*, USHMM [DS 134.72 W568 A3 2017].
Wisnia (David S.), *One Voice, Two Lives. From Auschwitz Prisoner to 101st Airborne Trooper*, Margate (New Jersey), ComteQ Publishing, 2015.
Wolski (Jan), *Łut szczęścia*, Wrocław, 2015.
Zucker (Henry) et Zucker (Charlotte), *Les Balcons fleuris d'Auschwitz*, Champrond-en-Gâtine, Colombier, 2000.
Ziemba (Adam), *A Piece of Bread*, traduit du polonais en anglais par Gerard Majka, Oświęcim, musée d'État d'Auschwitz-Birkenau, 2017.
Ziółkowski (Michał), *Byłem od początku w Auschwitz*, Gdańsk, Marpress, 2007.
Zisman Leibel (Leo), *I Believe. The Story of One Jewish Life*, New York, GJCF, 2011.
Zlotzisty (Claude), *Dernière porte*, Paris, Le Manuscrit, 2005.

Zyskind (Sara), *Stolen Years*, Minneapolis, Lerner Publications, 1981.
Żywulska (Krystyna), *J'ai survécu à Auschwitz*, traduit du polonais, Varsovie, éditions Polonia, 1956.

J'ai également utilisé des anthologies de mémoires, de récits et de témoignages écrits par d'anciens détenus :

Chronicles of Terror. Auschwitz-Birkenau, vol. V : *Auschwitz-Birkenau Life in the Factory of Death*, Varsovie, Instytut Solidarności i Męstwa im Witolda Pileckiego (Institut Witold Pilecki pour la Solidarité et les Valeurs), 2019.
Chronicles of Terror. Auschwitz-Birkenau, vol. VI : *The Fate of Women and Children*, Varsovie, Instytut Solidarności i Męstwa im Witolda Pileckiego (Institut Witold Pilecki pour la Solidarité et les Valeurs), 2019.
Dauksza (Agnieszka), *Klub Auschwitz i inne kluby*, Gdańsk, Wydawnictwo słowo/obraz terytoria, 2016.
Duracz (Romany), Fajkosza (Engelberta) et Nowaka (Czesława), *Przekaz Oświęcimski*, Varsovie, Instytut Pamięci Narodowej, 1986.
Ehrenburg (Ilya) et Grossman (Vassili), dir., *The Complete Black Book of Russian Jewry*, traduit en anglais par John Glad et James S. Levine, New York, Holocaust Library, 1981. Pour l'édition française : *Le Livre noir. Textes et témoignages*, Arles, « Solin », Actes Sud, 2019.
Freund (John) et Bacon (Yehuda), dir., *After Those Fifty Years. Memoirs of the Birkenau Boys*, Toronto, Lg Pub., 1997 (2de édition).
Greif (Gideon), *We Wept Without Tears. Testimonies of the Jewish Sonderkommando from Auschwitz*, New Haven, Yale University Press, 2014.
« Raporty uciekinierów z KL Auschwitz », *Zeszyty Oświęcimskie*, nº IV (numéro spécial), 1991.
Smoleń (Kazimierz), dir, *Amidst a Nightmare of Crime. Notes of Prisoners of Sonderkommando Found at Auschwitz*, traduit en anglais par Krystyna Michalik, Oświęcim, musée d'État d'Auschwitz-Birkenau, 1973.
Smoleń (Kazimierz), dir., *Wśród koszmarnej zbrodni*, Oświęcim, musée d'État d'Auschwitz-Birkenau, 1975.
Témoignages sur Auschwitz, Paris, Éditions de l'Amicale des déportés d'Auschwitz, 1946.

Ci-dessous figure la liste de tous les survivants (avec leur matricule) dont les travaux, les mémoires, les témoignages, les déclarations ou les journaux intimes sont cités dans ce livre.

Odette Abadi (A-5598)
Ben Abraham (50627)
Berndt Abraham (107783)
Anatol Adamczyk (23241)
Lucie Adelsberger (matricule inconnu)
Kazimierz Albin (118)
Louise Alcan (75125)
Simone Alizon (31776)
Samuel Althaus (73538)
Erich Altmann (159923)
Godel Anani Chmura (141960)
Arnold Andrunik (66686)
Maxime Antelin (145808)
Bogumił Antoniewicz (517)
Jadwiga Apostoł-Staniszewska (26273)
Léon Arditti (169738)
Hanuš Arend (B-14761)
Zdzisław Arkuszyński (131602)
Alina Bacall-Zwirn (476490)
Leo Bach (A-19723)
James Bachner (159942)
Liliane Badour (75127)
André Balbin (41796)
Asher Bar-Nir (A-11606)
Bogdan Bartnikowski (192731)
Władysław Bartoszewski (4427)
Mieczysław Bednarski (30951)
Susan Beer (82589)
Zehava Bekerman (67444)
Isidor Berenstein (116835)
Israel Berkowski (98803)
Pierre Berg (172649)
František Beneš (25659)
Felicia Berland Hyatt (38307)
Willy Berler (117476)

Gizel Berman (matricule inconnu)
Joseph Bialot (matricule inconnu)
Karol Bienas (1254)
Ruth Bindefeld Neray (75912)
Halina Birenbaum (48693)
Suzanne Birnbaum (74837)
Claudette Bloch-Kennedy (7963)
Jerzy Bogusz (61)
Tadeusz Borowski (119198)
Jerzy Brandhuber (87112)
Bronia Brandman (52643)
Wilhelm Brasse (3444)
Zofia Bratro (27182)
Toman Brod (168425)
Kazimierz Brzeski (753)
Wanda Brzosko (64404)
Stefan Budziaszek (20526)
Thomas Buergenthal (B-2930)
Bronisława Bukowińska (30513)
Henri Bulawko (130494)
Antoni Caputa (318)
Suzan Cernyak-Spatz (34042)
Shaul Chasan (182527)
Maksymilian Chlebik (1251)
Tadeusz Chrościcki (16665)
Mieczysława Chylińska (44685)
Józef Ciepły (169400)
Romualda Cieślik-Ciesielska (27184)
Maurice Cling (A-5151)
Elie A. Cohen (150634)
Leon Cohen (182492)
Lily Cohen (76619)
Edward Cygan (5863)
Mordechaj Cyrulnicki (79414)
Maria Czaicka-Żaczkiewicz (45550)
Kazimierz Czelny (92238)
Zofia Czerwińska-Kossakiewicz (49973)
Dina Davidovich de Unikel (A-20102)
Bogusław Dąbrowski (18375)

Charlotte Delbo (31661)
Jiri J. Diamant (169049)
Rudolf Diem (10022)
Wacław Długoborski (138871)
Jaroslav Drábek (94692)
Szlama Dragon (83359)
Wanda Dramińska (85374)
Józef Drożdż (33208)
Aleksander Drożdżyński (matricule inconnu)
Alojzy Drzazga (972)
Danuta Drzazga (26275)
Helena Dunicz Niwińska (64118)
Romany Duracz (43544)
Władysław Dyrek (19509)
Bolesław Dziewięcki (125546)
Henryk Dzięgielewski (121412)
Jan Dziopek (5636)
Maria Dziurdzia (7408)
Max Eisen (A-9892)
Ruth Elias (73643)
Bertold Epstein (79104)
Raphaël Esrail (173295)
Engelbert Fajkosz (37629)
Zdenka Fantlová (matricule inconnu)
Ruth Fayon (71503)
Sala Feder (matricule inconnu)
Alter Feinsilber (27675)
Władysław Fejkiel (5647)
Ytic Feldman (35806)
Fania Fénelon (74862)
Saba Feniger (matricule inconnu)
Edward Ferenc (281)
Azriel Feuerstein (37278)
Gracjan Fijałkowski (137632)
Mirosław Firkowski (13182)
Zsuzsanna Fisher Spiro (A-12396)
Havka Folman Raban (32291)
Věra Foltýnová (42808)
Neftali Frankel (161040)

Viktor E. Frankl (119104)
Lucia Franco (A-24316)
John Freund (168329)
Hedi Fried (matricule inconnu)
Ester Friedman (A-26615)
Ryszard Friedman (B-4112)
Alojzy Fros (136223)
Louis Fynaut (185590)
Adolf Gawalewicz (9225)
Wincenty Gawliczek (10246)
Thomas Geve (matricule inconnu)
Aleksander Giermański (716)
George Ginzburg (64147)
Władysław Glapa (26587)
Stanisław Głowa (20017)
Dora Goland-Blaufoux (80593)
Antoni Golemo (9256)
Janusz Goślinowski (8252)
Gina Gotfryd (A-14662)
Sam Gottesman (37052)
Załmen Gradowski (matricule inconnu)
Henri Graf (A-5184)
Hana Greenfield (matricule inconnu)
Martin Greenfield (A-4406)
Isidore Greengrass (87224)
Isaak Grinberg (51712)
Paula Gruber-Herszkopf (matricule inconnu)
Roman Grzyb (24545)
Kazimierz Gwizdka (120164)
Lusia Haberfeld (48703)
Moshe Ha-Elion (114923)
Edward Halek (39676)
Kazimierz Hałoń (20687)
Yaacov Handeli (115003)
Kitty Hart-Moxon (39934)
Miriam Harel (matricule inconnu)
Avraham Harshalom (99288)
Nadine Heftler (A-7128)
Anna Heilman (48150)

Celia Henick Feldman (A-24669)
Bella Herson (matricule inconnu)
Magda Herzberger (matricule inconnu)
Rita Hilton (matricule inconnu)
Piotr Hiroń (4668)
Gábor Hirsch (B-14781)
Olga Horak (matricule inconnu)
Hilda Hrabovecká (matricule inconnu)
Tadeusz Jachimowski (3720)
Erica Jacoby (A-18273)
Judith Jaegermann (71502)
Emilio Jani (180046)
J.A.R.A. (identité inconnue)
Maria Jaszczuk (64407)
Czesław Jaworski (31070)
Henryk Jaworski (31071)
Franciszek Jaźwiecki (79042)
Maria Elżbieta Jezierska (24449)
Helena Jockel (A-16501)
Bronisław Jureczek (26672)
Adam Jurkiewicz (476)
Eugenia Kaczyńska (45887)
Raya Kagan (7984)
Abraham Kajzer (matricule inconnu)
Zofia Kalmus (83887)
Franciszek Karwacki (14143)
Kazimierz Kaszubski (3416)
Zbigniew Kączkowski (125727)
Czesław Kempisty (16686)
Roman Kent (matricule inconnu)
Sim Kessel (130665)
Stefan Kępa (799)
Wiesław Kielar (290)
Julian Kiwała (9143)
Wiktoria Klimaszewska (25993)
Adam Klus (419)
Ruth Klüger (A-3537)
Stanisław Kłodziński (20019)

Freddie Knoller (157103)
Stanisław Kobylański (575)
Jan Komski (564)
Wanda Koprowska (37573)
Tadeusz Kopyt (2152)
Murray Kohn (77355)
Rena Kornreich Gelissen (1716)
Janina Kościuszko (36319)
Tadeusz Kośmider (624)
Zofia Kossak (64491)
Heinz Salvator Kounio (109565)
August Kowalczyk (6804)
Janina Kowalczyk (32212)
Anna Kowalczykowa (27658)
Władysław Kowanetz (29638)
Ludwik Kozakiewicz (57345)
Józef Kret (20020)
Henryk Król (1183)
Jan Kruk (10830)
Stefan Krupa (123348)
Tadeusz Krupiński (224)
Artur Krzetuski (1003)
Halina Krzymowska (26487)
Bożena Krzywobłocka (83264)
Władysław Książek (72200)
Antoni Kubica (7617)
Edwin Kuffel (2237)
Eugenia Kurzelowa (37574)
Jan Kwiatkowski (Z-5573)
Alfred Kwieciński (126963)
Janina Lach-Kamińska (46223)
Simone Lagrange (A-8624)
Szymon Laks (49543)
Hermann Langbein (60355)
Lejb Langfus (matricule inconnu)
Hanna Laskowska (7938)
Ferdynand Latasiewicz (103049)
Peter Lebovic (matricule inconnu)

Rosalie Lebovic Simon (20629)
Shari Lebovitz (39439)
Nate Leipciger (133628)
Isabella Leitner (matricule inconnu)
Olga Lengyel (25403)
Stanisława Leszczyńska (41335)
Primo Levi (174517)
Zbigniew Lewandowski (2420)
Załmen Lewental (matricule inconnu)
Pelagia Lewińska (32292)
Eva Libitzky (matricule inconnu)
Charles Liblau (matricule inconnu)
Maxi Librati (145922)
Sarah Lichtsztejn-Montard (A-7142)
Stefan Lipniak (8524)
Karl Littner (134626)
Stefan Łukasz (23565)
Sophie Machtinger (matricule inconnu)
Józef Majchrzak (33204)
Wacław Maliszewski (59195)
Henryk Mandelbaum (181970)
Stenia Mannheim (A-26261)
Augustyn Mańkowski (442)
Wanda Marossanyi (7524)
Jan Marszałek (18857)
Michael Mason (83631)
Jerzy Matlak (27252)
Maria Matlak (78954)
Henryk Matuszewski (5860)
Józef Matynia (10970)
Edward Matyszewski (matricule inconnu)
Karolina Mazurkiewicz (27279)
Mel Mermelstein (A-4685)
Ruth Mermelstein (A-5878)
Stefan Miazek (44257)
Kazimierz Michalski (121537)
Louis J. Micheels (117641)
Stanisława Mikołajczyk (87400)
Liana Millu (A-5384)

Ruth Minsky Sender (55082)
Wanda Miszewska (44756)
Anna Molnár Hegedűs (matricule inconnu)
Maciej Morawski (121547)
Kurt Moses (B-11668)
Jerzy Mostowski (17221)
Anna Moszkowicz (79205)
Eva Mozes Kor (A-7063)
Teréz Mózes (matricule inconnu)
Filip Müller (29236)
Marcel Nadjari (119116)
Charles Naparstek (65710)
Roman Nawrot (10240)
Katalin Neumann (matricule inconnu)
Eugeniusz Niedojadło (213)
Tadeusz Niedzielski (423)
Sara Nomberg-Przytyk (matricule inconnu)
Ana Novac (17587)
Zygmunt Nowacki (4617)
Józef Nowaczkiewicz (192735)
Wacław Nowak (152287)
Aleksander Nowosielski (158283)
Miklós Nyiszli (A-8450)
Gábor (Neuman) Nyirö (matricule inconnu)
Józef Odi (61615)
Felix Opatowski (143425)
Peter Ornstein (174440)
Tadeusz Orzeszko (131527)
Czesław Ostańkowicz (8232)
Czesław Owczarek (26895)
Tadeusz Paczuła (7725)
Józef Paczyński (121)
Dov Paisikovic (A-3076)
Charles Papiernik (43422)
Marian Pankowski (46333)
Mira Paszkiewicz (84722)
Stanisław Pawliczek (1085)
Janina Perun (22013)
Zbigniew Pęckowski (124748)

Antonina Piątkowska (6805)
Stanisława Piąty (7558)
Kazimierz Piechowski (918)
Konstanty Piekarski (4618)
Tadeusz Pietrzykowski (77)
Genowefa Pilecka (PH nn, 79435)
Witold Pilecki (4859)
Lisa Pinhas (41117)
Samuel Pisar (B-1713)
Eugenia Piwek (37602)
Wera Plaskura (37943)
Władysław Plaskura (1000)
Andrey Pogozhev (1418)
Bohumil Pohl (25632)
Józef Polak (3288)
Aurelia Pollak (4777)
Klaus Pollak (B-13547)
Zofia Posmysz (7566)
Sonja Potgrabienskowa Drake (26318)
Jerzy Pozimski (1099)
Jan Prejzner (14046)
Irena Przybyszowa (43551)
Edward Pyś (379)
Artur Rablin (1021)
Ignacy Radlicki (2212)
Ludwik Rajewski (4217)
Rafael Rajzner (matricule inconnu)
Kazimierz Rawicz (9319)
Macha Ravine (35334)
Yvonne Redgis-Klug (A-8616)
Zygfryd Rębilas (99247)
Szczepan Robak (86499)
Stefania Rojek (26817)
Mordechai Ronen (matricule inconnu)
Isidore Rosenbaum (65745)
Otto Rosenberg (Z-6084)
Hadassah Rosensaft (52406)
Felix Rosenthal (176475)
Tadeusz Rosicki (13470)

Nicolas Roth (A-17140)
Stanisław Rubaszewski (83781)
Mira Ryczke Kimmelman (A-15744)
Josef Sackar (182739)
Paulette Sarcey (46650)
Janina Sarnowska (29860)
Andreas Sàs (B-14559)
Stanisław Sattler (68652)
Eva Schloss (A-5272)
Gervaise Schmitt (Z-9872)
Leslie Schwartz (71253)
Fred Sedel (matricule inconnu)
Sara Selver-Urbach (matricule inconnu)
Errikos Sevillias (182699)
Ignacy Sikora (5814)
Zofia Sikorowa (7493)
Stefania Sikorska (32354)
Jan Sikorski (19086)
Władysław Siwek (5826)
Lidia Skibicka-Maksymowicz (70072)
Jerzy Skotnicki (125762)
Alfred Skrabiania (26645)
Kazimierz Smoleń (1327)
Bazyl Snitkowski (2120)
Tadeusz Sobolewicz (23053)
Edward Sokół (12982)
Gerta Solan (A-27635)
Piera Sonnino (A-26699)
Joseph Spring (169926)
Elisa Springer (A-24020)
Jan Starczewski (121625)
Henry Starer (matricule inconnu)
Jan Stawarz (39534)
Jean-Louis Steinberg (A-16878)
Paul Steinberg (157239)
Zvi Helmut Steinitz (174251)
Helen Stern Kuban (2282)
David Stevenson (B-14676)
Paweł Stołecki (6964)

Lili Susser (matricule inconnu)
Czesława Szczerbakowska (7581)
Józefa Szkodzińska (32293)
Zofia Szlachcic (38123)
Seweryna Szmaglewska (22090)
Karol Szuster (9310)
Ajzyk Szwarc (92811)
Konrad Szweda (7669)
Hanna Szyller-Palarczykowa (17524)
Danuta Szymańska (11785)
Tadeusz Szymański (20034)
Józef Ścisło (122845)
Maria Ślisz-Oyrzyńska (40275)
Włodzisław Śmigielski (6916)
Tadeusz Śnieszko (29620)
Jan Światłowski (1057)
Maria Świderska-Świeratowa (28019)
Stefan Świszczowski (20033)
Jerzy Tabeau (27273)
Henri Tajchner (39055)
Stanisław Takuski (35049)
Wanda Tarasiewicz (6884)
Franciszek Targosz (7627)
Roman Taul (1108)
Regina Tempelhof (A-26634)
Ester Tencer (matricule inconnu)
Rudolph Tessler (matricule inconnu)
Ernst Toch (70231)
Kazimierz Tokarz (282)
Grzegorz Tomaszewski (149894)
Zygmunt Tomaszewski (9682)
Camille Touboul (72420)
Jan Trembaczowski (9504)
Stanisław Tyblewski (9605)
Lilka Trzcińska-Croydon (44787)
Aniela Turecka-Wajda (23368)
Włodzimierz Turczyniak (5829)
Wanda Urbańska (45811)
Sima Vaisman (747 ?)
Shlomo Venezia (182727)

Rudolf Vrba (44070)
Jarosław Warchoła (121698)
Elżbieta Wawrzyczek (33324)
Nina Weilová (71978)
Mietek Weintraub (matricule inconnu)
Witold Wierusz (9479)
Elie Wiesel (A-7713)
Franciszek Wieszała (9537)
Marta Wijas-Bielecka (7499)
Alfred Wilk (170)
Jan Winogroński (8235)
Leo Winokur Winn (matricule inconnu)
Walter Winter (Z3105)
Hans Winterfeldt (A-14318)
David S. Wisnia (83526)
Jakub Wolman (33611)
Jan Wolny (15496)
Jan Wolski (47072)
Alfred Woycicki (39247)
Alojzy Wyglenda (7510)
Roch Wystrach (10241)
Cyla Zacharowicz (29558)
Jan Zdebik (378)
Adam Ziemba (21855)
Michał Ziółkowski (1055)
Leibel (Leo) Zisman (matricule inconnu)
Claude Zlotzisty (184260)
Charlotte Zucker (75140)
Henry Zucker (A-5325)
Maria Zychowicz (27111)
Stanisław Zyguła (682)
Sara Zyskind (matricule inconnu)
Tadeusz Żaboklicki (21668)
Natan Żelechower(127262)
Ludwik Żuk (37939)
Maria Żumańska (29940)
Krystyna Żywulska (55908)

Enfin, les ouvrages sur le sujet cités en notes de bas de page[1] :

Apostoł-Staniszewska (Jadwiga), « Wobec śmierci w Brzezince i Ravensbrück », *Przegląd Lekarski – Oświęcim*, 1981, p. 163-168.

Auschwitz. Nazi Death Camp, édité par Franciszek Piper et Teresa Świebocka, traduit du polonais, Oświęcim, musée d'État d'Auschwitz-Birkenau, 1993.

Auschwitz 1940-1945. Central Issues in the History of the Camp, édité par Wacław Długoborski et Franciszek Piper, vol. I-V, Oświęcim, musée d'État d'Auschwitz-Birkenau, 1995.

Bajki z Auschwitz, édité par Jadwiga Pinderska-Lech et Jarek Mensfelt, Oświęcim, musée d'État d'Auschwitz-Birkenau, 2018.

Cała (Alina), « Kształtowanie się polskiej i żydowskiej wizji martyrologicznej po II wojnie światowej », *Przegląd Socjologiczny*, 2000, vol. XLIX/2, p. 167-180.

Chylińska (Mieczysława), « Działania SS w Brzezince przeciw węzłom społeczno-emocjonalnym więźniów », *Przegląd Lekarski*, 1986, p. 145-161.

Chylińska (Mieczysława), « Kobiety w Oświęcimiu-Brzezince », *Przegląd Lekarski – Oświęcim*, 1988, p. 148-165.

Chylińska (Mieczysława), « Niektóre osobliwości bodźców obozowych », *Przegląd Lekarski – Oświęcim*, 1989, p. 57-66.

Chylińska (Mieczysława), « W kręgu reakcji obronnych », *Przegląd Lekarski – Oświęcim*, 1984, p. 121-126.

Chylińska (Mieczysława), « Wokół mechanizmów samoobrony psychicznej », *Przegląd Lekarski – Oświęcim*, 1982, p. 205-212.

Cohen (Elie A.), « Reakcja początkowa na osadzenie w obozie koncentracyjnym », *Przegląd Lekarski – Oświęcim*, 1965, p. 28-31.

Cywiński (Piotr), Lachendro (Jacek) et Setkiewicz (Piotr), *Auschwitz From A to Z. An Illustrated History of the Camp*, Oświęcim, musée d'État d'Auschwitz-Birkenau, 2018.

1. Cette bibliographie montre le rôle tout à fait exceptionnel qu'ont joué les volumes de *Przegląd Lekarski – Oświęcim* (La Revue médicale – Oświęcim), ainsi que ses éditions annuelles. Je souhaite – et je dirais même que j'en ressens fortement le besoin – rendre hommage aux rédacteurs et aux auteurs de cette série tout à fait unique grâce à laquelle nous disposons aujourd'hui de l'incroyable résultat d'une recherche exceptionnelle menée durant une trentaine d'années sur l'histoire du camp et de ses prisonniers, recherche à laquelle on ne peut comparer aucun autre travail consacré aux génocides commis dans le monde.

Cywiński (Piotr), *Epitaph*, traduit du polonais en anglais par Witold Zbirohowski-Kościa, Oświęcim, musée d'État d'Auschwitz-Birkenau, 2018.

Cywiński (Piotr), *Marsz śmierci w pamięci ewakuowanych więźniów Auschwitz*, Oświęcim, musée d'État d'Auschwitz-Birkenau, 2016.

Cywiński (Piotr), *Początki Auschwitz w pamięci pierwszego transportu polskich więźniów politycznych*, Oświęcim, musée d'État d'Auschwitz-Birkenau, 2015.

Cywiński (Piotr), *Rampa w pamięci Żydów deportowanych do Auschwitz*, Oświęcim, musée d'État d'Auschwitz-Birkenau, 2016.

Cywiński (Piotr), *Sny obozowe w pamięci ocalałych z Auschwitz*, Oświęcim, musée d'État d'Auschwitz-Birkenau, 2016.

Cywiński (Piotr), *Zagłada w pamięci więźniów Sonderkommando*, Oświęcim, musée d'État d'Auschwitz-Birkenau, 2015.

Czech (Danuta), *Auschwitz Chronicle 1939-1945. From the Archives of the Auschwitz Memorial and German Federal Archives*, New York, Henry Holt & Company, 1990.

Devoto (Andrea), « Psycholog społeczny wobec aparatu zbrodni hitlerowskich », Międzynarodowa Sesja Naukowa nt. Hitlerowskie Ludobójstwo w Polsce i Europie 1939-1945 [communication lors de la Session scientifique internationale sur le génocide nazi en Pologne et en Europe, 1939-1945], Varsovie, 14-17 avril 1983.

Doroszewski (Witold), « O wyrazie muzułman », in *Rozmowy o języku*, vol. IV, Varsovie, 1948, p. 85-92.

Dwork (Debórah) et Van Pelt (Robert Jan), *Auschwitz: 1270 to the Present*, New York, Norton, 1996.

Europa według Auschwitz. Litzmannstadt Ghetto, édité par Marek Miller, Oświęcim, musée d'État d'Auschwitz-Birkenau, 2009.

Fedorowicz (Tadeusz), « Uwagi o « rewirach » i funkcyjnych obozowych », *Przegląd Lekarski – Oświęcim*, 1969, p. 148-153.

Fejkiel (Władysław), « Głód w Oświęcimiu », *Zeszyty Oświęcimskie* 8, 1964, p. 3-13.

Frankowski (Marek T.), *Socjologiczne aspekty funkcjonowania hitlerowskich obozów koncentracyjnych 1939-1945*, Varsovie, Instytut Pamięci Narodowej, Główna Komisja Badania Zbrodni Przeciwko Narodowi Polskiemu, 1996.

Gawalewicz (Adolf), « Problemy interpretacji faktografii oświęcimskiej », *Przegląd Lekarski – Oświęcim*, 1987, p. 95-102.

Gawalewicz (Adolf), « Z rozważań na temat oświęcimskiej problematyki moralnej », *Przegląd Lekarski – Oświęcim*, 1967, p. 46-48.

Giner (Bruno), *Survivre et mourir en musique dans les camps nazis*, Paris, Berg International Éditeurs, 2011.

Giza (Anna), *Życie jako opowieść*, Varsovie, Cracovie et Wrocław, Zakład Narodowy im. Ossolińskich, 1991.

Giza (Jerzy) et Morasiewicz (Wiesław), « Z zagadnień popęd.w w obozach koncentracyjnych. Przyczynek do analiz tzw. KZ-syndromu », *Przegląd Lekarski – Oświęcim*, 1973, p. 29-41.

Glińska (Alicja), « Dokumentalna wartość pamiętników oświęcimskich w badaniu moralności obozowej », *Zeszyty Oświęcimskie* n° 10, 1967.

Glińska (Alicja), « Kierunek przekształceń moralnych wśród więźniów Oświęcimia », *Przegląd Lekarski – Oświęcim*, 1969, p. 53-57.

Glińska (Alicja), « Z badań nad moralnością więźniów Oświęcimia », *Przegląd Lekarski – Oświęcim*, 1967, p. 37-45.

Głowacki (Czesław), « Brak miesiączki u kobiet – byłych więźniarek obozów koncentracyjnych », in *Mieszkańcy Warszawy w KL Auschwitz-Birkenau w latach 1940-1945. Materiały z sesji popularnonaukowej*, vol. II, Varsovie, Towarzystwo Opieki nad Oświęcimiem, Oddział Warszawski, 1985, p. 21-23.

Głowacki (Czesław), « Rozmiary i istota przemian w psychice kobiet w obozach koncentracyjnych », in *Mieszkańcy Warszawy w KL Auschwitz-Birkenau w latach 1940-1945. Materiały z sesji popularnonaukowej*, vol. II, Varsovie, Towarzystwo Opieki nad Oświęcimiem. Oddział Warszawski, 1985, p. 24-30.

Godorowski (Kazimierz), *Psychologia i psychopatologia hitlerowskich obozów koncentracyjnych. Próba analiz postaw i zachowań w warunkach ekstremalnych obciążeń*, Varsovie, Akademia Teologii Katolickiej, 1985, p. 62-66.

Gutman (Israel) et Berenbaum (Michael), *Anatomy of the Auschwitz Death Camp*, Bloomington, Indiana University Press, 1994.

Jagielski (Stanisław), « Psychiczne "galwanizowanie muzułmana" », *Przegląd Lekarski – Oświęcim*, 1968, p. 106-109.

Jagoda (Zenon), Kłodziński (Stanisław) et Masłowski (Jan), *Oświęcim nieznany*, Cracovie, Wydawnictwo Literackie, 1981.

Jagoda (Zenon), Kłodziński (Stanisław) et Masłowski (Jan), « Przyjaźnie oświęcimskie », *Przegląd Lekarski – Oświęcim*, 1978, p. 32-77.

Jagoda (Zenon), Kłodziński (Stanisław) et Masłowski (Jan), « Sny więźniów obozu oświęcimskiego », *Przegląd Lekarski – Oświęcim*, 1977, p. 28-66.

Jagoda (Zenon), Kłodziński (Stanisław) et Masłowski (Jan), « Używki w obozie oświęcimskim », *Przegląd Lekarski – Oświęcim*, 1975, p. 40-67.
Jagoda (Zenon), Kłodziński (Stanisław) et Masłowski (Jan), *Więźniowie Oświęcimia*, Cracovie et Wrocław, Wydawnictwo Literackie, 1984.
Kapralski (Stanisław), Martyniak (Maria) et Talewicz-Kwiatkowska (Joanna), *Roma in Auschwitz, Voices of Memory* 7, traduit du polonais en anglais par William Brand, Oświęcim, musée d'État d'Auschwitz-Birkenau, 2011.
Jakubik (Andrzej), « Obraz własnej osoby a pobyt w hitlerowskich obozach koncentracyjnych. Problemy teoretyczno-metodologiczne », *Przegląd Lekarski – Oświęcim*, 1981, p. 15-26.
Kempisty (Czesław) et Leszczyńska (Zdzisława), « Z badań nad płodnością byłych więźniarek obozów hitlerowskich », *Przegląd Lekarski – Oświęcim*, 1974, p. 58-65.
Kępiński (Antoni), « Oświęcimskie refleksje psychiatry », *Przegląd Lekarski – Oświęcim*, 1964, p. 7-9.
Kępiński (Antoni), « Refleksje oświęcimskie: rampa. Psychologia decyzji », *Przegląd Lekarski – Oświęcim*, 1968, p. 26-35.
Kłodziński (Stanisław), « Świerzb i ropowice w obozie Oświęcim-Brzezinka », *Przegląd Lekarski – Oświęcim*, 1970, p. 30-33.
Kłodziński (Stanisław) et Masłowski (Jan), « Poniżanie godności więźniów w Oświęcimiu-Brzezince », *Przegląd Lekarski – Oświęcim*, 1983, p. 73-99.
Kowalczykowa (Janina), « Choroba głodowa w obozie koncentracyjnym w Oświęcimiu », *Przegląd Lekarski – Oświęcim*, 1961, p. 58-60.
Kowalski (Sergiusz), « Wobec Zagłady. O retoryce pamięci i zapominania », *Przegląd Socjologiczny*, vol. XLIX/2, 2000, p. 207-227.
Koźmińska-Frejlak (Ewa), « Świadkowie Zagłady. Holokaust jako zbiorowe doświadczenie Polaków », *Przegląd Socjologiczny*, vol. XLIX/2, 2000, p. 181-206.
Krupa (Bartłomiej), *Wspomnienia obozowe jako specyficzna odmiana pisarstwa historycznego*, Cracovie, Universitas, 2006.
Kubica (Helena), « Pregnant Women and Children Born in Auschwitz », *Voices of Memory* 5, traduit du polonais en anglais par William Brand, Oświęcim, musée d'État d'Auschwitz-Birkenau, 2010.
Kubica (Helena), *Nie wolno o nich zapomnieć. Najmłodsze ofiary Auschwitz*, Oświęcim, musée d'État d'Auschwitz-Birkenau, 2002.
Kula (Marcin), « Pamięć o historii uwikłana w jej bieg », *Przegląd Socjologiczny*, vol. XLIX/2, 2000, p. 29-50.

Lachendro (Jacek), « Soviet Prisoners of War in Auschwitz », *Voices of Memory* 11, traduit du polonais en anglais par William Brand, Oświęcim, musée d'État d'Auschwitz-Birkenau, 2016.

Lalieu (Olivier), *Histoire de la mémoire de la Shoah*, Paris, Soteca, 2015.

Lasik (Aleksander), *Sztafety Ochronne w systemie niemieckich obozów koncentracyjnych*, Oświęcim, musée d'État d'Auschwitz-Birkenau, 2007.

Los Cyganów w KL Auschwitz-Birkenau, édité par Jan Parcer, Oświęcim, Stowarzyszenie Romów w Polsce, 1994.

Masłowski (Jan), *Oświęcim. Cmentarz świata*, Varsovie, Książka i Wiedza, 1995.

Münch (Hans), « Głód i czas przeżycia w obozie oświęcimskim », *Przegląd Lekarski – Oświęcim*, 1967, p. 79-88.

Owczarski (Wojciech), *Sny więźniów obozu koncentracyjnego w Oświęcimiu*, Gdańsk, Wydawnictwo Uniwersytetu Gdańskiego, 2020.

Ostrowska (Joanna), *Przemilczane. Seksualna praca przymusowa w czasie II wojny światowej*, Varsovie, Marginesy, 2018.

Pawełczyńska (Anna), « Przemiany struktury społecznej a możliwości przeżycia obozu oświęcimskiego », *Przegląd Lekarski – Oświęcim*, 1973, p. 76-81.

Piper (Franciszek), *Ilu ludzi zginęło w KL Auschwitz. Liczba ofiar w świetle źródeł i badań 1945-1990*, Oświęcim, musée d'État d'Auschwitz-Birkenau, 1992.

Piper (Franciszek), « Poles in KL Auschwitz », *Voices of Memory* 8, traduit du polonais en anglais par William Brand, Oświęcim, musée d'État d'Auschwitz-Birkenau, 2013.

Piper (Franciszek), « Jews in KL Auschwitz », *Voices of Memory* 9, traduit du polonais en anglais par William Brand, Oświęcim, musée d'État d'Auschwitz-Birkenau, 2019.

Rees (Laurence), *Auschwitz. Les nazis et la Solution finale*, traduit de l'anglais par Pierre-Emmanuel Dauzat, Paris, Albin Michel, 2005.

Ryn (Zdzisław) et Kłodziński (Stanisław), « Głód w obozie koncentracyjnym », *Przegląd Lekarski – Oświęcim*, 1984, p. 21-37.

Ryn (Zdzisław) et Kłodziński (Stanisław), « Na granicy życia i śmierci. Studium obozowego muzułmaństwa », *Przegląd Lekarski – Oświęcim*, 1983, p. 27-73.

Ryn (Zdzisław) et Kłodziński (Stanisław), « Psychopatologia głodu w obozie koncentracyjnym », *Przegląd Lekarski – Oświęcim*, 1985, p. 41-55.

Ryn (Zdzisław) et Kłodziński (Stanisław), « Śmierć i umieranie w obozie koncentracyjnym », *Przegląd Lekarski – Oświęcim*, 1982, p. 56-90.
Ryn (Zdzisław) et Kłodziński (Stanisław), « Z problematyki samobójstw w hitlerowskich obozach koncentracyjnych », *Przegląd Lekarski – Oświęcim*, 1976, p. 25-46.
Schneider (Floriane), *Shoah. Dans l'atelier de la mémoire. France, 1987 à aujourd'hui*, Lormont, Éditions du Bord de l'Eau, 2013.
Sessi (Frediano), *Auschwitz 1940-1945*, traduit de l'italien par Katarina Cavana et Philippe Mesnard, Paris, Éditions Kimé, 2014.
Smith (Lyn), *La Voix des survivants. Les témoignages d'hommes, de femmes et d'enfants qui ont vécu l'Holocauste*, traduit de l'anglais par Jean-Charles Provost, Paris, Presses de la Cité, 2007.
Sofsky (Wolfgang), *L'Organisation de la terreur : les camps de concentration*, traduit de l'allemand par Olivier Mannoni, Paris, Calmann-Lévy, 1995.
Sterkowicz (Stanisław), « Przyczynek do zagadnienia moralności więźniów obozów hitlerowskich », *Przegląd Lekarski – Oświęcim*, 1969, p. 47-52.
Susułowska (Maria), « Próba interpretacji treści snów byłych więźniów obozów koncentracyjnych », *Przegląd Lekarski – Oświęcim*, 1976, p. 13-17.
Susułowska (Maria), « Sny więźni.w obozu oświęcimskiego », *Przegląd Lekarski – Oświęcim*, 1976, p. 205-206.
Szacka (Barbara), « Pamięć zbiorowa i wojna », *Przegląd Socjologiczny*, vol. XLIX/2, 2000, p. 1-28.
Szacka (Barbara), « Historia i pamięć źródłowa », *Kultura i społeczeństwo* 4, 2003, p. 3-15.
Szuła (Jan), « Więźniowie Niemcy w strukturze terroru obozowego », *Przegląd Lekarski – Oświęcim*, 1991, p. 77-82.
Szymański (Tadeusz), « Przypadki noma (rak wodny) w obozie cygańskim Oświęcim-Brzezinka », *Przegląd Lekarski – Oświęcim*, 1962, p. 68-70.
Szymański (Tadeusz), Szymańska (Danuta) et Śnieszko (Tadeusz), « O « szpitalu » w obozie rodzinnym dla Cyganów w Oświęcimiu-Brzezince », *Przegląd Lekarski – Oświęcim*, 1965, p. 90-99.
Wesełucha (Piotr), « Obóz jako eksperyment psychiatryczny », *Przegląd Lekarski – Oświęcim*, 1970, p. 242-246.

TABLE DES MATIÈRES

ANNEXES

DANS LA MÊME COLLECTION

Diane AFOUMADO	*Indésirables. 1938 : la Conférence d'Évian et les réfugiés juifs*
Götz ALY et Suzanne HEIM	*Les Architectes de l'extermination. Auschwitz et la logique de l'anéantissement*
Jacob APENSZLAK (dir.)	*Le Livre noir des Juifs de Pologne*
Richard BREITMAN	*Secrets officiels. Ce que les nazis planifiaient, ce que les Britanniques et les Américains savaient*
	Himmler et la Solution finale. L'architecte du génocide
Patrick CABANEL	*Chère Mademoiselle... Alice Ferrières et les enfants de Murat, 1941-1944*
Willy COHN	*Nul droit, nulle part. Journal de Breslau, 1933-1941*
Collectif	*Des voix sous la cendre. Manuscrits des* Sonderkommandos *d'Auschwitz-Birkenau*

Martin CÜPPERS — *Les Éclaireurs de la Shoah. La* Waffen-SS, *le* Kommandostab Reichsführer-SS *et l'extermination des Juifs*

Martin DEAN — *Voisins et bourreaux. Le génocide en Biélorussie et en Ukraine*

Debórah DWORK et Robert Jan VAN PELT — *Fuir le Reich. Les réfugiés juifs de 1933 à 1946*

Barbara ENGELKING — *« On ne veut rien vous prendre… seulement la vie. » Des Juifs cachés dans les campagnes polonaises, 1942-1945*

Ruth FIVAZ-SILBERMANN, préface de Serge KLARSFELD — *La Fuite en Suisse. Les Juifs à la frontière franco-suisse durant les années de la « Solution finale »*

Moshé FLINKER — *Carnets de clandestinité. Bruxelles, 1942-1943*

Henry FRIEDLANDER — *Les Origines de la Shoah. De l'euthanasie à la solution finale*

Jan GRABOWSKI — *« Je le connais, c'est un Juif ! » Varsovie, 1939-1943. Le chantage contre les Juifs*

Jan Tomasz GROSS — *La Peur. L'antisémitisme en Pologne après Auschwitz*

Moisson d'or. Le pillage des biens juifs

Michal HAUSSER-GANS — *Treblinka, 1942-1943. Une usine à produire des morts juifs dans la forêt polonaise*

Katy HAZAN — *Rire le jour, pleurer la nuit. Les enfants juifs cachés dans la Creuse pendant la guerre (1939-1944)*

Jeffrey HERF	*L'Ennemi juif. La propagande nazie, 1939-1945*
	Hitler, la propagande et le monde arabe
Eva HOFFMAN	*Après un tel savoir... La Shoah en héritage*
Gordon J. HORWITZ	*Ghettostadt. Lodz et la formation d'une ville nazie*
Radu IOANID	*Le Pogrom de Jassy. 28 juin-6 juillet 1941*
Laurent JOLY (dir.)	*La France et la Shoah. Vichy, l'occupant, les victimes, l'opinion*
Chaim A. KAPLAN, découvert et présenté par Abraham I. KATSH	*Chronique d'une agonie. Journal du ghetto de Varsovie*
Yitzhak KATZENELSON	*Journal du camp de Vittel*
Irina A. KHOROCHOUNOVA	*Carnets de Kiev, 1941-1943. Journal d'une bibliothécaire russe pendant l'occupation allemande*
Zygmunt KLUKOWSKI édition française établie par Jean-Yves POTEL	*« Une telle monstruosité... » Journal d'un médecin polonais, 1939-1947*
Arthur KOESTLER	*La Lie de la terre*
Joël KOTEK et Didier PASAMONIK	*Mickey à Gurs. Les carnets de dessins de Horst Rosenthal*
Robert KUWALEK	*Belzec. Le premier centre de mise à mort*
Laurel LEFF	*Relégué en page 7. Quand le* New York Times *fermait les yeux sur la Shoah*

Lidia MILIAKOVA (dir.), édition française établie par Nicolas WERTH	*Le Livre des pogroms. Antichambre d'un génocide. Ukraine, Russie, Biélorussie, 1917-1922*
Patrick MONTAGUE	*Chelmno. Prologue à l'industrie du meurtre de masse*
George L. MOSSE	*Les Racines intellectuelles du Troisième Reich. La crise de l'idéologie allemande*
Ralf OGORRECK	*Les* Einsatzgruppen. *Les groupes d'intervention et la « genèse de la solution finale »*
Léon POLIAKOV	*La Causalité diabolique. Essai sur l'origine des persécutions*
Emanuel RINGELBLUM	*Oneg Shabbat. Journal du ghetto de Varsovie*
Leïb ROCHMAN	*Journal, 1943-1944*
Michael TREGENZA	*Aktion T4. Le secret d'État des nazis : l'extermination des handicapés physiques et mentaux*
Ionas TURKOV	*En Pologne, après la Libération. L'impossible survie des rescapés juifs*
Hanna YABLONKA	*Les Juifs d'Orient, Israël et la Shoah*

Composition et mise en pages
PCA – Rezé

Achevé d'imprimer en décembre 2024
par CPI BUSSIÈRE (18200 Saint-Amand-Montrond)
pour le compte des éditions Calmann-Lévy
21, rue du Montparnasse 75006 Paris
commercial@calmann-levy.fr

PAPIER CERTIFIÉ

CALMANN LEVY s'engage pour l'environnement en réduisant l'empreinte carbone de ses livres. Celle de cet exemplaire est de :
1,3 kg éq. CO_2
Rendez-vous sur www.calmann-levy-durable.fr

N° d'éditeur : 1150744/01
N° d'imprimeur : 2080738
Dépôt légal : janvier 2025
Imprimé en France.